Mercedes-Benz

心所向 驰以恒

北京梅赛德斯-奔驰销售服务有限公司

北京梅赛德斯-奔驰销售服务有限公司由戴姆勒与北汽集团共同出资成立，负责梅赛德斯-奔驰进口与国产乘用车、梅赛德斯-奔驰商务车在华市场的销售、售后服务、经销商网络的发展、二手车和企业客户业务以及经销商培训等业务，运营梅赛德斯-奔驰、梅赛德斯-迈巴赫、梅赛德斯-AMG和smart品牌及Mercedes me服务子品牌。该公司为戴姆勒不断扩大在华的运营规模和影响力奠定基础，并为中国社会的可持续发展蓄积动力。

2017年，梅赛德斯-奔驰乘用车领域再次实现盈利增长，全球销量高达2,373,500辆，同比增长8%，巩固了在全球豪华车市场的领先地位。梅赛德斯-奔驰乘用车在中国大陆实现超过61万辆的销量表现，同比增长25%。2018年第一季度，梅赛德斯-奔驰销量再创历史新高，共售出594,304辆新车，同比增幅为6%。在中国，梅赛德斯-奔驰于第一季度共销售169,932辆新车，暂列豪华品牌市场销量冠军，同比大增17.2%；其中超过70%的车辆是在华国产。

梅赛德斯-奔驰星愿基金

在创造商业价值的同时，梅赛德斯-奔驰不忘在企业社会责任方面发挥积极作用，勇于担当责任领袖，为社会做出积极贡献，这也是梅赛德斯-奔驰对中国市场承诺的核心之一。为此，梅赛德斯-奔驰于2007年开启了在华的公益之旅，2010年通过与中国青少年发展基金会携手全国经销商伙伴设立“梅赛德斯-奔驰星愿基金”，以更加科学、系统、有效的方式，践行企业社会责任。

自成立以来，“梅赛德斯-奔驰星愿基金”秉承着“行动•成就•未来”的核心理念，深耕环境保护、教育支持、驾驶文化、艺术体育、社会关爱五大公益领域，聚合经销商伙伴、车主等各界力量，以切实有效的行动履行着对中国社会发展的长期承诺。截至目前，梅赛德斯-奔驰已累计投入超过1亿元人民币，惠及人数超过130万。

2018年，梅赛德斯-奔驰开启在华公益的下一个十年，坚持与时俱进，以更加透明的管理形式、更加广泛的参与、更加创新的项目、承担起新的社会发展使命，助力中国社会的可持续发展。

【环境保护 山水人合】

自2007年起，梅赛德斯-奔驰正式宣布携手联合国教科文组织开展长期合作，启动“自然之道 奔驰之道”自然保护项目，成为首家向中国世界遗产地捐资的汽车厂商。10年间，通过与联合国教科文组织深化合作，“自然之道 奔驰之道”自然遗产地保护项目成长迅速，硕果累累。截止目前，项目已覆盖15个中国世界遗产地，惠及16万遗产地居民。

2017年开始，“自然之道 奔驰之道”更加专注于中国世界自然遗产能力建设，探索遗产地的可持续生计，使世界遗产地居民在经济上受益，丰富遗产地居民的生计来源，进而反哺自然生态保护管理，实现山水与人的永续平衡发展，赋予遗产地全新的生命力。

2017年11月10日，“梅赛德斯-奔驰星愿基金世界遗产地可持续生计项目体验日”在北京Mercedes me三里屯体验店首次亮相，生动展现了可持续生计项目首批名录中的3个项目：四川雅安高山蜂蜜项目、云南石林撒尼刺绣项目以及贵州赤水竹艺项目。

【艺术体育 人文传承】

梅赛德斯-奔驰一直致力于推广领先的艺术、体育等相关活动。梅赛德斯-奔驰星愿基金与故宫博物院于2018年1月29日正式达成公益战略合作伙伴关系，将公益维度延伸到一个全新领域——传统文化传承与再创造，实现自然之道与人文之道并重，弘扬华夏国粹、促进文化交流，令中华传统文化绽放勃勃生机。双方将精诚合作，通过古建文物修缮、传统文化普及和国际文化交流三个方面，提升公众尤其是青少年对传统文化的关注与认知，推动社会人文公益事业和中国社会的可持续发展。

自2016年起，快乐音乐工坊已连续举办3年，累计邀请100余名北京打工子弟小学的孩子们亲临国家大剧院观赏新年音乐会，并通过亲身教授孩子们演奏乐器，为孩子们打开一扇音乐之窗。

2012年、2014年和2016年，梅赛德斯-奔驰星愿基金举办了三届“筑梦•助星愿”希望工程•梅赛德斯-奔驰快乐音乐汇，共惠及2,000多名来自梅赛德斯-奔驰快乐音乐教室项目支持的希望小学及经销商资助学校的孩子、梅赛德斯-奔驰员工、经销商及车主的子女，为孩子们搭建一个尽情展现音乐才华、追逐音乐梦想的快乐音乐舞台。

【驾驶文化 寓教于乐】

梅赛德斯-奔驰自诞生至今，一直在对道路安全的锐意追求中不断探求着驾驶文化的至高境界。2012年，梅赛德斯-奔驰把全球最早、影响范围最广的儿童道路安全项目——“安全童行”正式引入中国，通过寓教于乐的方式，开发适合在中国学校内的专项校本课程，建立道路安全社区教育基地和公众教育基地，面向中国儿童展开多样化的道路安全教育。

依托广泛的经销商网络，“安全童行”社区教育基地让小朋友们可以就近体验丰富多彩的交通安全活动。通过经销商店内的数字化互动设施，不仅使孩子们学习了安全出行知识，而且拉近了和车主之间的距离，让他们在店内享受了一段轻松惬意的时光。

截至2017年，“安全童行”社区教育基地覆盖全国23个省（区、市）的75家经销商，先后有10,000个家庭参与了安全童行活动。“安全童行”项目已走进全国206所小学，惠及了超过30万学生和家庭。除此之外，每年中网赛事期间，奔驰“安全童行”展台也成为钻石球场不可或缺的一道风景，在感受网球运动魅力的同时，小朋友们更不忘记道路安全的重要性。

【教育支持 扶贫扶志】

2010年，梅赛德斯-奔驰星愿基金启动“乐动未来”希望工程快乐音乐教室项目，旨在为希望小学的孩子带来乐趣盎然的音乐教育。2017年底，星愿基金已经在565所小学建立了“快乐音乐教室”，8个“音乐教育•星愿基地”累计派出近2,000名志愿者，提供逾60,000小时志愿服务进行教师培训，超过40万名贫困地区儿童因此获得了接受音乐教育的机会。

作为义务教育的延展，星愿基金于2017年9月启动了职教助学计划，建立助学金/奖学金帮助寒门学子完成学业。项目应用“求学保障+技能保障+就业保障”三合一的模式，覆盖全国23所职业学校。为贫困学生提供每学年6,000元奖/助学金。

【社会关爱 传递温暖】

长期以来，梅赛德斯-奔驰星愿基金高度关注社会弱势群体，为需要帮助的人们送去爱心与温暖，并在重大自然灾害发生后迅速响应，积极投入对各类突发灾难的救助工作，支持灾后重建。

- 从2008年到2014年，累计向汶川、玉树、雅安等地震灾区捐款3,700万元
- 雅安震后，捐资支持2处试点村庄的可持续生计和发展建设，并援建4所卫生院，改善当地乡村卫生情况
- 捐资支持大熊猫研究中心雅安碧峰峡基地修复及都江堰基地相关修建，以及可持续生态示范村建设等相关项目，先后认养并命名了星徽、星睿、星雅、星安4只大熊猫
- 捐资援建四川省什邡市梅赛德斯-奔驰小学、四川雅安天全县梅赛德斯-奔驰希望小学、云南省会泽县纸厂乡梅赛德斯-奔驰希望小学3所希望小学，帮助当地师生改善教学及生活环境

2015-2017年，星愿基金联合经销商、员工、车主、公益合作伙伴们先后三次远赴云南会泽县梅赛德斯-奔驰希望小学和四川雅安天全县梅赛德斯-奔驰希望小学开启暖心探访之旅，星愿使者们还为孩子们送去了音乐、阅读、体育、科技以及传统文化为主题的“星愿益课堂”和爱心礼包，帮助孩子们开拓视野，丰富课外体验。

2017年me café觅爱咖啡公益项目在梅赛德斯-奔驰Mercedes me三里屯体验店正式对公众开放。消费者通过参与觅爱咖啡活动，共同募资为安民学校东八间校区的孩子们购买牛奶。

【三叉星徽 情系中国】

作为公益领域行动与价值观的引领者，梅赛德斯-奔驰始终走在创新的前沿。梅赛德斯-奔驰星愿基金将持续致力于洞察社会实际需求，响应国家政策和时代号召，始终顺应社会需求和国家发展重点制定公益战略方向，实现企业公益发展与社会需求有效结合，使其更具生命力和可持续性。

未来，梅赛德斯-奔驰将一如继往践行其对中国社会的承诺，实现自然之道与人文之道并重，将丰富的经验推广至更多地区，并致力于通过持续的爱心关注，汇聚人人之力，带动更多人共同参与公益项目，以爱与真诚之心所向，成就赴未来之驰以恒！

利星行汽车

2018年5月，由利星行汽车捐建的两所希望学校——安徽庐江白湖镇西城利星行希望小学和六安市霍山县东西溪乡利星行希望中学举办了校牌揭幕礼，两所学校的旧貌换新颜也标志着全国利星行希望学校数字达到30所。利星行汽车携手中国汽车流通协会、北京梅赛德斯-奔驰销售服务有限公司、北京青少年发展基金会、安徽青少年发展基金会、北京利星行慈善基金会等各公益合作伙伴，以及庐江、霍山教育局代表及爱心车主们共同出席了本次活动。

以利星行汽车“星耀未来　惠泽桃李”的公益理念为出发点，合肥利之星汽车服务有限公司、合肥元星汽车服务有限公司、上海汇之星汽车维修服务有限公司共同捐资修缮了这两所学校，并向师生们捐献了爱心物资。除改善硬件设施外，利星行汽车还向孩子们提供了有针对性的心理建设与辅导，通过以专业心理咨询师介入、定期回访等有益方式，帮助其营造健康的心理成长环境。

利星行汽车董事长庄国邦先生表示：“此次‘星心相印’公益活动，是利星行汽车长期携手公益事业合作伙伴，积极践行企业社会责任的重要一步。通过‘心手相连’的‘一对一帮扶’和爱心特色课教学，我们不仅希望能够满足孩子们在教育方面上的物质需求，还希望切实地关注他们的心理健康，让他们在快乐中进步并茁壮成长。”

从人文关怀的角度出发，在此次启动仪式上，中国汽车流通协会会长沈进军先生，利星行汽车董事长庄国邦先生，利星行地产董事长杨富山先生，北京青少年发展基金会秘书长钱蓉晖女士，安徽省青少年发展基金会秘书长李永军先生，北京梅赛德斯-奔驰销售服务有限公司代表李劼女士以及著名球星孙吉共同摇响七色摇铃，寓意利星行汽车公益方向将更加响应国家精准扶贫方针，更深层次关注青少年的心理健康，关注不同孩子的特殊成长需求，结合原来坚持的校舍硬件投入，辅以更丰富的软件支持和深入的人文关怀。

在“心手相连”的“一对一帮扶”环节，中国物流与采购联合会会长、中国汽车流通协会名誉会长何黎明先生、北京利星行慈善基金会秘书长钱光明先生、文艺界爱心人士丁美杺女士，通过“大手拉小手”对孩子们进行了一对一帮扶。爱心人士们不仅为孩子们带来了崭新的书包、文具等作为礼物，还将以‘大朋友’的角色参与到孩子们日后的学习与成长过程中，为他们早日成才贡献力量。此外，为进一步让孩子们在轻松愉悦的环境中感受快乐学习的氛围，利星行汽车董事长庄国邦先生、中国物流与采购联合会会长、中国汽车流通协会名誉会长何黎明先生、中国汽车流通协会会长沈进军先生、北京梅赛德斯-奔驰销售服务有限公司代表李劼女士、现场公益专业人士、媒体、文艺界爱心人士以及奔驰爱心车主，还联手为孩子们专门进行了六堂爱心特色课教学。庄国邦先生与何黎明先生为二年级同学开设的“谈理想”的课程上，通过幽默诙谐的语言和深入浅出的举例，孩子们不仅在短短30分钟的时间内感受到理想对人生的重要性，而且体会了多元化教学的魅力，并且高效地完成了课程的各项既定任务。利星行汽车通过这六堂爱心特色课教学，实现了在遵照儿童身心发展规律的基础上，培养他们在自主中学、于兴趣处学的目标。

利星行汽车的每一次公益行动中，都少不了爱心车主们的身影。一位参加本次揭幕礼的庐江车主表示：“与利星行汽车一道，为家乡的儿童成长做些事情让我感到非常荣幸。在活动当中，生动活泼的形式与严肃认真的内容恰当融合，让我对利星行汽车的履行企业社会责任有了全新的认识。我非常期待和更多车主一道与利星行汽车脚踏实地，成为孩子们的‘好伙伴’；同时在今后，我们也将共同为家乡的教育事业发展做出更多新的贡献。”

本次利星行汽车公益盛举，不仅展现出利星行汽车对下一代教育事业的关注，更彰显出利星行紧随中央脚步，精准扶贫的公益精神与决心。深耕中国25年，利星行汽车一直积极履行社会企业责任，致力为构建和谐社会贡献自身力量，并逐步成为充满人文关怀、富有社会责任感的优秀企业。未来，利星行汽车计划更大力度地开展公益行动，凭自身在商业的不懈追求和公益上的坚定担当，持续成为中国汽车流通行业卓越的合作伙伴。

环保创新 安全生产

2018年9月11日，“2018利星行汽车行业依托环保科技创新、引领绿色安全生产高级研讨会”在生态环境部科技发展中心举办，通过思维碰撞和把脉指导，共同谋划利星行汽车绿色产业未来。利星行汽车管理层及经销商团队与生态环境部科技发展中心相关领导、环保领域和安全管理的专家学者等围绕汽车行业企业如何开展绿色环保、安全生产等专题进行了深度研讨与交流，并在内部开展以“奔绿色所向 驰安全以恒”为主题的绿色安全培训。

伴随改革开放和人民生活水平的提高，汽车流通行业取得了长足发展。但环保和安全的隐患也一定程度上限制了汽车行业的可持续发展。与此同时，汽车流通企业的社会责任意识不断增强，实现利润最大化不再是企业发展唯一目标，正越来越多地投身社会责任的实践中。在承担企业法律责任的同时，逐步把对员工、消费者、社区和环境的社会责任作为企业发展的重要内容。“绿色环保、安全生产”正成为汽车流通行业的新的聚焦点。

本次研讨会围绕“绿色、安全”展开，内容包括环保宏观政策探讨、职业健康、安全管理、安全应急处置等，研讨会邀请了国内知名研究机构和企业的多位专家做了精彩专题报告。与会嘉宾热烈探讨、畅所欲言，探讨新时代汽车流通产业发展存在的问题、未来发展方向和转型升级之路，并给予企业可持续经营的建设性意见。

生态环境部科技发展中心辛志伟主任在致辞中强调：上半年，党中央召开了全国生态环境保护大会，对全面加强生态环境保护，坚决打好污染防治攻坚战作出重大部署和安排，在我国生态文明建设和生态环境保护发展历程中具有划时代里程碑意义。科技发展中心将继续为企业提供绿色生产、环境技术等全方位技术咨询和技术转移解决方案，为切实、精准解决企业环境技术与安全生产需求提供助力。

利星行汽车首席执行官黄志强先生表示："推动环境改善和安全管理是实现企业可持续发展的必要措施，是衡量企业履行社会责任的重要标准，也是企业核心竞争力的重要组成部分。利星行汽车在不断推进业务发展的同时，也一直积极履行企业社会责任，实践其对中国社会的承诺。"

利星行汽车进入中国已经25年，积极投身公益事业。在集团"星耀未来 惠泽桃李"的公益主张下，利星行汽车在在捐建公益学校、扶助病患儿童、校企合作培养行业专业人才等多个公益领域取得了丰硕成果，脚踏实地的积极践行企业社会责任。利星行长期的务实经营和公益实践获得来自行业协会、地方政府和媒体的首肯，多次荣获中国汽车流通协会颁发的"中国汽车流通行业企业品牌最具影响力奖"、"公益事业贡献奖"等。

公益不止步，环保更先行，在新的发展时代，利星行汽车把"奔绿色所向，驰安全以恒"纳入企业社会责任体系中，致力于长期的高标准的安全管理以实现企业最大的社会责任和可持续发展，推动产业发展进步。

不断精进 致力卓越

2018年5月17日，"2018年度中国汽车经销商集团百强排行榜"在京隆重发布。凭借汽车销量的持续增长及专业水平的不断精进，利星行汽车连续第9年获得榜单前五强，并在继2010年、2017年入围三甲后再度斩获百强季军。

中国汽车流通协会发起的中国汽车经销商集团百强排行榜评选活动，于2010年起正式启动。连续9年的权威发布，此榜单至今已发展完善成为目前国内最具权威性及影响力的汽车经销商排名。另外，在今年的中国汽车经销商大会上，利星行汽车还荣获"2018中国汽车经销商集团百强排行榜奔驰品牌卓越运营集团奖"和"中国汽车流通行业2018数字化创新奖"两项大奖。

作为中国汽车流通协会知名的汽车经销商集团，利星行汽车进入中国25年来始终不忘初衷，积极致力于成为中国汽车流通行业内的卓越合作伙伴、成为中国汽车客户的卓越选择。

崭新迎宾 智能体验

利星行平治望京展厅崭新迎宾，全国首家MAR2020展厅盛装启航。作为利星行汽车的形象展厅，利星行平治望京展厅是全国首家MAR2020智能展厅，位于朝阳区望京街8号利星行广场。这座建筑承袭了奔驰"感性·纯粹"的设计哲学，勾勒出的现代建筑前卫大气。该展厅空间布局采用分层次设计，将展厅划分为不同区域来实现不同子品牌的风格，共有包含梅赛德斯-奔驰全系及其子品牌27个展位。展厅内所有的车辆信息均由数字化设备呈现，旨在为客户带来高效便捷、美好愉悦的购车体验。

广汇汽车服务股份公司

广汇汽车服务股份公司
李建平董事长

广汇汽车服务股份公司是全球最大的乘用车经销与服务集团、中国最大的豪华乘用车经销与服务集团、中国最大的乘用车融资租赁提供商及中国汽车经销商中最大的二手车交易代理商。拥有行业领先的业务规模、突出的创新能力，是中国乘用车经销与服务行业中的领先企业。2015年6月，广汇汽车成功登陆A股市场，证券代码600297.SH。2016年6月，成功要约收购了香港上市公司宝信（现更名广汇宝信）汽车集团有限公司，证券代码01293.HK。

2017年全年，公司实现营业收入约1607亿元，新车销量88.12万台。截至2018年6月30日，公司覆盖28个省、自治区及直辖市的全国性汽车经销网络，共运营837个营业网点，包括771家4S店，其中超豪华、豪华品牌店面220家，中高端品牌520家，经销57个乘用车品牌，员工超过6万人。

公司拥有中国最广泛的乘用车品牌覆盖，与中国主要汽车制造商建立了长期稳固的合作关系，并与部分汽车制造商签订了战略合作协议，为公司进一步扩大经营规模提供了保障。

广汇汽车在快速发展的乘用车融资租赁行业率先布局，业务快速发展，具备较高的盈利能力。依托乘用车经销和售后服务平台，乘用车融资租赁业务亦能进一步促进各业务间的协同效应。

广汇汽车抓住中国二手车市场的发展机遇，大力发展二手车交易代理服务业务。同时公司推出了“广汇认证二手车”品牌服务及“广汇二手车线上交易平台”等多项创新业务，增强了公司的综合实力。

依托广大的业务规模及广泛的销售网络和不断创新的经营模式，广汇汽车有实力为客户提供覆盖汽车生命全周期的，包括整车销售、汽车租赁及融资租赁、二手车、维修养护、佣金代理等在内的一站式全方位综合服务。通过综合业务组合，公司的业务及经营业绩得到稳步增长，进一步加强了公司于中国乘用车经销及服务市场的领先地位，并赢得了业界的广泛认可。

自成立以来，广汇汽车始终不忘使命，致力为客户、伙伴、行业创造价值，建立管理和服务标准，成为行业标杆。同时不断履行自身企业社会责任，持续推进公司自身在政府责任、环境保护、社会认可、员工关爱等方面的工作，争取不断开创科学发展，和谐共赢的新局面。

展望未来，广汇汽车将继续巩固在中国领先的市场地位，把握商机，用心服务，以心联结，致力成为全球最优秀的乘用车经销服务集团。

企业愿景

成为最优秀的世界级汽车服务经销商集团

经营目标

提供员工发展平台 | 提升客户满意度 |

建立良好的厂商关系 | 创造长期的股东价值

价值观

以人为本 专业执着 | 高效创新 绩效导向 |

无私奉献 共享企业发展成果

企业使命

建立管理和服务标准、成为行业标杆、成为对社会有责任感的企业

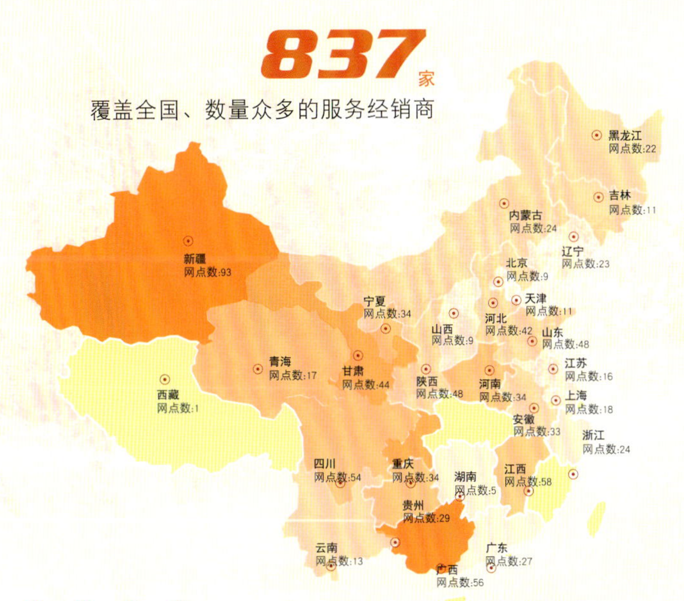

经营理念

以人为本、客户至上

社会认可

2017年11月

中国汽车流通协会---社会责任公益奖

2017年11月

中国汽车流通协会---风云人物奖---李建平

2017年11月

中国百强企业奖

2017年11月

2017最佳汽车金融服务经销商集团

2018年5月

民营上市公司社会责任30强

2018年5月

蝉联中国汽车经销商集团百强排行榜榜首

2018年7月

《财富》中国500强榜单50位

互联，
从这里开始。

中国汽车市场年鉴

China Auto Market Almanac

2018

中国汽车流通协会　编著

中国商业出版社

图书在版编目（CIP）数据

2018 中国汽车市场年鉴 / 中国汽车流通协会编著
. -- 北京 : 中国商业出版社 , 2018.10
ISBN 978-7-5208-0605-3

Ⅰ. ① 2… Ⅱ. ①中… Ⅲ. ①汽车工业－国内市场－中国－ 2018 －年鉴 Ⅳ. ① F724.76-54

中国版本图书馆 CIP 数据核字 (2018) 第 231264 号

责任编辑：武文胜

中国商业出版社出版发行
010-63180647 www.c_chook.com
(100053 北京广安门内报寺 1 号)
新华书店经销
廊坊市旭日源印务有限公司

* * * * *

889×1194 毫米 16 开 38.5 印张 1000 千字
2018 年 10 月第 1 版 2018 年 10 月第 1 次印刷
定价 980.00 元

* * * *

(如有印装质量问题可更换)

《中国汽车市场年鉴》协作单位

（排名不分先后）

北京梅赛德斯－奔驰销售服务有限公司

利星行汽车

广汇汽车服务股份公司

希迪凯环球信息技术服务（中国）有限公司

北京长久物流股份有限公司

《中国汽车市场年鉴》编辑委员会

委　　员　（按姓氏笔画排序）

丁宏祥　　中国机械工业集团有限公司副总裁

丁　锋　　江苏万帮金之星车业集团董事长

于元渤　　北京中古车网科技有限公司总经理

马湘滨　　湖南省汽车商会会长

马增荣　　中国物流与采购联合会汽车物流分会执行副会长

王长胜　　国家信息中心常务副主任

王昆鹏　　中国正通汽车服务控股有限公司副董事长

王　昕　　长久汽车投资有限公司总裁

王　都　　中国汽车流通协会副秘书长

王晓波　　北京北辰亚运村汽车交易市场中心总经理

王继存　　天津市浩物机电汽车贸易有限公司董事长兼党委书记

王新明　　宝信汽车集团总裁

方　明　　浙江物产元通汽车集团有限公司董事长

龙少海　　中国物资再生协会会长

卢载万　　北京现代汽车有限公司总经理

代德明　　恒信汽车集团股份有限公司董事长

朴宗沃　　东风悦达起亚汽车有限公司总经理

朱　林　　贵州省汽车汽配行业商会会长

刘　波　　沈阳汽车流通协会会长

刘士耀　　河北省汽车流通协会会长

刘文姬　　中国汽车流通协会副秘书长

刘美良　　沈阳大众企业集团有限公司集团总经理

刘智丰　　北京北汽鹏龙汽车服务贸易股份有限公司总经理

孙绍先　　北京运通国融投资集团有限公司董事长

严斐斐　　广东省汽车流通协会会长

杜敬磊　　内蒙古利丰汽车有限公司董事长

李沛熠　　河北省旧机动车流通协会会长

李建平　　广汇汽车服务股份公司董事长

李　钢　　国家发展改革委员会产业协调司处长

李海超　　车王（中国）二手车经营有限公司CEO

李　彬　　深圳市深业车城有限公司董事长

李晨迪　　大昌贸易行汽车（中国）有限公司董事

李　斌　　易车公司董事长兼CEO

杨克武　　湖北省汽车流通协会秘书长

杨　桦　　四川华星汽车集团有限公司董事长

杨雪剑　　车易拍（北京）汽车技术服务有限公司CEO

杨　鹏　　润东汽车集团有限公司董事长

束长生　　江苏省汽车交易管理协会常务副会长

肖荣臣　　商务部市场体系建设司处长

吴东平　　国家工商总局市场规范管理司处长

吴　刚　　北京市场协会汽车流通分会副会长兼秘书长

吴绍明　　中国汽车工业协会副会长兼秘书长

邱建国　　中国消费者协会投诉部主任

余海军　　宝利德控股集团有限公司董事长兼总经理

余　德　　安吉汽车物流有限公司总经理

宋　涛　　中国汽车流通协会副秘书长

张文义　　云南省资源再生利用行业协会会长

张宝林　　长安汽车（集团）有限责任公司总经理

张爱群　　浙江吉利控股集团有限公司副总裁

张鲁晋　　润华集团股份有限公司总裁

张献忠　　河南威佳汽车贸易集团有限公司集团总裁

张德安　　上海永达控股（集团）有限公司董事局主席

陆　敏　　北京车之家信息技术有限公司董事长兼首席执行官

陈有权　　国机汽车股份有限公司董事长兼党委书记

陈祥达　　深圳市澳康达名车广场有限公司董事总经理

尚　阳　　广西汽车流通协会会长

罗　峥　　平安银行交通金融事业部总裁

罗　磊　　中国汽车流通协会副秘书长
周小波　　北京百得利汽车进出口集团有限公司首席执行官
周　昆　　山东远通汽车贸易集团董事长兼总经理
周　育　　上海信宝博通电子商务有限公司董事长兼CEO
周建明　　深圳市佳鸿集团控股有限公司董事长
周碧华　　湖南二手车流通协会秘书长
周黎明　　湖南汽车城有限公司董事长兼总经理
庞庆华　　庞大汽贸集团股份有限公司董事长
赵晓明　　吉林省汽车流通协会会长
胡先成　　成都金宇控股集团有限公司董事长
姚　杰　　中国汽车工业协会副秘书长
夏闻迪　　国机汽车股份有限公司总经理
钱金彪　　北京祥龙博瑞汽车服务（集团）有限公司党委副书记、总经理、董事
钱景汾　　商务部机电和科技产业司处长
徐长明　　国家信息中心副主任
黄志强　　利星行汽车首席执行官
黄炯彬　　广物汽贸股份有限公司董事长、党委书记、法定代表人
黄晓军　　北京惠通陆华汽车销售有限公司董事长
黄　毅　　中升集团控股有限公司集团主席
章新挺　　江西省汽车流通行业协会秘书长
盖　方　　麦特汽车服务股份有限公司董事长
隋险峰　　山东省汽车流通协会秘书长
葛致诺　　福特汽车（中国）有限公司执行董事长
蔡仲民　　上海市二手车行业协会会长
蔡真法　　一汽贸易总公司总经理
蔡　宾　　上海市汽车服务行业协会会长
薄世久　　北京长久物流股份有限公司董事长
戴　琨　　优信集团理事长兼CEO

《中国汽车市场年鉴》特约编辑

（按姓氏笔画排序）

《中国汽车市场年鉴》编辑部

编辑说明

一、《中国汽车市场年鉴》是由中国物流与采购联合会主管，中国汽车流通协会主办，《中国汽车市场年鉴》编辑部编辑出版。由商务部、国家发改委、国家市场监督管理总局、交通部、公安部、海关总署、国家生态环境部、国家统计局、国家信息中心、中国汽车工业协会、中国机电产品进出口商会、中国消费者协会等国家有关部门、行业组织和中国主要汽车生产、流通企业及各地汽车流通协会共同参与编撰的大型资料性工具书。创办于1995年，已连续出版了1995-2017年各年卷。

二、《中国汽车市场年鉴》的编纂宗旨是：科学、全面、系统、翔实，逐年反映中国汽车行业的发展和汽车市场的变化，内容涵盖中国汽车生产、流通、消费、服务与行业管理的各个方面，以丰富的资料信息为市场、政府、行业和广大消费者服务。

三、《中国汽车市场年鉴》反映的内容都是上一年度的史实和资料信息。2018年卷设有专文、大事记、汽车市场、新能源汽车、二手车市场、汽车进出口贸易、汽车后市场、汽车零部件、汽车物流、汽车消费、汽车生产、汽车报废、统计资料、政策法规、名录、附录等共16个部类。在编排上分部类(类目)、栏目、分目、条目4个层次。条目是基本文献形式，除此之外的文献形式还有专文、大事记、统计图表、政策法规等。

四、《中国汽车市场年鉴》所有文稿、资料、数据都经有关部门审核；有关条目的数据以国家统计局、海关总署等部门提供的数据为准；各地方和部门的数据以地方和部门提供的数据为准。由于各地、各部门的统计口径不同，个别数字与全国统计数据可能有出入。

五、香港、澳门特别行政区和台湾省的资料暂缺。

六、《中国汽车市场年鉴》在编辑、出版过程中得到了国家有关部门和相关行业组织、汽车生产、流通企业以及各地汽车流通协会的大力支持与帮助，在此深表感谢。本书在编辑和印装等方面的不足之处，敬请广大读者批评指正。

《中国汽车市场年鉴》编辑部

2018 年 10月

目 录

第六部类 汽车进出口贸易

第七部类 汽车后市场

第八部类 汽车零部件

第九部类 汽车物流

第十部类 汽车消费

第十一部类 汽车生产

第十二部类 汽车报废

第十三部类 统计资料

第十四部类 政策法规

第十五部类 名录

第十六部类 附录

DIYIBULEI | ZHUANWEN

中国汽车流通行业40年

中国汽车流通协会

2018 年是中国改革开放 40 周年，正如习总书记所说："历史，总是在一些特殊年份给人们以汲取智慧、继续前行的力量"。如同 1978 年的改革开放，对中国经济带来的历史性影响。四十年弹指一挥间，经历了几代中国人艰苦卓绝的努力，今天的中国已经成为世界第二大经济体、第一大工业生产国，并在诸多领域取得了举世瞩目的成就。作为国民经济的主导产业，中国汽车产业既是 40 年改革开放历程的见证者，也是 40 年中国经济奇迹的亲历者，更是 40 年中国市场高速发展的受益者。没有改革开放，就没有汽车流通行业，也正是改革开放，才使汽车流通行业从无到有、从小到大、从弱到强。

改革开放以来，人民的生活水平得到了极大的改善，汽车进入家庭成为不争的事实，巨大的汽车消费需求拉动着整个产业步入高速发展的轨道。在改革开放初期，国内汽车工业产品结构单一，产量很小，全国汽车产量只有 14.9 万辆，其中载重汽车 9.61 万辆。民用汽车保有量为 135.84 万辆，其中载货汽车 100.2 万辆。到 90 年代，汽车产业实现了从计划经济向市场经济体制的转变，国家开始鼓励私人购买汽车。2009 年，中国汽车产销量突破千万辆大关，成为了世界第一大新车消费国，到 2017 年已连续九年蝉联全球第一。改革开放使国内汽车市场巨大的消费潜力被挖掘，据统计数据显示，截至 2017 年底，全国汽车产量 2901.54 万辆，全国汽车保有量达 2.17 亿辆，汽车驾驶员达 3.42 亿人。

改革开放以来，在政策的不断调整和引导下，汽车作为商品进入市场，给汽车流通行业的发展创造了巨大的空间。改革开放之初，汽车只是国家统购统销的重要生产资料，还没有汽车流通行业存在的可能。1983 年，国家规定汽车生产企业有 10%的产品自销权，实行双轨制，开始出现汽车流通。1994 年，当时的国家计委出台了《汽车工业产业政策》（1994 版），其中第 51 条提出：汽车工业企业根据国际上通行的原则和模式自行建立产品销售系统和售后服务系统。到 2004 年，国家发改委发布实施了《汽车产业发展政策》（2004 版），其中第 33 条提出：国家鼓励汽车服务贸易企业借鉴国际上成熟的汽车营销方式、管理经验和服务贸易理论，积极发展汽车服务贸易。十年时间，2004 版产业政策发生了非常大的变化，内容从汽车生产企业延伸到包括汽车服务贸易企业全产业链。2005 年，商务部、发改委、国家工商总局出台了《汽车品牌销售管理实施办法》，明确提出：实施汽车品牌销售和服务。

改革开放以来，随着汽车商品属性的确定，销售服务模式逐渐确立，汽车流通行业在不断创新中迸发出鲜活的生命力。1998 年，在国际上具有百年成功经验的 4S 经销店的销售服务模式引入中国，到 2018 年整整 20 年！归纳来说，这一商业模式有三大特点：一是高效率，厂家-经销店-消费者，实现了商品流通的最短路径；二是规范化，由厂家品牌授权，在人员、设施、设备以及流程等方面都严格要求；三是销售服务一体化，这也是 4S 这种商业模式的核心，在售前、售中、售后均能够为消费者提供最全面的服务。从横向比较，在各种消费品中，流通路径最短的是 4S 经销店模式，最规范的也是 4S 经销店模式，而售前、售中、售后的一体化也恐怕只有汽车商品做到了。正是这三大特点造就了 4S 模式百年成功经验，进入中国 20 年，到今天为止还有强大的生命力。经过了 20 年的实践，4S 经销店这种商业模式达到了三大目标：其一搭建了较为完善的新车流通体系；其二培育了消费者的消费习惯，今天消费者购买新车，4S 店是他们一定要去的一个场景；其三经过 20 年实践，我们形成了汽车流通行业。根据国家统计局 2017 年发布的社会消费品零售总额数据显示，汽车新车的零售额是 4.22 万亿，占社零总额 11.5%，这正是汽车流通行业巨大的能量体现。

回顾历史可以看到，没有改革开放，就没有汽车流通行业，也正是有了改革开放，才使得我们的行业从无到有、从小到大、从弱到强。

进入新时代，我国的经济正处在由高速增长转向高质量发展的阶段，现阶段的主要矛盾要求我们放弃速度偏好，必须重视发展质量。同时，经济环境内外部条件的变化，也使得原有增长模式越来越受到制约，迫切需要转变发展方式、优化经济结构、转换增长动力。

今天，站在改革开放 40 周年新的起点上，我们面临着前所未有的历史机遇期，在科技创新的引领下，中国汽车产业正在发生着巨大的变化。我们不仅赶上了一个好的时代，也处在一个最好的时期！当前，新能源驱动、智能网联、自动驾驶、共享出行等新技术新商业模式层出不穷，而市场环境和消费习惯也在经历变化，时代的车轮正倒逼着汽车流通行业转型升级。

四十年来，我们在改革开放的激流中奋勇拼搏，不断进取，打造了今天的市场繁荣和发展根基。在新的时代，汽车流通行业必将迎来一系列的变化，我们要拥抱新技术，用科技武装自己，提升效率、提高管理水平、不断改善客户体验，提高客户满意度。然而，伴随着制造端的产品变化，终端用户的消费习惯也在改变，作为流通环节势必要变，如何变？变成什么样？这也是今天乃至未来一段时间都要认真思考、共同探索的行业重大课题。

今天，不只是中国遇到了变化，全世界都在变，所以说我们没有理由不变。20 年前我们引入了 4S 经销店的商业模式，取得了成功的经验，完成了流通体系的建设。今天我们也完全有能力，也有责任去探索出全新的汽车流通体系，未来这个体系将为世界各国家提供中国智慧和中国方案！让我们携手同行，开拓进取，勇于创新，拥抱新技术，用工匠精神来雕刻我们的服务！以此向改革开放 40 周年致敬！

2017年中国汽车市场及汽车流通行业现状与发展变化

中国汽车流通协会会长 沈进军

2017 年，世界经济出现回暖迹象，但全球复苏并不平衡，结构性强劲增长仍未出现，依然面临不少风险和不确定因素。当前中国经济发展正处于爬坡过坎的关键阶段，发展态势稳中向好。李克强总理在 2017 年夏季达沃斯论坛开幕式的致辞中指出，当前世界经济有回暖迹象，但并不稳定。经济复苏的动力仍然不足，尤其是结构性的问题更加凸显，地缘政治的风险有所上升。2017 年以来，中国经济延续了稳中向好的发展态势，GDP 保持平稳增长，尤其是结构和效益明显改善。面对近年来的经济下行压力，通过改革创新，持续调整结构，使经济增长从过去的过多依赖投资、出口拉动，转向更多依靠消费拉动、服务业带动和内需支撑。这些重大转变，凸显了中国经济结构和品质的改变与提升，也使经济增长保持了更强的稳定性和持续性，而且会给世界带来更多的机遇。当前，中国经济也面临不少困难和挑战，在国内经济转型升级、国外经济形势复杂的情况下，中国经济的指标有短期小幅波动是难免的，但稳中向好的态势不会改变。

一、目前中国汽车市场的发展趋势

汽车产业作为国民经济支柱产业，近年来对中国经济建设与发展的贡献度持续提升。2017 年，中国实现汽车类消费 4.22 万亿元，成为社会消费品零售总额最重要的贡献来源。

（一）2017 年新车市场增长低于预期

相较于 2016 年的快速增长，2017 年新车市场受刺激政策退坡等多重因素影响，整体增速放缓。乘用车市场此消彼长、商用车市场增速高于乘用车、豪华品牌增速较快是今年新车市场的主要特征。

2017年，中国汽车产销2901.54万辆和2887.89万辆，同比增长3.19%和3.04%，增速比上年同期回落11.27个百分点和10.61个百分点。其中乘用车产销2480.67万辆和2471.83万辆，同比增长1.58%和1.40%；商用车产销420.87万辆和416.06万辆，同比增长13.81%和13.95%。

2017 年汽车市场实现低速增长。

（二）二手车市场快速发展

随着中国汽车市场逐渐成熟，置换需求已成为新车消费的重要支撑，二手车消费成为汽车消费的一个重要选项，二手车市场对汽车市场整体发展的作用愈加凸显。与新车市场的低速增长相对，2017年中国二手车市场迎来了快速增长。

据中国汽车流通协会对全国二手车交易市场的全口径统计，2017年中国累计交易二手车1240.1万辆，累计同比增长19.33%；累计实现交易额8092.7亿元，同比增长34%。同时二手车置换对新车销售的贡献度持续增加。

行业数据表明，2017年二手车交易保持活跃状态，二手车交易量与交易额双双增长明显。交易额增速超过交易量增速一倍以上，表明2017年的二手车交易的品种与档次上移，突显了二手车市场消费升级特征。

二手车市场实现高速增长，原因主要有三：一是2009年以来新车销量大幅增长，大量家用汽车已进入换车周期；二是二手车"限迁"政策逐步突破，二手车市场活跃度增加；三是消费者消费理念日益成熟，二手车成为更多消费者的消费选项。

当前中国二手车市场发展潜力巨大，但发展过程中依然面临许多问题，税收制度不合理、临时产权登记制度缺失、车况信息披露制度不完善等，都制约着行业发展。随着这些问题的逐步解决和相关制度的建立，中国二手车市场将迎来更快更好地发展。

（三）汽车后服务市场发展进入新阶段

近年来，汽车行业焦点与利润来源逐步由汽车销售端向售后服务端转移，吸引了大量资本参与投资，新公司、新模式不断涌现，汽车后市场空前繁荣，发展至今已形成多种业态并存、经营模式多样、年产值近万亿元的庞大市场。

目前中国汽车保有量已突破2亿辆，驾驶员人数超过3亿人，对汽车售后服务的需求巨大，汽车后服务市场发展空间广阔。当前中国汽车后市场经营主体高度分散，行业集中度很低，整体依然处于缺乏监管、鱼龙混杂阶段，许多问题亟待规范。

随着中国汽车市场逐步成熟，消费者汽车消费需求的不断升级，对汽车后市场企业的要求也不断提高。预计未来中国汽车后市场规模将继续增长，行业竞争将日趋激烈，行业企业经营服务质量将有所提升，市场将向品牌化、规范化发展。

（四）汽车市场政策环境改变

经过多年的发展，中国汽车市场在取得一系列丰硕成果的同时，也暴露出了一些行业发展中存在的问题与矛盾。为解决市场出现的问题，优化行业的政策环境与市场环境，国家近年来陆续出台了《关于促进二手车便利交易的若干意见》《汽车销售管理办法》等，《关于汽车业的反垄断指南》也有望近期出台。相关行业政策和指南的出台，为汽车行业未来指明了方向，为保持行业可持续发展提供了强大助力。

二、汽车流通行业的发展变化

2017年，作为汽车产业重要组成部分，汽车流通行业在新车市场增速放缓的背景下，取得了较好的业绩。汽车经销商盈利能力明显提升，二手车市场高速增长，汽车后服务市场愈加繁荣。同时，汽车流通行业转型升级效果明显，产生了一系列积极的变化，这种发展变化主要体现在以下两个方面：

（一）汽车流通企业集团化趋势明显，行业集中度进一步提高

当前汽车流通行业集中度持续提高，行业企业盈利能力不断提升，行业资源整合、企业经营结构调整进入新的阶段。

2017 年 5 月协会发布的百强排行榜相关数据显示，2016 年百强企业实现营业收入 14965 亿元，同比增长 33.4%；整车销售数量同比增长 19.9%，达到 783.1 万台，其中二手车交易 79.4 万辆，对新车销售的贡献度持续增加；企业 4S 店网点数量达到 5487 家，同比增长 8.8%（自建+并购），门店增长速度保持稳定；2016 年百亿经销商集团数量从 2015 年的 37 家增加到 45 家；百强榜首营业收入从 937 亿元增长到 1354 亿元，千亿级经销商集团诞生；2016 年百强经销商销售数量占市场总销量的比重从 25%增长到 29%；同时，上榜汽车经销商集团整体业务结构不断优化，汽车后市场业务、金融保险服务业务收入占比继续增长。

汽车经销商百强排行榜相关数据在展示行业企业取得的业绩同时，也揭示了发展中存在的不足。针对暴露出的问题，通过数据分析，协会为汽车经销商集团提出了三点建议：

第一，业务结构需持续调整。积极探索融资租赁、二手车金融等新型业务，增加利润来源；立足汽车流通行业，积极面对跨行业竞争，加强行业间合作。

第二，管理效率需不断提升。有效控制风险，强化集团/门店业务流程管理，积极面对新型业务板块的风险挑战；提升组织效率，精细化管理推动企业内部效率提升，有效“开源节流”；提高人才管理效率，行业转型中既要留住现有人才，同时也要吸引”新型”人才。

第三，经销商应由“大”向“强”转变。从仅关注“销售”转向“销售+服务”双向并重；从关注“规模”转向全面关注经销商的“盈利能力、盈利潜力、有效规模” ；从卖方市场中的“大”经销商转向以买方市场中“大而强”的经销商。

（二）上市汽车经销商集团盈利能力提升，转型升级效果显现

随着中国汽车市场政策环境的改善，汽车经销商迎来更好发展机遇的同时，也进入了资源整合、转型升级的关键时期。上市汽车经销商集团作为行业的佼佼者，其经营业绩与发展战略具有很好的研究与借鉴意义，也为评估中国汽车流通行业发展现状提供了一个良好的视角。

2017 年，上市汽车经销商集团在新车市场增速放缓的背景下取得了良好的业绩，经营和管理水平有效提升，整体盈利能力增长明显。

具体表现为：

1. 上市汽车经销商集团资产规模整体微增，营收增长；

2. 上市集团盈利能力提升明显；

3. 上市集团新车销售毛利率有所下降，真实销售利润率较低；

4. 上市集团汽车售后服务业务毛利贡献度增加；

5. 上市集团管理水平不断提升，零服吸收率高于行业平均水平，库存周转率明显提升；

6. 企业融资环境得到改善，融资成本降低。

当前中国汽车市场已进入买方市场，挖掘自身内部动力与提升经营管理水平对行业企业越来越重要。“向管理要效益”“向服务要效益”已成为行业共识，加强企业内部管理与提高企业服务水平已成为汽车经销商提升自身盈利水平与盈利能力的重要手段与渠道之一。未来，随着市场环境的改善与新科技、新技术在汽车市场的运用，汽车经销商的业务势必将向多元化发展，如何更好地整合资源、优化管理，将是每个希望抓住发展机遇的汽车经销商必须面对的问题。

第2部类
大事记
DIERBULEI
DASHIJI

2017年汽车行业大事记

1月

1日，财政部、科技部、工业和信息化部、发展改革委联合发布的《关于调整新能源汽车推广应用财政补贴政策的通知》正式实施。通知主要包括调整完善推广应用补贴政策、落实推广应用主体责任、建立惩罚机制，并明确提出：除燃料电池汽车外，各类车型2019-2020年中央及地方补贴标准和上限，在现行标准基础上退坡20%。

同日起至12月31日止，对购置1.6升及以下排量的乘用车减按7.5%的税率征收车辆购置税。自2018年1月1日起，恢复按10%的法定税率征收车辆购置税。新能源车辆依然享受免征购置税。

同日，国V排放标准全面实行。根据新规，现行90号、93号、97号三个汽油牌号正式退市，89、92、95、98号汽油上市。国V标准指的是国家第五阶段及汽车污染物排放标准。它的控制水平相当于欧洲正在实施的第五阶段排放标准，对氮氧化物、碳氢化合物、一氧化碳和悬浮粒子等机动车排放物的限制更为严苛。

同日，所有新定型销售车辆必须满足环保部发布的《乘用车内空气质量评价指南》强制标准要求。此前已经定型的车辆，自2018年7月1日起实施强制标准要求。新标准提出，汽车制造企业应保证批量生产车辆的内饰零部件与备案信息一致，否则将判定为环保一致性检查不合格，如果检测发现8项指标中任何一种污染物超标，都将判定为不合格。

同日，北京市第六阶段《车用汽油》和《车用柴油》两项标准正式实施，北京565万辆机动车率先于全国用上新燃料。京六汽油标准的制定参考了欧六标准，并结合了更严格的美国加州汽油标准，芳烃、烯烃含量限值大大降低，这是国内史上最严格的排放标准。

10日，公安部交管局发布统计数据，截至2016年底，全国机动车保有量达2.9亿辆，其中汽车1.94亿辆；机动车驾驶人3.6亿人，其中汽车驾驶人超过3.1亿人。汽车新注册量和年增量均达历史最高水平。随着群众生活水平的不断提升，汽车刚性需求保持旺盛，汽车保有量保持迅猛增长趋势，2016年新注册登记的汽车达2752万辆，保有量净增2212万辆，均为历史最高水平。汽车占机动车的比率持续提高，近五年占比从50.39%提高到65.97%。

12日，中国汽车工业协会发布数据，我国2016年全年汽车产销双双超过2800万辆，连续八年获得全球第一。从乘用车四类车型产销情况看，2016年与上年同期相比，轿车产销分别增长3.9%和3.4%；SUV产销继续保持高速增长，分别增长45.7%和44.6%；MPV产销增速分别为17.1%和18.4%。同时，2016年我国共生产新能源汽车51.7万辆，销售50.7万辆，比上年同期分别增长51.7%和53%。

13日，国家能源局、国资委、国管局联合下发关于《加快单位内部电动汽车充电基础设施建设的通知》。通知指出，到2020年，公共机构新建和既有停车场要规划建设配备充电设施(或预留建设安装条件)比例不低于10%；中央国家机关及所属在京公共机构比例不低于30%；在京中央企业比例力争不低于30%。鼓励其他社会企业参照以上标准开展内部充电设施建设。各单位在既有停车位安装充电设施的，无需办理建设用地规划许可证、建设工程规划许可证和施工许可证。按“经济实用、快慢互济”原则，优先建设成本相对较低的交流慢充，根据实际需求合理配建一定比例快充。

14日，中国电动汽车百人会论坛在北京钓鱼台国宾馆召开，以“提升核心技术、创新引领发展”为主题，设计了九场主题峰会，全面、系统、深入地探讨当前电动汽车产业发展过程中各个环节亟需解决的问题和可行性方案。上百位专家学者参加了此会。

15日，二手车电商优信集团宣布完成了新一轮5亿美元融资，领投方为TPG、Jeneration Capital、华新资本，并由华平、老虎环球基金、高瓴资本、KKR等跟投。数据显示，在完成这笔融资后，优信集团所获融资额已达近10亿美元，成为行业内融资最多的二手车电商品牌，这也是截至目前业内融资额最高的一笔融资。

16日，工信部发布《新能源汽车生产企业及产品准入管理规定》。《规定》明确了新能源汽车的定义和范围，对生产企业准入条件、产品准入条件及监督检查措施进行了完善，建立了运行安全状态监测制度，强化了法律责任。

同日，一汽与奥迪在长春正式签署《一汽、奥迪十年商业计划》，双方将在包括智能互联、移动出行、联合数字化项目、金融服务合作等众多核心业务领域的21项核心领域开展深度合作。此外，在模具和焊夹设备制造能力等方面也将开展具体而有针对性的合作。

17日，发改委发布《能源发展“十三五”规划》。《规划》提出适度超前建设电动汽车充电设施，促进交通运输“以电代油”。《规划》还提出建设“四纵四横”城际电动汽车快速充电网络，新增超过800座城际快速充电站、1.2万座集中式充换电站、480万个分散式充电桩，满足全国500万辆电动汽车充换电需求。

2月

4日，工信部公布了对金华青年汽车、上汽唐山客车、重庆力帆、郑州日产、上海申沃、南京特种汽车、重庆恒通7家骗补车企的行政处罚决定：撤销这7家汽车制造商生产骗补产品的公告，取消其相关骗补产品的生产资质；暂停这7家公司申报新能源汽车推广应用推荐车型的资质；责成上述企业进行为期2个月的整改，整改完成后，再依据情况验收。

7日，中国汽车流通协会发布最新统计数据显示，2016年全年中国二手车交易量累计同比增长10.33%，达1039.07万辆，首次突破千万级大关。根据流通协会预测，2017年二手车市场将保持20%的增速，二手车交易量将达到1250万辆以上，这将是二手车交易量近5年来的最快增速。

8日，神州租车公布了2017年春节出行大数据。大数据显示：70%的消费者在春运抢不到票的情况下，会考虑租车出行。其中大部分租车用户的目的地范围为距离出发地500公里、6小时以内的地区。2017年春节期间，用户平均租期超5天，占整个春节假期的70%以上。客源地前五城市分别为：北京、哈尔滨、广州、上海、重庆。最受欢迎的自驾旅游目的地前五城市分别为：三亚、海口、丽江、大理、昆明。节日期间，北京、重庆、三亚等全国多个城市基本为一车难求状态。

9日，北京市第一中级人民法院公开宣判中国第一汽车集团公司原党委书记、董事长徐建一受贿案，对被告人徐建一以受贿罪判处有期徒刑十一年六个月，并处没收判决书所附清单中的个人财产；对徐建一受贿所得财物及孳息予以追缴，上缴国库。

14日，江苏省消费者协会发布2016年度二手车市场消费调查报告。调查结果显示，超过七成的消费者对二手车持拒绝态度，仅19.76%的消费者有意愿了解二手车。

16日，中国汽车流通协会奥迪经销商联会在三亚成立。成立大会上，一汽-大众奥迪经销商发布《三亚声明》。声明表示，一汽-大众奥迪经销商深切理解奥迪公司希望在中国豪华车市场保持第一位势的战略目标，经销商愿意与奥迪携手共同实现2020战略100万辆销售目标，在目标达成之后，不反对奥迪评估和探讨在中国选择新的合作伙伴及建立新的销售网络。

20日，质检总局表示，为落实《大气污染防治法》要求，会同环保部建立机动车环境保护缺陷召回管理制度，把存在排放缺陷的机动车纳入召回管理范围。随着这一制度的确立和实施，中国汽车排放法律法规将集齐最后一块拼图，从平均油耗、排放标准和排放质保期三个方面，对机动车排放进行要求。

22日，中汽中心在京发布2017年中国汽车行业客户满意度调研结果。调查结果显示，2017年CATARC调研的全部车型综合满意度的平均得分为778分（千分制），相较于2016年上升了10分。其中产品满意度提升6分，服务满意度上升了18分。从各级别车的综合满意度得分情况来看，按照去年的分级方式，只有小型车的满意度较去年有所下降，其他车型满意度均有不同程度上升，其中中型轿车、紧凑型SUV和中型SUV上升较多，分别为20.8分、18.4分和20.5分。

同日，吉利集团旗下子公司——曹操专车，通过浙江省交通运输厅等相关部门审核，获得浙江省交通运输厅下发的《申请从事网约车经营具备线上服务能力的认定结果》，成为第一家获得经营资质的新能源汽车共享出行平台。

27日，云度新能源品牌在北京正式发布。云度新能源是由福汽集团等4方共同出资设立的混合制经营企业，拟成为专注于打造纯电动SUV的汽车企业，是福建省"十三五"重点项目。发布会现场，云度品牌首先推出的两款纯电动小型SUV分别被命名为π1和π3，均将于4月开幕的2017上海车展正式发布。

28日，国务院印发《"十三五"现代综合交通运输体系发展规划》。到2020年，基本建成安全、便捷、高效、绿色的现代综合交通运输体系，部分地区和领域率先基本实现交通运输现代化。城市公共交通、出租车和城市配送领域新能源汽车快速发展。在地市级及以上城市全面推进公交都市建设，新能源公交车比例不低于35%，城区常住人口300万以上城市基本建成公交专用道网络，整合城市公交运输资源，发展新型服务模式，全面提升城市公共交通服务效率和品质。

3月

1日，工业和信息化部、发展改革委、科技部、财政部印发《促进汽车动力电池产业发展行动方案》，提出了五个方面具体发展目标：一是产品性能大幅提升，2020年动力电池系统比能量力争较现有水平提高一倍达到260瓦时/公斤、成本降至1元/瓦时以下，2025年动力电池单体比能量达500瓦时/公斤；二是产品安全性满足大规模使用需求，实现全生命周期的安全生产和使用；三是产业规模合理有序发展，2020年行业总产能1000亿瓦时、形成产销规模400亿瓦时以上的龙头企业；四是关键材料及零部件取得重大突破，2020年形成具有核心竞争力的创新型骨干企业；五是高端装备支撑产业发展，2020年实现装备智能化发展、制造成本大幅降低。

同日，中国汽车流通协会发布了2016年全国汽车经销商满意度调查结果。数据显示，2016年经销商总体满意度得分为81.0分，比去年增加了1.2分。从品牌类型来看，合资、高端/进口、自主品牌的满意度均有所提升，其中合资品牌的提升幅度最大，为4.9分；高端/进口品牌得分最高，为83.8分。满意度提升的主要原因得益于2016年经销商库存状况明显改善，盈利能力提升。就调查的不同模块来看，品牌价值、厂商政策及管理、厂商人员三个子模块中，经销商对厂商人员的满意度下降较为明显。2016年经销商满意度排名TOP10的品牌分别是（排名不分先后）奔驰、宝马、哈弗、东风本田、雷克萨斯、广汽传祺、广汽菲克、广汽丰田、上汽大众、一汽马自达。

同日，知豆成为继北汽新能源、长江汽车、长城华冠、奇瑞新能源、敏安汽车、万向集团、江铃新能源、重庆金康、国能新能源及云度之后，第十一家获得新建纯电动生产资质的企业。

2日，由中国汽车流通协会牵头制定的团体标准《汽车延长保修规范》第四次研讨会在京顺利召开。来自汽车主机厂、经销商集团、延保公司、保险公司、救援公司、汽车俱乐部及北京市质监局等各相关方面的专家代表共同出席了本次会议。会议主要针对《规范》在公示期内所广泛征求的社会意见进行研讨，并进一步修改完善了主机厂、经销商集团作为汽车延长保修服务主体的相关规范内容，使《规范》的主体更为明确、内容更加严谨、适用范围更为广泛。

同日，捷豹路虎经销商联会在武汉成立。据悉，捷豹路虎在华运营的授权经销商数目已超过200家，此联会已经有194家经销商会员，占捷豹路虎所有销售网点的91%。该联会为会员搭起长期有效沟通和参与平台，共同为品牌建设、产品规划、市场拓展、网络规划和经销商赢利性等多方面做出健康持续发展保障。

5日，国务院总理李克强在《政府工作报告》中指出，要强化机动车尾气治理，基本淘汰黄标车，加快淘汰老旧机动车，对高排放机动车进行专项整治，鼓励使用清洁能源汽车，在重点区域加快推广使用国六标准燃油。

同日，北京、天津、上海、重庆、厦门、青岛、深圳、沈阳、长春、哈尔滨、南京、杭州、济南、武汉、成都、西安、昆明等17城市消协(消委会、消保委)及中国消费者报社，共18家消费维权单位联合发布了《网约车消费者情绪指数报告》，并对网约车行业发展提出建议。报告调查了消费者对于网约车行业服务、价格和安全方面的评价。调查显示，消费者最关心价格，比如春运期间因为供需矛盾导致的车少价高最受消费者诟病。同时，报告发布了消费者对于网约车新政的态度，超过六成网友认为新政“合格”，但也有网友认为新政需要进一步优化，尤其是从增加供给方便百姓出行的方面进行优化。

9日，中消协发布了《汽车互联网广告真实性专题维权报告》和《2016年全国消协组织受理汽车产品投诉统计分析》，维权报告显示，二手车市场利用网络平台进行虚假宣传的占比较大，且呈上升趋势。统计分析显示，全国消协组织去年共录入受理汽车产品(含零部件)投诉15247件，投诉解决率达78.84%。售后服务问题、合同争议和产品质量是引发投诉的主要原因，超过投诉总量的70%。按品牌统计，一汽大众、长安福特、别克排在总投诉量的前三位。

10日，中国汽车流通协会发布《乘用车新车售前检查服务指引（试行）》，明确乘用车新车PDI项目、流程，区分乘用车新车PDI与一般检查、维修的不同；规范乘用车新车PDI的修补、校正、更换等行为，确保乘用车新车产品质量；清晰告知乘用车新车PDI相关信息，保护消费者合法权益。《指引》对行业服务起到了规范指导作用。

16日，商务部、公安部、环保部联合给各地下发“关于请提供取消二手车限迁政策落实情况”的函，明确要求各地区（北京、天津、河北、上海、江苏、浙江除外）在2017年4月14日前将取消二手车限迁政策落实情况和《取消二手车限迁政策情况表》分别报商务部、公安部、环保部。在形成报告后上报国务院，对取消二手车限迁政策进展缓慢的地区，将提请国务院适时开展实地督察，并向社会公开各地工作进展。

同日，“中国最受欢迎的十大自驾路线”及“最受国人欢迎的国外十大自驾路线”颁奖典礼在西安举行。双十大评选活动由中国汽车流通协会汽车俱乐部分会主办，走吧网协办。

17日，交通部发布消息称，北京、天津、上海、重庆等73个城市的网约车管理实施细则已正式发布。神州专车、首汽约车、曹操专车、滴滴出行等网约车平台已在一些城市取得了《网络预约出租汽车经营许可证》。

同日，零跑科技首次公开亮相，并正式推出其汽车品牌“零跑汽车”。在产品规划上，零跑汽车已有两个整车项目，第一个整车项目已经完成软模样车，将于2018年底量产上市；第二个整车项目目前完成了市场预研和产品定义的工作，将于2019年上半年开始量产上市。

同日，二手车平台——瓜子二手车直卖网与本地生活服务平台——58集团在京联合举办了“子5线”——瓜子二手车与58集团战略合作升级发布会。该战略合作涉及流量、车源、金融风控、大数据等方面。由于两个平台流量相加将占二手车电商市场80%，由此一个二手车领域的超级生态形成。

17-19日，2017中国金华新能源汽车展览会暨新能源汽车高峰论坛在浙江金华召开。本届展览会以“绿色、创新、合作、共赢”为主题，由中国电动汽车百人会、中国汽车流通协会、金华市人民政府等主办。参展企业超过130家，总布展面积近1万平方米。其中整车报名参展企业30余家，参展品牌有北汽新能源、上汽荣威、比亚迪、吉利汽车、众泰等国内外知名制造企业；报名参展零部件企业100多家，主要有南都电源、尤耐特电机等电机、电控、电池、充电桩企业。

21日，由中国汽车流通协会汽车金融分会主办的2017汽车经销商集团融资趋势分析会在北京中国科技会堂召开，近50位参会代表参会。该分析会主要分析2017年汽车经销商融资趋势，对近两年合格证质押融资引起的关注问题、财务总监俱乐部的组建章程等内容展开深入讨论，并对汽车经销商融资的多种途径进行了介绍。

同日，“精于工 匠于心——2016中国汽车业十大工匠评选”颁奖盛典在北京人民日报社报告厅举行。“2016中国汽车业十大工匠”包含三大方面奖项：汽车生产和制造十大工匠，汽车设计和研发十大工匠以及产品质量控制十大工匠，共三十人获得此工匠荣誉。

23日，商务部发言人孙继文在例行发布会上表示，针对2017年前2个月汽车销售回落的态势，商务部从四个方面采取措施促进汽车消费市场发展，包括：将出台《汽车销售管理办法》；发文要求取消二手车限迁政策；复制推广汽车平行进口试点经验；修订《报废汽车回收管理办法》。

25日，新修订的《上海市道路交通管理条例》正式实施，与1997年的原条例相比，新版八成以上的条款都是新内容。新《条例》增设了消除交通安全隐患的条款，如规定驾驶机动车上道路行驶，不得有“拨打接听手持电话、浏览电子设备等妨碍安全驾驶的行为”；“机动车乘坐人在配有安全带的座位就座时，应当使用安全带”；“不得安排未满十二周岁未成年人乘坐副驾驶座位”等。此外，新《条例》对买分卖分等行为也加重了处罚。

27日，国机汽车股份有限公司赣州新能源汽车项目签约。赣州市人民政府、国机汽车、赣州经开区管委会三方签订了《赣州新能源汽车项目合作协议》。国机汽车在赣州投资建设的新能源汽车项目，总投资约80亿元，其中一期投资约40亿元，预计形成10万辆新能源汽车的产能，预计最快2018年首台新能源汽车下线。

28日，国家发展改革委产业司组织召开汽车投资项目管理工作会议，要求各地完善汽车投资项目管理，禁止核准新建传统燃油汽车生产企业投资项目，严格控制现有汽车企业扩大传统燃油汽车产能，这将意味着现有传统燃油汽车生产企业的数量将只减不增。

同日，交通部发布《城市公共汽车和电车客运管理规定》，明确从事城市公共汽车和电车客运的服务提供、运营管理、设施设备维护、安全保障等活动，应当遵守本规定。规定表示，国家鼓励推广新技术、新能源、新装备，加强城市公共交通智能化建设，推进物联网、大数据、移动互联网等现代信息技术在城市公共汽电车客运运营、服务和管理方面的应用。

30日，《京津冀地区快递服务发展“十三五”规划》正式对外发布。规划提出，需加速推广应用新能源车，重点企业新能源汽车保有量应超过5000辆。在配送车辆方面，规划提到，强化京津冀三地快递车辆通行衔接，规范快递车辆标识，保障快递车辆的便利通行；完善快递配送车辆标准，支持京津冀快递车辆规范管理，大力发展绿色环保、形象统一、适应城市交通的快递车辆；扩大邮政业领域新能源汽车应用规模，加快落实相关补贴政策。

4月

5日，商务部发布了《汽车销售管理办法》，明确于2017年7月1日正式实施，2005年开始实施的《汽车品牌销售管理实施办法》则同时废止。相对于旧版管理办法，《办法》具有里程碑意义，取消了“品牌”二字，从根本上打破汽车销售品牌授权单一体制，汽车流通体系真正进入社会化发展阶段，重新调整了厂家与经销商关系，平衡两者利益，强化现有市场规范运行。

6日，福特汽车宣布其中国电气化战略，确定将在中国推出两款全新电动汽车，并在2025年前向中国市场推出更多新电动汽车。福特汽车为中国消费者提供的2025年以前全面的电气化解决方案包括混合动力汽车、插电式混合动力汽车和纯电动汽车等不同形式的新能源车型。

8日，北汽集团旗下全新出行服务平台——华夏出行有限公司正式揭牌成立。其通过智能化综合出行服务平台，以北汽新能源汽车为基础建立网约车、出租车、智慧穿梭巴士、共享物流车等绿色全业态出行服务体系，解决出行难题，有效缓解交通拥堵，降低环境污染，创造绿色生态宜居城市。

11日，平安产险携手美国NSF（汽车售后配件认证机构），宣布中国首批认证配件上市，并在中国首推认证配件终身质保服务。

13日，2017中国（杭州）国际汽车嘉年华在杭州国际博览中心举行。此次活动以“引领汽车消费新潮流”为主题，由中国汽车流通协会、中国国际商会浙江商会主办，百瑞国际会展集团承办。该次车展围绕汽车全类别产品，展出新车、豪华车、跑车、新能源车、房车、改装车、二手车和老爷车的不同类别经典车型，首次设立豪华车展馆，展出车型涵盖了劳斯莱斯、宾利、保时捷、法拉利、玛莎拉蒂、阿斯顿马丁、兰博基尼等全部高端车型。总展出规模近10万平米。

14日，由中国汽车流通协会主办，浙江方林二手车市场协办的"2017年全国二手车交易市场深化转型工作会议"在浙江路桥召开。与会代表围绕着努力培育二手车交易市场新动能、诚信经营的落地措施、互联网共享等问题，交流了地方推进"国八条"突破限迁情况、在全国范围内开展行业标准《二手车流通企业经营管理规范》贯标工作、《全国二手车交易市场诚信等级评定工作》及研讨"行"认证在二手车交易市场转型发展的促进作用等情况，分享了各自市场转型发展中的体会和经验。

16日，LYNK & CO互联共创之夜暨品牌中国发布会在上海西岸艺术中心举办。LYNK&CO品牌官方正式公布其中文品牌名称为领克，并同步发布首款车型——领克01准量产车，这也是领克品牌首次在国内发布。该车未来将在吉利集团路桥基地生产，并于2017年第四季度正式在国内上市，2019年进军欧美市场。

18日，四川首个自贸区平行进口车交易展示中心在四川自贸区青白江片区投入试运营。该中心集平行进口车展示、销售、金融服务、保险、汽车零配及仓储于一体，为平行进口汽车产业链条下游端提供完善的配套服务。

19日，第十七届上海国际汽车工业展览会在国家会展中心（上海）开幕。本届上海车展吸引了18个国家和地区1000余家中外汽车展商参展。展出总面积超过36万平方米，展出整车1400辆，其中全球首发车113辆（外国公司30辆、中国公司83辆），外国公司亚洲首发车44辆，新能源车159辆（国内厂商96辆、国外厂商63辆），概念车56辆。本届车展共吸引参观者101万人次。

同日，百度宣布了一项旨在开放自动驾驶技术的"Apollo计划"，希望将成熟的技术分享出来，与无数致力于推动自动驾驶技术发展的伙伴一起，更好更快探索自动驾驶领域。"Apollo"平台的结构包括车辆平台、硬件平台、软件平台、云端数据服务等四部分，将开放包括环境感知、路径规划、车辆控制、车载操作系统等功能在内的代码或能力，并提供完整的开发测试工具。

20日，中国汽车技术研究中心C-NCAP管理中心发布了《C-NCAP管理规则（2018年版）》，将于2018年7月1日开始正式实施。与2015年版规则相比，2018年版规则评价体系发生较大改变，由之前的车辆乘员被动安全保护性能评价拓展到对车外行人的保护性能和车辆主动预防安全性能，全面覆盖车内外主被动安全要求，并新增加对于纯电动及混合动力车型的评价。

同日，"新能源汽车销售与服务研讨会" 在上海车展期间召开。该研讨会由中国汽车流通协会、中国汽车技术研究中心共同主办，中国汽车流通协会新能源汽车分会承办。近40名代表成员参加此会，共同探讨了新能源汽车的发展模式、新能源汽车三包服务规定、新能源汽车品牌决定未来三个议题，

同日，国家发展改革委正式公示关于浙江合众新能源汽车有限公司年产5万辆纯电动乘用车项目核准的批复。浙江合众成为继河南速达之后，第十三家获得新建纯电动汽车生产资质的企业。据了解，该项目总投资11.57亿元，建设地点位于浙江省嘉兴市桐乡经济开发区。

22日，中国金融与互联网沙龙在上海召开。本次沙龙由中国汽车流通协会主办，易鑫金融承办，以二手车金融以及互联网行业规范发展为切入点进行深入交流，探究新金融和互联网行业在政策、经济、市场、法律法规和应用方面的新格局、新变化。参会嘉宾针对二手车金融、融资租赁、消费者关于汽车行业维权、国家汽车产业宏观政策、《汽车销售管理办法》、汽车"三包"、以及银行体系与行业企业个人征信对接等诸多问题展开讨论。

25日，工业和信息化部联合发展改革委、科技部印发《汽车产业中长期发展规划》，提出要以加强法制化建设、推动行业内外协同创新为导向，以新能源汽车和智能网联汽车为突破口，以做强做大中国品牌汽车为中心，以"一带一路"建设为契机，推动我国汽车产业发展由规模速度型向质量效益型转变，实现由汽车大国向汽车强国转变。

值得注意的是，通知中明确提出，将完善内外资投资管理制度，有序放开合资企业股比限制。

同日，中国保险行业协会与中国汽车维修行业协会在北京第七次联合发布汽车零整比研究成果。从各车型的零整比系数来看，最高的车型为北京奔驰GLK级，汽车零整比系数为830.49%；最低的车型为力帆620，汽车零整比系数为157.66%。从整体来看，本期汽车零整比100指数为327.96%，常用配件负担100指数为14.92。

28日，天津市商务委等10部门印发了《关于促进天津口岸整车进口若干措施的通知》。《通知》涵盖了产业发展方向、强化财政资金支持、加大推介招商力度、提高海关通关便利化、提高检验检疫通关便利化、优化提升口岸服务、拓宽金融服务渠道、营造港口良好环境及提升综合服务水平等9方面30余项内容。

同日，中国首届二手商用车大会在京举行。本届大会由中国汽车流通协会主办，来自全国各地200多名商用车领域的专家、二手商用车经销商、经纪人等，探索、分享二手商用车的成功市场经验。本次大会还达成了多个以“中国二手商用车信息平台”为基础的合作项目，旨在解决二手商用车交易过程的信息不对称、流通不畅等问题，大力促进二手商用车流通环节健康有序运行。

4月28日-5月3日，2017第六届中国（天津）国际汽车工业展览会，在梅江会展中心举行。本届展会由中国汽车流通协会、中国国际贸易促进委员会天津市分会、百瑞国际会展集团有限公司主办。展览展示面积达10万平方米，参展品牌百余个，参展车辆近千台，分别展示各种品牌的顶级跑车、中高档轿车、越野车、商用车、房车、特种车、改装车及概念车等。据不完全统计，展会期间共接待观众近26万人，现场购车及订车16000余辆，销售金额近24.3亿元人民币。

5月

2日，国务院正式批复国家发改委《关于设立“中国品牌日”的请示》，同意自2017年起，将每年的5月10日设立为“中国品牌日”。就汽车工业来说，“中国品牌日”的设立更是为自主品牌汽车的发展注入了新的力量。

11日，商务部新闻发言人孙继文透露，商务部将评估汽车平行进口试点，并将加快扩大试点。扩大汽车平行进口试点有助于提振国内消费和推动贸易发展。目前，我国的汽车平行进口试点范围已经扩大到9个省市（含计划单列市）。

同日，交通部发布《关于开展汽车维修电子健康档案系统建设工作的通知》。通知指出，力争在2017年底基本完成部级汽车维修电子健康档案验证系统建设，完成6-10个省市的系统建设试点。实现对试点省市各地市的全覆盖，重点覆盖一、二类维修企业(含汽车4S店，包括新能源汽车)实现系统部省联网，实现各地汽车维修数据有效上传。初步建立汽车生产企业维修数据上传机制，实现部分主流汽车生产企业维修数据有效上传。

同日，《二手商用车鉴定评估技术规范》（轻型、微型载货车版）项目启动会在中国汽车流通协会驻地举行。来自商用车整车企业、二手商用车市场、二手车评估机构等15家单位的20余位代表及专家参加了此次项目启动会。

16日，中国汽车技术研究中心发布首个电动汽车评测(EV-TEST)管理规则(2017版)。根据不同类型电动汽车对应的目标消费群体和使用场景差异，EV-TEST将电动汽车分为两个组别进行评价：微型车组，长度小于4m的乘用车；常规车组，微型车组以外的其他乘用车。随着电动汽车产品和市场的发展，EV-TEST的改进版本分组方法将根据情况作出调整。EV-TEST聚焦续航、电耗、充电、安全、动力五大领域，评价按照一至五星进行分级，星级越高说明车型综合性能越好。

19日，奥迪经销商联会、中国第一汽车集团公司、一汽-大众汽车有限公司、奥迪公司在北京根据“三亚声明”中的诉求达成共识并签署相关协议。据了解，本次达成的协议中，各方将努力确保在2022年实现销量90万辆，而第三方公司不得早于2022年1月在中国进行销售；此外，奥迪公司承诺未来在中国由一个销售公司管理经销商网络并定义网络标准，现有奥迪经销商都将获得该销售公司授权。

同日，2017中国商用车经销商及经理人沙龙首站在石家庄召开。此次活动由中国汽车流通协会商用车商会主办，河北骏驰汽车贸易有限公司承办。来自石家庄及其周边的70余位经销商、经理人及二手商用车经纪人参与了此次活动。2017

年，由中国汽车流通协会商用车商会主办的该沙龙将陆续去往山东、四川、广东、江苏、浙江、陕西等省份的多个城市，与当地商用车经销商及经纪人展开更多深入交流。

22日，江淮汽车发布公告，国家发改委批复同意建设江淮汽车与大众汽车(中国)合资生产纯电动乘用车项目。该项目总投资为50.61亿元，将设立全新自有品牌和商标，创新技术合作和商业模式，拓展国内和国际市场。江淮大众计划在2018年推出首款纯电动乘用车，新车将是一款纯电动SUV。而且该公司未来主攻方向是经济型纯电动乘用车，将围绕这一目标市场将推出更有价格竞争力的经济型纯电动车。

同日，奥迪宣布在华二手车业务将进行服务、渠道、品牌三升级，同时发布“奥迪官方认证二手车”的全新品牌名称和全新品牌形象。

25日，中国汽车流通协会公布“2017中国汽车流通行业经销商集团百强排行榜”，广汇汽车以破千亿元的营收规模，登上经销商集团榜首。根据“2017中国汽车流通行业经销商集团百强排行榜”显示，广汇汽车营收达到1354.22亿元，全年销量为91.5万辆。同时，排名前五名的经销商广汇汽车、中升集团、利星行、庞大汽贸、上海永达营收皆超过500亿元，前五名全年销量（含二手车）累计突破200万辆，占中国汽车行业销量的1/10，百强经销商集团新车销量达到703万辆，占全国新车销量的29%。

同日，J.D. Power（君迪）发布2017年中国经销商汽车金融满意度研究 SM (DFS) 。该项研究显示，尽管中国乘用车销售增长放缓，但借助各类金融产品购买新车的消费者比例稳步增长，今年进一步攀升8%。随着越来越多的汽车金融公司进入市场，消费者对贷款购车的接受度提高，金融产品销售利润在经销商收入中所占的比重也不断提高。与此同时，经销商对汽车金融提供商的总体满意度不断提升。

同日，长安汽车发布新能源战略最新规划，计划在未来十年投入180亿元，向市场推出24款全新新能源产品。其中，纯电动产品13款，插电式混合动力产品11款。并计划到2025年旗下新能源汽车累计销量将达到400万辆。长安同时还发布了新能源车“6321”技术目标。其中“6”代表到2025年，旗下纯电动车型续航里程将达到600公里；“3”指的是旗下车型未来将实现电动化、智能化和轻量化；“2”代表将打造2个纯电动车型专用平台；“1”是指，到2025年，插电式混合动力产品综合油耗可达到1L/100km。

26日，中国保险行业协会负责起草的《保险业车型识别编码规则》列入国家标准化管理委员会2017年第一批国家标准制修订计划，成为我国财产保险领域首个推荐性国家标准项目。开展汽车型号标准化编码管理，为国内所有保有车辆建立标准化“车型身份证”，如每一车型在品牌、车系、配置款型、风险等级等8类主要信息均建立对应编码，为各类车型风险识别、风险定价提供支持，也便于消费者和其他相关部门查询和管理车型相关参数。

6月

1日，大众汽车集团与安徽江淮汽车集团股份有限公司在德国柏林正式签署合资企业协议。根据该协议，合作双方将共同成立一家股比各占50%的合资企业，进行新能源汽车的研发、生产和销售并提供相关移动出行服务。该协议的签署标志着江淮大众合资项目正式落地。

6日，天津自贸区出台《中国(天津)自由贸易试验区汽车平行进口试点管理暂行办法》。该办法旨在培育发展市场主体，创新政府监管模式，实现汽车平行进口全产业链发展，维护消费者的合法权益。根据办法，试点平台和试点企业是平行进口汽车产品质量追溯的责任主体，依法履行产品召回、质量保障、售后服务、家用汽车“三包”、平均燃料消耗量核算等义务。此外，管理办法还对试点平台和试点企业认定、考核和退出做出明确规定。

12日，国家发改委、工信部发布《关于完善汽车投资项目管理的意见》，旨在推动汽车产业结构调整，促进汽车产业健康有序发展。《意见》称，鼓励汽车企业做优做强。引导汽车企业增强自主创新能力，提高技术水平和品牌附加值，提升国际竞争力，扩大国际市场份额。支持汽车企业科学制定投资规划，强化集团内部资源共享，优化产品结构，提高产能利用率。鼓励汽车企业之间在资本、技术和产能等方面开展深度合作，联合研发产品，共同组织生产。加快国有汽车企业改革步伐，鼓励企业兼并重组和战略合作，提升产业集中度。

15日，“精真估杯”2017全国首届二手车鉴定评估师职业技能大赛复赛在北京拉开了序幕。本次大赛是由中国汽车流通协会主办，中国二手车大会联合举办。大赛于2017年6月起，经山东、黑龙江、广东、河南、宁夏、江苏、浙江、河北8个分赛区初赛选拔，最终有32支队伍进入到北京复赛环节。经过紧张的比赛，通过逐级选拔、现场实操、评估组审核，最终决出了本次大赛的前三甲。大赛季军为广汇华北大区山东一队；大赛亚军则是车智检上海队；最终摘得本次大赛冠军的是广汇汽车西北大区宁夏一队。

同日，国内家电零售业巨头国美启动互联网汽车战略合作。国美互联网推出的汽车业务体系涵盖了整车销售、汽车金融、二手车、汽车保险、出行服务、汽车用品、维修保养等全汽车产业链，将为汽车用户提供全国连锁"统一品牌、统一服务标准、统一服务承诺"的销售服务体系。其中，汽车整车销售已于今年5月在国美在线正式上线，其他服务渠道也将于即日测试后对外开通。

16日，东风日产发布全新五年发展规划——2022年前进入合资品牌TOP3。在产品布局上，东风日产计划未来5年共导入10款以上新产品，其中包括纯电动车；在网点铺设方面，到2022年，东风日产将通过加快渠道布局和下沉，实现全国城市100%覆盖，届时形成2000家网点（截至今年5月为1236家，城市覆盖率接近90%）；在服务质量上，将通过全球新标准样板店全面推行，到2022年实现全部专营店新标准升级。

20日，机动车号牌管理改革正式启动。全国统一实施互联网选号、随机选号范围扩大至“20—50选1”、购买二手车可保留原号等服务新举措，部分地区开始应用统一的号牌选号系统。下一步，公安部将加快推进统一选号系统的部署应用，预计到8月底前，完成统一选号系统在全国其他城市的推广使用。同时，公安部还将开展公安改革专项督查，密切跟踪号牌管理改革进展，确保改革惠及更多群众。

22日，阿里公布了天猫618活动期间的汽车销售数据。根据阿里方面的统计，6月18至20日天猫共售出超过3万辆新车，而在去年同期销量仅不到5000辆。在今年的活动中，融资租赁在新车销售中占比提升成为最大推动力，新能源汽车成为了亮点。在融资租赁方面，天猫此前推出了“天猫开新车”业务，通过融资租赁方式，可让购车者用最低1成首付、月供千元先使用新车，并在一年后选择继续租用、支付尾款买下或者换辆车开。据统计，在6月18-20日3天活动期间，通过该业务缴纳首付或全款的车辆达3000多台。

29日，大众汽车品牌发布了“电动汽车中国战略”。计划截至2025年，将在华引进超过20辆新能源车型，在中国本土实现65万辆销量，占到大众汽车品牌全球电动车销量的65%。其中，2019年之前，围绕现有车型，打造出大众汽车品牌在华的新能源车产品组合，包括6款车型；2019-2020年，使在华所有车型具备联网能力，建立品牌与车主之间的联系；2020年之后，通过自动驾驶以及革命性的车型产品设计展开竞争。

7月

1日，由商务部发布的《汽车销售管理办法》正式实施，《办法》将取代2005年发布的《汽车品牌销售管理实施办法》，对汽车销售服务行业中的各个环节进行规范。其中，新《办法》对于汽车销售加价、提供三包凭证、明示配件来源等作出了明确规定和要求。新《办法》也对实施后的监督管理进行了明确说明，一旦发现违规，将由相关商务主管部门责令改正与处罚。

3日，深圳市交委组织起草了《深圳市汽车租赁管理规定》和《关于规范分时租赁行业管理的若干意见》，即日起面向行业公开征求意见。两份意见稿强调，鼓励汽车租赁经营者使用新能源汽车开展租赁服务，分时租赁经营者应当使用纯电动车辆开展分时租赁业务。深圳市汽车租赁经营实行备案管理，汽车租赁经营者应依法进行经营主体备案和车辆备案。

4日，由全国汽车标准化技术委员会秘书处牵头编制的《中国电动汽车标准化工作路线图（第一版）》在京发布。《路线图》从标准项目的需求紧迫性出发，分为紧急、短期、中期、长期四个阶段，对我国从目前到2025年的电动车辆及系统部件、界面与通信、基础设施、相关产业四个方面的标准化工作进行了梳理和部署。

5日，北京汽车集团与德国戴姆勒公司签署框架协议，共同向双方的合资公司北京奔驰增资50亿元人民币。根据双方意向，2020年戴姆勒集团和北汽集团将在北京奔驰投产纯电动车，为此双方共同注资，建立纯电动车生产基地，同时开展动力电池的本土生产和研发，并采用国产电芯。这意味着戴姆勒成为中国第一家在华生产动力电池的海外汽车企业。

同日，雷诺集团与华晨中国汽车控股有限公司宣布签署一份绑定框架合作协议，内容涵盖在中国成立专注于轻型商用车制造与销售的合资企业成立与运营的主要原则。为成立合资企业，雷诺集团将从华晨中国汽车控股有限公司手中收购沈阳华晨金杯汽车有限公司（SBJ）49%的股权，从而将沈阳华晨金杯汽车有限公司重组为由华晨中国汽车控股有限公司（51%）和雷诺集团（49%）共同拥有的合资企业。

6日，2017CUCA中国二手车大会于武汉正式召开，本次大会的主题是“立新逐势、共享融通”。大会吸引了大量来自全国各地的二手车商、二手车交易市场、汽车经销商集团、二手车厂商、二手车交易电商等平台，参会嘉宾突破了1500人次。大会主题峰会涵盖了二手车行业政策解读、国际成熟发展经验、经营模式的实践、市场需求的深度剖析、二手车生态圈的建设、互联网技术与电商平台的发展趋势、资本关注点、金融的新思维以及2017中国二手车市场发展趋势等前瞻行业焦点议题。作为中国汽车流通协会一年一度打造的综合服务平台，本次大会得到了行业内外广泛的关注和热议。

11日，保监会向业内下发《关于整治机动车辆保险市场乱象的通知》要求，各财险公司应加强对第三方网络平台合作车险业务的合规性管控。《通知》明确，财险公司可以委托第三方网络平台提供网页链接服务，但不得委托或允许不具备保险中介合法资格的第三方网络平台在其网页上开展保费试算、报价比价、业务推介、资金支付等保险销售活动。《通知》特别强调，不得脱离公司发展基础和市场承受能力，向分支机构下达不切实际的保费增长任务；不得以直接业务虚挂中介业务等方式套取手续费；不得以虚列会议费、宣传费、广告费、咨询费、服务费、防预费等方式套取费用。

15日，苏宁首家汽车超市正式启动。作为涵盖新车、二手车、汽车后用品的线下综合性卖场，此业务意在对苏宁多业态战略布局进行扩充。苏宁方面表示，第一阶段将在全国布局超过100家。

18日，中保研汽车技术研究院有限公司碰撞试验室在京落成启用，此为我国保险行业投资兴建的第一家碰撞试验室，未来该实验室将可为事故车理赔定损业务和汽车风险分级提供技术支持和科学评估依据。

21日，京东与合作门店在北京测试一项名为“透明车间”的汽车后市场计划，用于为在京东购买汽车用品的消费者提供线下安装、更换等服务。目前，京东汽车用品已与超过一万家门店达成合作。“透明车间”将陆续上线在线预约、接待监测、施工监测、库存监测、终端监测等功能。目前在汽车后市场与京东已经达成合作的包括车发发、车享家、携车网、卡拉丁、庞大养车等多家公司。德国马牌、3M、博世等国际品牌也相继与京东达成深度战略合作，将在线上线下融合的O2O领域进行深入合作。

27日，J.D.Power（君迪）在北京发布2017中国汽车售后服务满意度研究SM（CSI）。研究发现，过去一年，大部分汽车品牌的售后服务满意度呈现上升的趋势，满意度排行榜上排名有变化，但各品牌的分差却在进一步缩小，尤其是中国品牌和合资品牌的差距进一步缩小。2017中国汽车售后服务满意度研究显示，奥迪以764分的成绩在豪华车细分市场中位居汽车售后服务满意度榜首，保时捷（758分）和陆虎（752）位居第二、三位。在主流细分市场售后满意度排行榜上，北京现代以744分名列第一，东风悦达起亚（742分）和长安福特（736分）分列第二、三位。在主流细分市场售后满意度排行榜上，吉利继去年后排名再次提升，来到第四位，成为前十名中唯一的中国品牌。

28日，广汽集团旗下全资子公司“广汽新能源汽车有限公司”注册登记成立。除了设立广汽新能源公司，广汽集团还将用47亿元的专项资金来建设年产能为20万辆的新能源生产基地，计划2018年底建成，2019年投入使用，后续将携合作伙伴总投资额预计超450亿，以打造广汽智联新能源汽车产业园。

8月

2日，一汽集团发布公告，宣布徐留平同志任中国第一汽车集团公司董事长、党委书记，免去其中国兵器装备集团公司董事、总经理、党组副书记职务；徐平同志任中国兵器装备集团公司董事长、党组书记，免去其中国第一汽车集团公司董事长、党委书记职务。

7日，财政部和国税总局发布《中华人民共和国车辆购置税法（征求意见稿）》。意见稿明确以下四种情形予以免征或者减征车辆购置税：依照法律规定应当予以免税的外国驻华使馆、领事馆和国际组织驻华机构及其有关人员自用的车辆，免税；中国人民解放军和中国人民武装警察部队列入装备订货计划的车辆，免税；设有固定装置的非运输车辆，免税；国务院批准免税或者减税的其他情形。对符合条件的新能源汽车、公共汽电车辆等临时性减免车辆购置税政策，可继续授权由国务院决定。

8日，交通运输部和住建部发布《关于促进小微型客车租赁健康发展的指导意见》。《指导意见》明确，要考虑分时租赁非集约化出行的特点，合理确定分时租赁在城市综合交通体系中的定位。其中将适用范围限定为小微型客车租赁，并增加了鼓励使用新能源车辆开展分时租赁、鼓励分时租赁经营者采用信用模式代替押金管理等内容。这是中国政府鼓励“开展分时租赁”(汽车共享）的权威性文件，标志着“共享汽车”在中国已经取得合法化地位。

9月

1日，《汽车延长保修服务规范》正式实施。此项团体标准是由中国汽车流通协会发布的汽车行业首个服务类标准，旨在通过更多行业企业执行标准、严格自律，树立行业公信力，促进中国汽车延长保修服务行业的良性健康发展。此规范从汽车延长保修服务商的主体条件、销售服务要求、合同要求、提供延保服务的要求、风险管控要求和客户服务要求等方面作出了具体的规范，对所有开展汽车延长保修业务的企业，提供了详细、有效的指导，使行业向规范发展迈开了重要一步。

5日，《上海市燃料电池汽车发展规划》出炉。新出炉的规划目标分“三步走”：到2020年，实现电堆、系统集成与控制、关键零部件等核心技术跟踪国际水平。到2025年，形成系列化燃料电池电堆产品，燃料电池汽车技术同步国际水平。到2030年，实现燃料电池汽车技术和制造总体达到国外同等水平。

同日，广东省佛山市中级人民法院通报，吉尼斯世界纪录公司状告奇瑞汽车股份有限公司及安徽奇瑞汽车销售有限公司商标侵权及不正当竞争一案一审宣判，吉尼斯公司胜诉，奇瑞被判赔偿212万元。

7日，FMC正式发布了定位豪华的全新电动汽车品牌——BYTON拜腾，并公布首款产品的内饰细节等信息。新车是一款入门价格30万元的D级纯电动SUV，在用户界面、车身结构等方面有独特创新设计。9月8日，FMC南京工厂举行开工仪式，首款产品计划在2019年底量产上市。

8日，由中国汽车流通协会主办、万高（上海）汽车服务有限公司协办的“落实平行进口汽车‘三包’服务及售后维修工作会议”在上海召开，来自各汽车经销商集团、平行进口汽车专业质保服务机构和保险公司的40余位代表出席了本次会议。经过讨论，现场基本达成了合作草案，共同搭建规范、完善的平行进口汽车售后服务体系，共同推动行业的良性发展。

同日，宝马汽车金融（中国）有限公司宣布完成增资，将注册资本从48亿元人民币增至98亿元人民币，股权结构保持不变。该公司将超越梅赛德斯-奔驰汽车金融，成为目前国内注册资本规模最大的汽车金融公司。宝马汽车金融（中国）有限公司由宝马集团与华晨宝马汽车有限公司合资成立，并为宝马集团旗下三大汽车品牌（BMW、MINI、Rolls-Royce）的经销商和客户，提供批售和零售金融服务及其它相关服务。

8-10日，以“新业态 新理念”为年度主题的“2017中国汽车产业发展（泰达）国际论坛”在天津举办。本届论坛邀请1000余位国内外嘉宾参会，展开全方位讨论，形式涵盖中德产业对话会、泰达聚焦、VIP闭门会、开幕大会、高峰研讨、全体会议、热点沙龙、主题演讲、专题对话、思想交锋、头脑风暴等。

13日，国家发展改革委、国家

能源局等十五部门联合印发《关于扩大生物燃料乙醇生产和推广使用车用乙醇汽油的实施方案》。到2020年，在全国范围内推广使用车用乙醇汽油，基本实现全覆盖，市场化运行机制初步建立，先进生物液体燃料创新体系初步构建，纤维素燃料乙醇5万吨级装置实现示范运行，生物燃料乙醇产业发展整体达到国际先进水平。

14日，大众汽车（中国）销售有限公司、一汽大众汽车有限公司、上汽大众汽车有限公司向国家质检总局备案了召回计划，决定自2018年3月12日起，分批陆续召回共计486万辆缺陷汽车，单次召回超上半年总和。召回原因是驾驶席或副驾驶席正面安全气囊装配了高田公司生产的未带干燥剂的硝酸铵气体发生器，在安全气囊展开时，气体发生器可能发生异常破损伤及车内人员。

15日，通用汽车董事长兼首席执行官玛丽•博拉 (Mary Barra) 就电气化、智能网联、自动驾驶和车辆共享以及未来在华战略等方面进行了详细解读。按照计划，2016年至2020年间，通用汽车在华将推出至少10款新能源车型。与此同时，通用汽车旗下全线产品的平均二氧化碳排放量也有望在此期间降低28%。到2025年，别克、雪佛兰和凯迪拉克品牌旗下将近全部车型都将采用不同程度的电气化技术，带来从轻混到纯电动的全套解决方案。

19日，交通部、发改委、工信部等14个部门联合发布《促进道路货运行业健康稳定发展行动计划（2017-2020年）》。《计划》明确指出，要加强城市配送车辆技术管理，对于符合标准的新能源配送车辆给予通行便利。同时鼓励各地创新政策措施，推广标准化、厢式化、轻量化清洁能源货运车辆，并将由交通部、公安部、工信部负责组织开展城市绿色货运配送试点。

21-23日，中国国际平行进口汽车交易会在上海国家会展中心召开。该交易会是商务部批准的唯一国家级汽车产品国际化专业展会和唯一汽车全产业链商品交易平台，内容丰富，影响面广，已连续举办十一届。本届交易会由商务部对外贸易发展事务局和中国汽车流通协会联合主办。中国汽车流通协会作为中国汽车流通领域唯一一家国家级协会承办其中的“2017中国国际平行进口汽车交易会”和“中国汽车消费论坛”以及“平行进口汽车论坛”，全面展示进入中国市场的平行进口汽车、进口汽车和我国进口汽车口岸、自贸区、汽车服务贸易园区以及汽车改装、汽车服务贸易企业的风采。

22 日，在中国汽车流通协会主办的“2017 中国汽车消费论坛”上，2017 中国汽车流通行业服务精英大赛正式启动。作为首届汽车流通行业服务精英大赛，比赛聚焦汽车售后维修的喷涂领域，比赛内容包括理论知识答题、汽车喷涂实操以及喷涂艺术展示等。

28日，国家工信部、财政部、商务部、海关总署、质检总局联合公布了《乘用车企业平均燃料消耗量与新能源汽车积分并行管理办法》（简称“双积分”）。该政策规定，传统能源乘用车年度生产量或进口量达3万辆以上的企业，从2019年度开始设定新能源汽车积分比例要求。2019年度、2020年度，新能源汽车积分比例要求分别为10%、12%。对于新能源汽车负积分未抵偿的企业，将被暂停部分高油耗车型的生产，直至下一年度传统能源乘用车产量较核算年度减少的数量不低于未抵偿负积分数量。该办法自2018年4月1日起施行。

同日，京东推出无人轻型货车。这也是国内电商及物流领域首次推出无人货车产品，并且在交管部门指定的固定路段内开始路试。京东与上汽大通合作的EV80无人轻型货车，通过搭载的雷达、传感器、高精地图及定位系统，在行进过程中，150米外的障碍物可以被提前探知，并且重新进行道路规划与障碍规避。

29日，国家质检总局与标准化管理委员会下发了《机动车运行安全技术条件》新标准，并于2018年1月1日开始实施。新标准中规定了新能源汽车起步或低速应发声警示、所有车辆需随车配备1件反光背心、所有车辆不能随便悬挂与车辆品牌不符合的厂标。

同日，二手车交易平台车来车往CEO谢磊发布公司内部邮件，宣布公司由于资金链断裂，无法经营下去，宣布破产，进入清算程序。

10月

10日，科技部公布《关于发布国家重点研发计划新能源汽车等重点专项2018年度项目申报指南的通知》，公布了包括新能源汽车在内的11个重点专项2018年度项目申报指南。其中，《新能源汽车重点专项2018年度项目申报指南》中指出，2018年，在6个技术方向启动24个研究任务，拟支持24-48个项目，拟安排国拨经费总概算9亿元。

12日-16日，2017中国（杭州）国际汽车博览会在杭州国际博览中心举行。本届博览会由中国汽车流通协会、中国国际商会浙江商会主办，百瑞国际会展集团有限公司承办。以“智联驾享·绿美杭州”为主题，总展出面积近10万平方米，有81家国际国内汽车厂商参展，包括了国际国内近百个品牌参展，参展车辆超过700辆，其中豪华车、新能源车及混合动力车型超过50辆。另外，此次汽车展展出新款车数量达80%，福特翼虎、锐界等品牌车型在展会期间进行全国发布。奔驰、宝马、奥迪、福特、本田、丰田等分别出展。

19日，长安汽车宣布新能源全新战略——“香格里拉计划”正式启动。2025年以前，长安汽车将在全产业链投入1000亿元推进新能源战略，计划累计推出全新纯电动车产品21款，插电式混合动力产品12款。根据“香格里拉计划”，2020年，长安将完成三大新能源专用平台的打造；2025年，开始全面停止销售传统意义的燃油车，实现全谱系产品的电气化；2025年以前，通过全产业链1000亿元的投入，调动一万人的研发资源，构建开放共赢的产业生态圈，打造具备高品质和愉悦体验的新能源汽车。

26日，商务部召集行业协会、二手车商、经销商集团、交易市场负责人等参加二手车行业管理工作座谈会，结合二手车行业发展现状，讨论了税收制度、临时产权、经营主体认定、事故调表车等行业问题，并提出修订意见建议。

30日，丰田汽车公司启动了氢燃料电池车“MIRAI未来”在中国的实证实验。与此同时，丰田汽车研发中心（中国）有限公司的加氢站也同时落成，这也将意味着丰田在华的首个加氢站正式落户，成为中国市场上的第7座加氢站。

同日，大搜车宣布完成对新车B2B交易服务平台“车行168”的全资收购。服务领域从二手车延伸到新车，将大幅提升与汽车经销商之间的网络协同效应，共同推进汽车新零售生态圈建设。

31日，瓜子二手车宣布对现有业务整合，并正式更名为“车好多”集团（CARS）。同时，正式宣布推出基于融资租赁模式的汽车新零售平台“毛豆新车网”。车好多集团全资拥有瓜子二手车直卖网和毛豆新车网两个独立品牌，并实行双品牌运行。其中，毛豆新车主打0到1成首付购新车，即时下盛行的以租代购的直租模式。

11月

1日，《成都市机动车和非道路移动机械排气污染防治办法》正式实施。针对机动车尾气检测造假问题，《办法》对机动车和非道路移动机械所有人或使用人（单位）、检验机构、维修机构、监管部门的责任均予以明确。机动车排放检验机构有伪造排放检验结果、出具虚假排放检验报告等行为的，将面临10万元以上50万元以下的罚款。情节严重的，将被撤销资质认定证书。机动车所有人以弄虚作假等方式通过机动车排放检验的，将面临5000元罚款。

3日，北汽新能源发布“擎天柱计划”，计划在5年内投资100亿元，在全国范围内建成3000座光储换电站，并累计投放换电车辆50万台，打造电动车换电模式新标准。该计划具体将分为三个阶段实施：2016-2017年，由北汽新能源、奥动新能源、出租车公司三方联合共建换电站，初步组建公共出行运营平台和梯次储能运维平台，组建以光储能换电站为中心的城市级能源互联网，建成换电站100座，运营车辆超过4000台；2018-2020年，该计划以北京、厦门、广州、深圳、兰州、西安、昆明、郑州等城市辐射展开，建成换电站1000座，运营车辆10万台；2021-2022年，北汽新能源将组建以光储能换电站为中心的全国范围能源互联网，建成光储换电站3000座，运营车辆50万台。

8日，央行、银监会发布了新版《汽车贷款管理办法》，同时发布了调整汽车贷款政策的通知。新规中，传统动力汽车的贷款比例没有变化，自用为80%、商用为70%，自用新能源汽车贷款最高发放比例为85%，商用新能源汽车贷款最高发放比例为75%，均高于传统动力汽车。此外，二手车贷款最高可贷比例大幅提高至70%。新《办法》自2018年1月1日开始施行。

10日，由中国汽车流通协会提出并归口、中国标准化研究院等单位联合起草的《汽车售后零部件销售服务规范》《品牌价值评价汽车售后零部件服务》两项汽车售后零部件领域的团体标准，经协会标准评审委员会各专家审查并通过，即日批准发布，并开始实施。

13-15日，由中国汽车流通协会主办的2017中国汽车流通行业年会暨博览会在苏州召开，本届年会以“匠诚致臻 众擎筑远”为主题，旨在引导汽车流通行业企业，在汽车市场由卖方市场转向买方市场中，以匠人之心诚信经营，紧抓行业趋势，铸就发展之路。来自国家相关部委、行业协会的领导，汽车厂商、经销商、零部件生产商等行业企业高层，以及国外经销商协会代表共2000余人出席大会，与会嘉宾就汽车流通行业现状和未来趋势进行了多方位的解读和探讨。除了涉及汽车流通业多个细分领域的主题论坛外，同期举行的还有2017中国汽车流通行业博览会。本届博览会展览面积为20000平米，展览区域包含汽车乘用车、品牌二手车、房车、汽车零部件、后市场精品、汽车园区、汽车互联网及行业媒体等。同时，在为期三天的博览会期间，还举办了4S集团联合采购说明会、汽车后市场企业产品推介会等多种形式的交流洽谈会，也为汽车生产厂商、汽车经销商与汽车后市场企业搭建一对一的交流平台。会上还成立了后市场精品服务分会、二手车行业商会、售后服务质量工作委员会，以进一步完善协会服务链。

15日，财政部召集四部委、协会专家、主要企业代表就2018年新能源汽车补贴调整方向及方案进行小范围讨论。讨论稿显示，补贴调整方向涉及新能源乘用车、新能源客车、新能源专用车。其中重点是新能源乘用车将按续驶里程重新划分补贴额度。分档从3档调整为5档。此外，续驶里程提高到150公里，原来的100-150公里的2万元补贴将被取消，150-200公里的补贴也将由3.6万下调为2万元。

16日，易鑫集团在香港上市，易鑫集团拥有汽车互联网新零售交易生态体系和汽车金融业务支撑。据悉，在港股市场，易鑫是唯一一只互联网汽车零售股。公司整合旗下淘车、易鑫车贷等APP，taoche.com、daikuan.com等网站，提供新车交易、二手车交易、汽车分期、汽车租赁、汽车保险等汽车交易服务，都是基于互联网汽车零售交易平台。而公司汽车金融产业链则覆盖了整个新车市场和汽车后市场，各个环节都能创造较大的营收。

17日，第十五届广州车展在琶洲广交会展馆开幕，展会规模达22万平方米。在本届车展上展车总数为1081辆，其中包括：全球首发车型47辆，包含跨国公司首发车型7辆；概念车25辆，其中国际品牌概念车16辆、国内品牌概念车9辆；新能源车131辆，其中国际品牌占55辆。

20日起，公安部在全国分三批推广新能源汽车专用号牌，首批在河北保定、廊坊、吉林长春、安徽合肥、福建福州、山东青岛、河南郑州、广东中山、广西柳州、重庆、四川成都、云南昆明等12个城市统一启用，明年上半年在全国推广。与普通汽车号牌相比，新能源汽车专用号牌外观式样和管理上主要有五个变化：一是突出绿色元素；二是增设专用标志；三是号牌号码“升位”；四是实行分段管理；五是改进制作工艺。

26日，“第十四届中国进口汽车高层论坛”在京召开。该论坛由中国汽车流通协会、中国机械工业集团有限公司主办，国机汽车股份有限公司、中国进口汽车贸易有限公司承办，以“新导向、新趋势、新格局”为主题，就宏观经济形势、汽车产业及进口汽车行业相关政策进行全面的分析和解读，对汽车产业格局与汽车市场发展趋势进行展望，并对新能源车、分时租赁、出行市场等热点新兴领域布局深入探讨。

12月

1日，《车用动力电池回收利用拆解规范》正式实施，这是由工信部提出的国内首个关于动力电池回收利用的国家标准。《拆解规范》明确指出回收拆解企业应具有相关资质，对废旧动力电池回收利用的安全性、作业程序、存储和管理等方面进行了严格要求，在一定程度上解决了行业性的发展难题，规范了我国车用动力电池的回收利用及拆解、专业性技术及动力电池回收体系。

同日，中国一汽集团公司、东风汽车集团有限公司、重庆长安汽车股份有限公司战略合作框架协议签约仪式在湖北武汉举行。根据战略合作协议，在前瞻共性技术创新领域，三家车企将积极参与智能网联汽车国家创新中心的组建，长安汽车与中国一汽、东风汽车共同创建“前瞻共性技术创新中心”。三方共同围绕新能源、智能化、网联化、轻量化等领域，对战略性核心技术、平台进行联合投资、开发，并共享技术成果。

9日，在北京市新能源汽车技术创新中心成立仪式上，北汽集团董事长徐和谊做出承诺称，北汽将致力于在中国境内，加严限制并最终停止旗下自主品牌乘用车中所有未采用新能源和广义新能源技术的传统燃油车的生产和销售。到2020年，率先在北京市全面停止自主品牌传统燃油乘用车的销售，到2025年，在中国境内全面停止生产和销售自主品牌传统燃油乘用车。

11日，中办、国办印发《党政机关公务用车管理办法》，规定党政机关应当配备使用国产汽车，带头使用新能源汽车，按照规定逐步扩大新能源汽车配备比例。该办法自2017年12月5日起施行。《办法》明确，机要通信用车配备价格12万元以内、排气量1.6升（含）以下的轿车或者其他小型客车。公务用车配备新能源轿车的，价格不得超过18万元。越野车不得作为领导干部固定用车。

12日，J.D. Power（君迪）与平安银行联合发布《中国汽车金融行业金融科技应用白皮书》。《白皮书》指出，以大数据、云计算、人工智能、人脸识别、智能风控等为代表的金融科技正在重塑消费者的购车体验，推动汽车零售业态转型升级。未来十至十五年，在金融科技的推动下，中国汽车市场消费模式将呈现出全新局面，逐步实现全线上便捷购车、汽车金融智能化、汽车消费定制化、车内消费无感融入等消费新模式，加速人车互联时代的到来。

17日，《汽车售后服务规范》《汽车售后服务测评规范》《汽车经销商服务管理规范》以及《汽车售后零配件市场管理规范》等四项国家标准审查会在京召开。通过审查，该四项标准符合国标编制规范、内容与结构合理、逻辑与表述清晰、具有较强的操作性和适用性，符合市场的发展规律及管理需求，有利于消费者权益的保护和行业的健康有序发展，与会专家同意通过审查。

18日，环境保护部修订了《机动车污染防治技术政策》，鼓励开展机动车轻量化、模块化、无（低）害化、循环利用等产品生态设计，综合考虑机动车在设计、生产、使用、回收等全生命周期内的大气、噪声、水、固体废物、电磁辐射等污染的防治策略和方法，涉及范围包括机动车、车用油品、检测设备等。

同日，北京市交通委员会、北京市公安局公安交通管理局，以及北京市经济和信息化委员会三方，联合印发《北京市关于加快推进自动驾驶车辆道路测试有关工作的指导意见（试行）》和《北京市自动驾驶车辆道路测试管理实施细则（试行）》，正式允许无人车上路测试。《指导意见》和《试行通知》对北京地区无人车上路测试给予了详细规定，符合要求的单位组织均可申请在北京地区开展无人车路测。

21日，宝能集团、奇瑞汽车股份有限公司、观致汽车有限公司三方联合宣布，观致汽车正式迎来战略投资方——宝能集团。宝能集团将与奇瑞汽车、Quantum(2007) LLC一起，共同支持观致汽车的发展。根据协议，接下来三方还将共同为观致增资65亿。在被宝能收购以后，观致汽车的股东结构调整为：宝能持股51%；奇瑞持股25%，Quantum(2007)LLC持股24%。

同日，一汽、东风、长安、广汽等21家法人股东共同宣称拟设立国汽智能网联汽车研究院有限公司。国汽智能网联汽车研究院有限公司暂定注册资本10.5亿元，公司自主运营，确定技术方向和研发任务，承担国家相关研发任务，满足各股东方开发产品和技术咨询服务、培育人才的需要，为行业提供咨询、培训、测试服务。

26日，交通部、公安部、商务部发布《关于组织开展城市绿色货运配送示范工程的通知》，明确加快标准化新能源城市货运配送车辆推广应用。指出将推动示范城市制定符合国家标准、体现各地发展实际的城市配送车辆选型技术指南，进一步加强对城市配送车辆车型、安全、环保等方面的技术管理，推动城市配送车辆的标准化、专业化发展。加大对新能源城市配送车辆的推广力度，加强政策支持并给予通行便利，健全完善加补气、充电等基础设施建设，引导支持城市配送车辆清洁化发展。

27日，财政部、税务总局、工业和信息化部、科技部联合发布《关于免征新能源汽车车辆购置税的公告》。公告表示，自2018年1

月1日至2020年12月31日，对购置的新能源汽车免征车辆购置税。公告称，免征车辆购置税对象为获得许可在中国境内销售的纯电动汽车、插电式(含增程式)混合动力汽车、燃料电池汽车，通过发布《免征车辆购置税的新能源汽车车型目录》实施管理。

29日，工信部和国标委联合印发《国家车联网产业标准体系建设指南（智能网联汽车）的通知》。通知指出，根据智能网联汽车技术现状、产业应用需要及未来发展趋势，分阶段建立适应我国国情并与国际接轨的智能网联汽车标准体系：到2020年，初步建立能够支撑驾驶辅助及低级别自动驾驶的智能网联汽车标准体系。到2025年，系统形成能够支撑高级别自动驾驶的智能网联汽车标准体系。

同日，国家质检总局召开缺陷产品召回监管工作情况新闻发布会，发布了2017年质检总局缺陷产品召回监管工作的有关情况：今年以来，截至12月28日，国内各主要汽车产品生产者共实施缺陷汽车产品召回251次，召回缺陷汽车2004.8万辆，同比增加77%；共实施消费品召回491次，召回缺陷消费品2702.6万件，分别较去年增加111.6%和337.5%。我国汽车、消费品召回数量双双突破2000万，再创历史新高。

第3部类 汽车市场

DISANBULEI | QICHESHICHANG

汽车销售市场

2017年中国汽车市场发展

中国汽车流通协会汽车市场研究分会（乘联会） 崔东树

2017年中国汽车市场销售低速平稳增长，销量增长在3%的基础上销售额增长6%，汽车工业增加值达到12%，但内部细分市场走势分化和逆转更为凸显。

自2011年开始，中国汽车市场进入低增长阶段，近几年汽车增长在3-10个点之间波动，虽然2017年汽车同比增长3%是相对偏弱，但内部细分市场走势分化和逆转更为凸显。尤其是2017年汽车增长动力从乘用车转换到重卡，2017年重卡暴增41%创历史新高，而乘用车零售增速2%，突破了前期的乘用车增速7%的下限。2017年的客车和轻卡市场走势都是偏弱的，新能源乘用车和专用车走势超强。乘用车消费市场压力较大是楼市火爆和车市入门消费不旺，消费升级火爆等多方的原因冲击。2017年乘用车零售增速在1季度就是零增长，因此车企冷静应对市场调整目标、稳定渠道库存，年末基本没有明显的强力冲刺，全年车市走势相对低迷平淡。

一、 2017 年汽车市场总体形势

（一）2017 年汽车消费增长 6%

2017年的汽车消费总体平稳（见图1）。2017年1-12月的汽车消费在2016年低基数下达到4.2万亿元的情况下，增长6%。由于2017的制造业上下游利润分化，下游企业利润占比下降，加之环保治理的推进，入门级消费依旧不足，中高端消费升级表现突出。相对于2017年全年，社会消费品零售总额366262亿元，比上年增长10.2%。汽车消费总体平稳不强。2017年12月份，社会消费品零售总额34734亿元，同比名义增长9.4%，而汽车消费增速仅有2.2%的较低增速，这也是2016年同期高基数下的低增速，表现较低也属正常。

（二）2017 年汽车销售增长 3%

2015-2016年的整车表现较强，但2017年走弱趋势较明显。历年的乘用车市场表现较强，但2017年增速仅有1.4%（见图2），远低于历年的高增长特征。而商用车市场在重卡等投资领域爆增长，形成特色走势。

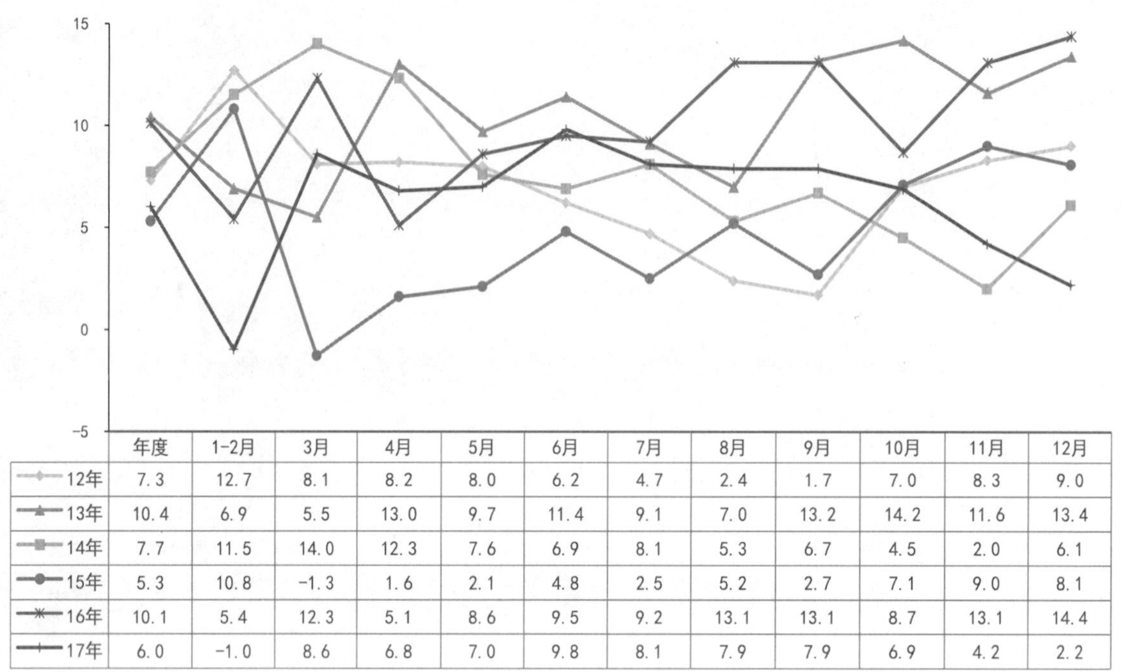

	年度	1-2月	3月	4月	5月	6月	7月	8月	9月	10月	11月	12月
12年	7.3	12.7	8.1	8.2	8.0	6.2	4.7	2.4	1.7	7.0	8.3	9.0
13年	10.4	6.9	5.5	13.0	9.7	11.4	9.1	7.0	13.2	14.2	11.6	13.4
14年	7.7	11.5	14.0	12.3	7.6	6.9	8.1	5.3	6.7	4.5	2.0	6.1
15年	5.3	10.8	-1.3	1.6	2.1	4.8	2.5	5.2	2.7	7.1	9.0	8.1
16年	10.1	5.4	12.3	5.1	8.6	9.5	9.2	13.1	13.1	8.7	13.1	14.4
17年	6.0	-1.0	8.6	6.8	7.0	9.8	8.1	7.9	7.9	6.9	4.2	2.2

图 1　中国汽车消费额月度走势

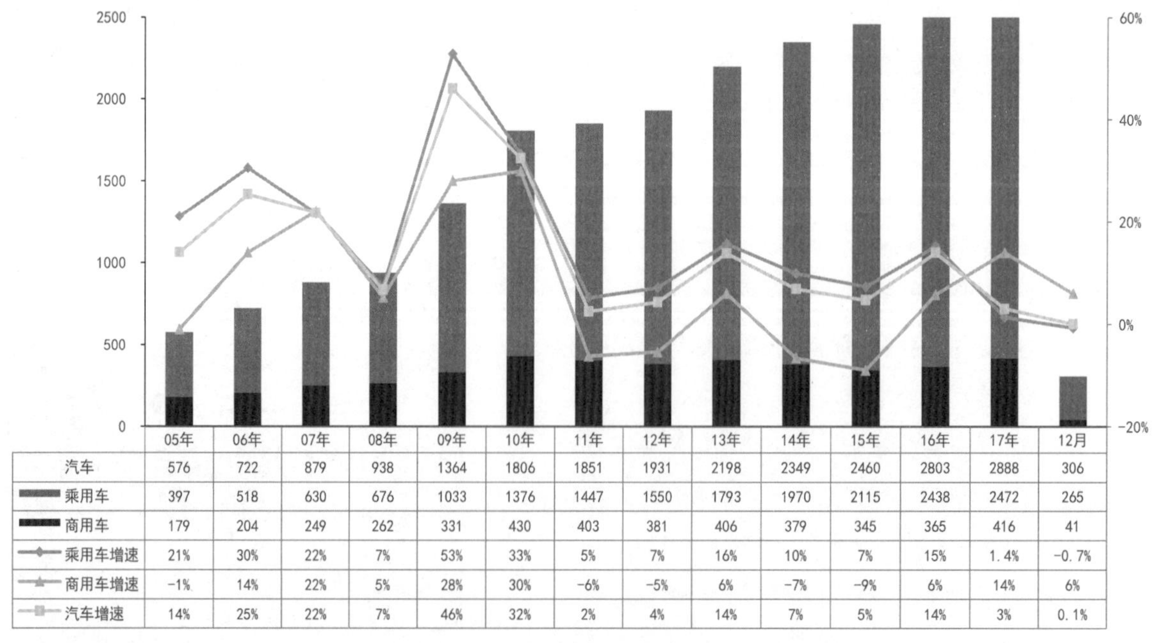

	05年	06年	07年	08年	09年	10年	11年	12年	13年	14年	15年	16年	17年	12月
汽车	576	722	879	938	1364	1806	1851	1931	2198	2349	2460	2803	2888	306
乘用车	397	518	630	676	1033	1376	1447	1550	1793	1970	2115	2438	2472	265
商用车	179	204	249	262	331	430	403	381	406	379	345	365	416	41
乘用车增速	21%	30%	22%	7%	53%	33%	5%	7%	16%	10%	7%	15%	1.4%	-0.7%
商用车增速	-1%	14%	22%	5%	28%	30%	-6%	-5%	6%	-7%	-9%	6%	14%	6%
汽车增速	14%	25%	22%	7%	46%	32%	2%	4%	14%	7%	5%	14%	3%	0.1%

图 2　中国汽车市场历年销量增长分析

（三）2017 年汽车生产增长 3%

根据统计局数据：2017年的汽车产量2994万台，年度增长3%，增速偏低于2016年的13%。车市低迷主要是乘用车的低迷，而中重卡超强属于正常的表现。2017年是在高增长基础上继续保持平稳态势，这也是2016年汽车行业较强增长后，2017年继续为稳增长做的贡献。

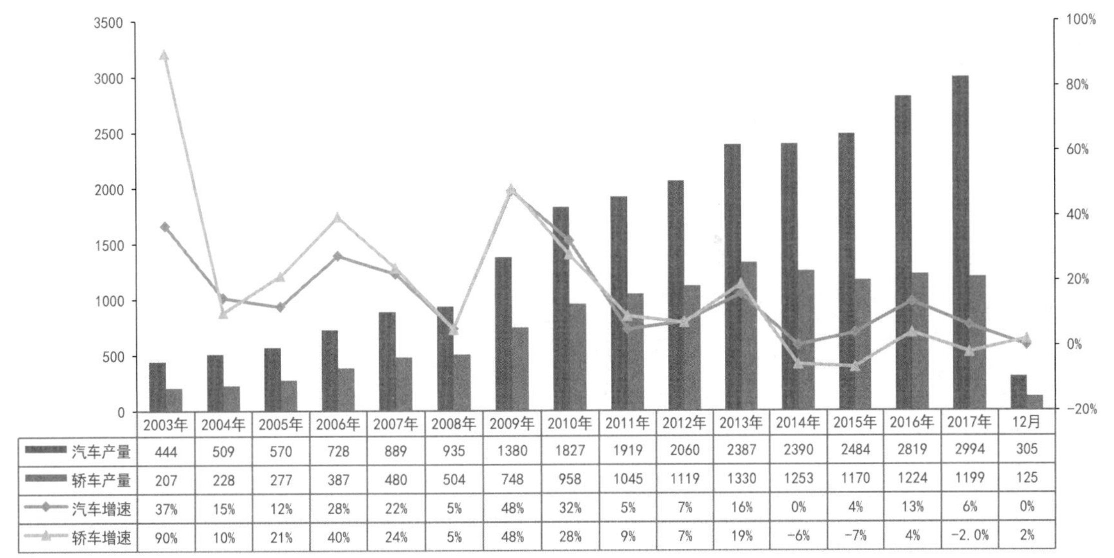

	2003年	2004年	2005年	2006年	2007年	2008年	2009年	2010年	2011年	2012年	2013年	2014年	2015年	2016年	2017年	12月
汽车产量	444	509	570	728	889	935	1380	1827	1919	2060	2387	2390	2484	2819	2994	305
轿车产量	207	228	277	387	480	504	748	958	1045	1119	1330	1253	1170	1224	1199	125
汽车增速	37%	15%	12%	28%	22%	5%	48%	32%	5%	7%	16%	0%	4%	13%	6%	0%
轿车增速	90%	10%	21%	40%	24%	5%	48%	28%	9%	7%	19%	-6%	-7%	4%	-2.0%	2%

图 3　中国汽车市场历年产量

（四）2017 年汽车增加值达到 12%高贡献

2017年全年，全国规模以上工业增加值比上年增长6.6%，其中汽车增长12.2%，汽车为工业增长的贡献巨大。2017年12月的汽车增加值9.6%，虽然处于近期低位，也是很强。1-12月增12.2%，虽然销量增速大幅放缓但增加值仅稍低于2016年15.5%的增速表现，说明生产结构表现改善，卡车等增长似乎较强。汽车业也是远高于制造业增加值平均水平，为制造业稳增长贡献很大。

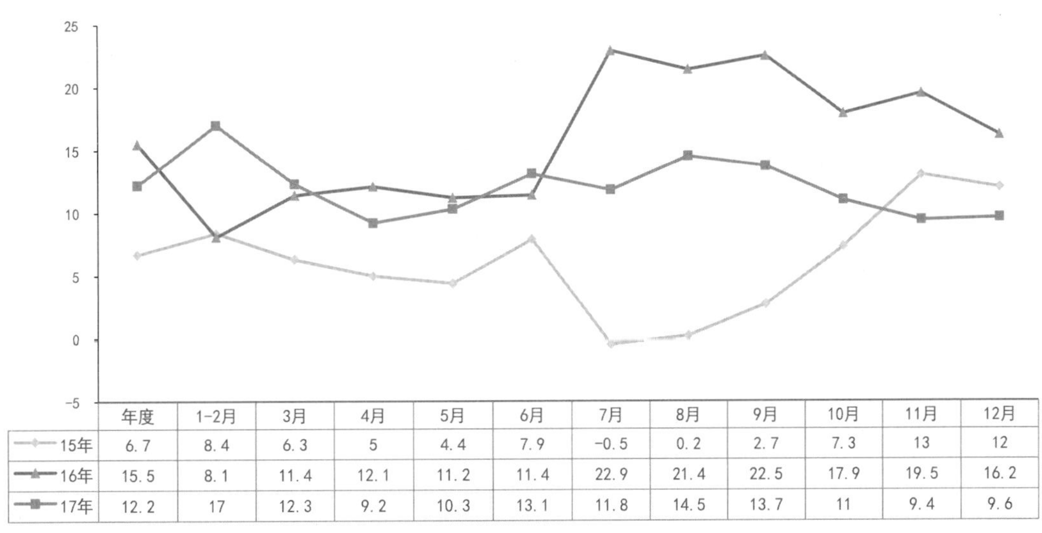

	年度	1-2月	3月	4月	5月	6月	7月	8月	9月	10月	11月	12月
15年	6.7	8.4	6.3	5	4.4	7.9	-0.5	0.2	2.7	7.3	13	12
16年	15.5	8.1	11.4	12.1	11.2	11.4	22.9	21.4	22.5	17.9	19.5	16.2
17年	12.2	17	12.3	9.2	10.3	13.1	11.8	14.5	13.7	11	9.4	9.6

图 4　中国汽车工业增加值月度增速走势

（五）2017年主力车企集团的表现均较好

2017年车市走势不强，各集团因为优势板块的差异化市场需求而走势分化。上汽、一汽、广汽、吉利表现较强，吉利仍是超强。上汽仍是一枝独秀，东风因为韩系和法系的不强而走势压力稍大。

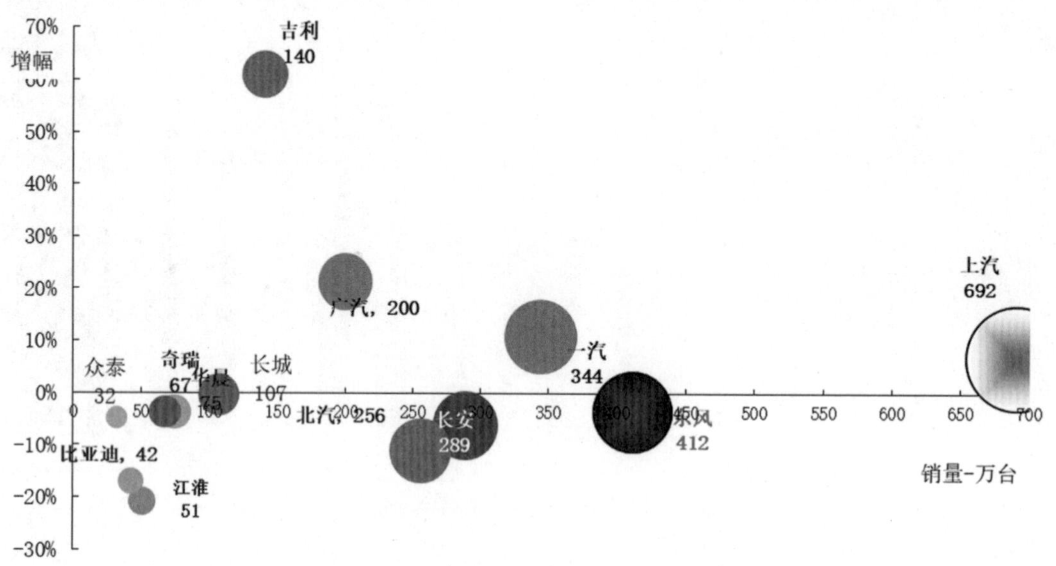

图5　2017年1-12月各汽车集团销量/份额、增速表现

表1　主力省区汽车制造业发展情况

地区	2017年	2016年	2015年	2014年	2013年	2012年	17年增速
广东省	321	280	239	217	254	160	15%
上海市	291	261	243	247	227	202	12%
吉林省	282	254	220	250	234	198	11%
重庆市	269	266	261	235	203	196	1%
湖北省	267	243	197	174	159	155	10%
广西	247	245	229	209	187	167	0%
北京市	199	238	202	206	204	167	-16%
江苏省	135	139	116	122	110	91	-3%
河北省	130	129	113	98	97	83	1%
安徽省	117	139	117	93	101	109	-16%
辽宁省	95	108	109	112	108	87	-12%
山东省	92	87	83	103	106	90	6%
浙江省	84	58	41	31	35	33	45%
四川省	84	60	42	32	81	40	38%
天津市	83	53	53	51	56	64	57%
陕西省	62	42	34	37	42	54	47%
江西省	61	54	42	46	37	34	14%

表1　主力省区汽车制造业发展情况（续1）

地区	2017 年	2016 年	2015 年	2014 年	2013 年	2012 年	17 年增速
湖南省	52	48	36	29	40	26	9%
河南省	47	58	53	41	51	40	-19%
福建省	28	22	19	18	21	19	28%
全国合计	**2994**	**2819**	**2484**	**2389**	**2387**	**2060**	**6%**

而一汽和长安的走势分化，一汽靠卡车表现走强。长安波动较大，MPV市场压力很大。北汽主要是北京现代下滑的影响。

吉利和广汽呈现高增长特征。比亚迪表现较差，主要是A级轿车和新能源的压力较大，江淮表现也不理想。而华晨仍是轻客的压力明显。

（六）主力省区汽车制造业发展较快

2017年，中国汽车生产的主力省份是广东上海、吉林、重庆、湖北（见表1）。基本是我们的六大汽车集团的的根据地。除了广西之外，其他的都是大集团支撑，比如广东的广汽集团和比亚迪；上海的上汽集团，吉林的一汽集团，重庆的长安集团， 湖北的二汽以及北京的北汽集团，成为了超强的产业布局。

从表现来看，目前的主力汽车集团表现相对较强，广东增长15%，上海增长12%，吉林增长1%，三大集团的增长都是很强的。而后面部分的特殊省份表现相对突出，比如浙江增长45%，四川增长38%，天津增长57%，陕西增长了47%，体现了产业向中西部转移的一个特征。

二、乘用车市场走势分析

（一）近年狭义乘用车零售相对平稳

2017 年乘用车零售延续 2016 年的走势特征，2017 年各月的乘用车零售销量相对 2016 年基本变化很小。相对 2013 年和 2014 年的平稳较快增长，2015 年车市增长波动较大，年末回升。而 2016 年和 2017 年自 5 月开始，零售持续走强，相对历年的走势，年末的拉升效果相对突出。在 2016 年购置税 5%优惠政策退出前的强势走势基础上，2017 年 1-12 月同比增 57 万台，相对前期动辙 200 万台以上的增量，2017 年总体增量偏低是少见的，其中 1-2 月负增长 8 万台，3-6 月增长 21 万台、增速 3%，7-11 月增长 40 万台、增速 4%。12 月增长 1%。12 月低迷体现了市场透支后的恢复走势过程中受到高基数和楼市等外部环境影响。

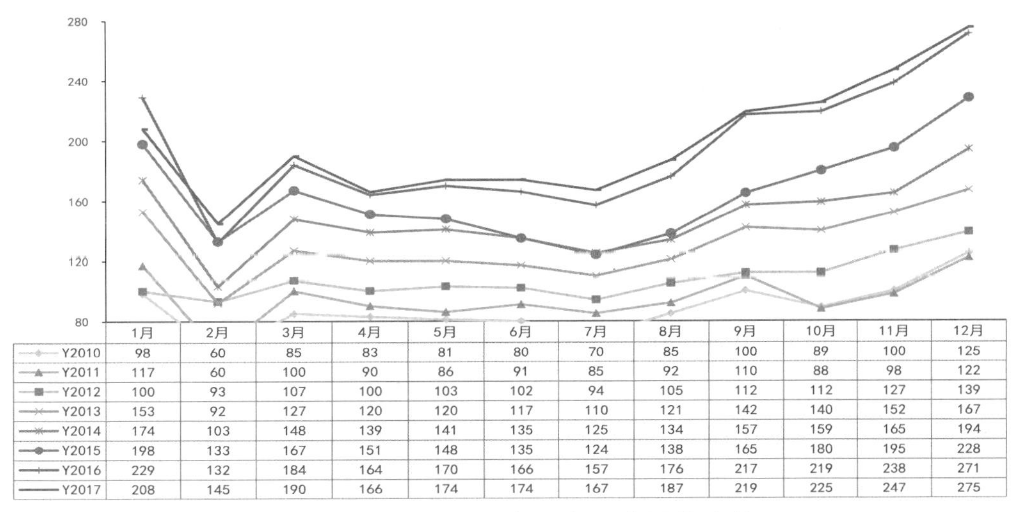

	1月	2月	3月	4月	5月	6月	7月	8月	9月	10月	11月	12月
Y2010	98	60	85	83	81	80	70	85	100	89	100	125
Y2011	117	60	100	90	86	91	85	92	110	88	98	122
Y2012	100	93	107	100	103	102	94	105	112	112	127	139
Y2013	153	92	127	120	120	117	110	121	142	140	152	167
Y2014	174	103	148	139	141	135	125	134	157	159	165	194
Y2015	198	133	167	151	148	135	124	138	165	180	195	228
Y2016	229	132	184	164	170	166	157	176	217	219	238	271
Y2017	208	145	190	166	174	174	167	187	219	225	247	275

图 6　狭义乘用车国内月度零售走势

表 2　历年狭义乘用车零售情况

零售	Y2006	Y2007	Y2008	Y2009	Y2010	Y2011	Y2012	Y2013	Y2014	Y2015	Y2016	Y2017
1-2 月	60	78	90	100	164	186	193	245	277	331	361	353
3-6 月	140	162	182	255	337	370	412	484	560	600	684	705
7-11 月	169	208	206	376	464	494	549	665	740	802	1006	1046
12 月	46	51	56	99	127	125	139	167	194	228	271	275
年度	**414**	**500**	**535**	**830**	**1093**	**1175**	**1293**	**1561**	**1772**	**1962**	**2322**	**2379**
增速	**Y2006**	**Y2007**	**Y2008**	**Y2009**	**Y2010**	**Y2011**	**Y2012**	**Y2013**	**Y2014**	**Y2015**	**Y2016**	**Y2017**
1-2 月	73%	30%	15%	11%	65%	13%	4%	27%	13%	19%	9%	-2.2%
3-6 月	27%	16%	13%	40%	32%	10%	11%	17%	16%	7%	14%	3.1%
7-11 月	23%	24%	-1%	82%	24%	6%	11%	21%	11%	8%	25%	4.0%
12 月	27%	12%	10%	75%	28%	-1%	11%	20%	16%	18%	19%	1.5%
年度	**30%**	**21%**	**7%**	**55%**	**32%**	**8%**	**10%**	**21%**	**13%**	**11%**	**18%**	**2%**

（二）2017 年狭义乘用车厂家批发走势

2017年车市的批发走势逐步出现回升趋势。在2-3月的走势正增长后，4-5月的车市面临库存调整，走势相对低迷，这也是少有的连续两个月的负增长现象。6-8月车市努力恢复正增长，9月因工作日多而增长较好，10- 12月的同比基本持平，但增长不强。

在2016年1-12月走势逐步走强的情况下，2017年3-6月的走势有巨大压力，3-6月批发实现1%增长。

7-11 月增速回升到 3%，虽然 12 月的批发基数较低，但年末批发增长动力一般不强，这也是为 2018 年做准备。

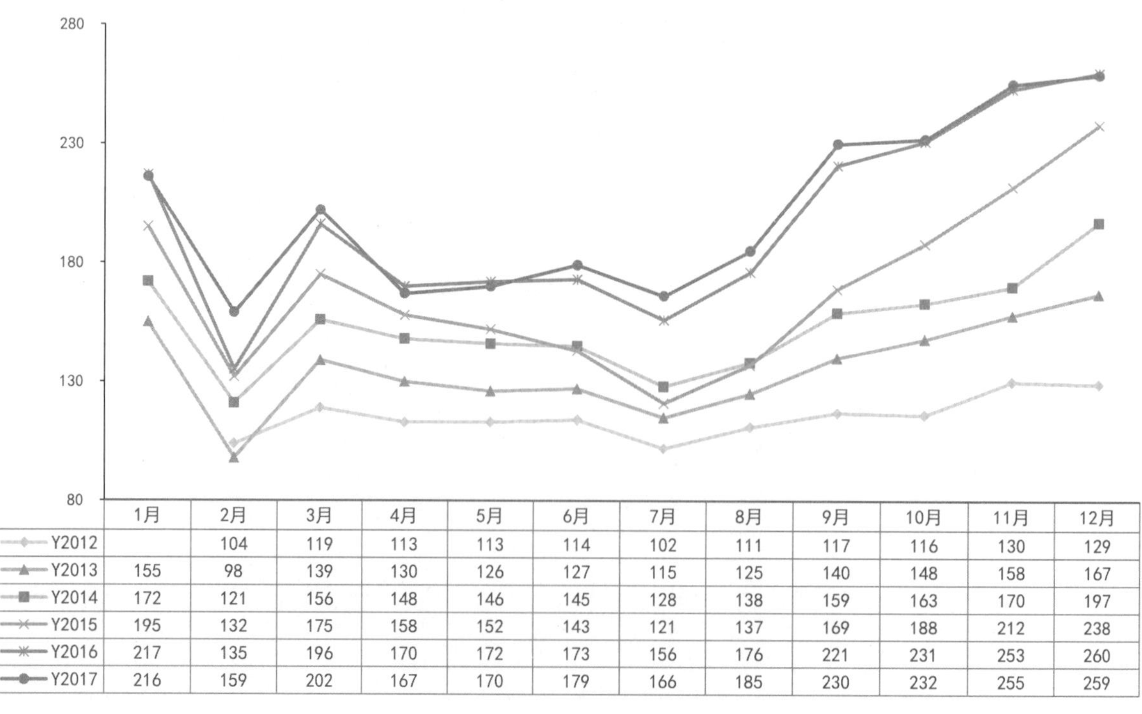

图 7　狭义乘用车月度批发走势

表 3　历年狭义乘用车批发情况

零售	Y2010	Y2011	Y2012	Y2013	Y2014	Y2015	Y2016	Y2017
1-2月	178	206	203	253	293	326	350	375
3-6月	363	399	459	522	595	629	712	718
7-11月	482	527	575	695	759	826	1038	1068
12月	110	120	129	167	197	238	260	259
年度	**1133**	**1251**	**1366**	**1637**	**1844**	**2019**	**2361**	**2421**
增速	Y2010	Y2011	Y2012	Y2013	Y2014	Y2015	Y2016	Y2017
1-2月	85%	16%	-1%	25%	16%	11%	7%	7%
3-6月	38%	10%	15%	14%	14%	6%	13%	1%
7-11月	60%	9%	9%	21%	9%	9%	26%	3%
12月	-39%	9%	7%	30%	18%	21%	9%	0%
年度	**35%**	**10%**	**9%**	**20%**	**13%**	**10%**	**17%**	**3%**

（三）狭义乘用车各级别增长特征

2017 年车市产销增速均稍差于预期增速，其中的 SUV 市场增速贡献度减小，而 MPV 的增速下滑带来车市的增速偏低，12 月的轿车零售增速 1%好于 2017 年均增速-3%较多，MPV 的调整力度大，MPV 形成较大的车市下滑影响。合资厂商普遍表现良好，与预期相符。自主厂商总体表现低于预期，两极分化明显。且从级别划分上来看，A 级和 A0 级车型在 12 月份的市场份额同比出现了较大下降。

表 4　狭义乘用车分级别增长情况

类别	级别	12 月批发	同比	环比 11	12 累批	同比	12 月零售	同比	环比	12 累零	同比
CAR	A00	5	52%	-13%	35	51%	5	20%	-12%	32	63%
	A0	17	2%	7%	136	-2%	17	8%	25%	125	-8%
	A	75	-8%	-2%	755	-7%	89	-3%	16%	750	-7%
	B	19	2%	4%	195	4%	20	7%	11%	198	4%
	C	6	17%	-8%	69	25%	7	23%	6%	69	24%
CAR 汇总		**122**	**-3%**	**-1%**	**1189**	**-2%**	**138**	**2%**	**14%**	**1173**	**-3%**
MPV	A0	10	-34%	5%	95	-32%	10	-33%	1%	93	-31%
	A	9	7%	10%	65	3%	8	-7%	20%	59	-6%
	B	2	0%	-2%	26	-4%	2	16%	4%	27	-2%
	C	2	38%	-17%	19	78%	2	73%	-7%	19	78%
MPV 汇总		**23**	**-15%**	**4%**	**205**	**-15%**	**21**	**-17%**	**7%**	**198**	**-16%**
SUV	A0	27	-4%	1%	225	-4%	27	-8%	10%	214	-5%
	A	74	9%	5%	663	16%	75	7%	10%	654	18%
	B	12	13%	-2%	130	54%	13	21%	5%	128	59%
	C	0	-25%	-16%	6	60%	1	47%	-19%	6	58%
SUV 汇总		**114**	**6%**	**3%**	**1027**	**15%**	**116**	**5%**	**9%**	**1005**	**16%**
总计		**259**	**0%**	**1%**	**2421**	**3%**	**275**	**1%**	**11%**	**2376**	**3%**

（四）中西部的车市销售低

2017年车市增长不是很好，没达到预期的主要原因是MPV暴跌，中西部的低迷。主要是小型城市和县乡市场需求偏弱的影响。而特大城市的增长主要是新能源车和华南广州深圳车市增长的促进。

表 5　狭义乘用车分级别增长情况

国内零售	2017年				2017年	2017年				2017年
	1季	2季	3季	4季	汇总	1季	2季	3季	4季	汇总
1特大	47	57	65	86	253	4%	19%	21%	32%	20%
2大型	92	104	130	169	495	-16%	-1%	5%	4%	-1%
3中型	99	110	131	169	509	-8%	8%	8%	8%	5%
4小型	95	106	122	156	478	-14%	8%	4%	-3%	-2%
县乡	124	117	141	186	568	-16%	2%	0%	-8%	-6%
总计	**457**	**493**	**589**	**765**	**2304**	**-12%**	**6%**	**6%**	**2%**	**1%**

（五）自主品牌份额走势

2017年的自主份额高增长趋势仍较强。2017年自主份额高企主要是合资的市场表现较差，商务需求和换购需求不足，自主的SUV新购需求相对较稳，导致自主的表现借助SUV异常超强。2月份额达到46.5%的高点，3-9月逐步下滑，这与历年走势有一定反差。主要是8-9月的回升不明显，10月回升也不强，但12月的自主环比增长是1.5个百分点， 2016年11月环比下降，原因也是2016年11月的合资较强，2017年虽然12月自主份额回升，但自主反攻效果不突出。

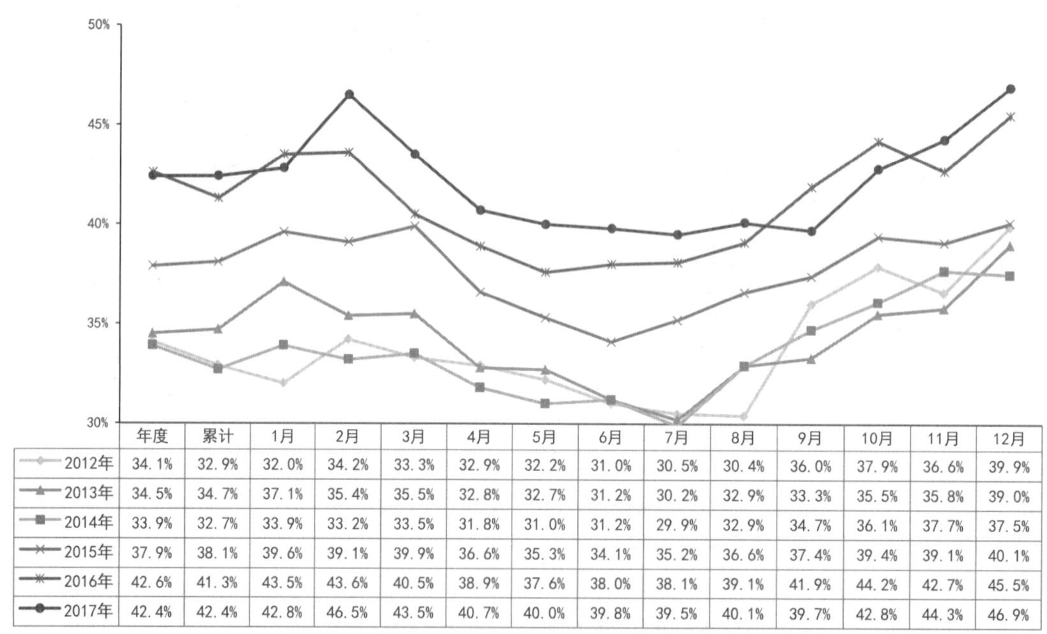

图 8　2012-2017年自主品牌批发份额

（六）狭义乘用车各级别分车型国内零售表现

此表体现的是每一个细分类别占上一层级总零售量的比重，与包含出口和库存变化的批发增长有所差异。2017年12月的市场体现MPV弱趋势特征明显，轿车市场的地位处于逐步恢复的状态，SUV走势较平稳。轿车中的中高级别走势较好，低端的电动轿车有所恢复。

表 6 狭义乘用车分级别国内零售情况

零售		1-12月						17年12累	2017年					
级别		11年	12年	13年	14年	15年	16年		3月	5月	7月	9月	11月	12月
CAR	A00	6%	5%	4%	3%	2%	1%	3%	2%	2%	3%	3%	4%	3%
	A0	20%	20%	16%	16%	15%	12%	11%	11%	10%	9%	10%	11%	13%
	A	54%	54%	59%	59%	61%	66%	64%	65%	63%	64%	65%	64%	64%
	B	16%	17%	17%	17%	18%	16%	17%	17%	18%	18%	16%	15%	15%
	C	4%	4%	4%	4%	4%	4%	6%	6%	6%	6%	6%	6%	5%
CAR 汇总		**82%**	**79%**	**75%**	**70%**	**61%**	**53%**	**49%**	**48%**	**50%**	**50%**	**50%**	**49%**	**50%**
MPV	A0	35%	46%	53%	66%	58%	60%	47%	53%	46%	41%	39%	47%	45%
	A	28%	26%	20%	13%	23%	23%	30%	26%	30%	33%	33%	32%	36%
	B	23%	20%	20%	15%	14%	13%	14%	13%	13%	15%	16%	11%	11%
	C	13%	8%	7%	5%	5%	5%	9%	7%	11%	11%	12%	9%	8%
MPV 汇总		**6%**	**7%**	**8%**	**10%**	**10%**	**11%**	**8%**	**10%**	**8%**	**8%**	**7%**	**8%**	**8%**
SUV	A0	10%	9%	15%	15%	32%	27%	21%	22%	21%	20%	20%	23%	23%
	A	71%	69%	66%	70%	57%	62%	65%	65%	65%	63%	66%	65%	65%
	B	15%	20%	17%	15%	11%	10%	13%	13%	14%	15%	13%	11%	11%
	C	3%	2%	1%	1%	0%	0%	1%	1%	1%	1%	1%	1%	1%
SUV 汇总		**12%**	**14%**	**18%**	**20%**	**29%**	**36%**	**42%**	**42%**	**41%**	**41%**	**43%**	**43%**	**42%**

前期多功能车市场超强增长，其中近年MPV中低端需求也有下降，A0级MPV表现逐步走弱，消费升级到A级MPV，近期新品也是在A级MPV推出较强。虽然2017年MPV总体下滑，但MPV中高端近期较强。

前期SUV则是A级火爆，随后延伸到A0级，成为高端向下延伸的特征，出现消费升级较强的特征。12月的A0级SUV市场的需求占比小幅下滑，高端B级SUV产销表现较强，A级仍是主力。

（七）狭义乘用车各国别在细分市场零售表现

2017年自主品牌在SUV市场获得巨大的份额增长，从56%上升到60%，而德系的SUV份额逐步稳定，韩系锐减，日系SUV走强，这也是巨大的反差。

2017年自主品牌在轿车市场的份额保持在18%左右。2017年12月的自主品牌逐步依靠新能源车恢复轿车的增长。

2017年德系的轿车份额提升到33%的历史新高，欧系轿车萎缩到4%的低位。日系轿车回暖态势在2017年持续，高于13-15年表现，12月日系份额偏弱。

表 7　狭义乘用车分国别零售情况

零售		年度							2017年							
类别	国别	11年	12年	13年	14年	15年	16年	17年累	1月	3月	5月	7月	9月	11月	12月
CAR	自主	29%	25%	26%	22%	20%	17%	18%	18%	19%	16%	17%	17%	19%	21%
	欧	4%	4%	5%	6%	5%	4%	3%	3%	3%	3%	3%	3%	3%	4%
	美	15%	16%	16%	16%	16%	17%	17%	16%	15%	16%	17%	18%	16%	17%
	韩	8%	9%	10%	11%	10%	10%	7%	9%	6%	7%	7%	7%	8%	9%
	德	22%	24%	26%	28%	28%	32%	33%	34%	34%	34%	33%	33%	33%	30%
	日	21%	21%	18%	17%	20%	21%	22%	21%	24%	24%	24%	22%	21%	19%
CAR	汇总	82%	79%	75%	70%	61%	53%	49%	47%	48%	50%	50%	50%	49%	50%
MPV	自主	74%	80%	83%	88%	89%	91%	85%	88%	89%	85%	82%	83%	85%	86%
	美	12%	8%	6%	5%	4%	3%	8%	5%	5%	8%	9%	8%	8%	8%
	德	6%	4%	4%	3%	2%	2%	3%	2%	2%	3%	3%	3%	3%	3%
	日	8%	8%	6%	4%	4%	4%	5%	5%	4%	4%	6%	5%	4%	4%
MPV	汇总	6%	7%	8%	10%	10%	11%	8%	9%	10%	8%	8%	7%	8%	8%
SUV	自主	35%	36%	39%	39%	52%	56%	60%	60%	62%	55%	57%	59%	63%	63%
	欧			2%	3%	4%	3%	4%	4%	4%	4%	4%	4%	3%	3%
	美	3%	2%	10%	10%	9%	10%	8%	8%	8%	9%	8%	8%	7%	8%
	韩	18%	14%	15%	12%	7%	7%	3%	5%	2%	3%	3%	3%	3%	4%
	德	12%	16%	14%	15%	11%	8%	9%	8%	8%	11%	11%	10%	9%	8%
	日	32%	32%	21%	21%	17%	16%	16%	15%	16%	18%	17%	16%	15%	14%
SUV	汇总	12%	14%	18%	181006	29%	36%	42%	42%	42%	41%	41%	43%	43%	42%

三、 **2017年商用车市场增长火爆**

（一）轻型卡车企业产销分类走势

轻卡	2007年	2008年	2009年	2010年	2011年	2012年	2013年	2014年	2015年	2016年	2017年	轻卡
1-11月累	101	110	140	179	173	168	176	151	141	138	154	1-11月累
12月	10	8	16	17	15	16	15	15	14	16	20	12月
全年销量	110	118	156	196	188	184	191	166	156	154	172	**全年销量**
1-11月累	17%	9%	27%	28%	-3%	-3%	5%	-14%	-7%	-2%	12%	1-11月累
12月	9%	-21%	112%	6%	-14%	10%	-8%	1%	-3%	9%	24%	12月
全年增速	16%	6%	33%	26%	-4%	-2%	4%	-13%	-6%	-1%	12%	**全年增速**
进度	91%	94%	90%	91%	92%	91%	92%	91%	91%	90%	90%	进度

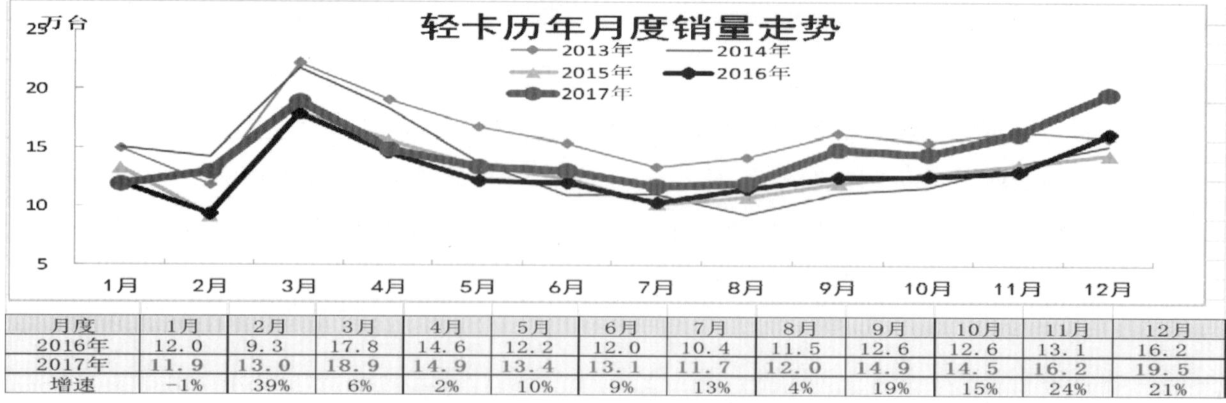

月度	1月	2月	3月	4月	5月	6月	7月	8月	9月	10月	11月	12月
2016年	12.0	9.3	17.8	14.6	12.2	12.0	10.4	11.5	12.6	12.6	13.1	16.2
2017年	11.9	13.0	18.9	14.9	13.4	13.1	11.7	12.0	14.9	14.5	16.2	19.5
增速	-1%	39%	6%	2%	10%	9%	13%	4%	19%	15%	24%	21%

图 9　轻卡历年月度销量走势

2017年全年累计轻卡销量171.89万台，累计增速11.4%，是历年走势较强的。3-8月的轻卡走势相对较平稳，9月开始的轻卡市场走势相对回稳走强。2017年12月销量19.54万台，同比增长20.9%，环比增长20.3%。12月的冲刺很猛，这也是新能源车的拉动效果有所体现。

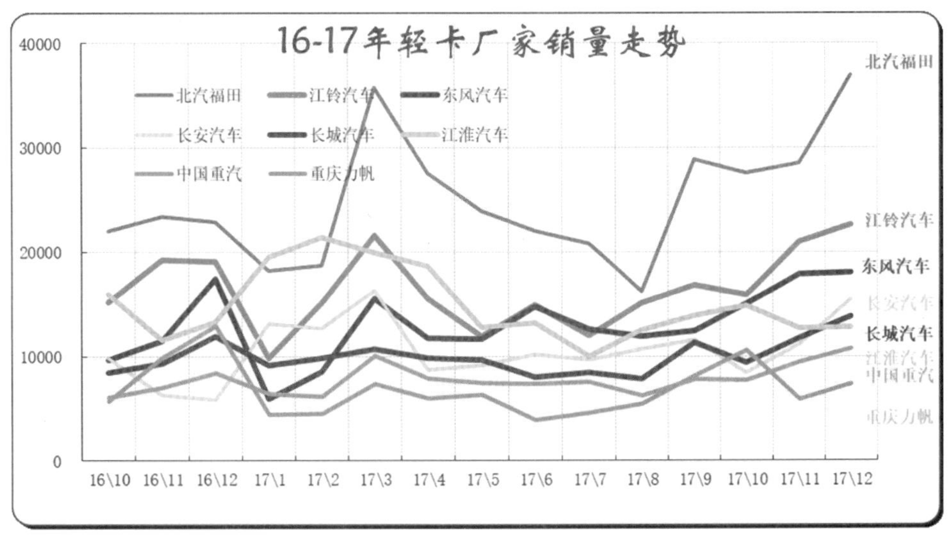

图 10　2016-2017轻卡厂家销量走势

2017年12月的轻卡主力厂家分化较明显，福田走势超强，江铃、江淮、重汽和力帆及唐骏的轻卡表现较强。主力车企的福田保持超强的龙头地位。东风和江铃的销量表现环比超强。零售车的走势尚未如此走强。

2017年全年累计中重卡销量134.6万台，累计增速40.9%； 12月销量9.05万台，同比增长-13%，环比增长-14.6%。

中重卡持续超强，12月表现也是受到环保治理的影响而偏弱，未来中重卡还有一些增量机会。

（二）中重型卡车企业产销分类走势

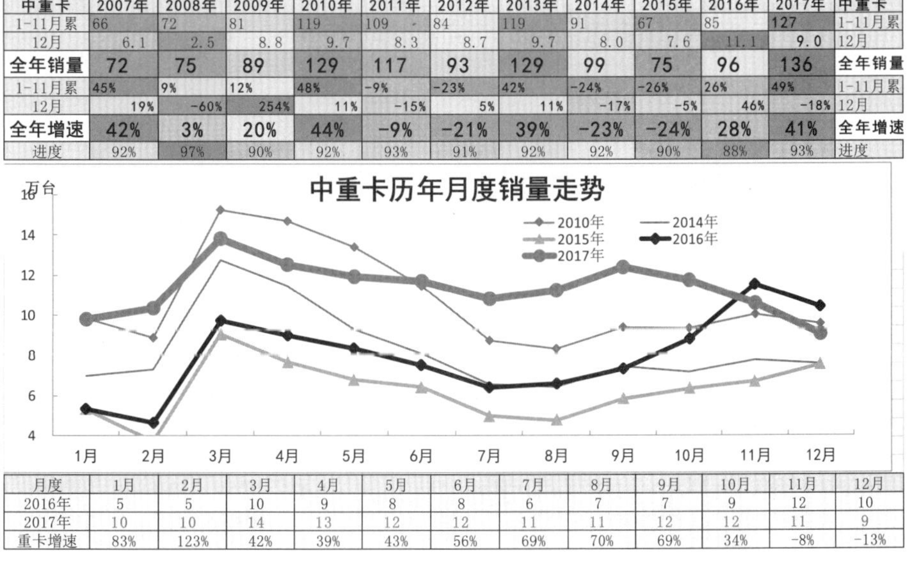

中重卡	2007年	2008年	2009年	2010年	2011年	2012年	2013年	2014年	2015年	2016年	2017年	中重卡
1-11月累	66	72	81	119	109	84	119	91	67	85	127	1-11月累
12月	6.1	2.5	8.8	9.7	8.3	8.7	9.7	8.0	7.6	11.1	9.0	12月
全年销量	72	75	89	129	117	93	129	99	75	96	136	全年销量
1-11月累	45%	9%	12%	48%	-9%	-23%	42%	-24%	-26%	26%	49%	1-11月累
12月	19%	-60%	254%	11%	-15%	5%	11%	-17%	-5%	46%	-18%	12月
全年增速	42%	3%	20%	44%	-9%	-21%	39%	-23%	-24%	28%	41%	全年增速
进度	92%	97%	90%	92%	93%	91%	92%	92%	90%	88%	93%	进度

月度	1月	2月	3月	4月	5月	6月	7月	8月	9月	10月	11月	12月
2016年	5	5	10	9	8	8	6	7	7	9	12	10
2017年	10	10	14	13	12	12	11	11	12	12	11	9
重卡增速	83%	123%	42%	39%	43%	56%	69%	70%	69%	34%	-8%	-13%

图 11　中重卡历年月度销量走势

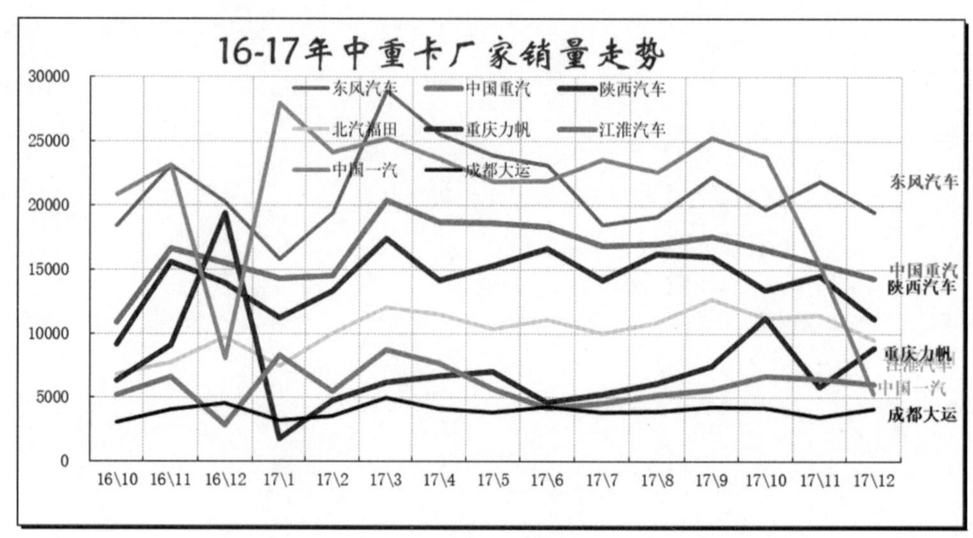

图 12　2016-2017年中重卡厂家销量走势

随着换车周期到来，近期的上游投资景气回升，重卡和牵引车等更新需求增大，重卡结构性走强。2016年10月国家出台整顿运输市场的政策，严重压缩运力，导致运输车型大型化趋势加速，投资巨幅增大，对市场的卡车需求较强。

2017年中重卡基本都是同比2016年高增长的状态，主力车企相对较好。2017年12月的主力走势分化，一汽12月走势保守，东风等较强，重汽走势较稳。

轻客	2007年	2008年	2009年	2010年	2011年	2012年	2013年	2014年	2015年	2016年	2017年	轻客
1-12月累	21	20	21	26	30	31	35	39	39	32	31	1-11月累
12月	2.1	2.1	1.4	2.3	2.3	2.9	4.0	4.9	4.6	3.3	3.8	12月
全年销量	23	22	22	28	32	34	39	44	43	35	35	全年销量
1-12月累	20%	-6%	7%	24%	15%	3%	13%	13%	-2%	-17%	-3%	1-12月累
12月	21%	-2%	-30%	60%	0%	27%	37%	24%	-7%	-28%	15%	12月
全年增速	20%	-6%	3%	26%	13%	5%	15%	14%	-2%	-18%	-1%	全年增速
进度	91%	90%	94%	92%	93%	91%	90%	89%	89%	91%	89%	进度

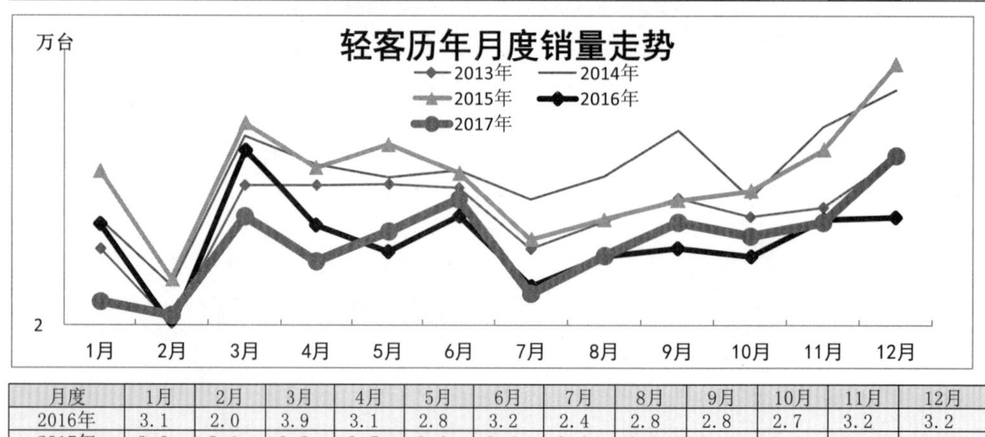

月度	1月	2月	3月	4月	5月	6月	7月	8月	9月	10月	11月	12月
2016年	3.1	2.0	3.9	3.1	2.8	3.2	2.4	2.8	2.8	2.7	3.2	3.2
2017年	2.3	2.1	3.2	2.7	3.0	3.4	2.3	2.8	3.1	3.0	3.1	3.8
增速	-27%	6%	-18%	-13%	7%	6%	-3%	0%	10%	8%	-1%	21%

图 13　轻客历年月度销量走势

（三）轻型客车企业销售走势

2017年全年累计客车销售量52.72万台，累计增速-2.2%；12月客车销量7.53万台，同比增长12.4%，环比增长37.9%。

2017年全年累计轻客销量34.83万台，累计增速-1.1%；12月销量3.85万台，同比增长20.8%，环比增长23.1%。

轻客企业的走势相对平稳，近期走强明显。由于轻客新能源的突破速度较慢，专用车的走势也不是很强，因此轻客的市场压力仍大，主要是2016年的销量回归带来的下滑较大，因此今年显得相对稍好。

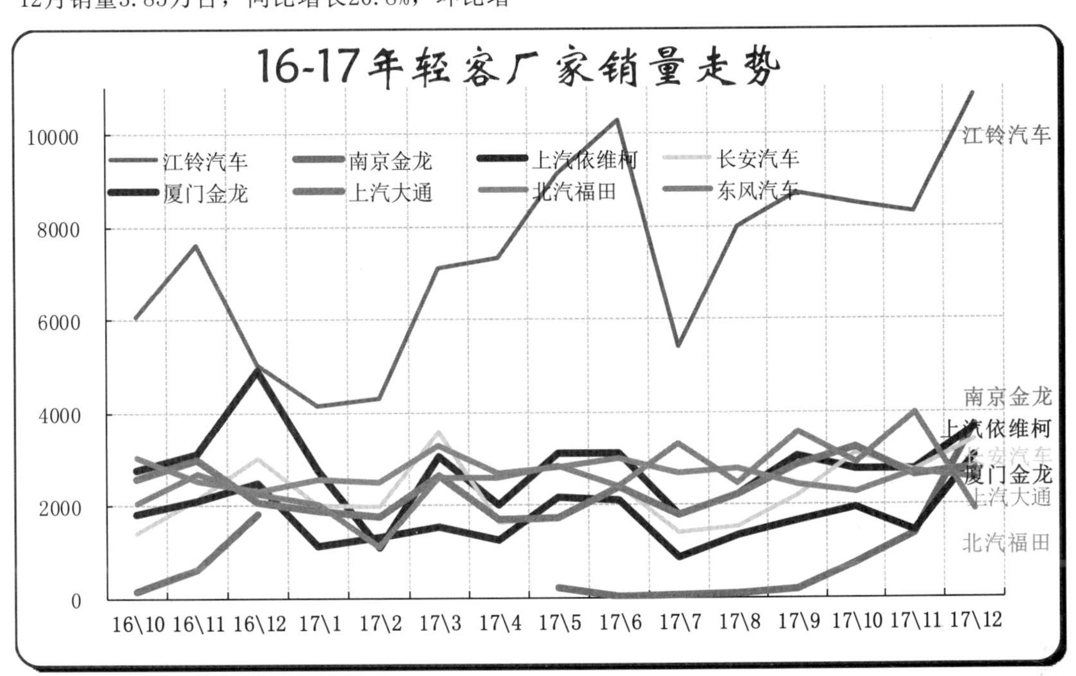

图14　2016-2017年轻客企业产销分类走势

2014年是轻客的好日子，2015年轻客走势分化，近期的主力厂家销量回归务实。2015年受到政策补贴等的干扰，没有搞电动轻客的主力企业表现较差，2016-2017年的轻客进入全面调整期。随着轻客应对小型面包车安全管理的453号法规的影响淡化，轻客逐步回归平稳，但高基数影响仍大。江铃走势超强。

新能源车的年末暴增对轻客也带来促进。南京金龙爆发增长，东风和福田较强。金杯、依维柯的12月走势较2016年不强。南京金龙和江淮表现较好。

（四）大中型客车企业销售走势

大中型客车与新能源走势密切相关。2017年全年累计大中客销量17.9万台，累计增速-4.3%；12月份销量3.68万台，同比增长4.9%，环比增长57.7%。

2017年的大中客市场走势是历年压力最大的，1-9月增速处于历年低谷，年末改善较大，但未来的压力仍是较大，以此化解2016年19万台的超高销量的透支。

由于新能源补贴的促进，2015年大中客市场赚钱很多，2016年挣钱更多。随着电动车政策的逐步明朗。2016年末宇通、福田和金旅等主力企业走势很好。

2017年政策不明朗带来了1-5月销量暴跌的局面。6月市场回暖，7-12月仍呈现持续回暖态势。宇通12月表现优秀，中通客车和比亚迪等其他主力企业也是12月走势大幅好转。

大中客	2007年	2008年	2009年	2010年	2011年	2012年	2013年	2014年	2015年	2016年	2017年	大中客
1-11月累	10.2	10.5	10.5	13.9	14.3	14.8	14.9	14.0	13.8	15.2	13.7	1-11月累
12月	1.6	1.8	2.4	1.9	2.3	2.2	2.3	2.4	2.5	3.5	3.7	12月
全年销量	11.9	12.3	12.9	15.9	16.5	17.0	17.1	16.4	16.3	19.0	17.4	全年销量
1-11月累	20%	3%	0%	33%	2%	4%	1%	-6%	-1%	10%	-10%	1-11月累
12月	50%	9%	36%	-20%	17%	-3%	2%	5%	6%	40%	5%	12月
全年增速	23%	4%	5%	23%	4%	3%	1%	-4%	0%	16%	-8%	全年增速
1-11月进度	86%	85%	81%	88%	86%	87%	87%	86%	85%	80%	79%	进度

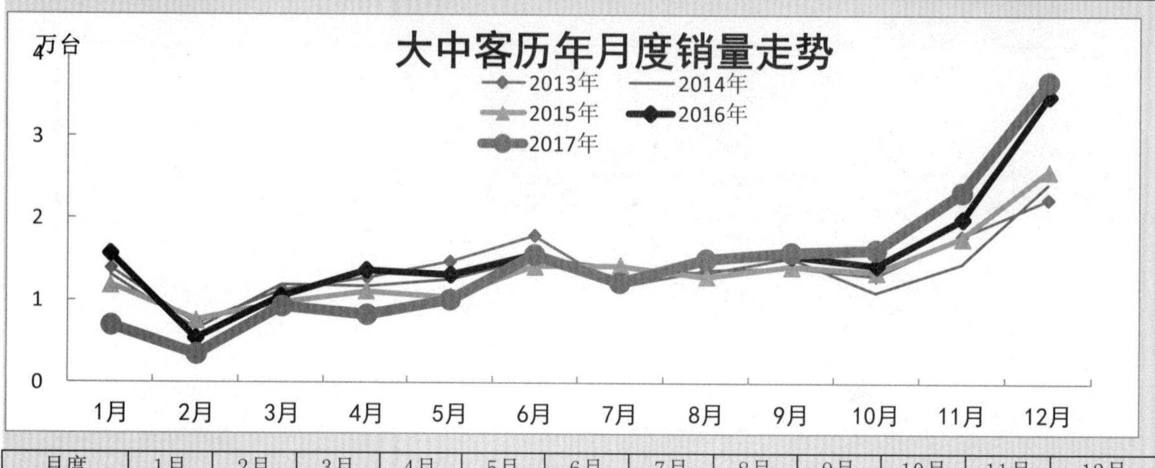

月度	1月	2月	3月	4月	5月	6月	7月	8月	9月	10月	11月	12月
2016年	1.58	0.54	1.05	1.37	1.32	1.57	1.21	1.54	1.56	1.44	2.01	3.51
2017年	0.71	0.36	0.93	0.82	1.02	1.56	1.24	1.52	1.60	1.64	2.34	3.68
增速	-55%	-34%	-12%	-40%	-23%	-1%	2%	-2%	2%	14%	16%	5%

图15　大中客历年月度销量走势

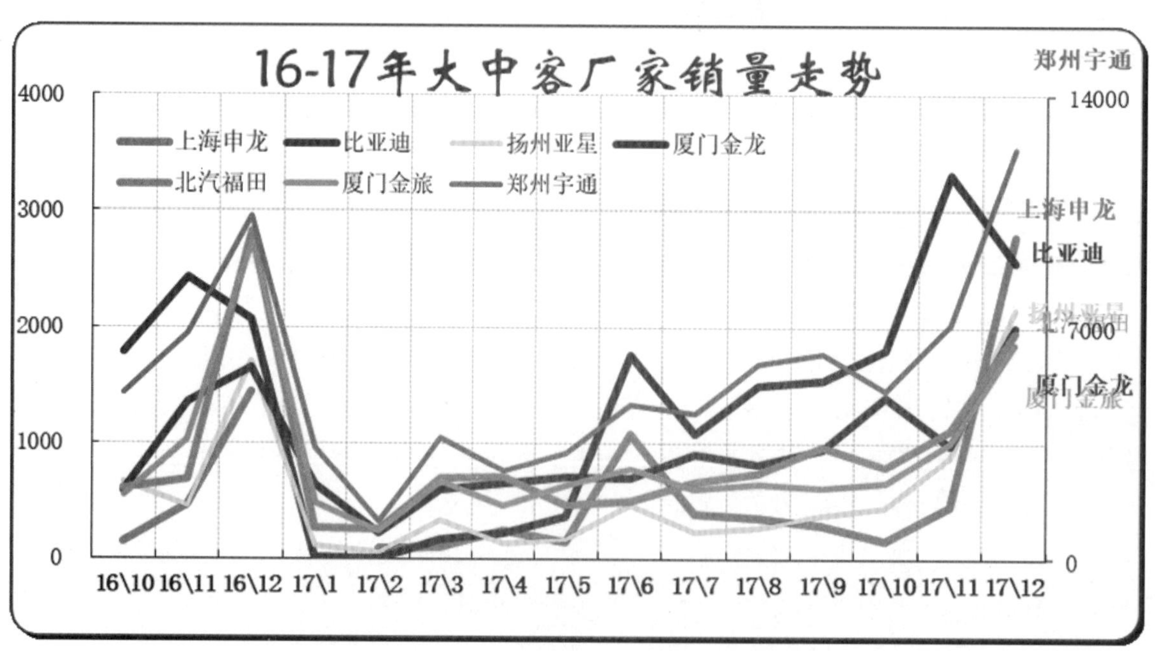

图16　2016-2017年大中客厂家销量走势

表 8　新能源乘用车情况

乘联会大类		2016		2016 汇总	2017		2017 汇总	2017 年增速		总体
		国产	进口		国产	进口		国产	进口	
合格证	狭义乘用车	32.0	1.4	33.4	54.8	2.0	56.8	71%	41%	70%
	客车	13.8		13.8	10.9		10.9	-21%		-21%
	专用车	6.1		6.1	15.4		15.4	152%		152%
合格证 汇总		**51.9**	**1.4**	**53.3**	**81.1**	**2.0**	**83.1**	**56%**	**0%**	**56%**
乘联会批发	狭义乘用车	32.9		32.9	55.6		55.6	69%		69%
中汽协	汽车批发				77.7		77.7	53%		53%
国统局	汽车生产				71.6		71.6	51%		51%
乘联会批发 汇总		**32.9**	**0.0**	**32.9**	**55.6**	**0.0**	**55.6**	**69%**	**0%**	**69%**
保险	狭义乘用车	30.1	1.2	31.2	52.0	1.9	53.9	73%	62%	73%
	客车	11.0		11.0	10.1		10.1	-8%		-8%
	专用车	2.7		2.7	9.8		9.8	263%		263%
保险 汇总		**43.8**	**1.2**	**44.9**	**72.0**	**1.9**	**73.8**	**64%**	**62%**	**64%**

四、新能源汽车市场

（一）2017 年新能源乘用车增长 69%

目前新能源车产销统计有较多口径。其中国家统计局数据是国家权威数据，合格证数据是工信部执法考核企业的依据数据，乘联会和中汽协是行业数据，上牌保险数据是终端的核心数据。

根据机动车合格证数据：2017年新能源汽车国产汽车生产81万台，增速56%，进口车2万台，同比增长41%，中国市场总供给量共计83万台，增速56%。

从乘联会厂家批发数据看，2017年狭义乘用车批发55.6万台，同比增长近70%。从中汽协数据看，2017年汽车厂家批发77万台，增长53%。

从车市的上牌保险数据看，2017年国产汽车销售72万台，进口车是1.9万台，总体是73.8万台，同比增长64%。其中新能源乘用车上牌54万台，增长73%。

从产销的结构看，汽车合格证数据与乘联会批发数据相对比较接近。而专用车数据相对运行不畅，专用车生产15.4万台，上牌9.8万台，产销的缺口相对较大。

由于前期补贴的标准过高，导致了企业盲目地以补贴为推动核心，而以补贴为核心形成了严重问题，因此国家采取了强力的措施，2017年就调整了补贴的目录、补贴标准的政策，比如客车补贴，其中大客从50万调到了30万，我们当时就觉得，在2014年，这个政策出来的时候，很多企业都去抢钱，客车平均40万台的新能源车，2016年13万台就是500亿。这种情况下补贴进行了深度调整，调了40%—70%的比例，这也是一个超强力度的合理下调。

综合以上数据看，2017年中国新能源车市场表现超强，其中国产新能源汽车的增速好于进口车增速，国产乘用车的增长表现最为优秀。

（二）各国新能源车销量

中国新能源车销量是57.6万台，其中含进口新能源车2万台，国产车55.6万台。中国市场增长68%是超过世界平均速度的。

美国新能源车的市场增速较慢，而日本的新能源车市场表现很强。亚洲其他国家，主要是韩国的新能源车也是表现较强的。

表 9　各国新能源车销量情况

新能源	2016 年	2017 年	增幅
中国	343497	576247	68%
美国	160610	197535	23%
日本	41465	140093	238%
欧洲	66112	74967	13%
挪威	43003	57251	33%
英国	33228	47523	43%
德国	25250	49001	94%
法国	33454	40732	22%
亚洲	6866	20914	205%
北美洲	8538	12657	48%
大洋洲	190	393	107%
非洲	159	197	24%
南美洲	50	39	-22%
总计	**762422**	**1217549**	**60%**

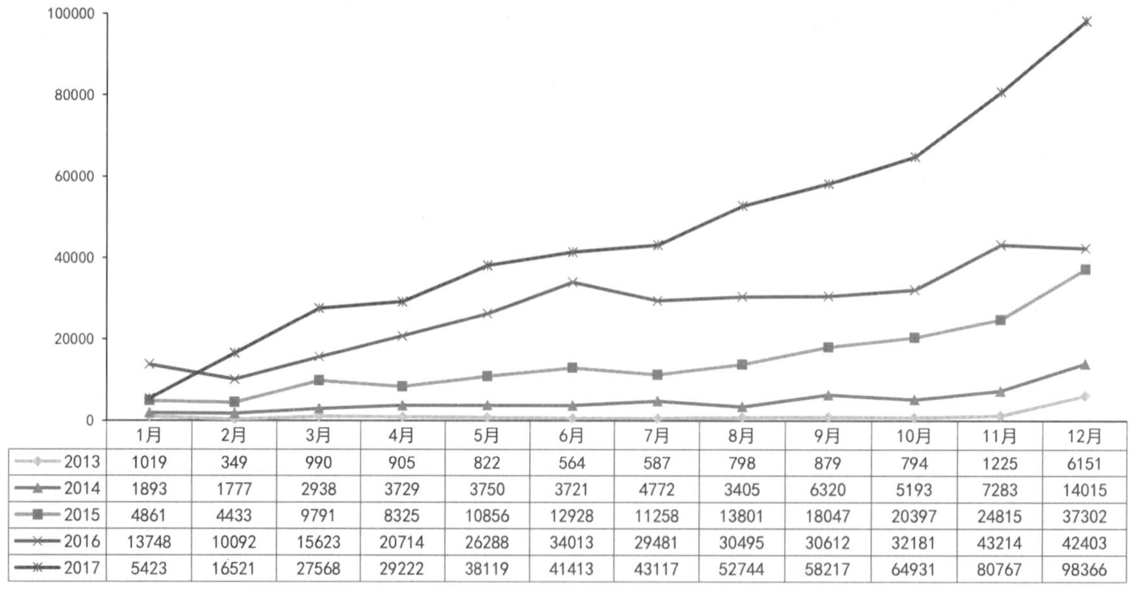

	1月	2月	3月	4月	5月	6月	7月	8月	9月	10月	11月	12月
2013	1019	349	990	905	822	564	587	798	879	794	1225	6151
2014	1893	1777	2938	3729	3750	3721	4772	3405	6320	5193	7283	14015
2015	4861	4433	9791	8325	10856	12928	11258	13801	18047	20397	24815	37302
2016	13748	10092	15623	20714	26288	34013	29481	30495	30612	32181	43214	42403
2017	5423	16521	27568	29222	38119	41413	43117	52744	58217	64931	80767	98366

图17　乘联会厂家历年新能源乘用车销量走势

（三）2017 年新能源车销量持续高增长

近几年，在中国乘用车市场总体走势年初高、随后持续下行到夏季谷底的正常走势下，新能源乘用车呈现顽强的月度环比向上趋势。在2015年新能源车高增长后，2016年新能源乘用车市场呈现调整规范发展的特征。2016年1-3月新能源车快速恢复性增长。随后4月和6-7月、12月环比增长速度放缓，但5月和8月两次环比上月的增量都达到0.9万台，体现增长的强劲动力。2017年新能源乘用车保持连续11个月的月度环比持续增长态势，从1月的0.65万起步，2月环比增1.1万台、3月1.1万台，4月0.2万台、5月0.9万台、6月0.3万台、7月0.2万台，8月0.9万台，9月0.5万台，10月0.7万台，11月1.6万台，12月1.6万台，最终增长到9.85万台。

2017年新能源产品目录发布推动新品顺利投放是很关键的。2016年新能源政策调整期，一到三月份发了三批目录，12月份发了两批目录，4到11月份没有目录，所以真正形成没有目录就没有生产的资格，没有生产的资格就没有拿补贴的资格，导致3季度前后形成了市场停顿的状态，这种情况下2016年实际上处于停滞期和逐步恢复期的状态。现在看来国家新能源管理的法治化进程特别好，2017年每个月都在发布新的目录，一到十二批目录已经顺利发布，市场表现很好。

2017年补贴目录是每月一批，因此形成2月开始的目录产品的产销增长，而购置税目录在4月和7月、9月、12月初、12月末发布，加之各地的地方补贴政策在陆续发布，共同推动了5月和8-12月的两轮较好增长。尤其是9月的双积分政策的发布和11月的2016-2017年油耗积分管理政策进一步鼓舞了新能源乘用车的发展热情，形成9-12月的超强拉升局面。

表 10　新能源市场情况

世界新能源结构		中国	美国	日本	欧洲	挪威	德国	英国	法国	亚洲	总计
纯电动	A00	60%	4%	3%	3%	4%	18%	1%	10%	2%	40%
	A0	12%	28%	0%	41%	29%	39%	28%	60%	6%	19%
	A	23%	19%	97%	24%	38%	29%	42%	14%	87%	26%
	B	1%	3%	0%	0%	0%	0%	0%	0%	0%	1%
	C	4%	46%	0%	31%	28%	14%	26%	5%	0%	13%
	无	0%	0%	0%	0%	0%	0%	2%	12%	5%	1%
纯电动 汇总		**81%**	**53%**	**13%**	**44%**	**52%**	**48%**	**35%**	**74%**	**67%**	**61%**
插混	A0	0%	0%	74%	0%	0%	0%	0%	0%	0%	19%
	A	82%	59%	26%	39%	44%	55%	45%	39%	98%	52%
	B	18%	24%	0%	36%	35%	24%	28%	36%	1%	18%
	C	0%	15%	0%	20%	20%	15%	23%	21%	0%	9%
	D	0%	2%	0%	5%	0%	6%	5%	5%	1%	2%
插混 汇总		**19%**	**47%**	**87%**	**56%**	**48%**	**52%**	**65%**	**26%**	**33%**	**39%**
总计		**100%**	**100%**	**100%**	**100%**	**100%**	**100%**	**100%**	**100%**	**100%**	**100%**

（四）新能源车市场结构特征

世界新能源车的发展线路差异较大，中国的线路以比较务实的A00级微型电动车为主，2017年占到中国纯电动的60%，德国的比例也相对较好，占到18%，但德国的A0级小型电动车较多，中国在新能源车还是比较好的务实发展。美国的大型电动车占到46%，是偏大的。

中国的插混与其他国家相一致，而日本的A0级比较多，这是日产的NOTE增程电动车的较好表现。

（五）世界新能源车的线路分化

2017年世界新能源车的动力格局基本没有变化，氢燃料仍是0.3%的微小数量，技术线路格局的插混和纯电动基本保持稳定。

这样的稳定是中国与日本的反向推进的结果。中国是纯电动增多，日本是搞增程式电动车，形成较大的分化特征。表11是2017年与2016年的对比状态。世界基本是三分之一插混，三分之二纯电动。中国是28分化，20%插混，81%纯电动。

（六）2017 年中国新能源份额 60%

根据综合统计，12月中国新能源车的世界份额是60%，按照乘联会统计的中国新能源车销量8万台，世界新能源乘用车销量13.4万台，中国表现突出。如果加上中国的客车和专用车销量，则中国份额更高。但世界其他国家的数据基本没有客车等车型，因此同口径看，中国数据用乘联会的乘用车数据更为合理一些。目前看，美国份额持续回落，日本份额前期下滑后，2017年大幅回升，而挪威和德国的表现也是很强的。

表 11　世界新能源车线路划分

	2016年			2017年			2017年增减		
国家类	纯电动	插混	氢	纯电动	插混	氢	纯电动	插混	氢
中国	76.1%	23.9%	0.0%	81.2%	18.8%	0.0%	5.1%	-5.1%	0.0%
美国	54.0%	45.4%	0.6%	52.8%	46.0%	1.2%	-1.2%	0.7%	0.5%
日本	36.7%	60.8%	2.5%	16.1%	83.3%	0.6%	-20.5%	22.5%	-1.9%
欧洲	35.0%	64.9%	0.0%	44.3%	55.7%	0.0%	9.2%	-9.2%	0.0%
挪威	51.4%	48.6%	0.0%	52.0%	48.0%	0.0%	0.6%	-0.6%	0.0%
英国	31.9%	68.1%	0.0%	35.0%	64.9%	0.1%	3.1%	-3.2%	0.0%
德国	50.1%	49.9%	0.0%	48.2%	51.8%	0.0%	-1.9%	1.9%	0.0%
法国	79.9%	20.1%	0.0%	73.8%	26.2%	0.0%	-6.0%	6.0%	0.0%
亚洲	86.0%	12.8%	1.2%	66.5%	33.2%	0.3%	-19.4%	20.3%	-0.9%
北美洲	58.7%	41.3%	0.0%	53.8%	46.2%	0.0%	-5.0%	5.0%	0.0%
大洋洲	83.2%	16.8%	0.0%	92.6%	7.4%	0.0%	9.5%	-9.5%	0.0%
非洲	62.9%	37.1%	0.0%	72.6%	27.4%	0.0%	9.7%	-9.7%	0.0%
南美洲	100.0%	0.0%	0.0%	100.0%	0.0%	0.0%	0.0%	0.0%	0.0%
总计	**61.6%**	**38.1%**	**0.3%**	**61.6%**	**38.2%**	**0.3%**	**-0.1%**	**0.1%**	**0.0%**

表 12　各国新能源份额

新能源	2014年	2015年	2016年	2017年	2017年						
					1季度	2季度	3季度	4季度	4季度		
									10月	11月	12月
中国	17.6%	42.2%	45.1%	47.3%	25.8%	42.6%	50.3%	59.0%	57.9%	59.5%	59.2%
美国	49.2%	31.0%	21.1%	16.2%	19.4%	17.4%	16.9%	13.4%	12.2%	12.4%	15.0%
日本	12.8%	6.3%	5.4%	11.5%	22.4%	12.7%	10.5%	6.0%	6.3%	6.3%	5.6%
欧洲	6.5%	7.4%	8.7%	6.2%	7.7%	7.3%	5.4%	5.3%	6.2%	5.2%	4.7%
挪威	1.6%	1.1%	5.6%	4.7%	6.3%	5.1%	3.7%	4.4%	4.6%	4.1%	4.6%
法国	4.6%	4.6%	4.4%	3.3%	4.8%	3.7%	2.8%	2.8%	2.8%	2.6%	2.9%
英国	3.0%	2.8%	4.4%	3.9%	5.5%	3.6%	4.0%	3.1%	3.5%	3.2%	2.9%
德国	2.4%	1.9%	3.3%	4.0%	4.8%	4.5%	3.2%	3.9%	4.2%	4.1%	3.5%
亚洲	0.7%	1.2%	0.9%	1.7%	1.8%	1.8%	2.2%	1.3%	1.2%	1.6%	1.0%
北美洲	1.5%	1.4%	1.1%	1.0%	1.3%	1.2%	1.0%	0.8%	1.1%	0.9%	0.6%
大洋洲	0.1%	0.1%	0.0%	0.0%	0.0%	0.0%	0.0%	0.0%	0.0%	0.0%	0.0%
非洲	0.0%	0.1%	0.0%	0.0%	0.0%	0.0%	0.0%	0.0%	0.0%	0.0%	0.0%
南美洲	0.0%	0.0%	0.0%	0.0%	0.0%	0.0%	0.0%	0.0%	0.0%	0.0%	0.0%
总计	**100%**	**100%**	**100%**	**100%**	**100%**	**100%**	**100%**	**100%**	**100%**	**100%**	**100%**

（七）进口电动车的产销走势

进口电动车是新能源车的主力，目前的主要竞争在豪华车领域，主要是特斯拉与宝马的进口电动车。总体看，宝马与特斯拉的进口表现都较好，但不是超强于国产车，亮点不算突出。

尤其是特斯拉的国产车的零售在2017年增长缓慢，2-3季度的特斯拉表现较好，但4季度较差。

表 13 进口电动车销售情况

进口电动车		2016				2016 汇总	2017				2017 汇总
		1 季度	2 季度	3 季度	4 季度		1 季度	2 季度	3 季度	4 季度	
进口	美国特斯拉	1295	1509	3192	5678	11674	4886	4356	4331	3154	16727
	德国宝马	176	268	648	80	1172	281	1235	383	482	2381
合格证 汇总		**1472**	**1777**	**3842**	**5769**	**12860**	**5196**	**5631**	**4720**	**3639**	**19186**
零售	美国特斯拉	1352	1377	3093	4577	10399	1622	4026	4919	4243	14810
	德国宝马	139	131	825	36	1131	49	136	334	493	1012
保险 汇总		**1491**	**1508**	**3918**	**4614**	**11531**	**1671**	**4164**	**5254**	**4750**	**15839**

表 14 不同区域进口新能源销售情况

区域对比	特斯拉					国产新能源				
城市分类	1 季度	2 季度	3 季度	4 季度	总计	1 季度	2 季度	3 季度	4 季度	总计
1 特大	80%	81%	81%	75%	79%	56%	52%	43%	32%	36%
2 大型	10%	11%	13%	17%	13%	11%	16%	21%	23%	21%
3 中型	6%	4%	4%	5%	5%	15%	12%	13%	21%	19%
4 小型	3%	2%	1%	1%	2%	9%	12%	14%	16%	15%
县乡	1%	1%	1%	1%	1%	10%	8%	9%	9%	9%
2017 汇总	**55%**	**75%**	**61%**	**48%**	**59%**	**57%**	**64%**	**69%**	**76%**	**73%**

（八）限购城市仍是进口新能源车的主要市场

进口新能源车的市场主要是限购城市，特斯拉在限购城市占了80%销量，而国产新能源车的销量是36%。

限购城市进口特斯拉的占比较高，主要是城市的地方政策支持特斯拉的发展，北京、上海等都给特斯拉国民待遇，上牌的政策相对宽松。

五、进出口情况

（一）2017 年汽车整车进出口车回升较大

2015-2016年的整车进出口都很差，但2017年回暖的趋势较明显。

2013年以来进口车的波动远大于出口市场，2015-2016年的出口稍好于进口。

根据全国海关统计，2017年全年的中国汽车累计进口125万台，增速16%。

出口达到106万台，同比增长31%，2017年进出口好于2016年的增速表现，而且12月的汽车出口增速仍在40%，表现较强。

（二）历年进口车市场走势

2017年中国汽车进口125万台，同比增长16%，体现了进口车增长逐步减速的态势。

考虑到2015年的谷底效应，2017年4季度的33万台与2014年4季度增长相似，但低于2014年2季度的39万台。2017年的1-4季度的增速逐步下行，但增速持续下行的动力不足。

（三）汽车整车进口月度走势

进口车市场受到各方因素干扰较大。诸多政策、需求、渠道等因素都会导致进口车的剧烈波动。在2014年超强的背景下，2015年进口出现高基数的低迷。2016年的3-12月恢复增长，12月表现稍弱，全年的进口车表现较强。

2017年1-4月的进口车销量好于2015年的正常表现，而5-12月的高位拉升推动了2017年全年的较强恢复特征。

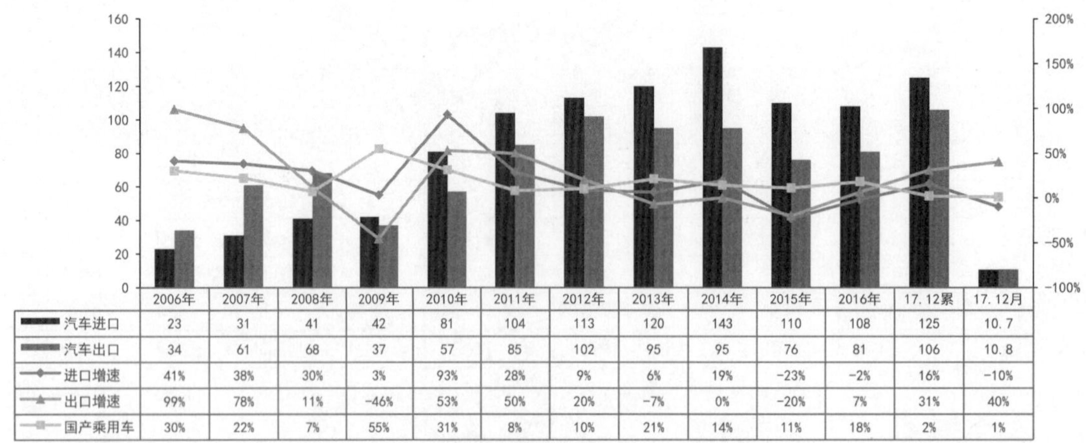

	2006年	2007年	2008年	2009年	2010年	2011年	2012年	2013年	2014年	2015年	2016年	17.12累	17.12月
汽车进口	23	31	41	42	81	104	113	120	143	110	108	125	10.7
汽车出口	34	61	68	37	57	85	102	95	95	76	81	106	10.8
进口增速	41%	38%	30%	3%	93%	28%	9%	6%	19%	-23%	-2%	16%	-10%
出口增速	99%	78%	11%	-46%	53%	50%	20%	-7%	0%	-20%	7%	31%	40%
国产乘用车	30%	22%	7%	55%	31%	8%	10%	21%	14%	11%	18%	2%	1%

图18 2007-2017年国产车与进出口走势

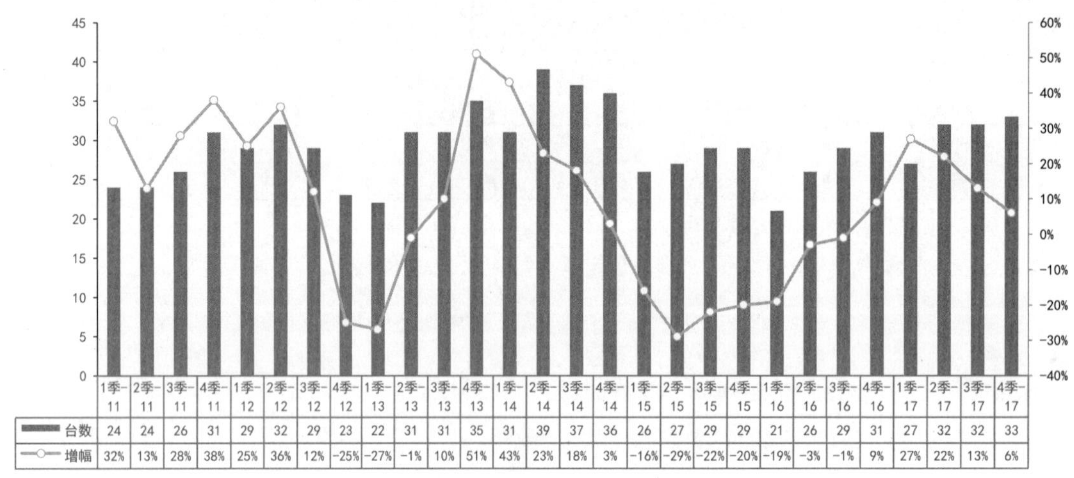

	1季-11	2季-11	3季-11	4季-11	1季-12	2季-12	3季-12	4季-12	1季-13	2季-13	3季-13	4季-13	1季-14	2季-14	3季-14	4季-14	1季-15	2季-15	3季-15	4季-15	1季-16	2季-16	3季-16	4季-16	1季-17	2季-17	3季-17	4季-17
台数	24	24	26	31	29	32	29	23	22	31	31	35	31	39	37	36	26	27	29	29	21	26	29	31	27	32	32	33
增幅	32%	13%	28%	38%	25%	36%	12%	-25%	-27%	-1%	10%	51%	43%	23%	18%	3%	-16%	-29%	-22%	-20%	-19%	-3%	-1%	9%	27%	22%	13%	6%

图19 2011-2017年逐季整车进口走势

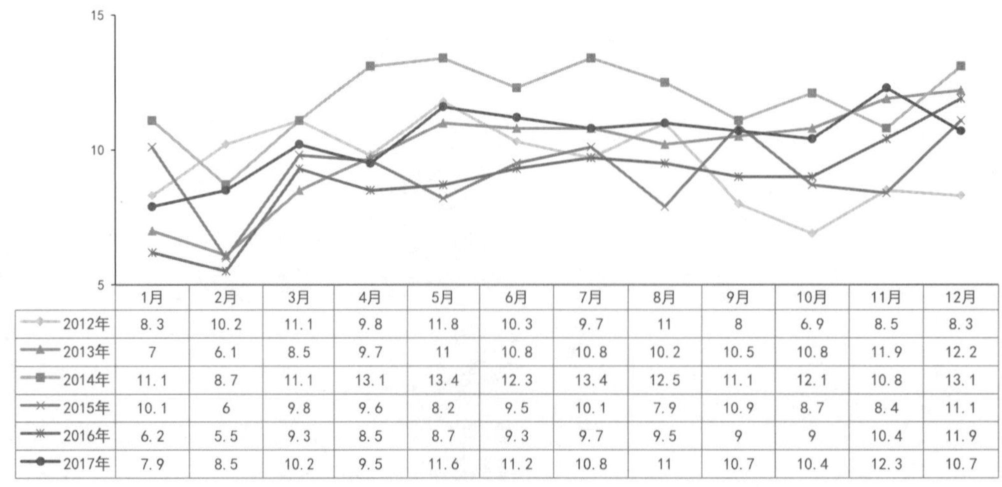

	1月	2月	3月	4月	5月	6月	7月	8月	9月	10月	11月	12月
2012年	8.3	10.2	11.1	9.8	11.8	10.3	9.7	11	8	6.9	8.5	8.3
2013年	7	6.1	8.5	9.7	11	10.8	10.8	10.2	10.5	10.8	11.9	12.2
2014年	11.1	8.7	11.1	13.1	13.4	12.3	13.4	12.5	11.1	12.1	10.8	13.1
2015年	10.1	6	9.8	9.6	8.2	9.5	10.1	7.9	10.9	8.7	8.4	11.1
2016年	6.2	5.5	9.3	8.5	8.7	9.3	9.7	9.5	9	9	10.4	11.9
2017年	7.9	8.5	10.2	9.5	11.6	11.2	10.8	11	10.7	10.4	12.3	10.7

图20 2012-2017年汽车进口量月度走势

表 15 汽车进口情况

汽车进口	2015年	2016年	2017年	2017年			
				1季度	2季度	3季度	4季度
乘用车	1091352	1062428	1228422	261465	317019	320483	329455
货车	7088	11542	15456	4209	4723	3552	2972
客车	899	737	1073	147	209	382	335
其他	2419	2108	1637	448	408	361	420
总计	**1101758**	**1076815**	**1246588**	**266269**	**322359**	**324778**	**333182**
汽车进口	2015年	2016年	2017年	2017年			
				1季度	2季度	3季度	4季度
乘用车	-23%	-3%	16%	26%	21%	14%	5%
货车	-38%	63%	34%	148%	81%	-2%	-18%
客车	-13%	-18%	46%	30%	-36%	155%	125%
其他	-38%	-13%	-22%	-21%	-41%	-21%	7%
总计	**-23%**	**-2%**	**16%**	**27%**	**22%**	**13%**	**5%**

（四）汽车进口结构分析

虽然进口车出现2013年以来的持续下滑态势，但乘用车进口结构仍是以SUV为主，其中高端的四驱SUV市场需求较强，2017年全年的SUV仍达到57万台，而货车和汽车底盘等其他车辆的近几年进口也有较大恢复，但3季度的进口卡车也在减速。

（五）乘用车排量回归大型化

进口乘用车排量的走势回归大型化趋势，轿车和四驱越野车都有3-4升的车型和4升以上车型的表现，呈现较强的态势。

表 16 进口乘用车排量变化情况

进口车排量增速		2015年	2016年	2017年	2017年4季度	2015年	2016年	2017年	2017年4季度
四驱越野车	1-1.5	3711	3200	4920	1166	1%	-14%	54%	-6%
	1.5-2	96173	106043	120216	33092	-25%	10%	13%	23%
	2-2.5	63985	29581	11053	3124	-34%	-54%	-63%	-63%
	2.5-3	252310	262121	292156	64196	-14%	4%	11%	-20%
	3-4	47710	51656	84568	25195	-9%	8%	64%	54%
	＞4	7829	13058	15460	4659	-47%	67%	18%	30%
四驱越野车 汇总		**471718**	**465659**	**528373**	**131432**	**-20%**	**-1%**	**13%**	**-4%**
小轿车	＜1	17234	23105	19364	3976	-2%	34%	-16%	-28%
	1-1.5	52302	51127	60192	15955	19%	-2%	18%	13%
	1.5-2	168061	196874	252728	70498	-21%	17%	28%	22%
	2-2.5	32389	33236	41941	13377	-41%	3%	26%	32%
	2.5-3	71947	65458	64996	19526	-39%	-9%	-1%	16%
	3-4	7511	5627	5894	1916	-51%	-25%	5%	67%
	＞4	3007	1946	2679	612	-60%	-35%	38%	-4%
小轿车 汇总		**352451**	**377373**	**447794**	**125860**	**-25%**	**7%**	**19%**	**18%**

表 17　2017 年新能源乘用车进口情况

新能源	车型大类	1月	2月	3月	4月	5月	6月	7月	8月	9月	10月	11月	12月	总计
普混	≤9座小客	283	456	618	607	1024	1490	1714	1668	1871	1850	1501	1610	**14692**
	四驱越野车	13	8	9	3	3	1		14	8	13	24	8	**104**
	小轿车	950	2049	2132	2232	2027	2445	2079	2268	3334	2885	3002	3376	**28779**
混插	未列名载人车	49	271	193	247	315	375	315	500	304	256	724	2665	**6214**
纯电动	未列名载人车	103	1837	3228	436	2224	2387	754	2364	1548	187	1595	2854	**19517**
总计		**1398**	**4621**	**6180**	**3525**	**5593**	**6698**	**4862**	**6814**	**7065**	**5191**	**6846**	**10513**	**69306**

（六）进口新能源车特征

进口新能源车总体走势平稳，但纯电动乘用车进口波动很大，以特斯拉为主的纯电动车型在12月进口2854台，好于上半年。

（七）汽车进口市场分析

2017年汽车进口走势总体较强，其中的日本、美国和意大利的表现突出，但德国和英国的进口总量仍是欧洲最大的。法国和韩国的进口车表现较差，其国产车也不是很好。墨西哥和捷克、匈牙利的对中国出口总量也较大，这些东欧国家似乎产销表现也较好。

表 18　2017 年汽车进口变化

12月进口前10数量		增速	2016年12月同期前10		排名	增减量前五	
日本	34497	6%	日本	32413	1	英国	4627
德国	22626	-6%	美国	31322	2	日本	2084
美国	20353	-35%	德国	24165	3	法国	1337
英国	11124	71%	英国	6497	4	比利时	409
匈牙利	3341	-21%	匈牙利	4246	5	西班牙	136
墨西哥	2509	-1%	斯洛伐克	2949	6	加拿大	-1137
比利时	1736	31%	墨西哥	2526	7	韩国	-1217
瑞典	1685	-3%	泰国	1965	8	斯洛伐克	-1323
斯洛伐克	1626	-45%	加拿大	1911	9	德国	-1539
法国	1594	520%	瑞典	1734	10	美国	-10969
106925	**95%**		**118846**	**92%**		**8593**	**-72%**
2017年累计进口			**2016年12月累计进口**		**排名**	**增减量前五**	
日本	345944	21%	日本	285870	1	日本	60074
美国	280208	10%	美国	255324	2	意大利	27279
德国	254242	12%	德国	227267	3	德国	26975
英国	115461	18%	英国	97621	4	美国	24884
匈牙利	42469	14%	匈牙利	37249	5	英国	17840
意大利	38861	236%	斯洛伐克	29687	6	芬兰	-2091
斯洛伐克	32515	10%	墨西哥	22880	7	斯洛文尼亚	-2374
墨西哥	19917	-13%	法国	14660	8	墨西哥	-2963
瑞典	16065	28%	加拿大	13702	9	韩国	-3312
法国	14397	-2%	比利时	12808	10	匈牙利	-3995
1246515	**93%**		**1076904**	**93%**		**157052**	**93%**

各类汽车市场

2017年中国轿车市场

上汽大众汽车有限公司 胡昌晨

中国轿车市场历史回顾与展望

中国乘用车市场发展伊始，轿车市场作为乘用车市场的主力不断推动国内汽车市场的发展。在中国汽车市场发展起步的关键时期，轿车车型一直占据了市场超过九成的份额。轿车的高保有量进一步影响了发展初期的中国汽车市场，不少消费者直接产生轿车就是汽车的观念。

2000-2008年，轿车市场处于发展初期，除已经在市场站稳脚跟的桑塔纳、捷达、夏利等车型外，宝来、蒙迪欧、索纳塔、Polo等如今耳熟能详的名字也开始逐渐加入，轿车市场开始给消费者提供越来越多的选择，推动轿车市场的初期发展。

2009-2017年，回顾过去的8年，轿车市场的发展有政策的推动，也有消费偏好的影响。2009-2010年中国乘用车市场在国家“保增长”政策的推动下出现井喷增长，增长率分别达到了54.9%和28.5%。随着政策效应的减弱，2011年汽车市场进入井喷之后的调整期，提前消费，尤其是以首次购车为主的轿车需求透支，使2011年的轿车市场增长率回落到4.6%。2012-2013年市场开始复苏，轿车市场迎来调整期之后的新一轮增长，2013年增长率一度达到12.4%。2014年中国汽车市场产品多样化，轿车市场增长率下跌至5.1%。2015年SUV和MPV竞争加剧，轿车市场面临着严峻的挑战，轿车市场份额受到严重挤压，增长率近几年来第一次出现负增长，负增长-5.6%。2016年SUV市场持续火爆，轿车市场在购置税政策的拉动下，轿车市场增速由负转正，同比增长6.0%（见图1）。

2017年，轿车市场受购置税政策退坡影响，全年出现负增长，同比下滑3%，份额持续受到SUV市场蚕食。SUV的市场份额从2008年的8.9%快速飙升到2017年的44.7%，大有赶超轿车市场之势（见图2）。SUV市场显著增长，主要受益于B级SUV、A级自主SUV的快速增长。B级SUV中，奥迪Q5、锐界、汉兰达等车型维持稳健的销量表现，新涌入的合资品牌车型途昂、冠道、UR-V等合资大型SUV也迅速赢得了消费者的口碑。此外自主品牌也推出了一系列定位高端的B级SUV产品，如长安CS95、长城VV7、众泰T700等，满足了升级换代的消费需求。未来几年内，随着城镇化率的提高，二胎家庭的出现，更多的消费者会持续关注空间大、功能性强的SUV车型，这既需要满足日常的出行和外出郊游，也需要能感受舒适感和豪华感。越来越多的主机厂会推出更多的SUV和MPV的新产品，来满足不同层次的消费者的多样化需求。未来SUV增速预计会放缓，市场份额保持稳中有升。

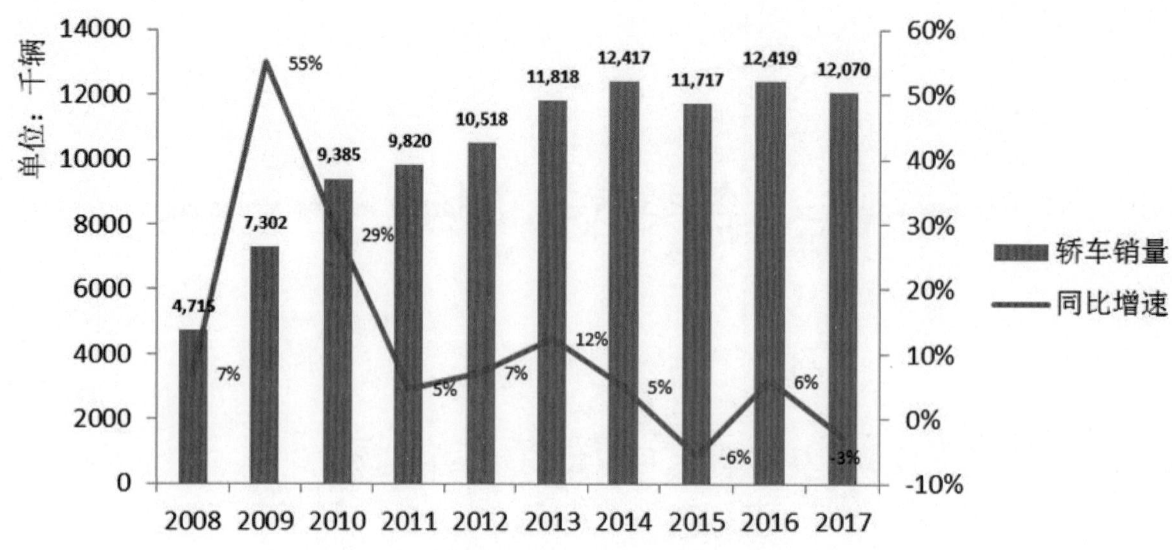

图1　2008-2017年中国轿车销量情况

数据来源：乘用车市场信息联席会

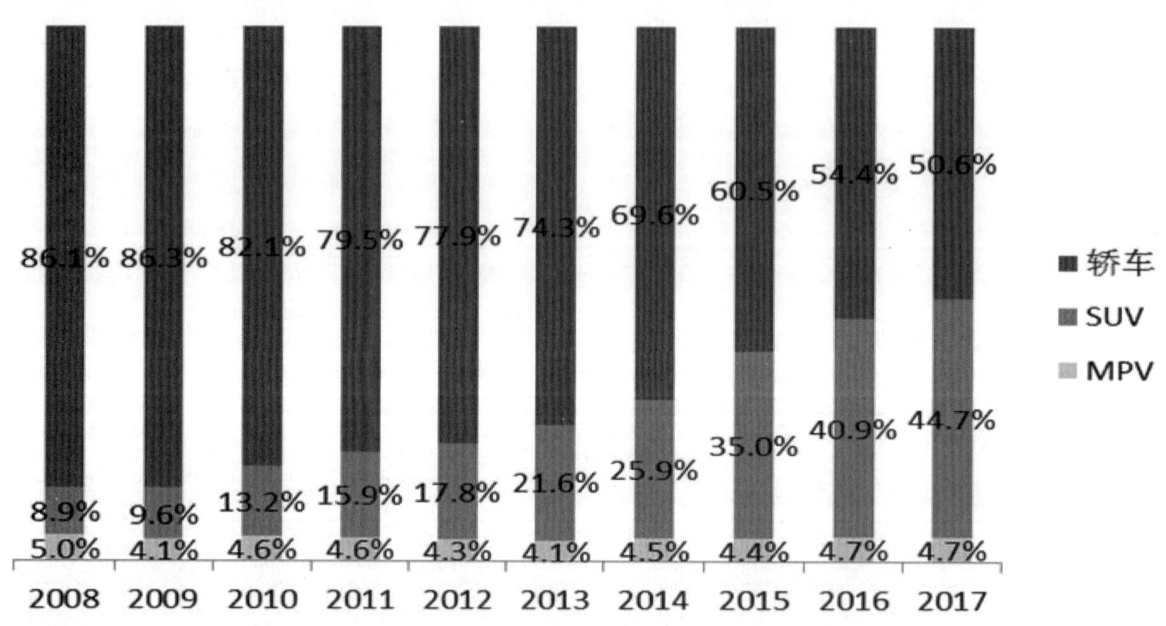

图2　2008-2017年各车身形式占总体市场份额走势

数据来源：乘用车市场信息联席会

一、2017年中国宏观经济环境及汽车市场概况

2017年经济总体呈现企稳回升的特点，全年GDP增速为6.9%，整体表现好于预期。

但从结构表现上来看：需求端外热内冷，国际经济复苏使出口超预期增长，对经济拉动力增强，国内投资需求受环保治理、楼市调控等影响呈疲弱状态，年内消费未有明显改善，主要因居民购房占用资金、还贷压力透支储蓄所致；供给端工业回暖推升了GDP四季度反弹，但主要依靠中上游过剩工业，与工业升级的大趋势相悖。因此，尽管2017年经济增长超预期，但其结构特点并不利于车市需求释放，对车市的支撑相对不强。

2017年，国内汽车市场整体表现平淡，全年实现批发2486万辆，同比增长2.5%；零售2385万辆，同比增长4.5%，较2016年增速大幅回落。全年总体市场波动较大，一季度由于1.6升及以下排量乘用车购置税减半优惠政策退坡造成的需求提前释放，加上春节较同期提前带来的季节性影响，市场表现低迷；之后二、三季度汽车市场促销力度加大，逐渐恢复；年末由于购置税政策面临到期，政策作用增强，促进消费者购车的需求提前释放，推动四季度市场回暖。

（一）2017 年中国乘用车市场增长的主要推动力

1. 消费升级推动2017年车市：2017年需求结构升级趋势明显，高价位车型、高级别车型增长较快。此外自主向上突破升级取得了丰硕成果，如吉利领克、长城WEY等品牌的崛起，与合资品牌形成了良好的竞争态势。豪华品牌在消费升级的推动下也保持着高速的增长；

2. 购置税政策的推动：购置税政策在2017年经历了半退到全退的过程，尽管2016年末的提前消费影响了2017年上半年的市场增速，但下半年尤其是年底政策退出带来的翘尾效应也极大地拉动了四季度的市场增速；

3. 新产品投放力度持续加大，尤其是大量的合资企业SUV在各个细分市场的全面布局，迅速成为汽车市场的中流砥柱。

（二）2017 年中国乘用车细分市场特点

1. SUV增速明显回落，出现结构性调整。2017年SUV整体增速为14%，相对2016年增速（38%）出现明显回落。高基数对于增速的影响不言而喻；另一方面，随着众多合资公司布局SUV的进一步推进，SUV市场竞争在2017年进入白热化阶段。内部结构来看，受消费升级的影响，A0级SUV全年同比下降3%；A级SUV同比增长由2016年的44%回落至13%；B/C级SUV在2017年表现优异，增速分别为54%和22%。总的来说，SUV增速继续领跑市场，并且市场份额从2016年的41%提升至45%，与轿车市场（市场份额51%）不分伯仲。

2. 轿车市场整体萎缩，内部升级趋势明显。轿车市场全年同比下降3%，整体销量和份额均出现萎缩。A级轿车全年增速为-6%，相较于去年（13%）出现明显下滑。B/C级轿车则呈现相反态势，全年同比增长分别为7%和21%，体现了内部升级的趋势。

3. 新能源汽车市场受政策推动仍保持较快增长，全年新能源乘用车销量55万辆，同比增长74%。其中A00两厢车市场受补贴政策驱动较大，全年蓬勃发展，2017年同比增长206%，增量超过20万台，一定程度上维持了整体轿车市场的增速。

二、2017年轿车市场发展特点

2017年轿车市场总体表现低迷，受到SUV的冲击、消费升级等因素共同作用，全年增速同比下降3%，下降幅度与整体市场（4%，2017）相当（见图3）。轿车细分市场结构在2017年发生了很大的变化，总体呈现内部升级的趋势。不同级别，不同国别，不同品牌的表现也千差万别。

（一）轿车分级别市场：消费升级趋势明显，中大型车份额扩大

受到SUV市场的挤压，以及今年消费升级的趋势不断增加，轿车市场最大的A级细分市场出现了10年来的首次份额萎缩，同比下降6个百分点。另一方面，B级和C级轿车增长迅猛。同时，受益于新能源补贴政策的刺激作用，A00级别轿车份额逆势上扬，短期内表现突出（见图4）。

相比2016年，2017年A级车市场占有率减少2个百分点，同比下降6%。比整体轿车市场（下降3%）更为

低迷。一方面受到入门级和紧凑级SUV的挤压，小型和紧凑型轿车需求下降；另一方面A级车市场竞争日益激烈。车型方面，合资品牌在A级轿车市场仍然维持强势表现，老牌德系、美系等轿车依然处于A级轿车第一梯队（见表1）。

此外，自主品牌2017年在A级轿车市场也推出了很多强势产品，如荣威i6，帝豪、帝豪GL系列等。

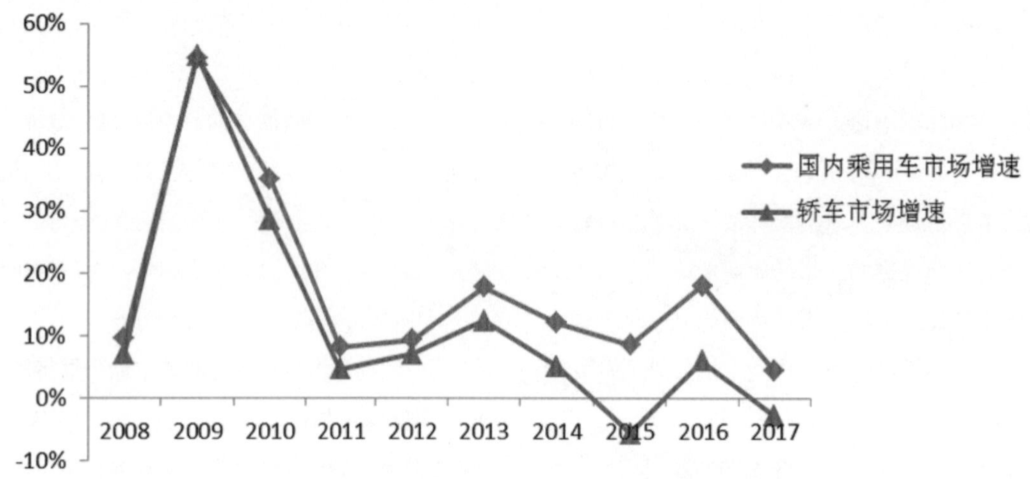

图3　轿车市场与国内乘用车市场同比增速变化趋势

数据来源：乘用车市场信息联席会

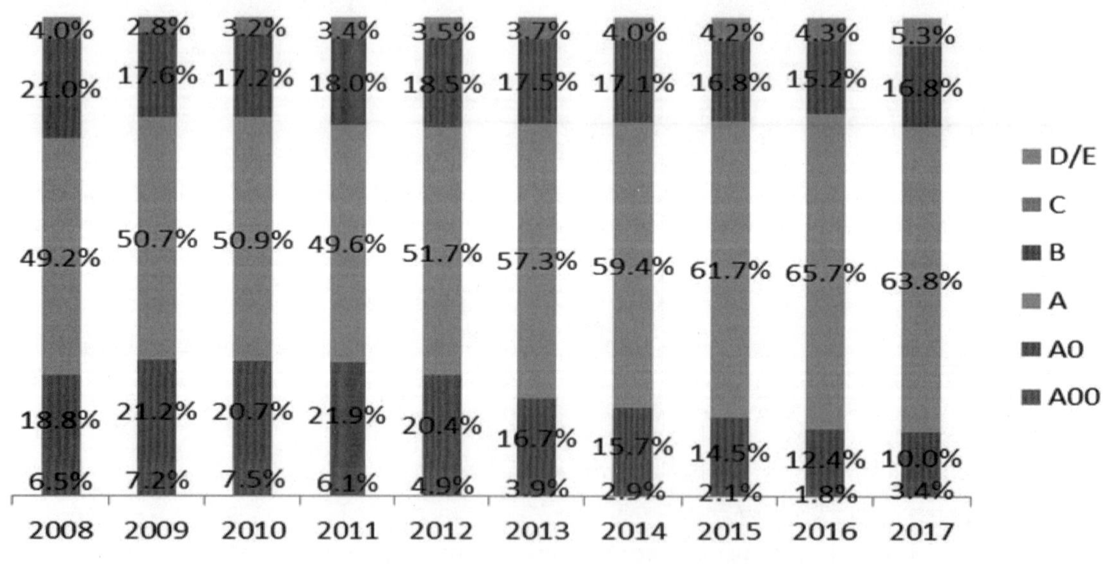

图4　轿车市场各细分市场占有率走势

数据来源：乘用车市场信息联席会

然而，由于SUV市场火热，造成A级轿车市场新产品投放数量有限，无法支撑A级轿车在高基数下继续增长，甚至由于SUV的挤压作用，份额开始下跌。

其次，消费者升级换代以及置换需求使得A级轿车的市场吸引力持续下降，同时由于购置税政策的退坡，受政策影响较大的A级轿车市场在2017年出现萎缩也并非偶然。作为整个轿车市场乃至整个乘用车市场的中流砥柱，A级轿车市场潜力依然存在，预计在SUV红利逐渐减退之后，将迎来新一轮的增长机遇。

在多种因素的制约下，厂商选择更多地投放小型和紧凑型SUV产品，同时在轿车市场向上突破，在B级和C级以上的市场展开新一轮的竞争，力争尽快布局高端市场，促使2017年B级和C级轿车市场增长迅猛，呈现快速复苏的态势。

表1　2017年A级轿车市场Top 5车型

2017年A级轿车Top 5车型			
排名	车型	销量	市场份额
1	新朗逸	453,167	5.9%
2	全新英朗	403,213	5.2%
3	速腾	328,550	4.3%
4	捷达	323,408	4.2%
5	新轩逸	297,743	3.9%

B级车市场中，合资品牌车型表现稳健，德系双雄迈腾和帕萨特借助车型换代级改款动作，牢牢占据B级车市场榜首（见表2）。

表2　2017年B级轿车销量Top 10车型

2017年B级轿车销量Top 10车型		
车型	销量	市场份额
迈腾	213,336	10.5%
帕萨特	178,417	8.8%
雅阁	155,341	7.7%
宝马3系	126,658	6.2%
奔驰C级	125,193	6.2%
迈锐宝	122,875	6.1%
天籁	114,858	5.7%
奥迪A4	114,483	5.6%
蒙迪欧	110,411	5.4%
别克君越	99,848	4.9%

表3　2017年C级轿车销量Top 10车型

2017年C级轿车销量Top 10车型		
车型	销量	市场份额
奥迪A6	142,214	22.3%
宝马5系	119,990	18.8%
奔驰E级	112,531	17.7%
雷克萨斯ES（进口）	56,814	8.9%
凯迪拉克XTS	42,229	6.6%
皇冠	36,819	5.8%
沃尔沃S90	20,048	3.1%
捷豹XFL	19,925	3.1%
辉昂	13,249	2.1%
林肯MKZ（进口）	12,101	1.9%

值得注意的是，B级车排名前十车型中，豪华品牌车型宝马3系、奔驰C级和奥迪A4排名靠前，这主要得益于豪华品牌下探的价格战略，使得消费者在B级轿车市场中有了更多的选择。C级车市场中，豪华轿车三强奥迪A6、宝马5系和奔驰E级仍然处于领跑地位，且三辆车的市场份额占据C级车市场的半壁江山（2017年奥迪A6、宝马5系、奔驰E级占C级车份额的58.5%）。但近年来，自主和合资品牌纷纷向上升级突破，推出了辉昂、东风A9、红旗H7等C级车产品，获得了市场积极的反馈。

2016年后期进入市场的宝骏310为A0轿车注入了新的活力，却不能阻挡这个细分市场进一步萎缩。

表4　2017年A0级轿车市场Top 5车型

2017年A0级轿车销量Top 5车型		
车型	销量	市场份额
Polo	164,518	13.6%
宝骏310	113,960	9.4%
飞度	110,229	9.1%
威驰	92,942	7.7%
悦纳	92,071	7.6%

表5　2017年A00级轿车市场Top 5车型

2017年A00级轿车销量Top 5车型		
车型	销量	市场份额
EC系列	78,079	18.9%
知豆D2	42,342	10.3%
北斗星	30,835	7.5%
奔奔	30,216	7.3%
奇瑞eQ	25,140	6.1%

2017年A0级轿车依旧保持下滑趋势，份额下滑至10%。由于A0轿车利润空间有限，导致各厂商在该市场的投放力度明显减小，新品的缺失减少了该级别市场对消费者的吸引力。目前这个市场领跑产品仍然为大众Polo、本田飞度以及宝骏310（见表4），细分市场排名没有太大的变化。A00级轿车今年出现了逆势上涨，主要的利好因素是新能源补贴推动。2017年全年新能源乘用车零售55万台，同比增长74%。其中A00新

能源轿车零售30万台，同比增长206%，对A00轿车市场带来了强劲的拉动作用。自主品牌凭借对市场的快速响应机制，在A00轿车尤其是新能源轿车市场中处于垄断地位，北汽EC系列、奇瑞eQ、知豆系列等新能源小型轿车（见表5）在补贴政策推动下保持迅猛增长，合资品牌在这个领域几乎处于空白。但得一提的是，A00轿车的短期高速增长属于现象级的表现，对于新能源乘用车续航里程以及综合实力提出了越来越高的要求，同时需求进一步提升，A00新能源轿车在未来缺乏可持续的增长动力。

（二）车系发展情况

从不同车系的发展情况来看，欧美系轿车近几年保持了增长势头，尤其是欧系的表现稳健；而过去霸占轿车市场的日系在2017年借助主要产品的换代改款，市场份额略有提升；韩系轿车在2016年下半年以来，由于萨德事件持续低迷，同时受自主品牌的挑战，份额略有下降；自主品牌近几年新产品层出不穷，但更多的发力点集中在SUV产品上。此外自主品牌在2017年的销量表现分化明显，因此轿车市场的份额保持稳定。（如图5）

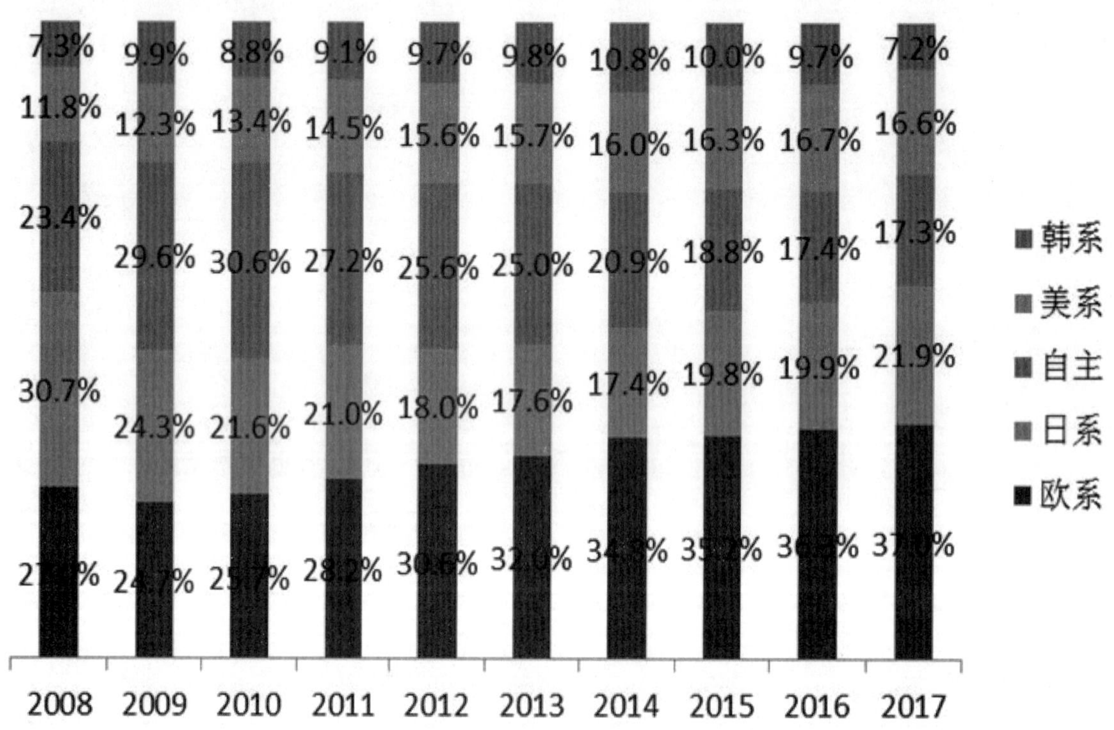

图5　各车系近几年占有率走势

数据来源：乘用车市场信息联席会

欧美系轿车的稳定表现来源于老牌强势产品的支撑。由于A级轿车受购置税减半政策退坡影响，2017年轿车市场整体低迷，消费者购车需求逐渐转为同级别或者更高级别的的SUV产品。传统A级三厢轿车市场中，朗逸、英朗、速腾、捷达等尽管同比有所下滑，但不论从销量还是份额上都延续了上一年的稳健表现。B级轿车中，迈腾凭借2016年底成功的换代，产品力和造型方面得到了消费者一致的认可，与帕萨特一起成为该细分市场中的领头羊。C级以上的豪华轿车市场中，欧美系尤其是德系轿车处于强势地位，奥迪、宝马、奔驰的产品在C机轿车细分市场中占据超过五成的市场份额。欧系车依靠良好的消费者口碑、自身的技术优势储备、继续扩大自己的领先优势，美系也正在改变高油耗的印象，推出更多入门级的轿车产品，为越来越多的家用消费者所接受。

日系品牌自2017年市场份额进一步提升，日系品牌在2017年主要得益于新产品和换代产品带来的增量，如思域十代、致享、威驰FS等，新产品凭借出色的产品力、合理的价格定位，有效的营销策略迅速赢得了消费者尤其是年轻消费者的青睐。近年来，日系的中高级轿车也开始采用年轻化的产品定位，如雅阁、凯美瑞等B级车通过改款和换代等动作，在造型以及定位上更加年轻化、潮流化。逐渐与德系、美系等竞争对手产生了定位上的差分，相信未来也能保持旺盛的竞争力，在今后的市场上有所作为。

韩系品牌在经历了过去几年的高速发展后保持着稳定的增长，推出的领动等新产品也逐步得到了市场的肯定，但2016年下半年以来，受到萨德事件的负面影响，销量表现不佳。虽然萨德事件没有当年钓鱼岛事件对日系品牌的影响严重，但是对韩系品牌展厅客流有明显影响。在2017年竞争异常激烈的轿车市场中，韩系品牌推出了更多的轿车新产品，如全新瑞纳、全新悦动、KX Cross等，这些新车型凭借潮流化的设计语言，出色的性价比在10万左右的细分市场中表现抢眼。此外老牌的K3、伊兰特、朗动等车型仍然维持了稳健的销量表现。一定程度上支撑了韩系品牌的轿车市场份额。

另一方面，自主品牌10万级轿车对于韩系品牌来说带来了一定的冲击。后续韩系品牌也将不断推出更多有竞争力的轿车产品，满足消费者的需求。

自主品牌在经历了2009-2010年辉煌时期后，轿车中自主品牌市场份额一路下滑。随着越来越多合资品牌车型价格的下探，自主品牌轿车的细分市场被不断挤压。虽然如帝豪、远景、艾瑞泽5等高质量车型得到消费者的认可，但是自主品牌整体的产品竞争力与合资品牌还存在差距，这是导致了2017年自主品牌在轿车份额下滑的原因。

另一方面，随着SUV的热销，如吉利、上汽乘用车、长城、长安等企业更多将新产品重点投入SUV市场，轿车细分市场未能得到特别的关注，这也进一步导致2017年份额稳中有降。

2017年各车系发展情况虽然差异较大，但基本都延续了近几年的发展趋势。

欧美品牌尤其是欧系车不断走强，韩系受到萨德事件影响表现低迷，日系在经历了前一年的快速提升之后又略微提升，而自主品牌受到合资品牌的压力，且更多投放产品在SUV产品，出现了一定的份额下滑。

（三）各级别城市发展情况

近几年来中国汽车市场呈现明显的二元发展结构，具体显示为一二线城市和三四五线城市的整体市场增长速率以及对品牌和车型的具体需求出现显著的不同。

一二线城市作为中国较早开始发展的汽车市场，消费者对汽车的需求已经开始由轿车逐渐转变为多样化的车型需求。与成熟汽车市场发展的趋势类似，SUV和MPV车型的汽车市场更为成熟以及二次购车需求旺盛，用此越来越受到青睐；同时一二线城市，尤其是一线城市，既受到限牌的的负面影响，也得到新能源车型的短期增量，在整体趋势上一二线市场的占有率会缓慢下滑。

三四五线城市的汽车市场目前还处于导入期阶段，增长潜力较大，虽然如宝骏560、哈弗H6等入门级SUV对三四五线消费者吸引力大，但仍然有一大部分消费者受传统观念的影响，愿意选择轿车作为自己的第一辆车，轿车市场在四五线城市仍然具备较大的增长潜力。

汽车市场随着发展程度的深入，消费者的需求也趋向于高端化和多样化，对汽车的认识也不再仅仅局限于轿车的范畴。一般来说，千人保有量越高、发展越成熟的汽车市场，轿车份额下降的也越快。一二线城市中轿车的份额逐步下降，如北京、上海、广州等地，轿车也会很快进入发展的瓶颈，而轿车市场的发展将要寄希望于三四五线新兴市场的动力。

总的来说，2017年轿车市场处于调整与转型期，尽管短期的因素造成了低迷的表现，但是对于轿车市场来说，未来是挑战与机遇并存的市场。如何准确把握市场变化趋势，及时推出满足消费者需求的产品，是轿车生产企业面临的关键所在。

2017年MPV市场

中国汽车流通协会汽车市场研究分会（乘联会）唐奕奕

2017年MPV市场下滑，国产MPV销售207.1万辆，销量负增长达17.0%。

一、产销概况

2017年国产MPV销售207.1万辆，同比下降17.0%，MPV在乘用车中的占比为8.6%，比2016年同期下降1.9个百分点。

根据海关数据，2017年“小于9座的小客车”进口量达22.47万辆，同比增长9.0%；出口MPV累计达2.0万辆，同比大幅增长65.3%。

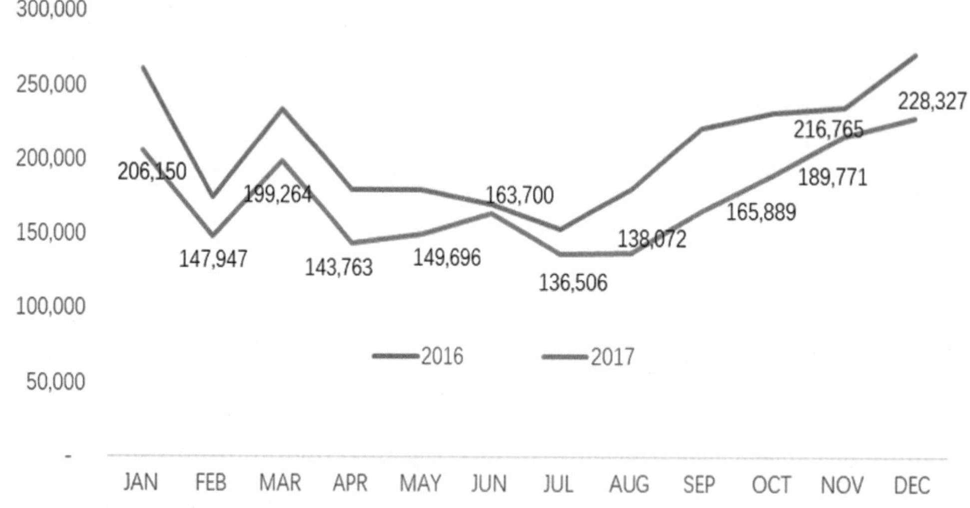

图1 2017年MPV市场月度销量走势

我国2017年MPV内需销量达227.54万辆，同比下降为15.4%。从月度销量曲线来看，7月为销量最低谷，而8月及以后月份里的曲线明显地呈现了一个拉升走势。

下半年MPV在追赶整体市场的增长，连续5个月出现环比增长，最终以12月的22.8万辆收盘，但仍无法与2016年时收盘时的盛况相媲美。

二、市场发展情况

（一）政策影响MPV产品结构

自从2017年实行小排量乘用车购置税优惠退坡

后，小型MPV（1.0-1.6L）销量急剧退缩，下降了26.1%；1.6-2.0L级别MPV无疑成为最大赢家，销量同比几乎增长了一倍（90.7%）；2.0-2.5L级别MPV的增长率也大幅提升（22.5%）；现在2.5L以上的市场几乎可忽略不计，增长率下降了97.2%，这与政府部门提倡节能减排，鼓励使用小排量，国内发动机涡轮增压趋势明显不无关系（见表1）；而新能源MPV则在2017年统计中初次出现，2018年更会延续新能源化趋势。

表 1　2017 年 MPV 各排量销售情况汇总

排量	2013年销量/辆	2014年销量/辆	2015年销量/辆	2016年销量/辆	2017年销量/辆	17年增长率
新能源	0	0	0	0	6,185	/
1.0-1.6L	982,295	1,501,660	1,766,757	2,196,263	1,623,804	-26.1%
1.6-2.0L	106,633	149,828	117,953	140,685	264,959	90.7%
2.0-2.5L	197,249	228,180	197,885	143,058	175,254	22.5%
2.5-3.0L	34,105	34,041	23,942	16,234	452	-97.2%
>3.0	534	546	192	289	0	-100%
合计	**1,320,816**	**1,914,255**	**2,106,729**	**2,496,529**	**2,070,654**	**-17.1%**

（二）车系分析：中系车拖后腿 美系车翻倍涨

中系车：中系车大部分是小排量MPV，导致2017年中系车销量锐减22.8%的原因有多重，一是购置税减半退出和限购等政策因素影响了人们购买小排量低端商品的积极性；二是收入提高后增强了人们对美好生活追求的信心，出现购买力增强、消费升级是必然的趋势，因此中系车小排量MPV的市场份额降至83.5%也是情理之中的事（见表2）。不过，2018年中系车仍有较大希望，原因是还会有源源不断的新车型上市，较典型的如广汽传祺隆重地推出了大型MPV-传祺GM8，瞄准的就是国内高端MPV市场。

日系车：2017年由于中日两国关系日趋缓和，经贸关系有所复苏，促进了日系车销量在国内的回升。其中，东风本田的两个产品（杰德、艾力绅）保持了旺销态势，增长了近三成，广汽本田奥德赛稍有下降，而广汽丰田和一汽马自达由于无新款产品更新替换，已经停产了逸致和M8。日系车2017年销量12.8万辆，同比只增长了7.0%。

德系车：德系车中，途安L成为担当车型。由于其上市时间已有一年半，加上“追兵”在后—别克GL6的上市，进一步加剧高端紧凑型MPV的竞争。途安L今年销量下降三成，但途安产品设置比较合理，有5、6、7座可选，有1.4T、1.6L、1.8T动力总成可选，最近新上市的2018款会带来一定人气；奔驰威霆和V级虽然涨幅达100%，无奈基数太低，无法挽回德系车整体颓势，整个德系车销量5.1万辆，同比下降10.7%。

美系车：别克GL8“独步天下”十多年，已经成为国内MPV的标杆。2017年GL8全系列焕新上市，产品力和美誉度全面爆棚，在MPV大幅下滑的市场环境下，依然大增80%左右，加上今年又有了别克GL6的加盟，上汽通用的MPV初现产品矩阵。别克GL6的“2+2+2”6座布局设计，全系配置的三缸发动机1.3T排量，有独特新颖之处，但笔者有些担忧，一是动力总成配置单调，二是三缸机被用户接受度有多大，如果2018年上汽通用再添其他发动机排量，可能市场形势会更好些。美系车2017年销售了16.2万辆，同比增长翻倍。

表 2 2017 年全年 MPV 车型来源地分析

来源地	2017年1-12月销量/辆	2016年1-12月销量/辆	增长率（%）	2017份额（%）	2016份额（%）
中系	1,728,073	2,238,932	-22.8%	83.5%	89.7%
德系	51,189	57,320	-10.7%	2.5%	2.3%
美系	162,629	79,600	104.3%	7.9%	3.2%
日系	128,764	120,285	7.0%	6.2%	4.8%
合计	**2,070,655**	**2,496,137**	**-17.0%**	**100.0%**	**100.0%**

（三）MPV 区域销售特点

MPV区域销售特点呈现与经济水平高度契合的现象，本文拟分高端豪华型MPV和小型商用型MPV两种情况进行介绍。高端豪华及中级的合资品牌MPV车型，如GL8、奥德赛、艾力绅、途安、GL6等的年销量，在全国前10省市销量中，经济发达地区占绝对优势，其中广东、上海、山东分列冠亚季军位置；而小型商用MPV，销量前10的呈东中西部省份均衡发布，其中河南、广东、山东分别夺得前三名。高端豪华MPV组中的上海、北京和辽宁三省市没有在小型商用MPV组中出现；小型商用MPV组中的云南、贵州、广西三省没有出现在高端豪华MPV组中，其他7个省份都是重复入榜的（见表3中的粗体字）。

表 3 2017 年高端豪华及小型商用 MPV 的区域流向

No.	部分合资MPV销量	2017年销量	部分小型商用MPV销量	2017年销量
1	广东	39,444	河南	125,740
2	**上海**	30,794	广东	91,729
3	山东	27,496	山东	83,418
4	江苏	27,372	河北	74,680
5	**北京**	27,366	江苏	74,642
6	浙江	21,571	**云南**	69,252
7	河南	18,895	**贵州**	53,159
8	河北	16,374	浙江	52,295
9	**辽宁**	10,004	安徽	47,042
10	安徽	8,138	**广西**	45,409

（四）MPV 国产、进口及出口销量分析

进口MPV是我国MPV市场不可忽视的力量。虽然2017年国产MPV销量为207.1万辆，同比下滑了17.0%；进口MPV同期呈大幅增长态势，2017年全年进口量达22.4万辆，同比增长9.0%；累计出口达2万辆，比前一年增长了65.3%。由此，我国MPV内需合计销量为227.5万辆，由于进口车的增长，MPV市场的负增长幅度有所缩小，同比增长为-15.4%，（见表4）

表 4　国产、进口、出口 MPV 销量及内需对比

MPV内需	2017年1-12	2016年1-12	增长率
国产	2,070,655	2,496,137	-17.0%
进口	224798	206,199	9.0%
出口	20007	12,106	65.3%
合计内需	**2,275,446**	**2,690,230**	**-15.4%**

三、细分市场发展

本文按MPV的功能定义分为五个细分市场，其中合资商务MPV销量24.1万辆，同比增长48.4%，是2017年增长最迅速的子市场，其中别克GL8担当主要增长动力；合资兼用MPV销量为10.1万辆，同比增长5.7%，高于行业平均增长，其中杰德为当纲主角；自主商务MPV是存在最早的细分市场之一，销量19.4万辆，同比增长1.1%，大通G10和阁瑞斯都是不可忽视的力量；自主兼用MPV销量54.2万辆，同比下降25.7%；自主小型商用MPV销量达99.0万辆，虽然是市场上最大的子市场，但2017年销量下降相当大，达到-24.7%（见表5）。

表 5　各功能 MPV 销量及增长率对比

功能定义	2017年1-12	2016年1-12	增长率
合资商务	241,320	162,662	48.4%
合资兼用	101,329	95,862	5.7%
自主商务	194,972	192,786	1.1%
自主兼用	542,571	729,969	-25.7%
自主小型商用	990,463	1,314,858	-24.7%
合计	**2,070,655**	**2,496,137**	**-17.0%**

（一）MPV 企业销售情况和市场份额

1. 市场集中度

在国内共有31家企业、60多个车型品牌涉足MPV市场上。虽然MPV销量前10个企业占总企业数的32%，但前10企业的销量占MPV市场销量的84%，与前一年相比，集中度下降了3个百分点（见表6）。

表 6　2017 年 TOP10 的 MPV 企业销量排名

TOP10企业		2017年1-12	2016年1-12	增长率	车型数
1	上通五菱	812,850	1,037,798	-22%	3
2	长安汽车	227,649	277,973	-18%	5
3	上汽通用	162,629	79,600	104%	2
4	北汽银翔	108,765	153,881	-29%	5
5	东风柳汽	85,842	162,353	-47%	2
6	东风小康	81,633	168,579	-52%	2
7	东风本田	82,822	63,121	31%	2
8	江淮瑞风	66,468	64,523	3%	5

表 6　2017 年 TOP10 的 MPV 企业销量排名（续表 1）

TOP10企业		2017年1-12	2016年1-12	增长率	车型数
9	华晨汽车	58,862	73,233	-20%	4
10	北汽股份	58,075	101,073	-43%	2
TOP10企业		**1,745,595**	**2,182,134**	**-20%**	**32**
MPV总量		**2,070,655**	**2,496,137**	**-17%**	**67**
TOP10占比		**84%**	**87%**	/	

2．新品云集

2017年MPV市场上新推的产品有10个，以集团为单位统计的话，分别是长安集团的欧尚A800、凌轩；北汽集团的幻速H5；东风集团的启辰M50V；上汽集团的别克GL6；广汽集团GM8；其他公司的还有轩朗、华晨F50、乐途、之诺M13等，其中东风启辰、重庆比速和宝马汽车均为全新进入者。

这一年可以说是推出新品较多的年份。长安欧尚A800和凌轩以及力帆的轩朗位居新品上市销量前三，上市效果较好，取得了不俗的成绩，比亚迪宋MAX和别克GL6由于上市时间比较晚，也已崭露头角，在车界引起一定热度，成为2017年底前MPV界的压轴大戏，其中比亚迪宋更接地气，表现更佳，上市仅两个月，销量已经跃升到新车排名的第二位（见表7）。

2017年1-12月新车销量合计15.3万辆，占MPV销量的7.4%，有的新车是更新换代，有的则是全新上市，预计新车效应还会到今年得到进一步验证。

表 7　2017 年 MPV 新车销量排名

No	厂家	车型	2017年1-12	占公司MPV产品销量%
1	长安汽车	欧尚A800	40,984	18%
2	比亚迪	宋MAX	30,390	99%
3	长安汽车	凌轩	28,228	12%
4	力帆汽车	轩朗	18,126	100%
5	上汽通用	别克GL6	17,500	11%
6	东风启辰	启辰M50V	11,178	100%
7	华晨金杯	华晨F50	4,570	8%
8	北汽银翔	幻速H5	2,132	2%
9	广汽乘用车	传祺GM8	550	100%
10	宝马汽车	之诺M13	66	100%
合计			**153,724**	/
占国产MPV销量			**7.4%**	

3．新能源MPV异军突起

新能源MPV在这一年里异军突起，2017年成了新能源MPV元年。目前国内MPV新能源车已经有5款，较前一年进步很大。全年销量超过6千辆（见表8）。9月在泰达论坛上，政府官员提到我国正在研究制定停销传统燃油机车的时间表，这无疑是汽车行业的重磅新闻，是新能源汽车厂家的一大利好消息。2017年长安汽车欧力威一鸣惊人，第一年销售就突破5000辆，成为市场上强有力的竞争者。如今我国新能源汽车推进迅速而且顺利，发展新能源车已成为我国汽车发展的必由之路，预计2018年将是新能源MPV车爆发之年。

表 8　2017 年新能源 MPV 销售情况汇总

电动车	2017年 1-12月	2016年 1-12月	同比增长
欧力威（BEV）	5010	0	/
帅客（BEV）	1020	51	1900%
大通EG10（BEV）	55	60	-8%
普力马（BEV）	100	11	809%
T3（BEV）	0	5	-100%
合计	**6185**	**127**	**4770%**

（二）影响MPV市场的几个因素

1. 利好因素

从市场需求的产品结构中可以发现，MPV的排量普遍偏小，这是符合国家发展总体要求的，所以发展的内生动力也不可小觑。

2017年出现了不少新品，新品较大地丰富了MPV的产品基盘并为加速淘汰旧车型提供了可能性，也为用户的多样化购车提供了选择。据最新的信息表明，2018年还将有较多新车上市。比如，上汽通用五菱宝骏360是一款6座的MPV，预计今年2季度上市，价格或在5万元起；宝骏730也将有新款车上市。东风柳汽将推出风行F600D（这是原F600的改款车）和F700A（是全新车，定位高于F600）。这些将让MPV市场产品水平提升到一个新阶段。

现代人在工作的同时更多地关注家庭生活，自2016年开启二孩时代后，豪华、高端、多座位的MPV尤其受到青睐；在SUV化明显的现阶段，多座和大空间的MPV还是能打动许多家庭。未来家庭化用车、节假日出游、合家集体活动等机会越来越多，MPV车型将是不错的选择。

2. 不利因素

2017年市场上出现了众多小型SUV，有的是纯新生的，有的是由MPV改型而来的，它们分流了部分小型商用MPV的需求；时下流行的旅行车也有部分替代了MPV大空间的功能，致使自主小型商用MPV的销量巨缩20%以上。

2017年购置税的减半退出，给小型MPV以较大的打击，致使排量普遍偏小的MPV受到了市场的挤压。

本文数据来源：中国汽车工业协会《产销快讯》和全国乘用车市场信息联系会销量及流向月报表

2017年全国微型客车（交叉型乘用车）市场

长安汽车 曹阳

一、市场发展

（一）2017年交叉型乘用车市场销量

2017年，交叉型乘用车（不含小型MPV）共销售54.7万辆，同比下降19.97%，与2015年37.81%的降幅相比，下滑幅度有所减小。2017年几乎所有的传统微客企业都在大幅下滑，另有数家企业停产。

从企业表现来看，销售排名前五家的企业分别是上汽通用五菱、重庆长安、华晨汽车、东风小康和北汽银翔，分别销售33.65万辆、6.52万辆、4.94万辆、4.8万辆和1.06万辆。行业排名前五名中，除华晨汽车增长1.14%外，其它车企同比均下滑，五菱、长安、小康和银翔分别下滑25.23%、6.26%、6.4%和62.27%。2017年，上述五家企业共销售50.97万辆，占交叉型乘用车销售总量的93.18%，集中度较同期的94.79%略有下滑。

2017年，从交叉型乘用车细分品种销量来看，过万辆车型仅10款，销量最大是前置后驱的荣光V，进入万辆行列，其它传统微客主力车型大多出现了明显下降。

（二）交叉型乘用车市场发展特点

面对持续大幅下滑的传统微客市场，厂家对开发传统微车新品投入大幅减少，并减产、停产部分车型系列。

随着消费升级，随着微车企业的重心转移，推出MPV和SUV等车型越来越多，微车企业产品持续呈多元化发展趋势。需要指出的是，在2016年，小MPV在2016年销量首次出现负增长后，2017年销量大幅下滑。

为此，除向小MPV发展外，微车厂家普遍进入中型MPV领域，同时，借SUV行业大势，大力开发SUV车型，拓展新市场，如五菱推出宝骏560、宝骏510、宏光S3，长安推出CX70、CX70T、欧尚A800，小康推出风光580、560，等等，相关产品取得了成功，打开了一定市场，为企业发展转型和开疆拓土作出了积极贡献。

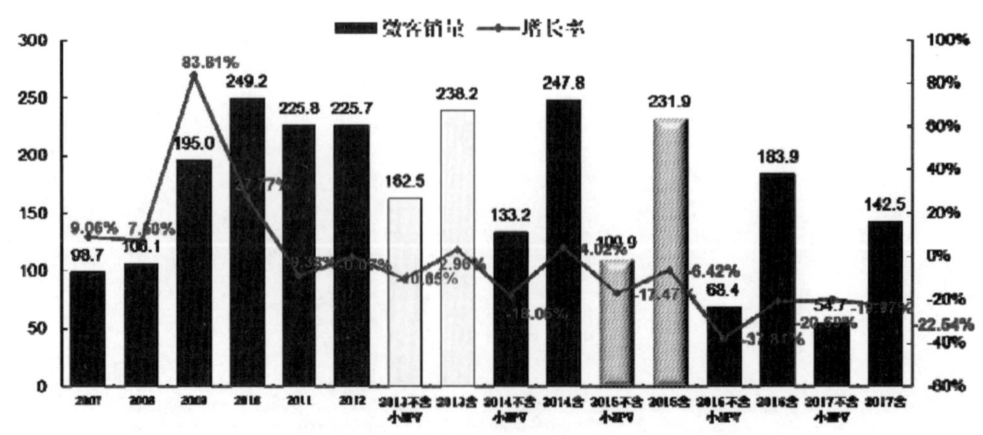

图1 近年交叉型乘用车整体销量走势

数据来源：中汽协数据

表 1　2017 年国内交叉型乘用车企业销量情况

类别	2017年	2016年	2017年同比增长	2017占比
总计	**546992**	**683503**	**-19.97%**	**100.00%**
上汽通用五菱	336478	450008	-25.23%	61.51%
长安汽车	65178	69531	-6.26%	11.92%
华晨汽车	49433	48876	1.14%	9.04%
东风小康	47976	51254	-6.40%	8.77%
北汽银翔	10637	28196	-62.27%	1.94%
北汽制造	7810	7932	-1.54%	1.43%
福建新龙马	6684	2737	144.21%	1.22%
奇瑞汽车	5933	2507	136.66%	1.08%
北汽福田	5433	5163	5.23%	0.99%
一汽吉林	5308	10612	-49.98%	0.97%
力帆汽车	4541	2512	80.77%	0.83%
众泰汽车	898	390	130.26%	0.16%
昌河汽车	464	2023	-77.06%	0.08%
海马商务	107	600	-82.17%	0.02%
贵航成功	86	127	-32.28%	0.02%
浙江飞碟	23	514	-95.53%	0.00%
广汽吉奥	3	494	-99.39%	0.00%
东南汽车	0	27	-100.00%	0.00%

数据来源：汽车工业协会，不含新型微客，不含微货

表 2　2017 年国内交叉型乘用车企业销量情况

类别	2017年	2016年	同比增长
总计	**546992**	**683503**	**-19.97%**
五菱荣光V	172356	197184	-12.59%
五菱之光	82198	135496	-39.34%
五菱荣光	71426	113312	-36.97%
海星	49433	48876	1.14%
长安之星3	43685	30468	43.38%
东风小康K系	30710	35935	-14.54%
长安星光	19475	17646	10.36%
东风小康C系	14808	15319	-3.34%
威旺306	10546	27485	-61.63%
五菱之光V	10498	4016	161.40%

表 2　2017 年国内交叉型乘用车企业销量情况（续表 1）

类别	2017年	2016年	同比增长
北汽交叉车	7810	7932	-1.54%
启腾M70	6684	2737	144.21%
开瑞优优	5933	2506	136.75%
伽途	5433	5163	5.23%
佳宝	5308	10612	-49.98%
力帆丰顺	4541	2512	80.77%
EC36	2302	0	/
新长安之星	2018	6567	-69.27%
众泰V10	898	390	130.26%
福瑞达	464	2023	-77.06%
EC35	155	0	/
荣达	107	0	/
威旺206	90	710	-87.32%
航天新星	86	127	-32.28%
五星	23	514	-95.53%
星旺	3	494	-99.39%
东风小康V系	1	0	/
威旺205	1	1	0.00%
福仕达	0	600	-100.00%
开瑞优胜	0	1	-100.00%
希旺	0	27	-100.00%
长安之星2	0	6272	-100.00%
长安之星7	0	8578	-100.00%

二、 新产品发展情况

2017 年，交叉型乘用车行业没有新品推出，改款车型也很少。

三、重点生产企业发展

上汽通用五菱：2017 年交叉车型销量为 33.65 万辆，同比下滑 25.23%；主力产品五菱之光 8.22 万辆，下降 39.34%；五菱荣光销售 7.14 万辆，下降 36.97%；前置动力车型荣光 V 销售 17.24 万辆，下滑 12.59%。2017 年五菱继续向乘用车拓展，其新推出的宝骏 510、宝骏 310W 以及年底推出宏光 S3 都取得了很好的销量，表现抢眼，而微客占比进一步减少。

长安汽车：2017 年长安交叉车型销售 6.52 万辆，下滑 6.26%，主力产品长安之星系列有一定下滑。2017 年，长安汽车在乘用车领域持续发展，推出的欧尚 A800 MPV、CX70T SUV 等车型热销，长安品牌乘用车销量突破百万，继 2015 年、2016 年后，连续三年销量破百万，继续领跑中国汽车行业！预计未来，长安汽车将加大向乘用车的拓展力度，乘用车占比进一步提升。

东风小康：2017 年，东风小康交叉车型实现销售 4.8 万辆，下滑 6.4%；其主力微客东风小康 K 系为

3.07 万辆，下降 14.54%。东风小康交叉车型虽略微落后华晨汽车，但小康在向乘用车拓展转型中取得了持续效果，继风光 580 之后，其新推出的风光 560 SUV 车型也取得了市场初步认可，预计 2018 年，东风小康狭义乘用车将实现更多销量。

至此，主要微车企业早已脱胎换骨，实现了向乘用车转型。

四、交叉型乘用车进出口

2017 年交叉型乘用车出口总量为 37143 辆，同比下降 8.22%。其中，行业前三强的华晨出口 9561 辆，五菱 9557 辆，北京汽车 5699 辆，前三强合计 24817 辆，占比 66.81%，优势明显。

表 3　2017 年交叉型乘用车出口量情况

企业	2017年	2016年	同比增长
总计	**37143**	**40470**	**-8.22%**
华晨汽车	9561	11012	-13.18%
上汽通用五菱	9557	11804	-19.04%
北京汽车	5699	2268	151.28%
北汽福田	2846	2022	40.75%
一汽吉林	2831	2935	-3.54%
长安汽车	2813	2950	-4.64%
东风小康	2130	4068	-47.64%
奇瑞汽车	1472	436	237.61%
福建新龙马	147	235	-37.45%
北汽银翔	87	542	-83.95%
东南汽车	0	25	-100.00%
广汽吉奥	0	123	-100.00%
海马汽车	0	328	-100.00%
力帆汽车	0	1631	-100.00%
众泰汽车	0	91	-100.00%

五、 行业运行存在的问题

消费趋势的变化，使微车企业的重心已向乘用车转移，产品转型首当其冲，由于车型结构、用途、价格、用户特征等因素影响，之前小型MPV市场成为了各主力厂家突围转型的首选，如五菱宏光、长安欧诺等车型的迅速崛起带动了小型MPV市场容量的快速拉升。

随着消费趋势的变化，在取得小型MPV市场的成功后，部分微车企业正在快速向上突破，以MPV+SUV的产品组合作为企业重心的微车转型正式进入新时代。

当前，MPV和SUV车型已成为企业主力车型，微车企业产品呈多元化发展趋势，而整个传统微客市场进一步持续萎缩。2017年交叉车型过万辆仅10款，销量最大是前置后驱的荣光V，中置后驱的传统微客车型大幅下滑。

2017年交叉车型销量扣减前置动力车型荣光V、之光V后，传统微客仅36.41万辆，相比2016年的48.6万辆少了10多万辆，同比大幅下降25.1%。

在现有17家微车企业中，年销量过万的企业仅5家，企业总数和上万辆规模企业数均少于去年，未来还将有企业退出微客市场。

事实上，目前各微车厂家早已转型进行多元化发展，一些企业在目前对品牌敏感度不太强的SUV、MPV市场进行拓展收到了较好效果，其中长安、五菱在各自的领域转型是比较成功的，东风小康收到了一定效果，而缺乏乘用车类型产品支撑的企业将前途未卜。

进入狭义乘用车领域后，微车企业面对的竞争层次将明显升级，狭义乘用车领域竞争大势不容乐观，2018年，面对SUV继续增长的行业大势，其中，小型SUV市场，约有二十款全新及换代产品投放；而紧凑型SUV，需求继续扩张，约有三十款全新及换代产品投放。一些强势合资企业在SUV领域产品明显增多，开始谱系化竞争，对自主车企的挤压将逐渐显现。同时，在自主品牌占优势的小型和紧凑型SUV领域产品越来越多，可以说，2018年，自主SUV领域将成为竞争异常激烈的市场。

在MPV市场，消费升级促进小型MPV进一步下滑，中型MPV在家用需求方面逐步发展，但受低端中型SUV影响较大，2018年有多款全新及换代产品投放，市场总量相对稳定。

面对日益激烈竞争，为此建议：

1. 结合乘用车市场发展本质及规律，企业需要慎重并滚动审视发展战略，减少战略失误。

2. 发挥成本优势，重视产品差异化风格打造，营销推广也要有创新，以更富有创新的产品和营销获得新发展。

3. 要加强体系建设，高度重视品质，用体系来保证产品开发和制造过程的品质控制；同时，持续重视技术支撑，加大研发的持续投入建设，满足比微客产品要求更高的乘用车开发需求。

4. 重视品牌建设。微车企业转型开发的MPV和SUV等车型的品牌形象和品牌溢价都较低，随着消费升级和产品的丰富，随着合资企业的竞争挤压，缺乏品牌支撑的产品将逐渐被边缘化，为此，大力进行品牌建设尤为重要。一些发展较好的企业，可考虑在适当时机打造新品牌来区隔并提升产品档次和形象。

5. 随着用户需求的多元化、共享化、个性定制化、车身形式变化等趋势发展，企业应强化对相关领域的跟踪研究，结合新能源大发展浪潮，跟上时代快速变化要求，在不对称竞争中取得快速发展。

2017年轻型卡车市场

中国汽车流通协会汽车市场研究分会（乘联会） 杨再舜

2017年我国整体汽车市场增长率3.1%，乘用车市场增长率只有1.4%，而商用车市场增长率为2位数的正增长率，成为当年中国汽车市场最大亮点，这是由相关综合政策与经济因素共同使然的结果表象。预期2018年商用车市场增长率还有可能以2位数的正增长率发力态势，而一改前几年市场颓势，说明我们商用车正处于理性发展恢复期。

从2006年至2014年，我国商用车与乘用车的市场份额比重相比，逐年缩减，2015年至2016年缩减趋缓，2017年开始明显反弹。

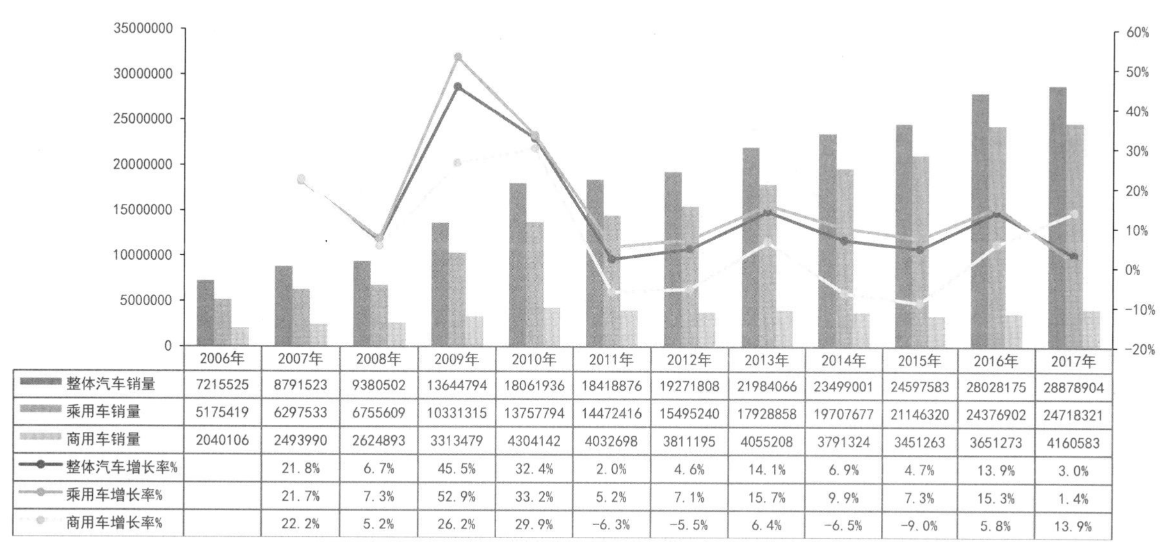

	2006年	2007年	2008年	2009年	2010年	2011年	2012年	2013年	2014年	2015年	2016年	2017年
整体汽车销量	7215525	8791523	9380502	13644794	18061936	18418876	19271808	21984066	23499001	24597583	28028175	28878904
乘用车销量	5175419	6297533	6755609	10331315	13757794	14472416	15495240	17928858	19707677	21146320	24376902	24718321
商用车销量	2040106	2493990	2624893	3313479	4304142	4032698	3811195	4055208	3791324	3451263	3651273	4160583
整体汽车增长率%		21.8%	6.7%	45.5%	32.4%	2.0%	4.6%	14.1%	6.9%	4.7%	13.9%	3.0%
乘用车增长率%		21.7%	7.3%	52.9%	33.2%	5.2%	7.1%	15.7%	9.9%	7.3%	15.3%	1.4%
商用车增长率%		22.2%	5.2%	26.2%	29.9%	-6.3%	-5.5%	6.4%	-6.5%	-9.0%	5.8%	13.9%

图1 2010年-2017年整体汽车/乘用车/商用车市场销量及增长率

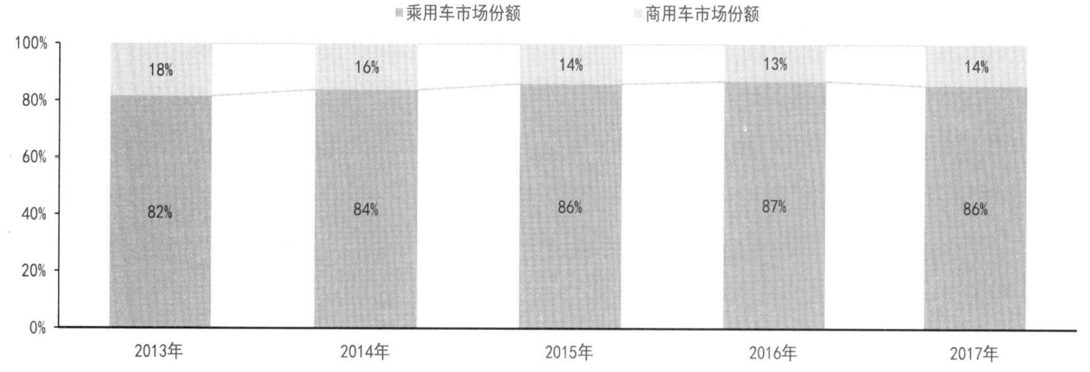

图2 2013年-2017年整体汽车/乘用车/商用车市场份额

乘用车为社会最大消费品，目前已处于相对市场饱和期，而做为生产资料与生产工具的商用车，具有国民经济“风向标”和“温度计”的标志，对促进经济与改善民生民计之意义重大。乘用车市场份额占从2013年的41个百分点，上升至2017年的43个百分点；商用车市场份额占比从2013年的9个百分点，下降至2017年的7个百分点。2017年全年，载货卡车分车型市场销量增长率最高为重型卡车（含各类底盘）、其次为轻型卡车（含各类底盘并已剔除皮卡车型），中型卡车（含各类底盘）为微增长率，而微型卡车（含各类底盘）市场销量增长率为-6.2%，预期2018年还将会以2位数的负增长率下滑，这是由排放标准不能与时俱进和面临厢式微客、长货厢皮卡的挑战替代的结果。

如果从轻卡、微卡与皮卡相关车型市场销量及增长率来看，呈现出的是皮卡车市场以2位数增长率、轻卡市场以1位数增长率、微卡市的以1位数负增长率的发展态势。

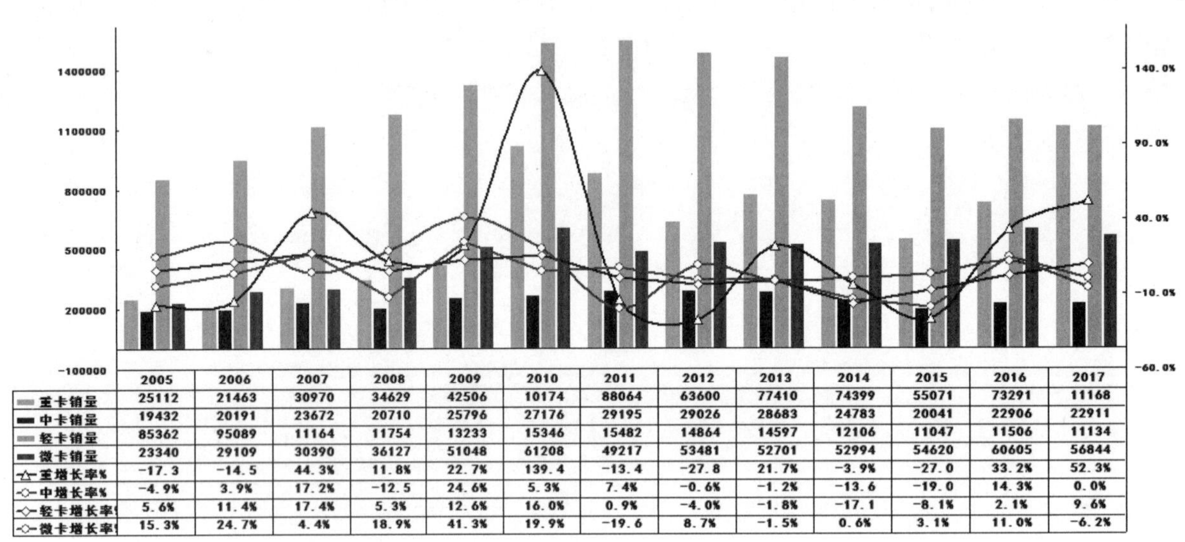

	2005	2006	2007	2008	2009	2010	2011	2012	2013	2014	2015	2016	2017
重卡销量	25112	21463	30970	34629	42506	10174	88064	63600	77410	74399	55071	73291	11168
中卡销量	19432	20191	23672	20710	25796	27176	29195	29026	28683	24783	20041	22906	22911
轻卡销量	85362	95089	11164	11754	13233	15346	15482	14864	14597	12106	11047	11506	11134
微卡销量	23340	29109	30390	36127	51048	61208	49217	53481	52701	52994	54620	60605	56844
重增长率%	-17.3	-14.5	44.3%	11.8%	22.7%	139.4	-13.4	-27.8	21.7%	-3.9%	-27.0	33.2%	52.3%
中增长率%	-4.9%	3.9%	17.2%	-12.5	24.6%	5.3%	7.4%	-0.6%	-1.2%	-13.6	-19.0	14.3%	0.0%
轻卡增长率	5.6%	11.4%	17.4%	5.3%	12.6%	16.0%	0.9%	-4.0%	-1.8%	-17.1	-8.1%	2.1%	9.6%
微卡增长率	15.3%	24.7%	4.4%	18.9%	41.3%	19.9%	-19.6	8.7%	-1.5%	0.6%	3.1%	11.0%	-6.2%

图3　2005年-2017年重卡/中卡/轻卡/微卡销量及增长率

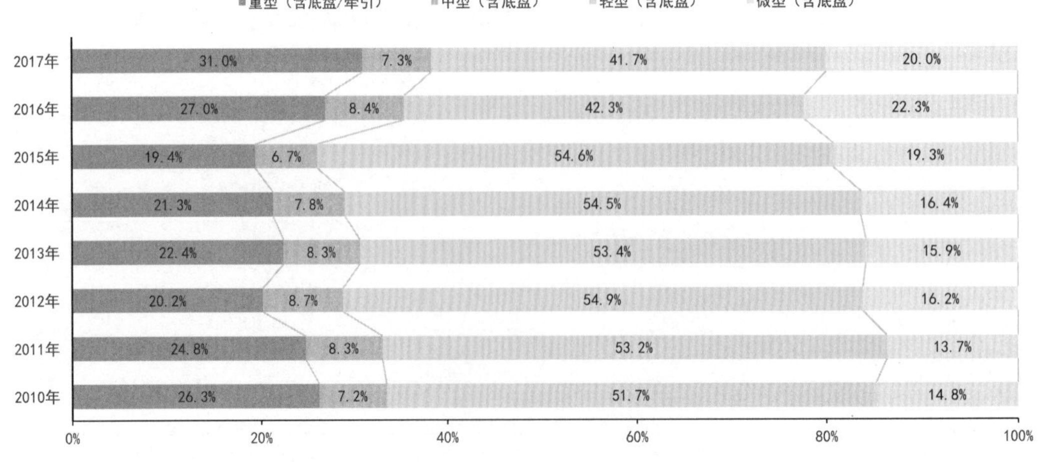

图4　2010年-2017年载货卡车分车型市场份额推移图

预期2018年可能还会以发展趋势在延续，其中以在利好的情况下，未来一段时间内皮卡车市场前景可能更为看好。

从2010年至2017年，我国载货卡车分车型市场份额占比来看，这些年来重型卡车与微型卡车处于市场增量扩张期，而轻型卡车却处于市场收窄期，中型卡车处于滞销期，不过轻型卡车市场份额大盘依然占据整体载货卡车的半壁江山左右。

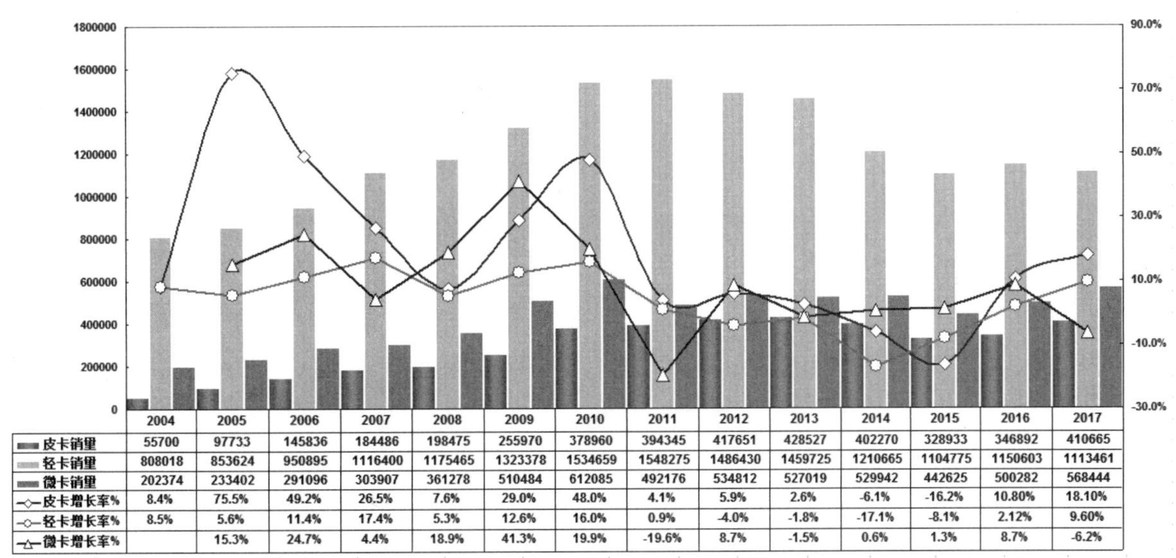

	2004	2005	2006	2007	2008	2009	2010	2011	2012	2013	2014	2015	2016	2017
皮卡销里	55700	97733	145836	184486	198475	255970	378960	394345	417651	428527	402270	328933	346892	410665
轻卡销里	808018	853624	950895	1116400	1175465	1323378	1534659	1548275	1486430	1459725	1210665	1104775	1150603	1113461
微卡销里	202374	233402	291096	303907	361278	510484	612085	492176	534812	527019	529942	442625	500282	568444
皮卡增长率%	8.4%	75.5%	49.2%	26.5%	7.6%	29.0%	48.0%	4.1%	5.9%	2.6%	-6.1%	-16.2%	10.80%	18.10%
轻卡增长率%	8.5%	5.6%	11.4%	17.4%	5.3%	12.6%	16.0%	0.9%	-4.0%	-1.8%	-17.1%	-8.1%	2.12%	9.60%
微卡增长率%		15.3%	24.7%	4.4%	18.9%	41.3%	19.9%	-19.6%	8.7%	-1.5%	0.6%	1.3%	8.7%	-6.2%

图5　2004年-2017年皮卡/轻卡/微卡销量及增长率

2017年重、中、轻、微载货卡车以重卡市场份额扩张和其他车型的市场份额收窄为其标志从轻卡、微卡与皮卡相关车型市场销量及增长率来看，皮卡车市场以2位数增长率、轻卡市场以1位数增长率和以微卡市场以1位数负增长率的发展态势。预期2018年可能还会以发展趋势在延续，在利好的情况下，皮卡车市场前景更为看好，充分证明了这是与国际市场接轨的必然结果。

2012年至2015年四年期间，轻卡市场（已剔除皮卡车型）一直呈负增长率，2016—2017年市场才开始反弹实现正增长率，这种恢复性增长，主要原因是排放标准的不断升级、相关车辆技术法规要求日趋严格以及对“黄标车”淘汰力度的加强等，这些直接与间接的因素都刺激了轻型卡车对新车的市场需求。

2017年，北汽福田、长安汽车、东风汽车、中国重汽、五征汽车、四川现代以2位数的销量增长率成为轻型卡车市场的亮点。

而个别传统老品牌轻卡车企和原农用车并轨至轻卡领域车企却有不同程度的市场销量下滑。再从分品牌销量排序及市场份额占比情况看，2017年已经发生重大变化，江淮轻卡、江铃轻卡和长安轻卡市场销量直逼轻卡行业龙头老大—北汽福田。尤其是中国重汽与四川现代轻卡这两匹行业内的“黑马”所呈现出的成绩单可圈可点，改写了现阶段和未来一段时间内局部轻卡市场格局。

2017年，据对一些主流轻卡车企不完全统计，现主要品牌轻卡的市场吨位分布在3T--5T，5T--6T市场销量在不断萎缩中，1.8T--3T的小轻卡市场销量2016年却有所小幅度上升，主要抢占二、三线城市物流市场以及部分出口市场。

另据不完全对主流品牌轻卡统计：由于这些年来随着排放标准的不断升级，以及一些极寒天气的出现，故直接导致了汽油机型轻卡市场占比有所扩大。

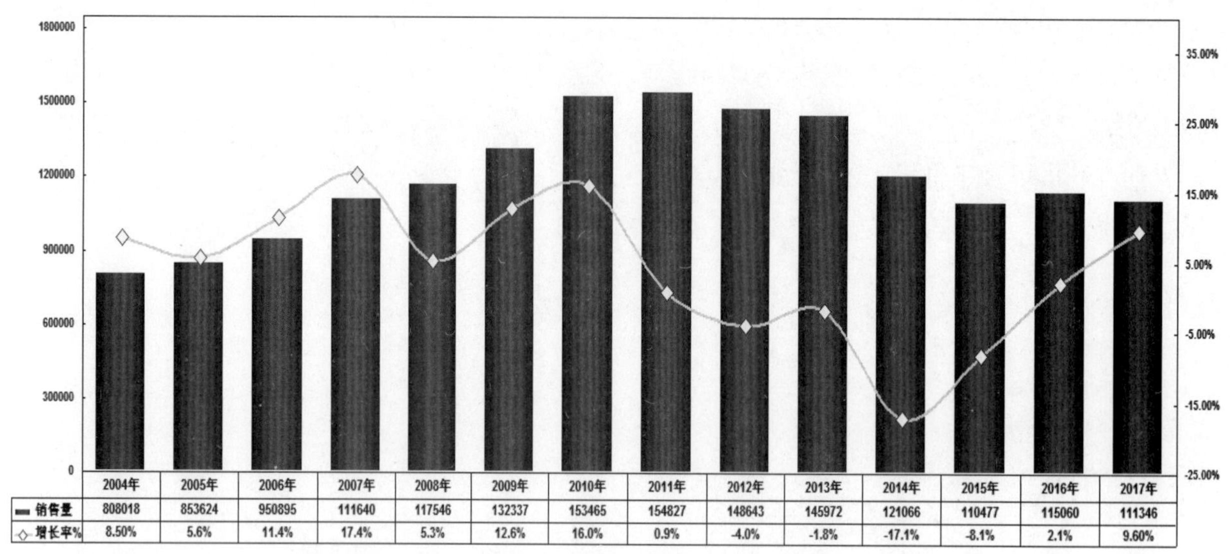

	2004年	2005年	2006年	2007年	2008年	2009年	2010年	2011年	2012年	2013年	2014年	2015年	2016年	2017年
销售量	808018	853624	950895	111640	117546	132337	153465	154827	148643	145972	121066	110477	115060	111346
增长率%	8.50%	5.6%	11.4%	17.4%	5.3%	12.6%	16.0%	0.9%	-4.0%	-1.8%	-17.1%	-8.1%	2.1%	9.60%

图6　2004年-2017年主流轻型卡车品牌销路走势图

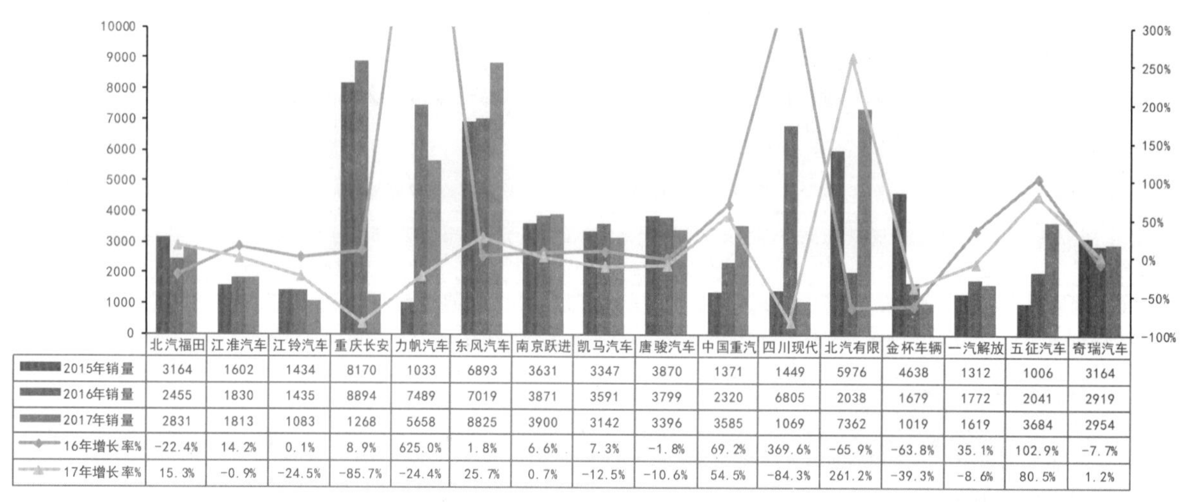

	北汽福田	江淮汽车	江铃汽车	重庆长安	力帆汽车	东风汽车	南京跃进	凯马汽车	唐骏汽车	中国重汽	四川现代	北汽有限	金杯车辆	一汽解放	五征汽车	奇瑞汽车
2015年销量	3164	1602	1434	8170	1033	6893	3631	3347	3870	1371	1449	5976	4638	1312	1006	3164
2016年销量	2455	1830	1435	8894	7489	7019	3871	3591	3799	2320	6805	2038	1679	1772	2041	2919
2017年销量	2831	1813	1083	1268	5658	8825	3900	3142	3396	3585	1069	7362	1019	1619	3684	2954
16年增长率%	-22.4%	14.2%	0.1%	8.9%	625.0%	1.8%	6.6%	7.3%	-1.8%	69.2%	369.6%	-65.9%	-63.8%	35.1%	102.9%	-7.7%
17年增长率%	15.3%	-0.9%	-24.5%	-85.7%	-24.4%	25.7%	0.7%	-12.5%	-10.6%	54.5%	-84.3%	261.2%	-39.3%	-8.6%	80.5%	1.2%

图7　2015年-2017年主要轻型卡车品牌市场销量及增长率

与此同时，柴油机型轻型卡车市场份额却相对减少。此外，纯电动型轻卡的市场销量也有所上升，但始终未能形成气侯，预期由于林林总总主客观错综复杂之因素，短期内也难以形成规模化大生产的发展趋势。2017年以前，主流轻卡广泛采用的动力依然是柴油动力，随着国家对排放要求越来越严格，柴油机的成本越来越高，一些小吨位的轻卡开始选装更多汽油机型动力，这也是小吨位销量增量的原因之一，而4.5吨级中吨位轻卡的增长主要还是来由于各地对黄牌车限行的政策。

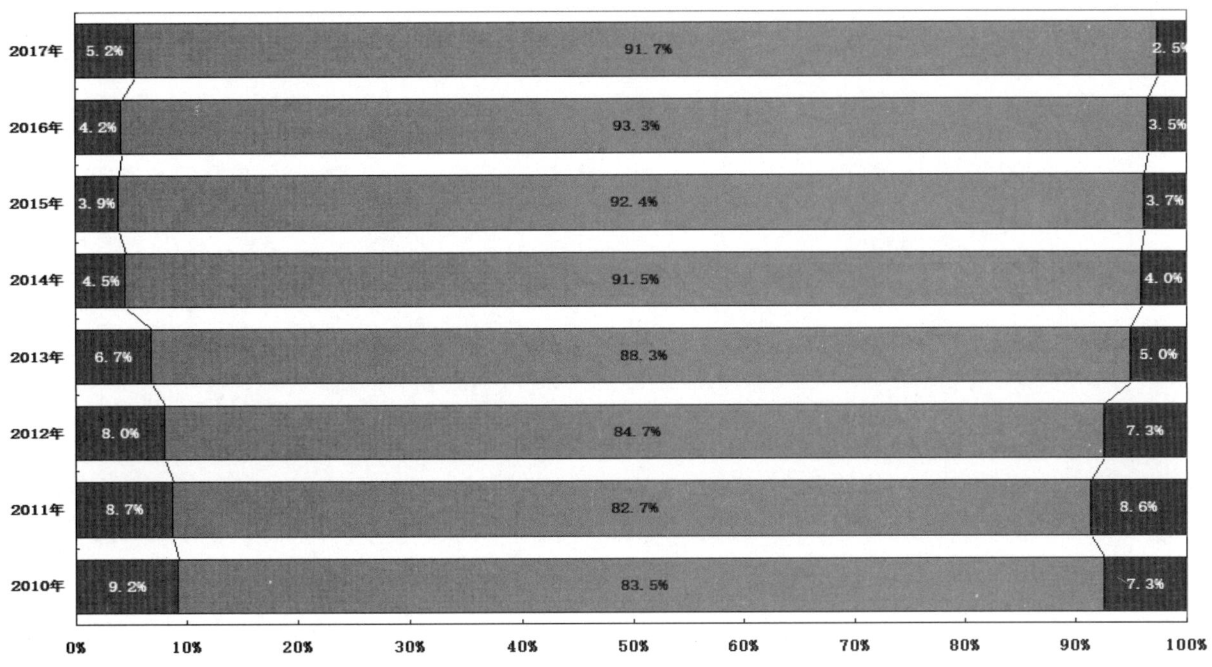

图8　2010年-2017年轻型卡车分吨位市场比重图 （单位%，部分主流品牌统计）

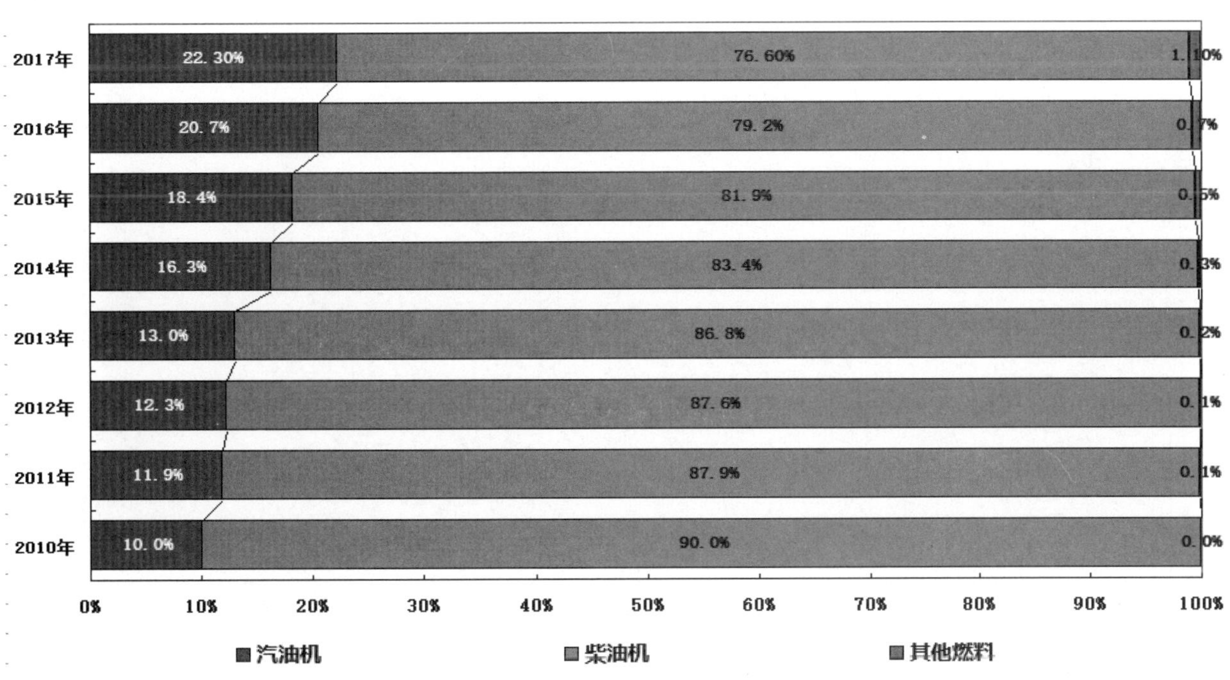

图9　2010年-2017年轻型卡车分燃油类型市场占比 （单位%，部分主流品牌统计）

另据不完全统计：2010年至2017年，3300—3400MM轴矩的轻型卡车仍然占据市场需求量的主导地位，并且还在不断发展扩张中。

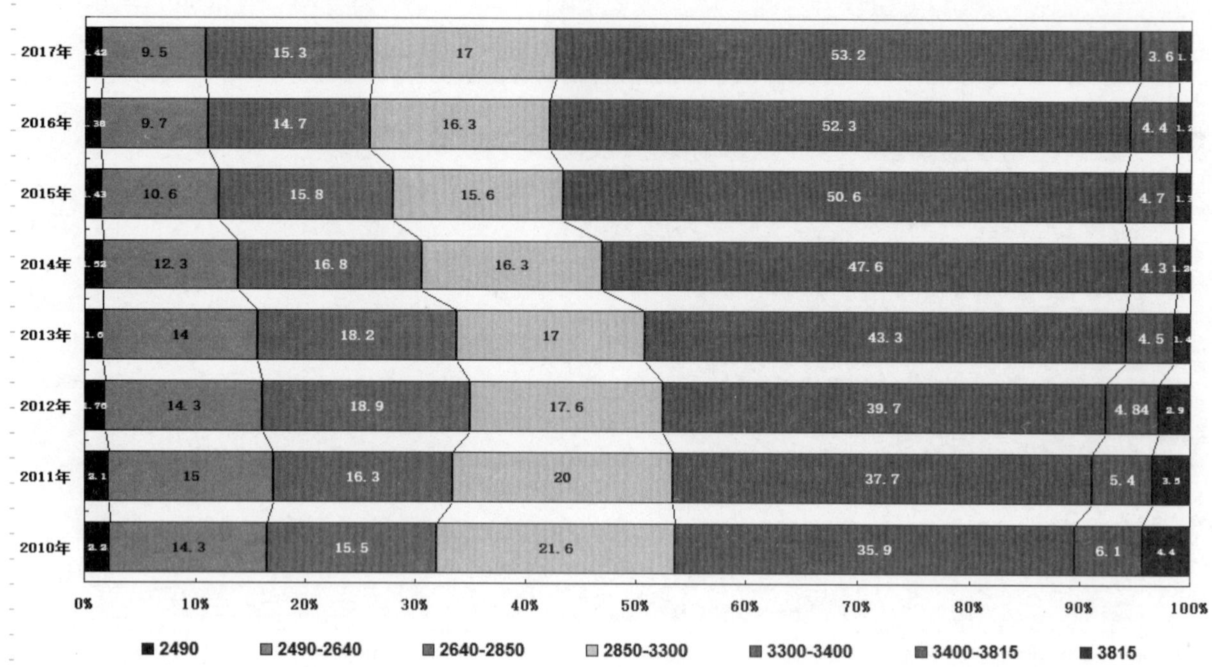

图10　2010年-2017年轻型卡车按轴距市场占比 （单位%，部分主流品牌统计）

2017年轻卡产品区隔结构分析表明：无论是轻抛、标载或重载轻卡市场继续向轻量化、智联网中高端发展，并已成大趋势。轻卡总体在上升的同时，不同轴距的车型均有所增长，不过3300轴距依然是轻卡领域的“黄金轴距”，享受“i蓝牌”和转载空间是其最大的优势。特别是2018年蓝牌车有可能取消营运证后，“治超”的进一步趋严，3300轴距的车型占比可能进一步上涨。

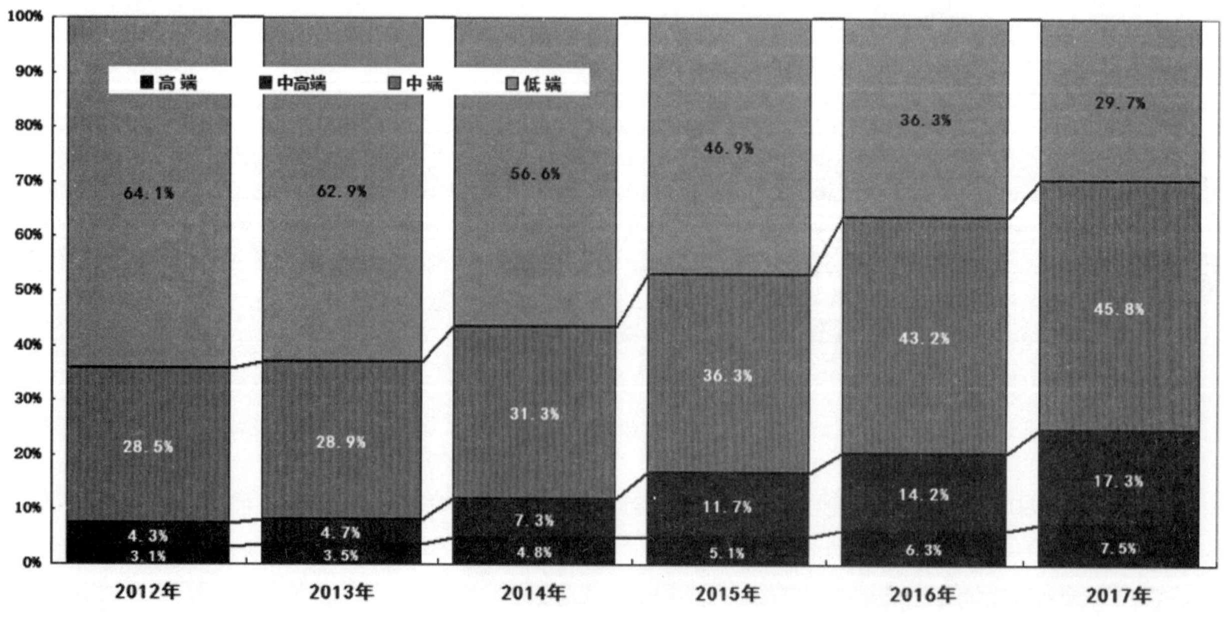

图11　2010年-2017年轻型卡车产品结构图 （单位%，部分主流品牌统计）

2800轴距以下车型，由于转载货物量较小，动力需求不需要太大，考虑到整车成本的缘故，很多用户会选择汽油机车型。然而随着新能源车的推广，汽油机的份额会被进一步蚕食。

从2010年至2017年，轻型卡车产品中的高端、中高端、中端及低端系列产品市场销量，皆外于此消彼涨和此涨彼消的动态运行发展中。

近年来特别是2017年，不断进入轻型卡车领域新锐品牌已对传统轻卡市场格局产生了巅覆性的变化。

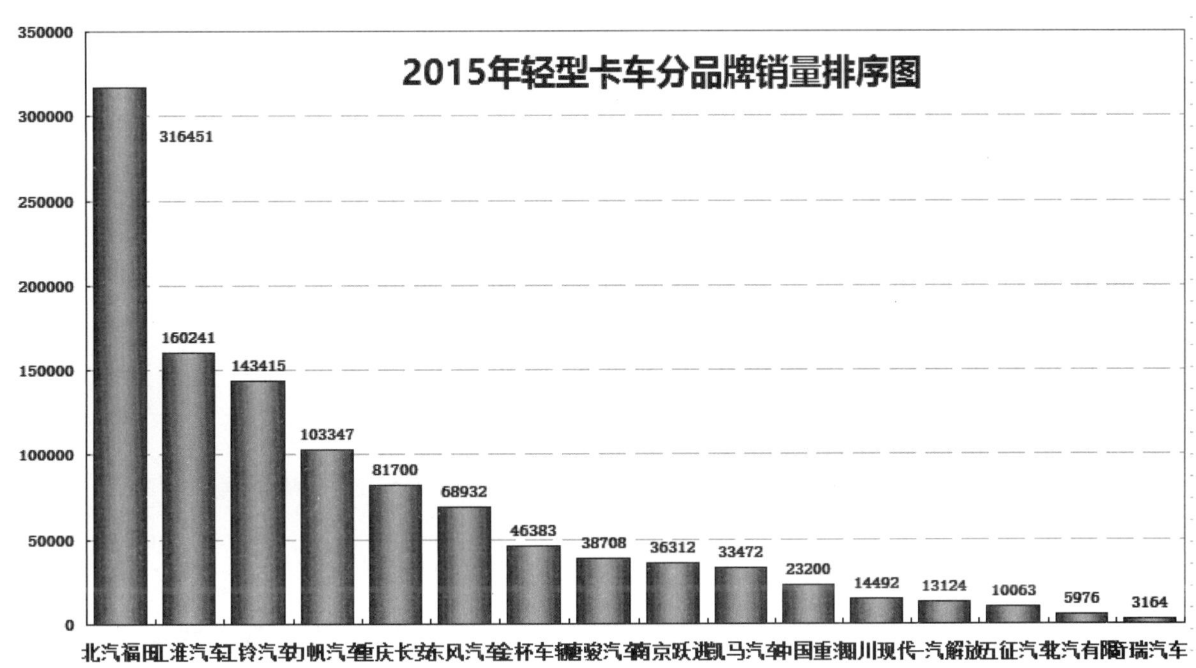

图12　2015年轻型卡车分品牌销量排序图

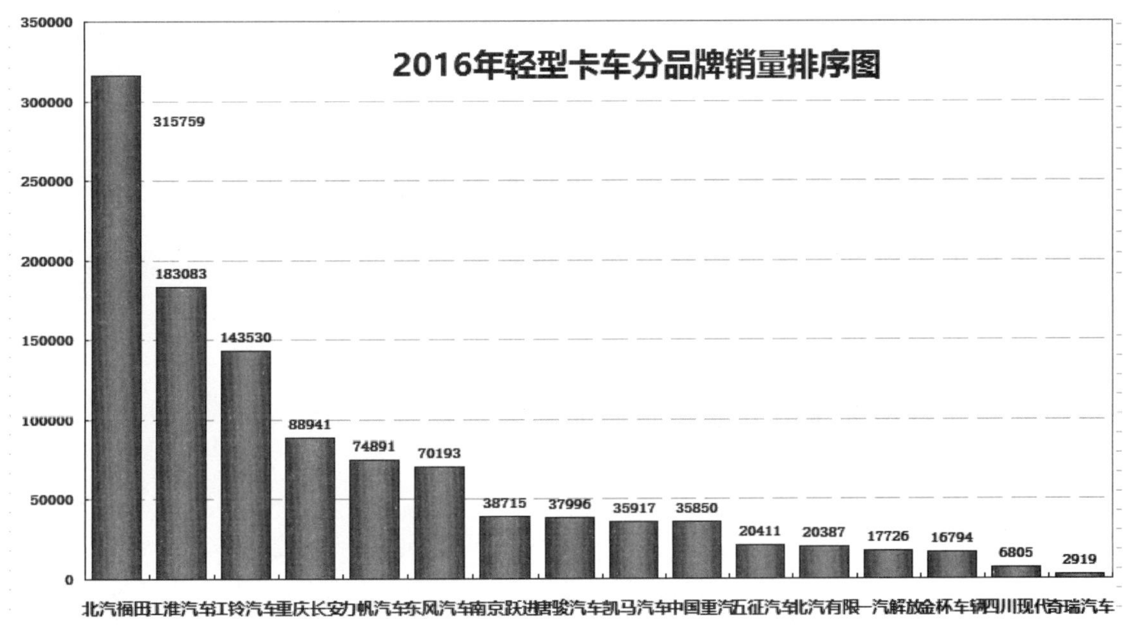

图13　2016年轻型卡车分品牌销量排序图

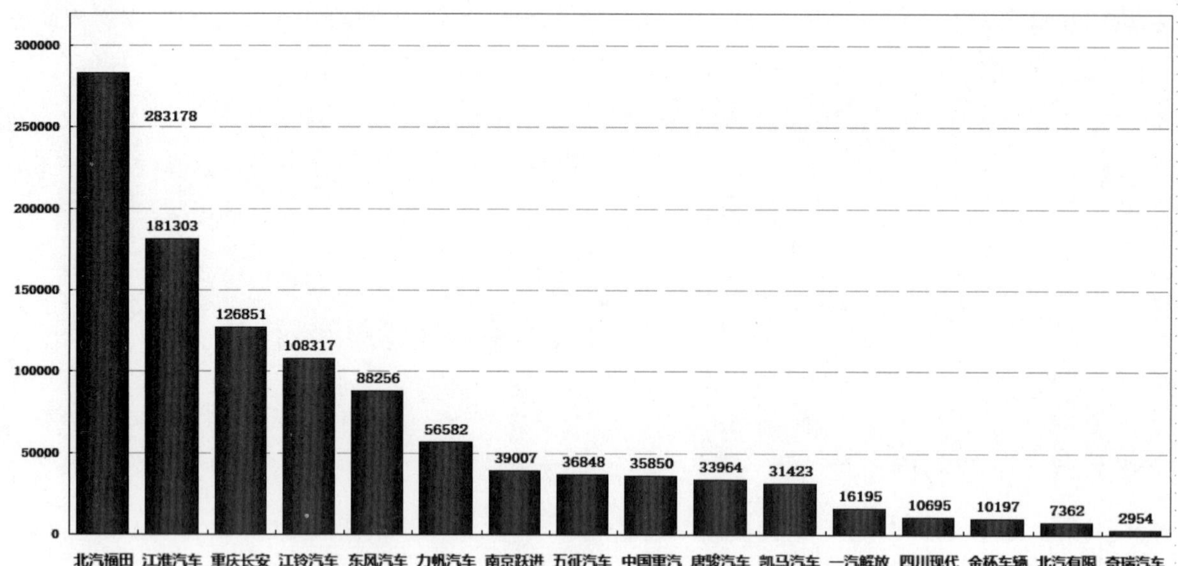

图14 2017年轻型卡车分品牌销量排序图

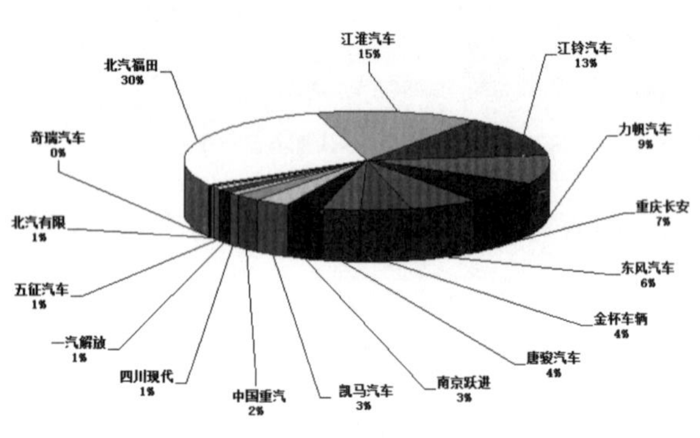

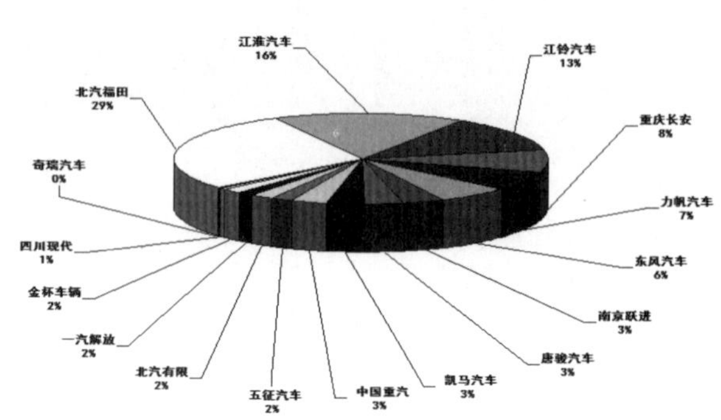

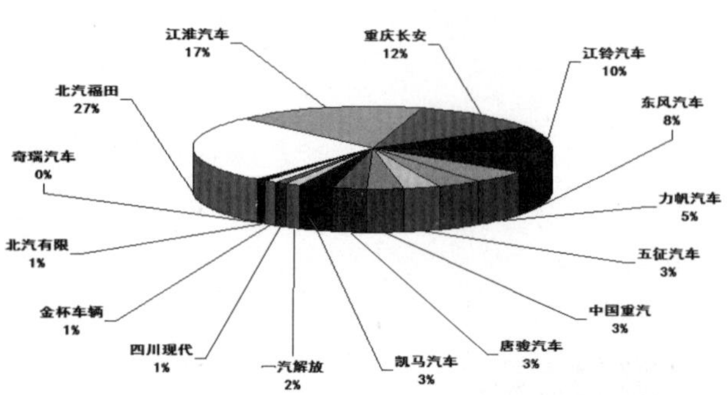

图15 2015年-2017年主流轻卡车分品牌市场份额图

2017年皮卡市场

中国汽车流通协会汽车市场研究分会（乘联会）杨再舜

一、总体市场态势概述

2017年全国主要15家皮卡车生产企业累计生产415540辆、累比增长率19.8%；累计销售410665辆、累比增长率18.7%，实现了连续二年以2位数的正增长率，成为这两年来国内汽车市场的亮点之一，有力推动了中国汽车工业的发展，并成为拉动商用车市场的助力器。今年以来，国产皮卡市场系结构型增长，汽\柴油机型及各驱动形式、手动\自动档与单双排皮卡全部实现正增长率，充分证明了在有效政策的鼓励下，以及各大皮卡车企对细分市场需求的把脉精准性，使得2017年整体皮卡车市场再现2位数的正增长率。由此可见，若一旦能在全国性地对皮卡进城解禁后，皮卡市场将会在极短时间内摆脱小众市场的局面，而成为最受中国消费者欢迎的主流车型之一，皮卡车行业也将真正实现与国际的接轨。

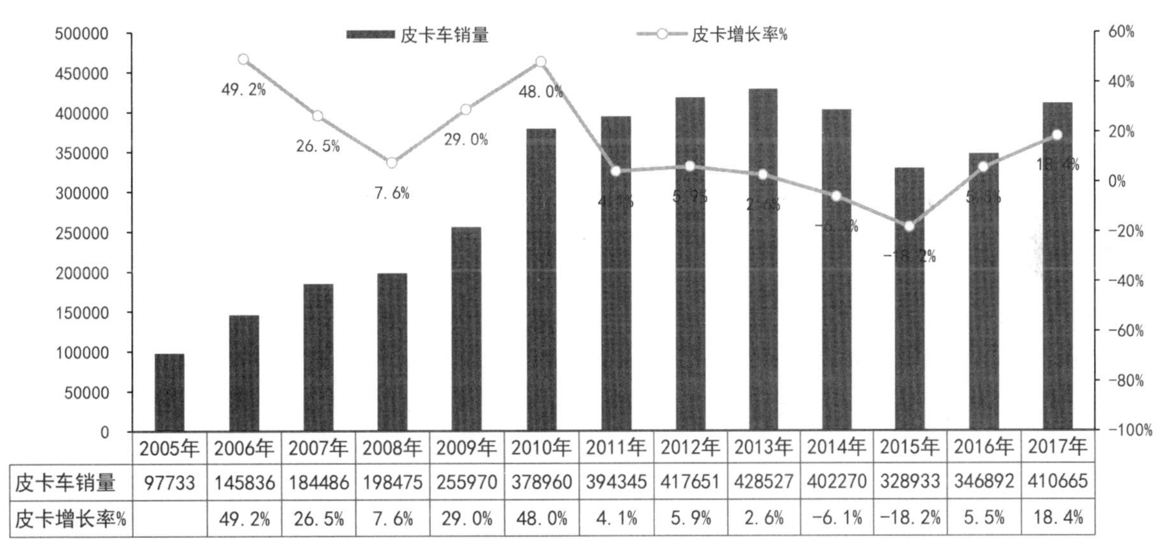

	2005年	2006年	2007年	2008年	2009年	2010年	2011年	2012年	2013年	2014年	2015年	2016年	2017年
皮卡车销量	97733	145836	184486	198475	255970	378960	394345	417651	428527	402270	328933	346892	410665
皮卡增长率%		49.2%	26.5%	7.6%	29.0%	48.0%	4.1%	5.9%	2.6%	-6.1%	-18.2%	5.5%	18.4%

图1 2004年-2017年整体皮卡销量及增长率图表

从2017年整体皮卡车逐月销量走势曲线看，上半年销量最大峰值在三月份，这与历来皮卡淡旺季销路走势基本吻合。下半年除七月份处于低谷外，八月份销量开始反弹冲高至九月份，十月份又开始回落，但到了全年最后二个月，销量再次开始快速冲高，其中十二月份销量峰值达到六年以来最高点，预期按这一市场销量惯性，还将会以月销量以2位数的增长率延续至2018年春节前，二季度后有可能回落至1位数的增长率。

2017年全年除北汽福田、北京汽车和东风汽车皮卡市场销量持续以2位数负增长率外，其他皮卡品牌持续或间断性的呈1位数或2位数的正增长率的发展态势。尤其是中兴皮卡、郑州日产皮卡和黄海皮卡今年以来以负增长扭转为正增长率，对整体皮卡车市场继续实现2位数的正增长率起到了决定性的作用。与此同时，以今年刚上市的上汽大通T60皮卡超万辆的市场销量成绩单，又推波助澜了2017年皮卡市场一改颓势超常规良性发展的势头。预期2018年我国皮卡车市场增长率仍然会以2位数的正增长率的发展趋势展现在世界汽车市场舞台上。

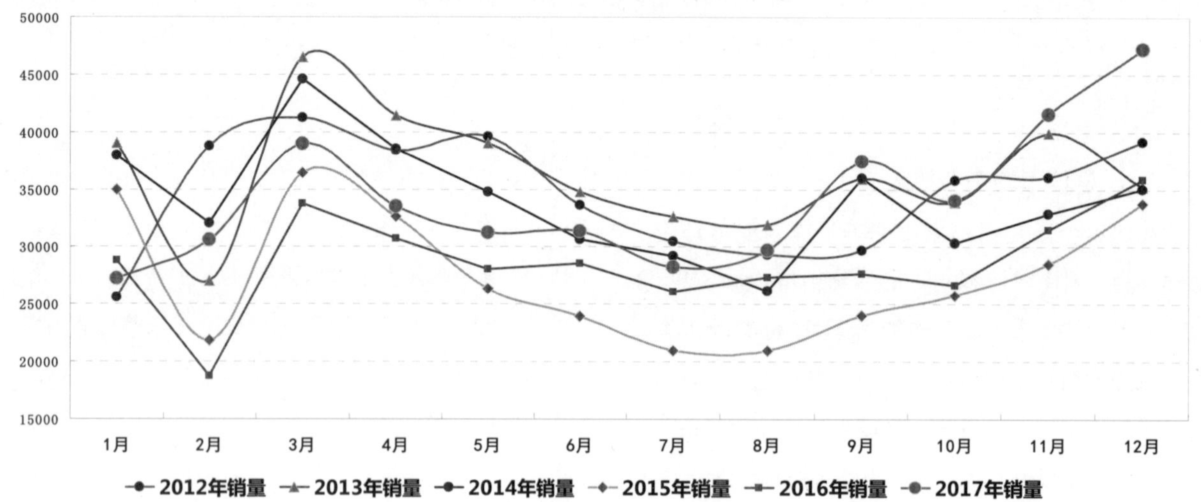

图2　2012年-2017年皮卡销量分月走势图

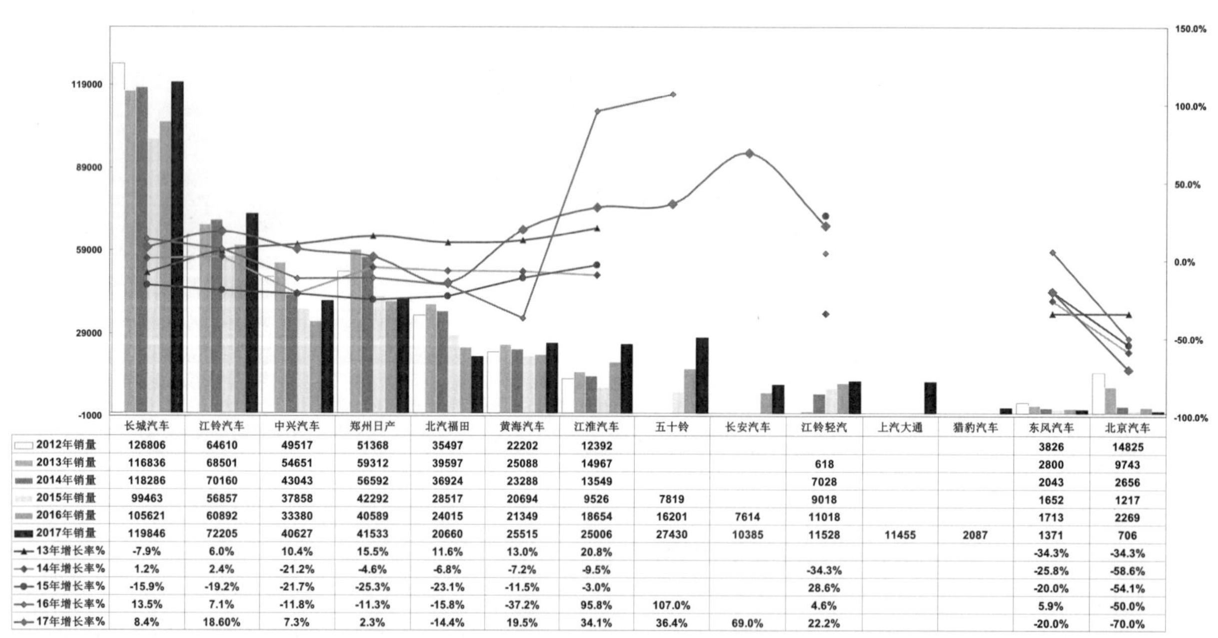

	长城汽车	江铃汽车	中兴汽车	郑州日产	北汽福田	黄海汽车	江淮汽车	五十铃	长安汽车	江铃轻汽	上汽大通	猎豹汽车	东风汽车	北京汽车
2012年销量	126806	64610	49517	51368	35497	22202	12392						3826	14825
2013年销量	116836	68501	54651	59312	39597	25088	14967			618			2800	9743
2014年销量	118286	70160	43043	56592	36924	23288	13549			7028			2043	2656
2015年销量	99463	56857	37858	42292	28517	20694	9526	7819		9018			1652	1217
2016年销量	105621	60892	33380	40589	24015	21349	18654	16201	7614	11018			1713	2269
2017年销量	119846	72205	40627	41533	20660	25515	25006	27430	10385	11528	11455	2087	1371	706
13年增长率%	-7.9%	6.0%	10.4%	15.5%	11.6%	13.0%	20.8%						-34.3%	-34.3%
14年增长率%	1.2%	2.4%	-21.2%	-4.6%	-6.8%	-7.2%	-9.5%			-34.3%			-25.8%	-58.6%
15年增长率%	-15.9%	-19.2%	-21.7%	-25.3%	-23.1%	-11.5%	-3.0%			28.6%			-20.0%	-54.1%
16年增长率%	13.5%	7.1%	-11.8%	-11.3%	-15.8%	-37.2%	95.8%	107.0%		4.6%			5.9%	-50.0%
17年增长率%	8.4%	18.60%	7.3%	2.3%	-14.4%	19.5%	34.1%	36.4%	69.0%	22.2%			-20.0%	-70.0%

图3　2012年-2017年分品牌皮卡市场销量及增长率图表

从“2017年整体皮卡分月销量及同比增长率图表”与“2017年整体皮卡分月销量及环比增长率图表”中可以看出：除一月份外，其他月份的市场销量基本上都高于同期水平，其市场增长率也同样高于同期水平，尤其是在下半年分月销量走势普遍好于前几年同期水平。

从2017年皮卡销量前十名增长率及市场占比情况看，长城皮卡、江铃皮卡、江西五十铃皮卡、黄海皮卡和江淮皮卡市场销量增长率为2位数的正增长率，郑州日产和中兴皮卡由负增长率扭转为正增长率。但北汽福田皮卡依旧为负增长率，江铃轻汽皮卡为1位数正增长率。

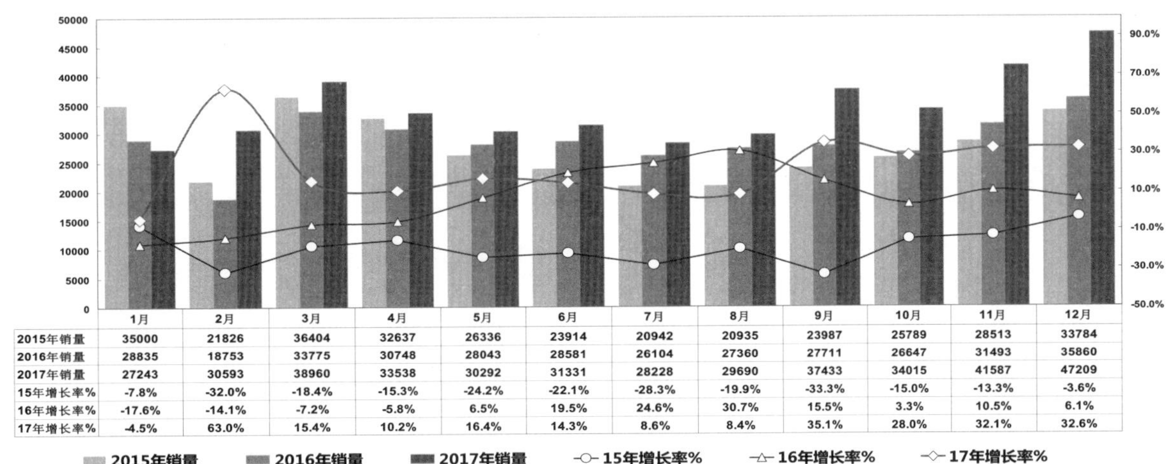

	1月	2月	3月	4月	5月	6月	7月	8月	9月	10月	11月	12月
2015年销量	35000	21826	36404	32637	26336	23914	20942	20935	23987	25789	28513	33784
2016年销量	28835	18753	33775	30748	28043	28581	26104	27360	27711	26647	31493	35860
2017年销量	27243	30593	38960	33538	30292	31331	28228	29690	37433	34015	41587	47209
15年增长率%	-7.8%	-32.0%	-18.4%	-15.3%	-24.2%	-22.1%	-28.3%	-19.9%	-33.3%	-15.0%	-13.3%	-3.6%
16年增长率%	-17.6%	-14.1%	-7.2%	-5.8%	6.5%	19.5%	24.6%	30.7%	15.5%	3.3%	10.5%	6.1%
17年增长率%	-4.5%	63.0%	15.4%	10.2%	16.4%	14.3%	8.6%	8.4%	35.1%	28.0%	32.1%	32.6%

图4　2015年-2017年整体皮卡分月销量及同比增长率

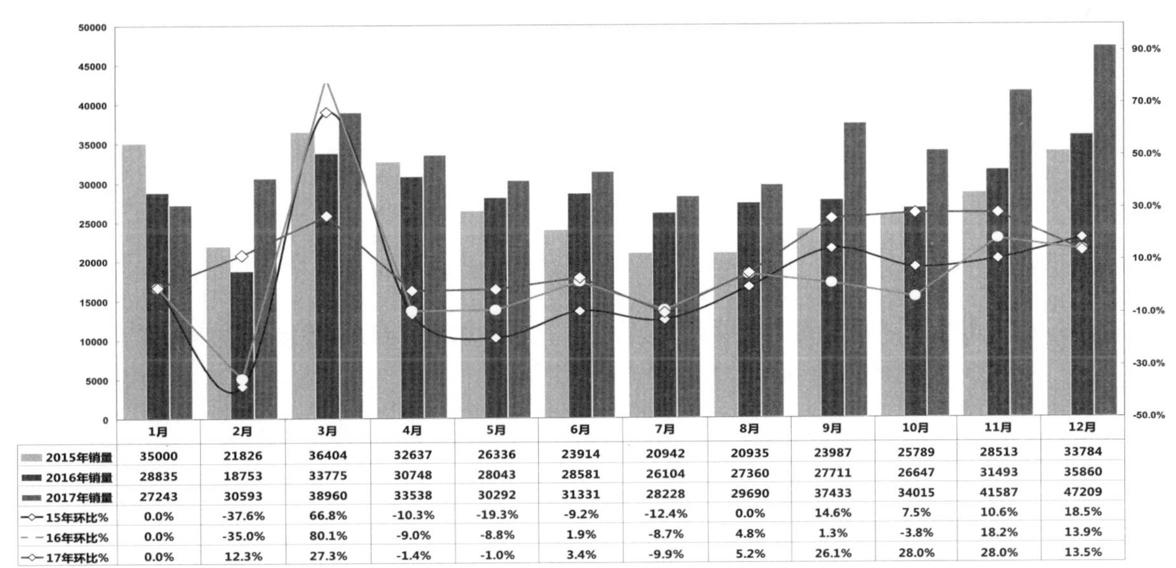

	1月	2月	3月	4月	5月	6月	7月	8月	9月	10月	11月	12月
2015年销量	35000	21826	36404	32637	26336	23914	20942	20935	23987	25789	28513	33784
2016年销量	28835	18753	33775	30748	28043	28581	26104	27360	27711	26647	31493	35860
2017年销量	27243	30593	38960	33538	30292	31331	28228	29690	37433	34015	41587	47209
15年环比%	0.0%	-37.6%	66.8%	-10.3%	-19.3%	-9.2%	-12.4%	0.0%	14.6%	7.5%	10.6%	18.5%
16年环比%	0.0%	-35.0%	80.1%	-9.0%	-8.8%	1.9%	-8.7%	4.8%	1.3%	-3.8%	18.2%	13.9%
17年环比%	0.0%	12.3%	27.3%	-1.4%	-1.0%	3.4%	-9.9%	5.2%	26.1%	28.0%	28.0%	13.5%

图5　2015年-2017年整体皮卡分月销量环比增长率图表

表1　2017年皮卡销量前十名增长率及市场占比情况

		2016年销量	2017年销量	同比增长率%	2017年占比%
1	长城汽车	105621	119846	13.5%	29.2%
2	江铃汽车	60892	72205	18.6%	17.6%
3	郑州日产	40589	41533	2.3%	10.0%
4	中兴汽车	37858	40627	7.3%	9.8%
5	江西五十铃	16201	27430	69.0%	6.7%
6	黄海汽车	21349	25515	19.5%	6.2%
7	江淮汽车	18654	25006	34.1%	6.1%
8	北汽福田	24015	20660	-14.0%	5.0%
9	江铃轻汽	11018	11528	4.6%	2.8%
10	上汽大通		11455		2.8%

长城皮卡的市场份额占比约占3成，江铃皮卡市场份额占比直追2成。郑州日产皮卡与中兴皮卡基本处于同一水平线上，江西五十铃皮卡、江淮皮卡和黄海皮卡的市场份额也基本处于同一水平。值得关注的是北汽福田皮卡的市场份额比重已由前几年的第四位，今年已经萎缩至第八位，而去年底下线今年初刚上市的上汽大通T60皮卡上市才一周年，其产销量已超过万辆规模，挤入市场销量前十名，开创了国产皮卡行业的奇迹。江铃轻汽皮卡以新锐车型层出不穷及在专用车和改装车底盘上全线发力，以稳定的增长率在不断扩大在皮卡车市场上的占有率。今年江铃轻汽的全系列轻型卡车产品将会横空出世，形成多产品宽型谱的细分商用车市场。

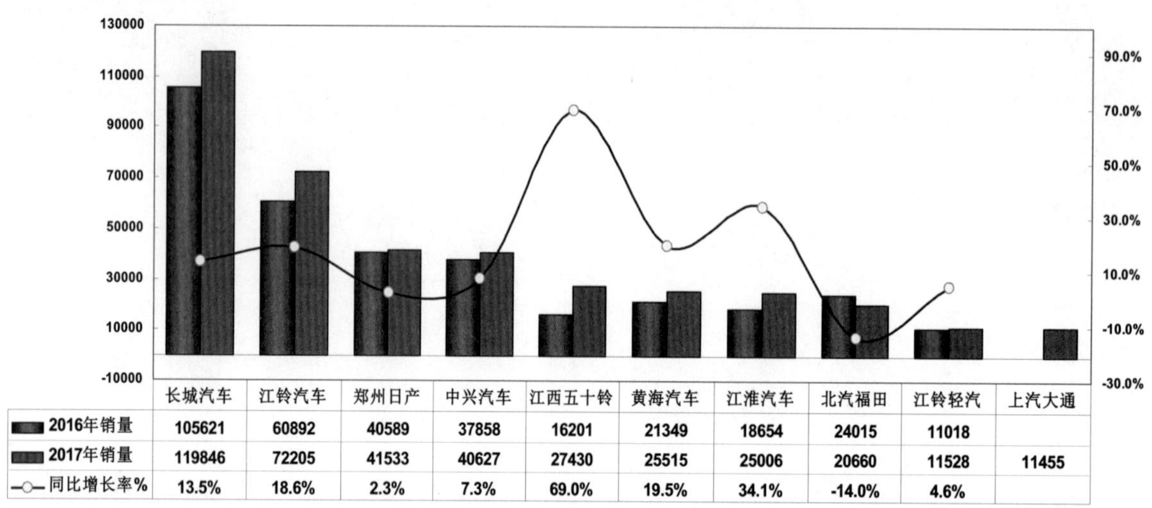

	长城汽车	江铃汽车	郑州日产	中兴汽车	江西五十铃	黄海汽车	江淮汽车	北汽福田	江铃轻汽	上汽大通
2016年销量	105621	60892	40589	37858	16201	21349	18654	24015	11018	
2017年销量	119846	72205	41533	40627	27430	25515	25006	20660	11528	11455
同比增长率%	13.5%	18.6%	2.3%	7.3%	69.0%	19.5%	34.1%	-14.0%	4.6%	

图6　2017年皮卡销量十名及增长率情况

从2017年皮卡分品牌市场销量及增长率以及市场份额比重占有率来看，已经发生了重要变化，超过10万辆产销量只有长城皮卡一家，继续稳居独家老大的行业地位而难以撼动。

居皮卡行业老二地位的仍旧是江铃皮卡。居皮卡行业老三地位的郑州日产皮卡与中兴皮卡正处于拉锯战中，预期2018年将会拉开市场差距。居皮卡行业老四地位的似乎是在江西五十铃皮卡、黄海皮卡和江淮皮卡之间的争夺战，预期2018年江西五十铃皮卡将会向皮卡行业第三阵营冲击。

此外，随着2018年江淮V7皮卡的铺货到位，将会再次向黄海皮卡发出挑战并超越。上汽大通皮卡这匹业界最强势的“黑马”，将会携汽油机型与单排座全系列皮卡进入年产销量逾2万辆以上阵营，2020年将会进入产销量前五名，同时成为出口量最大和各类专用车与改装车的基地。

二、2017年下线上市新锐皮卡特征浅析

2017年全年，皮卡行业主流与非主流车企下线上市、下线尚未上市以及年型商改车近百款，全新车辆上市频率高于其他商用车和乘用车类的CAR而逊于SUV，其中新锐皮卡车数量继去年至今再创历史新高。

从各价位区间看，主流皮卡车企（含合资与合资自主品牌以及传统老品牌）主推中端与中高端车型（国产皮卡无高端产品，国内市场上主要被进口车所垄断），售价在9.0-20.0万元之间，平均售价15.0万元左右。

近年新进入皮卡领域的非主流车企全新经济级低端产品的售价一般在5.0万元-7.0万元之间。从当下国产皮卡型谱看，基本上已经覆盖了低端、中低端、中端和中高端四大区域。

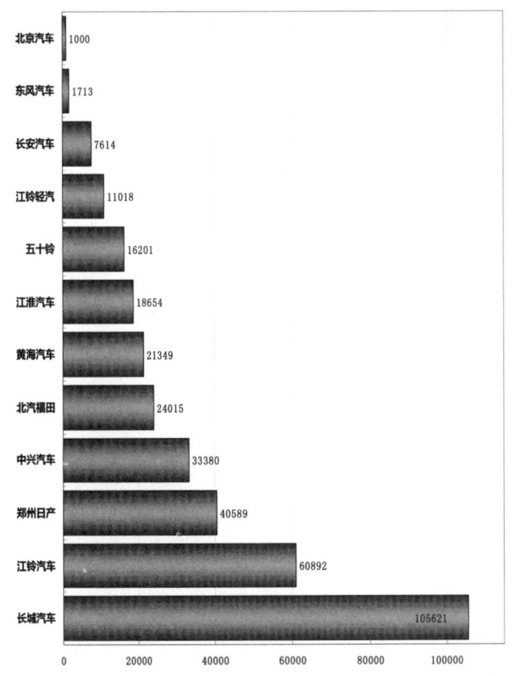

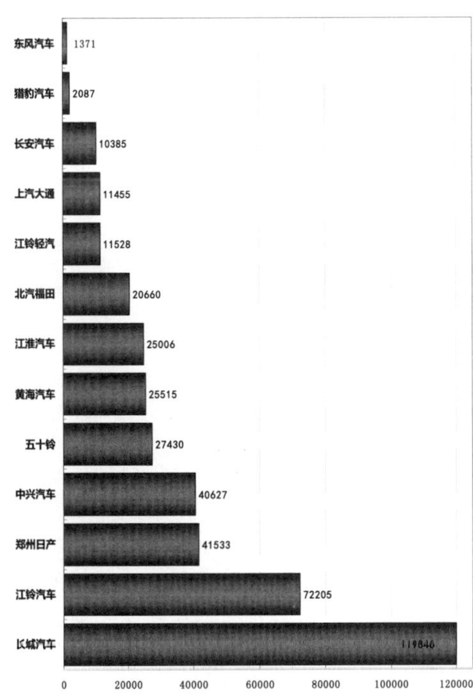

图7　2016年-2017年分品牌皮卡销量排序图

（千辆以上）

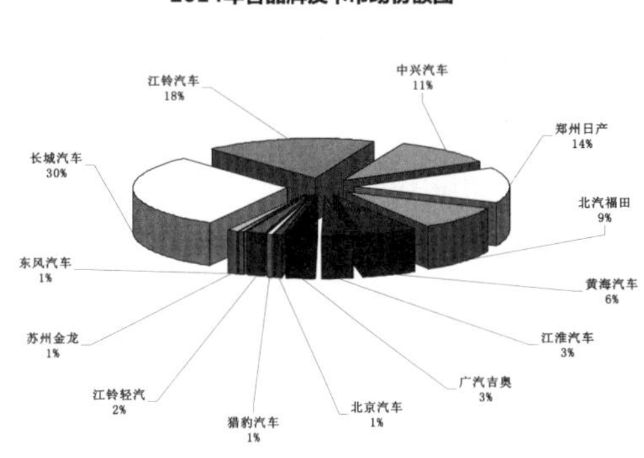

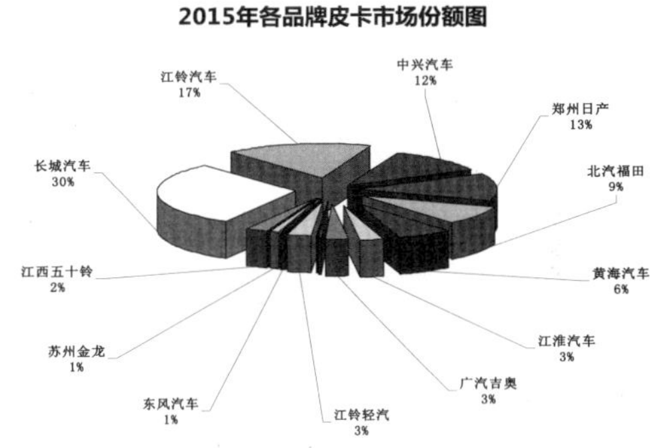

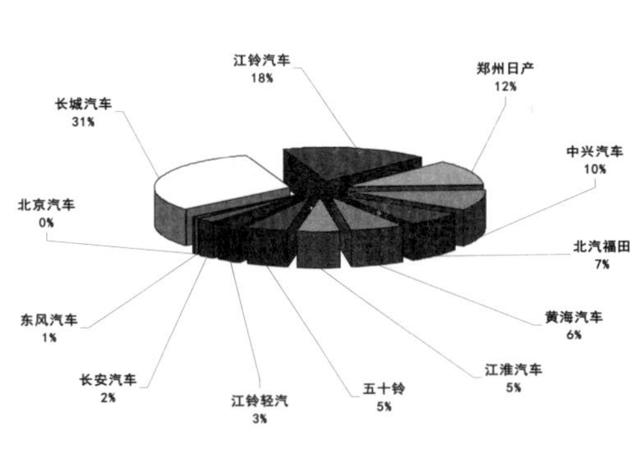

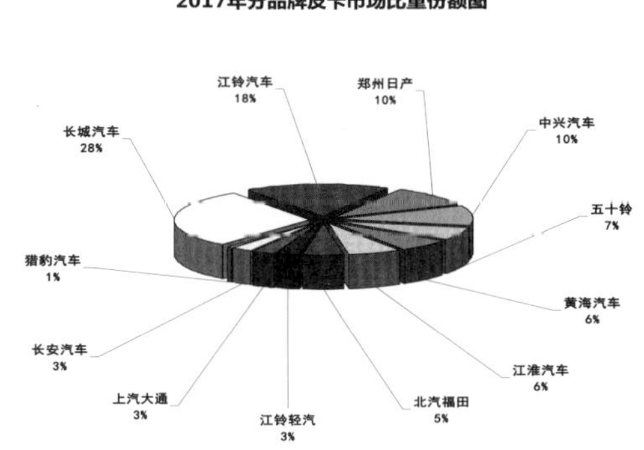

图8　2014年-2017年皮卡分品牌市场份额占比图

从产品车型型谱看，新锐车型全部以系列产品形式上市，若按皮卡车企以及乘用车的划分法，可它含标准型、舒适型、豪华型，以及手动档与自动档、手动6速变速箱。相比此前的车型，其具有着更高的燃油经济性和驾乘舒适性。与此同时，国五排放标准、两驱与四驱版、柴油机与汽油机型几乎同时下线上市，而且由于国五实施原因，今年以来汽油机型皮卡上市新款要多于往年。此外，今年单项排座皮卡的下线及已经上市的车型，预期明后年将会成为一种流行趋势，这缘于在技术上单排或半排皮卡更便于用于改装各类专用车及改装车。

从车型外观设计上看，今年上市的新锐车型一是更加SUV化、二是偏向于北美风格化，钢铁肌肉力量与张扬个性并重的气质特点（如东风汽车推出的美式东风御风P16皮卡以及江苏卡威K150GT游骑兵皮卡）、三是出现概念车化（如江铃汽车全新域虎概念车以及中兴汽车的形似概念车）。此外，长货厢平底化趋向于微卡化，并提出了“跨界系列城市物流车”的概念。

从内饰配置功能上看，今年上市的新锐车型无论是低端还是中高端皮卡，全部呈现出轿车化趋势的同时，中端以及中高端产品呈现出的车联网智能化倾向也是显而易见的，极具颠覆性乘用车特征更加明显，使现代技术进一步得到升华，其皮卡耐用皮可靠的品质与乘用车特点完美结合，充分满足了大多数用户的乘商两用或切换使用需求。

2017年中国皮卡市场继续呈现出“百花齐放、百花争艳”的发展趋势，在与国际接轨同步推进的同时，其市场销量增长率也以2位数的正增长率在扩张容量，预期未来几年中，国产皮卡市场将会以前所未有的速度向前发展，整个皮卡行业与国际接轨明显加快，其前景十分看好，有望成为中国汽车工业的重要支柱行业，进而改写在中国汽车市场上最小众车型的形象，并有可能在十年之内成为中国汽车出口最大的车型。

2017年轻型客车市场

中国汽车流通协会汽车市场研究分会（乘联会） 杨再舜

2017年，广义客车产销52.6万辆和52.7万辆，同比下降-3.8%和3.0%。其中大型客车产销9.3万辆和9.4万辆，同比增长3.4%和4.1%；中型客车产销8.5万辆，同比下降-14.0%和14.60%；轻型客车产销34.8万辆和34.8万辆，同比下降-2.82%和1.52%。

从2006年至2014年，我国商用车与乘用车的市场份额比重相比，逐年缩减，2015年-2016年缩减趋缓，2017年开始明显反弹。

乘用车为消费品，而做为生产资料与生产工具的商用车，具有国民经济“风向标”和“温度计”的标志且促进经济意义重大。

从2010年至2017年，大型客车的逐年销量占比呈现出微增长，中型客车虽有起伏但变化不太大，唯有轻型客车市场呈大起大落的发展态势，并且三年以来，一直持续2位数的严重负增长呈下滑之势，预期2018年有可能止跌回升，但呈现出正增长率的可能性不太大。

2017年，除中型客车市场增长率大幅下降外，大型客车以及轻型客车的市场增长率皆以微增长的态势呈现，这主要得利于新能源车的增量（以纯电动为主）。大客以城市公交车和以城市物流作用的轻客新能源车增量为主要推高因素所然。

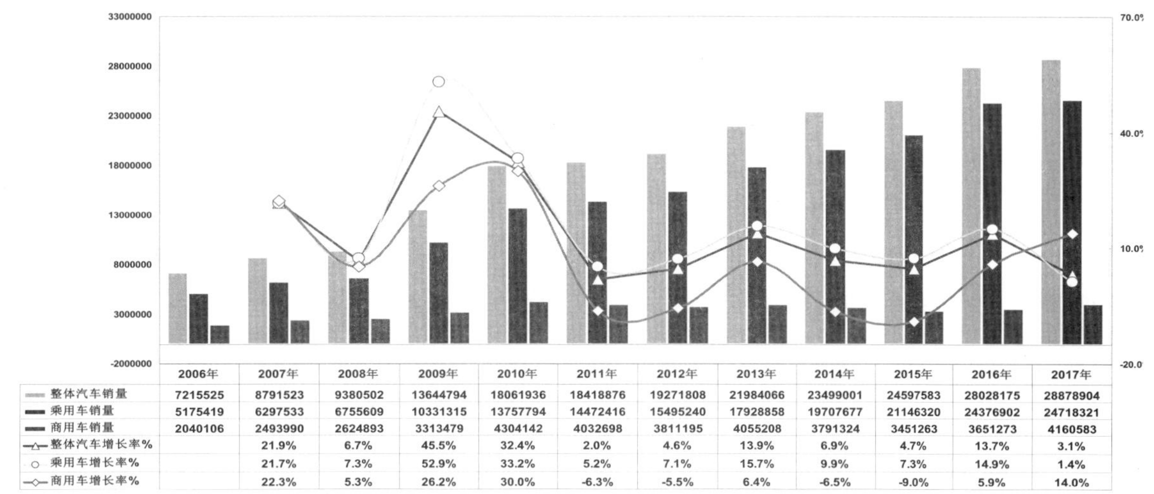

	2006年	2007年	2008年	2009年	2010年	2011年	2012年	2013年	2014年	2015年	2016年	2017年
整体汽车销量	7215525	8791523	9380502	13644794	18061936	18418876	19271808	21984066	23499001	24597583	28028175	28878904
乘用车销量	5175419	6297533	6755609	10331315	13757794	14472416	15495240	17928858	19707677	21146320	24376902	24718321
商用车销量	2040106	2493990	2624893	3313479	4304142	4032698	3811195	4055208	3791324	3451263	3651273	4160583
整体汽车增长率%		21.9%	6.7%	45.5%	32.4%	2.0%	4.6%	13.9%	6.9%	4.7%	13.7%	3.1%
乘用车增长率%		21.7%	7.3%	52.9%	33.2%	5.2%	7.1%	15.7%	9.9%	7.3%	14.9%	1.4%
商用车增长率%		22.3%	5.3%	26.2%	30.0%	-6.3%	-5.5%	6.4%	-6.5%	-9.0%	5.9%	14.0%

图 1　2010年-2017年整体汽车/乘用车/商用车市场销量及增长率图表

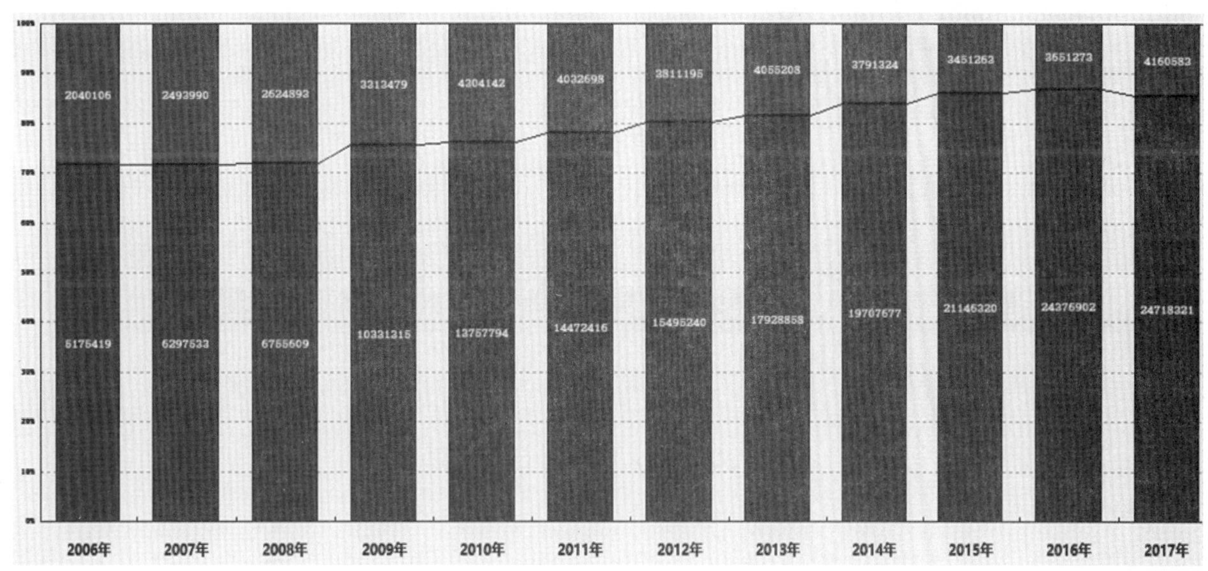

图 2　2006-2017年乘用车/商用车市场比重图

表 1　历年国产客车销量及增长率情况

	2010年	2011年	2012年	2013年	2014年	2015年	2016年	2017年
大客整车销量	60015	68399	75174	79067	81427	83342	90373	94080
中客整车销量	58602	69128	70191	68713	62694	65365	99408	84899
轻客整车销量	254500	265612	284218	363326	399434	321632	362636	315546
大客增长率%	38.4%	14.0%	9.9%	5.2%	3.0%	2.4%	7.0%	4.2%
中客增长率%	20.7%	18.0%	1.5%	-2.1%	-8.8%	4.3%	26.1%	-14.1%
轻客增长率%	7.7%	5.4%	7.0%	27.8%	9.9%	-19.5%	-20.1%	-13.0%

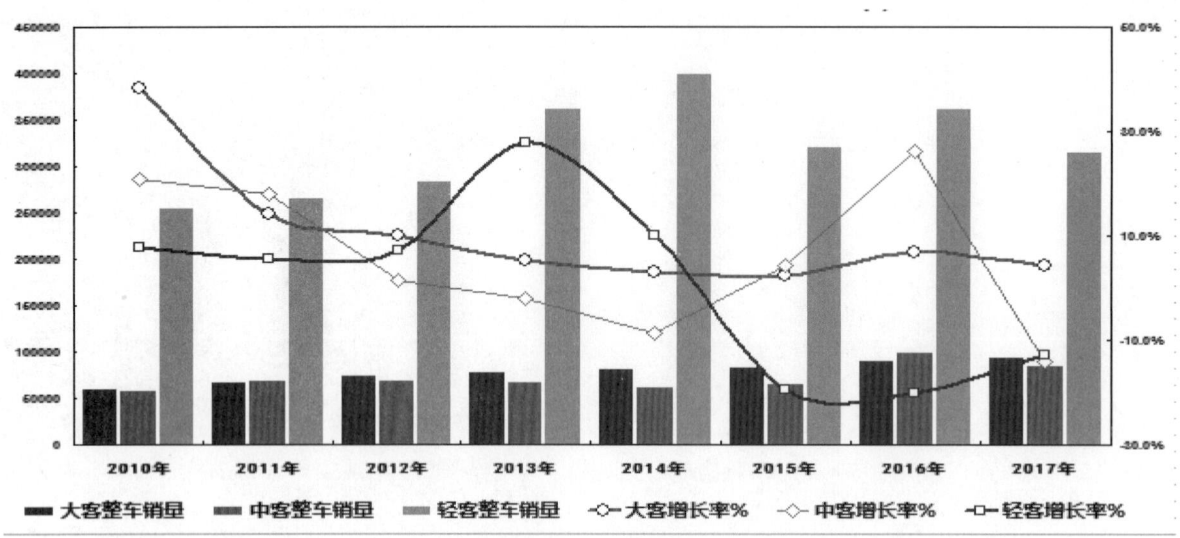

图 3　2010-2017年广义大客中客轻客销量及增长率图

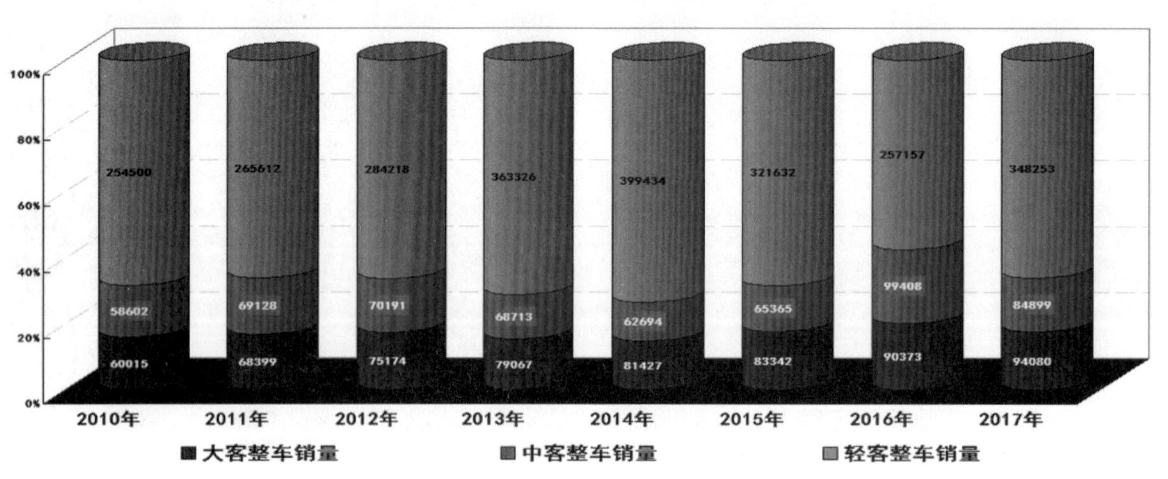

图 4　2010-2017年大中轻客市场份额占比图

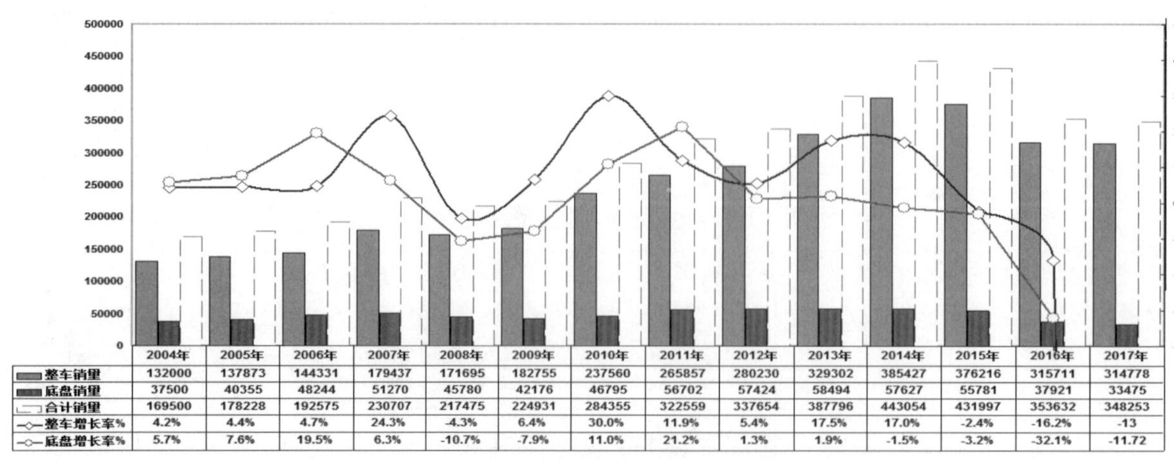

	2004年	2005年	2006年	2007年	2008年	2009年	2010年	2011年	2012年	2013年	2014年	2015年	2016年	2017年
整车销量	132000	137873	144331	179437	171695	182755	237560	265857	280230	329302	385427	376216	315711	314778
底盘销量	37500	40355	48244	51270	45780	42176	46795	56702	57424	58494	57627	55781	37921	33475
合计销量	169500	178228	192575	230707	217475	224931	284355	322559	337654	387796	443054	431997	353632	348253
整车增长率%	4.2%	4.4%	4.7%	24.3%	-4.3%	6.4%	30.0%	11.9%	5.4%	17.5%	17.0%	-2.4%	-16.2%	-13
底盘增长率%	5.7%	7.6%	19.5%	6.3%	-10.7%	-7.9%	11.0%	21.2%	1.3%	1.9%	-1.5%	-3.2%	-32.1%	-11.72

图5　2017年广义轻型客车销量及增长率图表

2017年，主流轻型客车整车市场继续呈现下滑的态势与此同时，其底盘持续下挫之中，整车与底盘双双下滑，也为历年所鲜见，尤其是以日系海狮轻客受到大型中高端微客和低端经济级MPV冲击最大。此外“453”号政策文件所带来的负面影响至今，未来极有可能全线退市的可能性。2010年至2017年，轻型客车市场销量前五年增幅高低不一，2015年至2016年市场增量全线下滑，其主因系“453文件”对日系中置发动机轻客产品的影响较大，进而导致市场销量有所下降。与此同时，大型微型客车和低端大MPV对短轴矩轻客形成的严重冲击也是显而易见的，依此市场销量快速下挫的惯性，预期 2018年其市场走势也不容乐观，尤其是是在新能源汽车方面（以纯电动为主）由于优惠补贴政策的取消或退坡，将会对这一车型品系带来非常严重的负面影响。

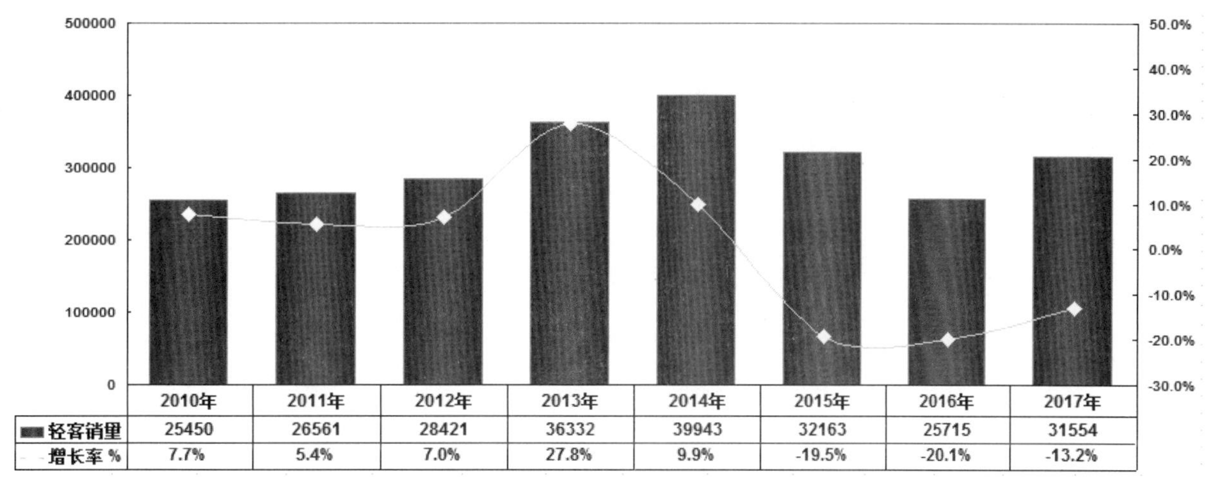

	2010年	2011年	2012年	2013年	2014年	2015年	2016年	2017年
轻客销量	25450	26561	28421	36332	39943	32163	25715	31554
增长率 %	7.7%	5.4%	7.0%	27.8%	9.9%	-19.5%	-20.1%	-13.2%

图 6　2010-2017年主流品牌轻客销量及增长率情况

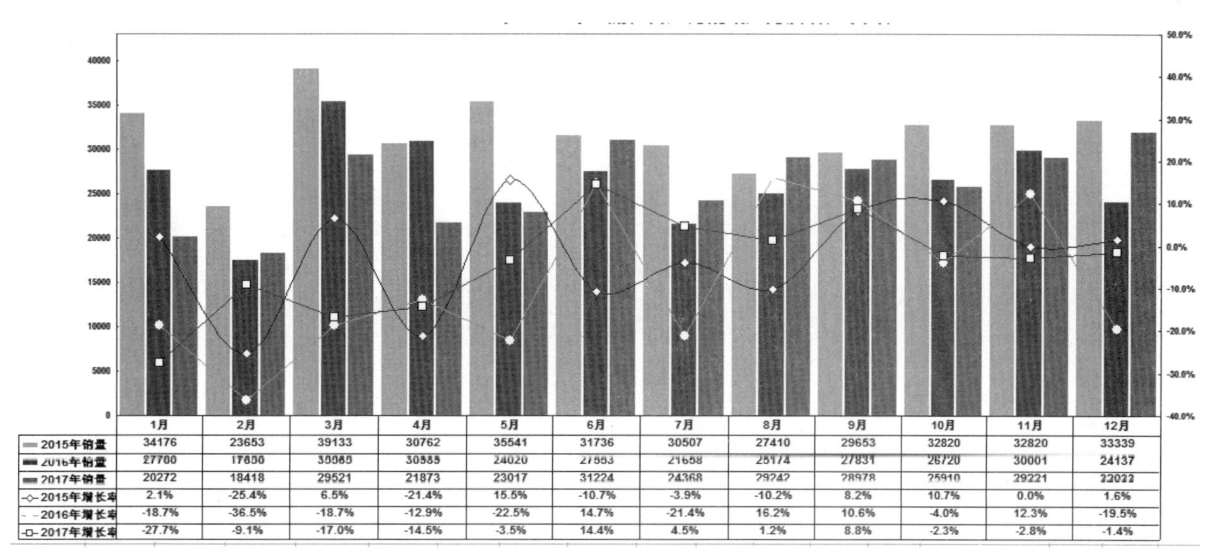

	1月	2月	3月	4月	5月	6月	7月	8月	9月	10月	11月	12月
2015年销量	34176	23653	39133	30762	35541	31736	30507	27410	29653	32820	32820	33339
2016年销量	27700	17650	35085	30585	24020	27553	21658	25174	27831	26720	30001	24137
2017年销量	20272	18418	29521	21873	23017	31224	24368	29242	28978	25910	29221	22022
2015年增长率	2.1%	-25.4%	6.5%	-21.4%	15.5%	-10.7%	-3.9%	-10.2%	8.2%	10.7%	0.0%	1.6%
2016年增长率	-18.7%	-36.5%	-18.7%	-12.9%	-22.5%	14.7%	-21.4%	16.2%	10.6%	-4.0%	12.3%	-19.5%
2017年增长率	-27.7%	-9.1%	-17.0%	-14.5%	-3.5%	14.4%	4.5%	1.2%	8.8%	-2.3%	-2.8%	-1.4%

图 7　2015-2017年主流轻客月销量走势及增长率图表

2017年轻型客车与同期对比之逐月销量，充分体现了其淡旺季之规律性，只是不如同期市场表现起落的反差那么强烈，但总体上与前年同期相比落差较大，与去年同期相比，其销量曲线图解也呈现出错落起伏较大的现象。

北汽福田、金杯客车、南汽依维柯、江淮汽车、东风汽车、大小金龙品牌系列以及上汽大通历年来一直系出口的主力军，2017年除江淮星锐、厦门金旅和南汽依维柯公司实现了出口正增长率外，其他轻客品牌的出口增长率皆为大幅负增长的暂时颓势。

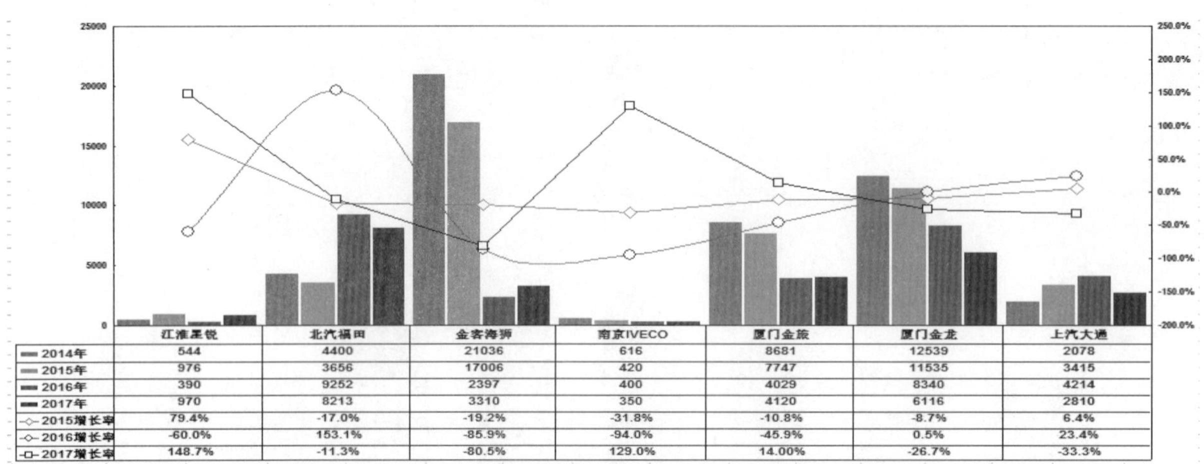

	江淮星锐	北汽福田	金客海狮	南京IVECO	厦门金旅	厦门金龙	上汽大通
2014年	544	4400	21036	616	8681	12539	2078
2015年	976	3656	17006	420	7747	11535	3415
2016年	390	9252	2397	400	4029	8340	4214
2017年	970	8213	3310	350	4120	6116	2810
2015增长率	79.4%	-17.0%	-19.2%	-31.8%	-10.8%	-8.7%	6.4%
2016增长率	-60.0%	153.1%	-85.9%	-94.0%	-45.9%	0.5%	23.4%
2017增长率	148.7%	-11.3%	-80.5%	129.0%	14.00%	-26.7%	-33.3%

图 8　2014-2017年主流品牌轻客车企出口情况

2006年至2017年，日、欧系轻客市场占比发生了巅覆性的大逆转变化，欧系轻客（含准欧系）市场需求不断走强，而以日系海狮轻客为代表则反其道而行之呈现出萎缩之趋势，预期未来在各种综合不利的因素作用下，纯日系海狮轻客将会退市。

2017年，欧系轻客（含准欧系）除老品牌一南汽依维柯市场严重跌落外，其他全部处于1位或2位数的正增长率。

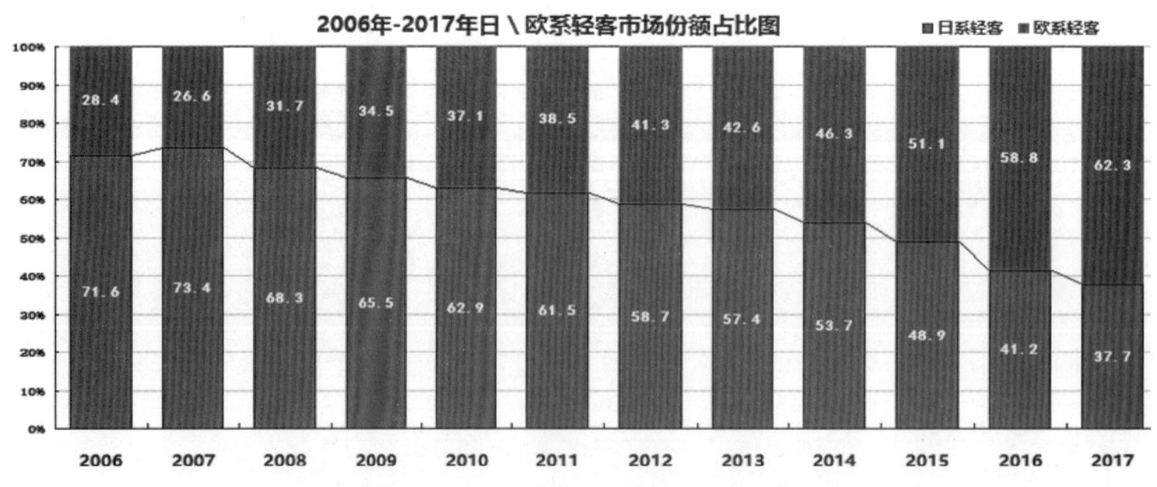

图 9　2006-2017年日/欧系轻客市场份额占比图

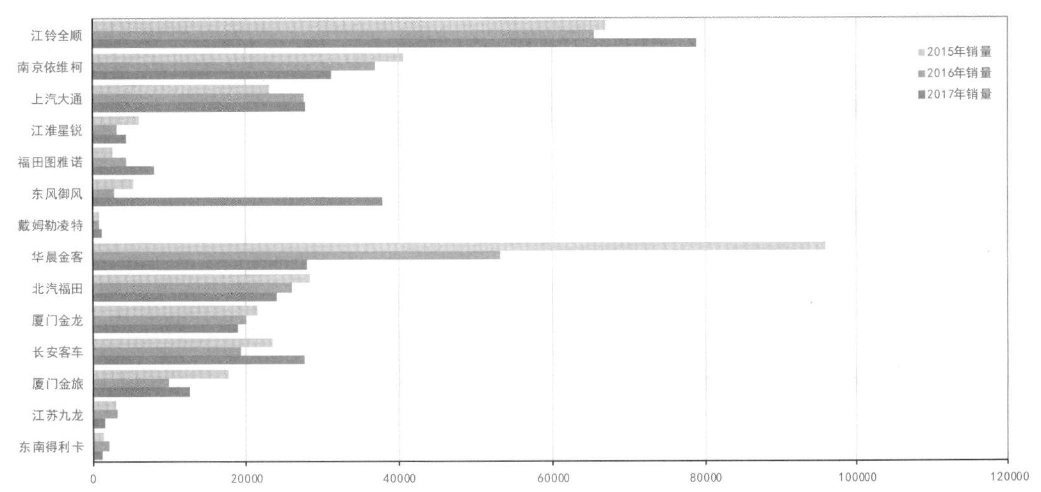

图 10　2015-2017年欧/日系轻客销量排序图

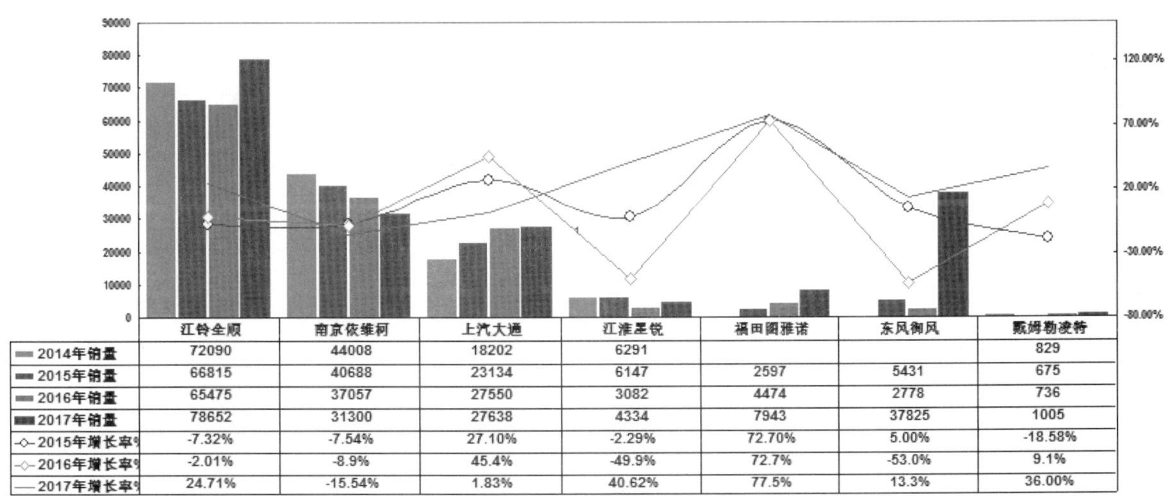

	江铃全顺	南京依维柯	上汽大通	江淮星锐	福田图雅诺	东风御风	戴姆勒凌特
2014年销量	72090	44008	18202	6291			829
2015年销量	66815	40688	23134	6147	2597	5431	675
2016年销量	65475	37057	27550	3082	4474	2778	736
2017年销量	78652	31300	27638	4334	7943	37825	1005
2015年增长率%	-7.32%	-7.54%	27.10%	-2.29%	72.70%	5.00%	-18.58%
2016年增长率%	-2.01%	-8.9%	45.4%	-49.9%	72.7%	-53.0%	9.1%
2017年增长率%	24.71%	-15.54%	1.83%	40.62%	77.5%	13.3%	36.00%

图 11　2014-2017年欧系轻客销量及增长率图表

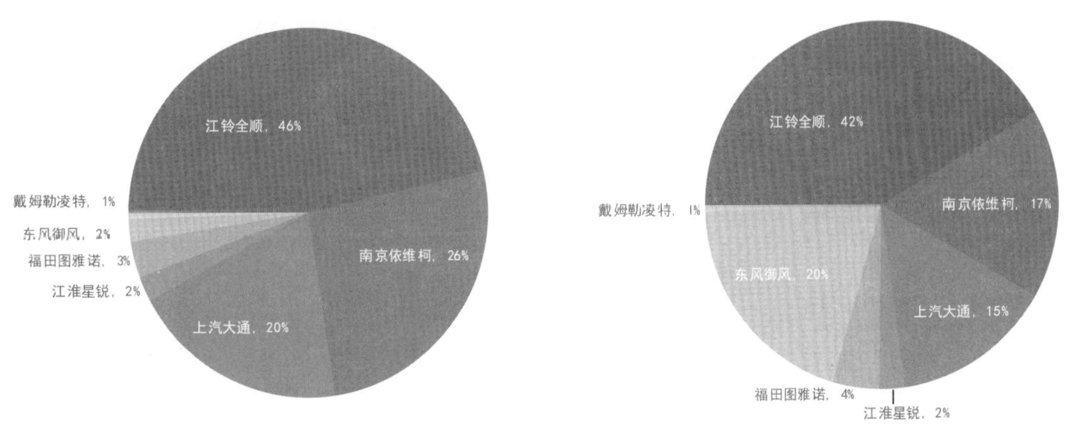

图 12　2016-2017年欧系轻客市场份额占比图

2017年以上汽大通V80以及北汽福田的图雅诺为代表的新锐轻客，对传统欧系轻客的冲击及市场侵食也是显而易见的，并彻底改变了轻型客车原有固化的市场格局。不过值得关注的是被国内众多纯电动轻客竞相克隆拷贝的福建戴姆勒-奔驰凌特极有可能停产的同时，江淮汽车公司与德国大众公司合资公司将会推出一款纯欧系轻客及MPV，这将会巅覆欧系轻客市场格局而对竞争对手在合资与自主产品上施加更大的压力。

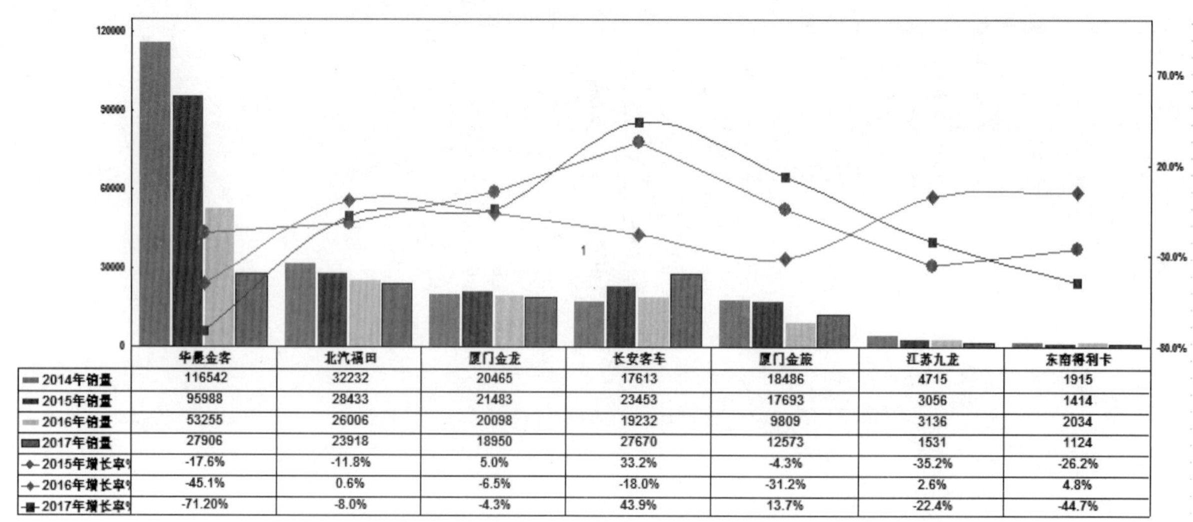

	华晨金客	北汽福田	厦门金龙	长安客车	厦门金旅	江苏九龙	东南得利卡
2014年销量	116542	32232	20465	17613	18486	4715	1915
2015年销量	95988	28433	21483	23453	17693	3056	1414
2016年销量	53255	26006	20098	19232	9809	3136	2034
2017年销量	27906	23918	18950	27670	12573	1531	1124
2015年增长率%	-17.6%	-11.8%	5.0%	33.2%	-4.3%	-35.2%	-26.2%
2016年增长率%	-45.1%	0.6%	-6.5%	-18.0%	-31.2%	2.6%	4.8%
2017年增长率%	-71.20%	-8.0%	-4.3%	43.9%	13.7%	-22.4%	-44.7%

图13　2014–2017年日系轻客销量及增长率图表

2017年，日系海狮轻客（含混合体准日系轻客）市场除长安客车和厦门金旅呈正增长率外，其他车型品系继续呈快速下挫之势，依此下滑之惯性，预期2018年市场表现也不容乐观，“453”号不利政策因素至今仍在发酵，导致其负面影响危及至今，基本上摧毁了一时难以达到其严格技术标准要求的日系海狮轻客。与此同时，欧系轻客近年来的市场格局一直处在变化动荡中不断壮大发展，而日系轻客的市场格局也在变化之中，其市场占比也快速走向不断萎缩。

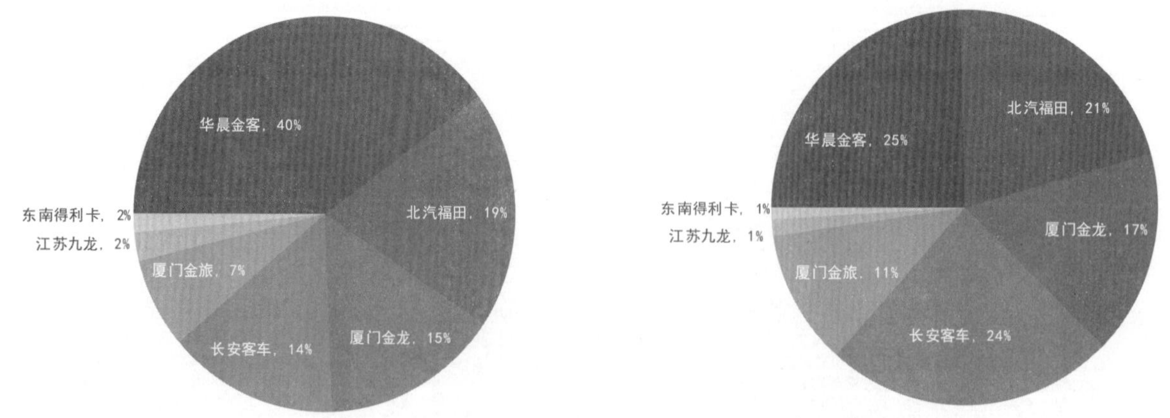

图 14　2016–2017年日系海狮轻客市场份额

2017年中国客车行业市场

中国汽车流通协会商用车商会 钟渭平

2017年，广义客车产销52.6万辆和52.7万辆，同比下降-3.8%和3.0%。其中大型客车产销9.3万辆和9.4万辆，同比增长3.4%和4.1%；中型客车产销8.5万辆和8.5万辆，同比下降-14.0%和14.60%；轻型客车产销34.8万辆和34.8万辆，同比下降-2.82%和1.52%。

根据中国客车统计信息网的数据显示，2017年我国客车销量为22.8万辆（5m以下客车没有纳入统计范围），同比下降9.3%，公路客车、公交客车和校车三大细分市场销量均同比下滑，其中公交客车销量为9.9万辆，同比下降17.5%，占全年客车销量的比例最高贡献度，为43.6%。尽管新能源汽车财政补贴政策有所调整，但公交客车在全年的销量中，新能源公交客车的贡献度依然达到了76.3%，随着我国城市化、城镇化的推进，以及国家环保力度的加大，预计未来几年新能源公交客车仍然会维持较高的产销量。

一、行业整体综述

2017年，根据中国客车统计信息网的统计，50家客车企业累计销售五米以上客车228329辆，同比2016年下降9.3%，其中座位客车下降17.3%，校车下降11.3%，公交客车下降17.5%，其他客车增长309.9%。在这50家企业当中，共有30家涉及新能源客车领域，这30家企业五米以上新能源客车销量为105700辆，同比2016年下降10.3%。传统客车销量继续下滑至122629辆，整体降幅达8.3%，其中座位客车降幅为13.0%，公交客车有小幅上涨，涨幅为8.7%。

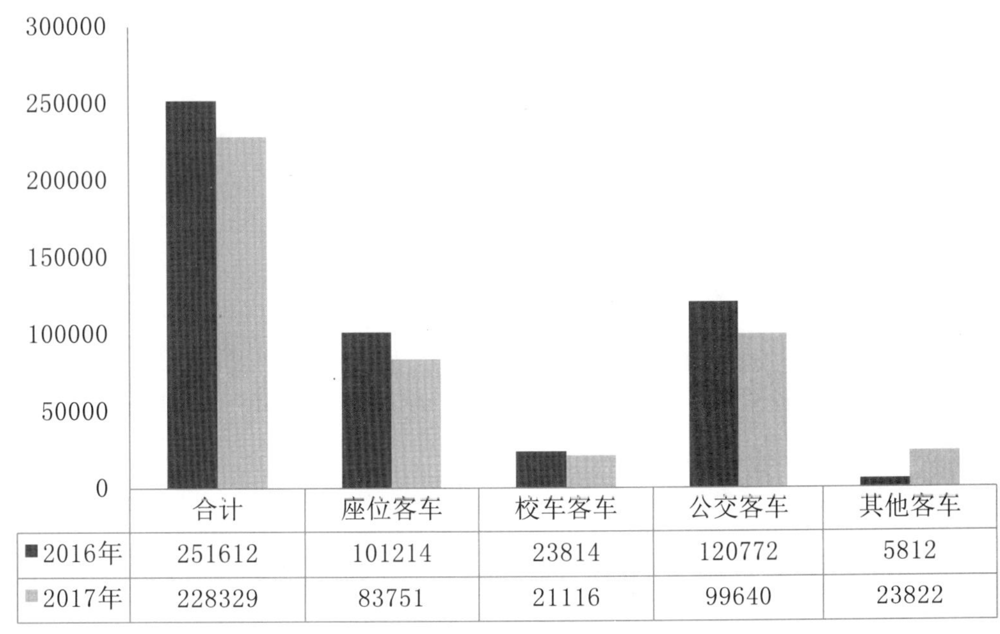

	合计	座位客车	校车客车	公交客车	其他客车
2016年	251612	101214	23814	120772	5812
2017年	228329	83751	21116	99640	23822

图 1　2016-2017年中国客车行业销量趋势图

在2017年总体销量当中，大型客车销售95456辆，同比下降2.6%，中型客车销售72432辆，同比下降25%，轻型客车销售60441辆，同比增长6%，通过上述数据可以看出，大轻型客车表现尚可，中型客车遭受重创。

从不同类别车型看，公交客车的比例下降，从上年的48%下降到43.6%；作为客车，由上年的42.2%下降至36.7%，校车2016年的比例为9.5%，2017年的比例为9.3%，差距不大。

2017年我国客车总体销量，在1-6月份，低于2016年的同期，在7月份之后，连续六个月销量持续攀升，远远高于2016年同期，特别是在2017年12月客车整体销量达到创新高峰，主要原因是由于新能源物流车辆急剧增加。

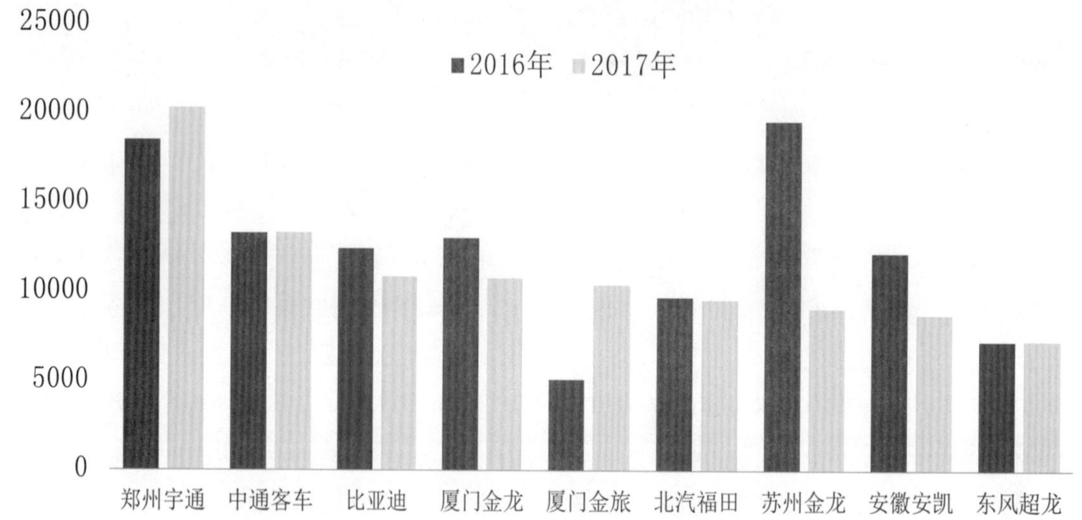

图 2　2016-2017年客车销量前10名企业

二、公交客车整体概况

公交客车占据客车市场约40% 的份额，在客车行业中拥有举足轻重的地位。据统计数据显示，近三年5m 以上客车中，公交客车所占比例分别为 39%、45%及40%。由此可见，客车市场已由公路客车占据绝对主力渐变为公交客车稳居半壁江山，并且由于公路客运外来竞争的加剧及国家对公共交通的重视力度加大，该趋势仍将继续。

截至2017年底，公交客车市场总量已达十万辆级。公交客车的年销售总量由2012年的7万辆，一路攀升至2016年的12万辆。2017年，公交客车年销售总量下降至9.9万辆。预计公交客车近年销售总量会稳定在10万辆左右。

目前，公交客车燃料新能源化已成不可逆的趋势。由于各地环保压力及新能源补贴政策的支持，自2015 年开始，公交客车新能源转化率一路簇升，期间及以后可能会受到政策变化的影响，但是这一趋势已不可逆转。

（一）公交客车市场主要影响因素

1．公交客车发展与国家经济整体发展密不可分

公交客车是服务于民生的产品，其市场发展本质上受国家整体经济发展水平、城镇化率等指标的影响，2017 年全年国内生产总值 827122 亿元，按 可比价格计算，比 2016 年增长 6.9%。

2．城镇化发展是公交客车的增长主因

我国城镇化率已于2011年突破50%，到2017年底已达58.5%，城镇化率的提高必然带动大量的城市交通需求，是导致公交客车销量增长的主要原因之一，

3．公交客车发展受政策影响大

公交客车具有较强的公益性质，其产品的升级换代、采购能力及需求总量受政策性影响较强，重点表现在新能源补贴对新能源公交客车的燃油性质的质的变化。近年来，随着国家节能减排政策的落实，公交客车的电动化率已超过 60% ，燃油客车的比例已下降至个位数 ，氢燃料客车也已呈现萌芽状态。而燃气客车受气价波动的影响较大，在使用效率上，1kg天然气相当于1.3L柴油，所以只有在1kg 天然气与 IL 柴油价格差大于1元时，运营成本才会有较大差别。2017 年上半年天然气价格具有优势，自9月以来，天然气价格开始上涨，突破了1元的＂剪刀差“极限，导致燃气公交客车呈现出明显的下滑态势。

（二）公交客车市场主要竞争格局及行业特点分析

1．郑州宇通常年位居行业第一

客车行业原则上属于汽车行业的一个分支，虽客车市场容量较小（年市场总量只有 25 万辆左右），但却分布着近百家客车企业，仅中国客车统计信息网统计的企业就有50家之多。在这些企业中，销量前10 位企业公交客车市场占有率已达79%。特别是郑州宇通多年来一直位居首位，并且市场占有率仍呈明显上升态势。

郑州宇通在公交客车市场的占有率由 2012 年的 17.8% 增至2017 年的 27.1% ， 而第二名以后的企业发生了重大变化。其中，中通客车表现抢眼，比亚迪也抓住新能源发展契机及独特的销售模式，成为公交客车市场的一匹黑马。

2．公交客车市场季节不均衡性明显

由于每年 1-2 月值春节时期，是客运高峰期，并且近年来国家对新能源的政策一般意义考量以自然年度作为整合点，所以公交客车的采购呈现明显的淡旺季现象。

3．公交车长度特点明显

从2017年所销售的公交客车长度来分析，公交客车行业总体呈现波浪式结构，最受市场青睐的车型为10-12米，而8-10米的车型次之，6-8米的车型销量最小。

4．公交客车品牌销售呈明显的属地性

从2017年城市公交客车销量前7名品牌自身主销省份来看，无一例外表现出明显的属地特征。如郑州宇通、比亚迪都是企业所在省份的销售比例最高。其中，中国中车在湖南省的销量占到全部销量的70.3%，这说明，公交客车的销售仍是存在较明显的区域保护性。

5．不同长度新能源公交客车销量受到国家政策引导

7-12m 是公交客车的主流长度段，由于 2017 年国家补贴政策的引导 ，纯电动公交由 8-9m 段独大转变为8 -9m 段及 10-11 m 段并驾齐驱。

表 1　公交客车分企业销量排行榜

排名	2012 年			2017 年		
	品牌	销量（辆）	市 场占有率 （%）	品牌	销量（辆）	市场占有率（%）
第 1 名	郑州宇通	12501	17.8	郑州宇通	27016	27.1
第 2 名	金龙客车	5597	8	比亚迪	12777	12.8
第 3 名	海格客车	4919	7	中通客车	9124	19.2
第 4 名	安徽安凯	4710	6.7	北汽福田	7432	7.5
第 5 名	丹东黄海	3811	5.4	中国中车	6328	6.4
第 6 名	重庆恒通	3616	5.2	金龙客车	5180	5.2
第 7 名	中通客车	3098	4.4	厦门金旅	4851	4.9
行业总销量		**70207**	**100**		**99640**	**100**

表 2　公交客车品牌销售属地性

中国中车		厦门金旅		金龙客车	
省份	比例（%）	省份	比例（%）	省份	比例（%）
湖南省	70.3	福建省	36.7	福建省	27.7
广东省	8.1	江苏省	9.5	浙江省	17.9
浙江省	5.3	广东省	6.6	江苏省	10.7

表 3　各省纯电动公交客车比例

2016 年		2017 年	
省份	比 例 (%)	省份	比例（%）
山西省	94.5	广东省	96.5
山东省	89.4	湖南省	95.4
广东省	88.8	山西省	94.9
河北省	88.4	河南省	94.8
山西省	80.0	宁夏回族自治区	91.7
上海市	79.5	河北省	91.1
青海省	78.8	黑龙江省	84.5
湖北省	78.4	江西省	82.7
海南省	71.7	贵州省	79.7
江西省	70.7	陕西省	77.8
湖南省	67.8	福建省	75.6
福建省	66.9	天津市	73.4
吉林省	64.9	北京市	73.2
安徽省	62.2	湖北省	72.2
北京市	60.0	安徽省	70.2
内蒙古自治区	59.5	广西壮族自治区	67.7
黑龙江省	58.6	青海省	65.6
甘肃省	53.7	甘肃省	65.0
陕西省	50.9	上海市	62.2
贵州省	49.9	江苏省	56.4
江苏省	46.5	山东省	56.2
云南省	45.5	四川省	55.8
宁夏回族自治区	45.4	吉林省	54.2
浙江省	45.3	海南省	51.4
辽宁省	38.8	浙江省	51.2
天津市	38.7	云南省	50.9
广西壮族自治区	38.6	辽宁省	34.0
四川省	29.6	内蒙古自治区	32.7
新疆维吾尔自治区	23.4	重庆市	24.5
重庆市	14.4	新疆维吾尔自治区	18.7
西藏自治区	11.9	西藏自治区	2.8

6. 各省纯电动公交客车比例差距较大

统计数据显示，2016-2017 年各省（自治区、直辖市）纯电动公交客车比例仍有较大差距，较高的已达90%以上，仍有的省份转化率不足50%。

三、新能源客车整体销售情况

2017年，我国新能源客车中座位客车销量10857辆，同比下降37.6%；公交客车销售75991 辆，同比下降 23.3%。5m以上新能源客车销量占总销量的比例为46.3%，与2016年同期的46.8% 相比，下降了0.5%。

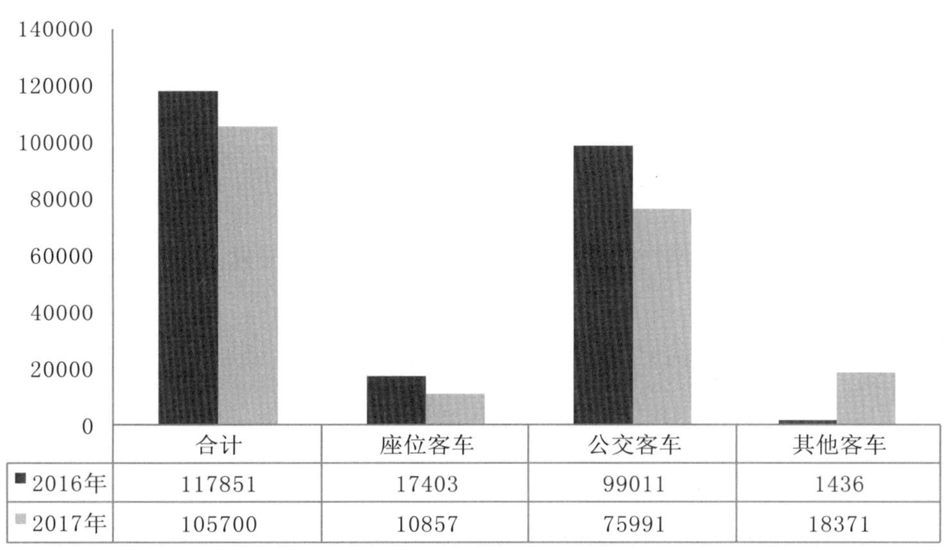

	合计	座位客车	公交客车	其他客车
2016年	117851	17403	99011	1436
2017年	105700	10857	75991	18371

图 3　2017年中国新能源客车销量

（一）我国新能源客车细分市场情况

2017年公交客车销量依旧是新能源客车销售的主力，共销售 75991 辆，占新能源客车7.5%；新能源公路客车销售10857辆，占新能源客车总销量的 12.5%。2017 年纯电动客车占据新能源客车销量的主导地位。此外，在 2017 年还实现了燃料电池车型的示范应用。其中，纯电动客车销售 89328 辆，占新能源客车销售总量的 84.5%；混合动力占新能源客车销售总量的 15.4%；燃料电池客车销售 116 辆，占新能源客车销售总量的0.1%。

根据销售统计数据显示，2017 年排名前 10 位的企业共销售新能源客车78172 辆，占行业新能源客车销量的73.7%。在新能源公交客车销量中排名前 10 位的企业共销售新能源公交客车 67298 辆，占行业新能源公交销售总量的75.8%。在新能源公路客车销量中，排名前 10 位的企业共销售新能源公路客车12713辆，占新能源公路客车销售总量的73.8%。在排名前 10 位的企业中，比亚迪、珠海银隆和中国中车全部销售新能源客车产品，上海申龙和开沃汽车销售的产品中新能源客车比例超过 90%，郑州宇通和中通客车的新能源客车产品比例超过 50%，比例低于50%的企业有北汽福田、厦门金旅与金龙客车。

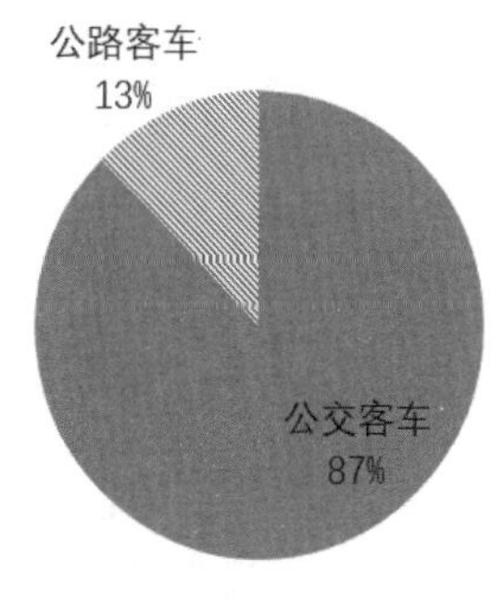

图 4　2017年新能源客车市场结构

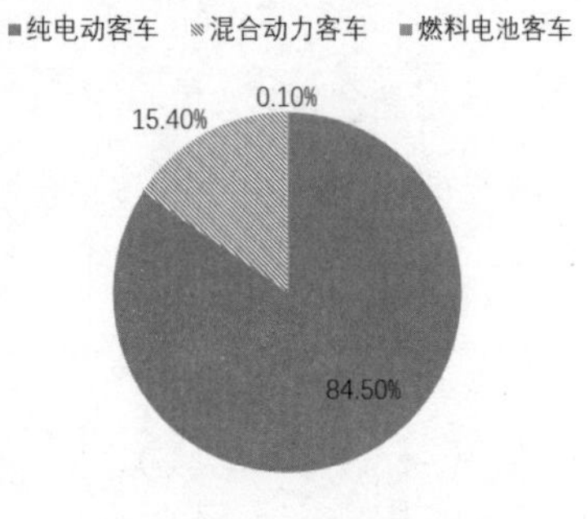

图 5　2017年新能源客车销售额

（二）我国新能源客车市场特点

从现状来看，我国新能源客车市场呈现 2 个显著特点。

1．“没有补贴就没有销量” 已成过去

在 2012 年前后，“没有补贴就没有销量” 是新能源客车市场的显著标签。在新能源补贴政策延续5年之后，这一现象已经得到改观，主要影响因素有如下 3 点：

（1）新能源客车已得到广泛认可，市场需求将进一步释放。在国家政策的推动之下，各级政府对新能源客车的推广和应用均持积极态度，目前新能源客车的市场保有量已达30万辆，新能源客车的发展趋势不可逆转，未来几年，新能源客车市场将进一步扩张。

（2）电池价格大幅下降，为新能源客车的市场化创造了条件。统计数据显示，2016年国内动力电池新增产能是 2015年的2.8 倍，产量同比却仅增长82%。假设这些产能全部释放，动力电池产能将达到 170GW•h/年。我国2016年动力电池需求量约28GW•h，预计到 2020 年，动力电池需求量也仅90GW•h。产能过剩使得电池价格下降成为必然。据相关部门的统计，目前磷酸铁锥系统价格约在1.8元/(W•h)，三元锂电池系统价格约在1.65元 /(W•h)， 而在 2016 年这个数字分别约为2.2元/(W•h)和1.8 元/ (W•h)。有关专家解释，磷酸铁樫大批量价格已经可以控制到1.7元(W•h) 以下，而5年前这个价格在3元，随着电池价格大幅下降，没有补贴的新能源客车已经能够逐步为市场所接受。

（3）补贴快速退坡，其影响已逐渐减弱。在市场导入期，新能源客车市场主要依赖于政策指引进入成长期之后市场力量逐渐增强。

2．公交客车新能源化向小城市延伸。

在国家政策的推动之下，新能源客车需求从一、二线城市向三、四线城市发展的速度非常快。大城市处于金字塔的顶尖，需求数量大但城市个数少，而中小城市正与之相反。因此，新能源公交客车的总量依然十分可观。

从需求的特点来看，新能源公交客车进入市场除了替换原有的非新能源公交车以外，还有很大一个原因是新增的需求，“替换＋新增”的模式将导致公交客车的市场保有量大幅提高。

四、我国客车行业出口情况

2017 年，我国出口各类客车 29328 辆，出口金额 119.56 亿元，出口量比2016年同期下降5.1%出口额增长1.3%。其中，大中型客车出口20966 辆，同比增长12.9%；出口金额113.2亿元，我国客车出口呈现一定的 规律性。上一个周期，客车出口自2007年达到顶点，经过2年的调整后，实现了连续5年的增长。本周期2014年开始，已连续下滑3年，从规律上看已属于超跌。

从企业角度来看，2017 年与 2016 年相比，我国客车出口前 10 位企业变化不大： 郑州宇通继续领跑，且增长率超过20%。值得一提的是，亚星客车、安徽安凯与北汽福田的出口量纷纷成倍增长，但有5家企业的出口量呈负增长。

从出口地域来看，我国客车出口主要集中在亚洲、美洲和非洲，其中美洲主要集中在拉美国家。值得一提的是，国际上多个国家与地区对客车新能源化的加速，为我国客车出口提供了商机。2017 年，我国实现出口新能源客车305辆，出口国家包括以色列、荷兰、韩国、美国、法国、日本等 26 个国家和地区，出口企业近 20 家。

2017年中国专用车市场

中国汽车流通协会商用车商会 钟渭平

2017 年专用车市场，仍保持需求高位，总销量约为 126.5 万辆。从整体情况看，三个方面的特点影响了整个专用车市场。

一、专用车市场机遇与挑战并存

一方面，国家政策及实际需要创造了宏大机遇。

一是国家宏观经济政策继续保持连续性和稳定性，城镇化建设、西部大开发、东北地区等老工业基地振兴、中部地区崛起战略等正在积极推进，扶贫惠农政策得到不断完善，大规模的农村基础设施建设和新型城市的形成拉动了工程建设用车和市政用车(如环卫、园林、电力、通讯等)需求量的增长。二是党的十九大确立了建设交通强国的宏伟目标，把乡村振兴、精准扶贫等作为三大攻坚战之一。物流运输业作为现代综合交通运输体系的重要组成部分，担负着解决“最先一公里问题”和 “最后一公里问题”的配送任务，用于农村物流配送的物流类专用车有了很大的市场。三是随着移动 4G 网络、互联网在全国的普及，各类电商如雨后春笋般层出不穷，快递业仍呈现出爆发增长之势。同时，随着人民生活水平的不断提高，作为每日必需的生鲜食品，市场需求巨大，以 13 亿中国人口红利为基础的生鲜冷链物流发展正如火如荼，带动了各种专业类货运汽车（如冷藏保温汽车、危险化学品运输车、快递运输车等）的快速发展。四是信息化与工业化两化融合，新一代信息技术、高档数控机床、机器人、机械手、智能制造系统，实现互联制造，以满足用户定制化需要的制造模式得到重点发展，为企业的制造水平提高带来新的机遇。

另一方面，行业政策与自身现状对专用车的发展带来巨大挑战。

2017 年是我国“十三五”规划的第二年，国家调结构、转方式、促升级的步伐不断加快，国家宏观经济稳中向好，但行业政策对专用汽车市场影响明显，专用车行业总体受到相关政策法规的影响依然较大，造成下行压力。一是新版《汽车、挂车及汽车列车外廓尺寸、轴荷及质量限值》（GB1589-2016）对专用汽车行业的影响还一直存在，产品一致性实现非常困难，一定程度上制约了专用汽车的发展。二是 2017 版 GB7258《机动车运行安全技术条件》正式发布并实施，对车辆生产制造进行更详细、更有针对性地约束和管理。针对危险品运输车辆等专用车，也制定了很多相应条款，造成了目前整车企业能够满足危化品、轿运车要求的底盘非常少，这对专用车行业的现阶段发展将产生较大影响。三是受到机动车排放标准越来越严的影响，造成了新产品生命周期缩短，公告申报费用及困难加大。按照工信部和交通运输部的要求，现在每申报一项公告及油耗都必须实车进行视频记录，每个公告车型必须到指定的检测场现场进行检测，这使企业产品公告的申报难度增加，费用增高，周期延长。四是随着中央环保巡视组对大气污染检查处罚力度的加大，粗放型、高耗能、高污染原材料企业被叫停，直接拉高了金属、化工等原材料价格，也影响着部分专用车的运输业务，导致部分车辆出现无货可运的状况，从而压缩了专用车的需求。

二、专用车企业继续新增的同时生产产地与车型相对集中

在机遇与挑战并存的情况下，2017 年专用车行业把握机遇，迎难而上，取得了较大发展。

工信部公布的统计数据显示，2017 年发布 12 批次《道路机动车辆生产企业及产品公告》（第 292 批—第 302 批）总共新增专用车企业 124 家。

从增加的专用车企业数量和省份分布情况来看，2017 年 12 批次公告增加的专用车企业主要集中在山东省、湖北省、河南省、河北省、江苏省等省份，这些地区大部分都是我国专用车企业的聚集地。值得注意的是内蒙古自治区在 2017 年增加了 4 家专用车企业，说明我国专用车企业有向西部地区发展的趋势。

从 12 批次每一批次增加的数量看，有 9 批次增加的专用车企业数量超过 10 家，说明在过去一年，我国专用车企业增长的速度很快。但是值得注意的是，124 家新增企业以生产挂车、新能源专用车为主，且大部分是半挂车企业，以新产品生产为主的企业较少。

总体看，随着我国经济的发展，我国专用车企业的数量也越来越多，企业所生产的产品也越来越接近市场需求，不过大部分新增企业在产品差异化和创新能力方面仍有较大的发挥空间。

三、新能源专用车增速迅猛与发展不均衡同在

（一）政策导向促使销量猛增

2017 年，纯电动专用车产销量为 15.35 万辆，与 2016 年全年产销量 6.1 万辆相比，同比增长 153%，创造了新的"十万辆"市场，这也是纯电动专用车市场首次跃升至 10 万辆级别。

新能源专用车销量增长迅猛的原因除国家政策大力支持外，最大的驱动力，就是各地的路权。2017 年已经有 20 多个省市对纯电动物流车给予补贴并开辟了"绿色通道"。

（二）企业阵形还未形成，且多数厂家生产能力不足

东风汽车全年生产纯电动专用车 2.83 万辆，同比增长 84%，市场份额 18.4%，保持行业第一，是唯一一个产量进入 2 万俱乐部的厂家。新楚风和陕汽通家销量破万，构成第二梯队。但是，专用车市场前十五名的合计市场份额只有 74%，显示出这个产业的发展目前仍处于起步期，任何企业进入其中都有机会。

厂家淘汰比例或高达 70%。2017 年有产量统计的新能源专用车厂家总计 128 家，总产量 154287 辆，平均每家企业的年产量仅为 1200 辆，而其中年产量低于 1000 辆的企业有 99 家，占比高达 77%。

（三）政策导致第 4 季度产量增比超高

纯电动物流车市场自 2015 年首次爆发增长以来，连续三年（2015-2017 年）的月度曲线都十分相似，其中原因，皆为政策使然。

2015 年 4 月发布《关于 2016-2020 年新能源汽车推广应用财政支持政策的通知》，2016 年起补贴金额不变（每千瓦时补助 1800 元），但技术要求提高。11 月和 12 月，纯电动物流车的月产量达到 8849 辆和 2.43 万辆，占全年产量 69%。

2016 年 4 月，启动骗补核查，10 月传出 2017 年财政补贴将再次大幅下调。11 月和 12 月合计产量 4.95 万辆，占当年年度产量的 82%。

2017 年 11 月，传言 2018 年补贴退坡幅度很大，11 月和 12 月合计产量达到 9.52 万辆，占全年总产量的 62%。

（四）地方政府支持度导致销售量相对集中

从区域市场来看，广东销售量稳居国内第一，共销售新能源专用车 47701 台，占总销售量的 30%。其中深圳销售 3.9 万辆，占广东总销售量的 80%。陕西和湖北的销量都突破 1 万大关。浙江与河南新能源专用车销量都有 9 千台以上。另外，销量突破 5000 辆以

上的省份有安徽、四川、天津、江苏、北京等。

由这些省份来看，他们都是补贴较好、路权开放、政府大力扶持的省市。另一方面这些地区经济较为发达，有足够的经济实力支付高额补贴。

（五）市场需求导致生产销售车型相对单一

专用车各细分市场中，电动物流车占比最多，2017年共销售14.8万辆，占比超过95%，市政环卫车和其他作业车占比相当。其中，电动微车销量超过6.4万辆，占物流车总量比重超过40%，陕西通家销量位居第一。其原因在于微车装载量较轻卡小，但其通过性较好，可以替代部分三轮车市场。主要用于同城快递、商超、生鲜物流、搬家运输等领域。电动轻卡销量5万余辆，占物流车总量比重约35%，东风轻卡销量位居第一。电动轻卡载重量较大，购置成本相对较低，性价比相对中卡与微卡有优势，能够满足同城配送的物流货运需求，沃特玛联盟定制较多。

2017年三轮汽车市场

中国农业机械工业协会农用运输车分会 吕树盛

一、整体情况

2017年三轮汽车独自扛起了服务“三农”的大旗，低速货车的退出，部分企业转型专用车和汽车，并没有给三轮汽车市场带来较大的冲击和影响。三轮汽车市场的表现差强人意，产销量略有下降。根据中国农机工业协会农用运输车辆分会的统计，2017年，三轮汽车总产量238万辆，同比减少了近24万辆，下降了9.2个百分点。从近5年的产量数据看，2017年是三轮汽车下降最多的一年，市场萎缩趋势初现（见图1）。

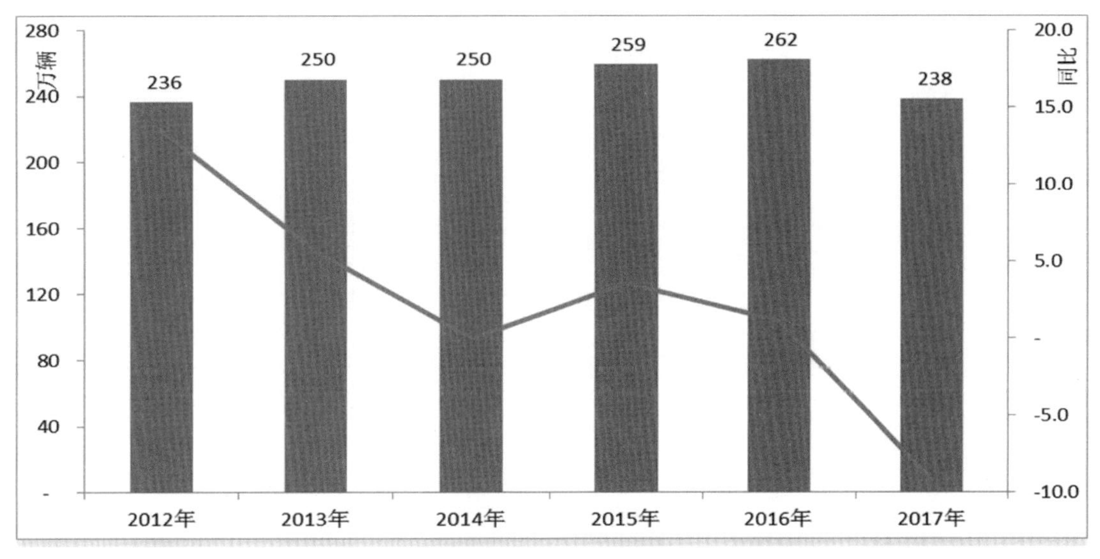

图1 2012年-2017年三轮汽车产量

二、月度产销情况

从月度销售数据看，三轮汽车市场第一季度表现出色，1月份同比增长了2.44%，2月份和3月份则分别增长了7.82个百分点和5.05个百分点，但进入二季度，三轮汽车销量“止涨”，一路下滑，特别是5月份下降了17.67个百分点，减少了3.2万辆，7月份和9月份同比下降超过了14个百分点，同样8月份虽然下降没超过两位数字，但8%的下降也不容乐观。进入第四季度，三轮汽车市场又进一步萎缩和下滑，平均下降了19.5个百分点，特别是十二月份，三轮汽车市场下降了29.4%，超越了历史上所有同期，形势不容乐观（见图2）。

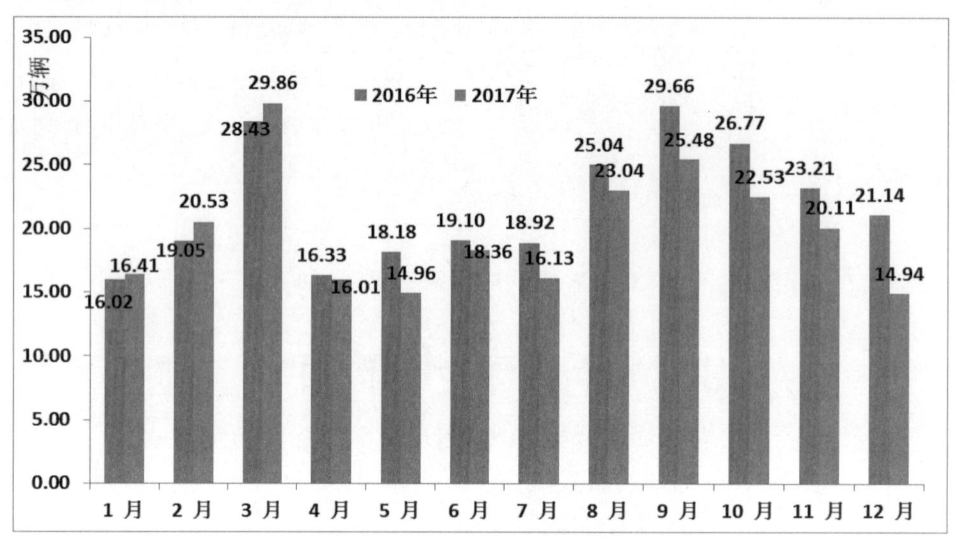

图2　2016年-2017年三轮汽车月度产量

三、市场集中度情况

从市场集中度看，过去传统的三轮汽车生产大户，如山东时风、山东五征、依然占据前2名的位置。同时，作为主要生产三轮汽车的河南奔马公司转型升级为汽车生产企业，失去了三轮汽车生产资质，由此对三轮汽车生产集中度和产销总量造成了较大的影响，毕竟河南奔马公司近些年三轮汽车平均产销量在30万辆以上。

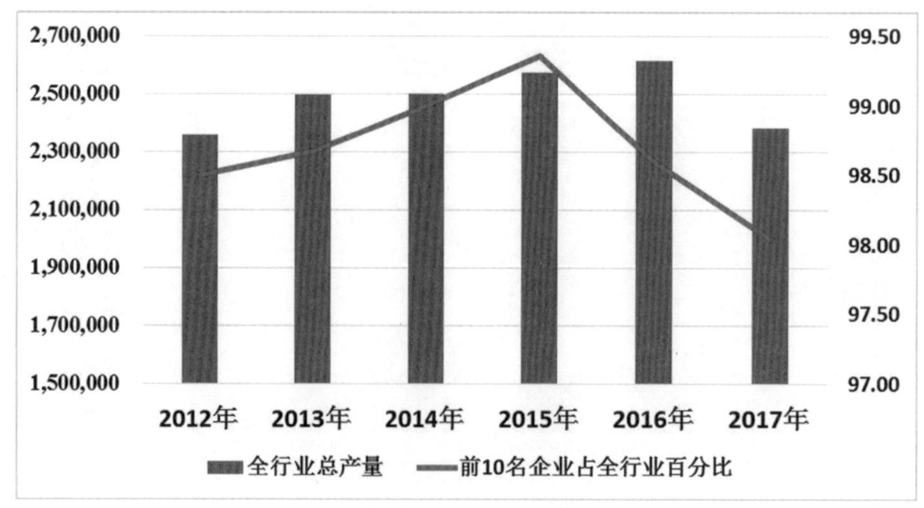

图3　2012年-2017年三轮汽车市场集中度

2017年，三轮汽车排名前5位的生产量达到了233.69万辆，同比减少了9.49%，但贡献量为全行业总量的98%。

河南奔马公司的转型，雷沃重工取而代之，位列第3位，而山西卓里、山东双力虽然排名分别为第4和第5位，但产量明显不如前三名。（见图3）

四、产品结构及配套发动机情况

从三轮汽车产品结构看，额定载质量、驾驶室结构及操纵方式等方面，各项占比基本保持平稳。载质量以500kg、半封闭、自卸、盘式、电启动、皮带+连体等价格相对偏低的低端产品为主，但各项销售量所占比例略有起伏，其中自卸车增长较快，达到了7.16个百分点；电启动三轮汽车增长了5.76个百分点。整体上看，全封闭驾驶室三轮汽车占比超过了32%，方向盘式超过了87%，轴传动等价格较贵的三轮汽车比例始终维持在2%左右。由于三轮汽车使用环境特殊，只能在农村地区使用，使用者的特殊性对价格十分敏感，受此影响，小吨位、半封闭等价格低廉的三轮汽车将会有助于维护三轮汽车产品在低端产品市场份额中的市场竞争力。

从三轮汽车配套使用的柴油机看，目前三轮汽车用发动机则依然以1115、1105为主，传统1100、1110的发动机则位居第五位和第八位。时风集团自产发动机SF24、SF28，由于时风集团三轮汽车产量较大，其自产配套发动机分别占据第三、第四位。

五、生产及销售区域情况

从生产企业分布看，山东、河南依然保持三轮汽车的生产集中地，其中山东省所占比例达到了97.41%，同比增涨了近10个百分点，见表1。同样，从销售区域看，虽然增长幅度不大，但山东省取代河南成为销售第一的集中地。销售集中地排名第二的河南省则同比下降了近3个百分点（见表2）。

表 1　2016 年-2017 年三轮汽车按省市分布的生产情况

省市	山东	河南	山西	湖南	甘肃
2016年(%)	86.64	12.48	0.65	0.18	0.05
2017年(%)	97.41	1.75	0.64	0.18	0.02

表 2　2016 年-2017 年三轮汽车按省市分布的销售情况（前 5 位）

省市	山东	河南	甘肃	河北	山西
2016年(%)	15.48	19.34	11.95	10.39	8.53
2017年(%)	16.74	16.58	11.47	9.59	8.82

由于受国家产业政策的冲击较大，低速汽车企业转型升级数量不断增多，根据低速汽车《公告》显示，有31家企业转型，同比增长55%，企业转型速度进一步加快。企业转型升级速度的提升，对低速汽车行业造成了较大的冲击，三轮汽车市场前景不容乐观。另外，由于三轮汽车用发动机排放标准还处于国II阶段，国III标准迟迟未能出台，虽然三轮汽车行业内希望尽快出台的呼声十分强烈，但经过几轮征求意见的标准却始终未能发布。伴随国家及地方政府对车辆环保要求的不断提升，低排放阶段的三轮汽车无疑会受到很大的冲击和影响，预计2018年三轮汽车产销量会有一定的下降，三轮汽车生产企业转变发展方向和盈利模式的趋势也会进一步加快。

各地汽车流通协会

中国汽车流通协会

2017年在理事会的领导下，在全体会员的大力支持下，协会秘书处按照五届一次理事会提出的工作目标与五届二次理事会上列出的工作计划，主要做了以下几个方面的工作：

一、学习党的十九大精神，积极开展党建工作

积极组织协会党员、积极分子、群众认真学习贯彻党的十八届六中全会和党的第十九次全国代表大会精神。特别是在协会脱钩以后，在相关主管部门帮助下，积极向组织靠拢，定期开展党员组织生活会，调动党员工作积极性，充分发挥党员的带头作用， 大力发展入党积极分子，把学习党章和中央党委精神制度化、常态化、具体化。

二、推进脱钩后协会《章程》的修订工作

协会作为国家第一批全国性行业协会商会脱钩试点单位之一，在完成所有既定工作完成脱钩后，按照国资委、民政部等相关主管部门要求，推进《中国汽车流通协会章程》的修订工作。

三、积极反映行业诉求，努力当好政府助手，充分发挥桥梁纽带作用

一年来，协会积极配合政府工作，收集行业信息、开展市场调查研究、制定行业政策等。主要工作有：

（一）向“人大”“政协”提交行业政策建议

通过协会专家、人大代表、协会委员向国家权力机关和立法机构反映行业现状、传递行业诉求、提出政策建议

（二）协助商务部修订《二手车流通管理办法》

辅助商务部主管部门修订《二手车流通管理办法》。多次组织会员单位、行业企业、专家学者召开专项研讨会研究修改意见，并向商务部主管部门反馈。

（三）及时向国家政府部门提出政策建议，辅助政府决策

1. 在二手车税收改革方面，积极与财政部、国家税务总局沟通，递交行业报告，并在2017年召开了多次调研会，同税务事务所签订服务协议，全力推动二手车税收改革工作；

2. 在建立二手车临时产权登记制度方面，积极与

商务部、公安部等部门沟通，提交行业分析、反映行业现状、传递行业诉求，并向相关政府主管部门提出政策建议；

3．多次应国务院、发改委、商务部、财政部等相关政府部门要求，提供行业报告与行业数据，针对政府部门需求开展专项调研，传达行业声音，辅助政府决策。

（四）努力完成政府主管部门交办的其他工作

1．协助商务部完成2016年度《中国二手车流通行业发展报告》。

2．多次应邀参加政府相关主管部门组织的专题研讨会，介绍行业情况，发出行业声音，维护行业利益。

四、承担多项国家标准、行业标准与团体标准的制定、贯标工作，推动行业标准化进程，提升行业整体经营服务水平

为提升行业标准化建设水平，提升行业经营服务水平，协会在国家标准、行业标准与团体标准的编制、推广和汽车流通行业标准体系建设等方面做了大量工作。

（一）推进《汽车售后服务规范》、《汽车售后服务测评规范》、《汽车 4S 店管理与服务规范》、《汽车零配件市场服务规范》等四项国家标准编制工作

按照国家标准化管理委员会的国标立项安排，协会与中国标准化研究院共同承担了《汽车售后服务规范》《汽车售后服务评价》《汽车经销商管理与服务规范》《汽车零配件市场服务规范》等四项汽车流通领域国家标准的编制任务，目前已完成征求意见，修改后将送审并报国标委批准发布。

（二）承担商务部行业标准计划，开展《汽车交易市场建设与管理规范》等七项行业标准的编制、转化和贯标工作

协会承接了《代驾经营服务规范》及在编的《汽车交易市场建设与管理规范》《汽车流通行业术语》《汽车流通企业竞争力评价指标体系》《汽车经销企业职业经理人标准》《二手车网上交易及服务规范》等五项行标的后续所有工作，按《中国汽车流通协会团体标准管理办法》的各项规定严格有序进行，并积极开展行业标准《二手车流通企业经营管理规范》的贯标工作。

（三）开展《二手商用车鉴定评估技术规范》等六项团体标准的立项、发布和贯标工作

《二手商用车鉴定评估技术规范》（轻微卡、大中客、轻微客版）、《汽车美容装饰服务规范》《汽车售后零部件品牌评定规范》《汽车售后零部件销售服务规范》等六项团体标准的立项工作；发布《汽车延长保修规范》团体标准；贯彻执行《平行进口汽车市场售后服务规范》《汽车自驾游基地建设管理规范》《汽车救援服务管理规范》《二手商用车鉴定评估技术规范（中型、重型载货车版）》《代驾经营管理服务规范》《汽车延长保修规范》等六项团体标准。

（四）研制汽车流通行业标准体系框架

协会会同研究机构在大量调研的基础上提出了《汽车流通领域标准化体系框架（草案）》，并进行了公开意见征集。

（五）与标准相关的其他工作

申报国家标准委组织的“标准化服务业试点”，已接受审核，被批准。

参与国标委、中标院的标准化工作及人才培训两次，学习标准政策、标准修订、标准审查、标准中专利处理等最新内容。参与国家相关单位组织的标准工作会议、活动等。

五、当好行业代言人，维护会员合法权益

维护会员利益，当好行业代言人，是协会落实服务宗旨的具体体现。因此，协会非常注重会员的维权问题。

为规范企业PDI流程标准，培养消费者消费习惯，维护行业企业与消费者合法权益，协会从去年开始着手编写的《乘用车新车售前检查(PDI)服务指引》，并于2017年3月开始试行。《指引》推出后协会通过车展期间对消费者和经销商进行问卷调研、向行业媒体介绍、进4S店宣传等多种形式进行贯标，使更多消费者了解PDI、接受PDI，取得了良好的效果。同时，以《指引》为蓝本，协会多次为涉及PDI相关诉讼的会员单位出具行业专业意见。

针对“戴姆勒收购利星行股权”一案，协会组织召开专项反垄断专家评审会，收购双方戴姆勒大中华区投资有限公司、北京梅赛德斯—奔驰销售服务有限公司、利星行汽车负责人、以及专家代表北京祥龙博瑞、长久汽车、仁孚汽车、广汇汽车、北京运通国融、国机汽车、中升集团、庞大汽贸、正通汽车高层领导到会。会上经过当事双方企业陈述和解答，全体参会代表投票同意此次入股案件。协会就此结果提出确保公平竞争环境、维护经销商独立运营、建立完善监督机制等三项提议。

六、做好产业协调工作，促进汽车产业和谐发展

为解决汽车流通企业发展中遇到的实际问题，做到厂、商间“平等互惠、和谐共赢”，协会做了大量具体工作，与生产企业建立通畅的沟通渠道，从多方面、多角度协调产业关系。

（一）搭建行业沟通桥梁

于中国汽车流通行业年会期间举办厂家和汽车经销商集团负责人领袖峰会，得到了广大汽车生产厂家和经销商集团的积极支持响应，共邀请到近60家生产企业和经销商集团参会，为汽车流通行业上下游间搭建了一个高效通畅的沟通平台。

（二）做好汽车经销商库存系数、库存预警指数与二手车经理人指数的调查与发布

从2012年7月份开始至今，协会的库存预警指数和系数，在每月的汽车流通行业月度形势分析会上发布，引起了社会强烈反响和生产企业的高度关注，库存预警指数目前已成为发改委和商务部等政府部门定期采信的重要行业指标。

2017年继续推进汽车经销商库存预警指数和二手车经理人指数的调查研究工作，同时不断扩大库存预警指数样本覆盖，于2017年7月正式对外发布区域指数，成为市场冷暖变动的重要指标，得到汽车厂家、经销商以及政府部门的高度关注。

（三）继续推进汽车售后服务标准声明公开活动

组织“放心维修 明白消费”走入祥龙博瑞活动，祥龙博瑞在活动中承诺实现全集团39家4S店一次性完全修复；江苏天泓汽车集团完成三项企业标准自我声明公开。

（四）做好汽车经销商满意度调查工作

为进一步加强厂家对汽车经销商的了解，集中反馈经销商在经营过程中的诉求，协调供应商与经销商之间的关系，促进汽车市场健康有序发展，协会自2008年起开始启动经销商满意度调查工作，从定购、管理、库存、培训、金融等多层面设定指标，考量经销商对供应商的满意情况，收到了良好的社会效应，也受到了汽车生产企业的高度重视。

在往年工作基础上，2017年度汽车经销商满意度增加了针对豪华品牌调研，获得了良好的行业反响。

（五）组织渠道发展分会、售后服务分会的定期沟通交流

定期组织汽车厂家网络部和售后服务部负责人员，就新时期厂家与经销商关系、经销商盈利能力提

升等议题展开讨论和交流。

七、密切联系企业，加强会员发展和服务工作

（一）加强与会员企业沟通

协会领导班子分别多次走访会员单位，与企业交流协会的工作思路，听取对协会工作的意见和建议，拉近了协会与会员企业之间的距离，大大提升了协会的凝聚力。

（二）举办多种形式的会员交流活动

为帮助各地企业更好地借鉴百强经销商集团的先进经验，将百强研究成果反馈于企业实践中，促进经销商相互学习提升综合盈利能力，分别主办召开了湖北、山东、上海、云南等四站经销商集团百强排行榜开放日活动，针对不同区域特点分别做《经销商区域差异化研究》专题报告，并就PDI、法律、标准、行业数据分享等会议主题进行了充分讨论。

同时多次组织新车经销商之间、二手车交易市场之间、二手车经销商之间、省市汽车、二手车流通协（商）会之间等交流活动。

（三）开展汽车经销商区域沙龙

积极协调地方协会，共同开展区域经销商沙龙活动，通过总结分析区域市场发展特点和趋势，收集整理优秀经销商的经营案例，对经销商关注的问题针对性地进行研讨交流，帮助经销商洞察市场，创新经营，提升盈利能力，实现可持续发展。

截至目前已在济南、长沙、杭州、广州、南昌、南宁、太原、昆明、贵阳、武汉十个城市举办了经销商沙龙，得到了当地经销商的高度认可。

（四）为优秀会员单位进行宣传服务

开展“走进优秀会员单位”、企业媒体线下沙龙等宣传服务工作，为核心会员单位、行业具有影响力的企业提供正面宣传，帮助企业提升品牌形象与行业影响力。

（五）梳理行业专家库，做好会员服务

自去年协会启动换届及选聘工作以来，专家委员会在参与制定国家汽车行业发展规划、行业标准、汽车市场调查研究、企业竞争能力评估、消费者满意度调查、企业经营状况综合诊断、学术交流和技术培训等方面开展了多项工作。

1．1月、3月分别组织行业专家考察优信集团总部、广汇集团总部，与集团管理层交流，并对热点问题进行了专题培训；

2．3月，专家委员会配合协会金华车展，召开新能源汽车专题座谈会，行业专家就新能源汽车发展问题进行座谈交流，并组织专家对众泰汽车集团生产线进行了观摩考察；

3．配合商务部反垄断局完成多项行业并购案件的经营者集中审查征求意见工作，及时组织专家就每次案件进行分析，并给出正式意见；

4．根据商务部要求多次向商务部市场体系建设司反馈行业信息；

5．分别与国家商务部培训中心、国家发改委培训中心建立合作关系，并派遣专家参加商务部培训中心举办的各地商务厅局负责人专题培训班并授课。

（六）积极开展业务相关专项论坛

4月在上海主办召开国际汽车经销商协会主席会，组织我国经销商代表与美、加、法等国际汽车经销商组织及国际经销商友人进行深入交流，对国际国内的汽车市场发展走势进行了分析研讨。

4月在上海自贸区召开“2017经销商集团平行进口车业务工作会”，20余位经销商集团平行进口车负责人到会，一同围绕如何更好地抓住利好政策、活跃平行进口车市场、发掘经销商集团平行进口车业务的优势等话题进行讨论。

9月与商务部外贸发展事务局共同主办“中国汽车消费论坛”，分别涉及平行进口、金融、保险、后市场等内容，同期举办“2017中国国际平行进口汽车交易会”。

（七）加强会员发展和服务工作

协会采取多种有效方式加强与会员单位的沟通、联系，提高服务质量，以推动协会组织的发展。

随着为会员服务的功能逐步完善和各项工作的渐次深入，会员队伍不断壮大。

截至2017年12月31日，协会共有会员7315家，比2016年 6649家增加了666家单位会员。

八、组织发布“2017年中国汽车经销商100强”，推动行业发展

2017年是中国汽车流通行业百强经销商集团排行榜连续发布的第九年。在以往工作的基础上，2017年不仅发布了“2017百强集团榜单”、评选出了“2017优秀经销商单店”，还创新发布了“汽车品牌综合竞争力指数”、“汽车品牌售后竞争力指数”，并得到广大经销商的一致好评，使百强数据提报和评选工作真正做到了“取之于行业、用之于行业”。同时基于百强相关工作，2017年新启动了针对百强经销商集团的《经销商信心指数研究》工作，得到了经销商的积极响应。

九、大力开展二手车行业相关工作 服务行业各业态企业

（一）服务二手车交易市场

4月在台州组织召开“2017全国二手车交易市场深化转型工作会议”，全国70余家主要二手车交易市场负责人出席了会议。

会议就二手车交易市场一直以来作为中国二手车行业发展奠基者，并为行业发展做出贡献给予肯定，在新的历史条件下市场应转变经营思路，提升服务意识，既要为消费者服务，也要为市场内的经营商户服务，创造优良的市场营商环境，并引导消费者放心消费二手车。

7月14日，协会发出了《关于在全国二手车交易市场中开展<二手车流通企业经营管理规范>贯标及诚信等级评价工作的通知》。自2010年以来，协会共举办四次二手车交易市场诚信等级评价活动。本年度活动共有100余家市场报名参加，相关成果将于行业年会期间发布。

（二）服务二手车经销商

1．3月召开中国二手车经销商商会理事会2017年第一次工作会议。

2．9月，在上海召开了中国二手车经销商商会首届会长会。会上探讨了如何提升商会凝聚力，如何对行业资源进行有效整合，并针对拓宽市场，营造更好的交易环境，以及二手车经销商如何开辟新的业务模式等问题提出了许多有建设性的建议。

（三）服务电子商务企业

9月，在上海召开了二手车电商规范宣传座谈会，优信、瓜子、人人车、车置宝、车猫、车易拍、58、易鑫、大搜车、卖好车、汽车街等13家全国代表性的电商参加会议，并签署了“二手车行业‘弘扬正能量 树消费信心’的倡议书”。

（四）服务经销商集团

9月，在上海召开经销商集团二手车高端沙龙。会上共同探讨汽车经销商集团解读二手车的产业政策，分析探讨目前的行业趋势和市场风险，探讨汽车经销商集团如何实现跨区域的联动与资源整合、二手车业务的定位、集团之间的合作与信息互通和二手车信息系统在业务中的应用，并分享了相关经验。

十、每月召开“中国汽车流通行业月度形势分析会”

月度形势分析会发布平台的搭建，及时有效地向行业与社会传递行业信息，为汽车流通领域创造更丰富的信息交流平台，为媒体提供流通领域新闻渠道，为汽车经销商服务并解读流通行业热点，同时打造出了协会自己的信息发布平台。

十一、成功召开2017CUCA中国二手车大会

2017年7月5—7日，中国二手车大会在武汉国际会议中心成功召开。来自政策研究部门、行业组织、汽车主机厂、经销商集团、二手车品牌经销商、二手车电商、二手车金融机构、二手车交易市场等机构的领导、专家等1500余人参加了此次大会。

十二、组织完成第五届全国二手车交易市场百强排行榜发布活动

为进一步促进全国二手车市场整体健康发展，推动二手车交易市场的品牌化、规模化、规范化进程，树立二手车交易市场诚信形象，推动二手车新型经营模式健康成长，协会于2017年二手车大会期间发布了“第五届全国二手车交易市场百强排行榜”，得到了社会各界高度关注。

十三、发布2016-2017年度《中国汽车流通行业发展报告》（中国汽车流通行业蓝皮书）

《中国汽车流通行业发展报告》是揭示我国汽车流通行业发展历程的一项重要工作。协会2017年组织编辑出版的《2016-2017年汽车流通行业发展报告》，内容延伸至汽车金融保险、汽车俱乐部、房车、车联网等细分领域，增加了地方行业协（商）会对当地区域市场发展的情况分析。

十四、发行《中国汽车流通》会员刊，搭建会员交流平台

完成《中国汽车流通》会员刊的策划和采编工作，搭建起协会与会员、会员与服务商、会员与会员间的交流平台。

十五、抓好分支机构建设，为会员提供专业化服务

2017年各个分支机构能够严守国家的法律政策和行业行规，积极适应社会、市场发展，充分发挥各自的专业优势，在各自细分领域内积极开展相关工作，通过设置论坛、举办会展、召开研讨会、走访调研等多种形式的活动为会员搭建信息交流平台、提供前沿及重要的政策信息、给予更优质的服务。现分支机构会员总数达到750家，新增会员120家。

（一）支持分支机构工作，帮助分会组织各项活动

2017年协会严格按照《分支机构管理办法》，对各分支机构的工作进行指导服务、工作督促。

协会秘书处定期召开分支机构季度例会，采取多种沟通方式，指导各分会的日常工作。

包括分会的换届工作，分会开展的会议、举办会展等，进一步规范分会的行业服务行为，提升行业服务能力。定时召开奔驰经销商联会 、进口大众经销商联会、保时捷经销商联会、宝马经销商联会、奥迪经销商联会、捷豹路虎经销商联会的季度、年度会议，使会员单位与主机厂之间的业务交流更加及时、顺畅，协会的服务工作得到了很好的延伸。

（二）完善分支机构管理体系，提升分支机构运行效率

制定《中国汽车流通协会分支机构运行和管理相关文件》、

《分支机构日常管理规范》、《分支机构目标管理考核办法》。

（三）成立“宝马经销商联会”“捷豹路虎经销商联会”，按品牌分类加强与品牌汽车经销商会员之间的紧密联系。

继“奔驰经销商联会”、“进口大众经销商联会”、“保时捷经销商联会”、“宝马经销商联会”相继揭牌成立后，协会又在今年成立了奥迪经销商联会、捷豹路虎经销商联会，协会的服务工作得到了很好的延伸。

十六、加强信息工作，及时准确发布行业相关信息

根据2017年汽车流通行业的变化与特点，二手车信息统计发布工作在包含电商、拍卖、区域流通等多方位信息发布的基础上加强数据分析，扩展统计口径，缩短统计周期，对辅助相关政府管理部门快速全面了解行业动态、指导企业经营发挥了更积极的作用。协会加强了资源整合力度，利用协会资源平台，积极和政府相关部门沟通交流，探讨合作方向，充分发挥汽车市场研究分会、进口车专业委员会同处协会平台的优势，提升了乘用车和进口车统计数据的及时性与准确性，并在调研行业重点企业信息的基础上，多部门合作建立了企业诚信等级信息评价体系。

完成《2017版中国汽车市场年鉴》、《2016中国二手车行业发展报告》（二手车白皮书）的编辑工作，并在2017中国汽车流通行业年会上向行业发布。

完成2016年与2017年上半年汽车经销商上市公司报告整理分析，通过对财报专业、客观、全面的分析，把握整体行业发展趋势，为经销商集团发展以及行业研究提供数据与资料。

每日官方微信推送，系统地搭建协会新闻传播渠道，为协会对外宣传建立畅通的端口，对协会工作与行业热点进行实时播报，引起各界对流通行业的高度关注。

协会门户网站，是展示协会形象和对外宣传的窗口，也是广大会员与行业同仁的交流平台。未来协会官网将不断丰富内容，以更好地贴近行业、符合会员的需要。

此外，《CADA汽车市场信息服务会员刊》也在此前产品的基础上实现升级，力争使我们提供的信息更好地服务于行业、服务于社会。

十七、逐步推进CADA培训体系建设，向行业输送实用人才

（一）二手车鉴定评估师岗位技能培训

2016年12月16日，国家人力资源社会保障部发布了《国家职业资格目录清单》，正式将二手车鉴定评估师国家职业资格取消，由全国各级人社部门颁发的《二手车鉴定评估师职业资格证书》也由此成为历史。中国职业资格认证评价行业进入全面变革、局部增长、推陈出新的新常态。但国家职业资格的取消，并不代表国家对二手车鉴定评估行业的否定，而是为了更好的在供给侧优化职业资格评价认证工作的资源配置，逐步建立由行业协会、学会等社会组织开展专业水平评价的职业资格制度，从而更科学高效的为社会和用人单位选拔、评价人才。

自国家职业资格制度改革以来，为全面贯彻《资产评估法》、《二手车鉴定评估技术规范》（GB/T 30323-2013），依法规范二手车鉴定评估行业，提高二手车鉴定评估行业队伍的素质和岗位技能水平，促进汽车市场健康发展，协会承担起对二手车鉴定评估师的培训工作，与地方行业协会、学校及企业合作，目前已在重庆、四川成都、河北石家庄、湖南长沙、浙江杭州、福建厦门、新疆乌鲁木齐、山东青岛、辽宁沈阳、大连、抚顺、广东广州、东莞、河南洛阳、陕西西安、山西太原、内蒙古呼伦贝尔、宁夏银川、黑龙江哈尔滨、安徽芜湖、广西南宁等地先后设立授权培训机构26家，实际已开展岗位技能培训15期，参训学员共计500余人。

岗位技能培训以行业及市场需求为导向，坚持贯彻《资产评估法》以及国家标准《二手车鉴定评估技术规范》（GB/T 30323-2013），着重培养学员的实际操作能力，辅以系统的基础理论和评估方法课程，让学员熟悉二手车鉴定评估的标准操作流程，规范操作细节，夯实理论基础，掌握评估方法，为今后从事二手车鉴定评估工作做好铺垫。

（二）二手车鉴定评估师《职业资格证书》更换为《岗位技能证书》

自二手车鉴定评估师国家职业资格取消以来，协会为全面贯彻《资产评估法》，依法开展二手车鉴定评估活动，营造二手车公平、公正的交易环境，提升二手车鉴定评估师执业能力，加强对二手车鉴定评估师及二手车鉴定评估行业的管理与监督，经研究后决定针对已取得二手车鉴定评估师《职业资格证书》的人员开展二手车鉴定评估师《岗位技能证书》的核准更换工作。

工作开展以来，受到行业内的广泛关注。二手车鉴定评估师积极向协会靠拢，认为这项工作可以将国内广大二手车鉴定评估师联系在一起，增进评估师之间的交流和沟通，提升行业专业水平及业内的凝聚力，营造公平、公正、共同发展的行业氛围。目前已更换证书的评估师数量已达到1300余人，仍有评估师正在准备或已经提交换证申请。

（三）二手车鉴定评估师注册培训及年审工作

二手车鉴定评估师实行注册上岗制度，协会作为二手车鉴定评估师注册管理机构，依法对符合相关注册条件的评估师予以注册。二手车鉴定评估师持有《岗位技能证书》的，在亲自参加注册培训并通过考试后，可成为注册二手车鉴定评估师，并取得二手车鉴定评估师《注册证书》。本年度已开展注册培训6期，参训学员共140余人。

注册二手车鉴定评估师年审工作。目前已有500余人办理了本年度的年审手续。

（四）培训师认证

协会针对二手车鉴定评估师培训师开展了认证考核工作。

工作主要对培训师的专业技术理论与实际操作的教学技巧与教学能力进行考核认证。只有通过考核的培训师才能成为协会的认证培训师，在协会二手车鉴定评估师培训体系内开展培训教学活动。

通过认证的培训师需每两年进行一次再考核，考核通过者可以继续在协会二手车鉴定评估师培训体系内开展培训教学活动，否则不得再以协会认证培训师的名义在协会培训体系内开展培训教学活动。本年度7月末已经开展了第一期培训师认证工作，本次通过认证的培训师已有25人。预计年内将举办第二期培训师认证工作。

（五）代驾从业人员培训

为促进我国汽车代驾行业健康发展，规范代驾企业经营行为，推动从业人员岗位技能与资格培训工作，深入贯彻行业标准《代驾经营服务规范》（SB/T 1137-2015），协会参照《中华人民共和国道路交通安全法》等政策法规，对代驾从业人员开展了代驾员岗位技能与资格培训和考试。符合报考条件的学员在参加培训并通过理论考试及实际路试后，成绩合格者将予以颁发《代驾培训合格证》。目前，国内累计已有125079人取得了《代驾培训合格证》。

（六）汽车救援从业人员培训

为贯彻落实《汽车救援服务管理规范》（T/CADA 4—2016），快速提升我国汽车救援从业人员的执业能力，规范救援从业人员服务操作行为，提高汽车救援行业整体水平，中国汽车流通协会汽车俱乐部分会发起行业自律，各救援平台公司及救援企业积极落实汽车救援从业人员培训考试工作，截至目前，已有220余人获取证书。

（七）二手商用车鉴定评估师培训

协会发布了《二手商用车鉴定评估技术规范》（中型、重型载货车版），并于2017年3月1日起正式实施。与此同时，为全面推进《二手商用车鉴定评估技术规范》的贯标工作，二手商用车鉴定评估师的培训工作也在紧锣密鼓的筹备中，首期培训已开展，共计培训60余人。

（八）岗位技能证书的查询

已实现岗位技能证书的查询功能，目前查询端口有：二手车鉴定评估师、二手商用车鉴定评估师、代驾、汽车救援师和培训师。

（九）多元化培训课程

根据市场的多元化发展需求，协会正与相关单位进行实用性课程设计，届时将与已授权的培训机构共同推进。

十八、大力推广"行"认证品牌

2017年重新组建"行"认证技术团队，分批次定位了人员架构组织（产品商业化、商务拓展、技术研发、商务运营），随后对于"行"认证2.0上线前的修改意见进行汇总分析。最终，确定以国标为检测基础，可以拓展更多的检测类别，"行"认证检测系统定位细分为针对于B端快速检测以及针对于C的详细检测。

4月"行"认证技术团队走访了好车伯乐、河南威佳、保定腾达等机构，完善2.0系统丰富车型库以及授权机构出入库管理系统与"行"认证数据对接。

为了提升"行"认证的服务质量，满足更多不同客户的检测需求，上线了估值师估值功能、维保查询、一键分发等功能并与华泰保险合作研发推出检测师责任。

截止2017年9月底，"行"认证授权机构共有39家，覆盖100多个城市，检测车辆72488万辆，认证69151万辆，同比增长214%。

十九、拓展会展业务，活跃汽车市场

协会以统筹整合会展项目、推进展会市场化进程为两大突破口，推动会展工作改革创新发展。

2017年协会主办车展规模进一步扩大，市场化水平进一步提升，培育出了长春国际汽车博览会、中国天津国际汽车展览会、中国沈阳汽车交易博览会、中国沈阳国际汽车展览会、中国杭州国际汽车嘉年华、中国杭州国际汽车博览会等一系列具有品牌影响力的行业展会。2017年协会在全国各地主办的车展、展会总体规模达到75万平米，展会期间总计售车近10万台，销售额达到168亿元人民币，总参观人流达到170万人次，为长春、沈阳、天津、杭州等地1500家汽车经销企业和国内外147家汽车整车生产企业提供了高端服务，为中国汽车市场发展做出了巨大的贡献。

二十、积极开展国际交流

（一）加强与各国协会及经销商的经验交流

向各国协会宣传中国汽车流通行业、中国汽车流通协会、中国汽车流通行业年会。在政府相关政策和法律法规、协会组织架构和工作内容、年会以及展会组织开展上，时刻保持与各国协会的顺畅沟通。2017年会邀请了美国、加拿大、意大利、俄罗斯、巴西、英国、法国、欧盟等10国的汽车经销商协会组织的领导人率团出席年会，促进协会高层国际化交流。

（二）组织流通行业同仁考察国际市场

协会多次组织会员企业先后赴美国、加拿大、俄罗斯，法兰克福参加经销商协会年会，并考察当地企业。同时协会也邀请国外同行到协会业务交流。

（三）学习并引进国际市场培训课程

经过两次前往美国NADA大学课程试听，2017年夏季，协会组织经销商学员首次赴美参加培训课程。课程包括：领导者头脑风暴，经销商二手车运营实践，新车销售运营管理等课程，并参观了美国国会山，美翰二手车拍卖及当地门店走访。

二十一、加强协会自身建设，建立和完善各项内部管理制度

协会在组织建设方面，主要抓了两方面工作：

一是注重协会工作机构建设。目前，协会秘书处共有办公室、行业发展部、会员部、信息部、会展部、财务部、国际合作部、专家工作委员会、产业协

调部、二手车专业委员会、二手车鉴定评估管理办公室、中国汽车市场年鉴编辑部、法务部、标准工作部、行认证办公室、分支机构管理部等18个职能部门，专职工作人员32名。2017年，协会秘书处制定了明确的组织机构建设思路及员工在职培训计划，使当前协会工作人员的配置、年龄结构、知识层次日趋合理，团队整体凝聚力、执行力得到有效提升。

分支机构方面，协会目前拥有汽车市场研究分会、汽车俱乐部分会、汽车装饰及用品专业委员会、二手车流通与鉴定评估专业委员会、进口汽车工作委员会、汽车及零部件进出口专业委员会、有形市场商会、品牌经销商分会、人力资源分会、房车分会、电商车联网分会、汽车金融分会、商用车商会、二手车经销商商会、渠道发展分会、新能源汽车分会、售后服务分会、售后零部件分会、二手车行业商会、后市场精品服务分会、售后服务质量工作委员会等21个分支机构，几乎涵盖了整个汽车流通服务链条。同时，为适应市场和行业的发展需要，协会在已成立的奔驰经销商联会、宝马经销商联会、进口大众经销商联会、保时捷经销商联会、捷豹路虎经销商联会基础上，于2017年又成立了奥迪经销商联会，使协会的服务工作进一步得到延伸。

二是注重协会各项制度建设。为保证协会工作的正常运转，激励员工爱岗敬业，调动工作人员的积极性，规范各分支机构的正常运作，今年协会修订、完善了多项管理制度与规定，使协会的工作效率与公信力得到了极大提高。

武汉汽车流通行业协会

【协会简况】 武汉汽车流通行业协会成立于2014年10月，是由武汉主要汽车市场、汽车经销商集团发起成立；汽车流通相关单位（汽车经销商、二手车商、汽车用品、配件、汽车维修、后市场服务商、电子商务、汽车物流等）自愿组成的。由武汉市商务局主管，武汉市民政局批准登记注册的民间行业社团组织。

【服务宗旨】 遵守国家法律、法规和社会道德风尚，贯彻执行党和国家汽车产业政策、贸易政策；维护行业整体利益，保护会员单位的合法权益，为会员单位提供服务，做政府的纽带、桥梁作用；开展各项活动协助会员单位经营，推动武汉汽车流通行业健康发展。

【工作目标】 政府的参谋部，行业的信息库，会员温馨的家，企业的服务员。

【工作概况】

武汉汽车产业是武汉市经济发展的重要支柱产业之一。

2017年，武汉汽车流通业各业人员坚决听从党的领导，围绕市委市政府的经济工作重心，助力于政府的1.6L排量乘用车购置税减免的惠民政策，《汽车销售管理办法》宣传贯彻，齐心协力、攻坚克难，全年完成432000余辆新汽车销售，累计完成销售额达620亿元，上缴税利近45亿余元，解决就业超过10万人。

一、加强制度建设，规范各项工作

2017年协会在原有制度基础之上，建立了《秘书处例会制度》《清洁卫生制度》《工作人员责任制度》《为会员服务办法》《奖励制度》《理事会会议制度》《财务制度》等行业，促进了协会各项工作规范发展，形成了良好的制度环境。

二、开好重大会议，统一协会思想

2017年2月18日，协会在荆州召开了年度首次理事扩大会议暨全市汽车市场联席会。理事会上，邀请了中国汽车流通协会售后零部件分会秘书长李彤梅，详细分析了当前汽车流通业的形势，鼓励业界同仁战胜困难拿出勇气，增强信心开创汽车流通业的新局面。讨论通过了协会2017年度协会工作安排，明确2017年度工作安排的重点是：1.加强对会员和行业服务力度；2.重点搞好几场活动；3.召开两次理事会；4.开展武汉汽车流通业基础情况调研；5.搞好武汉汽车流通业数据统计与分析；6.抓好车展、招展招聘等服务工作；7.支持点金集团的会展工作。召开了首次武汉市汽车市场联席会，武汉竹叶山汽车市场、华中汽车市场、黄金口汽车市场、铁机村汽车市场、江南汽车市场、汉西二手车市场、汉口北汽车市场主要负责人参加了会议。与会人员共同分析了武汉汽车市场目前的形势和工作重心与突破口，并就信息交流，抱团发展等众多建议达成共识。

三、开展会员活动，提升眼光境界

2017年协会先后组织会员参加了中国汽车流通协会金华新能源汽车发展论坛及展会活动、5月份华中国际车展、10月份武汉国际汽车展、7月份全国二手车大会、上海国际汽车贸易展、11月的苏州中国汽车流通协会年会。组织武汉市汽车经销商参加了中国汽车流通协会春秋两场调研会。支持帮助并组织会员参加了6月份点金主办的武汉国际汽车服务及改装车展和11月份的亚太瑞斯举办的中国（武汉）国际汽车制造及工业装配博览会等。这样，一个广州、一个北京两个外地承办会展公司在参加武汉汽车流通行业协会以后感觉得到实实在在的服务，加深了与当地协会的关系。

四、参与政府活动，发挥桥梁参谋作用。

2017年7月1日新的《汽车销售管理办法》正式实施。协会积极配合武汉市商务局落实新的《汽车销售管理办法》。在给会员单位发文要求贯彻商务部颁布的《汽车销售管理办法》的同时，召开了两次座谈会，联系实际情况布置落实。并组织会员参加了四次宣讲学习贯彻《汽车销售管理办法》活动。6月应市政府参事室的要求，参加了“汽车供给侧改革”的三次会议活动，为市汽车产业发展献计献策。12月协会应商务局的要求还组织了一次经销商参加的武汉晚报《百姓问政活动》，真正起到政府的桥梁和参谋作用。

2017年协会在商务局指导下，在武汉市公安交通管局车管所、武汉市车购税分局和会员单位的支持下，基本建立了汽车数据统计分析工作。据统计，2017年本市汽车销售43.2万台，购置税申报36.2万台。2017年市汽车保有量达270万台。汽车销售与纳税上牌比2016年降低12%。

五、开展培训教育及招聘活动，服务市场与社会

2017年协会开展了一系列招聘、培训教育活动。一是协会与洪山区人才市场共同举办初级汽车人才招聘会， 30多家企业参加了这次活动。二是与武汉技师学院合作开展秋季招聘活动。三是牵线武汉机电学校和盟盛集团，促进现代企业学徒制落地企业，并得到学校、企业、学生和家长的多方面好评。这不仅解决了企业的难题，也受到了企业发自内心的欢迎和鼓励，协会人员也收获了光荣和信心。2017年，协会把为会员服务列为头等大事，积极为企业招商招租招展招聘服务。2017年协会为名车汇、恒信公司免费提供300平方米的展位，受到会员单位好评。2017年协会的会刊、公众号、群聊为会员为行业做硬广告98次，软文宣传160次，对企业发展发挥了一定作用，也受到会员单位赞扬。

六、加强信息服务，树立良好形象

2017年协会接待了包括韩国领事馆及驻汉机构、日本伊藤忠商社、招商银行、保险公司、各种协会商会和个人来访等大量的交流活动，积极处理销售消费投诉，认真化解矛盾。据统计2017年协会接待来访有75次。同时，注重加强会刊、公众号、微信等信息媒体建设。主办的《车讯》会刊12期，印刷发行12万册，刊载了协会以及会员单位的活动和当前国内外车市动态。由于内容贴近实际，全部编辑印刷发行不收会员单位一分钱，免费为会员单位刊登广告和软文，又放在汽车办证大厅内，比较受汽车消费者欢迎。创办微信公众号，编发协会的活动，转发国内外汽车新闻，点击量不断攀升。建立“武汉汽车流通群”、求职群、招聘群、新能源群、平行进口车群、汽车市场群等微信群聊，广纳本地业内人士和经销商，并邀请全国大咖入群，为大家分析行业趋势、行业时事及时交流沟通。

各地大型汽车交易市场概况

2017年有形汽车市场（园区）开业项目汇总

习水国际汽车博览城在县城物流南路开业

2017年11月1日，习水国际汽车博览城在县城物流南路开业。项目规划占地120亩，总投资4.5亿元。目前，已入驻汽车产业销售商36家，其中26家已营业。

成都雅庆平行车旗舰店开业

2017年10月31日，位于成都市锦江区锦逸路的成都雅庆国际名车旗舰店开业，展厅面积600平方米，销售平行进口车整车、零配件等。

欧派名车馆无锡开业

2017年10月28日，欧派名车馆在江苏无锡开业，主营二手车交易。

北辰亚运村青岛招商

2017年10月27日，北京北辰亚运村青岛汽车交易市场开始招商，项目计划用地500余亩，预留用地300亩。

一期已有土地116.1亩，分为平行进口车展厅4800平方米、新车综合厅7800平方米、二手车交易展区9800平米、汽车相关配套服务区10000余平方米，顾客停车位400余个。

内蒙古北方汽车产业园开业

2017年10月27日，位于察右前旗平地泉新区的内蒙古北方汽车产业园开业。目前产业园95%商户运营，签约客户293户。

成都国际陆港汽车城开业

2017年10月27日，四川自贸试验区青白江片区综合平行进口车项目——成都国际陆港汽车城投入运营。汽车城提供海外仓储、金融、全程物流、3C、报关报检、国内整车展示展销、三方监管、售后保障、保险等服务，可容纳1500台整车展示。

康正汽车超市永康店开业

2017年10月24日，康正汽车超市全国连锁浙江省金华市永康店开业。

广东枫兴汽车城第一期开业

2017年10月22日，广东枫兴汽车集团在广州白云区城门河货运市场举办枫兴汽车城第一期开业庆典。集团目前拥有12家4S店及20多家直营店。

福建省协力纵横汽车开业

2017年10月22日，福建省协力纵横汽车服务有限公司的汽车广场开业，总占地面积1600平方米，拥有新车、二手车等展示厅。

运通汽车集团东北园区二手车中心开业

2017 年 10 月 21 日，运通汽车集团东北园区二手车中心店在哈尔滨市南岗区哈平路开业，同时园区内 9 家店开业。

海南汽车小镇开业

2017 年 10 月 19 日，海南汽车小镇在海口市南海大道综保区内开业。项目由海南恒远泰富实业有限公司两亿元投建，占地 50 亩，建筑面积 6 万平方米。

车享家汽车商城佛山店开业

2017 年 10 月 15 日，车享家汽车商城佛山店在顺德区乐从镇开业。

康正汽车超市河南台前店开业

2017 年 10 月 11 日，康正汽车超市全国连锁河南省濮阳市台前店开业。

西北恒大汽车超市在延安开业

2017 年 9 月 28 日，陕西西北恒大汽贸延安易鑫体验店在延安市南二十里铺林业小区开业。

聊城天使汽车旗舰店开业

2017 年 9 月 27 日，山东聊城天使汽车连锁超市开业，主营平行进口车（奔驰、宝马、丰田、日产、路虎）及合资中规车 Jeep。

车天地首期项目汽派馆开业

2017 年 9 月 27 日，岭南车天地首期项目“汽派馆”在盐步开业，占地 20 亩。

劳士领汽车配件沈阳公司开业

2017 年 9 月 27 日，劳士领汽车配件（沈阳）有限公司在工厂内开业。

康正汽车集团北京店开业

2017 年 9 月 27 日，康正汽车超市全国连锁北京店在北京车城开业。

川南临港片区平行进口汽车展厅开业

2017 年 9 月 26 日，由泸州市亿诚汽车贸易公司和四川泸天化进出口贸易公司共同投资的川南临港片区平行进口汽车城市展厅，在泸州市龙马潭区开业，项目投资近 5 亿元，展厅面积 2400 平方米。

青岛藏马山汽车营地开业

2017 年 9 月 23 日，青岛藏马山汽车营地开业投入运营，总投资约 1.1 亿元，可容纳 800 人进行户外拓展。

品牌汽车超市宁乡开业

2017 年 9 月 23 日，珈同综合品牌汽车超市在宁乡开业。

康正汽车连锁西安店开业

2017 年 9 月 16 日，康正汽车超市全国连锁西安店在未央区明光路开业。

康正汽车连锁荥阳店开业

2017 年 9 月 16 日，康正汽车超市全国连锁荥阳店开业。

永达宝尊平行进口车直营店武进开业

2017 年 9 月 15 日，宝尊平行进口汽车宝马 MINI 直营 4S 店在江苏省常州武进汽车城开业，该店为永达集团旗下高档名车豪车专营中心。

陕西二手车商会加强诚信建设

2017 年 9 月 13 日，陕西省二手车商会积极开展二手车经销及相关联的金融、保险、维修、电商、培训、鉴定评估、拍卖、租赁、汽车改装、汽配、汽车美容装潢、汽车运动、汽车竞赛、平行进口车等企业服务，助力二手车诚信体系建设。

瑞昌汽贸川交汽车开业

2017年9月7日，十堰市品正工贸有限公司瑞昌汽贸川交汽车在郧阳区大运路开业。

北京汽车越野试驾基地巩义开营

2017年8月27日，北京越野世家体验营郑州站暨北京汽车越野试驾体验基地在河南省巩义市小关镇开营。

51爱车网线下实体展厅开业

2017年8月27日，安徽省园江汽车贸易有限公司旗下51爱车网上线，同时线下实体汽车展厅同步开业。

湖南兰天6店2场1馆开业

2017年8月26日，湖南兰天集团长沙河西汽车城内的汽车文化馆、卡丁车场和试驾场开业，将打造汽车文化主题公园。

云享车内蒙古体验中心开业

2017年8日20日，云享车"共享共赢"车联盟体验中心在内蒙古乌海开业。

国美互联网汽车广州店开业

2017年8月2日，国美互联网汽车•车靠山第一家线下门店在广州市开业。

中涛新能源汽车体验中心青岛开业

2017年7月31日，中涛新能源汽车体验中心在青岛开业，建筑面积8千多平方米。

天津平行车贵州直营中心开业

2017年7月29日，天津平行进口汽车贵州直营中心在安顺开发区亿丰汽车物流园开业。

康正汽车超市长清店开业

2017年7月22日，康正汽车超市全国连锁长清店在济南康正长清车城开业。

开元行名车汇北京总部开业

2017年7月21日，位于北京北七家天通苑的开元行名车汇北京总店开业。总店集平行进口车、精品认证二手车、房车、改装装饰为一体。

多品牌新能源车体验店同安开业

2017年7月21日，"飞跃同翔"多品牌新能源汽车体验店在厦门市同安区开门营业。

东疆太平洋国际汽车城开业

2017年7月18日，天津自贸试验区东疆太平洋国际汽车城在（天津港保税区）天保大道开业。

苏宁首家汽车超市南京开业

2017年7月15日，苏宁易购汽车超市在南京新街口苏宁生活广场举办开业活动。

康正汽车超市武安店开业

2017年7月15日，康正汽车超市全国连锁河北省武安店开业。

商洛鑫圣源汽车超市开业

2017年7月15日，陕西商洛鑫圣源汽车超市在丹凤县开业。

开利星空平行车落户南京万宇

2017年7月14日，中国最大的平行进口车平台——开利星空，落户南京万宇汽车博览中心，打造江苏总部。

豪华车云汇车行天津开业

2017年7月11日，集汽车美容、汽车维保改装、新车及二手车销售为一体的天津云汇汽车服务公司，在南开区南城街开门纳客。

攀枝花上村汽车房车露营公园开业

2017 年 7 月 11 日，四川攀枝花市上村汽车房车露营公园开业，占地面积 1000 亩（目前投建 400 亩），项目总投资 5 亿元。

柳州世航汽车综合品牌店开业

2017 年 7 月 8 日，柳州世航汽车综合品牌奥特莱斯开业，占地 2500 多平。

车享家汽车商城入驻昆明

2017 年 7 月 5 日，由上汽集团全力打造的车享家汽车商城全新设计风格的昆明店开业。

禾下平行进口车展厅开业

2017 年 7 月 2 日，安徽禾下汽车平行进口车综合展厅在合肥市阜阳北路与北城大道交叉口工投创智天地开业，展厅 1650 余平米。

菏泽亚市汽车城展厅招商

2017 年 6 月 28 日，位于菏泽市黄河东路的北京北辰亚运村（菏泽）汽车市场黄河路汽车城市展厅开始招商。展厅是北辰亚市与定陶汽车小镇范蠡国际汽车城签订的合作。展厅室内 4000 平米，用于进口车、平行车、中高端车、房车的展示销售。

丰田深圳深业二手车中心开业

2017 年 6 月 28 日，一汽丰田深圳深业二手车中心开业。这是一汽丰田在深圳成立的第三家二手车中心。

康正汽车兰州店开业

2017 年 6 月 25 日，甘肃康正汽车集团汽车超市连锁兰州店在兰州车城开业。

汇特新能源汽车温岭开业

2017 年 6 月 22 日，汇特新能源汽车温岭首家新能源纯电动汽车店开业。

封闭式二手车交易市场包头开业

2017 年 6 月 21 日报道，总投资 4 亿元、占地 25 万平方米的西北地区最大的封闭式二手车交易市场——包头市力德汇锋二手车交易市场在包头装备制造产业园区力德国际汽车城开业。市场可容纳交易商户 1000 余户。

康正汽车连锁钟祥店开业

2017 年 6 月 18 日，康正汽车超市全国连锁钟祥店开业。

晋城卡马特汽车文化园开业

2017 年 6 月 10 日，位于晋城市白水东街皇城新区晋城卡马特国际汽车文化园开园。

东方华奥奥迪二手车通州开业

2017 年 5 月 28 日，北京通州东方华奥奥迪官方认证二手车展厅开业。

康正汽车超市汉中店开业

2017 年 5 月 26 日，康正汽车超市全国连锁汉中店开业。

秦皇岛路能达汽车城开业

2017 年 5 月 18 日，位于秦皇岛开发区的路能达汽车城（一期）开业。4 万平方米商铺建成并投入使用。

武汉庞大平行进口车巴博斯汽车开业

2017 年 5 月 13 日，庞大集团华中地区第一家平行进口车特约店在武汉市龙阳大道开业，销售巴博斯、进口丰田、进口大众、宝马、奥迪、奔驰、路虎、福特、双龙等系列。

梦车小镇广州开业

2017年5月1日，位于广州白云区沙贝与佛山南海区黄岐交界处的金沙洲梦车小镇开业，规划占地600亩，总建筑面积60万平方米，首期已建成38万平方米。

国网电动汽车国鹏销售中心开业

2017年4月28日，位于北京市望京街方恒时代中心A座底商的北京国鹏销售体验中心开业，标志着国网电动汽车公司基于O2O的"实体店+私人定制"购车服务模式推出。

郑州长胜名车开业

2017年4月27日，位于郑州市惠济区汽车贸易中心院内的长胜名车开业，主营进口汽车、二手车、汽车装饰用品、汽车改装等。

杭州城西德奥奥迪二手车开业

2017年4月22日，杭州城西奥迪二手车展厅-城西德奥奥迪品荐二手车中心开业，提供二手车评估、收购、销售、延保认证、翻新、售后等服务。

国网商城新能源汽车北京开业

2017年4月12日，国网电商公司所属国网商城新能源汽车（北京）交易中心开业，中心将和天津交易中心联动，构建京津冀服务网。

华梦豪车超市海口店开业

2017年3月31日，深圳市华梦汽车网络股份有限公司豪车超市海口店在琼山大道开业。海口店集新豪车、二手豪车、豪车理财、豪车精品等于一体。

酷car汽车实体店落户郑州

2017年3月26日，首家酷car汽车运动汇实体店落户郑州经开区。

武汉国际汽车城试营业

2017年3月25日，武汉最大国际汽车城试营业，可在汽车城买到平行进口车。汽车城由40亿元打造，占地821亩。坐落于武汉市京港澳高速、沪蓉高速和汉宜高速的交会处。集汽配用品、二手车交易、汽车改装、房车露营、汽车赛道、汽车后市场电商运营、汽车文化公园等于一体。

顺旅房车北京体验店开业

2017年3月23日，顺旅房车北京体验店开业，由北京汇诚鑫达汽车销售公司投建。上海顺旅汽车是专业从事商务旅居房车研发和生产的企业。

武进二手车交易市场招商

2017年3月20日，常州市武进二手车交易市场开展"旺铺招商"。市场位于武进汽车城核心位置，占地16公顷，建筑面积12万平方米，拥有商铺200余套，规划车位3500个。

长沙南城汽车市场开业

2017年3月18日，长沙"弘高车世界"开门迎客，市场位于长株潭三地中心区域的暮云经济开发区，总建筑面积30.98万平方米，市场以汽车融资租赁与二手车交易为主。

沈阳车金宝进口车旗舰店开业

2017年3月18日，车金宝进口车旗舰店在沈阳红星车世界开业。旗舰店占地面积4000平方米，主营普拉多、酷路泽、奔驰、路虎、途乐等多款进口车。

深圳华辰宜家平行进口车体验店开业

2017年3月9日，深圳市华辰宜家电子商务有限公司旗下的"消费e家"平行进口车体验店在深圳香蜜湖汽车城开业。

西安公诚二手车交易市场开业

2017 年 2 月 27 日，公诚二手车交易市场在西安市昆明路西延伸段西户路开业。市场占地 150 亩，建筑面积 6 万多平方米；功能涉及二手车交易、拍卖，查验、转籍、过户、上牌及展厅、评估鉴定、检测、金融、保险等。

广德县二手车交易市场开业

2017 年 2 月 18 日，总投资 8000 万元、占地 300 亩的安徽省广德二手车交易市场开业。市场位于祠山岗片区，已建成 4 个大型交易大棚，首批 85 家商户入驻。市场还单设了 1160 平米交易服务大厅。

衡阳骏诚乘龙汽车开业

2017 年 2 月 18 日，衡阳骏诚公司乘龙汽车在石鼓区中亿汽贸城开业，主营柳汽乘龙 H7、M7、T7、M5 以及开乐专用车。

上海青浦 GMC 房车 4S 店开业

2017 年 2 月 13 日，上海青浦首家豪华房车-GMC 房车 4S 店——上海将策青浦店开业。4S 店集整车出售、售后服务、零配件、信息反馈于一体。

江淮帅铃佛山大沥店开业

2017 年 2 月 9 日，佛山市江淮汽车销售服务有限公司大沥分公司在佛山市南海区大沥钟边工业区挂牌营业，销售江淮帅铃、江淮骏铃、江淮康铃厢式轻卡。

河北汽车文化产业园元氏县开建

2017年2月15日，河北汽车文化产业园区——昊和国际文体城项目开工奠基仪式在元氏县殷村镇举行。昊和国际文体城项目以“汽车运动、现代汽车方程式和直线加速赛”为主打、汽车周边产业链为主业态的大型汽车运动文化园区，项目位于石家庄市元氏县殷村镇，总投资约19亿元。该项目将成为集汽车销售、汽车运动、汽车文化及旅游观光为一体的汽车文体产业集群。将围绕赛道，形成以法拉利、兰博基尼、保时捷、玛莎拉蒂、阿斯顿马丁、世爵等超豪华汽车品牌4S店群。

韩城黄河国际赛道公园开建

2017年2月17日，韩城国际汽车文化博览园黄河国际赛道公园及体育产业园一期工程新闻发布会暨开工仪式在韩城市黄河新区隆重举办。韩城国际汽博园项目，规划占地1500亩，总投资预计20亿元。新开工的黄河国际赛道公园项目占地396.6亩，预计总投资5千万元。该项目把汽车文化产业+人文主题景观+自然风景区+汽车竞技比赛有机融合，依托河、滩、谷、塬等丰富的地形地貌环境，把赛场设计成集场地越野、全地形、拉力cross、卡丁车等多功能专业级永久赛道，能满足卡丁车、汽车、摩托车多种赛事需求。据悉，2017年9月，汽车场地越野锦标赛将在这里举办。

海马汽车携有壹手快修进驻信阳

2017年2月21日，京城高端钣喷品牌——有壹手快修正式进驻海马汽车河南信阳圣鼎4S店，并举行开业仪式。海马汽车信阳圣鼎店已经装配先进的工艺、定位、视频等设备，成功导入高品质油漆产品和工艺流程，并引入有壹手快修SDI系统，顺利实现了线上下单，维修过程全透明等标准化、优质化服务，成为高端钣喷快修中心。2月17日，东莞东达海马有壹手快修中心隆重开业，是京城高端钣喷有壹手正式入驻东莞东达海马4S店。

常熟胜邦梅李店综合展厅开业

2017年2月18日，上海升文投资管理有限公司旗下常熟市胜邦汽贸有限公司开业，展厅选择坐落于常熟第一乡镇梅李镇中心地段——将军路18号（梅李高中与大润发交界处），是一个主营一汽丰田、广汽丰田、广汽传祺等汽车品牌销售的综合展厅，公司同时还提供二手车买卖，汽车金融贷款、汽车租赁等服务项目。常熟胜邦汽车为梅李及周边地区消费者提供了便捷、优质、贴心的服务，相信后续会有更多展厅坐落于各个乡镇。

汽车电影院武汉沌口开业

2017年2月8日，汽车电影院在武汉经济技术开发区正式开业。该影院与银兴院线合作，同步上映最新电影，可同时容纳500辆汽车、数千名观众。在巴博士汽车影院广场，3块大银幕在不同方位，百辆汽车可在银幕下方停放，人们在车内可以欣赏影片。

其中最大的一块银幕面积达500平方米，采用最新投影设备，可播放120帧高清数字电影。该电影院建设成本约1000万元，资金采用众筹模式，去年12月18日起开始试运营。汽车影院按车收费，每辆车150元，只对七座以下车型开放。

一汽丰田东莞二手车中心开业

2017年1月21日，一汽丰田东莞二手车中心开业。截至目前，一汽丰田在全国已有92家认证二手车销售店，并设立了15家二手车中心。

绵阳高新丰田南山分公司开业

2017年1月18日，绵阳高新丰田南山分公司暨龙腾平行进口车开业，位于绵阳涪城区长虹大道，占地1000平方米，其中展厅400平方米，维修车间300平方米，客户休息区100平方米。龙腾平行进口车展厅面积859.6平方米，其中二手车展厅250平方米，进口车展厅250平方米，云膜展厅200平方米，客户休息区100平方米。

广州驰众增城体验馆开业

2017年1月8日，众泰汽车广州驰众增城城市体验馆开业，驰众在广州成立了两家自主品牌4S店及3家直营店，广州建驰花都店、人和店、新塘店、白云店和刚成立的增城体验馆。

丽水国际车城开业

2017年1月2日元旦期间，丽水首届二手车展暨丽水国际车城汽车交易市场开业。

合肥报废汽车综合利用项目开建

2017年1月5日，合肥报废汽车综合利用项目已在庐江经济开发区开工建设。项目由国投高科投资有限公司与安徽省徽商集团共同出资组建，总投资8.6亿元，项目总产能为年拆解报废汽车5万辆，并逐步实现报废汽车废旧金属、塑料、轮胎及汽车零部件的综合利用。项目分期供地、建设，总规划用地420亩，其中一期主要建设年拆解报废汽车5万辆，规划用地220亩，总投资4.5亿元；项目二期主要开展报废汽车综合利用，总投资4.1亿元，规划用地200亩。

长宁建中汽车城开业

2017年1月15日，建中汽车城盛大开业。宜宾建中汽车销售服务有限公司成立于2005年9月，是宜宾汽车销售服务领域的知名企业，建中汽车城是长宁政府招商引资项目，总投资上亿，旨在打造长宁首家大型汽车综合超市，主要代理长安轿车、长城哈弗、华晨中华、长安商用、长安福特、上海大众、通用别克、北京现代、广州本田等一系列国内知名汽车品牌。经营业务涉及汽车贸易、售后服务、配件供应、汽车装饰、汽车保险、金融担保、二手车交易等领域。汽车城位于宜宾市长宁县。

易捷车百能汽车服务唐山开业

2017年1月8日，中石化南海加油站易捷车百能汽车服务城市综合店在河北唐山开业，该店占地4000平方米，拥有国际水准的标准功能、形象和硬件配套设施。“车百能”是一家集环保洗车、汽车美容、汽车装饰、维修保养、汽车救援、汽车百货、车险于一体的连锁汽服企业，每个门店均配有专业的汽修人员和营销人员。“车百能”按照“统一形象、统一管理、统一价格、统一营销”的原则进行经营管理。

南宁华南城车世界交易中心开业

2017年1月1日，华南城（南宁）车世界汽车交易中心隆重开业，于2016年5月试营业。交易中心座落江南商圈核心区域，沙井大道56号南宁华南城内，营业面积近50000平方米。中心有二手车商业街、4S新车超市、车管行政服务大厅、汽车博览会等，将汽车交易、用车、体验及换购等环节全面打通，提供买车、卖车、评估、购税、上牌、置换、信贷、租赁、保险等一站式方案。中心成功引进40余家业内知名二手车商户及线下服务中心入驻，汇集近1000辆中高端精品二手车。

经销商库存指数及预警

2017年中国经销商库存指数及预警

一、2017年经销商库存系数分析

2017年中国汽车经销商平均库存系数为1.53，相比2016年的1.35，同比上升13.3%。全年有7个月的库存系数大于1.5。

2017年上半年汽车经销商库存压力较大，其中2月库存系数>2。2017年进入下半年，汽车经销商库存系数开始逐步下降，从8月开始库存系数位于警戒线以下，2017年车市出现翘尾现象，12月汽车经销商库存系数降至1以下。

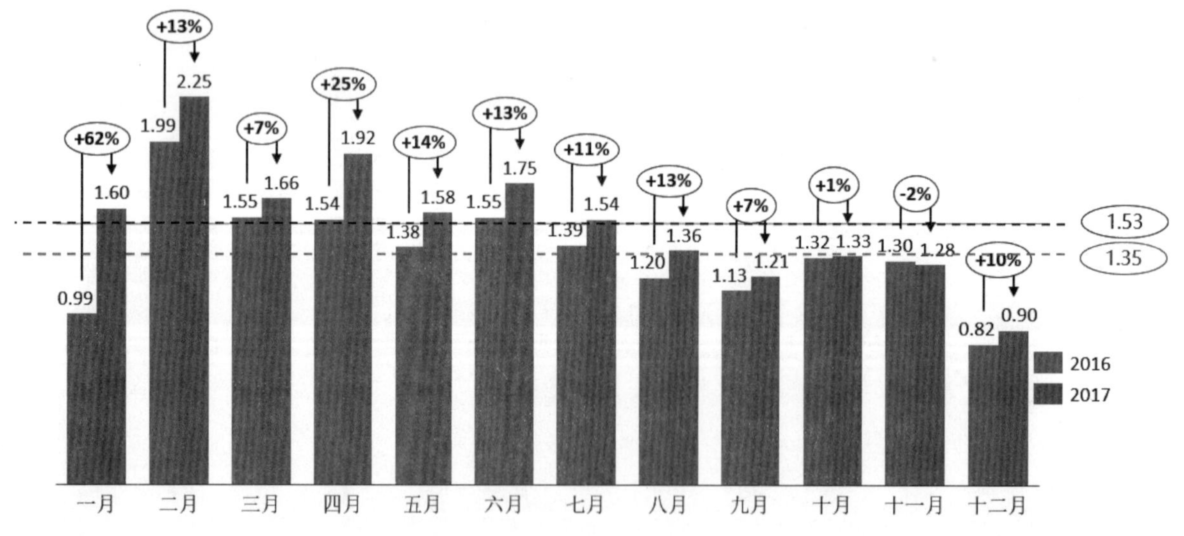

图1　2016–2017年度中国经销商库存系数

（一）合资、进口、自主品牌的平均库存系数均上升

调查结果显示，2017年，合资、进口品牌、自主品牌平均库存系数相对2016年均有所上升。合资品牌的库存水平处于警戒线以下，自主品牌和进口品牌的库存水平较高，超警戒线。

合资品牌2017年平均库存系数为1.35，较2016年

同比上升29%；进口品牌2017年平均库存系数为1.52，较2016年同比上升15%；自主品牌2016年平均库存系数为1.80，较2016年同比上升26%（见图2）。

2017年，合资品牌有4个月库存系数位于警戒线以上，进口品牌有10个月库存系数位于警戒线以上，自主品牌有9个月库存系数位于警戒线以上。

（二）2017年长安汽车有6个月库存系数超过2.0

2017年，多个品牌库存系数超过2.0，其中长安汽车有6个月库存系数超过2.0，上汽荣威、北京现代、上汽大众有5个月库存系数超过2.0，奇瑞汽车、宝骏汽车、东风雪铁龙、东风标致有4个月的库存系数超过2.0，一汽轿车、捷豹路虎、斯柯达、雪佛兰有3个月库存系数超过2.0，英菲尼迪、长城汽车、长安福特有2个月库存系数超过2.0。

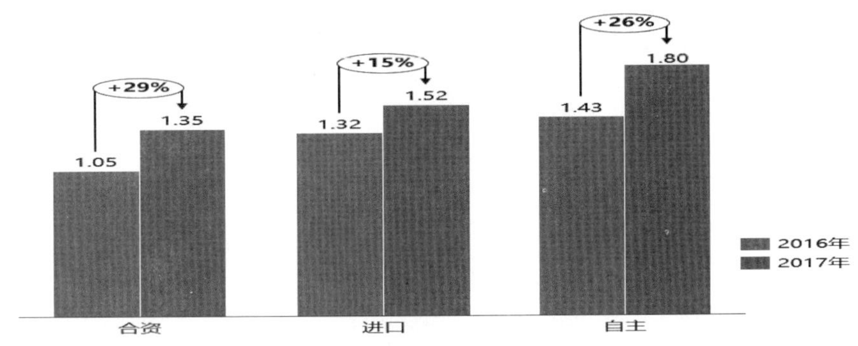

图2　各品牌平均库存系数

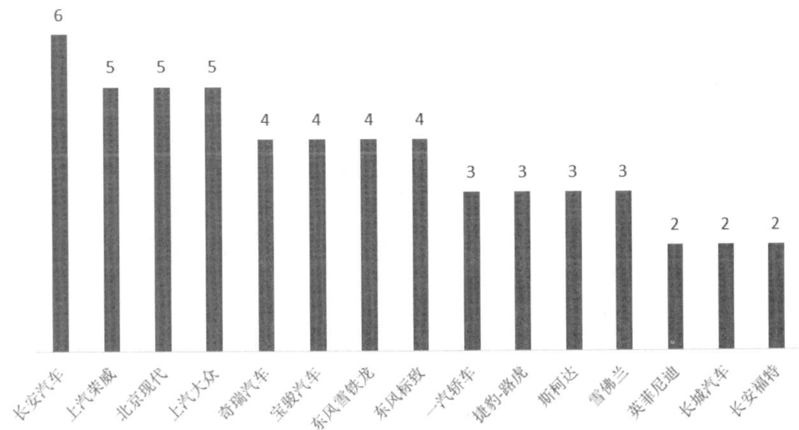

图3　2017年库存系数超过2的品牌所占月数（单位：月）

二、2017年经销商库存预警分析

2017年的1月、2月、3月、4月、5月、7月、9月、12月，库存预警指数高于2016年同期；2017年6月、8月、10月、11月，库存预警指数低于2016年同期。

从2017年库存预警指数图可以看出，2017年上半年经销商库存压力较大，从2017年7月份开始，汽车经销商的库存水平开始回落。从2017年下半年各月库存预警指数均低于警戒线。由于汽车购置税优惠政策2017年年底到期，2017年下半年开始，购车用户增加，车市呈现翘尾现象，经销商的库存压力减轻。2017年，汽车经销商年平均库存预警指数为54.6%，相比2016年上升1.8个百分点。

2017年，经销商的平均库存量指数为51.6%，相比2016年下降3.5个百分点，市场需求指数、平均日销量指数、经营状况指数、从业人员指数均低于2016年。

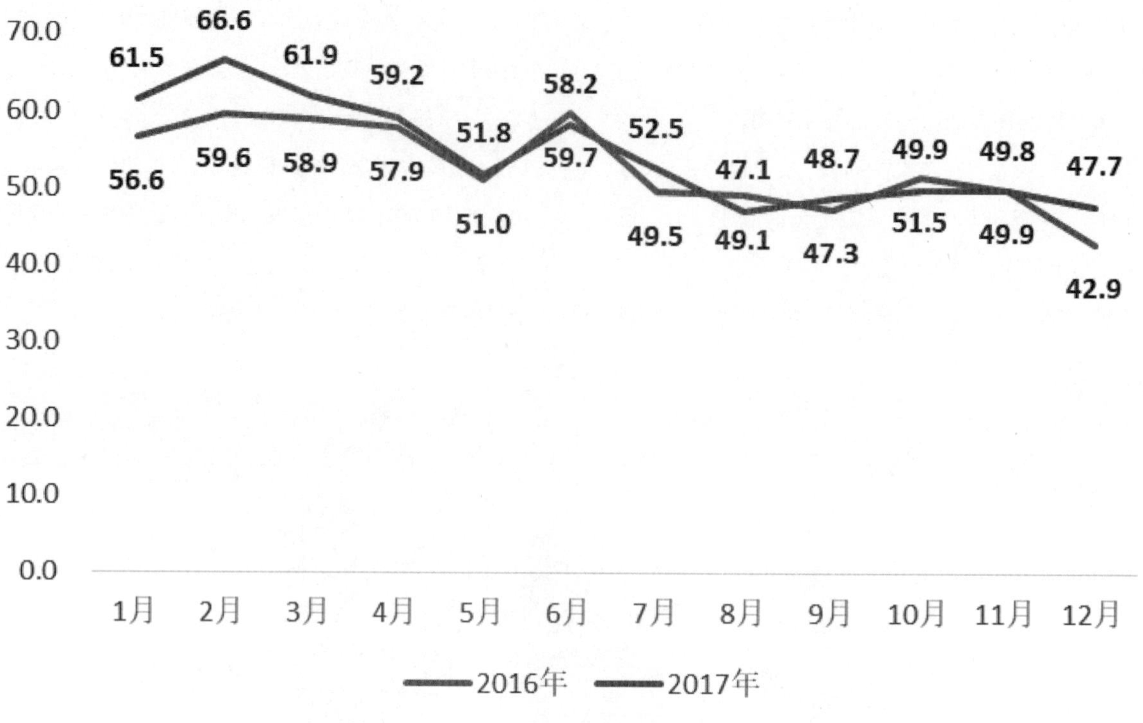

图4　2016–2017年月度经销商库存预警指数

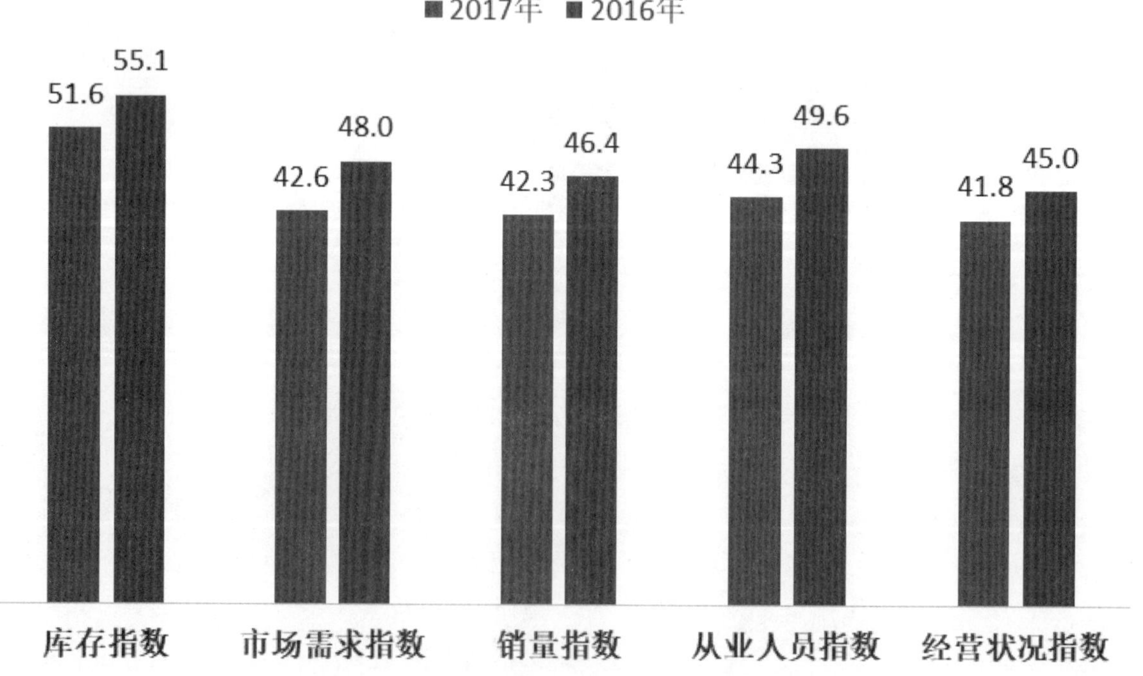

图5　2017年经销商库存预警分指数图

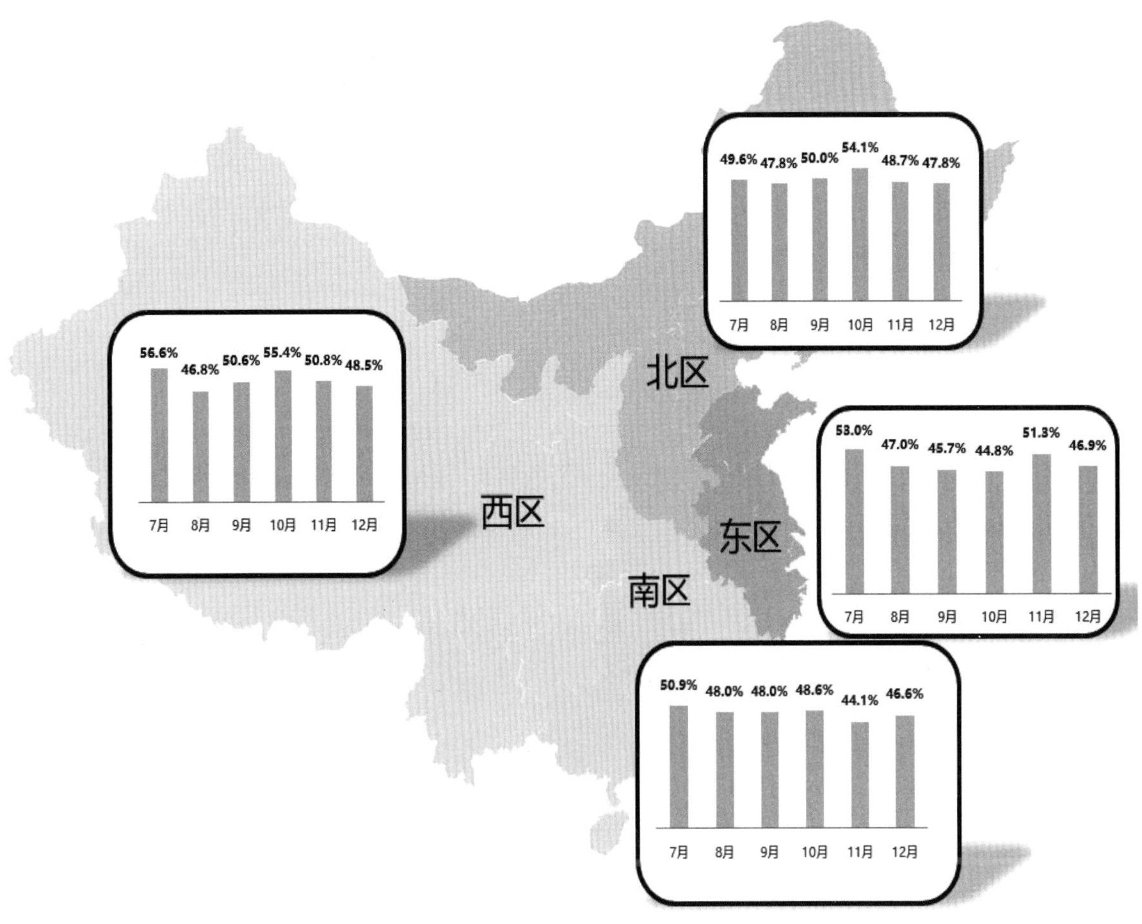

图6 2017年库存预警区域分指数情况

2017 年下半年，中国汽车流通协会开始公布库存预警区域分指数。2017 年下半年，东区平均库存预警指数为 48.11%，北区平均库存预警指数为 49.6%，南区平均库存预警指数为 47.7%，西区平均库存预警指数为 51.45%。西区平均库存预警指数高于其他各区。

区域划分标准

北区包含省份及地区：北京、河北、河南、黑龙江、吉林、辽宁、内蒙古、山西。

南区包含省份及地区：福建、广东、广西、海南、湖北、湖南、江西。

东区包含省份及地区：安徽、江苏、山东、上海、天津、浙江。

西部包含省份及地区：甘肃、贵州、陕西、四川、新疆、云南、重庆、宁夏、青海、西藏。

库存系数及库存预警指数调查对象及范围

2017 年，库存系数的调查对象以中国汽车流通行业百强经销商集团为主，通过组织地方经销商沙龙等活动增加单店样本。

2017 年，调查范围涉及 4S 店 1500 家，覆盖全国大部分省份；调查的品牌涵盖国内市场上主要量产销售的品牌 54 个品牌，包括进口品牌，合资品牌，自主品牌。

2017年全国汽车经销商经营状况

为了进一步加强厂家对汽车经销商的了解，集中反馈经销商在经营过程中的诉求，促进汽车市场健康有序发展，中国汽车流通协会持续开展“全国汽车经销商经营状况调查”活动。从2008年至今，全国汽车经销商满意度调查已连续开展十届，本次调查于2018年2月正式启动，历时一个多月，覆盖了30余家汽车经销商集团，超过了 1300个单店经销商，共回收有效问卷1242份。

4月初，中国汽车流通协会正式发布《2017年全国汽车经销商经营状况调查》。调查显示，2017年经销商总体满意度得分为84.8分，比去年增加了1.3分。满意度提升的主要原因得益于2017年《新销售管理办法》的实施，厂商管理提升，经销商盈利能力提升。

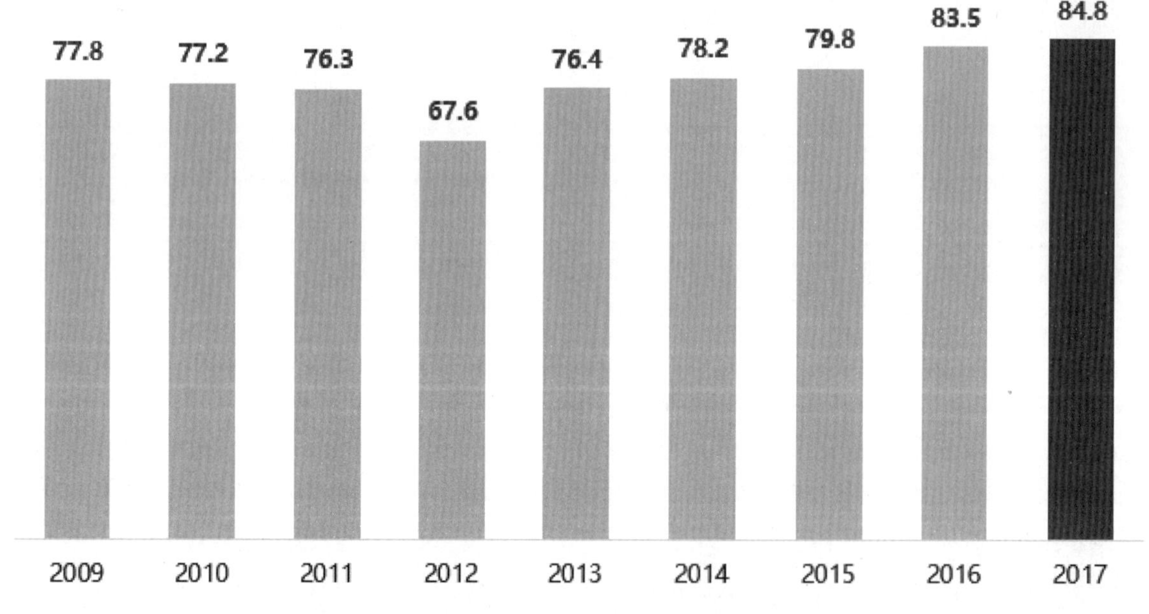

图 1 2009-2017年经销商总体满意度情况

一、2017年经销商满意度

调查结果显示，2017 年经销商总体满意度为基本满意，达到 84.8 分。从品牌类型来看，合资、高端/进口、自主品牌的满意度均有所提升，其中自主品牌的得分最高，为 87.8 分，且提升幅度最大，为 6.9 分；合资品牌得分最低，为 83.8 分。就调查的不同模块来看，品牌价值、厂商政策及厂商管理三个子模块中，经销商对厂商管理的满意度提升最为明显。总体来看，2017 年，经销商与厂家的关系继续向“伙伴式、兄弟式”关系靠拢。

此外，今年我们重点加强了对经销商经营状况的调查。通过调查我们发现有 60%的经销商对 2017 年的经营状况表示满意，30%的经销商表示一般，只有 10%的经销商表示不满意。

二、2017年经销商经营数据

根据中国汽车流通协会最新统计数据，截止 2017 年末，全国乘用车授权经销商数量为 28531 家，同比增长 7.4%，相比 2016 年增速提升了 1.6 个百分点。

据调查，2017 年经销商平均员工人数为 90 人，其中管理人员数量平均为 14.3 人；新车销售人员数量平均为 25.6 人；二手车业务人员数量平均为 2.9 人；售后服务顾问人数平均为 10.2 人，技工人数平均为 21 人。

另外，2017 年新车的平均销量为 1399 辆，平均收入为 20102 万元，平均毛利率为 5.9%，平均金融保险收入为 604 万元，平均金融参透率为 45%。

2017 年二手车的平均销量为 108 辆，平均的收入为 1041 万元，平均毛利率为 6.8%，平均二手车置换比例为 8.4%，平均本品牌认证二手车占比为 8.5%，平均库存周期为 15.6 天。

2017 年售后的平均入场台次为 9033 台，平均售后产值为 1260 万元，其中平均备件收入占比 43.7%，平均售后毛利率 29.1%，平均客单价为 1385 元。

三、2017年经销商经营状况分析

据调查，2017 年全年的库存水平比去年增高，经销商压力增大。据调查 2017 年库存系数在 1.2 个月以上的经销商占比 62.7%，而相比去年，库存系数在 1.5-2 个月范围的经销商占比增加明显，增加 13.4%。

在营业收入方面，2017 年营业收入在 1-3 亿元范围内的经销商占比最多，为 29.4%，其中新车收入占总收入的比例依然最高，其次是售后收入，占比 22.2%。另外，2017 年自主品牌营业收入在 5000 万元以下的经销商占比最高，而豪华品牌在 1 亿元以上的经销商占比最高，其中豪华、自主品牌的金融保险收入占比均高于合资品牌。

在盈利情况方面，相比 2016 年，2017 年经销商的亏损面减小，盈利比例增加。近五分之二的经销商盈利状况处于持平状态，超过近一半的经销商盈利。导致这一变化的主要原因是 2017 年汽车金融业务高速发展、售后服务稳定增长、二手车业务快速发展，经销商的经营理念和管理模式开始向多元化转变，盈利能力提升。

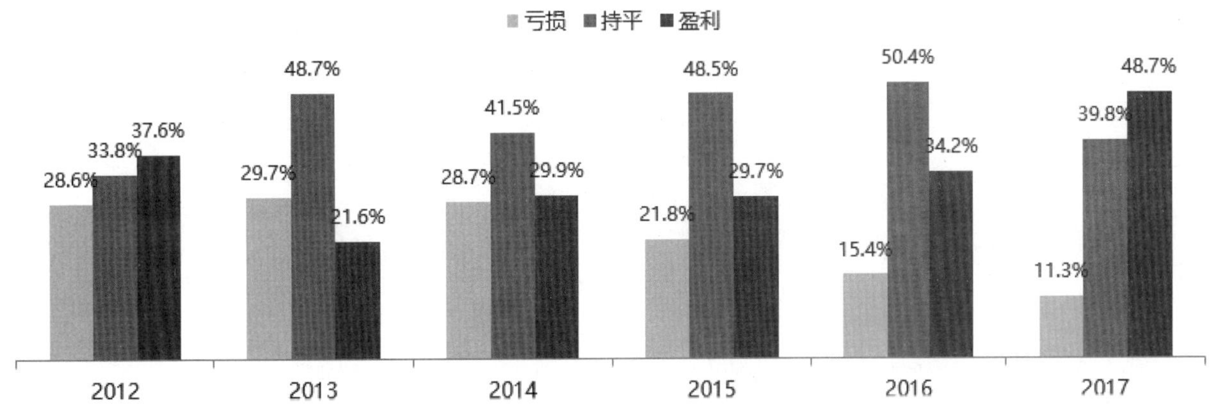

图 2　2009-2017年经销商盈利状况

通过调查我们还发现，2017年维修利润占总利润的比例与新车销售利润基本持平，为35.3%，其中自主品牌的新车销售利润占总收入的比例最高，而豪华、合资品牌的维修保养利润占比最高。

另外，本次还调查了影响经销商2017年经营状况的最主要因素，其中“厂家的政策管理”和“同城4S店密度”这两项排名靠前。我们还关注了经销商2017年遇到的经营困难和压力。

通过调查反馈：库存压力大、价格混乱、跨区域销售、新车销售利润低、新增4S店过多、人员不足等是困扰经销商的主要因素。经销商希望厂家能够制定并落实好区域管控措施，改进商务政策，结合区域市场实情制定销量目标。

另外，一部分经销商还认为厂家在金融支持、产品质量控制及新产品更新等方面有待改进。

四、对2018年的预期

据调查，经销商对2018年市场销量有着较好的预期。认为2018年市场销量会增长的经销商比例为48.2%，认为保持持平的经销商占40.9%，仅有10.9%的经销商认为2018年的市场销量会下降。但经销商预估2018年整个汽车行业增速将放缓，新车利润会继续降低，竞争压力并不会减小。

所以，2018年及未来的整个汽车行业的健康有序发展，依然离不开政府和行业人士的支持，以及厂家和经销商的共同努力。我们中国汽车流通协会也在一直通过开展品牌联会和行业年会，发布经销商百强榜和行业指数，与政府积极沟通等方式来推动整个行业的健康发展，以后也将继续发挥协会的作用，敬请行业同仁监督和指导。

经销商百强

汽车经销商集团百强专题研究报告

本研究报告研究成果均基于2017年度汽车经销商集团经营数据分析得出

一、中国汽车经销商集团百强排行榜发布意义

从2009年至今，中国汽车流通协会已连续九年发布中国汽车经销商集团百强排行榜。该排行榜由中国汽车流通协会打造，吸引了近百家社会媒体的关注，得到了各地汽车流通行业组织及全国汽车经销商集团的大力支持，尤其是得到了国家政府部门及汽车生产厂商、金融机构相关服务机构的广泛认可。

在社会与行业内引起了强烈反响。“中国汽车流通行业经销商集团百强排行榜”已成为我国汽车流通行业反映企业实力的最具权威性、最具影响力的全国性品牌活动之一。

作为引领汽车流通行业的风向标，百强排行榜从百强结构、企业规模、行业集中度、业务结构、盈利能力、盈利潜力、运作风险、人力效能、社会价值等九个维度全面展示了汽车经销商集团过去一年的整体状况，因此排行榜的发布具有重要意义，并对整个行业的持续、健康和稳定发展起到了推动作用。

在社会价值层面，引导汽车流通行业企业持续创造更多的社会经济价值，为拉动经济增长、促进就业、增加税收等做出贡献，从而提升汽车经销商社会地位和公众认知度，承载消费者对出行服务和自由生活的希望。

在经济价值层面，百强榜的发布彰显了汽车流通行业对国民经济不可或缺的拉动作用，展现汽车服务贸易促进中国经济结构转型的重要作用，引导资本市场准确客观聚焦汽车流通领域价值。

在产业价值层面，重塑汽车产业链的价值结构，推动建立平等高效的厂商关系，最大限度发挥流通承接产品、服务市场的作用。

在行业价值层面，树立了汽车流通行业标杆，推动汽车流通企业发展竞争优势，助力汽车经销商集团提升盈利能力、运营能力、可持续发展能力。

二、百强排行榜全面特征分析

百强排行榜全面特征分析体现在过去、现在及未来三个维度，以及百强结构、企业规模、行业集中度、业务结构、盈利能力、盈利潜力、运作风险、人力效能、社会价值九个方面。

（一）百强结构

从结构上看，百亿以上规模集团数量保持稳定，小规模集团持续发力向更高梯队转化。

1．500亿以上经销商集团增加到7家。

2．50-100亿的经销商集团数量由2016年的33家增加到38家，同比增加15.2%。

3．50亿以下的经销商集团数量明显减少。

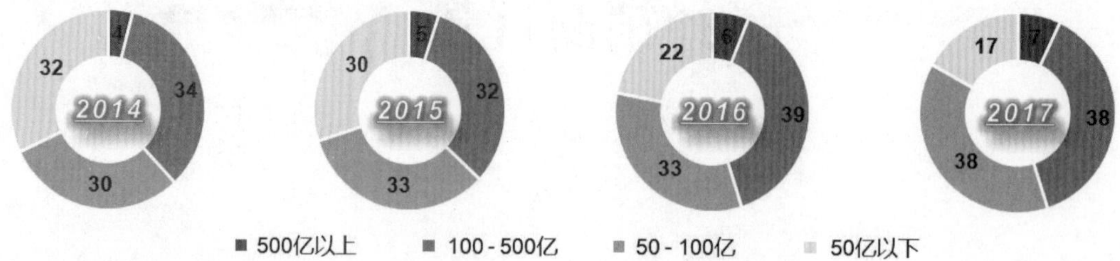

（二）企业规模

从企业规模上看，百强营业规模及整车销售台次仍呈增长态势，总计营收超过 1.6 万亿。

1．4S 店数量：2017 年度百强集团 4S 网点数达到 6,267 家，同比增长 4.2%，门店增长速度较前两年有所放缓。

2．营业收入：2017 年度百强集团营业收入 16,420 亿元，规模继续扩大，同比增长 9.5%。

3．销售数量：2017 年度百强集团整车销售（含二手车）847.9 万台，同比增长 7.5%。

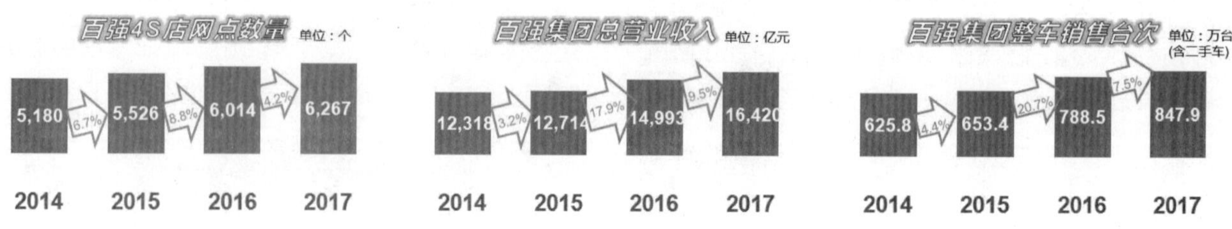

同时，百强集团新车销量增速高于全国增速，二手车业务得到持续发展。

1．新车销售台次：2017 年度百强集团共销售新车 749.9 万台，同比增长 5.7%，超出全国平均增速 4.3 个百分点（全国乘用车增速 1.4%）。

2．二手车销售台次：2017 年度百强集团二手车销售台次 98.0 万台，接近百万量级，各集团二手车业务发展良好。

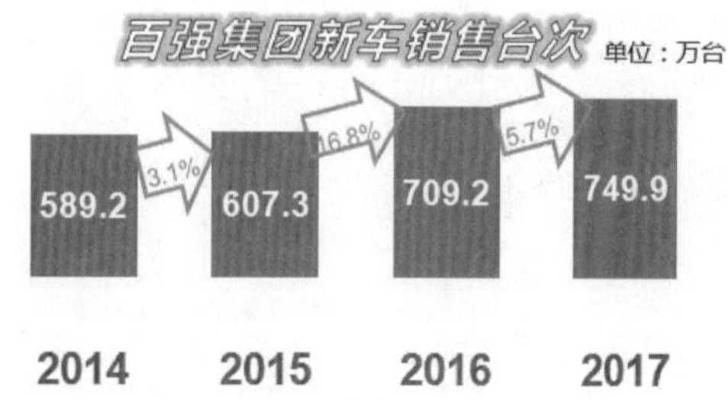

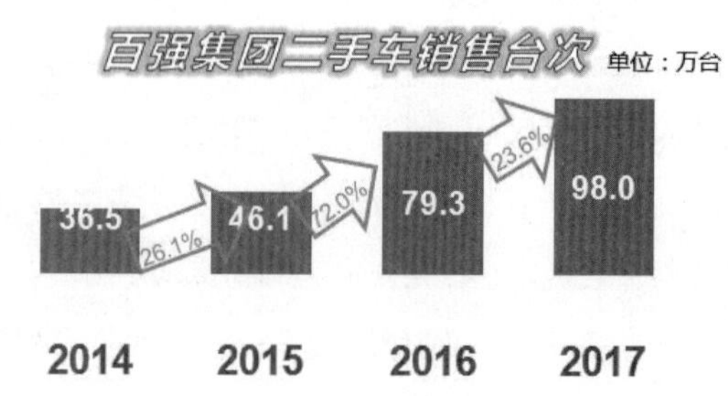

（三）行业集中度

百强集团中，大集团规模效应明显，约八成的销量及收入集中在百亿以上的集团。

1．2017 年度百强集团新车销量 750 万台，占全国乘用车总销量的 30%；

2．2017 年度百强集团中，百亿以上营业规模的集团贡献了百强总销量的 78%，百强总收入的 80%

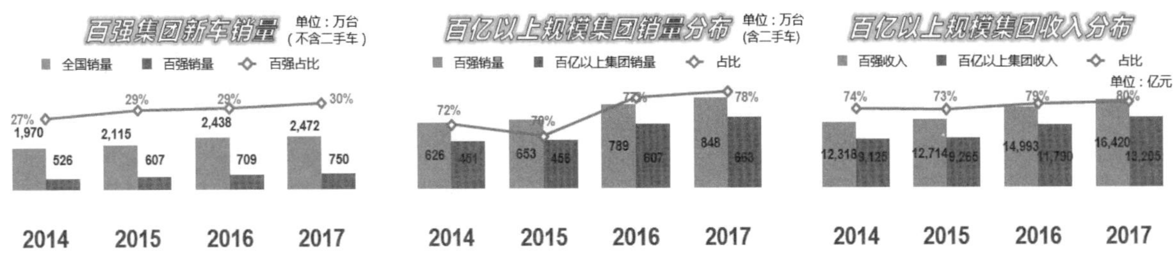

（四）业务结构

汽车后市场潜力巨大，二手车、售后、衍生业务收入占比进一步提升。

1．2017年度百强集团后市场营业规模仍保持增长态势，其收入占营业总收入的比例提升至19.9%。

2．二手车、服务&配件、金融&保险等业务的收入占比均有所提升。

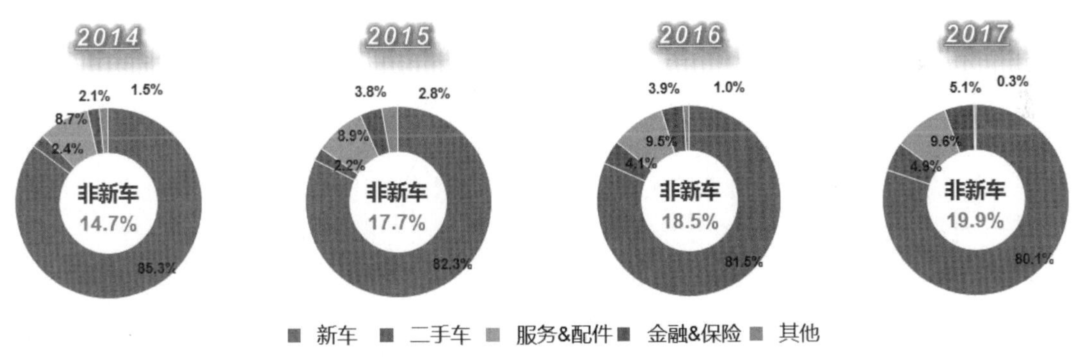

（五）盈利能力

1．百强集团盈利规模大幅增长，盈利状况显著提升。

2017 年度百强集团营业收入增长 9.5%，毛利总额增长 32.4%，净利润增长 28.6%。

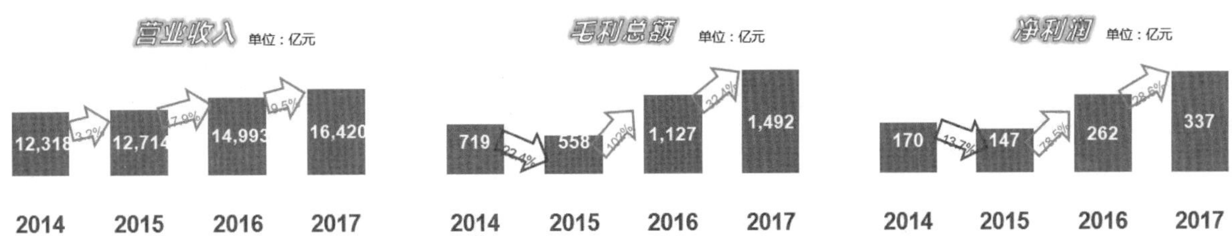

2．新车单车毛利有小幅增加，售后单车毛利较 2016 年略微降低。

2017 年度百强集团新车单车毛利为 5382 元，同比增长 5.8%。售后单车毛利为 772 元，较 2016 年略微降低。

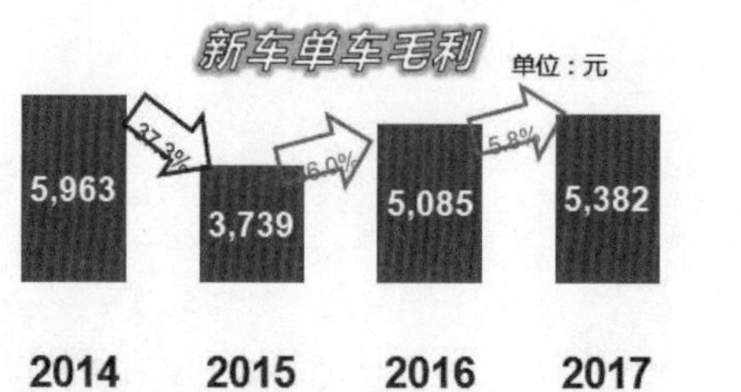

3．整体盈利能力较 2016 年有大幅提升，投资回报率持续改善。

综合毛利率较 2016 年度有所提升，达到 9.1%。

2017 年度净利率达到 2.1%，相对 2016 年提升了 0.4 个百分点。

2017 年度净资产收益率达到 14.1%，相对 2016 年提升了 1.6 个百分点。

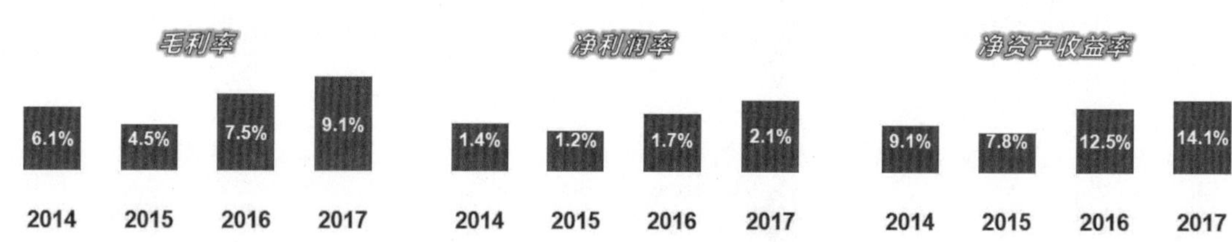

（六）盈利潜力

1．毛利结构持续改善，衍生及二手车业务发展良好，毛利占比持续提升。

2017 年度非新车毛利占比持续提升，达 71.5%。

2017 年度金融与保险业务毛利占比持续提高，达到 20.6%。

二手车业务毛利占比较 2016 年提升 0.7 个百分点。

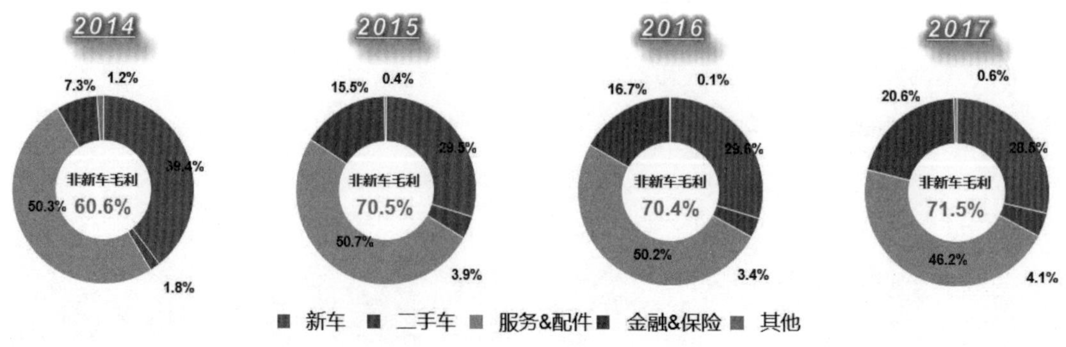

2．资金运行效率与 2016 年持平，售后业务的盈利能力仍需进一步提升。

2017 年度百强集团平均总资产周转次数为 2.1 次，与 2016 年持平。

2017年度百强集团零服吸收率较2016年有小幅下降，风险偏高，售后服务仍有较大提升空间。

（七）运作风险

资金、库存运营风险呈下降趋势，但售后客户维系压力较大，流失率明显增加。

1．2017年度百强集团资产负债率为69%，保持平稳。

2．2017年度百强集团新车库存比为1.2，整体库存压力呈下降趋势。

3．2017年度百强集团平均客户流失率为25%，略有上升。

（八）人力效能

人员配置、人均产出均有小幅提升，人力效能管理能力增强。

1．2017年度百强集团平均单店配备人员75人，较2016年略有增加。

2．2017年度百强集团人均产值351万元，同比提高0.9%，全员人均新车销量16.0台，与2016年基本持平。

（九）社会价值

百强集团总体薪酬及就业人数持续增加，社会价值增强。

1．百强集团2017年度总薪酬福利为404.1亿元，同比增长9.6%。

2．百强集团2017年度吸纳就业人数46.8万人。

3．百强集团年度人均薪酬福利8.6万元，与2016年持平。

三、2018中国汽车品牌竞争力研究报告

（一）中国汽车品牌运营对标分析的背景与意义

1．伴随着资源为王时代的结束和新型互联网营销模式的双重冲击，中国汽车经销商面临着前所未有的挑战，从粗放式运营进入有赢有亏的新时期，如何转型升级，怎样精细化管理和运营至关重要。

2．中国汽车市场的竞争将愈发激烈。（1）不同的发展理念和不同的国情，造就了风格迥异的 5 大车系。他们在国内市场的发展历程和现状，体现出了中国作为世界第一大汽车市场的包容性和多样性。（2）“欧美日韩中”各系车型从未停止博弈，各系车型都有自身的铁打地盘和薄弱区域。区域性的突破与企业品牌密切相关，也与当地渠道的能力不可分割，1 个点占有率的变化都极其困难。

（本报告所有数据均来自于”2018 经销商百强集团及单店”数据）。

（二）各品牌综合竞争力分析

1．通过三个维度的数据对比，分析品牌竞争力差异。

盈利能力表现
衡量品牌的总体盈利规模、盈利效率情况
业务规模表现
衡量品牌的业务经营规模，包括新车、售后、衍生等业务
风险控制表现
衡量品牌的业务运营风险，包括新车、售后、衍生等
综合能力表现
综合盈利能力、企业规模和风险控制来衡量品牌竞争力

2．盈利能力—单店总体盈利表现。

欧系、日系品牌的单店总体盈利较高。

韩系、中系相对较低，韩系主要受新车环节下降影响，而中系则是售后环节盈利弱所致。

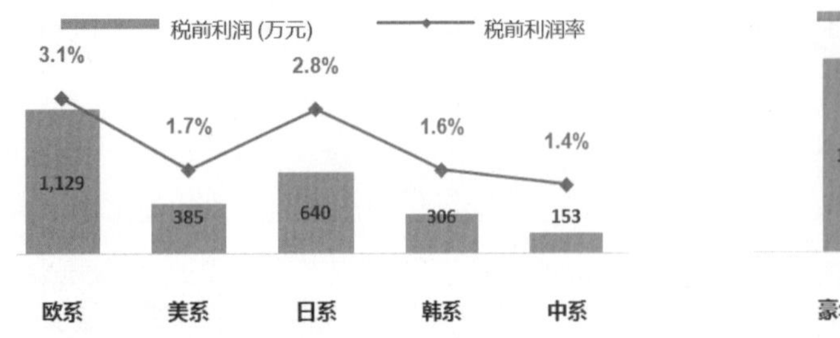

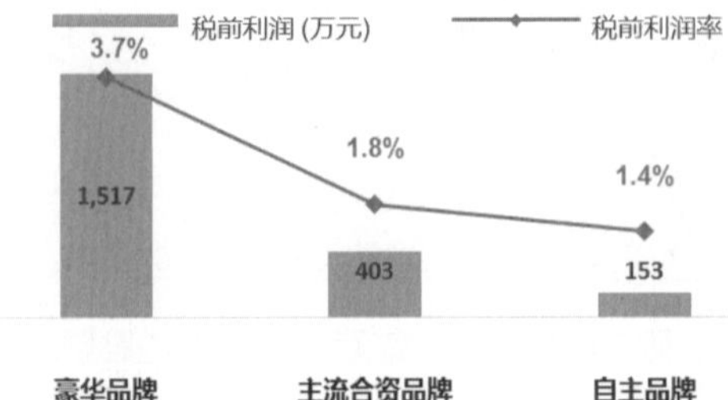

3．盈利能力—单店整车销售盈利表现。

欧系的单车价格及单车毛利均为最高，主要是因为欧系中的豪华品牌数量较多。

韩系的单车毛利远低于其他系别，显示其新车销售压力较大。

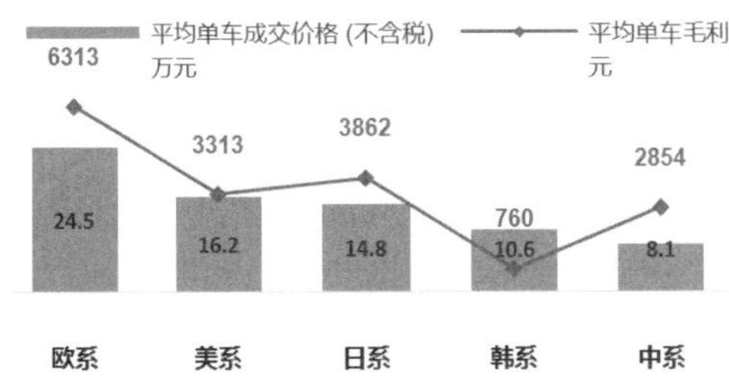

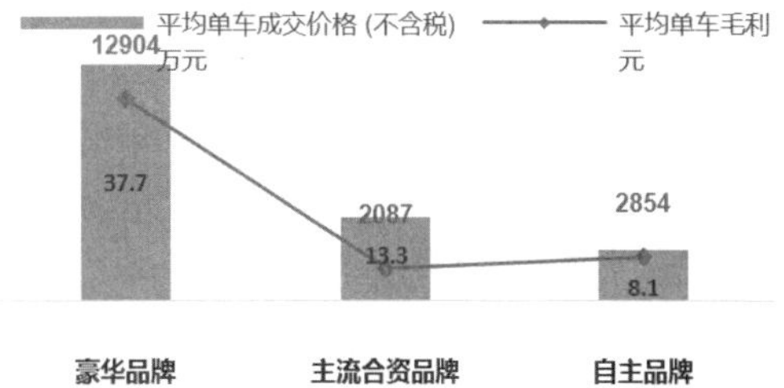

整车销售板块，日系和中系的盈利能力表现相对较好，韩系表现最差。

从品牌级别看，主流合资品牌的毛利率较低，可以说是在豪华和自主品牌的夹缝中生存。

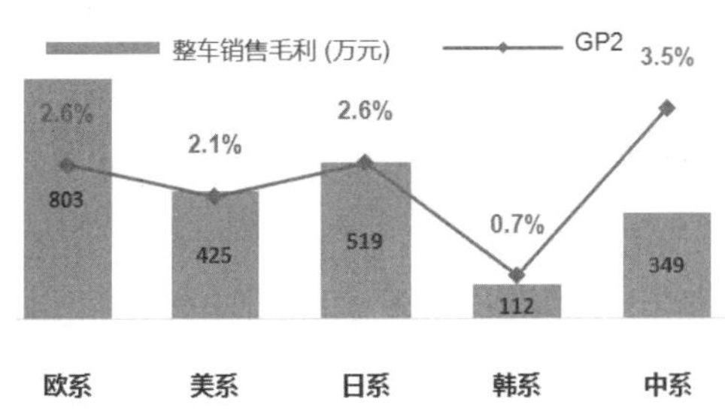

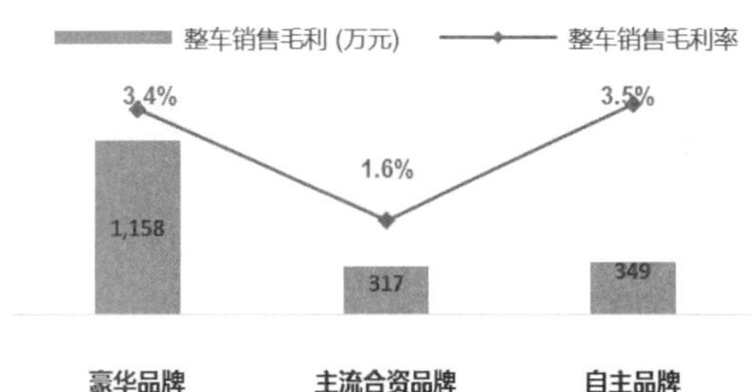

4. 盈利能力 - 单店售后服务盈利表现。欧系的单车产值及单车毛利最高，中系则相对较低，显示中系的售后服务仍有较大提升空间。

日系的单车产值虽低于美系，但其单车毛利却略高于美系。

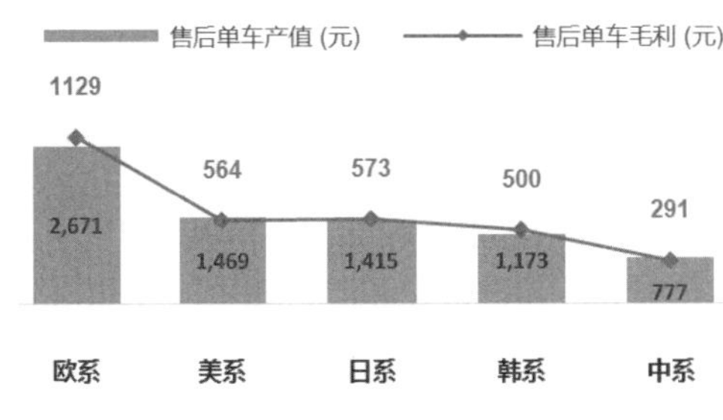

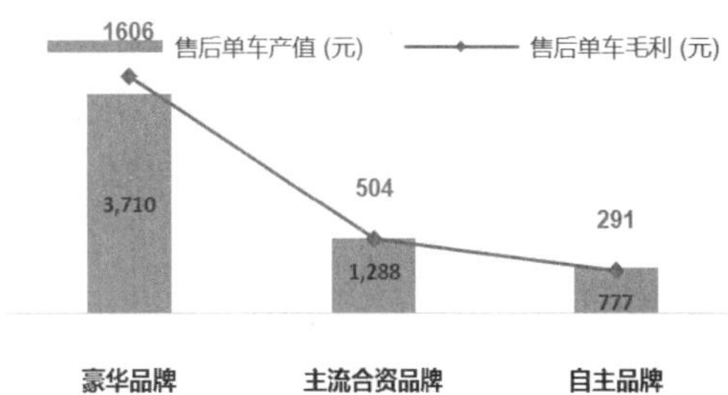

韩系售后服务毛利率最高，希望能通过售后的盈利来缓解新车销售的压力。

欧系、日系的售后毛利率次之，但仍高于 40%，美系、中系相对较低。

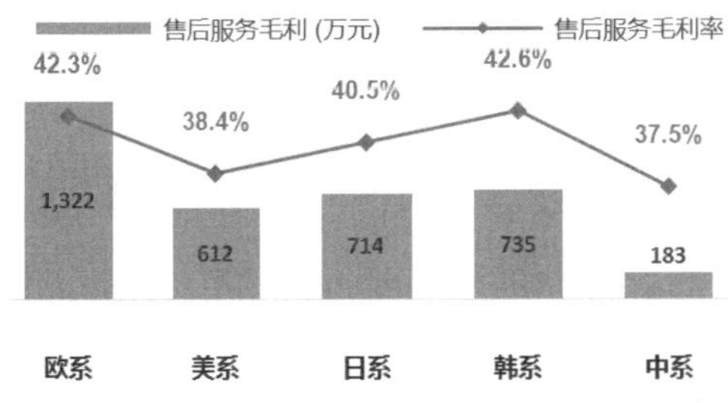

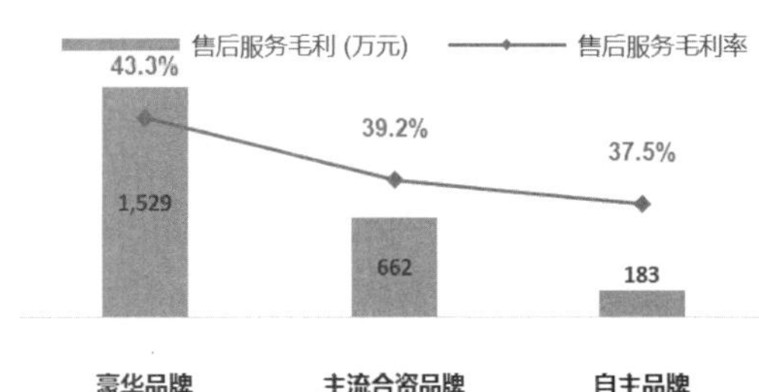

5．业务规模 - 单店总体规模表现

在营收规模上，欧系体量最大，美系和日系居中，韩系和中系最低。

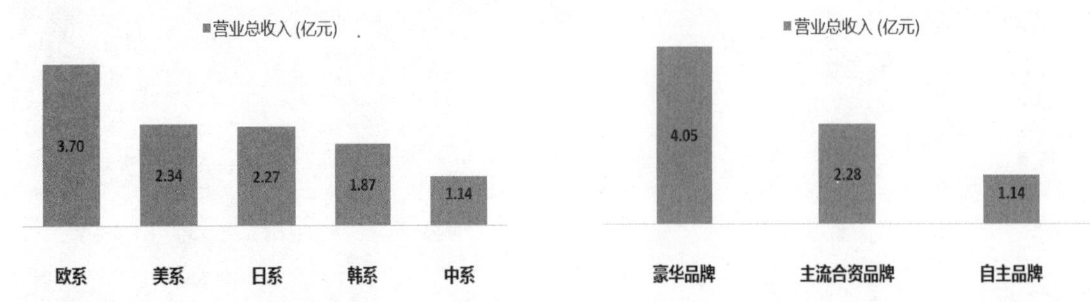

6．业务规模 - 单店整车销售规模表现。整车销售收入规模，欧系最高，中系最低。

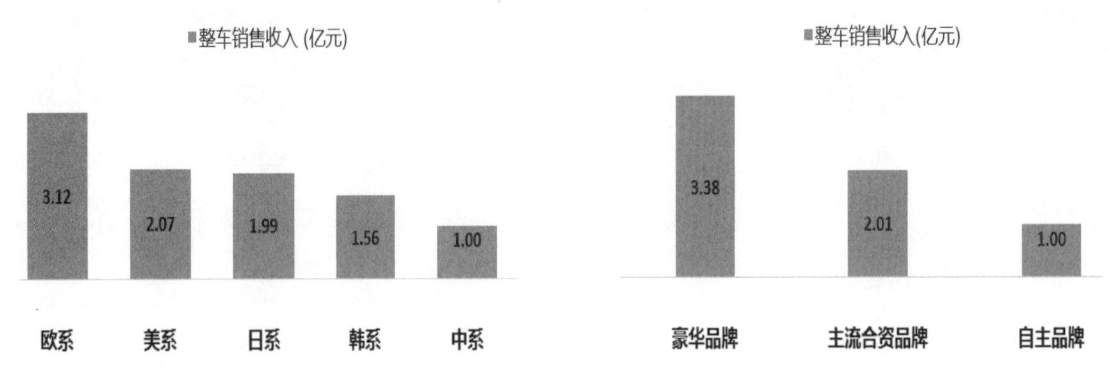

7．业务规模 - 单店售后服务规模表现。售后业务规模来看，仍是欧系最高，日系和韩系居中，中系表现相对较差。

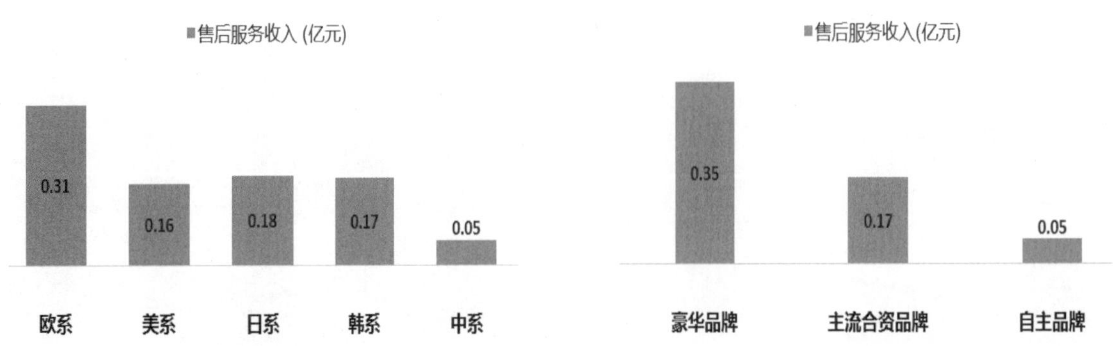

8．风险控制 - 单店总体风险控制表现。韩系的非新车毛利占比最高，主要是因为新车销售受阻，新车环节的毛利偏低所致。欧系、美系、日系的表现相当，中系占比最低，显示中系品牌的新车盈利仍占据主要地位。

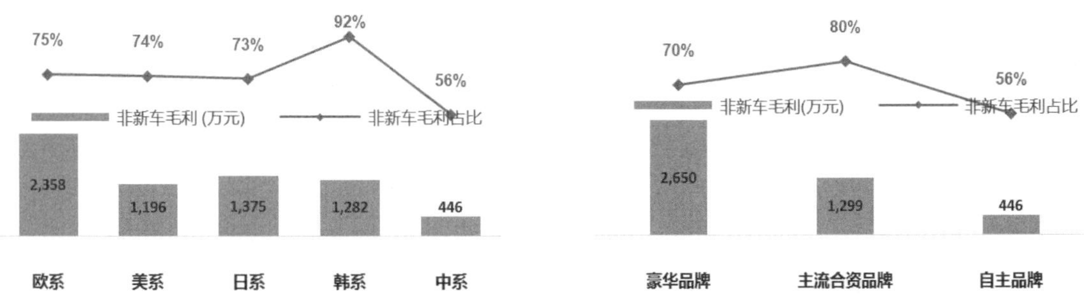

9．风险控制 - 单店整车销售风险控制表现。欧系、日系的衍生毛利体量最大，中系相对较小。从 GP3 来看，中系、日系的盈利能力最强，韩系则较弱。

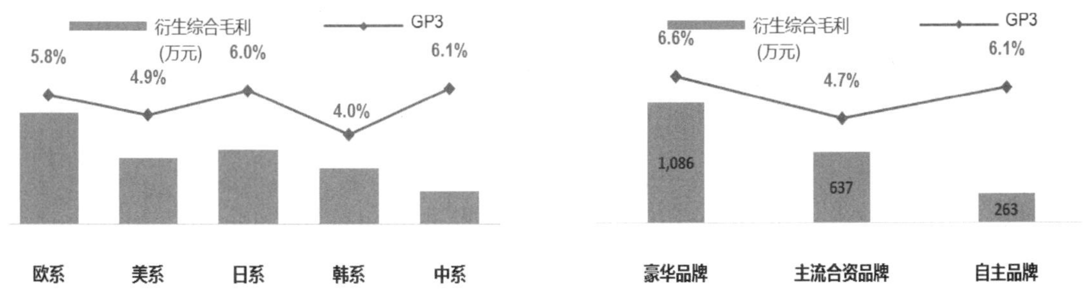

10．风险控制 - 单店售后服务风险控制表现。韩系的零服吸收率最高，其虽在新车销售环节受困，但其售后业务规模及盈利能力仍然较强。美系和中系的零服吸收率相对较低。

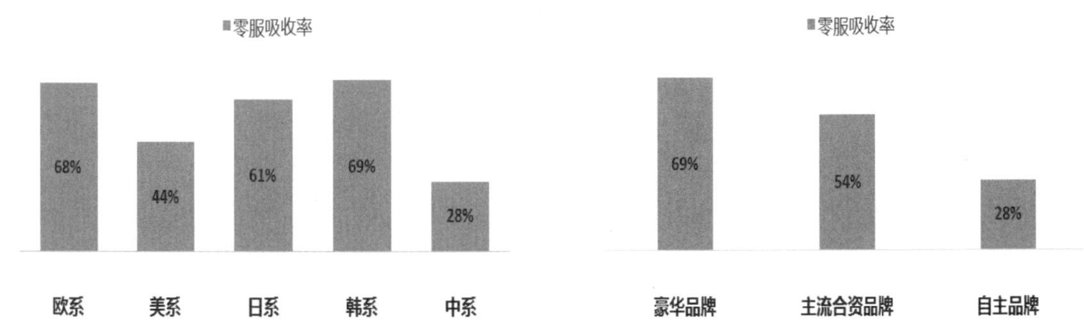

四、经销商盈利水平及运营指标差异化分析

（一）分环节详细指标分析 – 总体

1．500 亿以上集团的净利润率最高，50-100 亿集团的净利润率最低。

2．100-500 亿集团在非新车收入占比的表现占优。

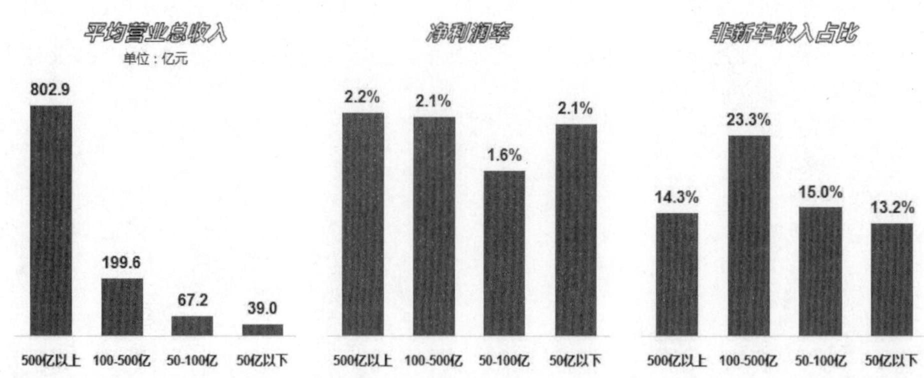

（二）分环节详细指标分析 – 新车销售

500 亿以上的经销商集团，在新车销售环节的规模效应明显，新车毛利率（GP2）遥遥领先。

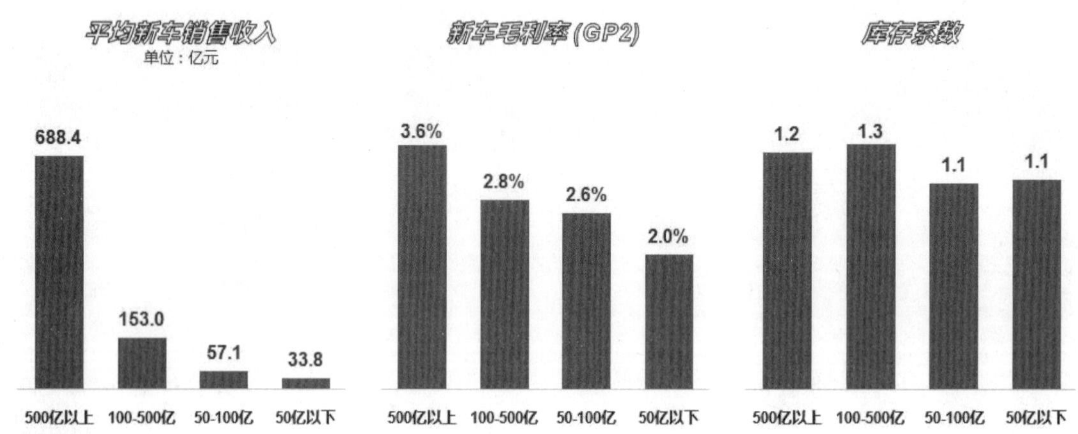

（三）分环节详细指标分析 – 售后服务

50 亿以下的经销商集团，在售后服务的盈利能力占有一定优势，售后毛利率及零服务吸收率均高于其他规模的集团。

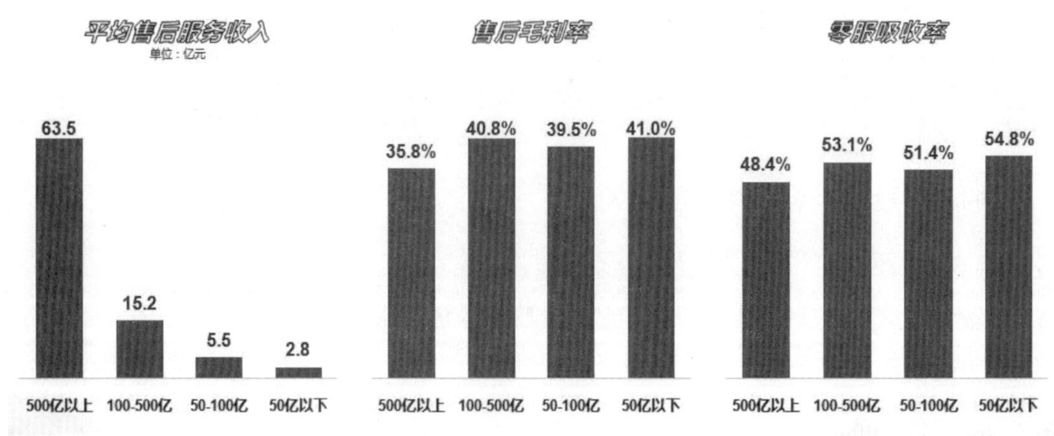

（四）分环节详细指标分析 - 消费信贷

500 亿以上的经销商集团贷款渗透率最高，但其万元单车贷款毛利最低。

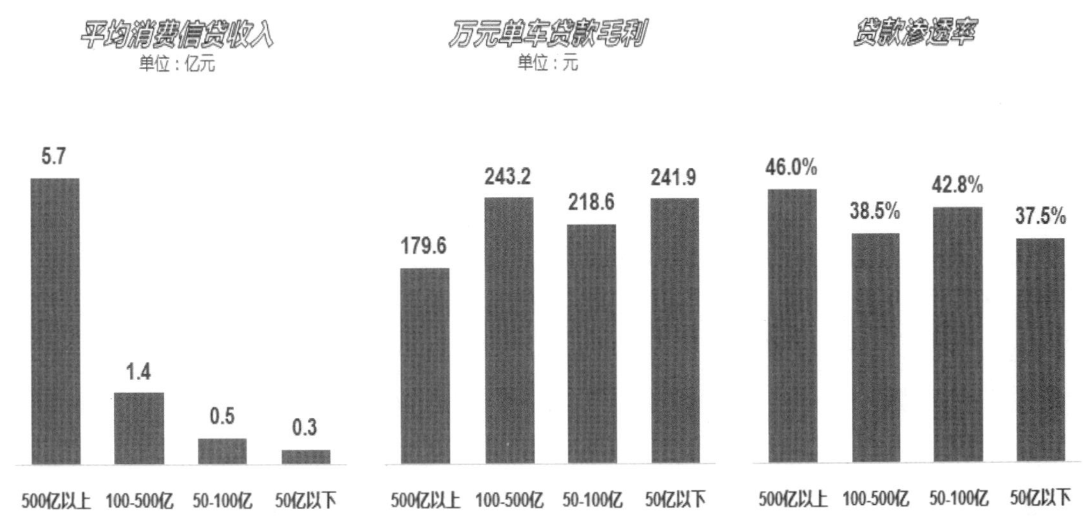

（五）分环节详细指标分析 - 新车保险

各规模集团的新车保险渗透率均在 70%左右，仍有一定提升空间。

500 亿以上经销商集团的万元单车保险毛利最高，其余规模集团均在 90 元以上。

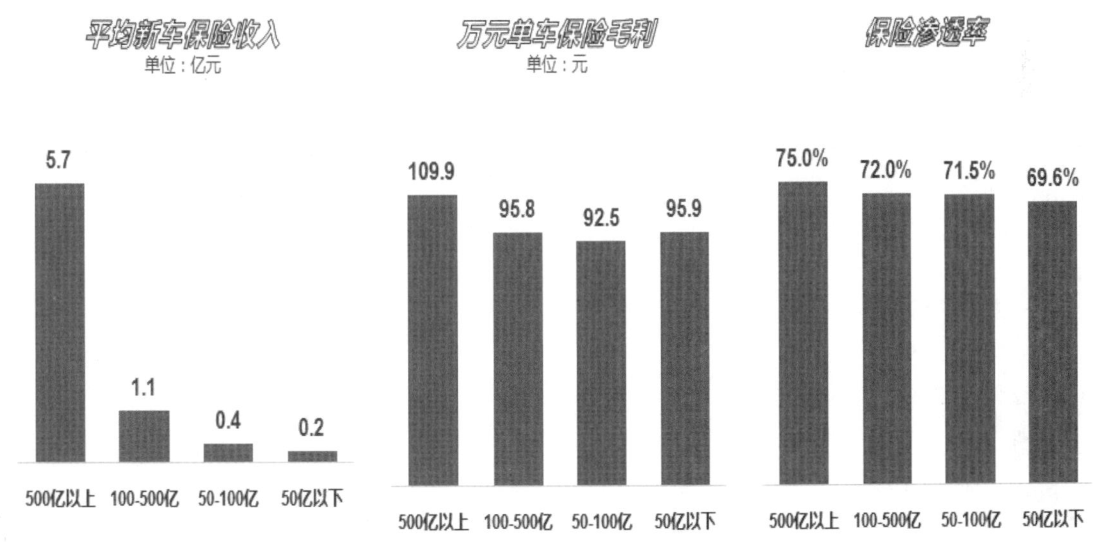

（六）分环节详细指标分析 - 精品

500 亿以上集团的精品业务盈利能力最强，其万元单车精品毛利及精品渗透率均是最高。

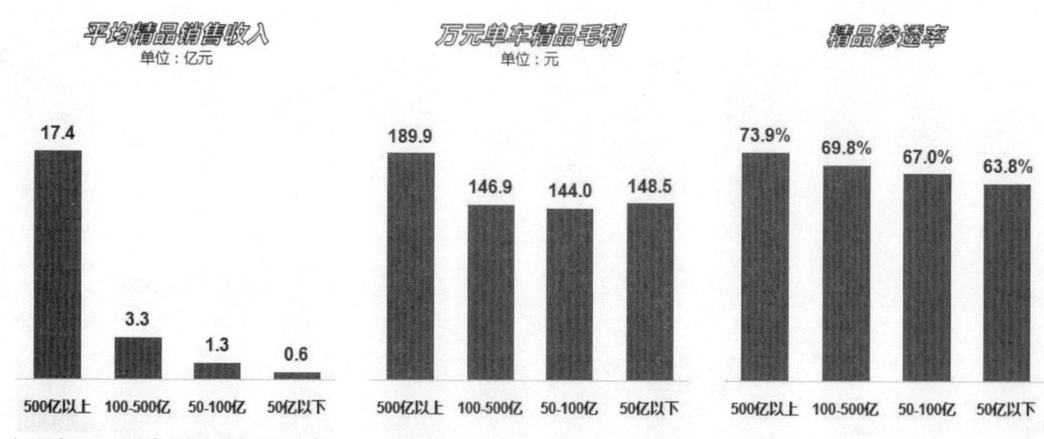

（七）分环节详细指标分析 - 二手车

大集团对二手车业务的发展越来越重视，业务规模也较大。100-500 亿集团的二手车盈利能力较强，二手车销售毛利率 6.4%。

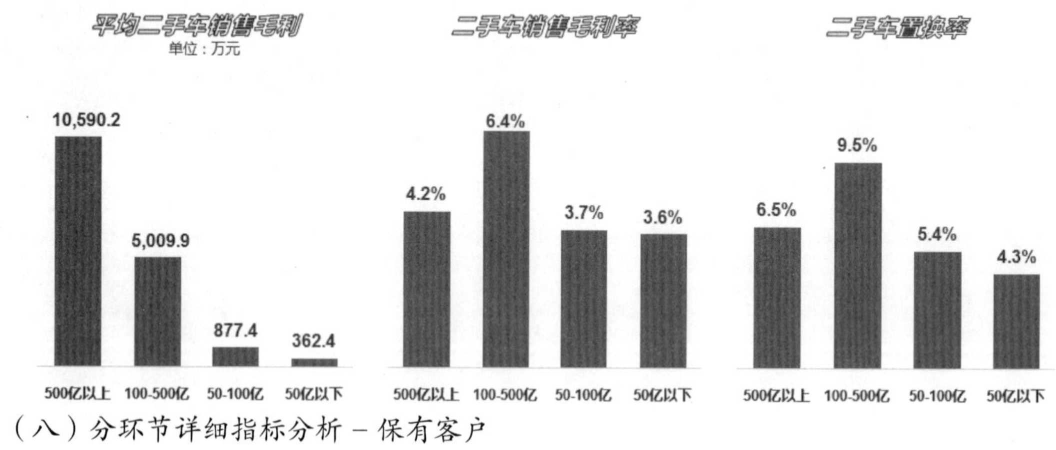

（八）分环节详细指标分析 - 保有客户

50-100 亿集团的保有客户管理能力较高，客户忠诚度最高，为 46.6%；其客户流失率为 29.9%，也相对较低。

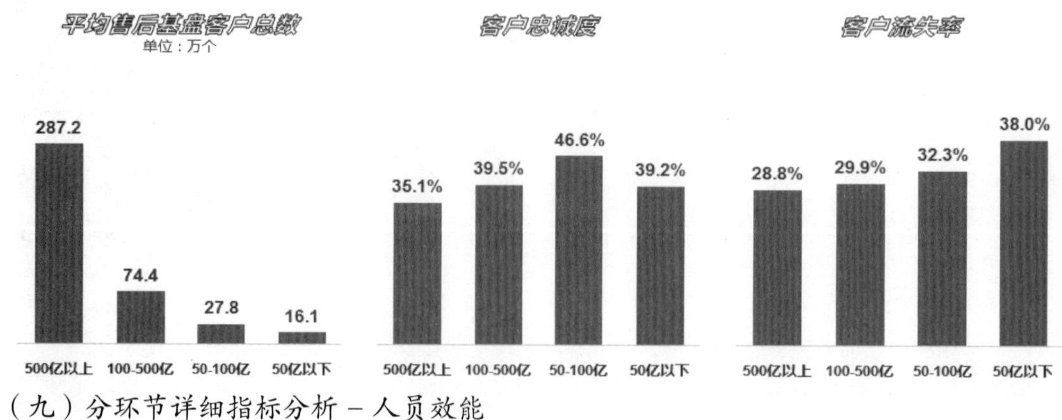

（九）分环节详细指标分析 - 人员效能

500 亿以上集团人员效能较高，但其员工流失率也最大。100-500 亿的集团表现相对均衡。

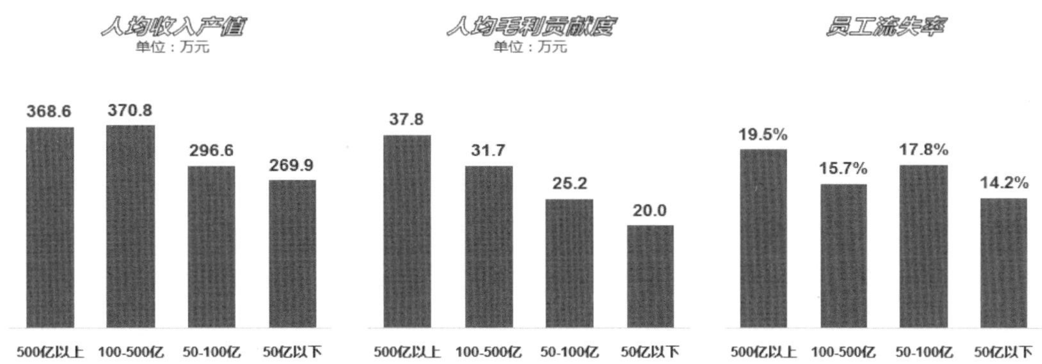

（十）费用率分析

50-100 亿集团的费用率最高，是导致净利润率低的主要原因。

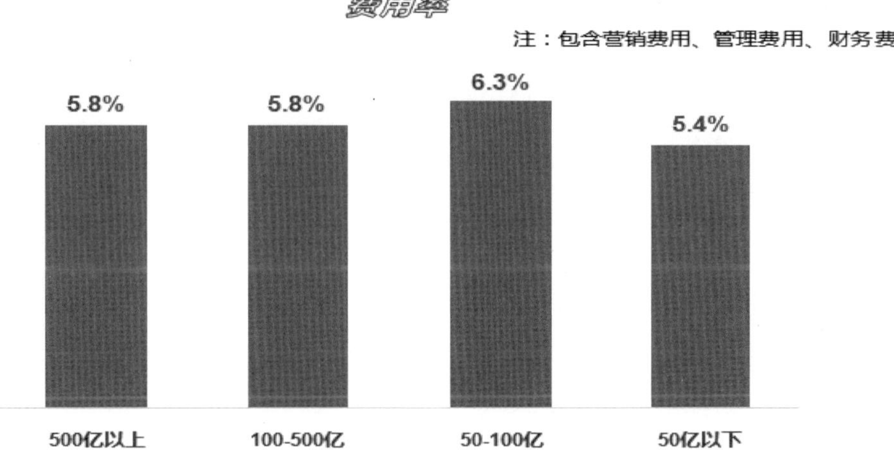

中国汽车经销商集团百强排行榜单

本研究报告研究成果均基于2017年度汽车经销商集团经营数据分析得出

排名	集团名称	2017 年度营业收入（亿元）	2017 年度销量（含二手车）
1	广汇汽车服务股份公司	1,607.12	1,100,261
2	中升集团控股有限公司	862.90	379,565
3	利星行汽车	801.10	205,861
4	庞大汽贸集团股份有限公司	704.85	495,900
5	上海永达控股（集团）有限公司	625.78	206,823
6	恒信汽车集团股份有限公司	515.81	274,134
7	国机汽车股份有限公司	502.40	156,222
8	大昌行集团有限公司	422.19	124,388
9	浙江物产元通汽车集团有限公司	387.41	242,000
10	江苏万帮金之星车业投资集团有限公司	357.16	139,297
11	中国正通汽车服务控股有限公司	354.74	147,299
12	长久汽车投资有限公司	339.56	190,892
13	广物汽贸股份有限公司	335.46	320,720
14	北京北汽鹏龙汽车服务贸易股份有限公司	329.29	55,379
15	北京运通国融投资集团有限公司	318.45	112,022
16	深圳市东风南方实业集团有限公司	303.63	232,810
17	贵州通源集团	219.75	65,146
18	上海汽车工业销售有限公司	219.53	183,945
19	天津市浩物机电汽车贸易有限公司	217.20	98,676
20	山东远通汽车贸易集团有限公司	215.88	134,883
21	利泰集团有限公司	200.84	122,622
22	宝利德控股集团有限公司	196.40	50,967
23	润东汽车集团有限公司	195.15	81,496
24	广汽商贸有限公司	176.48	115,895
25	北京汇京融兴投资控股有限公司	171.06	90,783
26	河南威佳汽车贸易集团有限公司	170.49	115,976
27	润华集团股份有限公司	164.40	106,651
28	北京祥龙博瑞汽车服务（集团）有限公司	162.70	88,015
29	仁孚汽车（中国）有限公司	159.35	36,083
30	万友汽车投资有限公司	154.06	162,169
31	无锡商业大厦集团东方汽车有限公司	152.81	99,781
32	北京惠通陆华汽车销售有限公司	147.15	31,537

中国汽车经销商集团百强排行榜单（续1）

排名	集团名称	2017 年度营业收入(亿元)	2017 年度销量(含二手车)
33	北京奥吉通投资（集团）有限公司	145.34	59,416
34	四川华星汽车集团有限公司	143.13	38,039
35	欧龙汽车贸易集团有限公司	130.88	45,455
36	远方汽车贸易集团有限公司	123.72	69,764
37	广东鸿粤汽车销售集团有限公司	116.33	41,530
38	中国和谐汽车控股有限公司	112.78	25,917
39	蓝池集团有限公司	108.86	65,543
40	湖南永通集团有限公司	107.92	54,239
41	森那美汽车实业有限公司	107.62	26,044
42	力天集团有限公司	106.29	20,592
43	山东广潍集团有限公司	104.52	86,399
44	湖南兰天集团有限公司	103.90	62,328
45	盈众汽车集团有限公司	102.85	61,571
46	宁波轿辰集团股份有限公司	89.91	46,271
47	厦门建发汽车有限公司	89.00	17,835
48	广东合诚集团有限公司	88.32	36,790
49	绿地汽车服务（集团）有限公司	87.84	34,469
50	福建吉诺集团有限公司	87.58	51,973
51	沈阳大众企业集团有限公司	83.23	55,219
52	华宏汽车集团有限公司	79.36	35,107
53	新丰泰集团控股有限公司	79.15	26,241
54	湖南九城投资集团有限公司	78.07	41,342
55	广州南菱汽车股份有限公司	77.48	41,157
56	内蒙古利丰鼎盛汽车有限公司	77.29	73,895
57	中国美东汽车控股有限公司	76.83	30,583
58	江苏明都汽车集团有限公司	76.71	43,609
59	湖南申湘汽车星沙商务广场有限公司	73.31	47,682
60	业乔投资（集团）有限公司	72.12	24,006
61	陕西省汽车贸易公司	71.37	94,746
62	山西大昌汽车集团有限公司	70.90	34,731
63	厦门国贸汽车股份有限公司	68.02	31,646
64	浙江康桥汽车工贸集团股份有限公司	64.94	40,481
65	金阳光汽车集团有限公司	64.66	46,063
66	天津捷通达汽车投资集团有限公司	63.53	46,629
67	苏州华成集团有限公司	61.04	37,129
68	湖南津湘投资有限责任公司	60.93	41,223
69	深圳市佳鸿集团控股有限公司	60.16	10,376
70	重庆百事达汽车有限公司	59.82	37,287
71	重庆商社汽车贸易有限公司	59.79	33,389

中国汽车经销商集团百强排行榜单（续2）

排名	集团名称	2017年度营业收入(亿元)	2017年度销量(含二手车)
72	红旭集团股份公司	56.52	34,919
73	河南锦鸿汽车集团有限公司	55.24	38,422
74	广东有道汽车集团股份有限公司	55.09	39,341
75	浙江万银汽车集团有限公司	53.51	31,196
76	江苏天泓汽车集团有限公司	53.43	33,279
77	常州外事旅游汽车集团有限公司	52.75	41,667
78	武汉建银华盛集团股份有限公司	51.52	25,392
79	裕隆（中国）汽车投资有限公司	51.31	41,925
80	湖南力天汽车集团有限公司	51.03	20,650
81	广东新协力集团有限公司	50.89	58,568
82	五洲汽车商贸集团有限公司	50.07	37,298
83	山东银座汽车有限公司	50.04	22,244
84	广东庆丰汽车集团有限公司	47.03	19,977
85	上海协通集团汽车管理有限公司	45.43	24,731
86	山东大友集团有限公司	45.17	23,814
87	重庆金菱汽车（集团）有限公司	44.60	29,537
88	广西玉柴物流集团有限公司	44.15	26,669
89	北京嘉华基业投资有限公司	43.97	15,782
90	江苏伟杰投资实业有限公司	43.91	16,432
91	江苏海鹏投资集团有限公司	41.58	26,292
92	江西国力汽车集团有限公司	40.06	32,493
93	江苏华海汽车销售集团有限公司	39.03	26,442
94	厦门市信达汽车投资集团有限公司	37.29	15,955
95	泉州华奥汽车销售集团	36.00	12,585
96	中国冠宇汽车集团控股有限公司	32.36	19,421
97	江苏益昌集团有限公司	31.92	19,040
98	广州市美轮汽车有限公司	31.82	13,063
99	浙江禾众汽车企业管理集团有限公司	30.16	20,922
100	东风鸿泰汽车销售有限公司	27.94	23,992

中国汽车经销商百强卓越经销店

本研究报告研究成果均基于2017年度汽车经销商集团经营数据分析得出

序号	经销商名称	经营品牌	集团
1	北京寰宇恒通汽车有限公司	奥迪	广汇汽车服务股份公司
2	衢州欧龙汽车有限公司	奔驰(北京奔驰)	欧龙汽车贸易集团有限公司
3	佛山市顺德区世锦汽车销售服务有限公司	奥迪	长久汽车投资有限公司
4	北京燕德宝汽车销售有限公司	宝马	广汇汽车服务股份公司
5	北京运通嘉奥汽车销售服务有限公司	奥迪	北京运通国融投资集团有限公司
6	北京运通博奥汽车销售服务有限公司	奥迪	北京运通国融投资集团有限公司
7	北京长久世达汽车销售有限公司	捷豹路虎	长久汽车投资有限公司
8	安徽之星汽车销售服务有限公司	奔驰(北京奔驰)	广汇汽车服务股份公司
9	北京运通博恩汽车销售服务有限公司	大众(一汽-大众)	北京运通国融投资集团有限公司
10	石家庄宝翔行汽车销售服务有限公司	宝马	北京嘉华基业投资有限公司
11	嘉兴合信汽车销售服务有限公司	奔驰(北京奔驰)	大昌行集团有限公司
12	苏州宝信汽车销售服务有限公司	宝马	广汇汽车服务股份公司
13	广西长久世达汽车销售服务有限公司	捷豹路虎	长久汽车投资有限公司
14	北京惠通陆华汽车服务有限公司	捷豹路虎	北京惠通陆华汽车销售有限公司
15	贵阳宝翔行汽车销售服务有限公司	宝马	北京嘉华基业投资有限公司
16	乌鲁木齐燕宝汽车销售服务有限公司	宝马	广汇汽车服务股份公司
17	珠海美东雷克萨斯汽车销售服务有限公司	雷克萨斯	中国美东汽车控股有限公司
18	东莞美东汽车服务有限公司	雷克萨斯	中国美东汽车控股有限公司
19	重庆星顺汽车有限公司	奔驰(北京奔驰)	广汇汽车服务股份公司
20	河南威佳汽车贸易集团有限公司	日产(东风日产)	河南威佳汽车贸易集团有限公司
21	深圳市福日汽车销售有限公司	奔驰(北京奔驰)	青岛福日汽车集团有限公司
22	温州欧龙汽车有限公司	大众(一汽-大众)	欧龙汽车贸易集团有限公司
23	郑州裕华丰田汽车销售服务有限公司	丰田(一汽丰田)	长久汽车投资有限公司
24	福州中诺汽车有限公司	现代(北京现代)	福建吉诺集团有限公司
25	深圳市深业汽车贸易有限公司	本田(广汽本田)	大昌行集团有限公司
26	广州长悦雷克萨斯汽车销售服务有限公司	雷克萨斯	广汽商贸有限公司
27	厦门美东汽车销售服务有限公司	雷克萨斯	中国美东汽车控股有限公司
28	合肥欧亚汽车服务有限公司	大众(一汽-大众)	广汇汽车服务股份公司
29	福州建发汽车销售服务有限公司	保时捷	厦门建发汽车有限公司
30	张家港伟杰雷克萨斯汽车销售服务有限公司	雷克萨斯	江苏伟杰投资实业有限公司
31	深圳市兴业汽车有限公司	本田(广汽本田)	大昌行集团有限公司
32	广西鑫广达博远汽车销售服务有限公司	本田(东风本田)	长久汽车投资有限公司
33	北京运通博裕丰田汽车销售服务有限公司	丰田(一汽丰田)	北京运通国融投资集团有限公司
34	北京兰德陆华汽车销售有限公司	捷豹路虎	北京惠通陆华汽车销售有限公司
35	江西运通大创汽车销售服务有限公司	别克	广汇汽车服务股份公司
36	广东兴锐汽车销售有限公司	本田(东风本田)	广物汽贸股份有限公司

中国汽车经销商百强卓越经销店（续1）

序号	经销商名称	经营品牌	集团
37	北京燕豪汽车销售服务有限公司	沃尔沃	广汇汽车服务股份公司
38	大连尊荣富沃汽车销售服务有限公司	沃尔沃	广汇汽车服务股份公司
39	河南威佳源通汽车销售服务有限公司	别克	河南威佳汽车贸易集团有限公司
40	新疆瑞天汽车销售服务有限公司	丰田(广汽丰田)	广汇汽车服务股份公司
41	广州本田汽车第一销售有限公司	本田(广汽本田)	广汽商贸有限公司
42	佛山东保汽车销售服务有限公司	保时捷	中国美东汽车控股有限公司
43	东莞市世沃汽车销售服务有限公司	沃尔沃	长久汽车投资有限公司
44	厦门宾捷汽车有限公司	保时捷	厦门建发汽车有限公司
45	清远市广物众盛汽车销售服务有限公司	大众(上汽大众)	广物汽贸股份有限公司
46	江苏华通和盛汽车销售服务有限公司	别克	江苏华海汽车销售集团有限公司
47	浙江万国汽车有限公司	福特(长安福特)	浙江万银汽车集团有限公司
48	广西鑫广达长久汽车商贸有限公司	大众(一汽-大众)	长久汽车投资有限公司
49	广东广物东本汽车贸易有限公司	本田(东风本田)	广物汽贸股份有限公司
50	桂林鑫广达汽车销售服务有限责任公司	大众(一汽-大众)	长久汽车投资有限公司
51	重庆博众汽车销售服务有限公司	大众(上汽大众)	广汇汽车服务股份公司
52	江苏华通汽车销售服务有限公司	别克	江苏华海汽车销售集团有限公司
53	陕西华兴新世纪汽车服务贸易有限公司	别克	广汇汽车服务股份公司
54	重庆中汽西南都灵汽车有限公司	日产(东风日产)	广汇汽车服务股份公司
55	河南威佳金凯汽车销售服务有限公司	凯迪拉克	河南威佳汽车贸易集团有限公司
56	深圳市鹏峰投资发展有限公司	丰田(广汽丰田)	广汇汽车服务股份公司
57	江苏华海凯迪汽车销售服务有限公司	凯迪拉克	江苏华海汽车销售集团有限公司
58	广西鑫广达汽车销售服务有限公司	马自达(一汽马自达)	长久汽车投资有限公司
59	张家港市伟达汽车销售服务有限公司	本田(东风本田)	江苏伟杰投资实业有限公司
60	湛江市合荣汽车销售服务有限公司	本田(东风本田)	大昌行集团有限公司
61	广西鑫广达长久汽车销售服务有限公司	马自达(长安马自达)	长久汽车投资有限公司
62	广州长润汽车销售有限公司	丰田(广汽丰田)	广汽商贸有限公司
63	湛江市骏华丰田汽车销售服务有限公司	丰田(一汽丰田)	大昌行集团有限公司
64	北京中业丰田汽车销售服务有限公司	丰田(一汽丰田)	中国美东汽车控股有限公司
65	汕头市东保汽车销售服务有限公司	保时捷	中国美东汽车控股有限公司
66	重庆西南富豪汽车有限公司	沃尔沃	广汇汽车服务股份公司
67	重庆百事达华众汽车销售服务有限公司	大众(上汽大众)	重庆百事达汽车有限公司
68	天津市美利丰汽车销售服务有限公司	丰田(广汽丰田)	天津捷通达汽车投资集团有限公司
69	佛山市溢丰汽车销售服务有限公司	丰田(广汽丰田)	广汇汽车服务股份公司
70	河北元兴行汽车销售服务有限公司	凯迪拉克	广汇汽车服务股份公司
71	新疆天中汽车贸易有限责任公司	日产(东风日产)	广汇汽车服务股份公司
72	福建吉诺佳宏汽车有限公司	标致	福建吉诺集团有限公司
73	哈尔滨尊荣亿方汽车贸易有限公司	沃尔沃	广汇汽车服务股份公司
74	河南威佳英菲尼迪汽车销售服务有限公司	英菲尼迪	河南威佳汽车贸易集团有限公司
75	广东广物福恒汽车贸易有限公司	福特(长安福特)	广物汽贸股份有限公司
76	湛江市骏浩汽车有限公司	日产(东风日产)	大昌行集团有限公司

中国汽车经销商百强卓越经销店（续2）

序号	经销商名称	经营品牌	集团
77	河北盛文汽车贸易有限公司	现代(北京现代)	广汇汽车服务股份公司
78	东莞市瑞德汽车贸易有限公司	大众(上汽大众)	天津市浩物机电汽车贸易有限公司
79	四川港宏西物时代汽车销售有限公司	现代(北京现代)	广汇汽车服务股份公司
80	北京中进万国汽车销售服务有限公司	福特(长安福特)	国机汽车股份有限公司
81	广州合骏汽车贸易有限公司	本田(广汽本田)	大昌行集团有限公司
82	广东恒远汽车贸易有限公司	福特(长安福特)	广物汽贸股份有限公司
83	湖南华源实业有限公司	日产(东风日产)	湖南兰天集团有限公司
84	成都凯迪汽车销售服务有限公司	凯迪拉克	广汇汽车服务股份公司
85	四川港宏凯威行汽车销售服务有限公司	凯迪拉克	广汇汽车服务股份公司
86	北海广物汽车销售服务有限公司	本田(广汽本田)	广物汽贸股份有限公司
87	广州福远汽车贸易有限公司	福特(长安福特)	广物汽贸股份有限公司
88	广西鑫广达汽车贸易有限公司	现代(北京现代)	长久汽车投资有限公司
89	东莞市冠丰汽车有限公司	现代(北京现代)	中国美东汽车控股有限公司
90	无锡市众达汽车销售服务有限公司	马自达(一汽马自达)	无锡商业大厦集团东方汽车有限公司
91	武汉市神龙鸿泰汽车销售服务有限公司沌口分公司	标致	东风鸿泰汽车销售有限公司
92	无锡市东方运达汽车销售服务有限公司	马自达(长安马自达)	无锡商业大厦集团东方汽车有限公司
93	无锡东方龙泰汽车销售服务有限公司	标致	无锡商业大厦集团东方汽车有限公司
94	无锡联众汽车销售服务有限公司	马自达(一汽马自达)	无锡商业大厦集团东方汽车有限公司
95	无锡嘉现汽车销售服务有限公司	马自达(长安马自达)	无锡商业大厦集团东方汽车有限公司
96	安徽奥祥汽车销售服务有限公司	奥迪	广汇汽车服务股份公司
97	广州南菱丰田汽车销售服务有限公司	丰田(一汽丰田)	广州南菱汽车股份有限公司
98	四川申蓉泓盛汽车贸易有限公司	斯柯达	广汇汽车服务股份公司
99	广东东莞玛莎法利汽车销售服务有限公司	法拉利，玛莎拉蒂	深圳市佳鸿集团控股有限公司
100	平湖禾众誉德汽车销售服务有限公司	大众(上汽大众)	浙江禾众汽车企业管理集团有限公司

中国汽车经销商集团百强排行榜品牌卓越运营集团

本研究报告研究成果均基于2017年度汽车经销商集团经营数据分析得出

一、奥迪品牌

序号	经销商名称
1	广物汽贸股份有限公司
2	北京奥吉通投资（集团）有限公司
3	四川华星汽车集团有限公司
4	盈众汽车集团有限公司
5	恒信汽车集团股份有限公司
6	山西大昌汽车集团有限公司
7	长久汽车投资有限公司
8	润东汽车集团有限公司
9	北京运通国融投资集团有限公司
10	新丰泰集团控股有限公司

二、宝马品牌

序号	经销商名称
1	北京嘉华基业投资有限公司
2	江苏伟杰投资实业有限公司
3	中国美东汽车控股有限公司
4	中国和谐汽车控股有限公司
5	沈阳大众企业集团有限公司
6	森那美汽车实业有限公司
7	厦门市信达汽车投资集团有限公司
8	业乔投资（集团）有限公司
9	无锡商业大厦集团东方汽车有限公司
10	贵州通源集团

三、奔驰品牌

序号	经销商名称
1	江苏万帮金之星车业投资集团有限公司
2	金阳光汽车集团有限公司
3	欧龙汽车贸易集团有限公司
4	湖南永通集团有限公司
5	江苏海鹏投资集团有限公司
6	仁孚汽车（中国）有限公司

三、奔驰品牌（续1）

序号	经销商名称
7	天津捷通达汽车投资集团有限公司
8	大昌行集团有限公司
9	中国冠宇汽车集团控股有限公司
10	利星行汽车

四、捷豹路虎品牌

序号	经销商名称
1	湖南九城投资集团有限公司
2	中国和谐汽车控股有限公司
3	北京奥吉通投资（集团）有限公司
4	五洲汽车商贸集团有限公司
5	广东鸿粤汽车销售集团有限公司
6	力天集团有限公司
7	长久汽车投资有限公司
8	广东庆丰汽车集团有限公司
9	北京惠通陆华汽车销售有限公司
10	北京运通国融投资集团有限公司

五、2018中国汽车经销商集团百强排行榜五星级经销商集团

序号	集团	营业规模	五星
1	中升集团控股有限公司	500亿以上	★★★★★
2	广汇汽车服务股份公司	500亿以上	★★★★★
3	恒信汽车集团股份有限公司	500亿以上	★★★★★
4	江苏万帮金之星车业投资集团有限公司	100-500亿	★★★★★
5	中国正通汽车服务控股有限公司	100-500亿	★★★★★
6	大昌行集团有限公司	100-500亿	★★★★★
7	业乔投资（集团）有限公司	50-100亿	★★★★★
8	金阳光汽车集团有限公司	50-100亿	★★★★★
9	沈阳大众企业集团有限公司	50-100亿	★★★★★
10	中国冠宇汽车集团控股有限公司	50亿以下	★★★★★
11	北京嘉华基业投资有限公司	50亿以下	★★★★★
12	江苏伟杰投资实业有限公司	50亿以下	★★★★★

第4部类

新能源汽车

DISIBULEI | XINNENGYUANQICHE

行业发展分析

2017年中国新能源汽车市场

中国汽车技术研究中心 刘万祥 方海峰

2017年中国新能源汽车销售77.7万辆，同比增长53.3%，市场继续保持快速平稳增长。全球新能源汽车市场排名中，中国已连续三年位居世界首位，市场份额稳步增长。但与传统燃油车相比，中国新能源汽车市场体量仍然较小，未来发展空间巨大。

一、增量提质，新能源汽车向市场驱动转变

在一系列政策支持下，中国新能源汽车市场发展迅速，产业规模保持全球领先，技术水平加速提升。

（一）全球新能源汽车规模快速扩张，中国连续三年名列首位

近年来，主要汽车工业发达国家高度重视新能源汽车产业发展，将发展新能源汽车作为国家战略。各国不断发力新能源汽车，全球市场规模快速扩张，竞争日趋激烈。截至2017年底，全球新能源汽车销量已累计超过330万辆，2013 -2017年全球市场年销量从20万辆突破至130万辆，年均增速近60%。英国、德国、日本、挪威等国家的新能源汽车市场近两年快速发展，年均增速超过1倍。尤其挪威新能源汽车市场发展逐渐成熟，2017年市场渗透率已达27%。

在全球新能源汽车市场格局中，中国已占据主要地位。全球新能源汽车市场排名中，中国已连续三年位居世界首位，市场份额同步保持稳步提升态势。2017年中国、美国、挪威销量位居前三，销量分别为77.7万辆、19.8万辆、5.4万辆，占比分别为59%、15%、4%。较之传统汽车近30%的市场份额，中国新能源汽车市场领先优势更加明显。

（二）中国新能源汽车市场渗透率逐年提升，替换燃油车进程提速

中国新能源汽车市场经过2014年、2015年的翻倍式增长后（年增速均超3倍），2016-2017年增速回落至近50%的水平，市场渗透率仍在逐年提升。

保有量方面，根据公安部数据统计，截至2017年我国汽车保有量达2.1亿辆（其中载客汽车保有量达1.85亿辆），新能源汽车保有量为153万辆，占汽车总

量的比例为0.7%，基数相对较小。

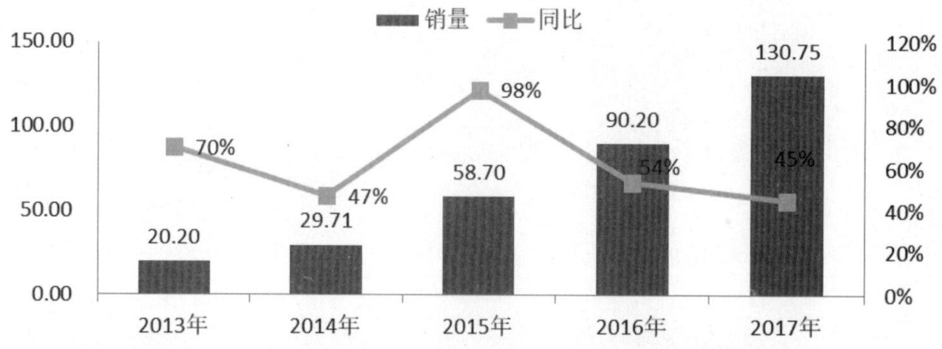

图 1　2013-2017年全球新能源汽车销量及同比增速

数据来源：全球知名汽车统计机构

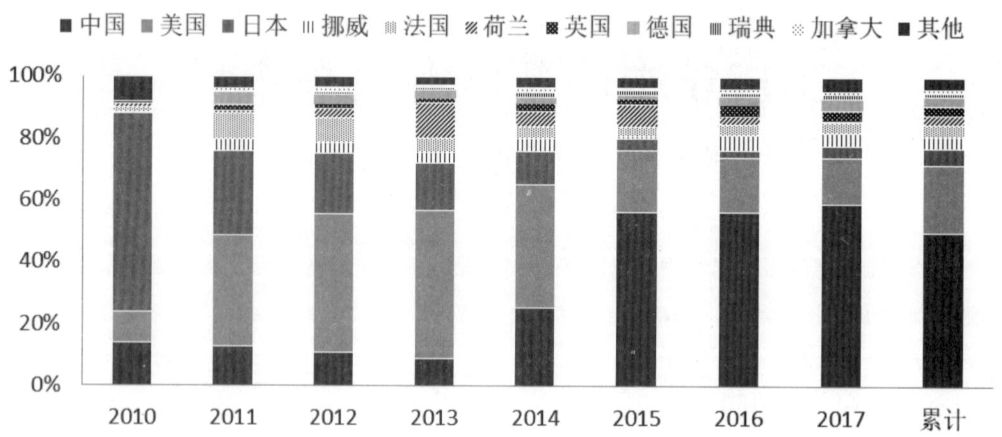

图 2　2010-2017年全球主要国家新能源汽车市场占比分布

数据来源：全球知名汽车统计机构

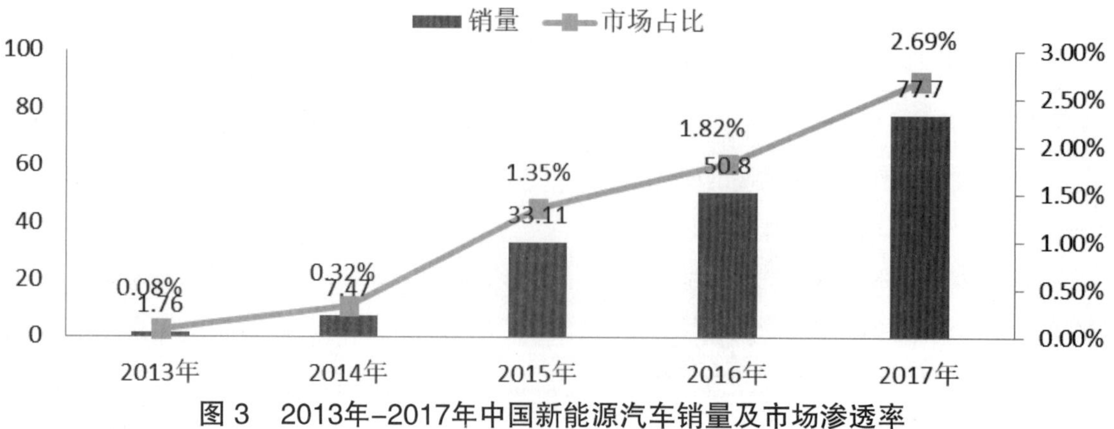

图 3　2013年-2017年中国新能源汽车销量及市场渗透率

数据来源：中国汽车工业协会

二、车型结构：乘用车市场份额持续攀升，商用车市场回归理性

在新能源补贴、免征车购税、双积分等政策激励下，新能源汽车市场呈现持续增长态势，车型结构化特征走强，乘用车、商用车市场增速呈现差异化发展。

（一）新能源乘用车高速增长，市场份额稳步提升

根据中国汽车工业协会（以下简称“中汽协”）数据统计， 2017年新能源乘用车销售57.8万辆，同比增长72%，高于整体市场53%的增速，市场份额由2016年的67%提至75%，进一步向传统汽车市场分布靠拢，乘商比例保持近3:1。其中，纯电动乘用车产销分别完成47.8万辆和46.8万辆，同比分别增长81.7%和82.1%；插电式混合动力乘用车产销分别完成11.4万辆和11.1万辆，同比分别增长40.3%和39.4%。

2009年以来，中国新能源乘用车累计推广超过100万辆，占比近60%，乘用车为新能源汽车市场的主力车型。在节能减排压力以及各地支持政策的促进下，越来越多的车企加快投入新能源汽车产品，新能源乘用车无疑成为新能源市场增量的主力。随着国内传统车企新能源汽车技术不断迭代积累，市场车型数量大幅增加，车型更加实用化。

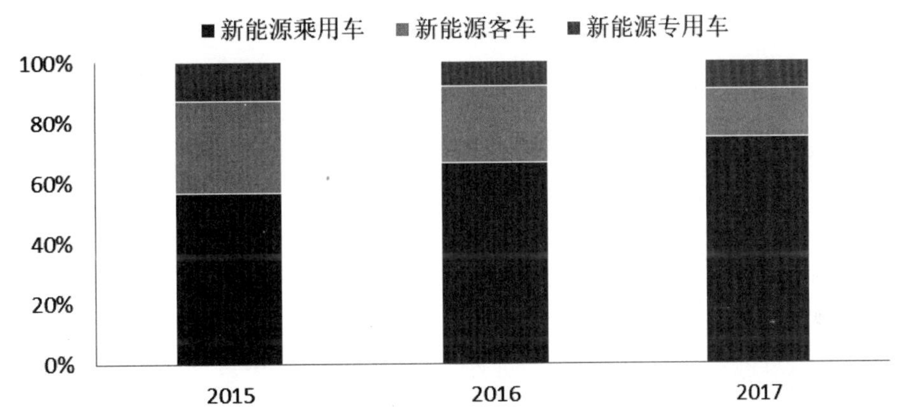

图 4　2015-2017年新能源乘用车及商用车市场分布情况

数据来源：中国汽车工业协会

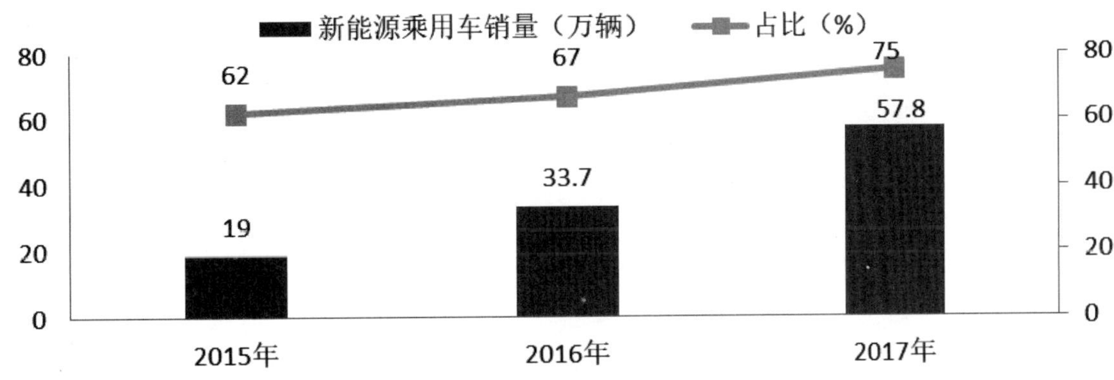

图 5　2015-2017年新能源乘用车销量及占比

数据来源：中国汽车工业协会

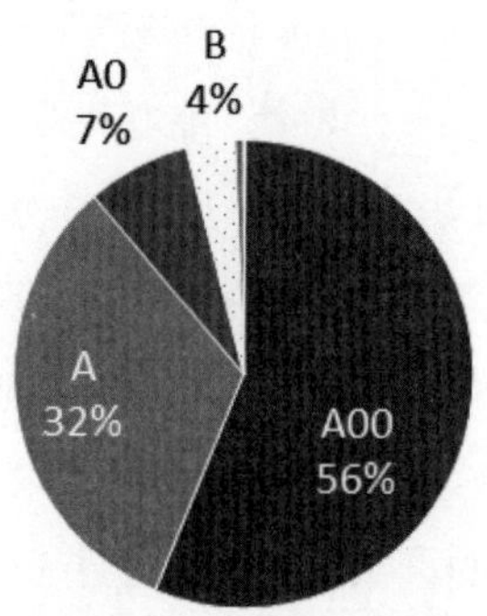

图 6　2017年新能源乘用车车型级别分布

数据来源：机动车保险数据

根据机动车保险数据统计，2017年新能源乘用车A00级依旧是市场主力，占比56%，但较之2016年的61%有所下降；A级车型占32%；A0和B级共占11%。分不同动力类型看，均呈现差异化分布特点，其中BEV车型以A00级别为主，占比67%；PHEV以A级车型为主，占比95%；FCV车型全为B级车。分企业看，排名前10企业中，多数企业以A00级车型为主，其中江淮、奇瑞、江铃、众泰、长安、上汽通用五菱旗下A00级车占比均超80%。上汽通用五菱和长安旗下车型全为A00级。比亚迪、上汽以A级车为主，占比均超85%。北汽、吉利旗下车型覆盖A00-B级，A00级占近70%。

（二）新能源客车市场加速渗透，但呈现增长乏力态势

受益于各地公交电动化支持政策，客车领域新能源化进程加快。根据中汽协数据统计，2017年新能源客车销售12.7万辆；分车长看，2017年新能源客车以10-12米车型为主，占比62%；8-10（含）米车型占比35%。

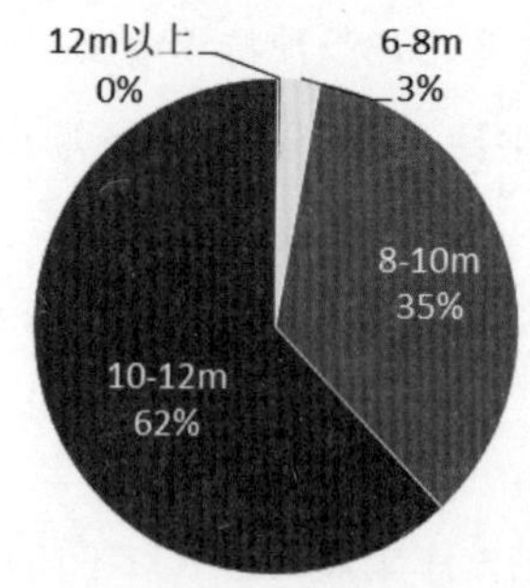

图 7　2017年新能源客车不同车长分布

数据来源：机动车保险数据

保有量方面，根据中国交通运输部统计，截至2017年底我国客车保有量达146.7万辆，新能源客车保有量近32.4万辆，客车新能源化达22%。

尽管如此，从年度销量走势看，新能源客车则呈现增长乏力态势。2017年市场出现近1.9%的降幅，销售不足13万辆，占整体市场的16%。一是由于成本短期难以下降、补贴退坡导致市场有所下滑；二是新能源客车市场需求单一，现有产品难以满足长途客运等领域需求，导致市场需求主要集中在城市公交领域，目前一线城市公交基本替换完成、二三线城市增长乏力；三是在高铁和航运冲击下客车市场萎缩等多重因素，新能源客车增长乏力态势或将持续。

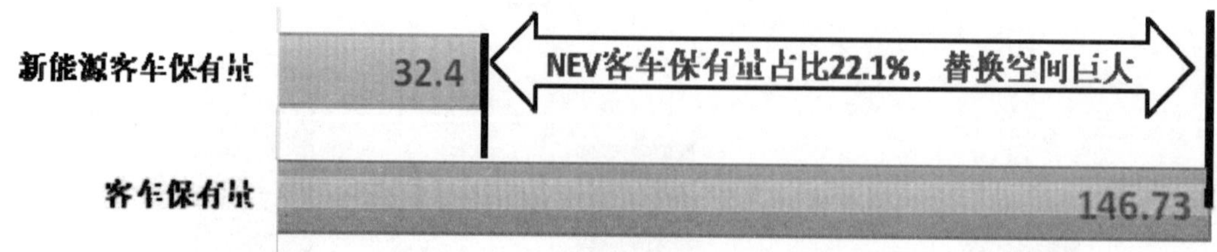

图 8　截至2017年新能源客车保有量及占比情况分布（单位：万辆）

数据来源：中国交通运输部；机动车保险数据

（三）新能源专用车步入高速增长期 物流领域电动化进程加快

根据机动车保险数据统计，2017年新能源专用车销量8.8万辆，同比增长近2.6倍，增速远高于同期乘用车、客车。分企业看，专用车领域市场集中度较高，排名前10企业累计销售6.5万辆，占比74%。其中东风汽车稳居排名榜首，占专用车总量的23%。

现阶段，新能源专用车市场以纯电动运输车及厢式货车为主，2017年销量合计达8.3万辆，占新能源专用车比例达95%，未来这一市场趋势将进一步加强。目前，在柴油货车排放治理、运力需求增长、技术进步等因素影响下，城市物流电动化态势已经形成，市场将迎来快速发展。随着各地方政府逐步提出物流车电动化规划，国内电商、物流巨头也纷纷响应，积极发起电动替换计划。包括京东物流、菜鸟网络等将形成超过100万辆新能源物流车的需求；国美、唯品会等大型电商，顺丰、四通一达等快递巨头也开始大批量采用纯电动物流车，以此判断未来包括纯电动货车在内新能源专用车市场将进入高速发展增长期，市场渗透率有望大幅提高。

三、动力类型结构：纯电动车型市场优势明显 插电式车型日渐丰富

新能源汽车经过近两年的发展，各动力类型车型结构日益稳定，纯电动车型主力地位日益明显，占比保持在80%以上。根据中国汽车工业协会数据统计，截至2017年底，我国新能源汽车累计销量已超过170万辆，其中纯电动车型近139万辆，插电式混合动力车型近34万辆，占比分别为80%和20%。

（一）纯电动车型销量高位增长，乘用车依旧保持较大优势

从历年销量走势看，2014年之前，插电式混合动力车型市场增速高于纯电动车型，2015年后，纯电动车型同比增速超过插电式混合动力车型。2017年纯电动车型销量达65.2万辆，同比增长59%，市场占比也提至84%，较之2016年增长3个百分点；插电式混合动力车型销量12.5万辆，同比增长26%，占比16%。

表 1 历年不同动力类型新能源汽车销量分布（单位：万辆）

年份	BEV	PHEV	总销量	BEV 占比
2010 年	0.04	0.01	0.05	80%
2011 年	0.56	0.06	0.62	90%
2012 年	1.14	0.14	1.28	89%
2013 年	1.46	0.3	1.76	83%
2014 年	4.5	2.97	7.47	60%
2015 年	24.75	8.36	33.11	75%
2016 年	40.9	9.9	50.7	81%
2017 年	65.2	12.5	77.7	84%
合计	**138.55**	**34.24**	**172.69**	**80%**

数据来源：中国汽车工业协会月度快报

分车辆类型看，纯电动乘用车依旧保持较大优势，占比60%，2017年销量近47万辆，同比增速保持最大，均超过80%，插电式混合动力乘用车同比增速近39%，占比14%；纯电动商用车销量为18.4万辆，同比

增长21.5%；插电式混合动力商用车销量为1.4万辆，同比下降超过20%。

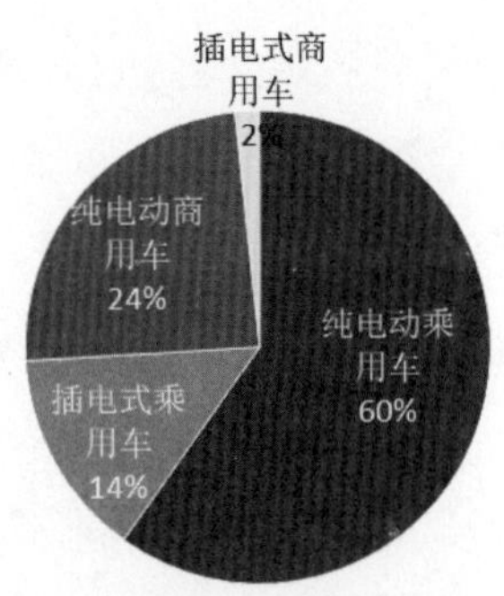

图 9　2017年新能源汽车市场占比分布

数据来源：中国汽车工业协会

（二）插电式乘用车市场两家独大，可选车型逐渐丰富

根据机动车保险数据统计，2017年插电式乘用车销量达8.9万辆，市场主力企业主要包括比亚迪、上汽、广汽、浙江豪情、上汽通用等，其中以比亚迪、上汽为主，两家销量合计近8万辆，占插电式乘用车市场的近90%。

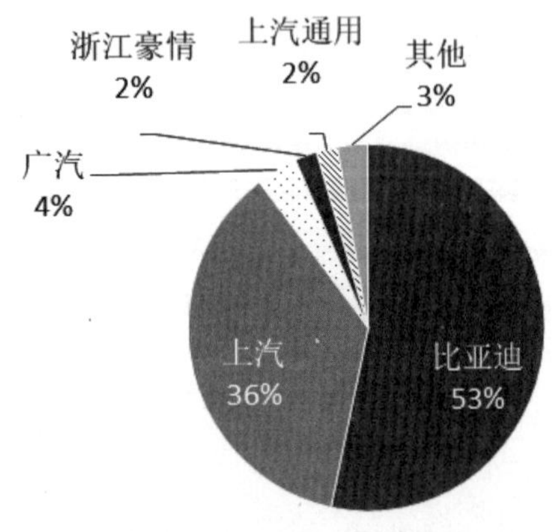

图 10　2017年插电式乘用车企业销量分布

数据来源：机动车保险数据

市场可选择插电式车型逐渐丰富。初步统计，2017年市场主销车型主要有比亚迪秦\唐\宋、上汽荣威eRX5\ei6\e550、广汽传祺GA5、吉利帝豪、奇瑞艾瑞泽7e等近30个车型。

（三）燃料电池车型聚焦商用车领域，行业发展进入起步期

2017年燃料电池汽车销量达1098辆，其中燃料电池专用车销售932辆、客车116辆，乘用车50辆，占比分别为85%、11%、5%。细分看，2017年市场主销燃料电池车型共计8款，涉及上汽、北汽福田、东风汽车、金华青年、上汽大通、宇通6个企业品牌。

主要受技术成本及基础设施建设的限制，燃料电池汽车仍处于应用示范的阶段，虽然部分车企已开始量产销售，但市场应用规模并不大。从国内市场布局来看，目前燃料电池汽车主要集中在客车与专用车领域发展。同时，燃料电池汽车加氢站技术和成本要求较高，发展较为缓慢，预计产业化及快速推广要到2020-2025年，市场普及预计要在2025-2030年。未来，随着燃料电池汽车技术进步、成本降低和基础设施不断完善，市场可能将迎来快速增长。

四、应用领域分布：私人消费占比提升，公共领域逐渐收窄

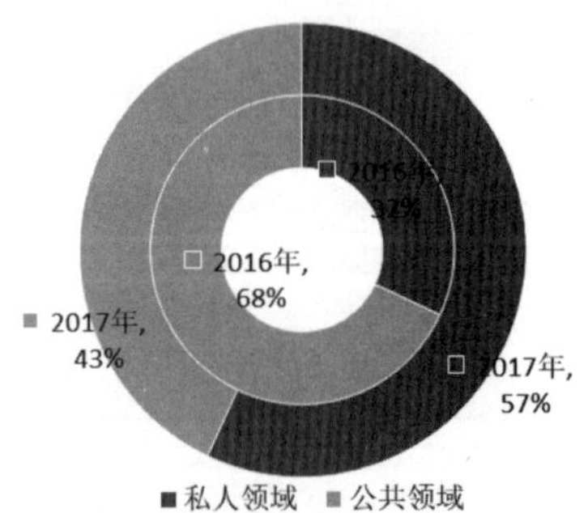

图 11　新能源汽车公共/私人领域分布变化

数据来源：机动车保险数据

2016年之前新能源汽车私人消费市场发展主要依靠限购城市的带动。受益于市场新能源汽车产品种类逐步丰富，产品技术不断迭代升级，产品日益符合消费者需求，私人领域消费占比呈现持续扩大态势，2017年合计销售41万辆，占比达57%，较之2016年提升近25个百分点。公共领域合计销售31万辆，占比43%，

其中以城市公交、出租租赁、企事业单位用车为主。

（一）私人领域

1. 私人消费占新能源乘用车比例提至78%

从整体新能源汽车应用领域来看，消费主体由公共领域向私人购买转变明显。2016年私人消费比例近32%，2017年提至近6成。仅从新能源乘用车市场来看，2017年新能源乘用车私人领域销量累计41万辆，占比达78%，较之2016年提升近31个百分点。

产生这种转变原因主要有三点：一是政策鼓励推动。从中央到地方均出台多项新能源汽车优惠支持政策，如免征购置税、路权优先等；二是新能源产品性能、性价比在快速提升，私人消费形态由被动接受向主动选购转变。三是新车型逐渐涌入市场，新能源车型种类逐渐丰富，产品日益契合消费需求，消费者选择增多。

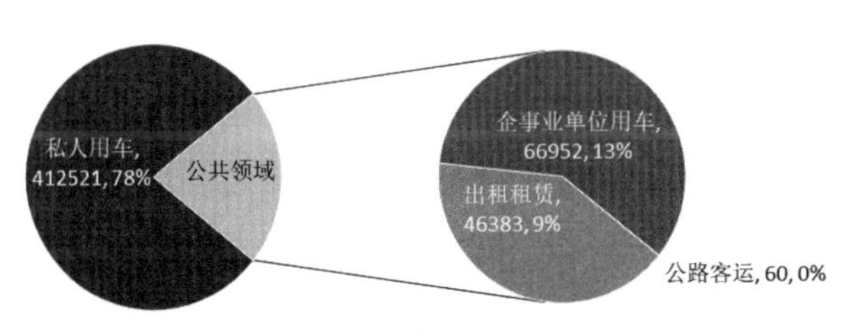

图 12　新能源乘用车不同应用领域推广量

数据来源：机动车保险数据

2. A00级依旧是私人消费主力车型

2017年私人购买新能源乘用车车型级别主要集中在A00级，合计推广近24万辆，占比达59%，；其次A级车销量13万辆，占比32%；A0及B级车相对较少，销量近1.2万辆，占比3%。

具体分车型看，2017年可供消费者购车选择的车型合计超过100个，纯电动车型居多，插电式车型相对较少，仅20余款。其中受消费者青睐的前10车型中涵盖比亚迪宋\秦、荣威eRX5 3款插电式车型和7款纯电动车型。10个车型合计销量达21.4万辆，占新能源乘用车的近52%。其中北汽EC系列、知豆D2、江淮iEV6E微型车位居前三，销量均超2万辆。北汽EC系列领先优势明显，2017年销售6万辆，占私人购车的15%。

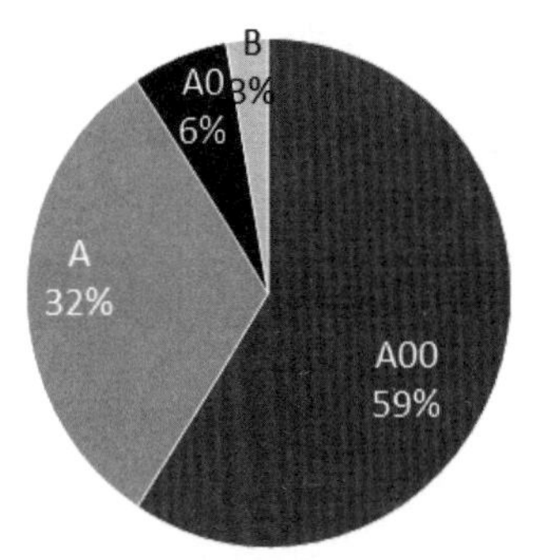

图 13　私人购买车型级别分布

数据来源：机动车保险数据

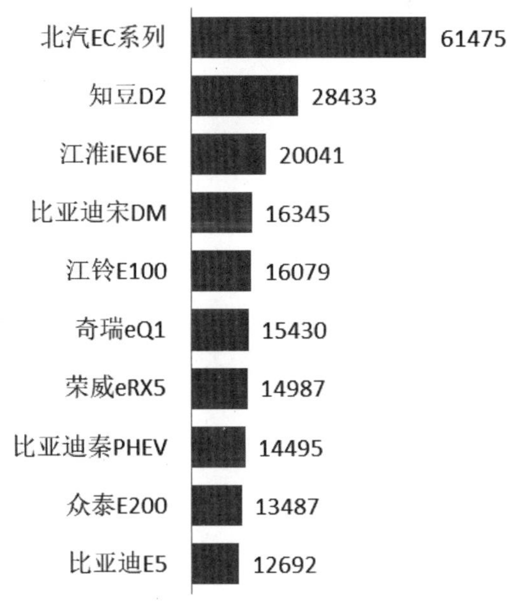

图 14　私人购买的主流乘用车销量

数据来源：机动车保险数据

（二）公共领域

根据机动车保险数据统计，2017年新能源汽车在公共领域合计推广31万辆，占总量的43%。主要以城市公交和企事业单位用车、物流货运、出租租赁为主，其中城市公交占公共领域的近29%。

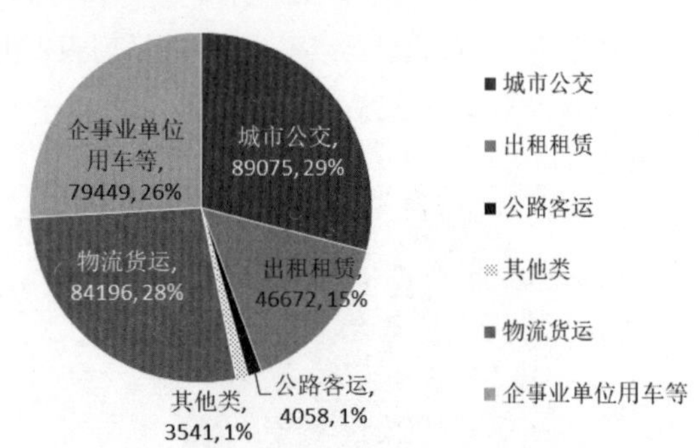

图 15　2017年新能源汽车公共领域销量分布

数据来源：机动车保险数据

1. 城市公交

2017年城市公交领域推广应用新能源汽车共计8.9万辆，占新能源客车总销量的近84%。城市公交车型长度集中于10-12米和8-10米，占比分别为60%和39%。

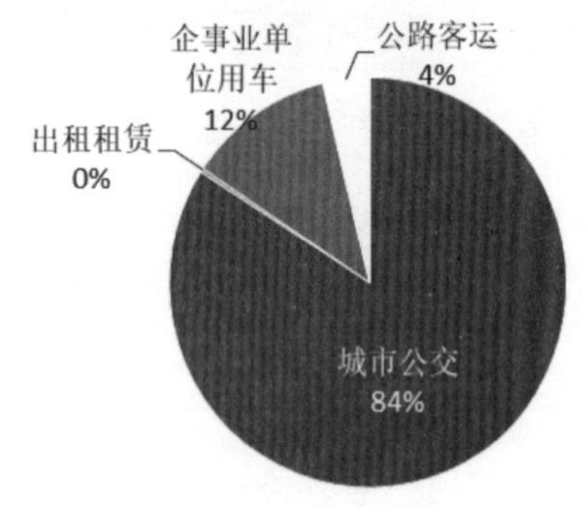

图 16　2017年新能源客车应用领域分布

数据来源：机动车保险数据

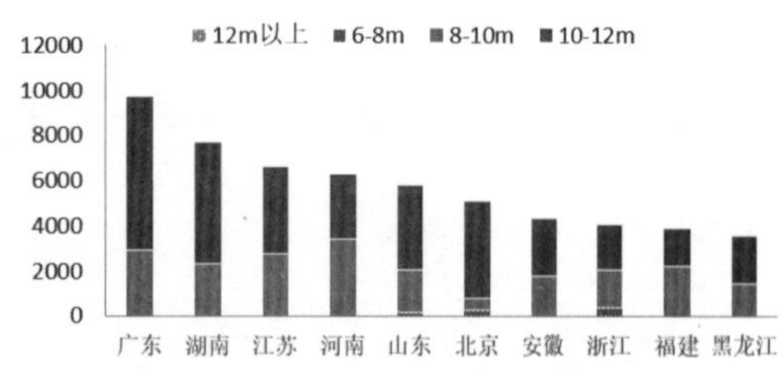

图 17　2017年各省市城市公交推广量分布

数据来源：机动车保险数据

分省市看，城市公交主要分布于广东、湖南、江苏、河南、山东等省市，排名10位推广量累计达5.7万辆，均超3000辆，占比近64%。其中多省市城市公交车长以10-12米为主，尤其广东、湖南、北京10-12米车型占比超7成，其他多数城市8-10米车型占比均近5成。

2. 出租租赁

2017年出租租赁领域新能源汽车累计推广4.7万辆，主要是新能源乘用车车型。车型级别集中于A级及A00级车型，两者占比近81%。

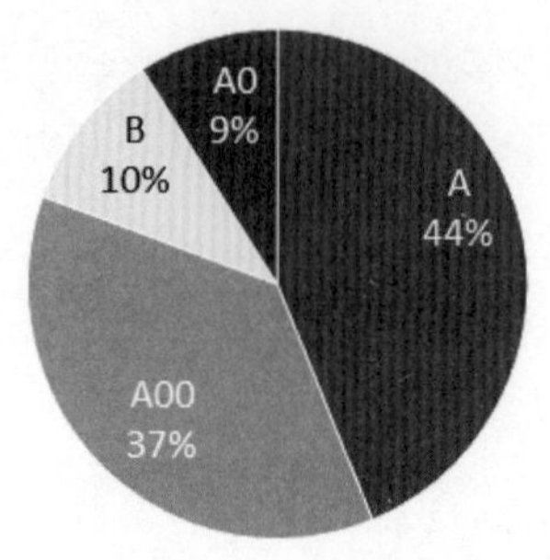

图 18　出租租赁领域车型级别分布

数据来源：机动车保险数据

分车型看，出租租赁领域中应用车型共计约60个，主要包括北汽EC180、帝豪EV、比亚迪E6\E5、江淮iEV6E、北汽EU\EV系列等。前10位车型合计3.4万辆，占比72%。其中帝豪EV和北汽EC系列位居前两位，均超8000辆，前者主要应用于曹操专车，分布于浙江、陕西等地，后者主要分布于上海、山东省市。

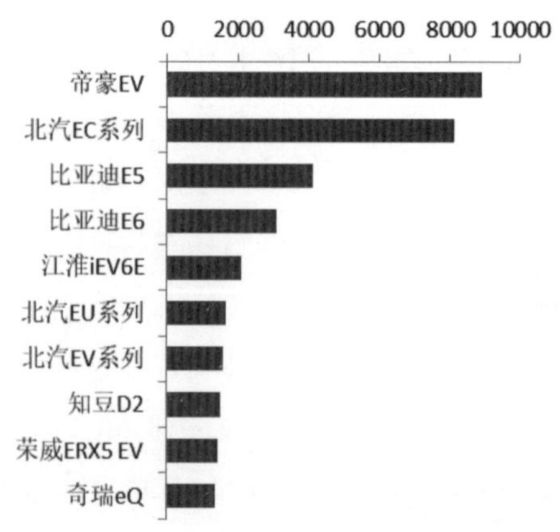

图 19　主要新能源乘用车车型销量分布

数据来源：机动车保险数据

3. 物流货运

2017年物流货运领域新能源汽车推广近8.4万辆，占新能源专用车总推广量的比例超过9成，物流车型以纯电动厢式运输车为主。细分市场看，物流货运分布相对集中，销量排名前10城市主要深圳、西安、成都、天津、襄阳、北京等，合计近6万辆，占比70%。其中深圳市销售2.8万辆，市场应用规模最大，位列首位。

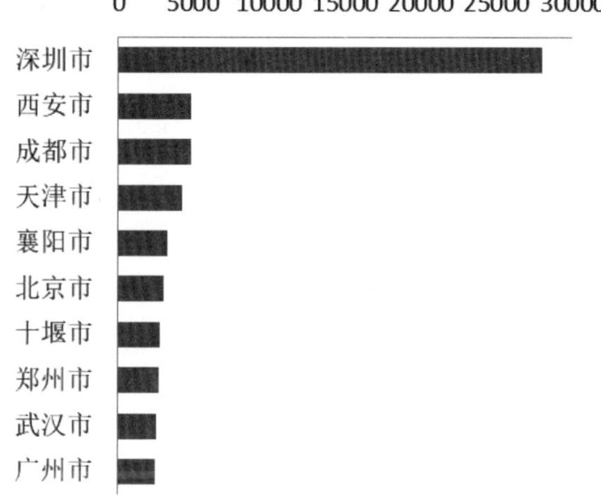

图 20 物流货车销量排名前10城市

数据来源：机动车保险数据

五、区域分布：限购城市市场逐步饱和 消费市场逐步下沉

根据机动车保险数据分析，新能源汽车市场推广主要集中在经济发达省市。2017年，广东、浙江、上海、山东、北京推广量位居前五，占全国比例超过51%，其中广东省推广10.4万辆，位居首位。

（一）主销区域由限购城市逐步向二三线等非限行限购城市转移

新能源汽车消费区域分布主要分为限行限购城市（包括北京、上海、广州、深圳、杭州、天津、贵阳、石家庄）和非限行限购城市两类。由于对新能源汽车限购豁免，2016年之前新能源乘用车私人消费市场的发展主要依靠限购城市的带动，2014、2015年限购城市成为新能源汽车的主要推广应用区域，销量占比近70%。2017年受益于市场新能源汽车产品种类逐步丰富，产品技术不断迭代升级，产品日益符合消费者需求，限购城市对市场吸引能力逐步弱化。2017年北京、上海、杭州、广州、深圳等限行限购城市新能源汽车推广近30万辆，占全国总量比例约42%。

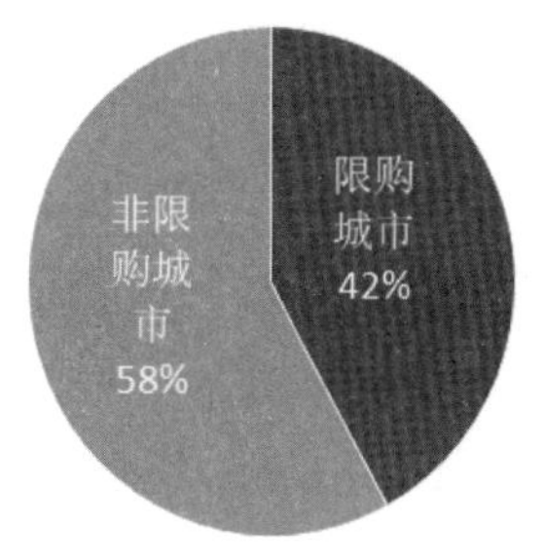

图 21 限购城市新能源汽车市场占比

数据来源：机动车保险数据

一方面，受新能源汽车牌照数量限制，限购城市所能够带来的新能源汽车销量是有限的，部分限购城市市场容量基本饱和，尤其北京新能源指标（每年5.4万个个人指标）已经轮候至2023年。另一方面随着公众对新能源汽车接受度的提升，二三线城市及非限购城市的消费潜力也开始显现。私人领域分布中，2017年前10省市排名中，山东、河南、江苏、江西、广西5省销量均超1万辆，合计推广近12万辆，占比近29%，尤其山东位居首位，推广4.9万辆，占比达12%。

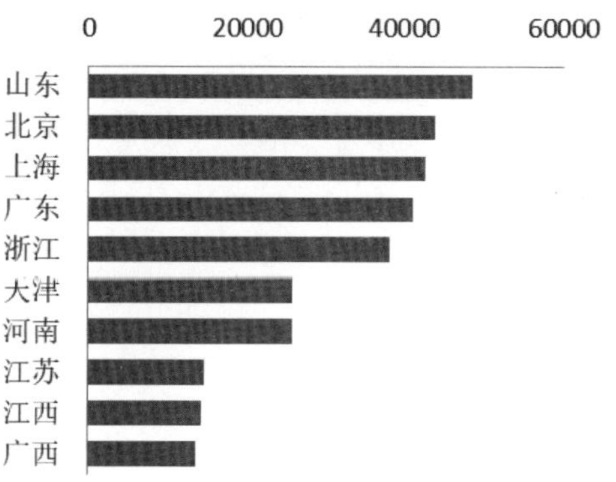

图 22 私人领域新能源汽车主销省市排名

数据来源：机动车保险数据

（二）乘用车、客车市场分布较为离散 新能源专用车相对集中

新能源乘用车市场覆盖区域较为广泛，分布于多个省市，2017年销量排名前10省市累计销量40万辆，占新能源乘用车总量的77%。具体来看，广东、浙江、上海、山东、北京5个省市销量均超5万辆，合计占比52%。新能源客车市场以广东、湖南、江苏、河南、山东、北京为主，销量均超6000辆，合计占比46%。 新能源专用车市场分布相对集中，前10省合计销量6.8万辆，占比近9成，其中，仅广东、湖北两地占比就达48%，销量合计3.6万辆。

分动力类型看，受政策影响，2017年纯电动和插电式混合动力车型销量分布呈现较强区域性分布特点，纯电动车型销量分布省市较为分散，插电式车型销量分布省市相对集中。根据机动车保险数据分析，PHEV车型集中于上海、广东、浙江，销量均超1万辆，占PHEV总量的近70%。BEV车型以广东、山东、北京、浙江、河南、天津为主，销量均超3万辆，累计近33万辆，占比近54%。

（三）A00级集中于山东、河南、江苏，逐步挤占低速电动汽车市场

从2017年新能源汽车市场份额分布看，二至五线城市新能源乘用车销量大增，尤其A00级小型车成为当地主要贡献车型。

根据机动车保险数据统计，2017年新能源乘用车销量排名前10省市中多地以A00级及A级车型为主，其中山东、河南、江苏等低速电动汽车主销地区的A00级逐渐成为当地青睐车型，尤其山东、河南A00级车型占当地新能源乘用车总量的近9成，销售分别达5.1万辆、2.5万辆，车型价格优势逐步挤占低速电动汽车市场。北京、上海、广东则以A级车为主，占比均超50%。

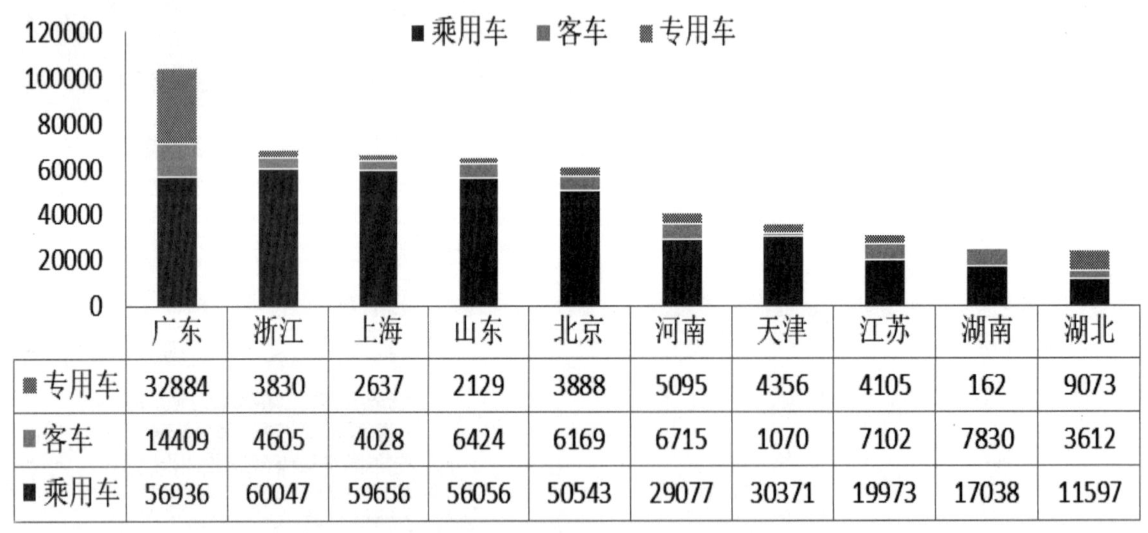

	广东	浙江	上海	山东	北京	河南	天津	江苏	湖南	湖北
■专用车	32884	3830	2637	2129	3888	5095	4356	4105	162	9073
■客车	14409	4605	4028	6424	6169	6715	1070	7102	7830	3612
■乘用车	56936	60047	59656	56056	50543	29077	30371	19973	17038	11597

图 23　各类新能源汽车主要省市销量分布

数据来源：机动车保险数据

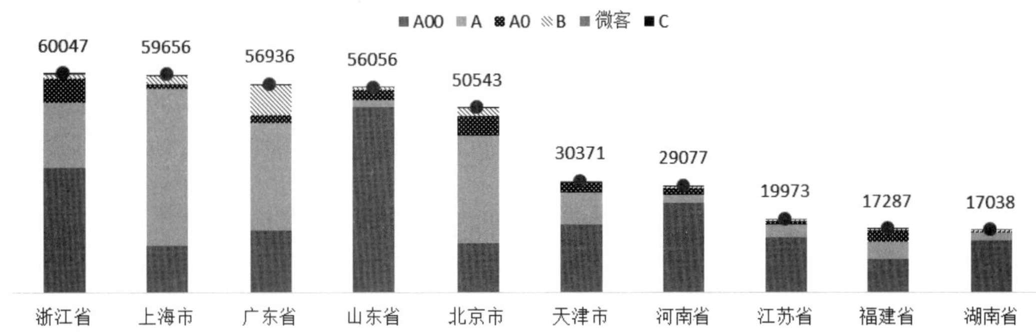

图 24　2017年新能源乘用车销量排名前10省市

数据来源：机动车保险数据

（四）各城市新能源汽车保有量占比处于较低水平，沪深位居前列

从保有量看，各城市新能源汽车推广仍处于较低水平。选取截至2017年底新能源汽车累计销量超过2.5万辆的13个城市，销量共计94万辆，占总累计量的61%，13个城市对应当地汽车保有量均超过200万辆。从新能源汽车市场占比看，深圳、上海位居前列，占比超过4.5%，其余城市新能源汽车市场占比多集中在3%以下，尤其像成都、重庆等汽车保有量超过350万辆，而新能源汽车仅3万辆水平，占比不足1%。

具体来看，截至2017年，上海新能源汽车累计销量近17万辆，位居首位，且新能源汽车保有量占汽车总量的比例也在全国首位，高达4.8%，高于深圳仅0.1个百分点。其次，北京累计销量达16.6万辆，但汽车保有量高达564万辆，导致新能源汽车保有量占比仅2.9%。

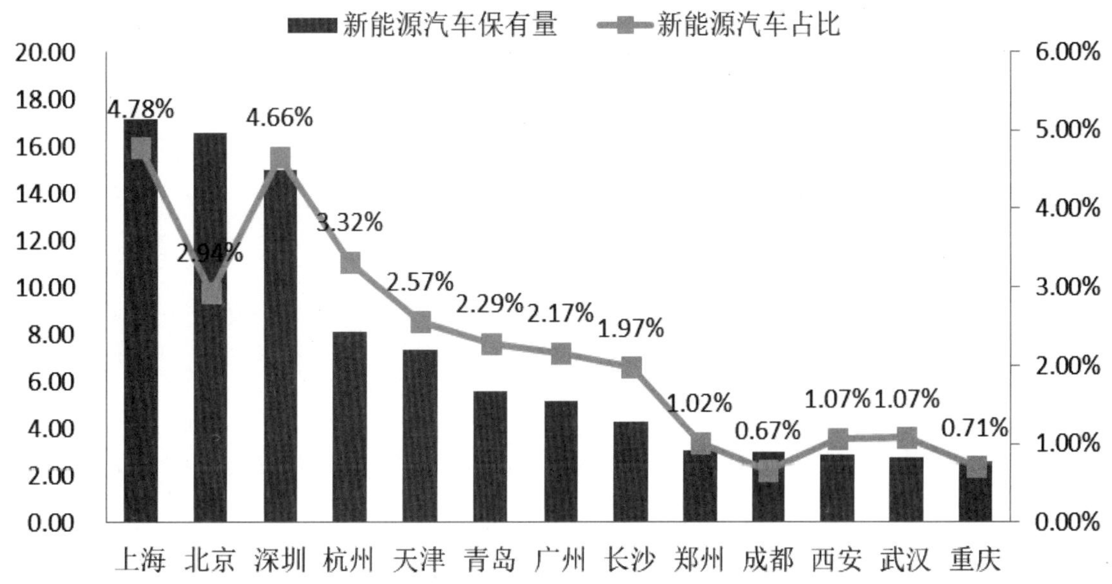

图 25　截至2017年主要城市新能汽车保有量及占比情况（单位：万辆、%）

数据来源：汽车保有量来自公安部；新能源汽车保有量来自各地历年销量累计值

京沪市场看，两地分布车型相对丰富，且具有明显区域特点。北京以纯电动为主，上海则以插电式混合动力车型为主。2017年北京新能源汽车市场比亚迪E5领先，占比17%，帝豪EV\长安奔奔\北汽EC\EU系列均超10%；上海市场以荣威eRX5为主，占比22%，北汽EC180占比11%，比亚迪秦\荣威ei6占比均为8%。

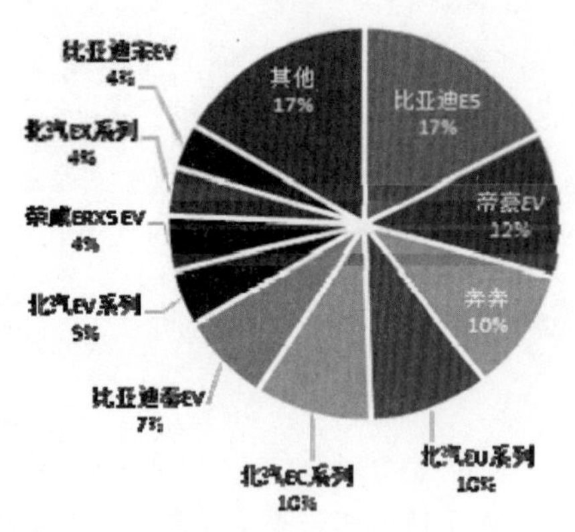

图 26　北京主要新能源乘用车车型分布

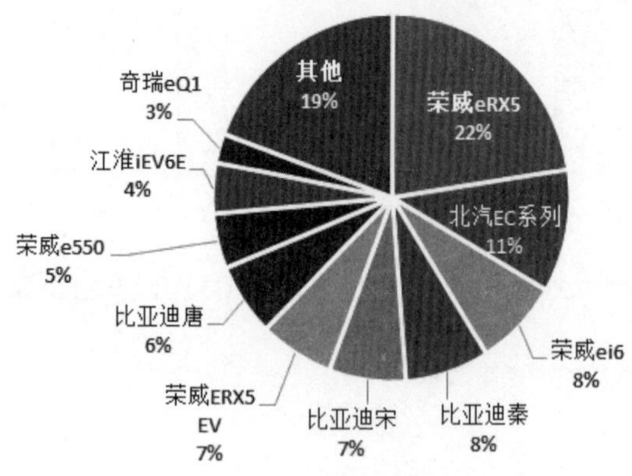

图 27　上海主要新能源乘用车车型分布

数据来源：机动车保险数据

注：转载自 中国汽车技术研究中心、日产（中国）投资有限公司、东风汽车有限公司编著的《新能源汽车蓝皮书——中国新能源汽车产业发展报告（2018）》

乘用车行业发展综述

2017年新能源乘用车行业发展

中国汽车技术研究中心 周玮 方海峰 孟顺

2017年是中国新能源乘用车行业实现由量变向质变转化的起步之年，新能源乘用车市场经历了补贴政策调整、双积分政策出台、燃油车禁售时间表启动研究等影响，产业在继续保持平稳高速增长的基础上，也开始向高质量方向发展，中资与外资品牌、整车与零部件企业纷纷选择携手合作，以应对日趋激烈的市场竞争，优秀企业和产品逐渐脱颖而出。

一、产业变革在即，车企加速转型与合作

（一）跨国公司电动化战略推进加速，开始发力新能源乘用车市场

在政府全力推动下，中国已成为全球最大的新能源乘用车市场，而传统燃油汽车的节能减排压力也将不断提升。日产、丰田、大众、宝马等主要跨国车企利用其技术储备，已开始加速新能源车型的国产化工作，预计跨国车企新能源车型最迟将于2020年前后大规模投放中国市场。

（二）“新势力”加快推出量产产品，开始接受市场检验

在行业快速发展和政策不断优化的双重带动下，跨国集团、国内合资企业和自主品牌纷纷做出战略调整、加大纯电动汽车研发力度，行业外企业投入大量资本迅速催生出几十家造车新势力（以下简称“新势力”），这批新势力企业大部分已具有一定发展基础，但有相当一部企业尚未取得整车生产资质，部分新势力企业已开始建设自有工厂，期待未来可获得独立生产资质，也有部分企业为了尽快实现市场化目标，通过收购重组现有整车资质或与传统整车企业合作“代工”等方式实现生产。

在产品方面，随着“造车运动”的不断深入，新势力的量产车型正在进入密集上市期。2017年，以蔚来汽车ES8、云度π1为代表的首批造车新势力量产产品纷纷宣布上市或下线。目前，造车新势力产品主要存在以下两方面特征：

一是大型化和SUV化特征明显。造车新势力中仅知豆、北汽新能源等个别企业外，其他十来家企业产品主要为纯电动SUV或中大型车型。

二是电动化+智能化+互联化。新势力智能互联技术更贴近互联网的交互，并积极应用自动驾驶技术。比较积极的新兴造车企业，如蔚来、小鹏等新势力的智能化总体进度比自主品牌和部分合资品牌要快。

表 1 部分新势力企业产品上市状态

车企	首款车型	首款产品定位	上市状态
蔚来	ES8	高端 SUV	已上市，2018 年二季度交车
小鹏	G3	紧凑型 SUV	已上市，预计 2018 年年底交车
威马	EX5	中端 SUV	已上市，预计 2018 年年底交车
云度	π1	中端 SUV	已上市交车
电咖	EV10	中端 SUV	已上市交车
奇点	iS6	中高端大型 SUV	预计 2018 年底上市
爱驰	U5 ION	中端 SUV	预计 2019 年上市
拜腾	纯电动 SUV	中高端 SUV	预计 2019 年上市
新特	DEV1	中低端 SUV	2018 年 8 月上市，预计 2018 年年底交车
国金	GM3	中端 SUV	已上市交车
博郡	纯电动 SUV	中端 SUV	预计 2019 年年底上市

资料来源：网络公开资料整理

与传统车企对比来看，目前新势力在电动化核心技术和成本控制上很难超越传统车企。

一是传统车企技术储备更充足、市场占有率更高。传统车企发展纯电动车的技术积累更深厚，且产品已经受市场考验。

二是与传统车企类似，造车新势力很难掌握动力电池核心技术。目前除比亚迪采用自生产的电池外，大多新势力和传统车企均采用了CATL的电芯，在这样的基础上，产品的差别只剩下电量的多少、以及电池包的成组效率和控制策略优劣。

三是新势力基本不可能在成本上低于传统车企。一方面，传统车企在供应链控制、生产制造领域要优于新势力。

另一方面，传统车企新能源乘用车产品已具备一定销量，而且共线生产和传统燃油汽车的大批量销售也大幅降低了新能源乘用车产品成本。即使新势力中售价角度较低的威马EX5补贴前售价约18万元，与已经量产的传统车企电动汽车（如奇瑞瑞虎3xe 480等）相比优势仍不明显。

但新势力在智能网联领域更积极且具有一定优势。

一是智能驾驶技术的应用。据企业公开消息，比较积极的优势新势力，现在产品已经具备L2级别的自动驾驶功能，L3级别的也规划在近两年内应用——总体进度比自主品牌要快。

二是传统造车企业在自动驾驶应用上更为谨慎，新势力较为激进的自动驾驶技术应用或将成为新的突破口。

三是车联网技术。新势力在布局ID系统、车内通信、娱乐等服务创新领域比传统车企投入更大，虽然发展速度快和潜力大，但目前尚未形成领先优势，和其他利用苹果、阿里、百度系统的车辆产品差别不大。

（三）新能源乘用车领域正加大合作和资源共享

各类企业在互补领域展开合作，共同推动新能源乘用车市场的扩大和成熟。一是新势力与传统车企展开战略合作。在开放共享的原则下，奇点与北汽新能源在智能汽车技术开发、充换电设施建设、经销网络、制造资源共享（如代工）等方面展开全面战略合作；拜腾获得一汽战略投资，并将在平台技术、投资入股、零部件采购等方面开展一系列合作。二是在竞争与共同利益面前，传统车企间关系格局也开始变化，由竞争转向合作，如近期比亚迪已开始与长安、长城、北汽共商合作。三是外资车企开始借力中方资源。如大众、戴姆勒、福特、日产分别与江淮、北汽、众泰、东风“联姻”，为未来在华扩展新能源市场展开布局。为弥补油耗积分压力，三菱、菲亚特克莱斯勒、丰田等合资企业也寻求制造广汽传祺新能源车型。

表 2　主要车企新能源乘用车合作动态

合作时间	合作方	合作内容
2017.6	大众+江淮	计划投入 50.6 亿人民币成立合资公司，双方各占 50%股份，进行新能源乘用车的研发、生产、销售和相关移动出行服务
2017.7	戴姆勒+北汽	共投资 50 亿人民币，在北京奔驰建立纯电动车生产基地及动力电池工厂，引入梅赛德斯—奔驰品牌的纯电动车产品，同时戴姆勒将战略投资北京新能源乘用车股份有限公司
2017.7	沃尔沃+吉利	成立合资公司，各占 50%股份，开发下一代纯电动汽车平台技术
2017.8	福特+众泰	计划在华成立一家从事纯电动乘用车的研发、制造、销售和服务的合资公司
2017.8	雷诺日产+东风	计划在华成立合资公司，共同开发纯电动汽车，出资比例为东风 50%，雷诺和日产各占 25%
2017.8	丰田+马自达	在美国设立整车合资公司，在电动车共通技术、车载互联技术和先进安全技术等领域开展合作，双方出资比例为各占 50%
2017.9	丰田+马自达+电装	成立合资公司，共同研究电动汽车共性技术，公司注册资金 1000 万日元，出资比率为丰田 90%、马自达 5%、电装 5%。为强化合作关系，丰田将收购马自达 5%股份，马自达收购丰田 0.25%股份

资料来源：网络公开资料整理

表 3　部分整车企业参与出行服务项目情况

项目	运营企业	主要车型	运营城市
GreenGo 绿狗	北汽新能源、富士康	北汽 E150EV/EV160/EV200、奇瑞 eQ、特斯拉、比亚迪 E6、华晨宝马之诺等	北京
微公交	浙江左中右电动汽车服务有限公司（吉利、康迪合资成立）	康迪 K10/K11	杭州
曹操专车	杭州优行科技有限公司（吉利投资）	帝豪 EV	宁波、杭州、青岛、南京、成都、厦门、天津、北京、广州、深圳等 22 座城市
环球车享（原 e 享天开、EVCARD 合并成立）	上海赛可汽车租赁（上汽集团子公司）、上海国际汽车城新能源汽车公司	荣威 E50/550	上海
一嗨租车	上汽乘用车、一嗨租车	荣威 550	北京、上海、杭州、昆山
轻享出行	北汽新能源	北汽 EX200	北京、潍坊、沧州、泰州等

资料来源：网络公开资料整理

（四）产业变革趋势推动车企转型智能共享出行服务商

汽车产业正处于大调整大变革时期，汽车产业与互联网深度融合，电动化、智能化、网联化、共享化趋势明显，以客户为原点，提供产品+服务+出行的一体化解决方案将成为未来车企的核心竞争，国内外汽车企业纷纷确定转变为造车、出行服务提供、产业联盟、上下游资源整合的生态圈提供商。如丰田宣布从传统的汽车制造商，逐步向出行方案提供商转型，并已宣布与滴滴携手合作，另外在智能网联汽车技术方面积极推进。大众汽车集团管理董事会主席、大众汽车集团CEO迪斯博士(Dr. Herbert Diess)，计划将大众集团的业务重组为六个业务板块和中国区业务，以更加高效的集团管理结构，更迅速地适应大众集团全面向新能源、智能化、出行服务商等新业务方向的转型。国内车企也开始进军共享或网约车市场，如吉利推出曹操专车、上汽建立环球车享、北汽新能源布局轻享出行等。

二、新产品迈向实用成熟期，即将进入爆发阶段

新上市新能源乘用车车型数量大幅增加，种类进一步丰富，实用化程度显著提升，已表现出超越传统汽车的潜力，同时国内企业在车辆智能化方面也已取得先发优势。

（一）纯电动车型技术水平及实用性表现显著提升

通过对截至2017年底累计发布的15批免购置税目录中纯电动乘用车车型进行统计，其平均续驶里程已由2014年的160km增长到2017年底的260km左右，已接近《节能与新能源汽车技术路线图》中提出的到2020年平均纯电续驶里程达到300km的目标。

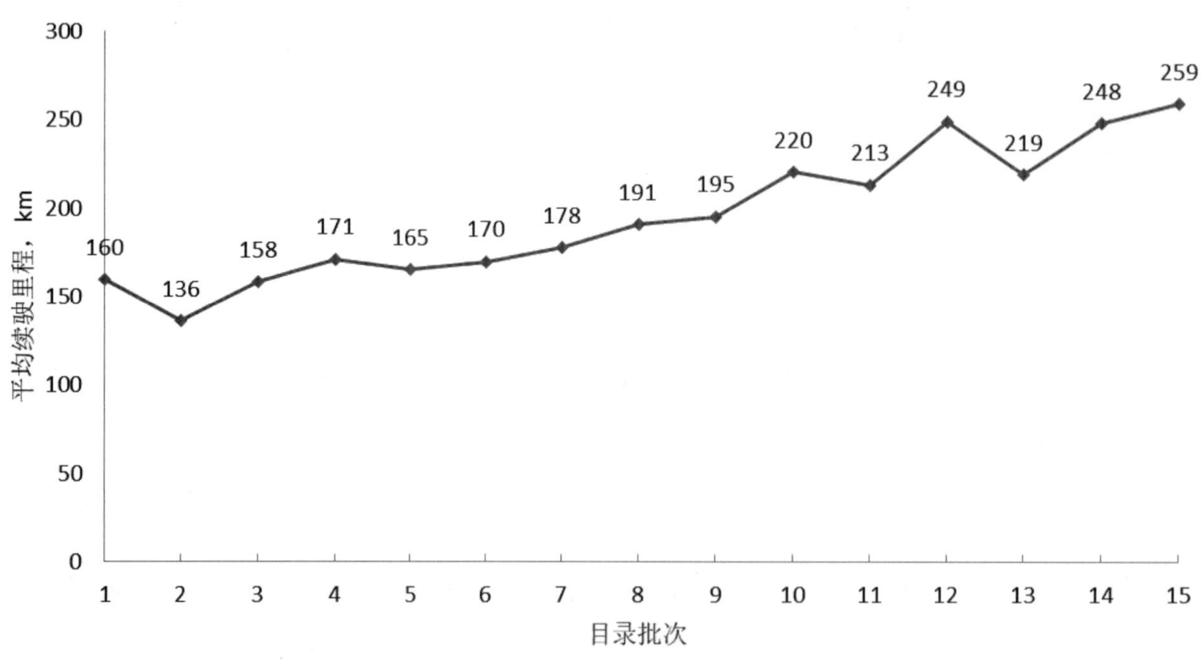

图 1　第1–15批免征购置税目录内纯电动乘用车平均续驶里程分析

根据相关机构调查，北上广等一线大城市有约70%的私家车日均行驶里程低于60km，而近期新上市的纯电动车型续驶里程大多超过300km门槛，此类车型在普通用户日常使用条件下，每周充电一次基本可满足用户日常通勤需求，消费者对充电基础设施的依赖性将显著减低，使用成本和便利性优势越发显著。

表 4 部分新上市纯电动乘用车续驶里程及售价情况

车 企	车型	工况续驶里程（公里）	补贴后价格（万元）
北汽新能源	EX360	318	7.99-9.89
北汽新能源	EU5	416/450	12.98-16.18
奇瑞	瑞虎 3xe	351	8.98-10.28
比亚迪	宋 EV 400	350	18.99-19.99
比亚迪	秦 EV 450	400	14.98-16.98
比亚迪	元 EV360	305	7.99-9.99
上汽	荣威 Ei5	301	13.38-14.35
上汽	荣威 ERX5	320	19.88-22.38
吉利	帝豪 EV 350	300	12.58-13.58
吉利	帝豪 EV 450	400	13.58-15.58
吉利	帝豪 GSe	353	11.98-14.58
广汽新能源	GE3	310	11.99
威马	EX5/EX5 Pro	300/400/460	11.23-21.63
蔚来	ES8	355	37.54-47.54
东风日产	轩逸 EV	338	16.6
大众	e-Golf	255	24.68
比亚迪戴姆勒	腾势 500	451	29.88-32.88

资料来源：车企网站及媒体报道

表 5 典型纯电动乘用车信息对比

车型名称	帝豪 EV 2016 款 精英型	帝豪 EV300 2017 款 精英型
上市时间	2015 年	2017 年
生产企业	吉利	吉利
厂家指导价（万元）	23.98	20.58
电机最大功率（kW）	95	95
电机最大扭矩（kW）	240	240
电池类型	三元	三元
整车整备质量（kg）	1570	1598
动力蓄电池组总能量（kWh）	45.3	41
纯电续驶里程（km）	253	300
百公里电耗（kWh/100km）	/	15
最高车速（km/h）	140	140
百公里加速（s）	9.9	9.9
充电时间	0.75 小时（快充 80%）	0.75 小时（快充 80%）

通过整理近期上市的帝豪EV450车型信息，并与对应的上代帝豪EV300对比可以发现，国内主流纯电动乘用车产品在续驶里程、能耗等方面均取得了显著进步。吉利帝豪EV450将动力电池电量由EV300的41kWh增加到52kWh（+26.8%），续驶里程由300km增加到400km（+33.3%）能耗也由15kWh/100km降至14.6kWh/100km（-2.3%），百公里加速时间缩短0.6秒（-6%），80%电量快充时间也由45分钟缩短至30分钟（-33.3%）。

（二）专用平台、集成化将拉开与传统汽车差异化优势

此前部分车企在开发新能源车型时多采用改造现有传统汽车平台的方式来控制成本，但此种方式会导致车辆设计存在限制，电池组布局和乘坐空间也会受到影响。而近期一批新上市车型纷纷采用全新开发的纯电动车型平台，在提高载电量的同时，可以使电池重量均匀分布于车轴之上，重心也进一步降低。比亚迪、北汽等企业推出了“e平台”、EMD3.0等动力总成集成化技术，博世、精进电动零部件企业也推出其电驱系统集成化技术，可以进一步降低成本、体积、重量并提高能效。专用平台、集成化技术的应用，使得新能源车型内部乘坐空间和行李空间布置较传统车更加灵活。

（三）智能化技术成为新能源乘用车下一步竞争焦点

智能化技术将成为未来新能源乘用车重要卖点之一。从北汽12.99万元的EU5到蔚来40万元价位的ES8等车型均应用了智能化技术，上汽荣威Marvel-X更可实现最后一公里（停车场内）自动泊车，结合无线充电功能可极大提高新能源乘用车充电便利性，未来智能化技术的应用将可极大弥补新能源乘用车目前便利性等方面的短板，并放大新能源乘用车在使用成本等方面的优势。

国内企业在车载操作系统领域也迎来发展机遇。目前车载操作系统方面仍处于发展初期，国外尚未在该领域取得垄断控制地位。国内阿里巴巴、百度、科大讯飞、腾讯等互联网企业车载系统已实现为自主、新进、合资甚至外资车企产品提供支持。

三、新能源乘用车市场正从导入期迈向快速成长期

2017年全球新能源乘用车销量121.8万辆，比2016年同比增长60%；2017年中国新能源乘用车市场销量达到57.6万辆，占全球新能源乘用车市场份额近一半，远超美国的19.8万辆。

（一）整体市场格局呈现“前低后高”特征

2017 年年初受补贴目录重审延迟发布、地方补贴政策延迟下发等因素影响，市场消费一度收到极大抑制。但随着地方政策的逐步明确，各大车企结束观望态度，终端销量得以释放，并呈现稳步上升的态势。年末受 2018 年补贴大幅退坡传言影响，第四季度市场出现跳涨。2017 全年新能源乘用车累计生产 55.2 万辆，同比增长 71.5%。其中 11、12 月份连续两月产量大幅提升，月均同比增幅超过 130%。

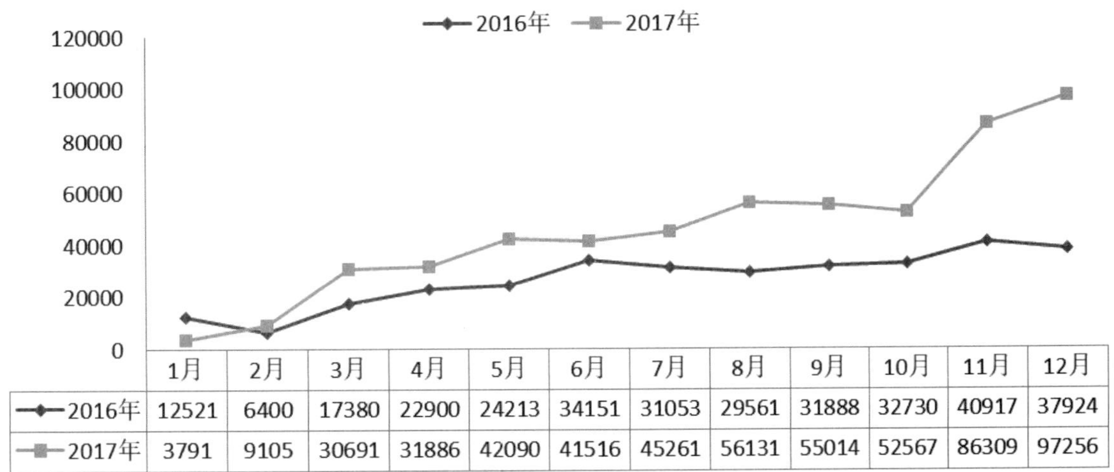

	1月	2月	3月	4月	5月	6月	7月	8月	9月	10月	11月	12月
2016年	12521	6400	17380	22900	24213	34151	31053	29561	31888	32730	40917	37924
2017年	3791	9105	30691	31886	42090	41516	45261	56131	55014	52567	86309	97256

图 2　2016年–2017年我国新能源乘用车月度产量对比

（二）纯电动市场地位得到进一步巩固

2017年新能源畅销车型前十名中，有7款为纯电动车型。纯电动车型2017年累计产量达45万辆，同比增长82%，占新能源乘用车总产量的81%。插电混动市场方面，2017年共销售10万辆，同比增长33%，仅占新能源市场的19%。其中仅宋DM、荣威eRX5、秦PHEV、唐等车型销量破万。相对纯电动乘用车市场的百花齐放，插电式混合动力乘用车市场相对比较集中，主要为比亚迪及上汽旗下车型。但随着自主品牌新一代车型陆续上市，以及合资企业车型的引入，预计不久之后插电式混合动力乘用车市场将迎来增长。

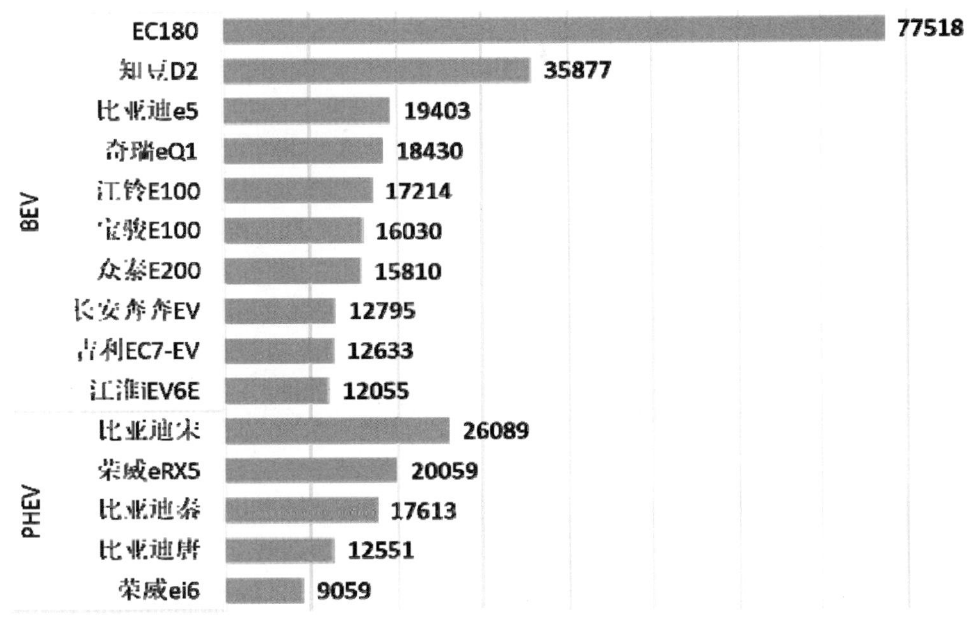

图 3　2017年主流新能源乘用车车型产量排名

（三）低价小微型车稳坐市场主力地位

据全国乘联会统计，2017年我国A00级纯电动车型累计销售30.3万台，占比53%，同比累计增长173%。

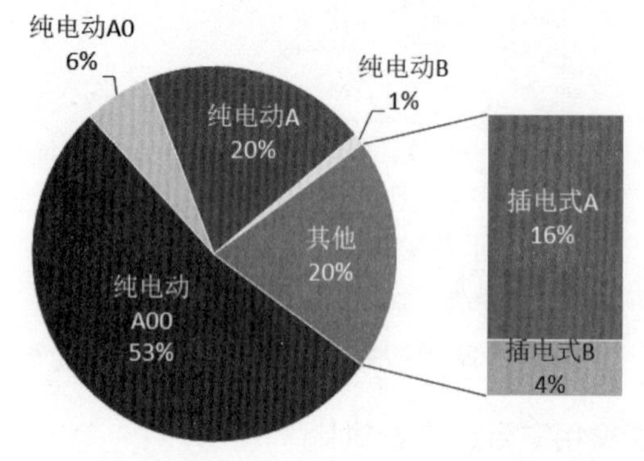

图 4　2017年新能源乘用车分级别销量结构图

A0级纯电动车型累计销售2.7万台，占比6%；纯电动A级车型累计销售11.4万台，占比20%。纯电动B级车型累计销售0.5万台，占比1%。插电式混合动力A级车累计销售7.4万台，占比16%；插电式混合动力B级车累计销售1.7万台，占比4%。

从车型价格来看，2017年排名前十的纯电动车型基本为低价小微车型，此类产品补贴后售价多在在10万元以内，极少超过15万元。其原因：

一是由于消费者对低价产品的诉求。

二是目前新能源乘用车市场主要在限购城市，消费者在无法获得传统燃油车指标的情况下，转而购买低价位新能源车型以应付日常代步需要。

三是在自主品牌企业大多技术积累不足，品牌溢价能力较弱的背景下，企业多谨慎选择成本相较更低，更适合试水探路的小微车型。

四是共享网约车市场的快速发展对此类低成本、小巧灵活的小微车型有极大需求。销量榜上有名的车型，如北汽EC系列、知豆D2、奇瑞eQ等，都是租赁的热门款型，单位用户均贡献了50%以上的销量。

（四）领先企业已初步实现规模化推广

2017年新能源乘用车累计销量突破十万台的车企有两家，其中比亚迪累计销售11万辆，占比20%，位居首位，北汽新能源累计销售10.3台，占比19%，位居次席。分动力类型来看，北汽新能源是纯电动乘用车领域销售冠军，比亚迪的市场则更多倾向于插电式混合动力车型，两家车企新能源乘用车销量合计占到了近40%的市场份额。总体来看，销量前9的新能源车企销量均超过2.8万台。

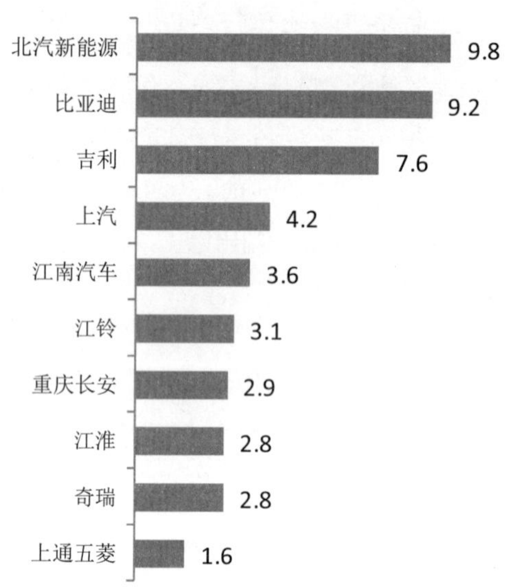

图 5　2017年新能源乘用车企业产量排名（万台）

注：转载自 中国汽车技术研究中心、日产（中国）投资有限公司、东风汽车有限公司编著的《新能源汽车蓝皮书——中国新能源汽车产业发展报告（2018）》

第5部类

二手车市场

DIWUBULEI | ERSHOUCHESHICHANG

二手车市场综述

2017年中国二手车市场

中国汽车流通协会 罗磊

2017年二手车市场呈现出快速增长态势，而且有迹象表明这个快速增长态势在未来一个时期是可持续的。

据中国汽车流通协会统计，2017年二手车交易量为1240.09万辆，同比增长率19.33%，其中，基本型乘用车交易737万辆，同比增长 17.3%； SUV交易86.8万辆，同比增长 27.4%；MPV交易72.34万辆，同比增长22.8%；微面交易35.42万辆，同比增长7.5%；客车交易133.22万辆，同比增长25.4%；载货车111.69万辆，同比增长11.3%。值得一提的是二手车交易额增势比较明显，2017年二手车交易总值为8092.72亿元，同比增长34%。明显高于数量的增长，这一现象意味着二手车交易品种的档次再次得到了提升（见图1）。

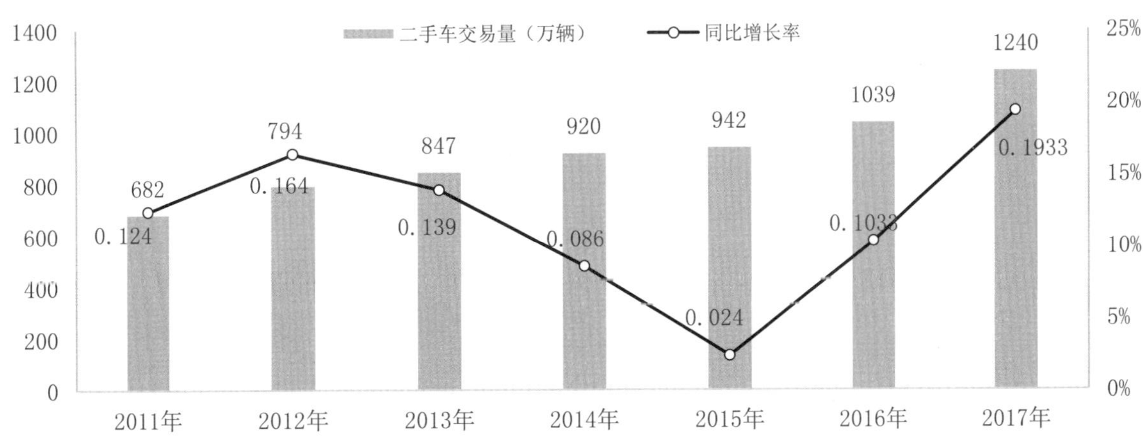

图1　近年二手车交易量与增长率

一、政策支持，市场活跃度提升

（一）取消限迁，跨区域流通比例出现明显提升

2017年二手车异地转移登记的比例为21.8%,与上年同期相比提升了近0.4个百分点（见图2），与2016年相比提高幅度达2.6个百分点。显然，破除地方限迁成效显著，这主要归功于国务院主管部门不遗余力地持续督办。继2016年国务院办公厅发布《关于促进便利二手车交易的若干意见》（国办发【2016】13号）后，2017年3月16日，商务部、公安部、环保部又联合下发了《关于请提供取消二手车限制迁入政策落实情况的函》敦促各地方政府尽快落实国务院13号文件，并要求各地在4月14日之前上报取消限迁的情况。在中央政府强力推进下，2017年山东、河南、江西、广西、海南、福建等省下发了取消限迁的文件，浙江省发文，二手车省内流通不受排放限制。根据中国汽车流通协会对限迁城市的监测，截至2017年底,除吉林、西藏（长三角、京津冀、广东部分区域除外）未发文件取消限迁之外，其余各省均发布了全面取消二手车限迁的相关文件。二手车突破区域限制，实现大流通正在进行中。

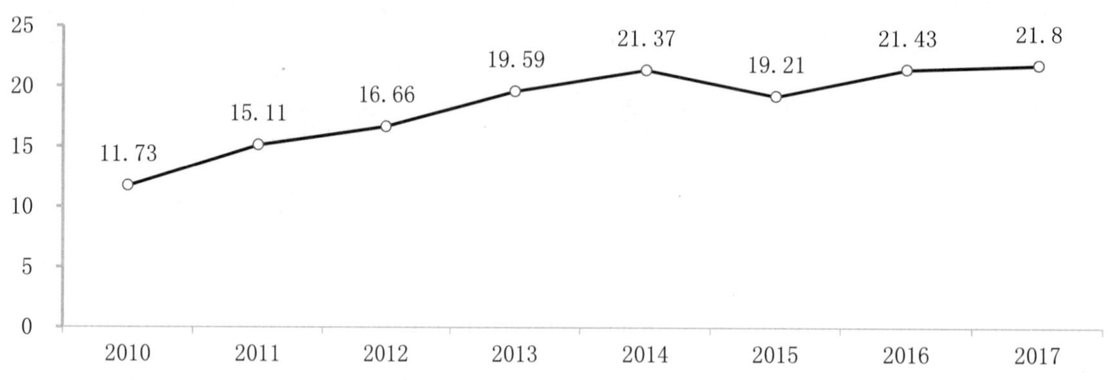

图2　各年度跨行政区交易比例 （单位：%）

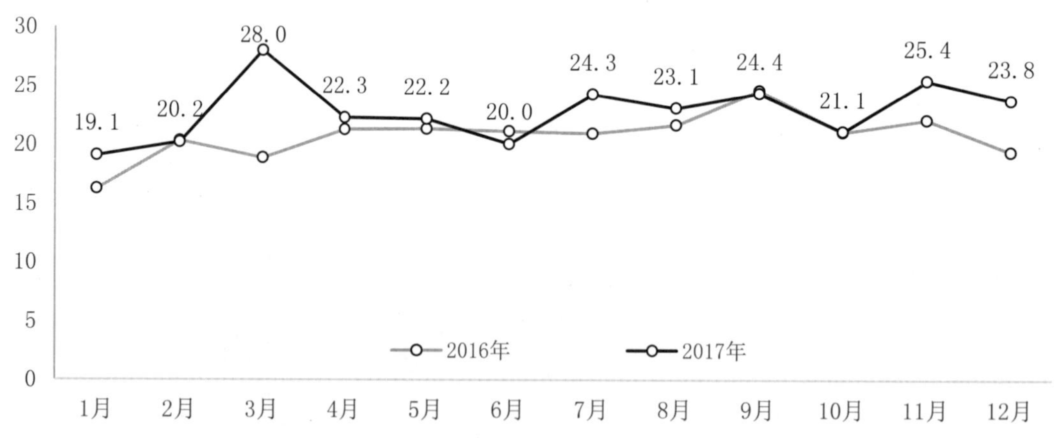

图3　2017年各月异地转移登记比例 （单位：%）

另外，根据环保部发布的数据，在我国机动车保有中，排放在国四以上汽车占62.9%，而全国大部分城市限制国三以下的二手车流通，因此，即便地方限迁没有更广的推进，限迁对二手车流通的影响会逐渐减弱，二手车市场活力将逐步释放（见图3）。2017年二手车跨区域流通进入常态阶段，除1月份之外，大部分

时间跨地区交易比例在20%以上，这与2016年区别非常明显。我们看到国务院发布《关于促进二手车便利交易的若干意见》是在3月末，开始实施是后半年，二手车跨区域流通比例是在7月以后恢复到了20%以上。由此可见，国家着力推进打破二手车流通封锁成效显著。

（二）取消限迁与市场活力的因果关系

"限迁"抑制二手车流通。我国汽车消费逐步形成了梯次消费的市场结构，二手车流通形成了高收入阶层向中低收入阶层、从中心城市向二三线城市、从东部发达专区向中西部欠发达地区、从城市向乡镇流通的基本格局。同时，由于区域消费偏好，形成了区域消费特点。如，华北地区偏好德系车、华南地区偏好日系车，地区之间产生了价格差，一般情况下，二手车跨区域流通的比例应该不低于20%。由于北京、上海、广州、深圳、天津、杭州等地实行限购政策，这些城市的外迁比例近两年维持在50%左右。然而，由于越来越多的城市加入到"限迁"行列，以及各地越来越严格的"限迁"标准，将对二手车跨区域流通的渠道几乎封死，限购城市的"大龄"二手车被死死地封在了原地。由于需求与供给的严重不平衡，使得这些地区的二手车价格的大幅度下降，本来有换车需求的消费者将会延缓换车计划，从而影响了二手车的市场活力。

（三）取消限迁，市场活力得以释放

2017年二手车市场出现快速增长，应该是得益于中央政府对破除限迁所做出的努力。截止2017年底，除西藏、辽宁、吉林还在执行限迁外，其余各省市区均下发了文件，规定二手车迁入的排放标准以机动车年检标准为依据，不得自行规定。我们也看到，随着取消限迁的城市逐渐增多，二手车交易活跃度也在不断提升，这一点我们可以通过数据反应出来，如图4所示。

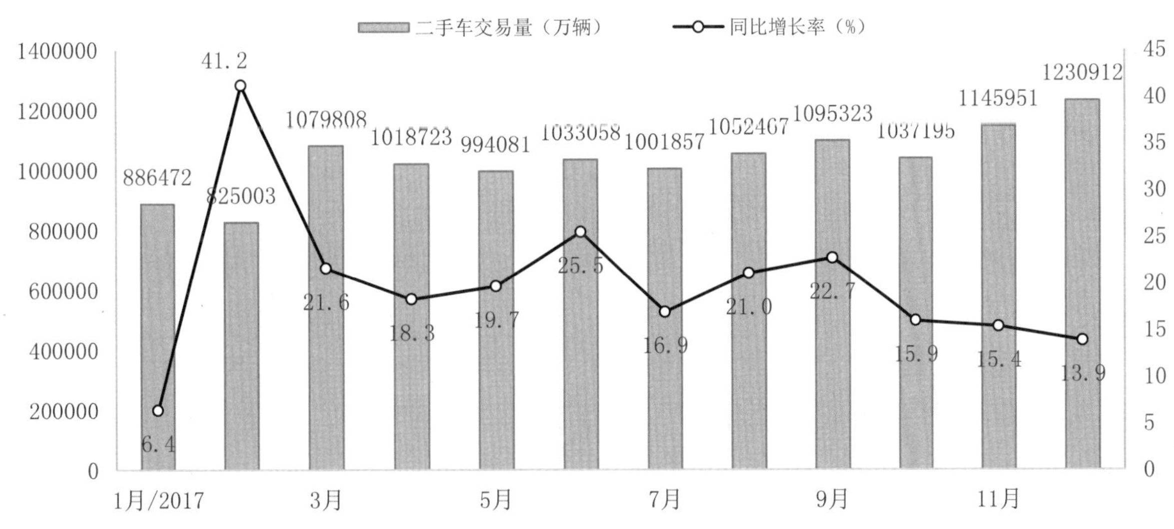

图4 2017年各月度交易量与同比增长率

分析2017年的交易数据可以发现两个明显的特点：一是交易维持较高的增长率。从图4中看到，只有1月份增长率较低，为6.42%，但恰恰是因为2017年春节就发生在1月份，交易日减少了5个，影响到了交易量。而2月份出现的41%的增长也是因为春节的缘故。除了1、2月份以外，其余各月的增长情况比较稳定，基本上维持在15%以上的水平。二是交易量保持了一个较高的水平，全年各月中有9个月交易量在百万辆以上，表明我国二手车市场的总基数实现了一个大的跨跃。

二、乘用车成为当仁不让的市场主流

统计数据显示，2017年二手乘用车共交易931.57万辆，同比增长18.2%，略低于整体二手车交易总量增长率，二手乘用车占交易总量的75.1%，与上年度75.8%相差不大。

在乘用车中，轿车占市场总量的59.4%，相比上年度下降了0.9个百分点；MPV占交易总量的5.8%，与上年度相比，增长了0.1个百分点；SUV占交易总量的7%，占比与上年相比增加了0.4个百分点， SUV的表现与新车需求相呼应，继续保持较高的增速；交叉型乘用车占交易总量的2.9%，这一比例也与上年度下降了0.3个百分点（见图5和表1）。

从以上分析可以看出，2017年度二手车市场交易品种基本稳定，这或许与二手车市场逐渐走向成熟有密切关系。

我们从历史数据中不难查到，几乎每个年度，二手车交易品种都有较大的变化，乘用车比例连年持续增加。特别是近几年，随着SUV的爆发，以及消费结构的变化，商用车的比例呈逐年减少，乘用车比例不断提升。

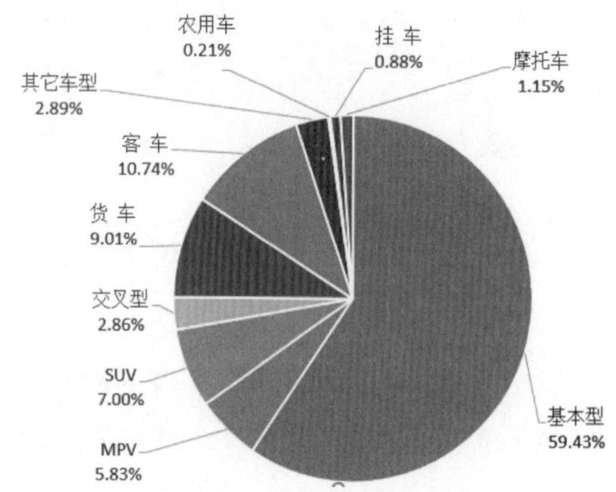

图5 2017年各车型比例

笔者翻阅了十年前2007年的数据，当年乘用车占比是57.3%，而如今已经提升到了75%以上；其中当年SUV占比仅仅是2.2%，如今占比提高了3倍多；当年客车比例为23.5%，货车比例为19.2%，如今下降了一倍上下。

表1 2016年1–10月各车型占总交易量的份额表 （单位：%）

车型分类	乘用车				商用车		其它车	农用车	挂车	摩托车
	轿车	MPV	SUV	交叉型	货车	客车				
2016	60.4	5.7	6.6	3.2	9.7	10.2	1.7	0.2	1.1	1.2
2017	59.5	5.8	7.0	2.9	9.0	10.7	2.9	0.2	0.9	1.1

三、二手车平均交易价格又提高了七千多

2017年二手车平均交易价格为65259元，比2016年有了比较大的增长，“贵了”7146元，这是二手车平均交易价格连续两年下降后出现了反转（见图6）。其中轿车平均交易价格为6.56万元元，提高了0.8万元；MPV平均价格9.24万元，提高了1.15万元；SUV平均价格为11.85万元，提高了1.24万元，交叉型乘用车下降了约116元。

出现二手车平均交易价格提高的主要原因与2017年汽车消费升级驱动有密切关系。2017年新车市场以豪华品牌、中高端车型以及SUV是保持汽车市场增长的主要驱动力，而2016年度汽车消费市场靠自主品牌、小排量拉动形成明显反差（见图6）。

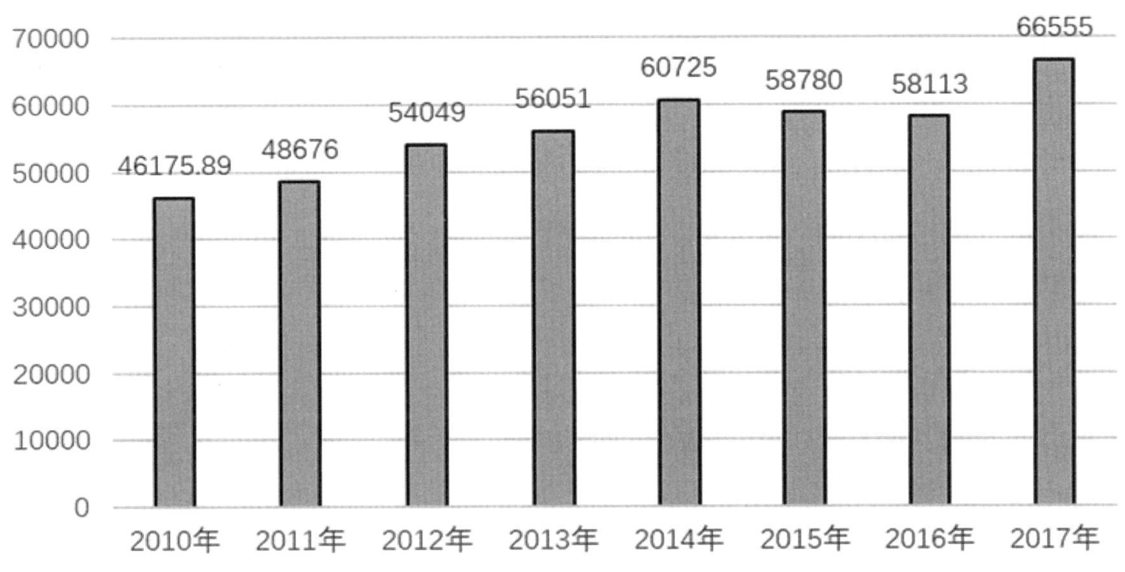

图6　二手车平均交易价格变化情况 （单位：元）

四、准新车受市场追捧

2017年，使用年限在3年以内的准新车共交易307.47万辆，比上年同期多出了74.13万辆，同比增长31.8%，高于整体市场增速超过了10个百分点。当然，这也与各地的限迁有一定的关系，因为3年以内的车基本上不存在排放受限问题。与此同时准新车的比例也有了显著提升，达到了总交易量的24.8%，相比上年同期提高了2.3个百分点；使用年限在3至6年的“中年”车龄的车辆共交易539.3万辆，占总交易量的43.5%，这一比例与上年同期相比下降了5.1个百分点，显然，准新车比例的提升，挤占了中龄车的比例；7至10年车龄的车辆共交易272.78万辆，占22%，占比与上年同期相比有1个百分点提高；10年以上的老旧车共交易120.54万辆，占总交易量的9.4%，这一比例也比上年同期增加了1.4个百分点（见图7）。

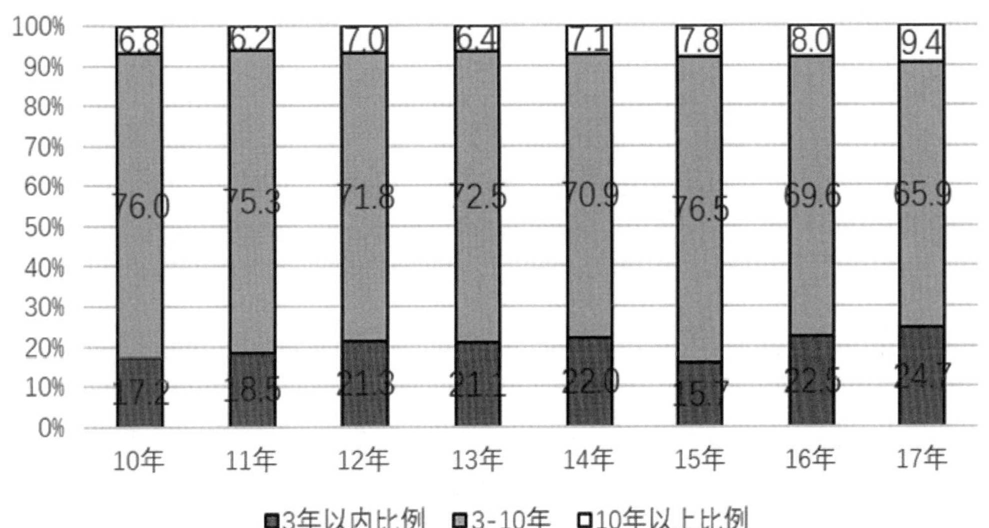

图7　各年龄段二手车比例 （单位：%）

五、大部分区域呈现快速增长势头

我们先从表二着手进行分析。研究分析排名前十位省市的数据，我们可以发现3个特点：第一个关键词"正增长"。排名前十位的省市区域二手车市场全部是正增长，这一点与前两年出现30%甚至50%的省市有负增长截然不同，印证了全国二手车市场正在进入佳境，只不过有早有晚，有快有慢而已。第二个关键词"含金量"。交易量超过100万辆的省市有两个，实现了百万级区域零的突破。交易量80万至99万的区域有5个，70万级1个，50万级1个，第十名上海不到50万辆。

表 2　交易量排名在前 10 位的省市交易量与同比增长率

省 市	累计交易（辆）	同比增长率%
浙江	111.22	23.46
广东	109.46	10.95
山东	93.90	78.68
四川	88.21	17.75
河北	83.85	30.80
河南	83.34	33.43
江苏	82.11	10.72
北京	71.48	11.23
辽宁	54.24	2.85
上海	46.26	2.70

六、二手车市场增速全面超越新车

分析二手车与新车增长率我们不难发现，2016年度二手车市场与新车市场的运行轨迹还有些相似，而进入2017年，二手车交易增长率开始快于新车（见图8）。

两条曲线出现分离主要是由于两个细分市场的部分商品存在一定的替代关系。二手车与入门级乘用车是有替代关系的，这种替代是入门级乘用车与二手车市场需求的竞争。不妨我们先看一下入门级车本年度的表现。据中国汽车工业公布的统计数据显示，第一个数据是1.6升以下小排量乘用车销量同比下降1.7%。中长期趋势，随着二手车市场的不断扩容，会对低端乘用车形成一定强度的冲击，迫使产品供给侧进行自适应性改变，这就是从低端向中高端产品转化。从某种意义上讲，二手车市场的繁荣发展，也会促进我国汽车产业从速度发展向质量发展转变，从制造大国向汽车强国转变。

七、二手车流通渠道利用率在稳步提升

最近两年一句很火的广告用语叫"没有中间商赚差价"，看似很有诱惑力，其实不过是C2C电商平台设计出的吸引消费者的宣传语。大家知道，一般商品流通都要经过两个环节，第一是批发环节，第二是零售环节。我们先看一下两个目标市场日本与美国是怎样的情况。在日本的二手车流通市场中，通过授权经销商零售的二手车约占总交易量的35%左右，通过独立二手车经销商销售的车辆占55%左右，个人之间私人交易占总交易量的10%左右，其中二手车经销商的车源有超过50%的比例通过拍卖环节获得。美国情况大致相似，在整个二手车流通市场授权经销商占55%左

右，独立二手车经销商占35%左右，也是只有10%左右为个人之间交易。由于我国二手车市场起步较晚，二手车经营主体构成还未形成正常结构形态，二手车流通表现为个人之间交易为主，十年前，个人之间交易的比例能够高达90%。近年随着市场的不断成熟，通过经销商实现交易的比例逐渐提高，也说明二手车经营主体在不断成长，到2017年通过经销商实现交易的比例提高到了32.1%，达到了历史新高。

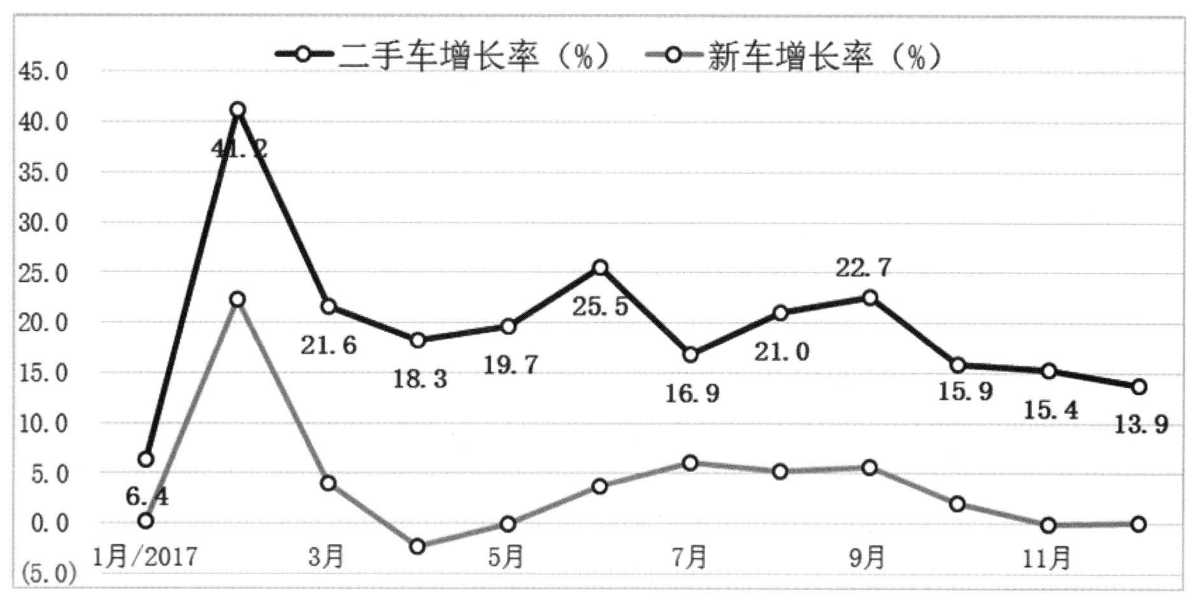

图8　二手车与新车同比增长率对比图

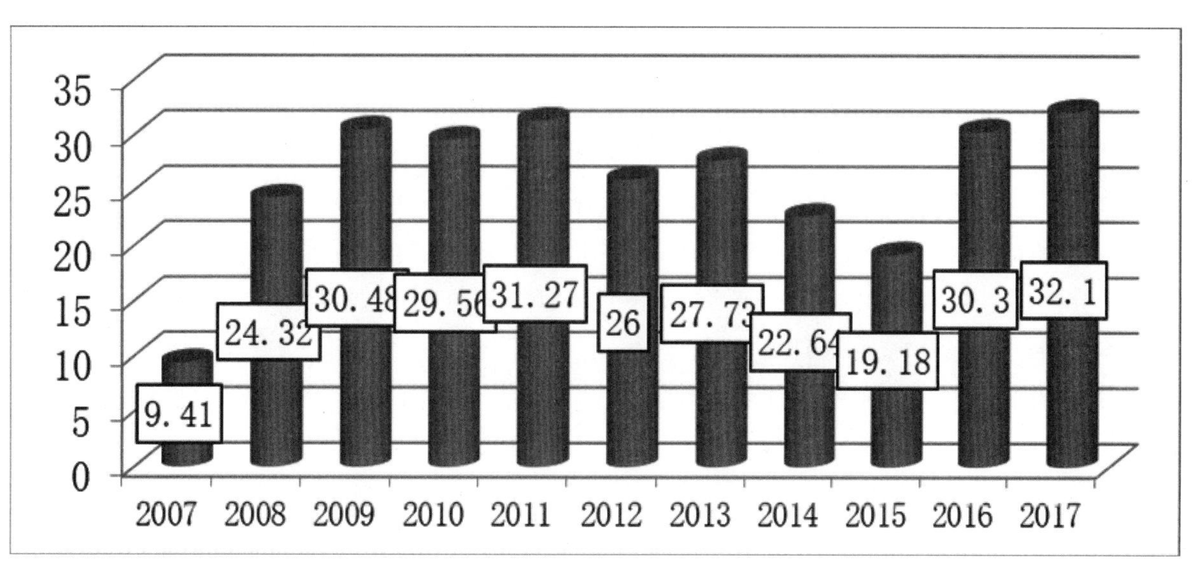

图9　近年通过经销商实现交易的比例（单位：%）

2017年保定市二手车市场

保定市腾运旧机动车交易市场股份有限公司王楠

保定市腾运旧机动车交易市场股份有限公司成立于1999年9月，是保定市政府批准，设立最早的旧机动车交易市场主体责任单位。设立的市场历经近二十年的发展，由初期日上市300多辆，年成交4000多辆，发展到现在的日上市2000多辆，年成交50000余辆。市场占地200余亩，进驻二手车经纪公司200多家。2016年7月公司新建一处面积达7000平方米的大型二手车精品展厅，并在同年10月正式营业。展厅采用商超化的管理模式，通过203项符合“国家标准”的专业严格检测，杜绝“水泡车”、“火烧车”、“重大事故车”，更有质保、延保、市场担保。

2017年公司交易二手车约6万辆，交易额近17亿元。先后荣获“中国汽车流通行业，优秀会员奖”、“全国二手车交易市场4A级诚信单位”、“全国二手车市场百强企业”、“中国二手车流通行业，模式创新奖”、“二手车流通企业经营管理规范贯标，工作杰出贡献单位”。

公司着眼向“全面服务型”市场方向发展，积极打造消费者信得过的二手车服务品牌，创新未来发展模式，打造了“你要车”二手车市场新零售服务平台，积极从过去单一化的“物业管理”模式向现代“信息化”、“数据化”管理型的企业转变，进而全面提升自身的经营管理水平，向“互联网+”，实现市场服务在线化、功能及产品升级化方向发展，通过“转型升级”，使企业跟上时代发展的脚步。

“你要车”二手车市场新零售平台，是围绕汽车消费链的综合服务平台，包括二手车交易、新旧车置换、金融、保险服务、汽车认证检测、质保、保养、维修、美容等消费需求，平台拥有自己的核心服务能力，整合提供这些服务的最优秀的相关服务机构，解决二手车交易过程中消费者的各类需求。

“你要车”Uneedcar平台以O2O模式运作，搭建互联网、移动互联网、热线服务电话、交易市场、线下服务门店之间“三位一体”的服务体系，与市场出入库系统、库存管理系统、二手车交易开票系统连接，提供线上帮买帮卖服务，实现强大的需求信息引流能力以及线下的即时跟踪服务能力，与中国汽车流通协会“行认证”检测项目充分结合，使二手车交易流程模式透明，打破了原有二手车交易信息不对称、交易过程缺乏诚信及保障的制约瓶颈，为消费者提供强有力的购车保障。

公司在多年来的激烈竞争中，艰苦创业、奋力拼搏，本着以“诚信为本，开拓创新”的经营理念，以“公开、公正、公平、合法”为交易原则，“诚信服务、客户至上”为服务宗旨，赢得市场，深受广大消费者的一致好评，被商务局评为“信用企业”、“先进单位”。随着二手车交易量的大幅提高，市场以客户需求为牵引，以优质服务为己任，结合行业特点和市场实际，以人为本，始终把超越自我作为发展的动力之源，不断学习，不断完善、探索，有力地推动了保定地区的汽车流通、规范和促进了本地区的二手车交易活动，实现跻身国内先进二手车交易市场行列，成为中国二手车行业一支不可或缺的力量。

第6部类

汽车进出口贸易

DILIUBULEI | QICHEJINCHUKOUMAOYI

汽车进口贸易综述

2017年中国进口汽车市场

国机汽车股份有限公司 王存

一、海关进口量快速反弹，处于回补库存后供需相对平衡状态

在上半年快速回补库存的带动下，下半年进口车市场保持供需相对平衡状态，2017年中国累计进口汽车121.6万辆，同比增长16.8%，相比2016年全年3.4%的负增长，回升20.2个百分点。

在经历了2015年及2016年艰难的去库存过程后，2017年1月进口车市场触底快速反弹，并持续回暖。

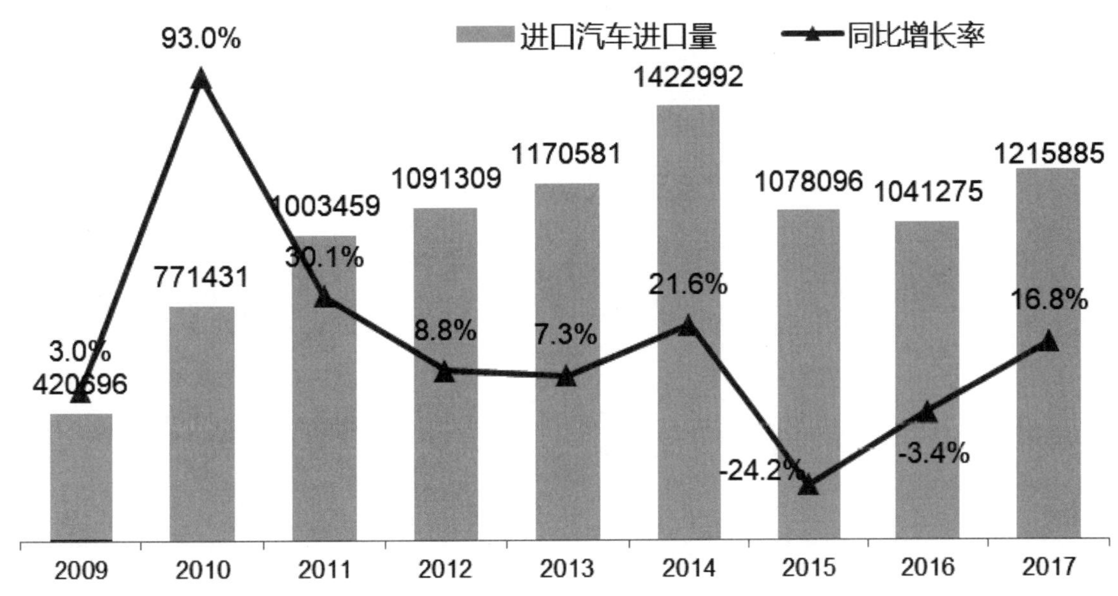

图 1　2009年-2017年海关进口量 （单位：辆，%）

数据来源：中国进口汽车市场数据库，以下不再赘述

图 2　2012年-2017年分季度海关进口量季度走势

在回补库存的带动下，2017年上半年累计进口汽车58.0万辆，同比增长21.2%。

其主要原因是2016年同期基数较低，行业去库存化的结构性周期回补，三季度以来，进口汽车产销基本处于平衡状态，1-12月中国累计进口汽车121.6万辆，同比增长16.8%，相比2016年全年3.4%的负增长，回升20.2个百分点。

从季度走势来看，自2015年一季度至2016年三季度，进口量在经历了连续七个季度下滑后，于2016年四季度止跌企稳，2017年二季度提升至22.5%。与上一轮2012-2013年进口车“去库存”周期对比看出，企稳后的进口车回补库存动力意愿较强。2013年第三季度进口量实现8.6%的增长后， 2014年四个季度进口量均实现20%的增长，但同比增速逐季回落。比对2017年的回补库存趋势，在2017年第三季度、第四季度进口量同比分别增长12.9%和13.2%，相比上半年21.2%的增速，增速下滑8.3和8.0个百分点，回补库存周期已进入尾声。

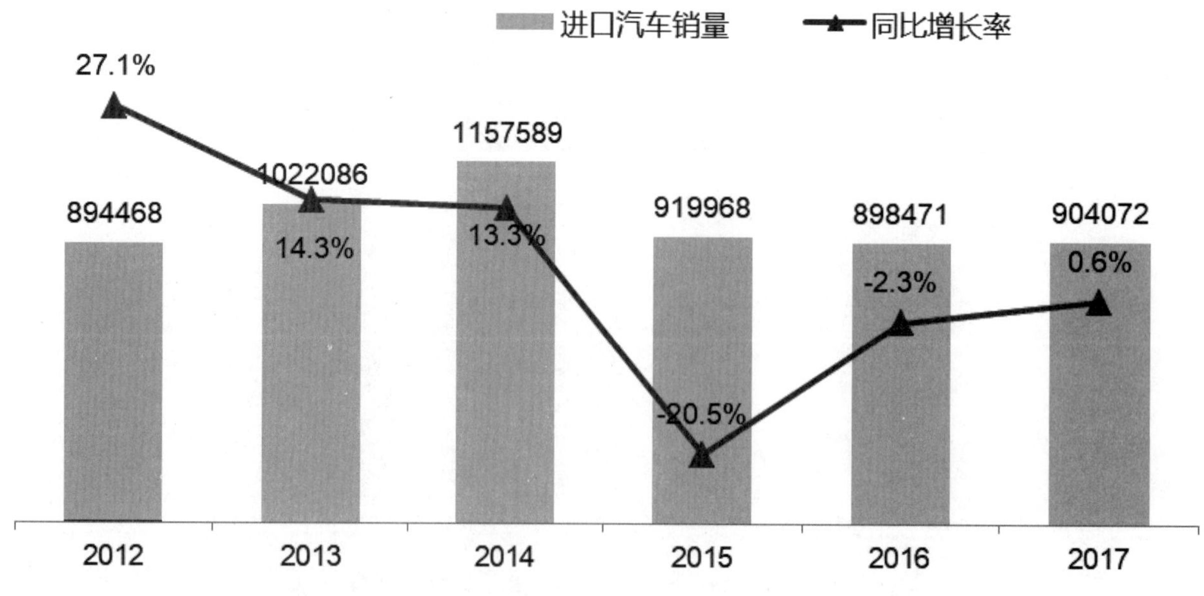

图 3　2012-2017年进口汽车市场AAK销量 （单位：辆，%）

二、终端需求弱势复苏，只有A0和A级车出现同比下滑

1-12月经销商交付客户进口车（AAK）销量达到90.4万辆（见图3），同比增长0.6%，扭转了2015-2016年的下滑态势，但复苏态势较弱；细分市场中，只有A级终端需求出现同比下滑，其它所有细分市场均实现增长。

根据中国进口汽车市场信息联席会统计的30个品牌的经销商交付客户进口车数据（AAK）来看，2017年1-12月经销商交付客户进口车销量为90.4万辆，同比增长0.6%，相比2016年全年的-2.3%，回升2.9个百分点，但仅增长0.6个百分点，显示终端需求复苏态势较弱。

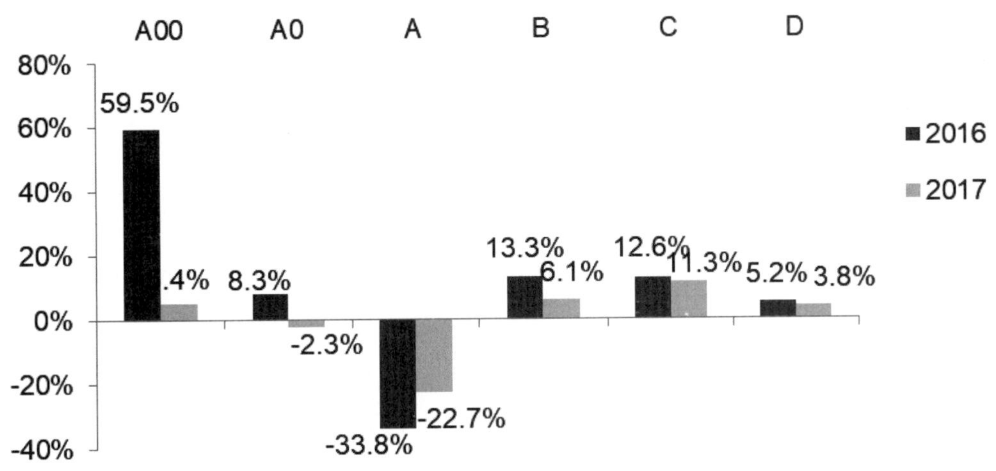

图 4　2016-2017年进口汽车市场销量累计增速

从各细分市场来看，受紧凑型车型国产化影响，A级车销量持续下滑，2017年12月A级车累计下滑22.7%，A0级小幅下滑2.3%，而其他细分市场同比均呈现增长态势，但是增速均在15%以下，显示进口车市场仍处于弱势复苏中。

C级细分市场表现亮眼，2016-2017年连续两年交付客户量出现较大幅度增长，且2017年增速达到11.3%。整个细分市场的结构中，2017年C级细分市场占比达到36.8%，保持进口汽车市场第一大细分市场的地位，显示进口汽车市场豪华、高端的特点。

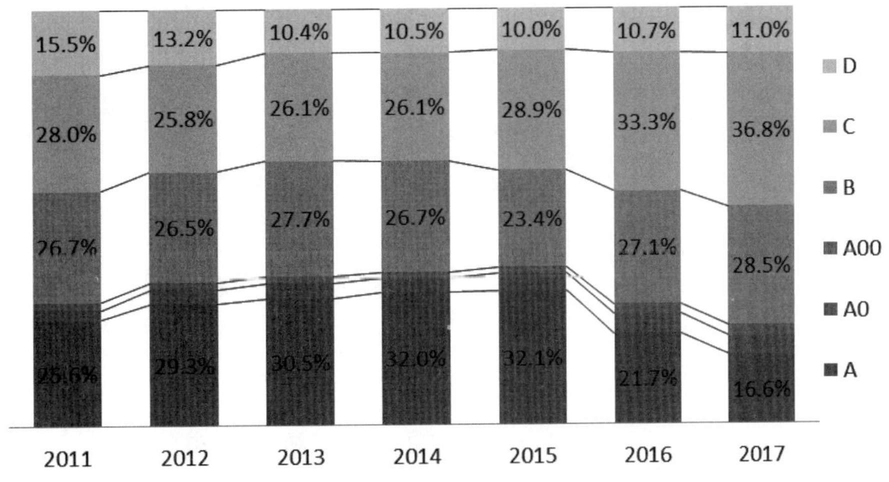

图 5　2011-2017年进口汽车市场销量累计份额

三、行业库存绝对量和库存深度走势平稳，经销商库存深度处于合理水平

2017年12月行业库存（总经销商库存+经销商库存）深度为3.4个月，库存绝对量指数先升后降，保持相对稳定；9月进口经销商库存深度为1.45个月，环比下降，低于1.5个月的合理水平。

行业库存根据中国进口汽车信息联席会统计的20个品牌的海关进口量和市场零售数据差值来计算；进口车行业库存深度根据累计的总经销商与经销商的库存量除以月平均交付量计算。

经调查，2010年底行业库存深度为1.5个月，2014年起库存持续攀升并于2015年7月达到5.2个月，创下历史新高。经过2015-2016年去库存影响，2017年12月行业库存深度下降为3.4个月，与2016年12月的库存深度基本持平。

从2017年月度走势来看，前四个月呈现库存升高趋势，之后的5-12月行业库存稳定3.4-3.7个月之间，走势相对平稳，显示市场供需相对平衡。

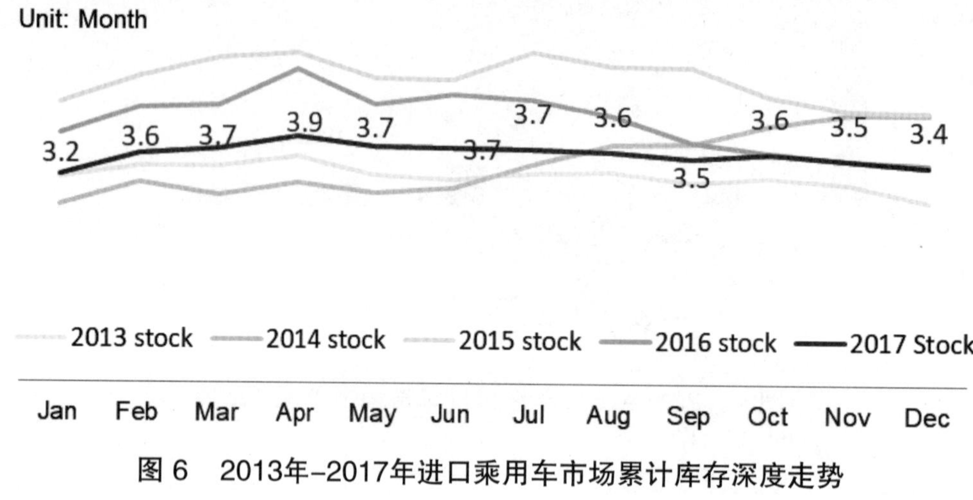

图 6　2013年-2017年进口乘用车市场累计库存深度走势

注：行业库存包含总经销商和经销商两部分库存

从反映库存绝对量的库存指数上来看，从2015年1月开始库存绝对量进入下行通道，反映出进口车海关进口量的减少确实产生了较大的去库存作用。随着终端销售量的增长，以及进口车加大供给，2017年二季度库存绝对量小幅增长，第三季度开始走势平稳，整体来看2017年库存走势相对平稳，处于相对合理水平。

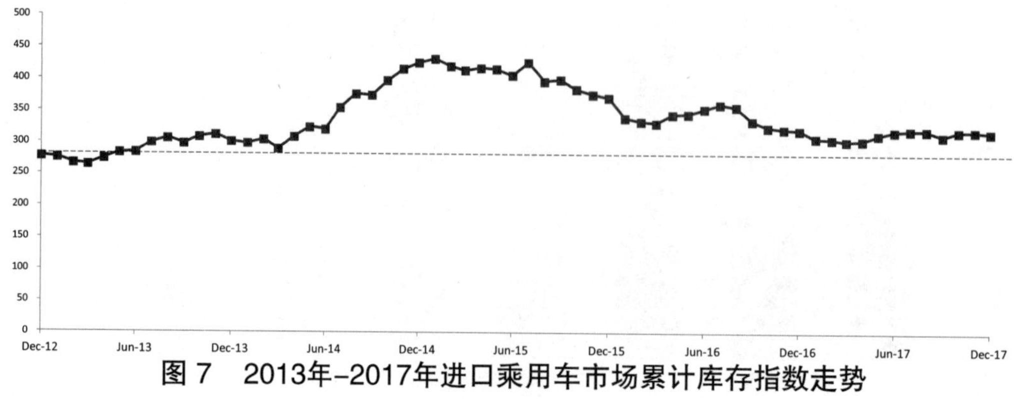

图 7　2013年-2017年进口乘用车市场累计库存指数走势

注：行业库存包含总经销商和经销商两部分库存

根据中国汽车流通协会的经销商库存调研显示，2017年12月合资、进口和自主品牌经销商库存深度分别为0.89、1.45和0.67个月，汽车经销商库存深度均低于经销商库存水平线1.5个月的合理库存，处于合理水平。

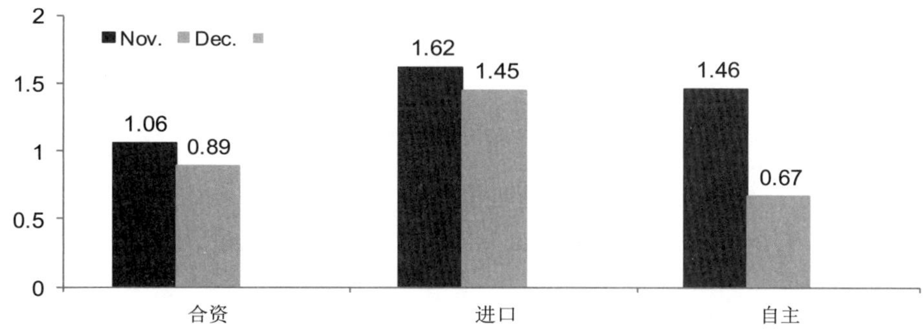

图 8　2017年11–12月进口、合资和自主品牌经销商库存深度

数据来源：中国汽车流通协会经销商调研

四、品牌集中度有所上升，第二集团竞争激烈

前十大品牌占比提升，其中9个品牌进口量增长，仅有1个品牌在下滑，增速最高的林肯增幅超过100%。终端销售层面，前五大品牌宝马、奔驰、雷克萨斯、保时捷、大众排名基本稳定，受国产化影响，Jeep排名下降。

2017年1-9月，进口车品牌集中度有所上升。进口量排名前十品牌共进口乘用车68.5万辆，在乘用车总进口量中占比达78.6%，相较2016年的78%有所上升。

从各品牌的进口量表现来看，排名前十位品牌中，九个品牌的进口量实现了同比增长，仅有一个品牌下降，体现出全面、集中回补库存的趋势。其中，新产品带动下的林肯表现出众，1-12月进口量同比增幅达到78.5%，进口6.5万辆，创该品牌进口量新高。大众回补库存明显，进口量增长达到73.3%。同时，只有奥迪品牌进口量出现下滑，降幅为13.3%，主要是由于上汽奥迪合作对经销商销售的影响仍在持续。

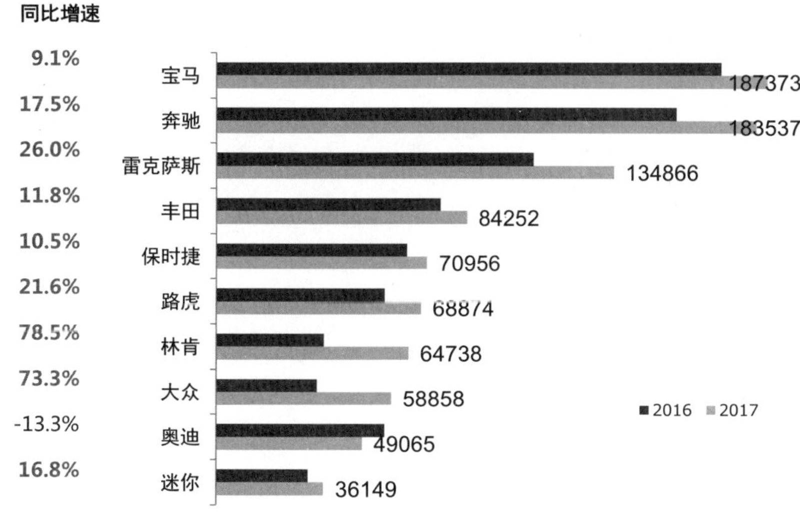

图 9　2017年乘用车分品牌进口量与同比增速

从品牌来源国看，欧系品牌主力地位有所下滑，1-12月份额为61.1%，较2016年有所下滑，下滑4.2个百分点；其中，德系品牌受到奥迪品牌进口下滑影响，份额相比2016年有2.2个百分点下滑；英系因路虎品牌进口量下降，份额下降了2.3个百分点，达到10.4%。随着英菲尼迪和讴歌的国产，作为第二大系别的日系份额略有回落，从2016年的24.6%降至23.9%。美系受益于林肯品牌的大幅上升，份额达11.0%，较去年同期增长2.6个百分点。韩系目前仅有起亚一个品牌进口，份额降至0.4%。

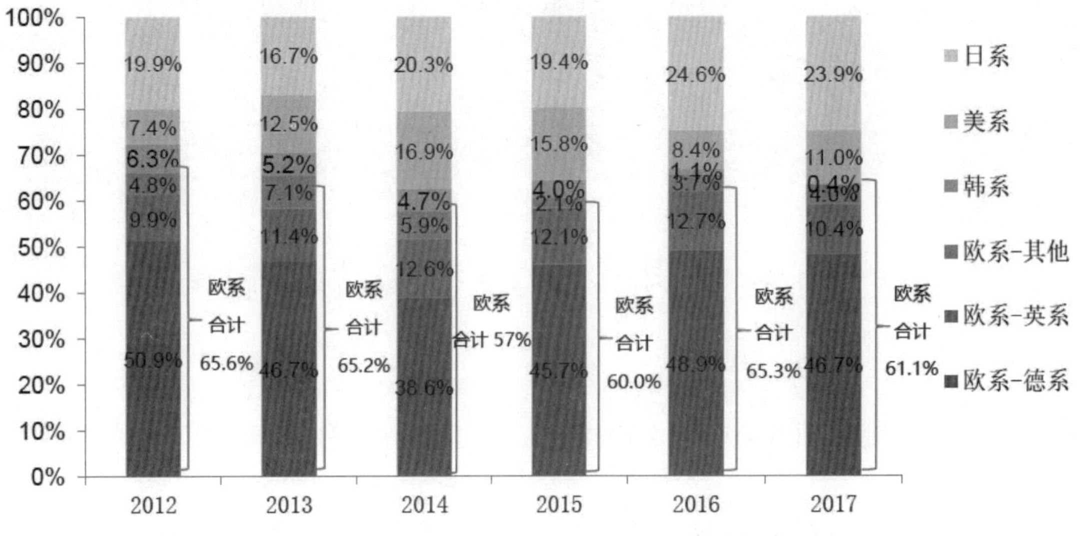

图 10　2012-2017年分来源国海关进口量占比

从终端销售层面看，前五大品牌宝马、奔驰、雷克萨斯、保时捷、大众排名基本稳定；第二集团竞争激烈，第三季度奥迪销售排名有所恢复，国产化影响下Jeep排名下降，沃尔沃受新产品因素影响再次进入前十名。

	2012	2013	2014	2015	2016	2017	2017-12
1	BMW	BMW	BMW	BMW	BMW	BMW	BMW
2	MB	MB	MB	MB	MB	MB	MB
3	VW	VW	Land Rover	Lexus	Lexus	Lexus	Lexus
4	Audi	Audi	Jeep	Jeep	Porsche	Porsche	Audi
5	Lexus	Land Rover	VW	Porsche	VW	VW	Porsche
6	Land Rover	Lexus	Audi	Land Rover	Audi	Audi	VW
7	Jeep	Jeep	Lexus	Audi	Subaru	Land Rover	Land Rover
8	Subaru	Volvo	Subaru	VW	Land Rover	MINI	MINI
9	Volvo	Subaru	Volvo	Subaru	MINI	Subaru	Subaru
10	Kia	Porsche	Porsche	MINI	Jeep	Volvo	Volvo
11	Porsche	Kia	Ford	Cadillac	Smart	Smart	Jeep
12	Renault	MINI	Cadillac	Renault	Volvo	Jaguar	Smart
13	Hyundai	Cadillac	Renault	Ford	Jaguar	Ford	Infiniti
14	MINI	Renault	Kia	Dodge	Infiniti	Infiniti	Ford
15	Cadillac	Ford	MINI	Kia	Ford	Jeep	Jaguar

图 11　2012-2017年进口汽车市场各品牌销量排名

五、三大车型均有增长，C级成为份额最大的细分市场

从车型结构看，三大车型进口量均实现增长，MPV增长34.0%，在三大车型中增幅最大；轿车进口量增长18.5%至44.9万辆，在进口总量中的占比上升至37.4%；受国产化的影响，SUV进口69.3万辆，增速最慢，但仍是最大细分市场；从车型分级看，随着乘用车企业平均油耗标准日趋严格，在小排量新产品的推动下，B级、C级份额进一步扩大，分别达28.5%和36.8%。

2017年1-12月，乘用车累计进口120.1万辆，同比增长16.7%。三大车型均实现增长，MPV车型增幅最大，SUV在乘用车中的占比降至57.7%。

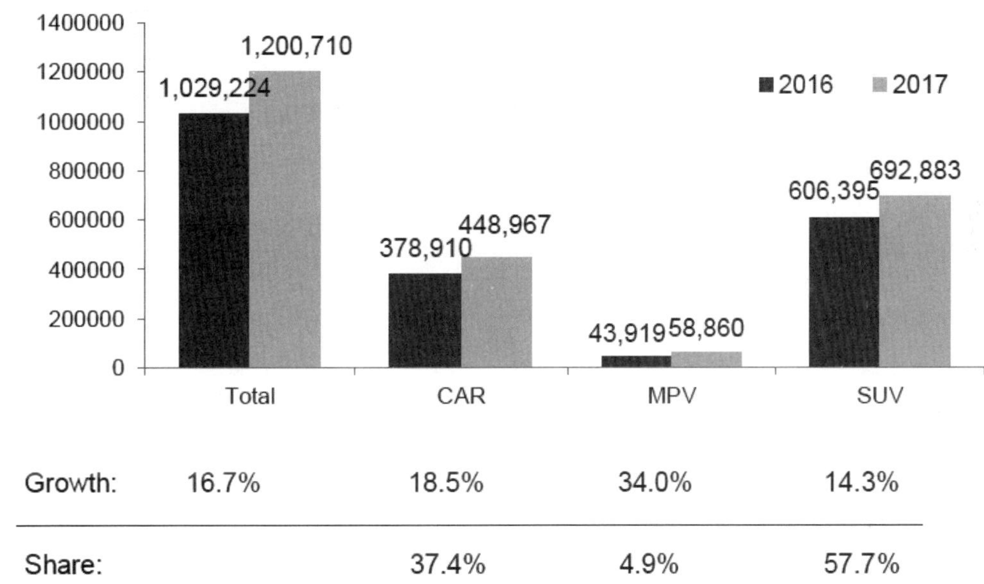

图 12　2017年1-12月乘用车分车型进口量 （单位：辆）

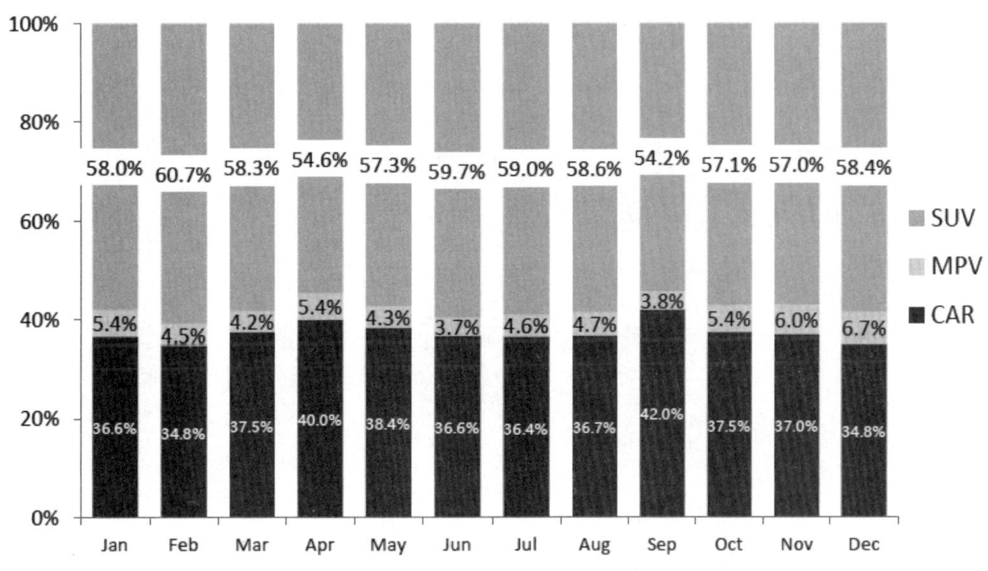

图 13　2016年-2017年9月分车型市场份额情况

其中，MPV进口5.9万辆，同比增长34.0%，在三大车型中增幅最大，主要得益于大众夏朗的带动；轿车进口44.9万辆，同比增长18.5%；SUV进口69.3万辆，同比增长14.3%，主要受量销车型国产化的影响，量销新品有限，在三大车型中增幅最小，国产化的影响延续。

2017年1-12月，进口量前十名车型中，七款车型均为SUV。其中，宝马X5、路虎揽胜、宝马X3、奔驰GLE、丰田PRADO等均属于平行进口热门车型，对整体进口量贡献较大；轿车中，雷克萨斯ES一枝独秀，同比增长37.3%，进口量排名第一。

从车型分级来看，随着乘用车企业平均燃料消耗量目标日趋严格，跨国汽车厂商纷纷推出小排量新产品，通过降低售价来提升销量。2017年，在RX200t、ES200、X5 28i等产品的带动下，B级、C级份额进一步扩大，分别达28.5%和36.8%。

表 1　2017 年 1-12 月分车型进口量排名

排名	车型	进口量（辆）
1	雷克萨斯-ES	60707
2	宝马-X5	56151
3	路虎-RANGEROVER	52626
4	奔驰-GLE	41627
5	丰田-PRADO	35951
6	迷你-MINI	35582
7	宝马-X3	34369
8	保时捷-MACAN	30797
9	雷克萨斯-RX	29858
10	奔驰-CLA	28684

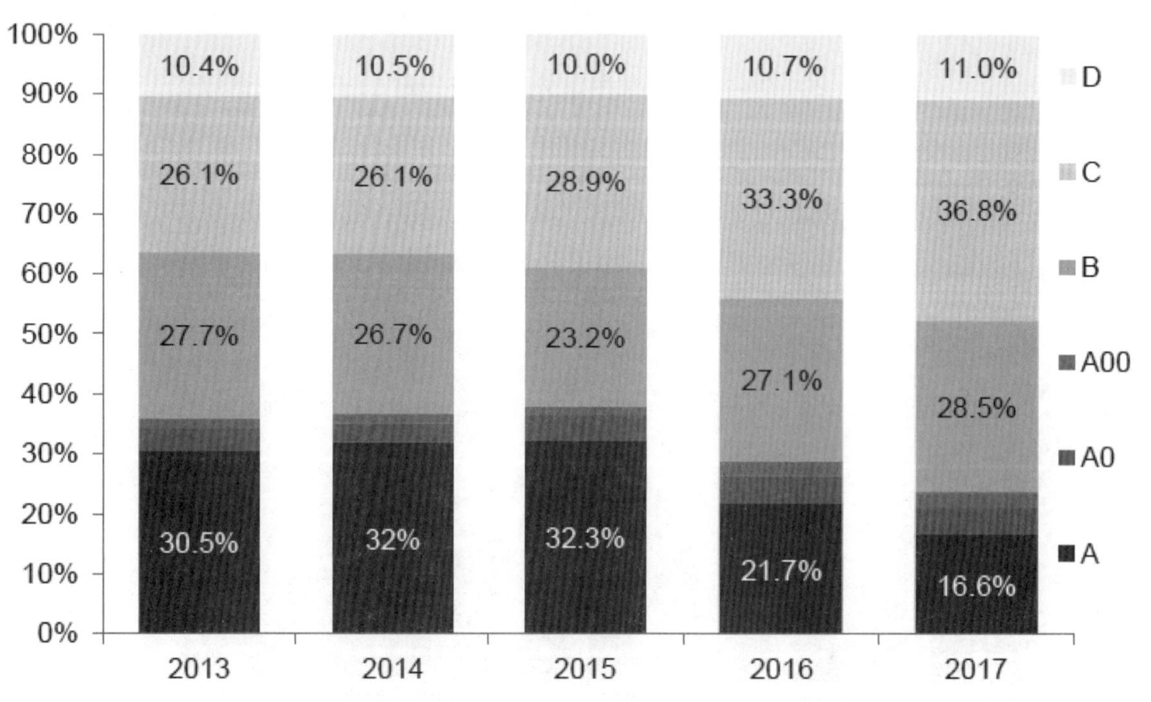

图 14　2013年-2017年9月进口汽车市场销量份额

六、3.0L以下排量份额略有下降，1.5-2.0L份额增长明显

由于受到平行进口大排量汽车增多的影响，3.0L以下排量份额与2016年全年相比略有下降；同时在更多进口新车型采用2.0T排量发动机的影响下，1.5-2.0L排量区间以44.9%的份额保持第一大排量区间，在2016年全年41.6%的基础上继续提升。

2017年1-12月，1.5-2.0L排量区间以44.9%的份额稳居第一大排量区间并在2016年全年41.6%的基础上继续提升。

1.5-2.0L排量区间份额的稳定增长主要是由于这一排量区间的新产品增多及主力车型进口量恢复增长所致。雷克萨斯RX、保时捷Macan、斯巴鲁森林人、宝马X3、沃尔沃XC90等是这一排量区间的主力车型且部分车型进口量增幅明显。同时，阿尔法罗密欧Giulia、宝马7系为代表的全新车型，以奥迪Q7、宝马X5等换代、改款车型为代表的C级SUV产品和林肯Continental、大众夏朗、蔚揽等轿车、MPV、旅行车等也纷纷进入这一排量区间且进口量也有明显增加。

同时，受到以大排量车型为主的平行进口市场拉动，3.0-4.0L排量区间相比2016年份额有所增加，为8.0%，主要是平行进口车型带动。

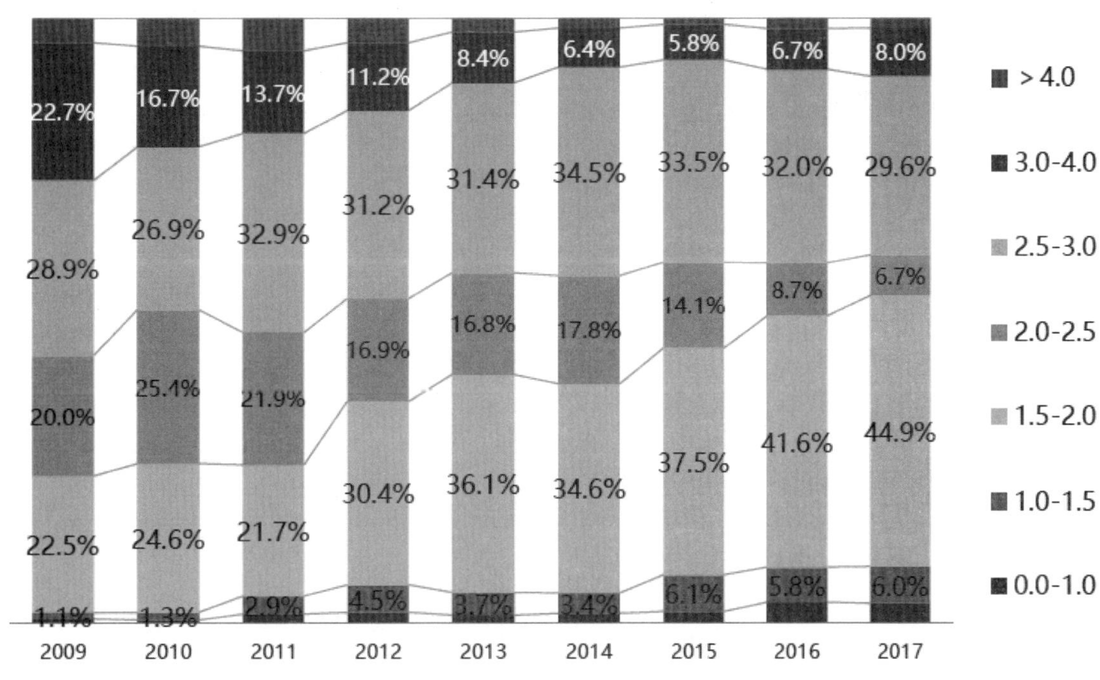

图 15　2009年-2017年进口汽车市场排量结构变化

七、传统三大港份额稳定，其余口岸份额极少

传统三大港份额日趋稳定，上海港和天津港以33.8%和33.3%的份额位居前两位，天津港有赶超的趋势，黄埔港以24.6%的份额位居第三位；第四位的大连港只有1.7%，其他港口份额均较低 。

2017年1-12月，天津港、上海港及黄埔港三港占据93.6%的市场份额，“三足鼎立”态势延续。

“8.12”之后，上海港延续了2015年以来第一大港的市场地位，2017年1-12月份额占比为35.3%；天津港份额回升至33.8%，但较2014全年份额的40.6%仍有下滑。因部分品牌从天津港转港到上海港的拉动作用在减弱，两港份额差距逐渐缩小，天津港有赶超上海港的趋势。华南沿海地区需求日趋稳定。2017年1-12

月，黄埔港市场份额为24.6%，保持相对稳定的1/4份额。其它港口份额均极小，大连只有1.7%的份额，相比2016年下滑0.4个百分点，广州港异军突起，1-12月进口汽车1.22万辆，同比增长168.9%，超越青岛港位居第五位，其增长主要来源于Jeep、道奇的转港及平行进口。

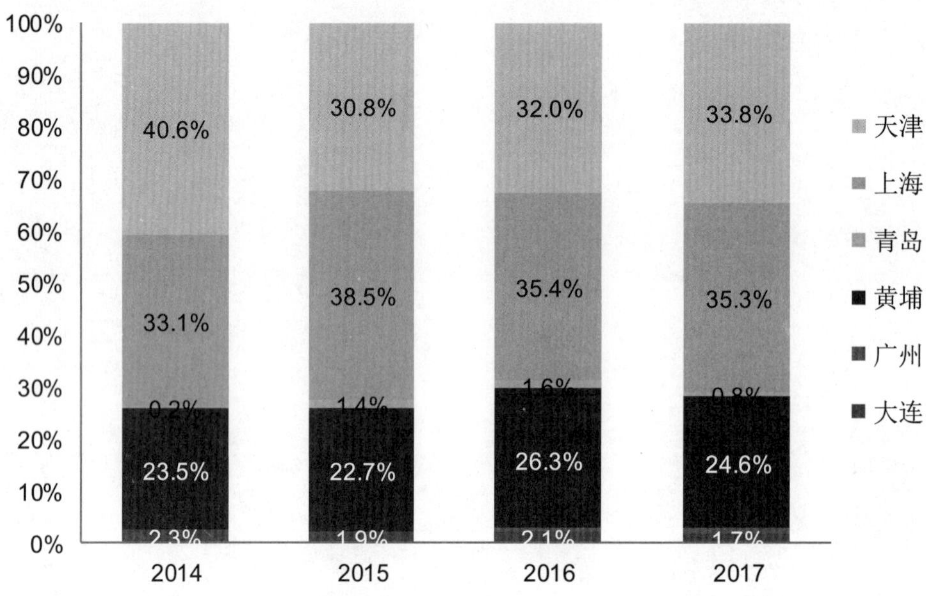

图 16　2014年-2017年各港口进口量份额情况

第 7 部类

汽车后市场

DIQIBULEI | QICHEHOUSHICHANG

2017中国汽车俱乐部行业现状

中国汽车流通协会汽车俱乐部分会

随着时代发展和人们对汽车的热切需求，不仅推动了汽车生产量的提升，同时推动汽车后服务市场的发展，为了满足会员不断增加的隐性服务需求，汽车俱乐部扮演了汽车后服务市场的专业车管家服务的主角。

随着汽车普及率的提高、汽车技术的电子科技化、功能的复杂化、环保与排放要求的提高，汽车的日常保养、维修、年检、故障、事故处理等日常问题对车主使用汽车的能力、专业要求越来越高，除了汽车专业人士，普通大众将越来越不懂车了。为了解决车主的这些烦恼，各类服务于广大车主的汽车俱乐部不断地涌现，并不断扩大经营规模和业务范围，在解决汽车应用的基本需求得到满足后，开始向金融、保险、租赁、运动、旅行等纵深需求方面发展，同时酷爱汽车旅游运动文化的特殊群体不断扩大，使得各类主题汽车俱乐部应运而生。

一、汽车俱乐部的概述

（一）汽车俱乐部的定义

汽车俱乐部是为会员提供出行保障、维护会员合法消费权益并提供会员的相关增值服务。

（二）汽车俱乐部的性质

1、**社会属性**：汽车俱乐部的社会属性要求它为组织成员提供基本保障、社会归属和权益维护以及价值实现的需要。由此导致了它具有部分的公益性质，不仅要关心会员、为会员提供出行保障、争取会员合法权益，还要引导社会舆论增强政府公信力，打造汽车文化概念，进行安全驾驶教育，影响并促进汽车产业的健康发展。

2、**经济属性**：在服务会员与社会的同时，结合市场和集聚社会资源，通过技术手段及市场合作共赢为俱乐部本身的发展获得经济收益。

二、汽车俱乐部行业发展特点

（一）从区域化到全国化

覆盖全国的网络化服务是对汽车俱乐部最基本的要求，实现全国服务的“品牌联盟”。

（二）从简单化到多样化

从简单的保障性的服务到维护会员的合法权益性服务，并引入其他社会服务行业带给会员更为广泛的服务,实现“异业联盟”。

（三）从公益化走向商业化

提供社会化的公益性服务，例如参与交通政策、汽车安全、环境保护等方面的公益活动，协助解决人、车以及社会的矛盾，维护社会和谐的同时，运用会员资源的巨大财富进行商业价值的开发，以此支持汽车俱乐部组织的正常运转。

（四）从国内化到国际化

汽车俱乐部业务突破疆域限制，在"一带一路"国家战略下,促进不同国家汽车俱乐部之间的合作与交往，实现俱乐部会员享受全球服务的业务拓展。

三、汽车俱乐部现状

国内汽车俱乐部具有多样性的特点，但对汽车俱乐部的划分没有一个统一的标准。从汽车俱乐部的组建形式、服务内容以及运行特点等几个方面划分，目前大致有以下几类汽车俱乐部：

（一）专业汽车俱乐部

这类俱乐部按照国外汽车俱乐部的运营模式组建，为驾车人提供救援、保险、维修等专业汽车服务的汽车俱乐部组织。

（二）汽车品牌俱乐部

汽车经销商或主机厂组织的品牌汽车俱乐部，由经销商出资，组织各类活动，开展特惠服务，以维护客户关系。

（三）网站汽车俱乐部

这类汽车俱乐部主要依托网站，既以网络为媒介发布各类信息，又以网络为手段组织各类活动。

（四）听众汽车俱乐部

以广播电台车友听众为对象组织起来的汽车俱乐部，尤其以各地的交通台为主。各地的交通台拥有大量的在线听众，靠广播运营着汽车俱乐部。

（五）社群汽车俱乐部

由具有共同兴趣爱好的驾车人组成的汽车俱乐部，不以车型为主，以兴趣爱好而聚合。

（六）另类汽车俱乐部

一般规模较小，以简单的服务项目为主，以老会员为核心，是各类汽车俱乐部中难以扩大会员规模的汽车俱乐部。

1．存在的问题：

国内的汽车俱乐部多是只提供某些较有优势的单一服务。在服务范围和服务空间上存在很多的盲点和断层。而国外的许多汽车俱乐部却能够提供救援服务、旅行服务、金融服务、保险服务等各个领域全方位服务。

2．发展障碍：

（1）目前许多车主对汽车俱乐部的作用与意义缺乏认识，对俱乐部持观望态度。

（2）许多汽车俱乐部的服务相对简单单一，还不足以吸引消费者。

（3）各汽车俱乐部的经营理念不同，导致了这个行业的不规范，使人们对汽车俱乐部的认识很模糊，而整个汽车俱乐部市场的鱼龙混杂，服务质量良莠不齐也使有些车主对其不太信任。

（4）目前尚未出台真正的法规能对汽车俱乐部进行有效管理与引导。

四、汽车俱乐部市场

目前在中国，经官方认可开展俱乐部业务的汽车俱乐部约有15000家，其中正式以汽车俱乐部命名通过工商注册的有400余家，如：北京大陆汽车俱乐部有限公司、车享汽车俱乐部（上海）有限公司、北京惠通陆华汽车俱乐部有限公司、浙江元通汽车俱乐部有限公司、华夏汽车俱乐部有限公司等。

约有20家是注册资金千万人民币以上且会员数量超过10万的超级会员。

汽车俱乐部的发展模式，核心的焦点就在于会员发展优先还是服务拓展优先。纵观国内汽车俱乐部的发展模式，俱乐部要想发展，必须两头抓，一方面发展会员，一方面发展服务商网络。我们可以断定，谁握有大量优质的会员资源谁就主宰市场，而并非谁掌握服务商资源谁就主宰市场。

五、2017年度中国汽车俱乐部行业十强企业数据分析

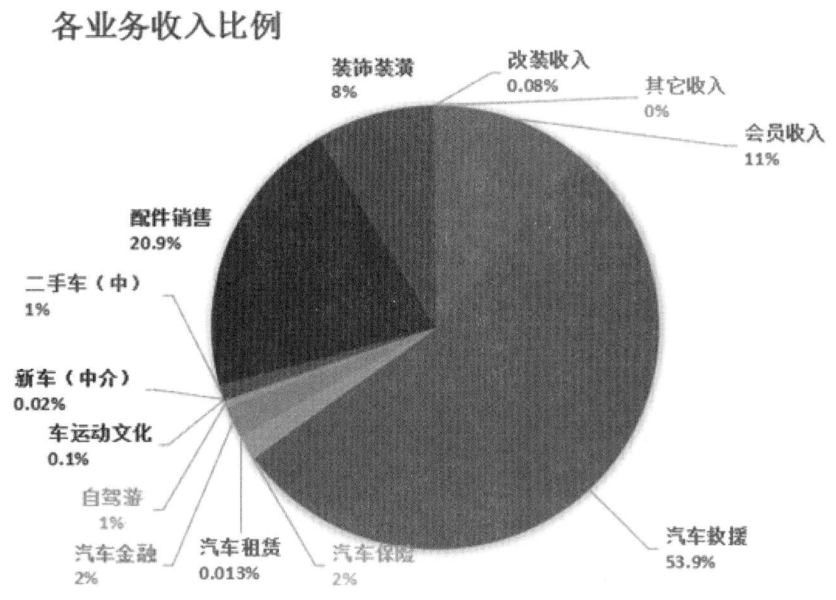

图 1 20116年各业务收入比例

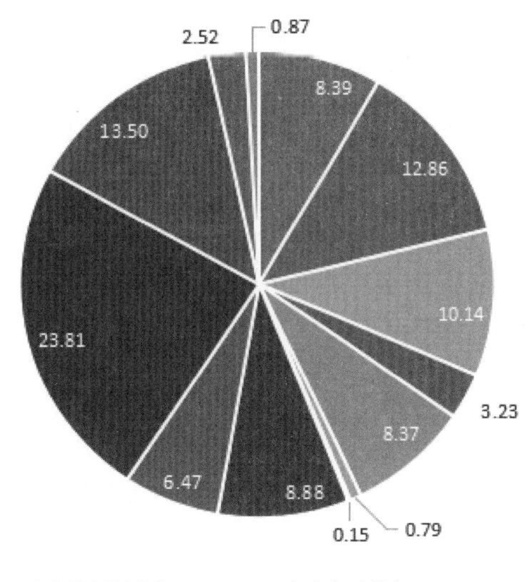

图 2 2017年年各业务收入比例

2017车联网发展现状

中国汽车流通协会电商车联网分会

一、发达国家积极布局车联网产业，努力占领产业发展制高点

美欧日等发达国家普遍重视车联网发展。美国以企业为主体、政府搭平台，通过市场力量发展车联网。政府主要从立法、政策、标准等方面着力营造良好发展环境；欧盟重视顶层设计和新技术研发，在关键领域通过大量资金引导产业发展，其中，车辆安全救援、自动驾驶等是其政策引导的重点方向；日本政府关注主要产业发展，大力推动新技术应用，重点聚焦在智能交通与自动驾驶领域。总体上，美欧日的政策呈现三大特点：一是高度重视汽车联网相关产业发展，将其视为战略性新兴产业，在国家层面开展顶层设计；二是强制立法对部分重点领域大力推动和强力引领；三是政策主要聚焦于汽车的智能化和网联化，并逐步相互融合，具有高度自动化车辆已经成为各国产业热点。可以看出，美欧日正通过在车联网的国家战略、法律、规划、标准等多个层面布局，抢占本轮产业发展的全球制高点。

二、中国相关政策和措施陆续出台，为车联网发展创造良好条件

中国政府高度重视车联网相关技术及产业发展，国务院以及工业和信息化部、发展改革委、科技部等相关部门都在积极推动车联网相关工作，目前产业处于积极追赶阶段。

在国家层面，2015年5月，国务院印发《中国制造2025》，提出推动智能交通工具等产品研发和产业化。2015年7月国务院出台《国务院关于积极推进“互联网+”行动的指导意见》，提出推广船联网、车联网等智能化技术应用，形成更加完善的交通运输感知体系；加快车联网等细分领域的标准化工作等。为进一步加快推动车联网创新发展，加强部门协同，2017年9月，成立了“国家制造强国建设领导小组车联网产业发展专项委员会”，由20个部门和单位组成，负责组织制定车联网发展规划、政策和措施，协调解决车联网发展重大问题，督促检查相关工作落实情况，统筹推进产业发展，并在工业和信息化部科技司设立专项委员会办公室。

在部委层面，国家发改委和交通部积极推动智能交通和车联网发展。2016年8月，发布了《推进“互联网+”便捷交通，促进智能交通发展的实施方案》，提出加快车联网、船联网建设，发展车联网和自动驾驶技术，构建国家级车联网无线技术验证平台等，以推动构建下一代交通信息基础网络。交通部通过《关于加强道路运输车辆动态监管工作的通知》积极推动“两客一危”联网联控并取得积极成效，2016年发布的《网络预约出租汽车经营管理暂行办法》也对车联网产业的发展产生重要影响。

工信部大力推动车联网创新发展。一是在政策方面，近年来先后安排专项资金组织实施了多项重大专项、产业化专项支持车联网关键技术研发、应用和示范推广，并从国家战略、政策措施及标准法规方面采取积极措施，支持和促进车联网相关技术及产业集群

发展。2015年12月，工信部发布了《工业和信息化部关于贯彻落实<国务院关于积极推进“互联网+”行动的指导意见>的行动计划（2015－2018年）》。推动车联网技术研发、标准制定，组织开展车联网试点、基于5G技术的车联网示范。2016年6月工信部印发了《车联网创新发展工作方案》（工信厅科（2016）92号），提出中国车联网各时期发展目标、重点任务和政策措施；重点聚焦共性关键技术、标准、基础条件建设、平台实验验证建设、应用推广、网络信息安全等领域。

二是在标准方面，工信部联合国家标准化管理委员会编制《国家车联网产业标准体系建设指南》系列文件，《国家车联网产业标准体系建设指南（总体要求）》、《国家车联网产业标准体系建设指南（智能网联汽车）》、《国家车联网产业标准体系建设指南（信息通信）（2017）》、《国家车联网产业标准体系建设指南（电子产品和服务）（2017）》正在征求意见并将陆续发布。

三是示范应用方面，在政策文件密集出台的同时，积极推动车联网示范区建设工作。工信部与北京、保定、重庆、浙江、吉林、湖北地方政府签署了《基于宽带移动互联网的智能汽车、智慧交通应用示范合作框架协议》，与公安部、江苏省人民政府签署《国家智能交通综合测试基地共建合作协议》，并通过智能制造试点示范项目支持上海市建设智能网联驾驶示范区，初步形成了“5+2”车联网示范区格局。示范区推动车联网技术创新和标准制定、促进产业融合创新、培育发展新型业态，在各方共同努力下，示范区建设工作已经取得了阶段性成果。

总体来看，中国相关部委在职责范围内积极推动车联网发展，文件形式大多以《意见》、《指南》、《方案》为主，规范目标也大多指向政府各部门和各级政府之间的职责分工，而较少有直接面向行业参与主体的带有强制执行力的政策措施或强制立法，在这方面，中国相比美国、欧盟和日本等国的产业推动力和强制执行力等方面存在追赶空间。

三、中国市场的成长

随着中国经济社会持续快速发展，机动车保有量保持较快增长，也为车联网提供了巨大的潜力。据汽车业协会数据显示，2017年，中国共销售2887.9万辆汽车，中国汽车保有量达到2.17亿辆。近年来中国针对智能网联车的发展制定了诸多政策，以此来推进中国互联网与汽车间融合发展的进程。待智能车联网产业出具规模之后将会步入快速发展阶段，届时将有更多机构或企业对此布局，并将迎来新一轮的发展黄金期。

目前，中国车联网环境已初步形成，且市场潜力巨大。从交通部、工信部等各部委，到多区域的地方政府层面都非常支持车联网发展，纷纷出台各类税收、土地、资金等方面的优惠扶持政策。中国车联网目前主要通过蜂窝通信技术实现，4G刚刚起步，V2X暂无商用化。据中国行业研究报告网统计，截至2017年8月，中国共有683款车联网终端获工信部入网证。

中国车联网市场规模在2016年达到76.7亿美元，据测算，2017年车联网市场规模约114.4亿美元。据相关调查测算，中国车联网市场规模有望在2025年达到2162亿美元，占全球市场的1/4，5年平均复合增长率将达到44.92%。从2005年至2014年，车联网用户数量从5万增至910万。自2016年，中国的车联网开始进入快速发展阶段，车联网渗透率逐渐提升。据中国行业研究报告网调查测算，中国车联网用户规模将增长至2020年的4410万户左右，年平均复合增长率达27.67%;中国车联网的渗透率由2016年的4.8%将上升为2020年的18.1%。

目前，车载导航、车辆盗抢追踪定位等包含于车联网内的服务已经被越来越多的中国汽车用户所认可与接受。通信技术的快速发展，保障了车联网服务所需要的信息传输的时效性。同时，包括3G网络、蓝牙传播、数字电视等传输方式介入，为车联网的信息传输提供了多个选择。在车联网技术应用市场，出现了一些中国自主研发的，较为创新的车联网技术应用。如安全和节能应用技术、智能救护车应用、客车公共服务平台应用、语音驾驶系统等等。

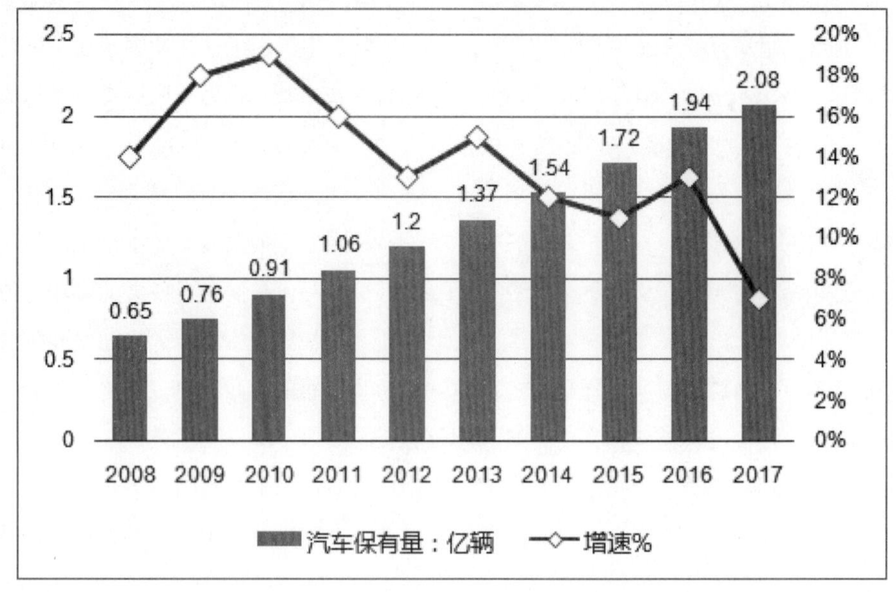

图 1　2008-2017年国内汽车保有量走势

中国车联网行业发展的优势在于汽车市场规模大，互联网技术升级速度快，以及通信产业发达。在互联网技术方面，中国地图运营商的导航技术、厂商合作或自主研发水平上升、电子商务平台不断优化，为车联网提供技术上的支撑与应用上的更多方向，三大通信运营商的发展规模与移动数据的全覆盖则为车联网的发展铺开更广的道路。问题在于：由于产业链的复杂性较高，涉及产业较多，整车厂商与营运商之间缺乏成功且有效的商业营运模式，产业整合难度加大。如何让用户买单这一问题一直影响着车联网企业的发展。目前的商业模式尚不明了，商业模式需要用户规模。

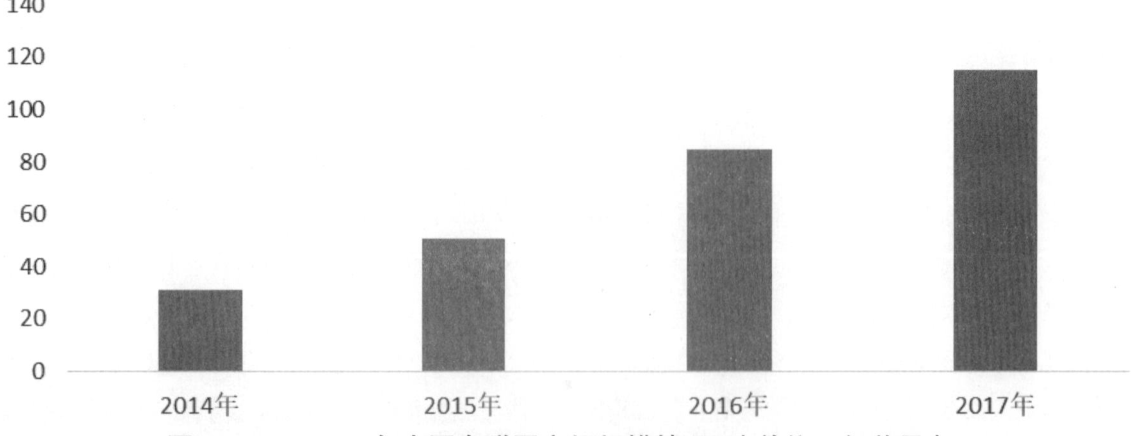

图 2　2014-2017年中国车联网市场规模情况　（单位：亿美元）

从2005年至2015年，车联网用户数量从5万增至1700万。自2016年，中国的车联网开始进入快速发展阶段，车联网渗透率逐渐提升。

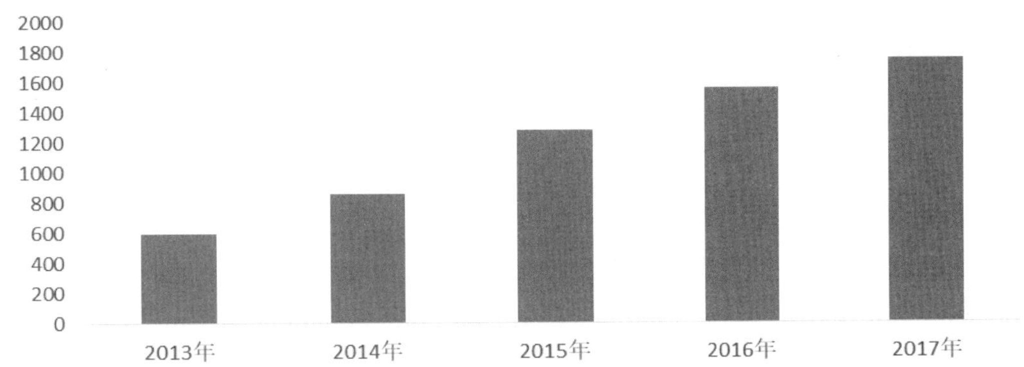

图 3 20013-2017年中国车联网用户规模 （单位：万户）

随着智能交通的发展，中国车联网用户的规模也将逐年提升，行业渗透率将进入加速增长阶段。据估计，2023年，中国车联网用户规模将超过9000万户。

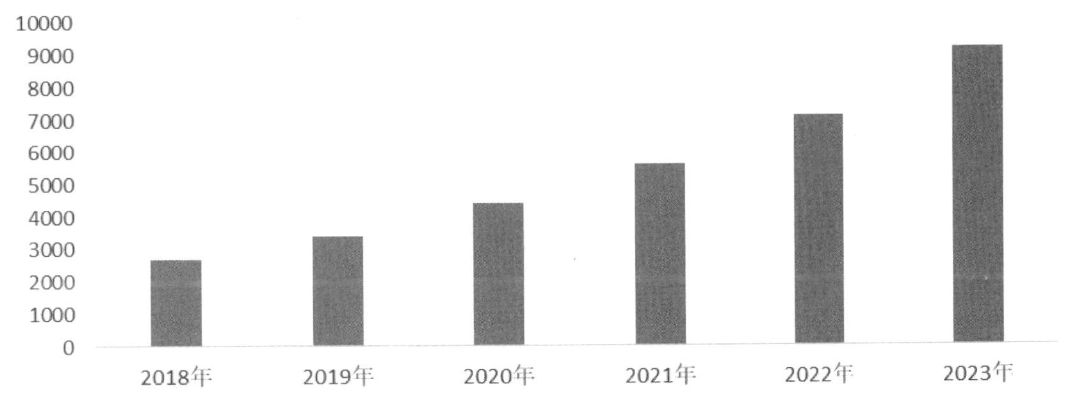

图 4 2018-2023年中国车联网用户规模预测图 （单位：万户）

四、面临的问题与挑战

当前，中国车联网产业进入快速发展新阶段，技术创新愈加活跃，新型应用蓬勃发展，产业规模不断扩大，但也面临诸多问题和挑战：

一是跨部门协同需要不断深入。车联网的跨行业、跨领域属性突出，涉及工信、发展改革、公安、交通等多个部门，在政策、重大专项、标准制定、试验示范等工作方面需要协同推进。目前“国家制造强国建设领导小组车联网产业发展专项委员会”部际协调机制刚刚建立，后续在跨部门协作强化顶层设计、完善标准体系、推动法律法规制定方面仍有大量工作需要开展。

二是核心技术有待突破。LTE-V2X与802.11p竞争进入关键时期，高端传感器、新型汽车电子、车载操作系统等产业链高端环节竞争力较弱，技术积累仍需不断加强。

三是产业发展面临挑战。LTE-V2X在产业化进程方面与802.11p仍有差距，ADAS、传感及雷达、车载芯片等产业领域与国外差距过大，需要在重点领域有所突破缩小差距、提升产业竞争力。

四是安全问题存在隐患。车联网安全防护体系、安全管理制度等尚不完善，数据安全和个人信息保护问题突出，特别是影响驾驶操控行为的安全保护问题亟需强化研究。

2017年中国汽车售后服务质量监测

中国汽车流通协会CADA云数聚

当前，国内汽车后市场在迈过万亿大关以后持续高速增长，成为仅次于美国的全球第二大汽车后市场。售后服务市场规模越是壮大，就越是需要在市场定型之前解决好自身发展问题，通过优质的售后服务来满足消费者日益提高的需求。汽车售后服务用户满意度是经销商在激烈的市场竞争中制胜之道。

为此，中国汽车流通协会发布《2017年度中国汽车售后服务质量监测报告》，报告由中国汽车售后服务质量监测大数据平台提供数据支持，北京策略引擎咨询有限公司进行专业数据研究、分析。

2017年度平台三个月共回收有效样本72340个，涵盖豪华、合资、自主共37个汽车品牌，覆盖了全部一线城市、大部分二、三线城市和一部分的四线城市在内的54座城市， 调查方法采用过去一个月在门店维修保养的用户，在维修保养店内扫描二维码，在线参与测评的方式。

平台测评模型共有五大因子，包括服务顾问、服务设施、维修保养质量、维修保养时间、价格，共有五大维度，39个赋权指标、45个探测性的指标。

五个因子及权重分别是："服务顾问"(19.2%)、"服务设施"(19.2%)、"维修保养质量"(29.5%)、"维修时间"(16.7%)、"维修价格"(15.4%)。

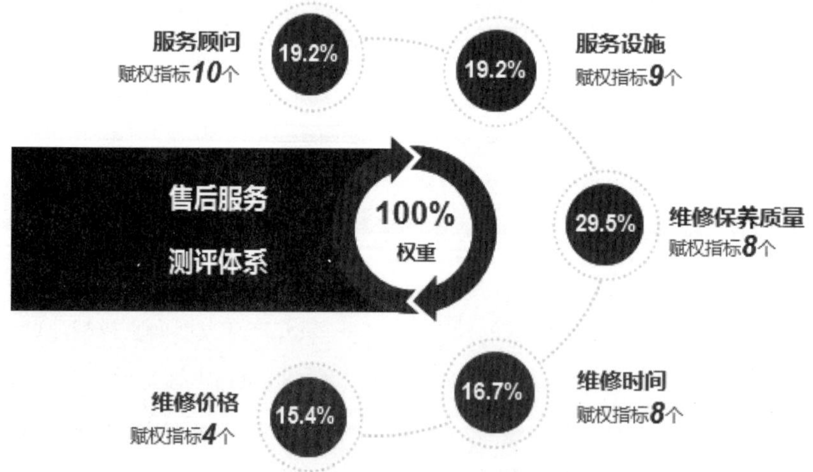

图 1　售后服务测评体系

一、2017年行业总体表现

2017年，大数据平台监测范围内经销店售后服务满意度的总体得分为88.3分，其中客户满意度最高的方面是店内的服务设施，达到94.9分，维修时间和维修保养质量是客户满意度较低的方面，得分分别为81.3分和85.5分。

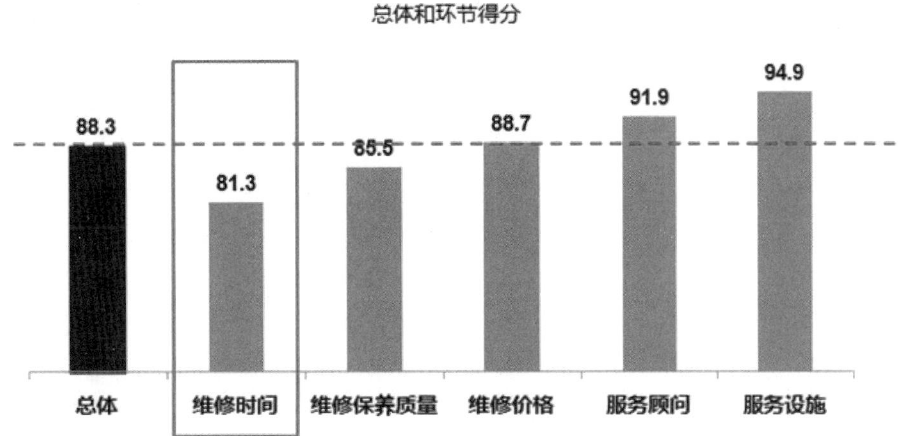

图 2　售后服务总体和环节得分

二、各环节分析

（一）服务顾问

监测结果显示，消费者对于服务顾问工作能力和态度方面表现给予了持续关注，随着近年来服务意识和厂商要求不断增强，消费者对于服务顾问总体满意度总体向好。

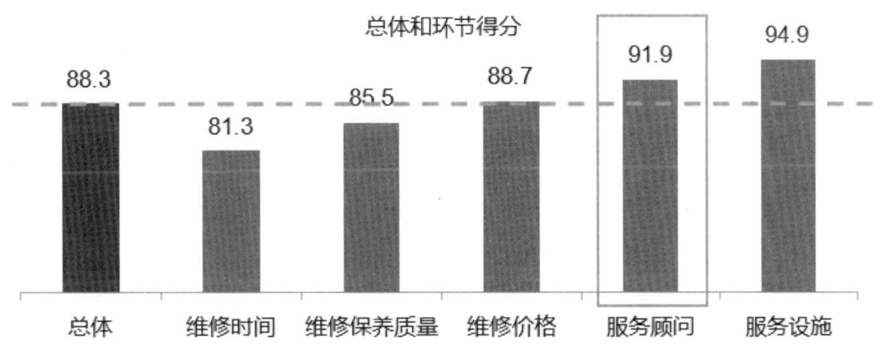

图 3　服务顾问总体和环节得分

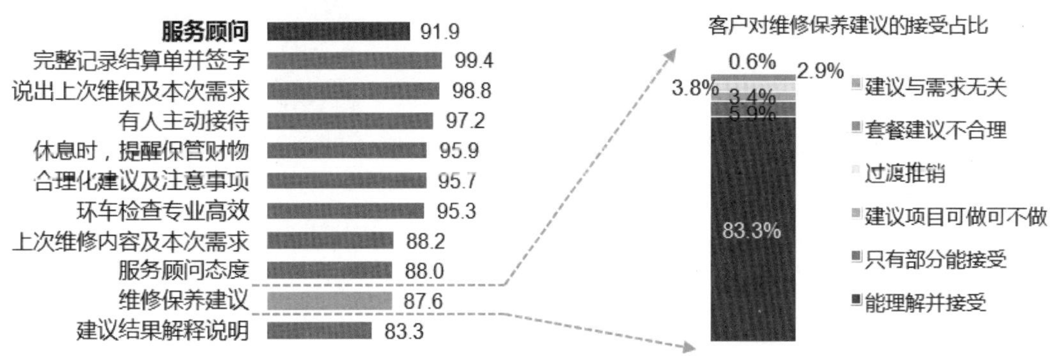

图 4　服务顾问调查模块

在服务顾问调查模块中，以“有人主动接待”为例，得益于后市场的重要性与日俱增，一度出现“进店没人理”的现象已经大幅降低。同时，经销商也在通过多种形式的服务竞赛不断提高从业人员的服务意识，树立为消费者提供更好服务的理念。因此，在这一小项满意度得分高达97.2分，成为提升服务顾问满意度关键因素之一。

服务顾问在整个工作过程更加标准化，从完整记录结算单并签字，从消费者休息时，提醒保管好自身财务的警示，均展现出目前服务顾问的细致周到与耐心提升。

对于维修保养建议，80%顾客会接受，但是近两成用户觉得有过度推销。分析主要原因是现在经销商已经明令禁止强制推销，虽然短期内强制推销可以让经销商的售后服务业绩上升很快，但是对经销商的伤害很大，随之带来的问题也会很多，客户流失率非常高，需要较长的恢复期。

同时，有的客户有其它增值服务的需求，但服务顾问没有告知客户，客户就认为店内没有这项服务。所以综合来看，客户对于保养项目最大的要求就是选择权和知情权。

监测结果显示，对于服务顾问的建议结果解释说明，如果服务顾问站在车辆常识角度来解释其建议的必要性，大部分客户更能接受，而如果服务顾问直接告知客户这项建议是根据厂家规定，客户接受的程度相对较低。

汽车行业快速发展催生的巨大人才空缺，导致了服务顾问技能水平的基础化和年龄结构的年轻化，所以很多专业知识服务顾问不很理解。因此建议经销商服务顾问除了用车辆常识、专业知识角度去解释引导以外，辅助厂家规定进行佐证来给客户解释其建议的必要性。

（二）维修价格

监测数据显示，对于优惠活动的方式，年轻人更希望提供增值服务活动，年长者更倾向于赠送礼品活动，而对最为实惠的价格折扣项目，大多数车主貌似并不“感冒”。

客观来看，相比起赠送礼品和增值服务，价格折扣都是最直接的优惠选择。从车主希望门店提供的优惠活动比例来看，18-29岁年龄区间范围内仅有26.1%的车主愿意接受价格折扣的优惠措施，是所有年龄段中对价格最不敏感的人群。他们更希望以比如机油道清理、刹车养护、发动机积碳清理等增值服务来代替现金折扣。

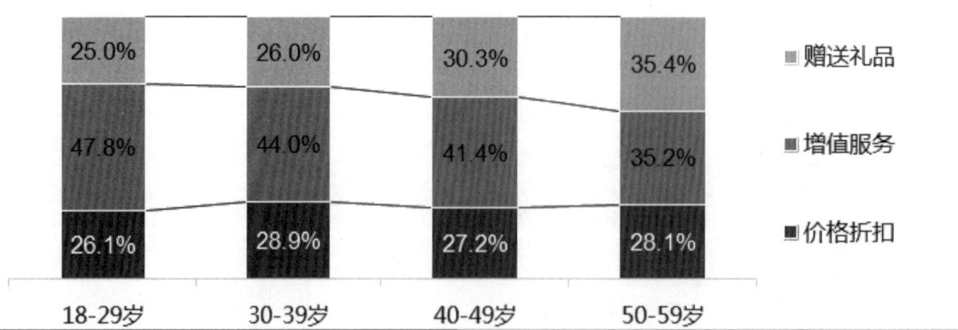

图 5　用户希望门店提供的优惠活动

无独有偶，在30-39岁和40-49岁被调查车主里，他们也抱着同样的想法：首选增值服务，其次才是价格折扣，最后是赠送礼品。

与以上三个群体不同的是，年龄在50-59岁车主群体则具有独特的喜好特征。数据表明，这一类群体车主们更喜欢4S店赠送的礼品，比例高达35.4%。

分析其原因是售后服务中车辆保养的单价要比维修高。随着汽车技术发展越来越成熟，发动机、变速箱大修的机率越来越低。但是随着客户对于用车的要求提高，开始关注车内异味，车外污染、音响品质、座椅舒适等问题，这些都是消费升级的体现。

通过调查，4S店可以更加清楚了解服务对象的消费喜好，在以后的售后优惠项目中，应针对车主不同年龄层提供多种形式的活动，给予车主不同的体验。通过这种个性化订制方式，在增加4S店营收水平的同时，可以大大提高客户满意度，对未来长远发展起到更好的促进作用。

（三）维修时间

监测数据显示，客户在进入接待区等待、完工后交车等待以及付款结算环节等待等方面满意度不高。车主在接受售后服务过程中，最不愿听到的话就是“无法在原定时间将车辆交付给您”，这就如同坐飞机被告知“延误”一样，车主内心的感受可想而知。

经过分析测算，实际上一辆车从进厂到出厂，其工作时间和等待时间相等，甚至等待时间会超过工作时间，实际上工作时间占总时长的不到一半。

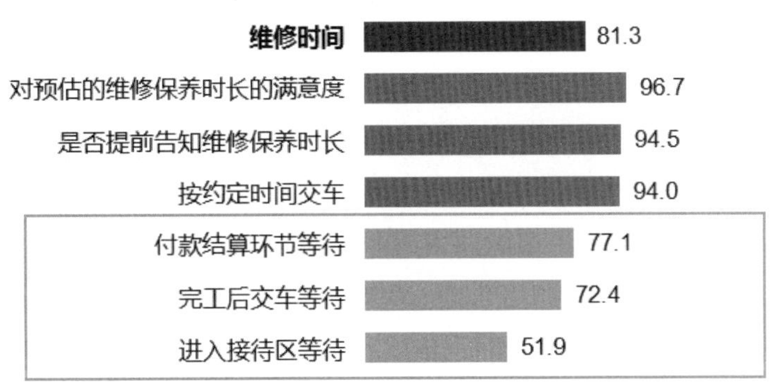

图 6　维修满意度

而且，并不需要完工后交车等待和付款环节的等待，该时间段非常影响客户满意度。汽车经销商也可以从这些方面着手改善售后服务流程，提高客户满意度。

三、品牌得分

监测结果显示，合资品牌的满意度得分最低，仅为 85.6 分，未能达到总体 88.3 分的平均水平。而自主品牌以 90.8 分位居首位，豪华品牌以 0.4 分之差屈居第二名。

（一）合资品牌得分低另有原因

数据显示，合资品牌在各环节得分上全面落后，尤其在维修时间和服务顾问方面，满意度得分与自主品牌、豪华品牌差距明显。

经过多年市场发展，合资品牌对售后服务人员考核和检查标准日趋成熟，作为用户选择渠道的重要指标，售后服务质量理应受到各品牌4S店的重视。

随着汽车市场的竞争日益加剧，各汽车品牌之间的竞争也愈演愈烈。不仅同级别车之间互比价格，就连一向高高在上的豪华车也加入进来，放下此前的高姿态抢占中低端市场。而豪华品牌汽车价格的不断下探，无疑加大了汽车层级之间的竞争。

在新车销售环节利润大幅减少的情况下，售后服务就成为了经销商越来越依仗的盈利点。豪华品牌通过对零配件价格、工时费价格、服务项目以及服务时间等方面不断升级，近两年来豪华品牌经销商大多表现出极大的诚意，有效提升消费者售后服务满意度。

相比之下，花费同等价位的合资品牌车主对于自身品牌期望自然也在升高，但是实际情况却与期望值差距较大，所以导致了整体满意度得分较低。

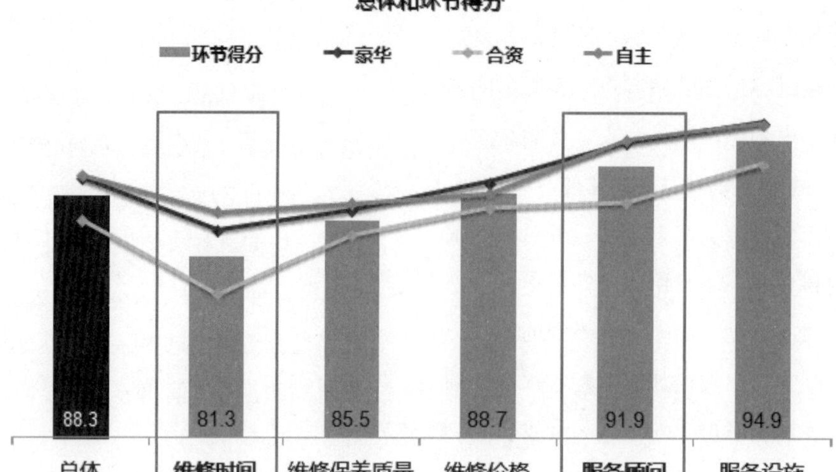

图 7　品牌得分对比

（二）自主品牌地方有些“虚高”

数据显示，自主品牌服务设施与豪华品牌不相上下，一举超过了90分门槛。客观而言，自主品牌4S店无论是在店面面积，还是在装修的豪华程度方面，都无法与合资品牌4S店相抗衡，更不要说和豪华品牌经销商竞争。在国内汽车市场里，售后服务水平不高是自主品牌被市场诟病的软肋。

分析自主品牌普遍得分较高的原因,并不是因为实际情况真的让车主满意，而是因为车主对自主品牌期望值本就不高。自主品牌车辆售价虽然有上升势头，但整体价格依然在较低水平，车主也不期望得到像合资品牌、豪华品牌提供的那种服务。

由此可见，车主期望值低，所以造成了整体满意度较高的情况出现，这也在一定程度上说明，自主品牌经销商在售后服务方面具有非常大的提升空间。

近几年，自主品牌在产量规模、产品质量上取得了长足进步，现在还需在售后服务方面下一番苦功。

目前汽车行业都在讨论自主品牌如何加入到全球汽车经济一体化进程里面来。全球化竞争市场里，不仅产品要弯道超车，而且要有说服力，自主品牌提高服务，同样是其中的关键。同样，未来中国经济发展的主旋律就是提高质量和效率，服务质量是首当其冲的考量因素，无论自主品牌、合资品牌还是豪华品牌，用户满意度都是衡量服务质量的唯一标准。

第 8 部类

汽车零部件

DIBABULEI | QICHELINGBUJIAN

行业发展概述

2017年中国汽车售后零部件行业现状

中国汽车流通协会售后零部件分会 李彤梅 刘柏玲

一、汽车后市场整体状况

（一）汽车后市场范围广、时效长，市场需求稳定，受经济影响波动小

汽车后市场的多维性，使得汽车后市场天然具有必然存在的价值，同时产生的效益不低于汽车产销。按照汽车车龄为8年时效乘以上述提及的范围计算，所产生的叠加效益是非常可观的。此外，在经济扩展期，新车销量增长，导致后续汽车保有量增加，促使汽车后市场进一步扩张；在经济衰退期，新车销量增速放缓，但使用车辆的平均年龄增加，促使售后维修需求量反而增加。这就使得汽车后市场的需求无论经济周期如何变化始终存在，且需求稳定。

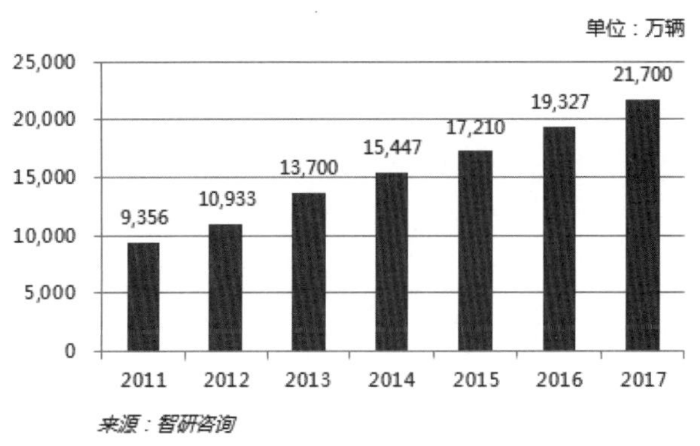

图 1　2011-2017年中国汽车保有量

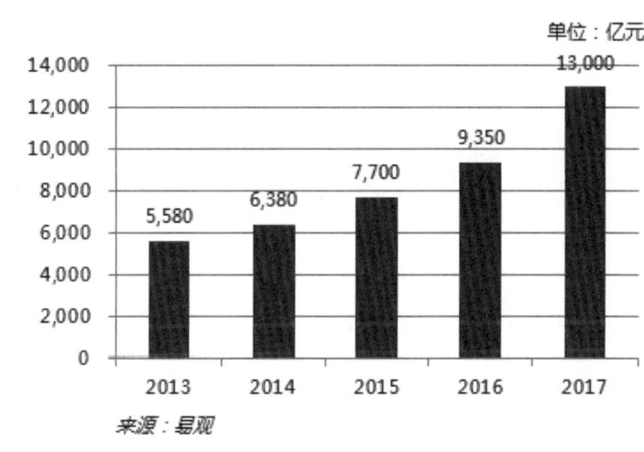

图 2　2013-2017年中国汽车后市场规模

（二）中国汽车后市场需求巨大

2017年中国汽车保有量达2.17亿辆，同比增长超过10%，预计2020年将超过美国（约3亿辆）。2017年中国汽车后市场规模超过1.3万亿元，同比增长超过30%，成为仅次于美国（2,410亿美元）的全球第二大市场。同时，2017年中国平均车龄约4.6年，2019年中国平均车龄有望超过5年，根据发达国家的发展历程，一旦车龄超过5年，车辆就进入更多的保养维修阶段，汽车后市场将迎来拐点。可以预见，未来几年国内汽车后市场需求巨大。

二、生产企业现状

（一）零部件企业发展面临较大挑战

跨国汽车巨头在中国建立的整车合资企业带进了自成体系的零部件配套商，给中国本土零部件企业的发展带来了竞争压力。同时中国汽车市场竞争激烈，整车厂为了保持尽可能的利润，将整车市场竞争中的成本压力直接转嫁到零部件企业身上。中国汽车零部件企业深受国际零部件配套商和整车厂压缩采购成本的双重压力。

（二）汽车售后零部件产品质量提升仍然缓慢

因技术创新和产品质量水平的制约，目前国内零部件企业仍然是中低端的市场配套为主，汽车的核心零部件仍然存在空白。据我国几家上市汽车零部件企业通报的数据，研发投入仅占销售收入的2%左右，主要集中在科技含量相对较低的机械零部件方面，与国际汽车知名企业研发投入达到销售收入的6%—7%还有很大差距，同时还没有形成一套科学、完善的研发体系。

（三）国内零部件制造企业销售渠道不平衡，资源优势没有最大化

中国零部件制造企业配套与售后体系建设不同步，无法实现资源优势最大化。国际零部件巨头从前期配套开始，随之就启动了国内售后市场体系，使配套和售后得到同步推进；而中国的汽车零部件企业，配套做得好的，受制于知识产权保护等因素，售后不能展开，售后做得理想的，配套很少，资源优势没有最大化。导致现在国际上配套的零部件品牌产品在维修市场随处可见，而我们中国配套的零部件在后市场就很少见到。在维修市场活跃的品牌和渠道都是以国际零部件品牌、国内贸易商贴牌为主，使得中国制造优质零部产品少有终端消费者品牌。

（四）汽车售后市场客户群体分散，给制造商生产服务能力带来一定挑战

相较于整车配套市场，汽车售后市场的目标客户群体存在较大的差异，也相对复杂。在售后市场，随着上下游的不断整合，制造商通常需要直接对接不同类型的客户，包括经销商、零售店、汽车维修厂、连锁店或者终端消费者。目标客户群体的分散性导致产品型号、产品要求、采购习惯、合作方式等各方面需求上也存在较大的差异。汽车后市场订单普遍呈多品种、小批量、多批次的特点，既要求制造商保持柔性化生产能力，能够快速地切换生产线生产不同型号、尺寸、规格的产品以此满足“一站式采购”，又要在批量生产所产生的成本效益上寻找平衡点，这对于制造商在生产能力和服务上带来一定的挑战性。

（五）中国汽车售后零部件缺乏品牌知名度和影响力，在竞争中处于尴尬地位

首先，对标国际品牌，中国民族品牌无知名度，品牌价值得不到彰显。中国民族品牌受制于品牌、质量、质量管理体系、技术、个体弱小、成本上扬等因素，竞争优势逐渐丧失，无论与主机配套还是出口都仅仅作为加工厂，生产的产品走向国际舞台，而品牌却走不出去，在竞争中失去竞价的资格。其次，对标国内副厂件，中国民族品牌无价格优势。以出口、主机配套为主的零部件生产制造企业，很向往后市场的大蛋糕，但面对无序竞争、碎片化的国内汽车售后市

场，普遍感到水深力薄，无从下手；汽车售后市场品牌混乱，为了参与竞争售后零部件厂家定价偏低，在低利润情况下很难做到极致的产品质量，也难以打造知名品牌。此外，高仿、换标等现象的存在使得OE质量承诺无法保障，市场上充斥的副厂件、高仿件进一步压低配件价格、损害品牌件在消费者心中的品牌形象，在一定程度上影响民族品牌发展。

三、流通企业现状

（一）传统授权体系仍然垄断，一方面导致 4S 店市场竞争不充分，另一方面造成汽配流通市场非常混乱

4S店是主机厂开的新车销售连锁店，也是销售新车后的配套服务部门，主机厂的统一培训认证、统一配件、统一定价、统一管理系统，使得4S店不是一个竞争环境中的独立经营单位，收益不完全依靠外部竞争。保养客户来源于卖新车，事故车维修来源于买新车保险，客户满意度指标是用来评估服务质量的，不是招揽新客户的。导致4S店的最大弱项是依靠行业垄断，回避了市场竞争，垄断、服务单一、价格高、客户无选择权是4S店的弊端，也是客户流失的主要原因。

授权体系外独立售后市场存在40多万家独立维修企业，服务水平良莠不齐，他们在行业处于垄断情况下，无法从正规渠道获得原厂配件，只能通过若干级代理商采购其他品牌配件，而市场充斥着高仿、假冒伪劣配件，配件质量无法获得保证，流通市场非常混乱。

（二）信息化程度低，汽配交易效率相对低下

汽配行业的信息化基础设施薄弱，大部分汽配经销商、汽修厂采用传统经营方式，缺少信息化ERP系统。相关从业人员的互联网认知水平较低，旧有习惯根生蒂固，难以接受互联网化的采销、结算方式。汽配行业的销售模式还停留在客户电话下单，业务员手工接单发货，信息传递效率低且错误率极高，高度依赖于业务员个人水平。结算方式上，账期交易普遍存在，且没有统一标准，常常依托于人工电话、上门等方式催收。店面、库存手工化管理现象同样普遍，没有信息化系统的支持，低效易错，更谈不上对库存、业务的分析和人员的标准化、数据化管理。

（三）汽配供应链迎来第一个春天，但供应链比较分散，具备较大整合空间

中国汽车后市场正在由“汽车制造和汽车消费”向“汽车服务”转型，汽车服务产业链各个细分市场增长均将提速，其中售后服务增长最为迅猛，有望达到36%。在经历了多年的沉淀与积累之后，汽配供应链B2B无论自身业务增长，市场份额还是资本进入规模，在2017年中国汽车后市场的各个细分领域中率先迎来了第一个春天。但是中国配件供应链尚未有一家公司的市场份额超过1%，与美国最大的五家汽车配件的销售商占有30%的销售额，市值已经超过760亿美元相比，中国市场还有非常大的整合空间。同时整个汽配供应链行业也十分分散，存在不规范、不透明等问题，其中最后一公里配送问题亟待解决。

（四）汽配零件类别、SKU 数量、更换频度、品牌认知度、流通时效四大维度，催化供应链渠道更加立体更加细分。

标准件（特指机油、电池、轮胎等定期更换的零件）品类窄，通用性强，需求频度高，SKU数量少，一线品牌认知度高，主要依靠传统代理商模式流通，对流通时效要求极高。虽然目前品牌商已经与2C电商平台广泛合作，但受制于货物交付形式和时效、售后安装使用必须借助维修服务端的限制，不能形成真正的闭环，看起来热闹，实际上不能成为市场主流。

易损件（主要指滤清器、刹车片、雨刮片、皮带、火花塞等易损耗的零件）品类略多，需求频度较高，有一定的通用性，SKU数量较少，对流通时效要

求较高，虽然一线品牌有一定的认知度，但对于维修厂和车主总体而言，品牌认知度不强，供应链上品牌多，竞争也大，主要依靠传统层级分销模式流通。

维修件（主要是指减震器、灯泡、电机、胶套、防震垫的、传感器等寿命年限到期需要更换的零件）品类多，但需求频度低，通用性低，SKU数量可以称为海量，对于维修厂和车主总体而言，零件辨别和品牌认知度均有限，主要依靠传统层级分销模式流通，对流通时效要求较低，对流通供应满足度要求高。

事故件（主要是指大灯、机盖、保险杠、叶子板等零件因车辆事故需要更换的零件）也是品类多，需求频度低，通用性低，SKU数量同样可以称为海量。对于事故件的买单方保险公司而言，零件辨别和品牌认知均是处理保险业务的重中之中。目前，主要依靠传统零件流通市场和招标定点供应渠道供应，对流通时效要求较低，对流通供应满足度极高。

（五）行业标准、认证滞后，可追溯体系未建立，缺乏良币驱逐劣币的撬动点

2017年汽车售后零部件行业团体标准实现从0到1的突破，《汽车售后零部件销售服务规范》《品牌价值评价 汽车售后零部件服务》发布，但国内售后零部件行业仍缺乏系列产品质量及服务标准。一方面使得独立售后市场企业处于半合法的市场地位，无法给自己的产品“身份”，面临着没有规则的，没有公平竞争的市场环境；另一方面维修企业无衡量配件质量的尺子，一定程度上为假冒伪劣配件提供了生存的土壤。此外售后零部件市场认证及可追溯体系未建立，高仿、换标等现象的存在使得OE质量承诺无法保障，配件商及维修商难以建立信任关系。建立售后市场配件标准、认证及可追溯体系已成为零部件制造到终端消费者的全产业链共同迫切的需求。

四、维修企业现状

中国汽车维修市场与国际市场一样包含两大体系：汽车生产厂家的授权体系和独立售后市场的非授权体系。两大体系在国家不断调整行业战略和政府不断规范市场规则的前提下，按照市场经济规律，不断调整、改造和创新自己的企业结构和业务形态。

（一）授权体系在反垄断环境下探索转型升级，布局独立售后市场

中国乘用车产业是以合资企业为主体，从汽车生产、流通到售后服务，基本是行政垄断、封闭管理。国家控制合资生产厂家的准入权，合资汽车生产厂家控制了汽车流通、包括售后维修的准入权，在生产厂家之间进行有限竞争。这个业态发展的结果是：高速增长、大而不强，缺乏核心技术、市场被占领、利润外流。

在国家反垄断战略下，授权体系的4S店客户流失加大，市场份额减少，转向依靠客户需求和自身服务能力生存。在这种情况下，汽车生产厂家纷纷在独立售后市场推出自己的第二品牌配件，建立自己的连锁维修体系。但由于担心对原4s店体系造成冲击，始终不能放手发展，目前也都只是在做战略尝试。

（二）维修连锁企业发展迅猛，高端连锁尚未形成

随着经济发展，汽车保养量的持续增长，以及消费者消费能力的提升、配件市场逐渐开放、刺激消费等原因，中国汽车维修养护行业已形成万亿级市场规模，中国汽车后市场中维修连锁体系企业达近两千家。2017年汽车后市场养护行业规模达8775.6亿元，并保持平稳增长。但全国性高端连锁、新能源服务连锁尚未形成。

（三）2017 年以养代修的概念以前所未有的速度增长，精致养护市场份额不断扩大，客户对养护品消费更理性

车辆主动安全装备和驾照考试升级让车辆大事故率逐步下降，主修事故车的维修市场将进一步降温，然而客户养车费用预算不会降低，精致养护逐渐在替

代简单粗暴的换油养护，市场份额进一步扩大。以销售模式植入门店的精养产品也将被踏实做好产品质量的厂家所取代，客户不再盲目地为销售模式买单，转而更加理性地去消费养护产品，门店刚需基础保养的客户会更多接受精养理念转而成为精致养护产品的客户。

（四）发烧钱的退场，畸形补贴引流客户通过转化拿到利润，市场变得更加健康

车蚂蚁退市、典典线下关停、途虎实体路线、淘气转型等都代表互联网+的热度在慢慢退去，而互联网+正成为入口，实体结合互联网提升效率，会是未来市场的发展思路。通过互联网技术的发展、门店单机系统升级为网页版也会大大提升信息技术在汽车后市场的应用范围，同时大型的网络公司进入市场后也会提升互联网在汽车后市场的影响力。

由于汽车后市场品牌运营在全国发展受限于辐射范围的局限性，很多的产品连锁、服务连锁、项目连锁等全国性品牌战略转为区域品牌发展，都开始转型发展区域的门店。

五、保险公司链接多方资源发力布局车后市场

保险公司作为汽车后市场事故维修领域主要的配件订单发起方和买单方，利用车险、推修等核心优势作为切入点，整合多方资源布局车后市场。保险公司目前面临车型和配件数据壁垒高、品质和价格把控难、定损价格争议多、配件赔付成本高等诸多痛点，在布局后市场方面聚合品牌资源、线下资源、客户资源集汽配产业链各方资源，运用互联网、大数据等提升服务效率和质量，降低服务成本，推动配件统一编码和可追溯等进程，不断加深在后市场的布局。

六、行业政策

（一）行业政策对汽车后市场有非常重大的指导意义

2017年汽车行业最为瞩目的政策为《汽车销售管理办法》，取消了一直延续的厂商品牌授权备案制，允许授权模式与非授权模式并存。从政策上推动汽车销售流通模式的创新，并推动市场朝着多样化的方向发展。此外，《汽车维修电子档案系统》，《进一步要求各地方破除二手车限迁》也是监管部门打破原有格局，形成行业健康发展格局的重要举措。

（二）2017 年国家大力扶持新能源汽车，售后服务体系开放

而从国家行为上看，最初的补贴、车企的“双积分”策略及新能源车免征附加税政策延续三年，都是在鼓励发展新能源汽车，这些利好信息对汽车后市场未来发展产生至关重要的“导向”作用。

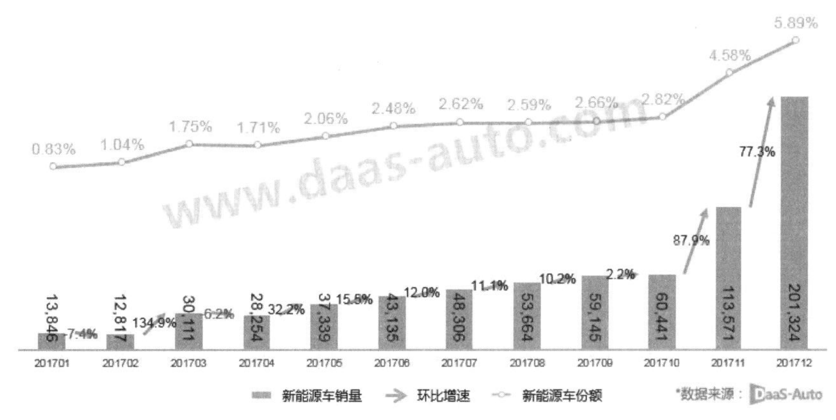

图 3　新能源车销量走势

2017年12月，新能源车销量再创新高，突破20万辆，环比增长77.3%，成为2017年最为抢眼的板块。至此，新能源车在2017年全年累计销量70.2万辆，实现同比增长70.8%，连续8个月环比正增长。新能源汽车制造开放民营资本进入，合资企业向自主品牌、中国品牌转型。汽车销售和售后分离，不允许利用新车销售资源垄断售后维修，开放汽车维修信息和原厂配件流通，迫使授权体系的配件和维修业务进入市场竞争，同时扶植非授权体系转型升级，打造一个公平竞争的乘用车售后市场，成为后市场一个最大的趋势。

行业典型案例分析

2017中国汽车售后零部件行业典型发展案例

中国汽车流通协会售后零部件分会 李彤梅 刘柏玲

2017年中国汽车售后零部件产业链各方高度关注国内售后市场，各自从产品质量、售后服务、流通效率、连锁化发展、盈利模块等方面不断创新探索，形成了众多行业典型案例。

一、汽车传动系统零部件“一站式”采购生产厂商——冠盛集团

（一）企业介绍

温州市冠盛汽车零部件集团股份有限公司（下称公司）主要从事汽车传动系统零部件的研发、生产和销售，主要产品包括万向节、传动轴总成和轮毂单元。各类型号产品可适配全球大多数车型，是国内少数能够满足客户“一站式”采购需求的汽车传动系统零部件生产厂商之一。

（二）2017 年结合大数据与信息化技术，开发线上产品可查询系统、产品可追溯系统，提升服务效率与客户体验度。

1．线上产品可查询系统

通过输入vin号或者选定带有vin号的照片，系统便可通过vin号将车型与冠盛现有产品线进行匹配，显示针对此车型，冠盛现有的所有产品线型号。对于修理厂而言，便于知道冠盛目前拥有的产品线，同时大大缩短了查询产品型号的时间，为未来多产品线、多型号、小批量的一站式采购奠定基础。对于经销商而言，不再需要在修理厂和生产商之间进行型号的来回确认，经销商可以将更多的精力放在产品营销、品牌推广和客情维护等方面。对于冠盛而言，可以了解到客户的查询信息，进一步的在此基础上建立大数据，为后期的商业模式设计、销售、备货等工作的优化起到一定作用，比如查询地点、查询的时间段、查询的车型等。

2．产品可追溯系统

终端客户可通过冠盛集团微信公众号平台，进行产品防伪劣查询。同时通过在平台上的质保系统进行注册，实现一年的质保期，以此解决客户对于产品质量的担忧。经销商可通过可追溯系统查看订单详情，也可通过系统，进行到货签收，提高产品状态的同步性，为后续的仓储信息同步奠定基础。可追溯系统让冠盛的产品做到有源可溯、品牌可识别、大大增加了造假和投机者的模仿成本，从而让消费者更加放心使用。也因为有网上质保系统，从而可以使冠盛能更好的了解终端的“大数据”。

二、汽配供应链服务云平台——中驰车福

（一）企业概况

中驰车福成立于2010年，由原联想全球副总裁张后启博士创立。历经七年持续快速发展，目前在全国设立20多家分支机构，业务覆盖全国近30个省份。

（二）2017年打造汽配供应链服务云平台

2017年中驰车福开始新一轮的战略升级，坚持"开放、连接、赋能"的核心理念，携手众多合作伙伴更加开放合作，连接并赋能产业链中配件厂商、零售服务商、汽修厂、车主四大主体，提供高效协同的直采服务、零售服务和车主服务，致力于打造行业内领先的汽配供应链服务云平台，并逐步构建完善汽车后市场大生态圈。

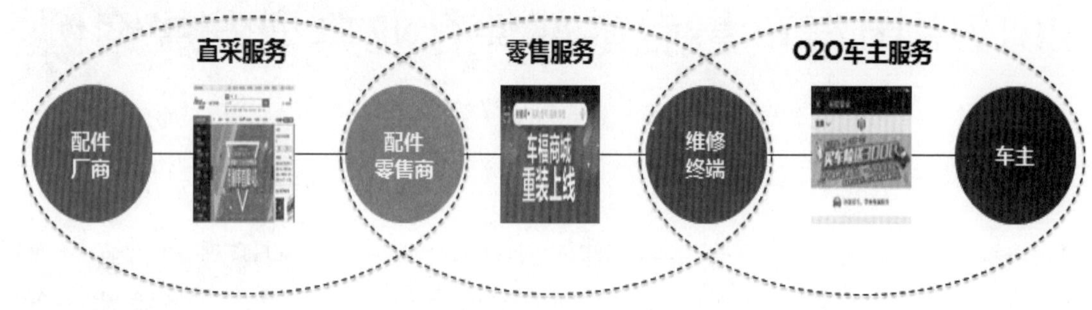

图1　汽配供应链服务云平台

1. 直采服务

连接配件厂商与零售服务商，建立中驰直采平台，赋能配件厂商实现看板生产和精准补货，为零售服务商提供高性价比直采和供应链金融服务。

2. 零售服务

连接零售服务商与汽修厂，建立本地化配件商城，赋能零售服务商实现本地化灵活经营，为汽修厂提供多、快、好、省、准的优质服务。

3. 020车主服务

连接汽修厂与车主（含车队），建立车主服务平台，赋能汽修厂为车主（含车队）提供整车、保险、保养等服务。

三、汽车科技连锁平台——德师傅

（一）企业概况

德师傅高端车服务连锁体系以"聚合、科技、赋能、共享"为主体，以"轻松用车，享受生活"为理念，以"客户满意，勇于担当"为核心价值观。聚合出行、新零售、二手车、新能源、保险、金融、供应链等全业态链条资源，形成协同型战略集群。2017年在全国十余个省市，拥有连锁体系门店近600余家，拥有百万级用户，并成为国务院、中央直属机关、全国两会等指定服务商。2018年重点布局京、津、冀和长江经济带，直营、授权和认证店数量将达到3000家。

（二）配件供应链综合管理

德师傅配件供应链管理目标是在满足连锁体系门店需要前提下，对整个供应链的各个环节进行综合管理。德师傅利用DIS系统，通过供应链中的物流、商流、信息流、资金流，构建电子商务采购和销售平台，通过大数据分析和门店可视化管理，做到供应链能够及时有效地获取需求信息并及时响应，以满足顾客需求。目前与海拉、AMH、伍尔特等多家国际一线品牌签署合作协议，利用集采获得价格优势，对内自用满足体系内门店的需求，获得很好的客户体验；对外开展分销联动，提升公司的产值。

德师傅将与行业的各个企业精英共同携手发展，

为了民族汽车产业和后市场的发展，做出自己的努力和贡献。

四、集研发、生产、销售、服务汽车易损易耗件为一体化、生态化的综合性汽配企业——箭冠汽配

（一）企业概况

箭冠汽配创立于2001年5月21日，是一家集专业研发、生产、销售、服务汽车易损易耗件为一体化、生态化的综合性汽配企业。以“汽车易损易耗件”为品类定位，以“终端汽修汽保店”为客户定位，推行“汽车易损易耗件+互联网”的新商业模式，全力打造全产业链服务管理S2B的生态商业平台，践行“让车主行驶更安全”的企业使命，实现“成为中国汽车易损易耗件连锁领导品牌”的企业愿景。

（二）2017 年自主品牌建设与连锁快速发展并行

箭冠汽配规模上有了重大发展，目前已拥有5家箭冠系制造工厂、一个“箭冠汽配连锁”品牌营销网络、一个“箭冠汽配商业平台”、一家箭冠商学院、一个箭冠研发实验室、31家箭冠省级服务子公司，全国建成800多家连锁销售门店。

箭冠汽配自主品牌与国际品牌代理业务同步发展。“箭牌滤清器”成为中国汽车后市场乘用车滤清器细分市场的领导品牌，“箭牌刹车片”、“箭牌雨刮片”、“箭牌喇叭”成为行业的十大民族知名品牌；同时成为NGK火花塞、飞利浦灯泡、瓦尔塔蓄电池、德尔福系列等多个品牌的合作代理，并逐步形成强强联合的汽配供应商联盟。

箭冠汽配目前拥有31项专利技术，7个软件著作权，成为“东莞市民营科技企业”、“广东省民营科技企业”、“国家高新技术企业”。箭冠汽配企业顺应国家战略的发展，不断创新，立志成为中国汽车易损易耗件行业整合者与领航者。

五、为行业数据不断创造新的应用场景和服务方案——上海力洋

（一）企业介绍

上海力洋成立于2009年，致力于以“精确源自专业”的理念，为中国后市场提供行业基础数据，立志成为中国后市场专业强、应用广、有价值的基础数据提供商。

（二）2017 年创造新的应用场景和服务方案例

1．成为米其林驰加基础数据的战略合作伙伴，为其配件供应厂商数据对接、门店标准化数据、门店应用数据的客户服务体系提供全面支持。

2．加大与国际零部件厂商的合作范围和力度，重点解决这些企业在中国的数据适用性特点，建立和精准符合中国后市场特色的产品目录，打通与国内各配件流通领域和销售领域的对接，提高了配件信息的标准性、共用性、流通性。

3．加大与4S集团的数据战略合作，帮助其精准DMS系统的基础数据，提高集团内信息标准化程度，实现集团在后市场的配件集采、流通调拨、成本管控。

第 9 部类

汽车物流

DIJIUBULEI | QICHEWULIU

汽车整车物流

2017年汽车物流行业

中国物流与采购联合会汽车物流分会 马增荣

一、汽车物流市场呈现低增速态势

汽车行业作为我国经济发展的支柱型产业之一，近些年一直保持稳定增长态势，但2017年我国汽车市场相对于2016年，呈现出明显增速放缓态势，据中国汽车工业协会统计分析，汽车产销2901.54万辆和2887.89万辆，同比增长3.19%和3.04%，增速比上年同期回落11.27个百分点和10.61个百分点。其中乘用车产销2480.67万辆和2471.83万辆，同比增长1.58%和1.40%；商用车产销420.87万辆和416.06万辆，同比增长13.81%和13.95%。从2017年的汽车市场数据来看，汽车市场进入了低增速时期，但汽车二手车市场增长速度变快，据中国汽车流通协会统计，2017年国内二手车交易量达1200万辆，同比增长近20%。面对汽车市场结构的调整与变化，供应商物流、零部件入厂物流、整车物流、售后服务备件物流等产业链的上下游环节均会发生变化。

二、汽车整车物流行业结构性变化

2017年车辆运输车治理给我国汽车整车物流市场带来了巨大的挑战，公路运输市场受到巨大冲击，超限超载带来的低价竞争市场环境得以改变，公路运输价格合理回归，这对于汽车整车物流行业结构性调整起到了重要的作用。

（一）整车物流行业治理仍在持续

自2016年9月21日起，交通运输部、公安部、工信部等部门下发了《车辆运输车治理工作方案》（交办运〔2016〕107号），全面开起了车辆运输车治理工作，2017年治理工作持续进行，总体来看，治理成效比较突出，一是行业内“双排车”基本杜绝。治理工作开启后，“双排车”全面退出市场，2017年均按照车辆运输车过渡期的要求，均采用“单排车”运输。二是按照治理工作进度安排，截止2017年底，已经完成三批不合规车辆的退出工作，行业内有1.8万辆不合规车辆退出市场。三是符合国标要求的中置轴车辆运输车开始进入整车物流市场，不完全统计整车物流行业新增6位半挂车近10000辆，新增中置轴车辆运输车近7000辆，逐步替代不合规车辆。四是整车物流行业铁运水运比例明显提高，铁路和水运能力进一步释放，综合运输体系不断发展。治理工作要到2018年6月结束，现在仍在持续进行，治理工作的开展优化了车辆运输装备，提高了服务水平，净化了市场环境，对于整车物流行业发展具有重要的意义。

（二）汽车物流铁路运输发展迅猛

中铁特货是全国铁路专业从事汽车物流业务的主体，2017年完成汽车整车运输量460万辆，较2015年增长51%，增加7000辆铁路商品车运输专用车辆，增长幅度达到54%，建设物流基地34个，同时进一步优化运输组织，加快车辆周转，J型车平均周时11.2天，同比压缩2.1天，开行商品汽车运输精品班列线40条，整列运量已占年运量61%，充分发挥了铁路运输的规模优势。

（三）汽车物流水路运输稳步提升

汽车整车水路运输仍以滚装运输模式为主，少量采用集装箱运输，2017年，我国滚装运量约为295万辆，相比2016年增长了18%，参与我国整车物流水路运输的公司主要为深圳长航、上海安盛、民生轮船、中远海运、中甫航运和华嘉船务等公司，全行业运力数合计80艘滚装船，总计97060车位。目前全国沿海沿江已经成熟开展商品车整车滚装水运业务的港口有：大连港、天津港、烟台港、上海港、广州港、海口港、重庆港、武汉港、芜湖港、南京港，涵盖近20个滚装码头，覆盖了全国市场的80%以上商品车整车水运业务量，2017年，芜湖码头、常熟大新华滚装码头、舟山兴海码头、厦门滚装码头等新建滚装码头已经开始投入使用，可以更多地满足滚装运输市场的差异化需求。集装箱是多式联运的主要载体，整车集装箱运输市场也在不断扩大，通过整车集装箱支架的使用，对乘用车进行装载加固，放入集装箱中进行运输， 40英尺集装箱最大可装运4辆汽车，集装箱运输可以有效解决汽车物流多式联运倒装过程中乘用车装载的次数，减少货损，提高运输质量。

（四）公路运输效率仍有待提升

现在物流业发展的趋势之一就是降本增效，十九大也提出了要向高质量发展转变，整车物流在违规运营的情况下运输效率并不高，违规运输导致司机不敢在白天行驶，配送效率也随之降低，在2016年治理工作开始之后的一段时间，运输效率提升了近一倍，但2017年治理工作稳定后又降了下来。通过2017年的数据统计来看，整车物流行业排名10%的车辆，月行驶里程在1.6万公里左右，但全行业平均月行驶里程在6500万公里左右，这说明行业内很多车辆的运输效率低，周转率慢，整车运输效率仍有待提升。

三、汽车后市场物流越来越受到关注

截至2017年底，全国机动车保有量达3.10亿辆，其中全国汽车保有量达2.17亿辆，与2016年相比，全年增加2304万辆，增长11.85%。汽车占机动车的比率持续提高，近五年占比从54.93%提高至70.17%。随着我国汽车保有量的迅速增长，人们对于车辆后市场的服务需求越来越旺盛，主要分为整车后市场物流、备件物流两个方面。

（一）整车后市场物流

在整车后市场物流领域中主要包括在用车物流、二手车物流、报废汽车物流等。在用车物流主要以私家车城市间托运服务为主，解决了私家车主自驾游返程、外地工作用车、异地购车运回等物流需求，在用车物流还包括租赁汽车物流、召回汽车物流、赛事汽车物流等，目前来讲，这种社会化的零散用车物流服务需求呈现增长的趋势，随着移动互联的发展，多家企业退出个人托运车辆的APP，充分满足了个人异地用车需求。

近些年，二手车市场也在不断扩大，伴随着多数城市二手车限迁政策的取消，二手车交易可在全国范围内开始流动起来，庞大的二手车市场将对新车市场造成冲击，同时二手车的物流服务需求大大提升，除了基本运输服务外，异地提车、提档、验车上牌及过户等增值服务也是物流行业关注的重点。

报废汽车回收环节同样是汽车物流行业的重要市场，按照成熟市场报废汽车占汽车保有量6%-8%的水平来计算，我国每年报废汽车量将达到1300万左右，这些车辆的报废回收过程的物流服务将更加需要关注。

（二）以售后服务为核心的汽车后市场物流

在我国以汽车生产为主导的物流业务中，汽车后市场物流的市场最为广阔，具有两方面特点，一是市场容量大，成熟的汽车产业链中，汽车后市场占比通常能达到50%-60%，我国汽车保有量不断增加，汽车备件物流的需求量也随之增加；二是涉及领域广，售后服务不仅仅包括汽车备件物流服务，主要涉及维修保养、美容养护、汽车金融、保险服务等，市场空间非常大，物流服务的发展空间也非常大。对于汽车后市场物流的竞争同样激烈，除了传统依托主机厂的备件物流服务商外，例如京东等电商龙头企业也在向汽车后市场领域发力，他们在汽车用品业务基础上，向上游拓展B2B市场，打通汽车后市场品牌商、经销商、维修方、消费者之间的全产业链条，形成B2B2C闭环。伴随着互联网科技的广泛引用，汽车后市场网络销售、网络服务能力在不断增强，汽车后市场物流这块蛋糕将成为大家竞争的重要板块。

四、汽车零部件服务智能化水平不断提升

2017年我国汽车零部件制造业的主营业务收入为38800亿元，同比增长10.23%。围绕着国内汽车制造企业配套市场和国际出口市场，目前已形成了西南、华中、珠二角、长三角、京津和东三省六大汽车零部件产业集群，这些产业群使得分工更精细、信息更集中、物流更便利。零部件物流服务主要分为零部件供应商物流和零部件入厂物流两个方面，物流服务逐步从推动式物流服务到拉动式物流服务、再到智能物流服务，传统的推动式物流是以制造企业的生产为中心，通过尽可能提高规模化运作效率，来降低单件产品成本而获得利润；拉动式物流服务是以消费端的客户需求为中心，通过尽可能提高生产和市场需求的协调一致性，来减少供应链上的库存积压，从而降低单件产品成本而获利，行业内一般采用循环取货的经营模式；智能物流服务是以单个客户需求为中心，通过整个供应链智能联动，来调配供应链上的各个环节，从而降低单件产品成本而获利，智能化、专业化、协同化的服务是零部件物流新的服务方向。新技术应用是推动零部件物流智能化发展的关键，例如智能堆垛、自动化立体仓库、自动轨道系统、智能分拣机器人、自动识别技术、AGV叉车等技术与装备在零部件物流领域中的应用是实现智能物流服务的重要基础。

五、汽车物流企业业务领域日渐丰富

汽车物流领域的领军企业已经不在局限于国内物流服务，已经向国际业务服务拓展，积极布局和拓展国际市场，对推动行业发展起到了至关重要的作用；跨界发展也成为汽车物流企业新的发展方向。

（一）海外业务拓展方面

2017年，国务院总理李克强在比利时正式访问期间，见证了长久物流和泽布鲁日港一带一路相关项目签约。 根据项目合作协议，长久物流将以“黑龙江-比利时”的中欧专列为基础，在比利时的泽布鲁日港建立“中欧汽车物流中心”，服务于中国和欧洲之间的汽车整车及零部件的运输、仓储、配送等相关业务。长久物流的“4+1”欧洲战略布局(以德国为中心，从中国-东欧、西欧、北欧和南欧的全方位一体的国际铁路服务体系)正在形成。安吉航运于2015年3月在上海自贸区注册成立，承运了上汽出口北美、英国、中东、北非等地的车辆，2017年11月，“安吉23”满载2900辆雪佛兰S3，从烟台出发，经过22天7500海里(13800公里)的跨太平洋航行抵达墨西哥拉萨罗卡德纳斯港。

（二）跨界物流服务方面

安吉物流于2017年成立全资子公司安吉快运，切

入150kg以上的中大票零担快运市场与B2B仓配一体化市场，在物联网、新零售和智能供应链技术及应用得到迅速普及的背景下，安吉物流凭借在汽车物流服务管理上的经验、人才优势以及遍布全国的仓储及配送资源，向快运产业进军，为汽车物流企业的发展提供了新的发展方向。

六、汽车物流标准及行业研究不断深入

（一）深入推进车辆运输车相关标准落地实施

2016年《汽车、挂车及汽车列车外廓尺寸、轴荷及质量限值》（GB1589-2016）、《车辆运输车通用技术条件》（GB/T 26774-2016）相继发布。对于车辆运输车的外廓尺寸及通用技术做了明确规定，车辆标准的出台为汽车整车物流行业技术装备的提升起到了至关重要的作用，2017年，中国物流与采购联合汽车物流分会与交通运输部公路科学研究院共同编著了《车辆运输车标准与应用技术》行业工具书，系统解读了车辆运输车标准，对标准落地实施起到了辅助作用。

（二）汽车物流领域完成四项标准修订工作

2017年，《乘用车物流质损判定及处理规范》、《乘用车运输服务规范》、《乘用车水路运输服务规范》、《乘用车仓储服务规范》等四项行业标准完成修订工作。

（三）积极推进汽车物流标准的制修订

2017年，《汽车售后服务备件仓储服务规范》（项目编号303-2017-004），《汽车零部件物流KD件包装和集装箱装载作业规范》（项目编号303-2017-005）和《汽车制造零部件物流标签规范》（项目编号303-2017-006）三项行业标准立项成功。

（四）建立行业指导参数发布机制

中国物流与采购联合会汽车物流分会与G7建立联合发布汽车整车公路运输指导参数机制，每个月初发布汽车整车物流公路运输月平均里程，此项数据充分体现了车辆运输车行驶效率，可以作为汽车整车物流行业重要参考指标。

第10部类

汽车消费

DISHIBULEI | QICHEXIAOFEI

汽车金融

2017年汽车金融概述

中国汽车流通协会汽车金融分会

一、行业概述

2017年第五次全国金融工作会议召开，国内金融业正加速迎来金融强监管时代，保持定力、稳中求进、适度扩大总需求，是产业改革发展的方向。汽车流通行业通过大力推动和创新汽车金融业务，深度挖掘市场潜力，实现了汽车市场的企稳回升，汽车金融已经成为整个汽车产业发展的重要推动力和加速器，万亿级市场已然形成。

二、业务发展特征

近两年来，汽车金融业务异军突起为汽车流通企业带来了新的利润增长点。从零售端来看，2017年汽车金融消费信贷规模达到1.25万亿元。从批售端来看，2017年二方库融模式业务规模已超过1.5万亿，汽车供应链金融服务也呈现出了高速增长的态势。

从目前的汽车金融行业发展态势来看，有以下特征：一、行业的快速发展。首先，经过数十年的经济高速增长，汽车已经成为大部分中国家庭的第二大消费品，中国已经是当仁不让的全球第一大汽车消费国。但是随着近几年国民经济增速放缓，汽车金融在消费端的需求会持续增长。同时，随着90后、00后逐渐成长为汽车消费的主力军，他们的消费理念不同于其父辈同龄消费者，享受型消费与品牌型消费是他们消费观的重要需求，故汽车金融渗透率将有较大比例的增长；二、市场逐步进入充分竞争。随着大资本、机构的介入，其低成本资金、多渠道资源、更具竞争力的产品设计、品牌影响力等天然优势将不断凸显，近两年将涌现一批具有较高市场占有率的知名企业。但是由于市场规模巨大、消费者分散、海量资金需求等原因，汽车金融市场并不会进入寡头竞争的局面，而是形成充分竞争，群雄逐鹿的局面；三、业务的高度细分。随着业务规模的持续增长，多样化、专业化的第三方服务机构出现，不管是零售金融业务在贷前、贷中、贷后，还是批售金融业务在资金、供应链、及资产监管，以及保险中的车险、信用险，未来的业务越来越细化，提供服务的专业机构也更加多样化；四、产品的不断创新。金融强监管，流动性压力增大，消费端市场需求的多样化，这都对目前的汽车金融产品提出了更多的需求。未来在激烈竞争中占据主动地位的企业一定是聚焦产品创新的企业。

深度研究市场环境的变化及汽车金融业务发展现状，不难发现未来的国内汽车金融已然呈现出了六大发展趋势：一、融资租赁尤其是直租业务快速发展，充分发挥终端经销商的渠道效能；二、汽车金融+互联网，去中间化，突破主体信用评级限制；三、供应链金融不断创新，灵活高效；四、新能源汽车金融井喷发展，推动新能源汽车跨越式发展；五、共享经济规模不断扩大，相关汽车金融业务快速壮大；六、高保有量、融资租赁驱动二手车业务及二手车金融逐步发力。

三、批售业务

随着金融强监管政策的继续执行，流动性短缺所造成的资金成本上扬将是近两年汽车金融行业要面对的一大难题。如何获得更多低成本资金将是行业企业考虑的重要课题。面对这个难题及汽车金融业务不断增长的市场需求，传统库存模式仍然是最主要的资金渠道，但是同时汽车供应链金融呈现出了高速增长的态势，正在成为越来越多经销商企业的选择。

2017年三方库融模式业务规模已超过1.5万亿，解决了市场批售端80-85%的资金需求，其主要参与主体还是银行和主机厂汽车金融公司。从目前的市场反馈来看，库存模式正在呈现“抓大放下”的趋势，资质好的头部汽车经销商集团将获得稳定或更大的资金支持，而中小经销商的库存融资支持将持续收缩。而同时，传统库存模式的资金供给市场也呈现高度集中的趋势。据中国汽车流通协会统计，其中汽车批售业务的前3名银行的市场份额占据总体银行放款规模的30%左右，前10名银行的市场份额超过总体银行放款规模的90%。

从汽车销售端数据来看，最终60%实现销售的车辆是通过二网及以下经销商实现成交的，而这些经销商是不具备开展库存模式的机构准入资质。同时，对于部分经销商集团来说，当前的库存资金规模和业务资金需求之间是存在较大缺口的。显而易见，未来供应链金融的市场需求十分巨大，它已经成为汽车金融行业中的新蓝海。目前，市场上基于物流和仓储监管的汽车供应链模式已经进入快速发展时期，整合车源、资金、物流监管，搭建起全链条的供应链服务能力，正在成为市场最受欢迎的批售业务。

四、零售业务

2017年国内新车成交量达到了2800万台，汽车金融消费信贷规模达到1.25万亿元，全国汽车保有量达到3.2亿台，中国已经成为名副其实的全球第一大新车销售国。随着国民经济的增速放缓，目前的新车销售环境已经发生了变化。一二线城市新车置换需求明显，而首台新车销售需求已经下沉到了三四五线城市，总需求规模进入微增长阶段。特别是2017年的新《汽车销售管理办法》出台，汽车销售企业的利润增长模式呈现出新的组合模式，金融及后市场将成为它们的主要利润贡献点。从目前的数据预测，2018年汽车金融消费信贷规模达到1. 5万亿元。

从业务形态来看，目前的零售端汽车金融产品主要分为两类。一类仍然是占据大部分市场的信贷类产品，其主要产品是银行、主机厂金融公司等金融机构的车贷、分期及贴息产品。它的市场认知度高，成本更低，参与企业的品牌背书能力强，但是同时对消费者的审核门槛也更高。另一类就是最近两年突飞猛进的融资租赁类产品，由于其融资门槛低，当期现金流压力小等优点，已经成为信贷类产品的重要补充。特别是直租类产品已经受到了90后、00后新消费群体的追捧，成为未来最具成长性的汽车金融业务之一。

同时随着融租业务发展及一二线城市置换需求的增长，更多优质二手车进入市场，中国开始进入二手车消费时代。预计到2020年，二手车市场规模由0.75

万亿增至2万亿。中国二手车市场体量有逐年递增的趋势，二手车市场的金融渗透率也将逐步提升。目前市场主流二手车金融产品主要包括：车抵贷、车分期和车库融。

五、融资租赁业务

2017年汽车融资租赁依旧是行业最热门的方向，也是竞争最激烈的一个方向。汽车融资租赁的销售模式灵活、分期成本低廉，能够惠及相当广泛的人群。更重要的是，融资租赁不仅能够提升新车销量，还能促进二手车业务发展，促进汽车市场形成良性交易闭环，大大增强汽车市场的流通性。越来越多的大资本大机构纷纷布局，如何差异化、品牌化，不断提升产品的风控水平和竞争力成为所有参与企业的共同着力点。传统售后回租模式的市场规模将持续收缩。而因其市场接受度提高、利润率相对较高等优势，直租类产品已经成为所有汽车融资租赁企业的核心业务，"1+N"期的产品正在成为市场主流。竞争带来了市场的优胜劣汰，2018年的汽车融资租赁行业开始进入竞争淘汰的阶段，并将涌现一批市场占有率高的知名融资租赁品牌。

我们国内的融资租赁行业发展与发达国家市场还有相当大的差距。目前国内的汽车融资租赁渗透率还不到3%，而美国、德国等市场汽车融资租赁渗透率已经超过50%。足以见得，我国汽车融资租赁业务后期的发展潜力巨大。据预测，随着消费理念更为超前的90后、00后成为消费主力，2020年融资租赁在汽车总销量的渗透率将达到21%。

随着直租业务的高速发展，租赁资产的资产证券化（ABS）成为越来越多融资租赁企业获取低成本资金的渠道。2017年，以汽车租赁债券为基础资产的交易所ABS及协会ABN产品共发行47单，融资规模合计359.25亿元。同期，整个交易所ABS和协会ABN规模达到了两万亿元，其中汽车流通类仅占2%左右，发展潜力巨大。此外，汽车融资租赁ABS还创新出了汽车Pre-ABS产品，可对接机构资金，并解决了资金来源的合规性风险，进一步放大杠杆，获得可观的业务收入。

六、保险业务

汽车销售微增长，同时还伴随着费改政策的落地，连带与之相连的车险市场也进入低增长阶段。相关数据显示，2017年，车险市场保费规模约为7350亿元，同比增速10%左右，相比2016年同期增速下降了3个百分点。未来车险产品竞争将更加激烈，大型险企在成本控制、理赔服务等方面优势更为突出，行业占有率也开始逐渐企稳回升；而中小险企更多考虑从细分市场、资源共享和差异化竞争中获取优势。2018年，购置税率优惠政策退出，商车费改将持续深化，费率水平继续走低，预计2018年行业车险保费将继续保持平稳增长，增速将与2017年持平。

此外，保险产品中的信用险、履约险正在成为广大汽车金融行业企业重要的融资增信工具，后续也将依托于汽车金融业务衍生创新出更多创新险种，更好地服务于汽车金融业的发展。

汽车融资

2017年中国汽车融资租赁市场

易鑫集团 姜 东

一、中国汽车融资租赁概念解析

汽车融资租赁起源于西方，是一种比较成熟的车辆使用权的获得方式。在美国和欧洲，对于汽车消费金融和汽车融资租赁有着清晰的界定：汽车消费金融是一种借贷行为，用户的目的是购买车辆（即拥有车的产权），只是通过分期付款的消费信贷方式来实现，其本质是所有权的交易；而汽车融资租赁，英语中叫做Lease，它是一种租借行为，用户的目的是通过支付租金获得车辆的使用权，合约期满后，用户可以按残值买下这辆车，也可以不买，这是一种使用权的交易。

作为舶来品的汽车融资租赁，在融入中国时已经进行了一系列本土化的适配和改良。国内对于汽车融资租赁的理解已经与欧美不同，需要重新进行中国式的区分和界定。

在中国，汽车金融行业实行牌照准入制，过去只有银行和持牌的25家汽车金融公司可以开展汽车金融业务。近年来，随着消费升级概念的兴起，汽车消费市场进入了快速增长期，银行和持牌汽车金融公司受数量和体量的限制，不能完全满足各类用户的融资需求。在此背景下，融资租赁近几年持续受到国家相关政策的支持，作为金融公司的重要补充力量，发展势头十分强劲。

行业内一般认为，目前我国汽车融资租赁公司的主要业务可以分为以下两种：

回租：亦称售后回租，属于汽车消费金融的一种。是指用户将车辆出售或抵押给融资租赁公司，再以支付租金的方式，从融资租赁公司租回车辆来使用。在回租模式中，车辆牌照是登记在用户名下。回租亦是目前汽车融资租赁的主流业务形态。

直租：即经营性租赁，也被称为营业性租赁。这种模式是以使用权为交易标的物，车辆登记在汽车租赁公司名下，用户通过支付租金来获得车辆的使用权。

（1）长租：是指带残值的经营性租赁。车辆牌照初始登记在公司名下，待租赁合约到期后，用户可以根据约定的车辆残值选择买断车辆的所有权或直接在汽车租赁公司申请购车分期付款。如易鑫的“开走吧”，大搜车的“弹个车”就属于此类。

（2）短租：公司自始至终都拥有汽车的所有权，用户通过支付租金来获得车辆的短期使用权。如神州、一嗨等。

图 1　国内汽车融资租赁的主要业务模式

二、2017年国内汽车融资租赁发展概况

2017年，国内汽车融资租赁市场整体发展态势迅猛，权威数据显示：2017年中国新车销量2887.9万台，相较2016年的2802.8万台同比增长3%；汽车金融渗透率为39%。二手车交易量1240.9万台，相较2016年的1039.2万台同比增长19.33%；据不完全数据统计，二手车金融渗透率约为10%。2017年融资租赁车辆达到150万辆，较上年增长三分之二。除了传统厂商、经销商和银行纷纷增设融资租赁业务，互联网浪潮之下，以易鑫为代表的新兴互联网公司、电商平台纷纷大力发展直租模式，成长为新兴的市场力量。

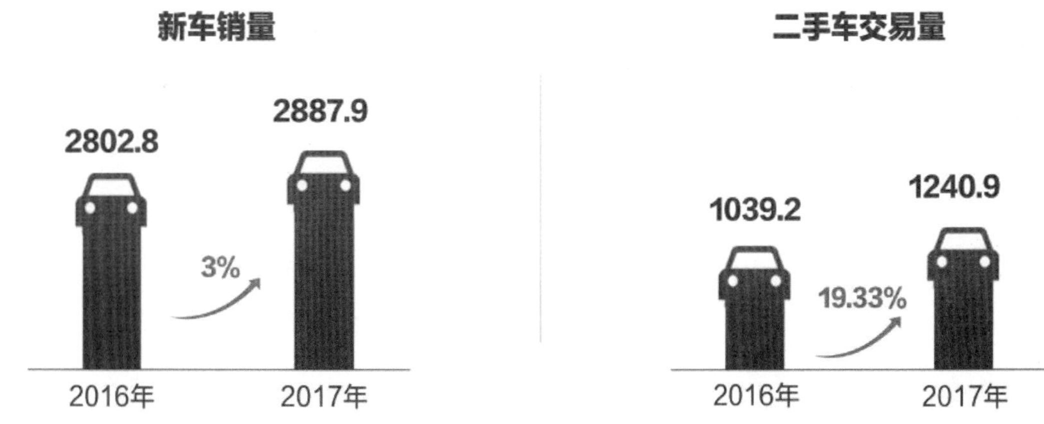

图 2　中国新车及二手车销量（单位：万台）

数据来源：中国汽车工业协会、中国汽车流通协会

我们可以将市场快速发展的原因归结为以下几个方面：

1、资本看好，巨头加持

受到国家监管政策影响，投资限制增加，资本市场开始寻求新的投资蓝海。而融资租赁作为近年来新兴的汽车金融模式，对于汽车金融领域的发展、未来的共享出行以及新能源车的普及来说，都有着不可忽视的重要意义，发展潜力巨大，受到青睐。阿里、腾讯、百度三大互联网巨头的涉足，以及其他资本的不断加入，为行业的发展提供了充足的资金支持。

2、国家政策放宽，降低准入门槛

2017年，商务部印发了《汽车销售管理办法》，提出国家鼓励发展共享型、节约型、社会化的汽车销售和售后服务网络，加快城乡一体的汽车销售和售后服务网络建设，加强新能源汽车销售和售后服务网络建设，推动汽车流通模式创新。新规的出现肯定了汽车融资租赁模式的发展，降低了汽车经营的门槛，也为行业带来了更多的参与者。

3、竞争加剧，加速洗牌

资本市场的加持和政策的利好不仅带来了机遇，也加速了行业的洗牌，竞争力强、合规度高的企业快速发展，而缺乏核心竞争力的企业被快速淘汰。以易鑫为例，成立于2014年8月的易鑫集团仅成立3年就在香港联合交易所完成上市，股票代码：02858.HK。作为业内唯一一家获得腾讯、京东、百度、易车等重量级战略投资人注资的企业，易鑫集团依托“人+车”数据库优势，为千万消费者提供新车交易、二手车交易、汽车分期、汽车租赁、汽车保险、汽车后服务等覆盖汽车全生命周期的消费服务，并通过覆盖各地的体验店与经销商网络，打造便捷、安全的一站式汽车金融交易平台，易鑫财报数据显示，易鑫2017年融资交易车辆超过40万单。

三、汽车融资租赁未来发展探索

国内汽车融资租赁市场未来发展的路还很长，根据罗兰贝格《2017中国汽车金融报告》，目前全球范围内汽车消费30%为现金购车，55%通过普通汽车信贷，15%通过融资租赁方式。

尤其在北美地区，汽车融资租赁渗透率高达46%，美国有30%的新车直接批发给融资租赁公司。而在我国，即使结合了上述两种业务模式，2017年汽车融资租赁渗透率约也仅约为5%，成长空间巨大。预计未来数年，随着分期消费理念的普及，汽车融资租赁在汽车交易中的渗透率将会逐步提升，最终与欧美水平接近。

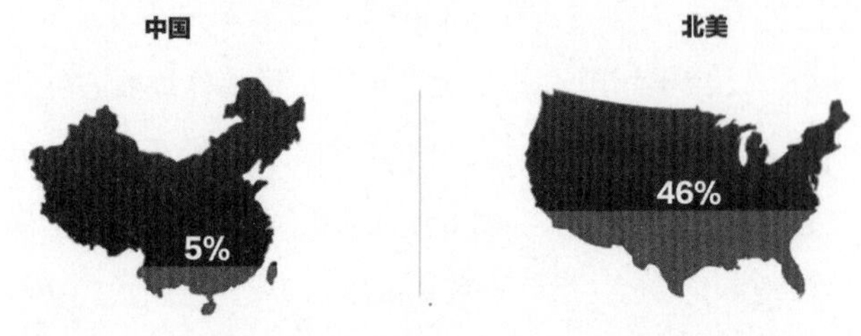

图 3　汽车融资租赁渗透率中美数据对比

数据来源：罗兰贝格（2017中国汽车金融报告）

汽车融资租赁在中国的发展仍属于早期，其发展潜力不容小觑，但现阶段，仍有很多不足，需要行业参与者共同努力，携手并进。易鑫将以“追求极致、创造第一”的匠心精神，秉承专业、协同、执行的企业文化，与产业共发展、共辉煌，推动汽车生活向新时代前进！

汽车产品投诉

2017年度车质网汽车质量与服务质量投诉分析

中国法学会消费者权益保护法学研究会 车质网 郝庆丰

车质网2017年共收到车主针对汽车产品质量与服务质量投诉50770宗，投诉量较2016年增长了13.5%，涉及179个国内在售汽车品牌的890余款车型，2017年投诉量开创了车质网成立以来年投诉量的最高纪录。从2017年的投诉回复情况看，大部分车企对车质网接到的车主诉求越发重视，回复率100%的车企达35家，较2016年增加了10家。

一、投诉总量呈阶梯式增长 12月份投诉量最高

2017年，车质网共收到有效投诉50770件，较2016年增加了6028件。随着投诉总量基数的不断上升，2017年环比增长则放缓至13.5%。统计表明，自汽车投诉平台12365auto.com2010年上线至今，近8年时间内累计采集到车主关于汽车质量、服务质量等方面的真实投诉超过20万件，已成为国内汽车消费者投诉的主要渠道之一。

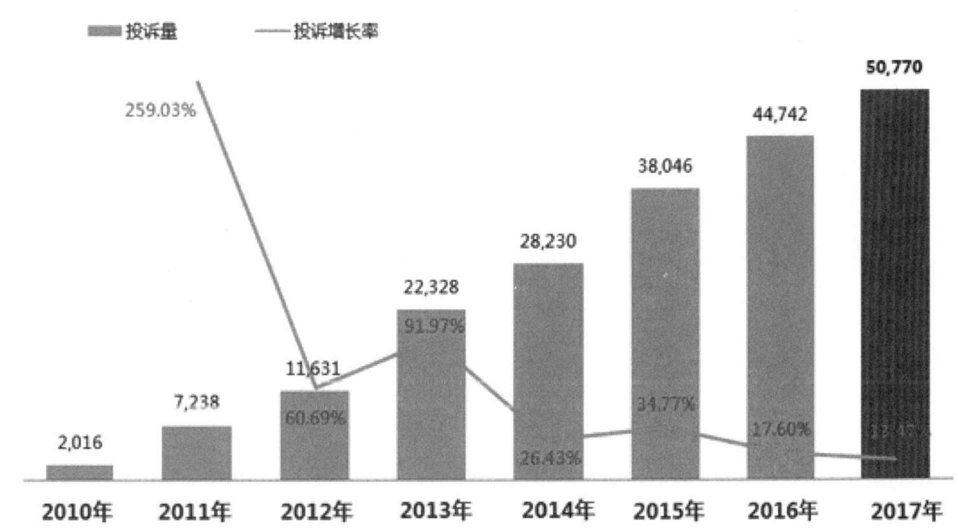

图1 2010-2017年投诉量对比增长率

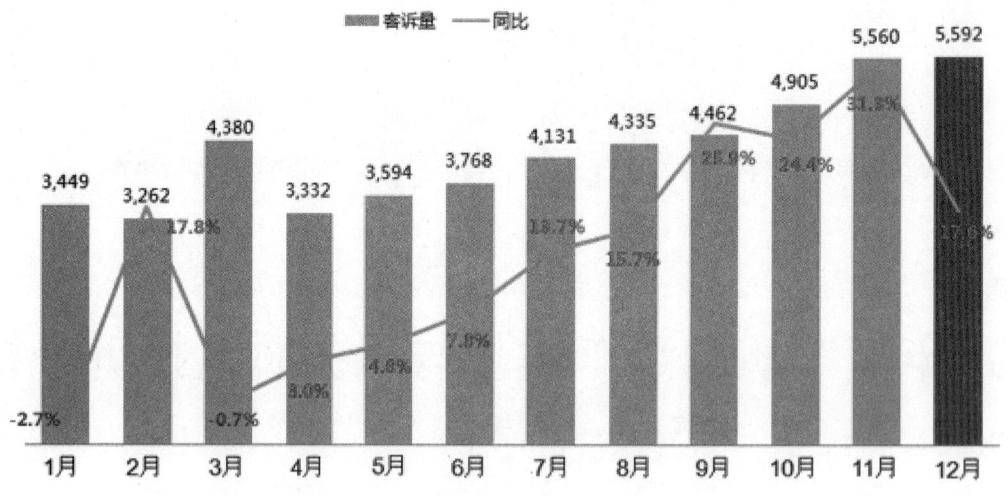

图 2　2017年1-12月份投诉量对比及增长率

按月投诉受理量分析，车质网 2017 年 12 月收到有效投诉 5592 件，刷新了月均投诉量新高，较去年同期上涨 17.6%。另一投诉高发月份为 11 月，投诉量同样超过了 5000 件。值得注意的是，“3·15”期间已不再是全年投诉量的最高点，说明汽车消费者投诉更加理性，汽车投诉呈现常态化趋势。

二、广东、江苏、山东为投诉高发区域

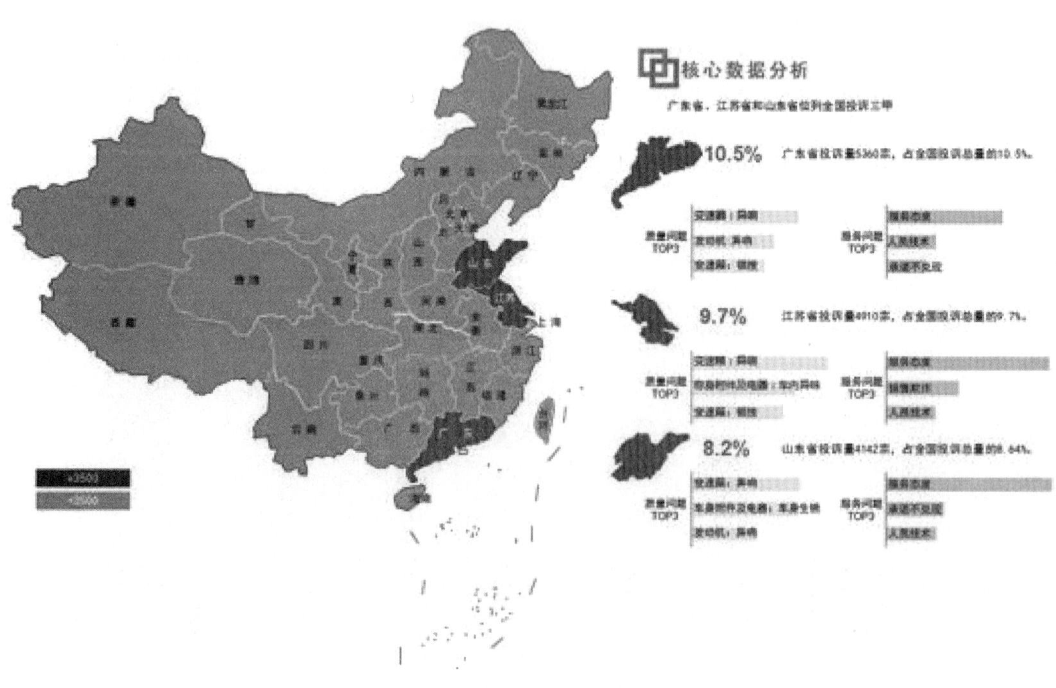

图 3　2017年汽车消费者投诉重点区域概览

从投诉区域上看，2017年投诉前三名为广东省、江苏省以及山东省，比例接近总量的30%。汽车质量中变速箱异响及顿挫、发动机异响以及车内异味为主要投诉点；服务质量中服务态度、技术水平及承诺不兑现问题居多。

三、自主品牌投诉占比逐年增长 美系品牌增速明显

相关数据显示，2017年投诉中合资品牌占比虽然最大，但已低于50%，较去年同期下降了6.2个百分点。与合资品牌相比，自主品牌的投诉量和占比双双增长，投诉量较2016年上涨23.2%，占比则上升了6个百分点。进口品牌投诉量较去年同期有所增加，接到相关投诉1037件，占总投诉量的2.1%。自主品牌投诉量自2013年起便呈逐年上升趋势，2016年和2017年投诉量提升明显，占比已与合资品牌形成分庭抗礼之势。

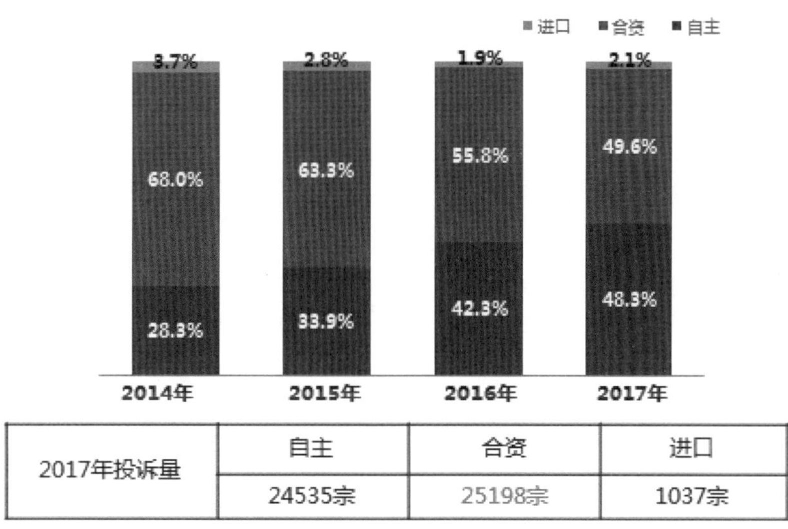

2017年投诉量	自主	合资	进口
	24535宗	25198宗	1037宗

图 4 2017年自主、合资、进口投诉量占比

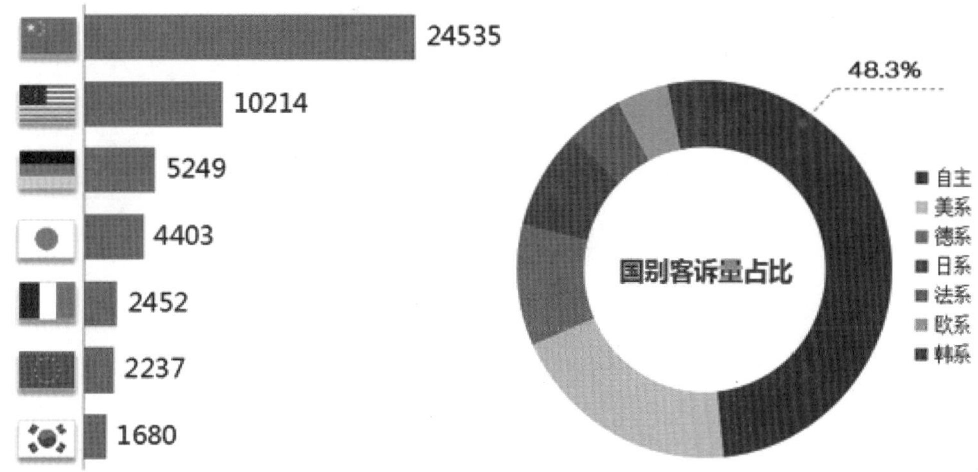

图 5 2017年品牌国别投诉量占比

按品牌国别分析，2016 年自主品牌投诉量仍居首位，占比 48.4%。伴随着自主品牌汽车销量高速增长，产品质量及服务质量问题愈加突出；合资品牌中，除法系品牌投诉量有所下降外，其余各国的投诉量较 2016 年均有不同程度的涨幅。其中，美系品牌增幅最大，投诉量超过 10000 件，远高于其他国别品牌；德系品牌增幅也很明显，年投诉量首次超过 5000 件。

四、SUV/MPV投诉量激增 小型车投诉量下降

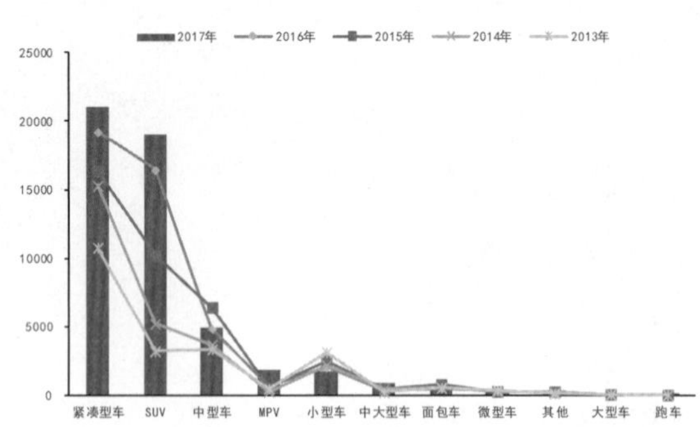

	2017年	2016年	2015年	2014年	2013年
紧凑型车	21045 ↑	19234	16386	15281	10792
SUV	19074 ↑	16443	10195	5212	3210
中型车	4907 ↑	4842	6436	3695	3360
MPV	1794 ↑	647	594	271	477
小型车	1741 ↓	2029	2515	2193	3118
中大型车	841 ↑	391	481	464	216
面包车	535 ↑	501	788	562	549
微型车	357 ↑	308	283	262	383
其他	332 ↑	162	269	206	120
大型车	86 ↑	62	67	61	74
跑车	58 ↑	35	32	23	29

图 6 2017年车型属性投诉量对比及趋势

按车型分析，2017年车型投诉量排行与往年基本一致。紧凑车型排第一位，与2016年相比投诉增加1811件；其次为SUV车型，较去年同期增加2631件；除小型车投诉量较去年同期减少288件外，其余各车型投诉量均有上升。

五、新车质量问题凸显

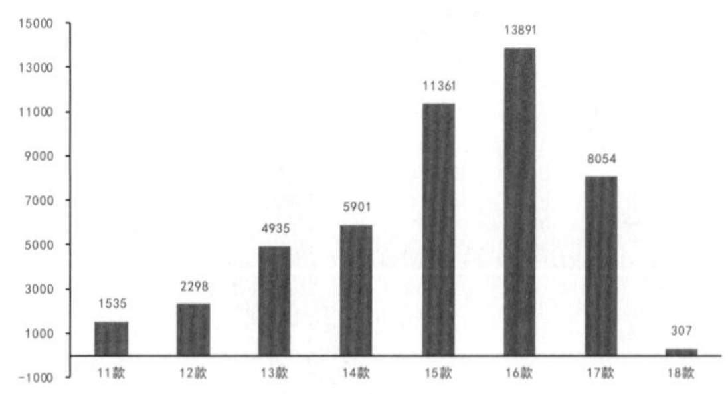

	2017年	2016年	2015年	2014年	2013年
11款	1535 ↓	1593	2383	2799	4005
12款	2298 ↓	3391	5569	7265	8755
13款	4935 ↓	5875	8722	8087	2669
14款	5901 ↓	9029	10124	5235	69
15款	11361 ↓	13414	6465	275	-
16款	13891 ↑	8411	188	-	-
17款	8054 ↑	479	-	-	-
18款	307 ↑	-	-	-	-

图 7 2017年11-18款车型投诉量对比

按购车时间分析，购买三年内的新车是投诉高发期，新车质量是目前汽车市场上不容忽视的重要问题之一。与2016年数据比对发现，2016款和2017款车型投诉量上升明显，分别较去年同期增加5480件和7575件，2015款车型投诉量则较去年有所下降。另外，新车（2018款）投诉量达307件，新车质量问题正逐步凸显。

按首次故障时间分析，车辆使用1-3年发生的故障占比最高，达26%；使用一个月内发生故障的投诉超过万件，占比21%，新车质量问题严峻。

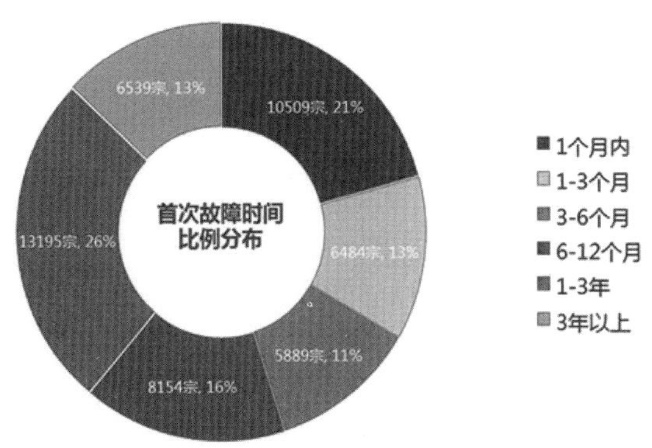

图8 首次故障时间比例分布

六、质量问题投诉增幅减缓 综合问题逐步凸显

图9 2015-2017年投诉类型对比

按投诉类型分析，可分为质量问题、服务问题和综合问题二大部分。2017年车质网接到的投诉中，质量问题投诉量远大于服务问题和综合问题，近五年来投诉量持续增长，但增幅趋于减缓。2017年质量类问题投诉量环比增长6.6%，服务问题投诉环比增长17.6%。值得注意的是，综合类问题投诉环比增幅高达66.4%，从侧面说明当前汽车消费投诉逐步形成多样化趋势。

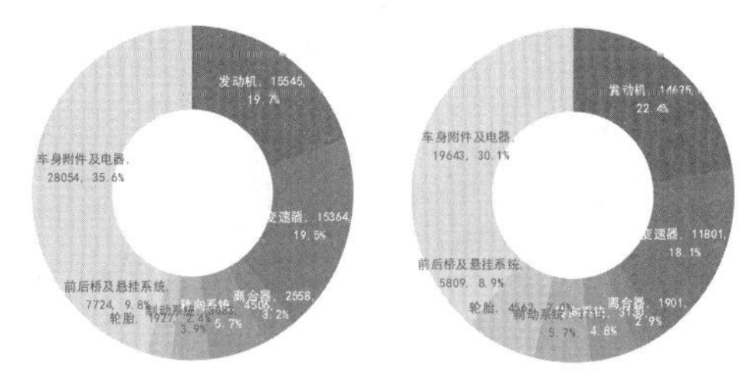

图10 2016-2017年八大系统投诉量

七、车身附件及电器、发动机、变速器问题集中

统计表明，2017年质量问题投诉仍集中在发动机、变速箱以及车身附件及电器部分。

其中，车身附件及电器系统投诉问题28054件，较去年同期增加8411件；其次，发动机投诉问题15545件，较去年同期增加920件。

2017年故障问题TOP20	故障名称	投诉量	占比
1	变速器：异响	4850	6.40%
2	变速器：顿挫	3341	4.41%
3	发动机：异响	3024	3.99%
4	前后桥及悬挂系统：减震器异响	2779	3.67%
5	车身附件及电器：车身生锈	2123	2.80%
6	车身附件及电器：车内异味	2087	2.75%
7	发动机：抖动	1789	2.36%
8	制动系统：异响	1763	2.33%
9	转向系统：异响	1761	2.32%
10	发动机：漏油	1377	1.82%
11	离合器：异响	1328	1.75%
12	车身附件及电器：后备箱故障	1305	1.72%
13	变速器：无法换挡	1257	1.66%
14	发动机：噪音大	1239	1.63%
15	发动机：烧机油	1198	1.58%
16	车身附件及电器：空调问题	1181	1.56%
17	发动机：故障灯亮	1163	1.53%
18	车身附件及电器：影音系统故障	1096	1.45%
19	车身附件及电器：漆面气泡开裂	1034	1.36%
20	车身附件及电器：同款不同配置	992	1.31%

2016年故障问题TOP20	故障名称	投诉量	占比
1	变速器：异响	3935	6.20%
2	发动机：异响	3420	5.39%
3	轮胎：开裂	2664	4.20%
4	变速器：顿挫	2196	3.46%
5	车身附件及电器：车内异味	2169	3.42%
6	制动系统：异响	1624	2.56%
7	转向系统：异响	1384	2.18%
8	车身附件及电器：车身生锈	1369	2.16%
9	发动机：漏油	1345	2.12%
10	发动机：抖动	1330	2.10%
11	前后桥及悬挂系统：减震器异响	1308	2.06%
12	车身附件及电器：同款不同配置	1184	1.87%
13	变速器：无法换挡	1111	1.75%
14	前后桥及悬挂系统：吃胎偏磨	1100	1.73%
15	发动机：噪音大	1099	1.73%
16	发动机：故障灯亮	1098	1.73%
17	离合器：异响	1093	1.72%
18	发动机：烧机油	1027	1.62%
19	车身附件及电器：空调问题	977	1.54%
20	车身附件及电器：电瓶故障	949	1.50%

图 11　2016年-2017年故障问题TOP20

变速箱异响排名首位，投诉较去年增加逾900件；变速箱顿挫问题取代发动机异响排名第二，投诉环比增加1145件；发动机异响较2016年有所下降，以3024件排名第三位。此外，减震器异响和车身生锈问题环比涨幅明显。

2017年车质网收到的质量问题投诉中，自主品牌总量和占比均超合资品牌。自主品牌占比53.8%，问题主要集中在车身附件及电器、发动机和变速器三类问题。其中，车身附件及电器问题投诉最多，为14995件，其次为发动机7796件和变速器7414件；合资品牌占比为44%，主要问题同样集中在车身附件及电器、发动机和变速器三类问题。

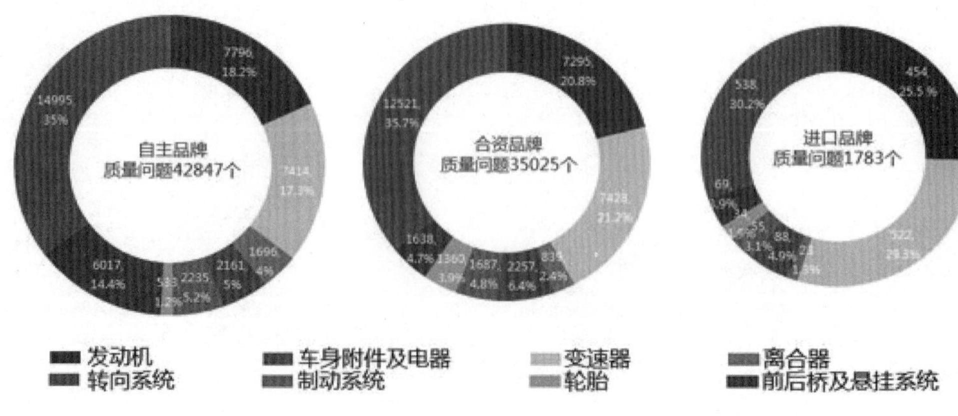

图 12　2017年品牌属性八大系统投诉量对比

图 13　2017年品牌国别八大系统投诉量占比

2017年汽车质量问题投诉中，有55.3%的投诉涉及车身附件及电器问题。各国别自身纵比发现，除法系品牌外，包括自主品牌在内的其余各国品牌在车身附件及电器方面的投诉占比最高。各国别横向比较发现，韩系品牌在车身附件及电器方面的投诉比例最高。

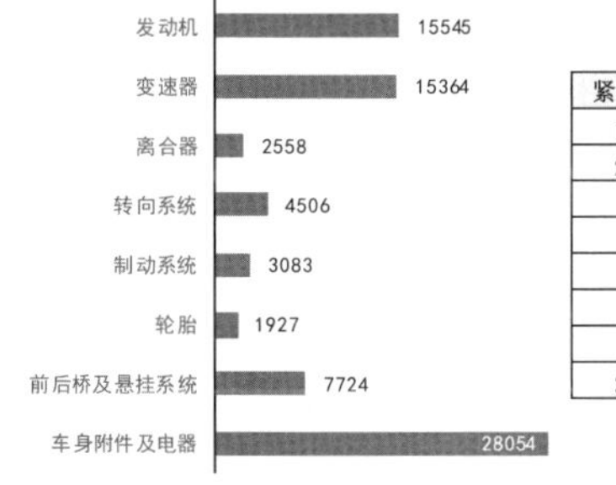

紧凑型车	SUV	中型车	小型车	MPV	面包车	中大型车	微型车	大型车	跑车	其他
18.0%	20.7%	20.1%	28.8%	16.9%	25.8%	16.9%	15.7%	40.4%	20.7%	53.3%
20.4%	18.0%	21.6%	15.6%	9.3%	21.5%	12.2%	8.2%	15.7%	39.0%	7.7%
2.5%	3.3%	1.3%	2.5%	1.9%	3.4%	0.3%	1.1%	0.0%	0.0%	0.9%
6.1%	5.5%	4.6%	7.1%	4.8%	4.6%	4.3%	14.2%	0.0%	7.3%	3.1%
4.7%	6.4%	3.0%	3.4%	2.7%	4.0%	3.3%	4.7%	4.5%	3.7%	4.8%
1.7%	2.9%	4.9%	1.5%	1.8%	0.7%	4.1%	1.1%	2.2%	0.0%	0.3%
8.5%	12.1%	3.1%	11.2%	22.5%	10.0%	4.4%	6.2%	9.0%	3.7%	6.8%
38.2%	30.9%	41.5%	29.9%	40.1%	30.0%	54.6%	48.8%	28.1%	25.6%	23.1%

图 14　2017年车型属性八大系统投诉量占比

从车型方面看，包括紧凑型车、SUV、中型车、小型车、MPV、中大型车、微型车横向比较发现，中大型车在车身附件及电器方面的占比最高，超过了50%；SUV车型制动系统方面的表现稍差，相关问题投诉比例最高。

八、服务态度问题突出 人员技术问题显现

服务问题投诉中，服务态度问题同比大幅上升51%，其他原因问题同比上升 4.1%；2017 年收到人员技术问题投诉 1906 件，占比 15.3%，同比上涨 14%，服务人员技术问题逐步显现。

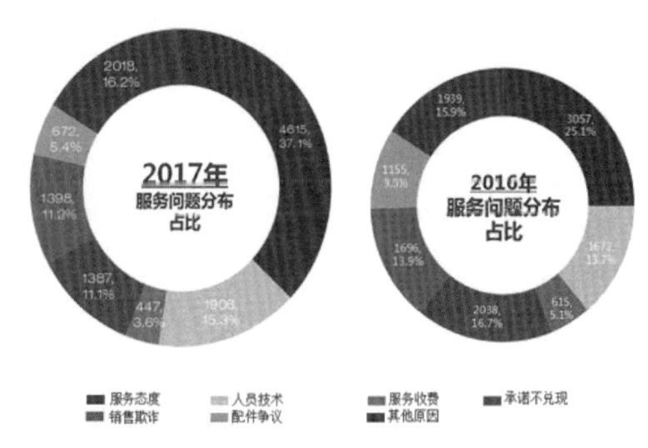

图 15　2016-2017 年服务问题分布占比

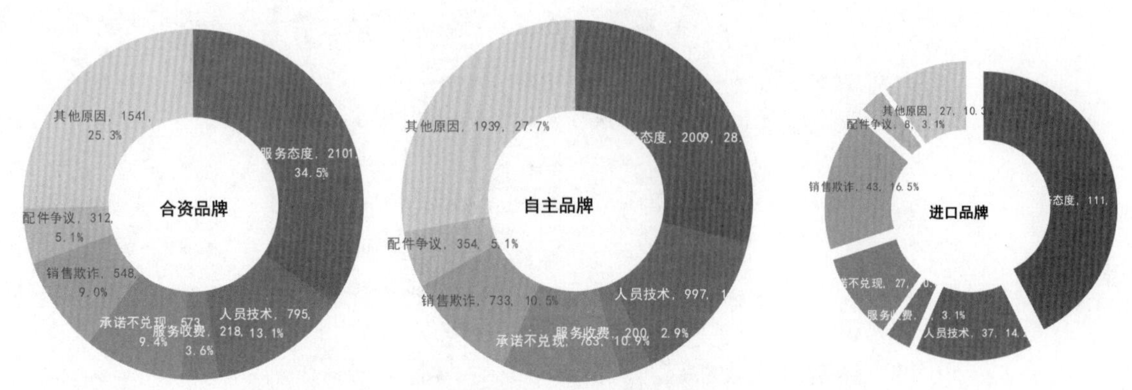

图 16 各品牌服务投诉类投诉对比

2017 年，服务问题成为投诉的重要组成部分，服务态度问题突出，占合资品牌 34.5%，占进口品牌 42.5%，占自主品牌 37.3%；此外，服务人员技术水平、销售欺诈等方面相关投诉也高于其他方面。

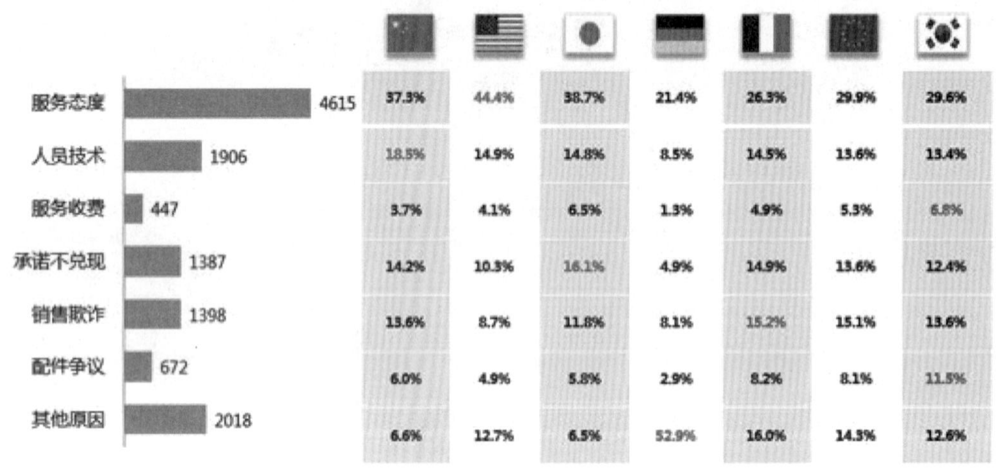

图 17 2017年品牌国别服务类问题投诉量占比

服务态度 4615
人员技术 1906
服务收费 447
承诺不兑现 1387
销售欺诈 1398
配件争议 672
其他原因 2018

紧凑型车	SUV	中型车	小型车	MPV	面包车	中大型车	微型车	大型车	跑车	其他
31.6%	37.8%	45.3%	36.4%	35.4%	36.4%	44.4%	40.2%	41.7%	59.1%	54.5%
12.8%	18.4%	16.1%	18.3%	15.7%	23.8%	15.3%	10.8%	12.5%	4.5%	10.4%
3.1%	4.0%	2.9%	8.9%	4.0%	4.2%	3.6%	4.9%	0.0%	4.5%	1.3%
9.1%	14.9%	10.2%	11.7%	12.9%	10.5%	12.2%	10.8%	4.2%	13.6%	2.6%
9.0%	13.1%	11.7%	9.4%	18.6%	13.3%	6.6%	15.7%	29.2%	18.2%	19.5%
4.5%	5.4%	8.1%	6.4%	8.3%	3.5%	9.2%	8.8%	8.3%	0.0%	10.4%
29.9%	6.4%	5.7%	8.9%	5.1%	8.4%	8.7%	8.8%	4.2%	0.0%	1.3%

图 18 2017年车型属性服务问题投诉量占比

整体上看，2017年车质网收到服务态度问题投诉4615件，从国别品牌看，服务态度问题也是各国品牌服务投诉中最为突出的问题。各国别品牌横向比较发现，美系品牌服务态度问题投诉占比最高；自主品牌人员技术方面的投诉比例最高；日系品牌承诺不兑现方面的投诉最为突出。

从车型方面看，所有车型在服务问题方面的投诉均以服务态度为首。车型横向比较发现，SUV车型承诺不兑现问题占比最高；大型车销售欺诈问题最为集中；跑车服务态度问题比例最高。

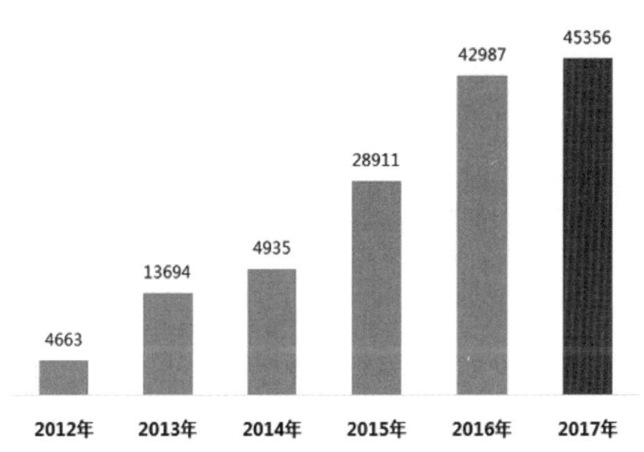

图 19　2012-2017年厂家投诉回复状况

九、厂家受理及回复率实现稳定增长

统计表明，车企（包括轮胎生产企业）对消费者诉求的重视程度日渐提高，2017年近80家车企、10家轮胎企业受理了车质网接到的投诉，回复总数为45356条，占2017年车质网接到投诉总量的89.3%。

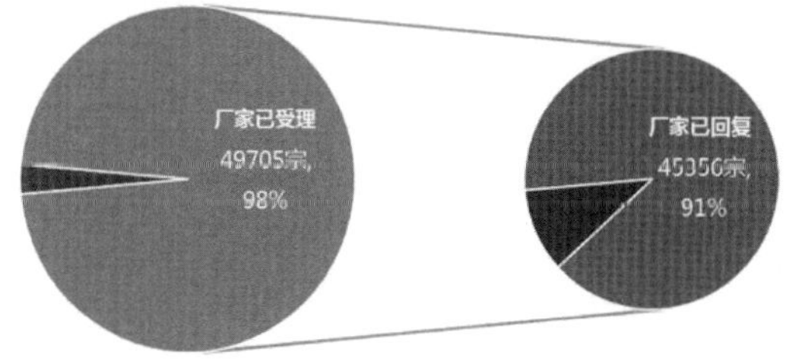

图 20　2017年厂家回复状况对比概览

未回复投诉中，部分车企或出于自身情况考量，虽未给予回复，但也大都进行了处理。种种迹象表明，车质网作为第三方缺陷汽车产品信息收集平台，在消除汽车消费领域服务信息不对等、帮助企业解决消费者抱怨方面起到了积极的作用。

2017年共有80家国内外车企受理并解决车质网接到的投诉问题，受理投诉49705件，厂家回复占受理反诉的91%。其中，有33家车企投诉回复率达到了100%。投诉回复率在100%的车企榜单（见图21）。

图 21　2017 年回复率达 100%的车企

图 22　2017 年满意度 3.5 分以上车企

投诉回复率反映出的是厂家对消费者诉求的重视程度，处理方案是否令人满意要由消费者评判。2017

年车质网接到的投诉中已得到消费者评分的车企逾百家，以 3.5 分为达标线，13 家车企得到多位消费者的认可，其中自主品牌占比最大。

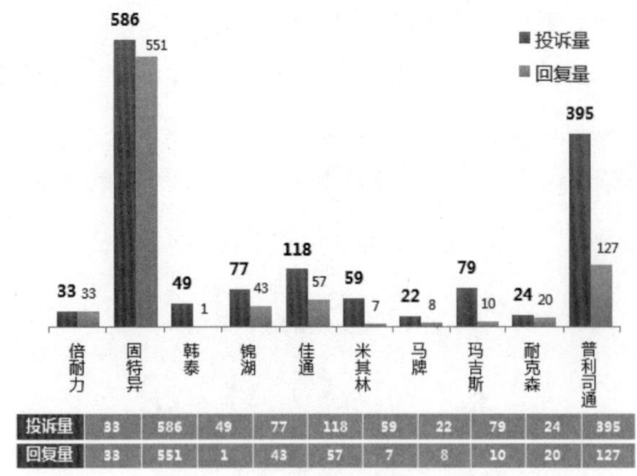

	倍耐力	固特异	韩泰	锦湖	佳通	米其林	马牌	玛吉斯	耐克森	普利司通
投诉量	33	586	49	77	118	59	22	79	24	395
回复量	33	551	1	43	57	7	8	10	20	127

图 23　2017 年轮胎厂家投诉回复对比

数据显示，2017 年受理车质网投诉的轮胎厂家 10 家。固特异、锦湖、耐克森、倍耐力轮胎在今年的投诉中处理态度积极，回复率均在 50%以上，其中固特异轮胎虽投诉量偏高但回复率达到了 94%。在所有涉及的轮胎品牌中，倍耐力轮胎回复率达到了 100%。

在对 2017 中国乘用车客户投诉行为研究分析的基础上，为了客观评估车企对投诉的缓解能力和效果，测量客诉事件对品牌的最终影响，车质网的合作伙伴凯睿赛驰咨询（北京）有限公司发布了 2017 中国乘用车客诉缓解指数 CCRI 和 2017 中国乘用车客诉缓解影响品牌购买指数 IBPI。

中国乘用车客诉缓解指数 CCRI（Customer Complaints Relief Index）旨在帮助乘用车企业和 4S 店全面、清晰、准确地廓清各种影响用户满意度并导致不满和投诉的关键信息，如：用户投诉行为特点、心理状态、行为级别、人群画像、产品满意度、投诉对品牌的影响度及客诉解决率对舒缓效果的作用力等。该指数包含 5 个重要的评价指标：解决问题满意度、事件后品牌信任度、品牌产品质量感知、再次购买意愿、向他人推荐意愿。

中国乘用车客诉缓解影响品牌购买指数 IBPI（Influence of Brand Purchase Index）则是对 CCRI 的 5 个重要评价指标中“再次购买意愿”和“向他人推荐意愿”这两项心理意愿数据的研究分析成果。

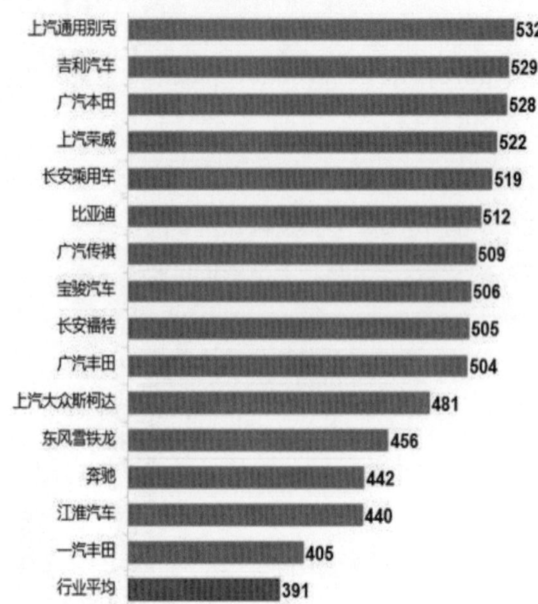

图 24　2017 乘用车客诉环节指数 CCRI

注：CCRI 采用正向数值排序，数值越高则投诉缓解情况表现越好

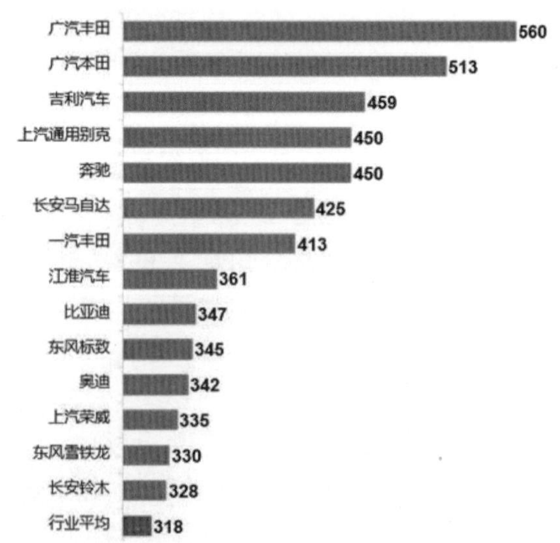

图 25　2017 客诉缓解影响品牌购买指数 IBPI

注：IBPI 采用正向数值排序，数值越高则投诉缓解之后用户对相关品牌的再次购买意愿越强

总结：

2017年整体投诉分析，共性问题投诉有所增加，质量缺陷问题，特别是新车质量问题更多地被暴露出来。对于集中性、爆发性、持续性的投诉问题应给予充分的重视及合理地解决。汽车在给人带来便捷和享受的同时，消费者对安全及舒适性的要求也在不断提高，通过对客诉数据收集分类、系统分析，能够有效地发现和理清车辆在质量缺陷问题中的短板，帮助更多消费者购买到称心如意的产品，解决更多已购车辆当中的客诉问题。

汽车召回

2017全国汽车召回情况一览表

北京现代汽车有限公司召回部分北京现代2015款全新途胜汽车

制造商	北京现代		
召回时间	2017-02-13至2017-08-12		
涉及数量	96094		
车型	型号	年款	VIN范围
全新途胜	1.6T领先型双离合（国四） 1.6T领先型双离合（国五） 1.6T旗舰型双离合（国四） 1.6T旗舰型双离合（国五） 1.6T舒适型双离合（国四） 1.6T舒适型双离合（国五） 1.6T智能型双离合（国四） 1.6T智能型双离合（国五） 1.6T尊贵型双离合（国四） 1.6T尊贵型双离合（国五） 2.0手动舒适型（国四） 2.0手动舒适型（国五） 2.0自动舒适型（国四） 2.0自动舒适型（国五） 2.0自动智能型（国四） 2.0自动智能型（国五）	2015	起：LBETLBFD9FY000371 止：LBETLBFC7GY100977
缺陷情况	车辆在驻车制动未松开或急加速倒车状态下单侧车轮撞击路肩等非正常极端情况下，后牵引臂可能会受到较大撞击力，有可能产生弯曲，长时间持续使用后可能出现开裂，存在安全隐患。		
可能后果	有可能产生弯曲，长时间持续使用后可能出现开裂，存在安全隐患。		
维修措施	对受影响的车辆生产日期范围内和车架号范围内的车辆，免费更换改善后的左、右后牵引臂。		
改进措施	装配改善后的左、右后牵引臂。		

华晨宝马汽车有限公司召回部分国产宝马5系汽车

制造商	华晨宝马		
召回时间	2017-02-24至2018-02-24		
涉及数量	619		
车型	型号	年款	VIN范围
BMW 5系	BMW 520Li，BMW 525Li，BMW 528Li， BMW 535Li	2016	起：LBV5T3100HSJ84527 止：LBV5S3108HSN33548
缺陷情况	车辆的气囊起爆装置存在缺陷。在需要气囊展开的碰撞事故中，即使气囊收到引爆信号也无法展开。		
可能后果	由于气囊无法展开，这将增大车辆乘员在需要气囊展开的碰撞事故中受伤的风险，存在安全隐患。		
维修措施	将免费为召回范围内车辆进行检查，并依据检查结果更换安全气囊模块。		
改进措施	供应商已改正了生产中的错误。可保证后续生产车辆不受影响。		

宝马（中国）汽车贸易有限公司召回部分进口宝马、迷你、劳斯莱斯品牌汽车

制造商	宝马汽车		
召回时间	2017-02-24至2018-02-24		
涉及数量	660		
车型	**型号**	**年款**	**VIN范围**
BMW 4系	BMW 420i， BMW 430i	2016	起：WBA4T3109H5G46094 止：WBA4T3109H5G46189
BMW 5系	BMW 520i	2016	起：WBA5A3105GG310551 止：WBA5A3103GG310855
BMW M系列	BMW M4	2016	起：WBS3U9104H5G42686 止：WBS3U910XH5G42689
MINI系列	ONE，COOPER，COOPER S，JCW	2016	起：WMWWG3101H3C58642 止：WMWLN7103H2F52436
劳斯莱斯	Dawn	2016	起：SCA666D00HU100620 止：SCA666D04HU100622
缺陷情况	车辆气囊起爆装置存在缺陷。在需要气囊展开的碰撞事故中，即使气囊收到引爆信号也无法展开。		
可能后果	由于气囊无法展开，这将增大车辆乘员在需要气囊展开的碰撞事故中受伤的风险，存在安全隐患。		
维修措施	将免费为召回范围内车辆进行检查，并依据检查结果更换安全气囊模块。		
改进措施	供应商已改正了生产中的错误。可保证后续生产车辆不受影响。		

重庆长安汽车股份有限公司召回部分长安CX20汽车

制造商	长安汽车		
召回时间	2017-01-03至2017-12-30		
涉及数量	76657		
车型	**型号**	**年款**	**VIN范围**
CX20	CX20 1.4L MT 国四 2014款、 CX20 1.4L MT 国五 2014款、CX20 1.4L IMT 国Ⅴ（二阶段）、 CX20 1.4L MT 京Ⅴ 2014款、 CX20 1.4L IMT 国四 2014款、 CX20 1.4L MT 国Ⅴ（二阶段）、 CX20 1.4L IMT 京Ⅴ 2014款	2014	起：LS5A3ABR1EA111832 止：LS5A3ABRXGD012346
缺陷情况	由于供应商生产批次原因，本次召回范围内部分车辆方向盘上装配主驾安全气囊安装孔尺寸超差。		
可能后果	极端情况下，车辆发生碰撞且主驾安全气囊起爆时，可能会导致气囊脱离方向盘，存在安全隐患。		
维修措施	为召回范围内车辆免费更换主驾气囊安装螺栓，以消除安全隐患。		
改进措施	已切换为新批次的零部件用于生产。		

重庆长安汽车股份有限公司召回部分长安欧力威汽车

制造商	长安汽车		
召回时间	2017-03-01至2018-12-30		
涉及数量	108642		
车型	**型号**	**年款**	**VIN范围**
欧力威	欧力威EA12国Ⅳ、欧力威EA12国Ⅴ、欧力威EA12京Ⅴ、欧力威EA12 （惠民）国Ⅳ、欧力威EA12 （惠民）京Ⅴ、欧力威EA14 VVT国Ⅴ、欧力威EA14 VVT 国Ⅳ、欧力威EA14 VVT京Ⅴ、欧力威IMT国Ⅳ、欧力威X6-15旗舰型国Ⅳ、欧力威X6-15尊享型国Ⅳ、欧力威X6-15尊享型国Ⅴ、欧力威X6-14尊享型国Ⅳ	2013-2015	起：LS4ADE3R5CF800134 止：LS4ADE3R8FF050233
缺陷情况	本次召回范围内部分车辆所装配的转向上轴总成在长期使用后，其内部可能出现异常导致控制器进入故障保护状态		
可能后果	导致车辆转向助力下降，转向沉重，存在安全隐患。		
维修措施	为召回范围内车辆免费更换转向上轴总成，以消除安全隐患。		
改进措施	生产车辆已切换为新状态的转向上轴总成。		

宝马（中国）汽车贸易有限公司召回部分进口宝马X5、X6汽车

制造商	宝马汽车		
召回时间	2017-01-06至2017-01-06		
涉及数量	65		
车型	型号	年款	VIN范围
BMW X系列	BMW X6	2015	起：WBAKW2102G0M47535 止：WBAKW2101G0M48479
BMW X系列	BMW X5	2015	起：WBALS2103G0K99055 止：WBALS2107G0S04173
缺陷情况	车辆的发动机可能因电子控制单元（DME）的接地线未被正确紧固而故障并熄火。故障发生后，在大多数情况下发动机可重新启动。		
可能后果	故障发生在车辆行驶过程中时，车辆发动机将熄火，车辆进入滑行状态。虽然故障发生时车辆转向及制动功能仍可正常操作，且发动机稍后可重新启动，但此种情形增大了车辆发生事故的可能性，存在安全隐患。		
维修措施	将免费为召回范围内车辆进行检查，并依据检查结果按正确扭矩拧紧发动机控制单元的接地线螺栓。		
改进措施	生产线上的车辆装配设备已被重新调整。		

大众汽车（中国）销售有限公司召回部分进口甲壳虫、高尔夫旅行版系列汽车

制造商	大众汽车		
召回时间	2017-02-06至2018-02-05		
涉及数量	49480		
车型	型号	年款	VIN范围
甲壳虫	甲壳虫敞篷版	2015	起：WVWCG1160FM817990 止：WVWCG116XFM822744
甲壳虫	甲壳虫1.2时尚型	2013~2016	起：WVWCG1160DM600985 止：WVWCG116XGM605681
甲壳虫	甲壳虫1.4豪华型	2013~2015	起：WVWC11160DM601006 止：WVWS6116XEM621293
高尔夫旅行版	高尔夫旅行版高配版	2012~2013	起：WVWS131K0DM600376 止：WVWS631KXDM697068
缺陷情况	对于本次召回范围内的部分车辆，由于在给制动助力器安装噪音过滤器的过程中出现偏差，有可能导致长时间使用定速巡航功能行驶在80-120km/h时会出现制动警示灯亮，制动踏板变硬的情况。		
可能后果	长时间使用定速巡航功能可能会导致制动助力器中真空度的损失，进而导致制动踏板变硬。通过取消定速巡航功能（通过定速巡航取消按钮或踩下制动踏板），真空度会立即恢复。		
维修措施	大众汽车(中国)销售有限公司将委托大众品牌进口汽车授权经销商免费为涉及范围内的所有车辆的制动助力器进行真空度测试并升级软件。如有必要，同时更换制动助力器，以消除可能存在的隐患。		
改进措施	自2015年32周开始，开始在生产线上除去噪音过滤器。		

克莱斯勒（中国）汽车销售有限公司召回部分进口自由光系列汽车

制造商	克莱斯勒		
召回时间	2017-01-10至2018-01-10		
涉及数量	17229		
车型	型号	年款	VIN范围
Cherokee 自由光	Cherokee 自由光（2.4L） Cherokee 自由光（3.2L I） Longitude High 都市版（2.4L）Limited AWD Base 精英版（2.4L）Limited AWD ADG 科技包精英版（2.4L） Trailhawk 高性能版（2.4L）Trailhawk 高性能（3.2L）	2014-2015	起：1C4PJMCB6EW259581 止：1C4PJMCB4EW130349
缺陷情况	车辆的变速器线束端压线不当，可能导致档位意外移至空档，导致车辆动力缺失。重新启动车辆可恢复动力。		
可能后果	车辆变速器线束端压线不当，可能导致档位移至空档，车辆动力缺失。重新启动车辆可恢复动力。		
维修措施	克莱斯勒会发起一次召回行动，为涉及车辆刷新变速器软件，必要时更换变速器线束。		
改进措施	2014年10月31日之后生产的车辆使用的变速器，其线束压线的检验流程进行了改进，包括增加检验频次，加严质量标准和改善检验仪器。		

沃尔沃汽车销售（上海）有限公司召回部分进口汽车

制造商	沃尔沃汽车		
召回时间	2017-01-19至2018-01-09		
涉及数量	513		
车型	型号	年款	VIN范围
S60	T5 R-Design S60 Polestar	2017	起：YV126MFL3H2426159 止：YV140MTL0H2429180
V40	T3 智雅版 T3 智逸版 T4 智雅版	2017	起：YV1MV74L0H2384828 止：YV1MV2924H2396527
V40CC	T3 智雅版 T5 AWD 智雅版	2017	起：YV1MZ79L1H2120915 止：YV1MZ74L0H2124112
V60	T4智尚版 V60 T5 智逸版 V60 T5 智雅版 T5智雅个性运动版 V60 Polestar	2017	起：YV1FWA8BDH1341231 止：YV1FWA8RDH1348939
V60 CC	V60 Cross Country 越界车	2017	起：YV1FZARCDH1027800 止：YV1FZA5C6H1031270
第二代 XC90	T5智逸版-5座 T6智逸版-5座 T6智雅版-5座 T6智雅版-7座	2017	起：YV1LF68BCH1126252 止：YV1LFA2ACH1130289
缺陷情况	由于供应商问题，部分安全气囊可能无法正常工作。在这些安全气囊的气体发生器中，烟火点火器内部化学成分的混合比例有可能不符合规格。		
可能后果	可能导致车辆发生碰撞时一个或多个安全气囊无法正常展开，增加了车内乘员受到伤害的风险， 存在安全隐患。		
维修措施	更换受影响的安全气囊。		
改进措施	使用供应商改进后的产品。		

双龙汽车（上海）有限公司召回部分进口路帝汽车

制造商	双龙汽车		
召回时间	2017-02-20至2018-02-19		
涉及数量	446		
车型	型号	年款	VIN范围
路帝	路帝D20TR两驱豪华导航版 路帝D20DTR两驱精英导航版 路帝D20DTR四驱豪华导航版	2014	起：KPTN0B1T3EP092465 止：KPTN0B1T0FP097706
缺陷情况	本次召回范围内部分车辆由于前减震器的减震胶套硬度过高，由于频繁的路面冲击及弹簧的震荡，前减震器底部胶套焊接点处有可能开裂漏油。		
可能后果	如在开裂情况下继续驾驶可能导致前减震器胶套焊接点处断裂，车身高度相对降低30~50mm左右。		
维修措施	为召回范围内的车辆免费更换胶套硬度经过调整的前减震器，以消除缺陷。		
改进措施	2014年11月14日开始使用调整硬度的减震器胶套。		

玛莎拉蒂（中国）汽车贸易有限公司召回部分进口2017年款莱凡特（LEVANTE）汽车-发动机

制造商	玛莎拉蒂		
召回时间	2017-01-10至2018-01-09		
涉及数量	221		
车型	型号	年款	VIN范围
Levante（M161）	M161 E4	2017	起：ZN6YU61E5HX185474 止：ZN6YU61E9HX234126
缺陷情况	本次召回范围内的车辆在低速行驶条件下，由于发动机控制模块对混合气的调节不当，导致混合气燃烧不完全，可能会引起发动机转速过低。		
可能后果	上述缺陷可能会导致变速器进入空挡，某些情况下，可能会导致发动机熄火，存在安全隐患。		
维修措施	玛莎拉蒂将为涉及召回的车辆进行发动机控制模块软件升级，以消除缺陷。		
改进措施	2016年12月15日之后生产的车辆，发动机控制模块的软件均为最新版本。		

玛莎拉蒂（中国）汽车贸易有限公司召回部分进口2017年款莱凡特（LEVANTE）汽车-气帘

制造商	玛莎拉蒂		
召回时间	2017-01-13至2018-01-12		
涉及数量	36		
车型	型号	年款	VIN范围
Levante（M161）	M161 D4	2017	起：ZN6XU61E0HX223270 止：ZN6XU61E9HX222151
缺陷情况	由于侧气帘供应商问题，在生产过程中气体发生器内的材料配比不符合设计要求，右侧侧气帘中的气体发生器可能无法正常工作。		
可能后果	上述缺陷可能会导致在车辆发生侧面碰撞时，右侧侧气帘无法正常工作，存在安全隐患。		
维修措施	玛莎拉蒂（中国）汽车贸易有限公司将为召回范围内的车辆更换右侧侧气帘，以消除缺陷。库存车辆将在消除缺陷后进行销售。		
改进措施	2016年11月15日之后生产的车辆，均安装了气体发生器材料配比符合设计要求的右侧侧气帘。		

福特汽车（中国）有限公司召回部分进口林肯MKZ汽车

制造商	福特汽车		
召回时间	2017-06-30至2018-06-30		
涉及数量	316		
车型	型号	年款	VIN范围
MKZ	MKZ尊享版 MKZ尊雅版 MKZ尊耀版	2015	起：3LN6L2GNXFR601113 止：3LN6L2G99FR605480
缺陷情况	本次召回范围内部分车辆在发生碰撞时，由于安全带预张紧器工作时所产生的内部温度导致拉线强度下降，从而无法达到约束乘员所需达到的拉力，驾驶员侧和乘客侧的前部安全带预张紧器拉线可能会出现脱离。		
可能后果	这会导致在车辆出现碰撞时，安全带无法充分约束住乘员，增加了乘员的受伤风险，存在安全隐患。		
维修措施	为召回范围内的车辆在安全带预张紧器拉线位置涂上粘性硅胶涂层，以消除缺陷。		
改进措施	零件设计变更，在预张紧器总成中加入了通风导管。		

丰田汽车（中国）投资有限公司召回部分进口LEXUS雷克萨斯IS、ES、GX、LFA汽车

制造商	丰田汽车		
召回时间	2017-06-30至2019-06-29		
涉及数量	15865		
车型	**型号**	**年款**	**VIN范围**
Lexus IS	IS250、IS250C	2011-2012	起：JTHFK2529B2523114 止：JTHFK2526C2527199
Lexus GX	GX400、GX460	2011-2012	起：JTJJM7FX7C5043213 止：JTJJU7FX3C5000956
Lexus ES	ES240、ES350	2011-2012	起：JTHBW46G0B2054648 止：JTHBW46G0C2063576
Lexus LFA	LFA	2011-2012	起：JTHHX8BH8BA000001 止：JTHHX8BH8CA000003
缺陷情况	对象车辆搭载的高田产副驾驶席双级控制式空气囊气体发生器（膨胀装置），其气体发生剂在防潮方面存在不完善，长期在温度和湿度反复变化的影响下，气体发生剂有可能劣化。在空气囊展开时，气体发生器的容器有可能发生破损， 存在安全隐患。		
可能后果	在空气囊展开时，气体发生器的容器有可能发生破损， 存在安全隐患。		
维修措施	作为预防措施，对所有对象车辆更换空气囊总成或者气体发生器。		
改进措施	除GX以外其他车型已于2012年陆续停止使用未带干燥剂的硝酸铵气体发生器。GX车型目前还装配未带干燥剂的气体发生器，预计在2017年内进行零件切替，变更后将使用带干燥剂的硝酸铵气体发生器。		

戴姆勒卡客车（中国）有限公司召回部分进口梅赛德斯-奔驰半挂牵引汽车

制造商	戴姆勒卡车		
召回时间	2017-01-16至2018-12-31		
涉及数量	58		
车型	**型号**	**年款**	**VIN范围**
Actros	Actros 2646 6X4	2015-2016	起：WD39HDAA4FL952693 止：WD39HDAA9G0043447
Actros	Actros 2644 6X4	2015-2016	起：WD39HDAA0FL929198 止：WD39HDAA5G0040321
缺陷情况	行驶过程中，传动轴的旋转导致万向节产生大量的热。同时，传动轴模块化生产的，传动轴的套管是焊接在传动轴的铰接头上的。在受此召回影响的传动轴上，可能存在传动轴焊缝应力过高的情况。传动轴和万向节间的装配间隙随着行驶里程的增加而增人，引起噪音和振动。如果驾驶员忽视了这些前期的警报信息，可能导致万向节的衬套或十字轴脱落和传动轴的一截伸出车身。		
可能后果	传动轴和万向节间的装配间隙随着行驶里程的增加而增大，引起噪音和振动。如果驾驶员忽视了这些前期的警报信息，可能导致万向节的衬套或十字轴脱落和传动轴的一截伸出车身。		
维修措施	作为预防措施，戴姆勒卡客车（中国）有限公司将更换受此召回影响的车辆的后一桥和后二桥之间的传动轴。		
改进措施	在特定生产日期范围（2014年12月3日至2016年4月29日）的Actros 93X受此召回影响。之后生产的产品安装的是一根更高强度的传动轴。		

斯巴鲁汽车（中国）有限公司召回部分进口斯巴鲁XV汽车

制造商	斯巴鲁汽车		
召回时间	2017-01-26至2018-01-25		
涉及数量	483		
车型	型号	年款	VIN范围
斯巴鲁 XV	2016款斯巴鲁 XV2.0i进取版 2016款斯巴鲁 XV2.0i舒适导航版 2016款斯巴鲁 XV2.0i精英导航版 2016款斯巴鲁 XV2.0i精英版 2016款斯巴鲁 XV2.0i豪华版 2016款斯巴鲁 XV2.0i豪华导航版 2017款SUBARU XV2.0i进取版 2017款SUBARU XV2.0i舒适导航版 2017款SUBARU XV2.0i精英导航版 2017款SUBARU XV2.0i精英版 2017款SUBARU XV2.0i豪华版 2017款SUBARU XV2.0i豪华导航版	2016-2017	起：JF1GP26D6GG263567 止：JF1GP26DXHG331998
缺陷情况	本次召回范围内部分车辆由于发动机控制单元控制程序设置不当，如果在一键启动操作后极短时间内进行P档到N档的换档操作，可能会造成启动机游星齿轮和液力变矩器齿圈发生不正常啮合现象。		
可能后果	啮合时的冲击会导致游星齿轮损坏，从而造成发动机异响。严重时可能导致发动机不能再次启动，存在安全隐患。		
维修措施	斯巴鲁汽车（中国）有限公司将为召回范围内车辆免费升级发动机控制单元控制程序并检查车辆，如果发现启动机游星齿轮损坏，将免费更换启动机和液力变矩器。库存车辆将在消除缺陷后进行销售。		
改进措施	2016年12月9日开始对生产线上的车辆进行发动机控制单元升级。		

梅赛德斯-奔驰（中国）汽车销售有限公司召回部分进口GL级、GLE SUV、GLS SUV汽车

制造商	奔驰汽车		
召回时间	2017-01-19至2018-01-18		
涉及数量	26522		
车型	型号	年款	VIN范围
GLE SUV	AMG GLE 63 4MATIC运动SUV， AMG GLE 63 S 4MATIC， GLE 300 d 4MATIC， GLE 320 4MATIC， GLE 320 4MATIC 运动SUV， GLE 350 d 4MATIC， GLE 400 4MATIC， GLE 400 4MATIC 运动SUV， GLE 450 AMG 4MATIC， GLE 450 AMG 4MATIC， GLE 500 e 4MATIC	2016	起：WDCED6EB1GA000272 止：WDCED6CB0GA029104
GLS SUV	GLS 350 d 4MATIC GLS 400 4MATIC GLS 500 4MATIC AMG GLS 63 4MATIC	2016	起：WDCDF7FE3GA636387 止：WDCDF7FE4GA694332
GL级	GL 400 4MATIC GL 450 4MATIC GL 500 4MATIC GL 63 AMG	2016	起：4JGDF6EEXGA620362 止：WDCDF5GE6GA728693
缺陷情况	前排乘客座椅占用识别系统校准不正确。		
可能后果	如果体重较轻的乘客坐在前乘客座椅边缘位置并保持长时间不移动，可能导致该乘客不会被准确的识别并有可能被系统识别为儿童安全座椅。从而导致副驾驶前安全气囊将会被系统自动关闭。同时前乘客前气囊关闭的提示灯将会点亮，仪表盘上也会出现相应提示信息。一旦发生碰撞事故，如果前乘客正面气囊可能在这种情况下被关闭导致无法激活，就造成前排座椅约束系统功能会被弱化，这增加了人员受伤的风险，存在安全隐患。		
维修措施	作为预防措施，戴姆勒股份公司将通过梅赛德斯-奔驰授权经销商为受影响车辆的前乘客座椅占用识别系统软件进行升级。		
改进措施	软件进行了升级，并保证在2016年4月1日以后生产的车辆上不会存在此问题。		

梅赛德斯-奔驰（中国）汽车销售有限公司召回部分2015-2016款进口E级轿跑车

制造商	奔驰汽车		
召回时间	2017-01-19至2018-01-18		
涉及数量	5738		
车型	型号	年款	VIN范围
E级	E400轿跑车、E320轿跑车、E200轿跑车、E260轿跑车	2015-2016	起：WDD2073361F294121 止：WDD2073341F334218
缺陷情况	在驻车灯打开时，行李箱盖上的尾灯未激活。		
可能后果	行李箱盖上的驻车灯不亮。		
维修措施	作为预防措施，戴姆勒将通过梅赛德斯-奔驰授权服务商为受影响车辆负责驻车灯软件进行升级。		
改进措施	软件编码进行了升级，保证2016年3月3日以后的车辆不会存在此问题。		

保时捷（中国）汽车销售有限公司召回部分进口2017款718 Boxster汽车

制造商	保时捷汽车		
召回时间	2017-02-20至2018-02-20		
涉及数量	7		
车型	型号	年款	VIN范围
Boxster	718 Boxster	2017	起：WP0CA298XHS221460 止：WP0CA2983HS221476
缺陷情况	在本次召回范围内的部分车辆由于供应商制造原因，安全气囊模块内的初级气体发生器内部化学成分配比不当，可能导致在车辆发生足以使气囊展开的碰撞后，气囊无法正常展开。		
可能后果	在车辆发生足以使气囊展开的碰撞后，气囊可能无法正常展开，这将增大车辆乘员受伤的风险，存在安全隐患。		
维修措施	为涉及车辆免费更换驾驶员座的侧面安全气囊模块。经核实，所有涉及的车辆均未交付，将确保在车辆交付前完成相关的更换措施。		
改进措施	供应商已改正了生产中的问题。可保证后续生产车辆不受影响。		

东风本田汽车有限公司召回部分思铂睿、思铭汽车

制造商	东风本田		
召回时间	2017-03-01至2018-02-28		
涉及数量	39631		
车型	型号	年款	VIN范围
思铂睿（SPIRIOR）	SPIRIOR 2.4豪华版 SPIRIOR 2.4尊贵版 SPIRIOR 2.4尊贵导航版 SPIRIOR TYPE-S SPIRIOR TYPE-S NAVI	2012	起：LVHCU2680C5000090 止：LVHCU2685C5011473
思铭（CIIMO）	CIIMO 1.8L MT、 CIIMO 1.8L AT	2012	起：LVHC14603C5000003 止：LVHC14604C6028287
缺陷情况	乘员侧前气囊在展开时气体发生器壳体可能出现破损、壳体碎片飞出等情况。		
可能后果	气体发生器容器可能发生损坏，导致碎片飞出，可能伤及车内人员，存在安全隐患。		
维修措施	免费为对象范围内车辆更换乘员侧前气囊气体发生器。		
改进措施	目前量产车型采用了不同类型的气体发生器。		

比亚迪汽车有限公司召回部分F3-R、F3DM汽车

制造商	比亚迪汽车		
召回时间	2017-01-24至2018-01-24		
涉及数量	4346		
车型	型号	年款	VIN范围
F3DM	豪华型、豪华型（低碳版）、尊贵型（低碳版）	2009	起：LGXC76D2390400030 止：LGXC76D22A0194493
F3R	金钻版时尚型、金钻版舒适型、精英型(11版)、舒适型(11版)	2010~2011	起：LGXC14DF0A0013707 止：LGXC14DF5D0136830
缺陷情况	电动助力转向管柱总成中装配的扭矩传感器为接触式，长期使用后电刷和PCB板上的厚膜电阻可能存在磨损，继而导致扭矩信号异常。可能会出现EPS警告灯点亮，极端情况下可能会导致车辆转向助力减小、转向沉重。		
可能后果	可能出现转向助力减小、转向沉重，存在安全隐患。		
维修措施	更换电动助力转向管柱总成。		
改进措施	2013年F3R和F3DM车型已经停产。		

江西昌河铃木汽车有限责任公司召回部分利亚纳A6轿车

制造商	昌河铃木		
召回时间	2017-02-24至2018-02-24		
涉及数量	44169		
车型	型号	年款	VIN范围
利亚纳A6轿车	利亚纳A6轿车	2013-2015	
缺陷情况	本次召回范围内车辆由于供应商制造原因，在特定情况下会造成电子助力转向控制器误判，导致助力转向进入安全保护状态，在极端情况下会导致车辆转向助力下降、转向沉重，存在安全隐患。		
可能后果	本次召回范围内车辆由于供应商制造原因，在特定情况下会造成电子助力转向控制器误判，导致助力转向进入安全保护状态，在极端情况下会导致车辆转向助力下降、转向沉重，存在安全隐患。		
维修措施	江西昌河铃木汽车有限责任公司将为召回范围内的车辆免费进行电子助力转向控制器技术升级，以消除安全隐患。		
改进措施			

斯巴鲁汽车（中国）有限公司扩大召回部分进口森林人汽车-发动机二次空气泵

制造商	斯巴鲁汽车		
召回时间	2017-01-23至2017-11-24		
涉及数量	1264		
车型	型号	年款	VIN范围
森林人	2011款Forester森林人2.5XS 自动豪华版 2011款Forester森林人2.5S-EDITON 自动豪华版 2011款Forester森林人2.5XT 豪华导航版（自动） 2011款Forester森林人2.0X 手动舒适版 2011款Forester森林人2.0XS 自动豪华版 2011款Forester森林人2.0XS 豪华导航版（自动） 2012款Forester森林人2.0X 手动舒适版 2012款Forester森林人2.0XS 自动豪华版 2012款Forester森林人2.0XS 手动豪华版 2012款Forester森林人2.5XS 自动豪华版 2012款Forester森林人S-EDITION 豪华导航版（自动）	2011-2012	起：JF2SH9KV5BG062010 止：JF1SH9LV5CG323687
缺陷情况	由于控制二次空气泵的继电器触点压着力设定不当，触点ON时可能发生电弧放电，引起触点熔化、粘着，继电器连续通电，空气泵电机连续运转，进而导致空气泵气管内气压上升、警告灯亮起。如果在此状态下继续使用，气泵温度会升高。		
可能后果	可能引起树脂部件熔损，发出异臭、冒烟，严重时可能起火。		
维修措施	免费为对象车辆更换二次空气泵继电器。		
改进措施	该车型已停产，正在生产的车型没有使用缺陷产品。		

日产（中国）投资有限公司召回部分进口英菲尼迪QX60混动系列汽车

制造商	日产汽车		
召回时间	2017-02-13至2018-02-13		
涉及数量	205		
车型	型号	年款	VIN范围
英菲尼迪QX60	QX60混动	2015	起：5N1CL0MN9FC560676 止：5N1CL0MN0FC560954
缺陷情况	原料配比偏差造成挤压机吞吐量波动，个别油箱成型后在壳体同一部位出现过薄的缺陷。		
可能后果	缺陷部位在受到强烈撞击后，可能造成燃油渗漏。		
维修措施	为缺陷车辆免费更换新的油箱。		
改进措施	1）2016年2月5日开始对油箱壳体所有部位实施厚度检测 2）2016年2月22日起改进设备参数，监控每种原料的投入百分比 3）2016年2月22日起每周确认一次设备的参数设定		

郑州宇通客车股份有限公司召回部分ZK5045XLJ2型旅居车

制造商	郑州宇通		
召回时间	2017-01-24至2017-05-30		
涉及数量	36		
车型	型号	年款	VIN范围
专用车系列	ZK5045XLJ2型旅居车	2016	起：ZCFC245C0F5061404 止：ZCFC245CXF5073821
缺陷情况	次级驻车制动拉线的接头有可能开裂。		
可能后果	驻车制动器的功能失效或部分失效，在坡度非常大的路面上停车，车辆可能会意外移动，存在安全隐患。		
维修措施	更换新的次级驻车制动拉线，其接头材料由锌铝合金更改为钢。		
改进措施	从底盘号5119783开始，装配新的拉线。		

一汽轿车股份有限公司召回部分奔腾B50（1.4T）轿车

制造商	一汽轿车		
召回时间	2017-01-24至2017-07-23		
涉及数量	3067		
车型	型号	年款	VIN范围
奔腾B50	奔腾B50 2017款1.4TAT豪华型 奔腾B50 2017款1.4TAT运动尊贵型 奔腾B50 2017款1.4TAT运动豪华型	2017	起：LFP83ACE9G1D70765 止：LFP83ACE9G1G02426
缺陷情况	驾乘人员能感知到车内有燃油气味，检查发现油泵有渗漏汽油现象。		
可能后果	会导致用户抱怨强烈，极端情况下可能导致车辆自燃，存在一定安全隐患。		
维修措施	对召回范围内车辆免费检查更换新批次的燃油喷射泵。		
改进措施	（1）开班前清理工装并检查工装是否锁紧固定；（2）由班组长生产前检测一次M31.2的同轴度，技术员二次确认，生产结束后再次确认同轴度；（3）开班连续拆解10件检查O型圈压装状态；（4）每隔100件连续拆解5件检查O型圈压装状态。		

大众汽车（中国）销售有限公司召回部分进口大众迈腾、迈特威汽车

制造商	大众汽车		
召回时间	2017-02-20至2018-02-19		
涉及数量	29		
车型	**型号**	**年款**	**VIN范围**
迈特威多功能商务车	迈特威多功能商务车豪华版	2017	起：WV2D887H2HH031883 止：WV2D887H8HH031161
迈腾旅行	迈腾旅行2.0T	2017	起：WVWCR23C0HE035799 止：WVWHR23CXHE036528
缺陷情况	本次召回范围内的部分车辆，由于供应商制造原因，初级气体发生器内部化学成分配比不当，可能导致在车辆发生碰撞后，相关车辆的驾驶员前部安全气囊无法正常展开，存在安全隐患。		
可能后果	可能导致在车辆发生碰撞后，相关车辆的驾驶员前部安全气囊无法正常展开，存在安全隐患。		
维修措施	大众汽车(中国)销售有限公司将委托大众品牌进口汽车授权经销商免费为涉及范围内的所有车辆更换修正后的驾驶员前部安全气囊模块，以消除可能存在的隐患。		
改进措施	根据供应商的报告，供应商生产线已于2016年9月21日得到修正。		

一汽-大众汽车有限公司召回部分进口奥迪A7、A8L、A6 allroad、S6、RS6汽车

制造商	奥迪汽车		
召回时间	2017-02-20至2018-02-19		
涉及数量	185		
车型	**型号**	**年款**	**VIN范围**
A6	A6 3.0T allroad quattro	2017	起：WAU9GC4G1HN040143 止：WAU9GC4GXHN055272
A7	A7 35TFSI 时尚型 A7 40TFSI 进取型 A7 40TFSI quattro 技术型 A7 50TFSI quattro 动感型 A7 50TFSI quattro 舒适型	2017	起：WAURFC4G8HN040434 止：WAURCC4G9HN055209
A8L	A8L 45 TFSI quattro 舒适型 A8L 45 TFSI quattro 豪华型 A8L 45 TFSI quattro 专享型	2017	起：WAUYGB4H0HN006872 止：WAUYGB4HXHN009021
RS6	RS6 Avant	2017	起：WUA82D4G6HN902004 止：WUA82D4G6HN902004
S6	S6 4.0 TFSI quattro	2017	起：WAUB2D4G7HN042470 止：WAUB2D4G7HN042470
缺陷情况	由于供应商制造的原因，装配在副驾驶座椅安全带上的初级气体发生器内部化学成分配比不当，可能导致在车辆发生需要安全带收紧的碰撞时，副驾驶座椅安全带预紧器无法正常收紧，存在安全隐患。		
可能后果	在车辆发生需要安全带收紧的碰撞时，副驾驶座椅安全带预紧器可能无法正常收紧。		
维修措施	一汽-大众汽车有限公司将委托奥迪特许经销商根据检测结果，免费为涉及范围内的车辆更换副驾驶座椅安全带模块。		
改进措施	在生产线上已采用了优化后的副驾驶座椅安全带。		

一汽-大众汽车有限公司召回部分国产奥迪A6L、A4L汽车

制造商	一汽奥迪		
召回时间	2017-02-20至2018-02-19		
涉及数量	7879		
车型	型号	年款	VIN范围
A4L	A4L 40 TFSI 进取型 A4L 40 TFSI 时尚型 A4L 40 TFSI 风尚型 A4L 40 TFSI 运动型 A4L 45 TFSI quattro 风尚型 A4L 45 TFSI quattro 运动型	2017	起：LFV3A28W2G3017754 止：LFV3A28W4G3033700
A6L	A6L TFSI 技术型 A6L TFSI 舒适型 A6L TFSI 运动型 A6L 30 FSI 技术型 A6L 30 FSI 舒适型 A6L 45 FSI quattro 运动型	2017	起：LFV3A24G9G3098265 止：LFV5A24G9G3103800
缺陷情况	由于供应商制造的原因，装配在前排座椅安全带上的初级气体发生器内部化学成分配比不当，可能导致在车辆发生需要安全带收紧的碰撞时，前排座椅安全带预紧器无法正常收紧，存在安全隐患。		
可能后果	可能导致在车辆发生需要安全带收紧的碰撞时，前排座椅安全带预紧器可能无法正常收紧，存在安全隐患。		
维修措施	一汽-大众汽车有限公司将委托奥迪特许经销商将根据实际检测结果，免费为涉及范围内的车辆更换前排双侧或单侧座椅安全带模块。		
改进措施	在生产线上已采用了优化后的前排座椅安全带。		

捷豹路虎（中国）投资有限公司召回部分进口路虎新揽胜、新揽胜运动、捷豹XE、捷豹F-TYPE汽车

制造商	捷豹汽车		
召回时间	2017-02-24至2018-02-24		
涉及数量	6438		
车型	型号	年款	VIN范围
F - Type	2017款 F-TYPE 敞篷版 3.0L V6 340PS 2017款 F-TYPE 硬顶版 3.0L V6 340PS 2017款 F-TYPE S 敞篷版 3.0L V6 380PS 2017款 F-TYPE S 硬顶版 3.0L V6 380PS 2017款 F-TYPE S 硬顶版 3.0L V6 380PS 四驱 2017款 F-TYPE S 敞篷版 3.0L V6 380PS 四驱 2017款 F-TYPE R 硬顶版 5.0L V8 550PS 四驱 2017款 F-TYPE R 敞篷版 5.0L V8 550PS 四驱 2017款 F-TYPE SVR AWD	2017	起：SAJAA60F2H8K41663 止：SAJAJ6848HMK43444
XE	2017款 XE R-SPORT 运动版 2.0L 200马力 涡轮增压发动机 2017款 XE R-SPORT 运动版 2.0L 240马力 涡轮增压发动机 2017款 XE S 高性能版 3.0L 340马力 机械增压发动机	2017	起：SAJAB4BV6HA960932 止：SAJAB4BG6HA971379
新揽胜	2016年款 路虎·揽胜 3.0 V6 SC 标准轴距 2016年款 路虎·揽胜 3.0 V6 SC Vogue 加长版 2016年款 路虎·揽胜 3.0 V6 SC Vogue SE 创世加长版 2017款 揽胜 3.0 V6 机械增压汽油 Vogue 标准轴距 2017款 揽胜 3.0 V6 机械增压汽油 Vogue 长轴距（Vogue 加长版） 2017款 揽胜 3.0 V6 机械增压汽油 创世加长版	2016-2017	起：SALGA3VF8GA304572 止：SALGA2FV1HA320579
新揽胜运动	2016年款 路虎·揽胜运动版 HSE 3.0L V6 汽油发动机 2016年款 路虎·揽胜运动版 HSE DYNAMIC 3.0L V6 汽油发动机 2016年款 路虎·揽胜运动版 HST 3.0L V6 汽油发动机 2016年款 路虎·揽胜运动版 SE 3.0L V6 汽油发动机 2017款 揽胜运动版 3.0 V6 机械增压汽油 SE 2017款 揽胜运动版 3.0 V6 机械增压汽油 HSE 2017款 揽胜运动版 3.0 V6 机械增压汽油 HSE DYNAMIC 2017款 揽胜运动版 3.0 V6 机械增压汽油 锋尚创世版 DYNAMIC	2016-2017	起：SALWA2VF1GA105577 止：SALWA2VF2GAGG6855
缺陷情况	车辆前排座椅安全带预张紧器启动装置存在缺陷，在需要工作的碰撞事故中，可能无法正常运行。		
可能后果	由于安全带预张紧器无法正常工作，在出现需要安全带预张紧器工作的车辆碰撞时，会增加乘员的受伤风险，存在安全隐患。		
维修措施	将免费为召回范围内的车辆进行检查，并依据检查结果更换符合要求的安全带总成。		
改进措施	供应商已改正了生产中的错误。可保证后续生产车辆不受影响。		

上汽大众汽车有限公司召回部分2016款途观汽车

制造商	上汽大众		
召回时间	2017-02-20至2017-05-19		
涉及数量	325		
车型	型号	年款	VIN范围
途观	途观 330 TSI手自一体舒适视野版 四驱 途观 330 TSI手自一体豪华版 四驱 途观 330 TSI手自一体旗舰版 四驱 途观300 TSI手动风尚版前驱 途观300 TSI手自一体风尚版前驱 途观 300 TSI手自一体舒适版前驱 途观300 TSI手自一体豪华版前驱 途观 300 TSI手自一体风尚视野版 四驱 途观 300 TSI手自一体舒适版 四驱 途观 300 TSI手自一体豪华版 四驱 途观 280 TSI 风尚版丝绸之路 途观 280 TSI 舒适版丝绸之路	2016	起：LSVX025N0G2186245 止：LSVXZ65NXG2192678
缺陷情况	本次召回范围内的部分车辆，由于供应商制造原因，初级气体发生器内部化学成分配比不当，可能导致在车辆发生碰撞后，相关车辆的副驾驶员前部安全气囊无法正常展开。		
可能后果	可能导致在车辆发生碰撞后，相关车辆的副驾驶员前部安全气囊无法正常展开。		
维修措施	免费为召回涉及的车辆更换副驾驶员前部安全气囊模块。		
改进措施	安全气囊供应商已采取改进措施。所有目前生产和销售的以及经销商库存中的车辆均不受上述问题影响。		

捷豹路虎（中国）投资有限公司召回部分进口路虎新揽胜、新揽胜运动、捷豹XJ汽车

制造商	路虎汽车		
召回时间	2017-02-03至2018-02-03		
涉及数量	297		
车型	型号	年款	VIN范围
XJ	2016款 2.0L 典雅商务版 RWD 2016款 3.0L 典雅商务版 RWD 2017款 2.0L 典雅商务版 2.0L i4 Ti Luxury 2017款 3.0L 全景商务版 AWD 2017款 3.0L 典雅商务版 RWD	2016-2017	起：SAJAA2085G8W03364 止：SAJAA20M5HPW04583
新揽胜	2016年款 路虎·揽胜 3.0 V6 SC 标准轴距 2016年款 路虎·揽胜 3.0 V6 SC Vogue 加长版 2016年款 路虎·揽胜 3.0 V6 SC Vogue SE 创世加长版 2016年款 路虎·揽胜 3.0 V6 SC AB 尊崇创世加长版 2016年款 路虎·揽胜 V8 SC AB 尊崇创世加长版 2016年款 路虎·揽胜 巅峰创世加长版	2016	起：SALGA3VF4GA311888 止：SALGA3VF2GA316605
新揽胜运动	2016年款 路虎·揽胜运动版 SE 3.0L V6 汽油发动机 2016年款 路虎·揽胜运动版 HSE 3.0L V6 汽油发动机 2016年款 路虎·揽胜运动版 HSE DYNAMIC 3.0L V6 汽油发动机 2016年款 路虎·揽胜运动版 HST 3.0L V6 汽油发动机	2016	起：SALWA2VF6GA112976 止：SALWA2VFXGA664707
缺陷情况	车辆的前排乘客安全气囊启动装置存在缺陷，在需要气囊展开的碰撞事故中，气囊可能无法展开。		
可能后果	由于气囊无法展开，这将增大车辆乘员在需要气囊展开的碰撞事故中受伤的风险，存在安全隐患。		
维修措施	将免费为召回范围内的车辆更换符合要求的安全气囊模块。		
改进措施	供应商已改正了生产中的错误，可保证后续生产车辆不受影响。		

大众汽车（中国）销售有限公司召回部分进口迈腾旅行、迈腾四驱系列汽车

制造商	大众汽车		
召回时间	2017-02-20至2018-02-19		
涉及数量	1993		
车型	型号	年款	VIN范围
迈腾四驱	迈腾四驱	2016	起：WVWAR23C0GE166799 止：WVWAR23CXGE243470
迈腾旅行	迈腾旅行2.0T	2016	起：WVWHR23C0GE174044 止：WVWHR23CXGE233343
迈腾旅行	迈腾旅行1.4T	2016	起：WVWC623C0GE165606 止：WVWC623CXGE241980
缺陷情况	对于召回范围内的车辆，由于车辆的车身控制模块(BCM)存在校准问题，可能导致车灯(包括近光灯、远光灯、日光灯、雾灯或转弯灯)失效故障时无法识别、警示灯不能点亮，或者车灯没有问题的时候仪表板中的车灯警示灯点亮。		
可能后果	可能导致车灯(包括近光灯、远光灯、日光灯、雾灯或转弯灯)失效故障时无法识别、警示灯不能点亮，或者车灯没有问题的时候仪表板中的车灯警示灯点亮。		
维修措施	大众汽车(中国)销售有限公司将委托大众品牌进口汽车授权经销商免费为涉及范围内的车辆的车身控制器进行软件刷新，以消除可能存在的隐患。		
改进措施	自2016年9月10日开始，在生产线上对相关软件进行了修正。		

克莱斯勒（中国）汽车销售有限公司召回部分进口Jeep大切诺基和克莱斯勒300C汽车

制造商	克莱斯勒		
召回时间	2017-01-25至2018-01-25		
涉及数量	54305		
车型	型号	年款	VIN范围
Chrysler 克莱斯勒 300	Chrysler 克莱斯勒 300C Chrysler 克莱斯勒 300C	2013-2014	起：2C3CCAP8XEH317796 止：2C3CCACG5DH702517
Grand Cherokee 大切诺基	Grand Cherokee 大切诺基（3.0L）GRAND CHEROKEE 大切诺基（3.0L TD）Grand Cherokee 大切诺基（3.6L）Grand Cherokee 大切诺基（5.7L）Grand Cherokee 大切诺基 SRT8（6.4L） Summit 旗舰尊耀版 （3.0L） Limited Base 舒适导航版 （3.0L） Summit 旗舰尊悦版 （3.0L） Limited 精英导航版 （3.0L） Limited Base 舒适导航版 （3.0TD） Limited 精英导航版 （3.0TD） Summit 旗舰尊耀版（3.6L） Summit 旗舰尊悦版 （3.6L） Limited 精英导航版（3.6L） Overland 豪华导航版（3.6L） SRT （6.4L）	2014-2015	起：1C4RJFJTXEC439180 止：1C4RJFAG0EC124696
缺陷情况	单稳态电子换挡杆不存在机械或者电子安全相关的缺陷， 但应采取措施来减轻因驾驶人在离开车辆前没有将挡位移入驻车挡所导致的后果，存在安全隐患。		
可能后果	部分驾驶人在停车时， 没有将挡位移至驻车挡。 涉及车辆没有针对以上误操作的制止功能。 在驾驶人错误地认为挡位已经处于驻车挡，且发动机处于运转状态，驾驶人也没有启用驻车制动的情况下，如果驾驶人离开车辆，可能被车辆触碰并受伤，存在安全隐患。		
维修措施	克莱斯勒会发起一次召回行动，为涉及车辆刷新软件，并放置一张描述新软件的附加提醒卡到车内，作为《用户手册》的附页。		
改进措施	在产车辆不再使用单稳态电子换挡杆。		

捷豹路虎（中国）投资有限公司召回部分进口捷豹XF系列汽车

制造商	捷豹汽车		
召回时间	2017-02-06至2018-02-06		
涉及数量	22338		
车型	型号	年款	VIN范围
XF	XF 2013款 2.0T奢华版 2.0 i4 Ti 240PS XF 2013款 2.0T风华版 2.0 i4 Ti 240PS XF 2013款 2.0T豪华版 2.0 i4 Ti 240PS XF 2014款 2.0T 风华版 2.0 i4 Ti 240PS Luxury XF 2014款 2.0T 奢华版 2.0 i4 Ti 240PS Portfolio XF 2014款 2.0T 豪华版 2.0 i4 Ti 240PS Premium Luxury XF 2015款 2.0T 风华版 XF 2015款 2.0T 豪华版 XF 2015款 2.0T 奢华版 XF 2015款 Sportbrake 豪华版 XF 2015款 Sportbrake 风华版	2013-2015	起：SAJAA05M7DPS92080 止：SAJAA05M9FPU88783
缺陷情况	2013~2015年款捷豹XF2.0L GTDi车辆的燃油供油管与车辆底部护板及车身之间没有保持足够的间隙，可能会导致燃油管磨损，存在汽油泄漏的安全隐患。		
可能后果	客户可能会发现车内有汽油味，或是当车辆停放时，客户可能会注意到车辆下方有一小滩燃油，存在点火源时可能会引发火灾。		
维修措施	将对涉及召回的车辆免费检查燃油管，必要时进行更换，同时会安装2个额外的油管固定卡夹。		
改进措施	不适用。（该车型已停产）		

大连华宇汽车进出口有限公司召回部分进口奔驰GLE汽车

制造商	奔驰汽车		
召回时间	2017-01-13至2017-12-31		
涉及数量	8		
车型	型号	年款	VIN范围
GLE 450 Coupe	越野乘用车（奔驰-Coupe改装车）（5座）	2016	起：4JGED6EB3GA024526 止：4JGED6EB1GA035637
GLE 450	越野乘用车（奔驰改装车）（5座）	2016	起：4JGDA6EB2GA724512 止：4JGDA6EB2GA772513
缺陷情况	发动机控制单元软件问题。		
可能后果	用户可能误解为发动机的关闭是发动机起停功能在工作，但发动机无法在松开制动踏板后启动，而是需要手动启动。		
维修措施	通过大连华宇汽车进出口有限公司授权经销商为召回车辆免费升级发动机控制单元软件。		
改进措施	使用了升级后发动机控制单元软件，可以保证2016年5月1日以后生产的车辆上不会存在该问题。		

大众汽车（中国）销售有限公司召回部分进口途威、迈腾系列汽车

制造商	大众汽车		
召回时间	2017-02-20至2018-02-19		
涉及数量	1950		
车型	型号	年款	VIN范围
迈腾	迈腾2.0TDI	2008	起：WVWPH13C58P091756 止：WVWPH13C78P100182
途威	途威四驱2.0TDI豪华版	2012-2014	起：WVGEF35N0CW041672 止：WVGEF35NXEW516750
缺陷情况	本次召回范围内车辆由于安装了特定的发动机控制模块软件，会导致部分车辆的尾气排放检测数值在实验室检测时与实际道路行驶时存在差异。		
可能后果	会导致部分车辆的尾气排放检测数值在实验室检测时与实际道路行驶时存在差异。		
维修措施	大众汽车(中国)销售有限公司委托授权经销商免费为受影响车辆更新发动机控制系统相关软件，消除缺陷。更新的相关软件对于车辆的油耗及功率等性能没有影响。		
改进措施	对于正在生产的车辆，没有安装会导致尾气排放检测数值在实验室检测时与实际道路行驶时存在差异的特定发动机控制模块软件。		

中国第一汽车集团公司召回部分红旗H7 PHEV汽车

制造商	一汽轿车		
召回时间	2017-02-04至2017-03-31		
涉及数量	154		
车型	型号	年款	VIN范围
红旗H7 PHEV	红旗H7 PHEV豪华型	2016	起：LFPH4BCN1G1L03285 止：LFPH4BCNXG1L03768
缺陷情况	燃油喷射泵定位夹具调整不良，同轴度超差，导致密封胶圈压溃。		
可能后果	可能造成燃油泄漏，极端情况下可能导致车辆自燃，存在安全隐患。		
维修措施	对召回范围内车辆免费检查更换新批次的燃油喷射泵。		
改进措施	（1）开班前清理工装并检查工装是否锁紧固定；（2）由班组长生产前检测一次M31.2的同轴度，技术员二次确认，生产结束后再次确认同轴度；（3）开班连续拆解10件检查O型圈压装状态；（4）每隔100件连续拆解5件检查O型圈压装状态。		

神龙汽车有限公司召回部分东风标致308S轿车

制造商	神龙汽车（东风标致）		
召回时间	2017-02-27至2018-02-26		
涉及数量	532		
车型	型号	年款	VIN范围
308S	308S 1.2T自动尚驰版 308S 1.2T自动劲驰版 308S 1.6T自动睿驰版 308S 1.6T自动劲驰版	2016	起：LDC961447G2550802 止：LDC961241G2556002
缺陷情况	后背门粘接老化性能不符合产品技术要求。		
可能后果	车辆长期使用中，在高温、高湿条件下，后背门漏水、异响，极端情况下扰流板或下饰板在高速行驶中脱落，存在安全隐患。		
维修措施	更换合格的后背门。		
改进措施	使用合格的后背门装车。		

华晨宝马汽车有限公司召回部分国产宝马5系汽车

制造商	华晨宝马		
召回时间	2017-02-10至2018-02-10		
涉及数量	65		
车型	型号	年款	VIN范围
BMW 5系	BMW 520Li，BMW 523Li，BMW 528Li， BMW 535Li	2010-2012	起：LBVFR1902BSD22087 止：LBVFP1901CSE93694
缺陷情况	本次召回的车辆可能在售后维修的过程中，被装上了存在缺陷的气囊传感器模块。由于供应商生产过程中的软件编程错误，车辆在发生正前和正后方碰撞时，安全气囊的控制模块无法接收到正确的加速度数据。		
可能后果	车辆发生正前及或正后方碰撞时，气囊、安全带预紧装置及主动头枕无法启动，存在安全隐患。		
维修措施	检查车辆，如车辆上安装的为存在缺陷的零件，则免费为车辆更换气囊中央传感器模块。		
改进措施	其它车辆未在售后维修中使用缺陷备件。针对缺陷售后零备件，于2016年10月进行了库存品的清理。后续维修的车辆不受缺陷零备件的影响。		

宝马（中国）汽车贸易有限公司召回部分进口宝马5系、7系汽车

制造商	宝马汽车		
召回时间	2017-02-10至2018-02-10		
涉及数量	157		
车型	型号	年款	VIN范围
BMW 5系	BMW 523i ，BMW 535i，BMW 550i	2009-2012	起：WBASN210XAC189547 止：WBASN210XCDY22478
BMW 7系	BMW 730Li， BMW 740Li，BMW 750Li	2008-2012	起：WBAKB41049CY46407 止：WBAKB2102CDX18902
缺陷情况	本次召回的车辆可能在售后维修的过程中，被装上了存在缺陷的气囊传感器模块。由于供应商生产过程中的软件编程错误，车辆在发生正前和正后方碰撞时，安全气囊的控制模块无法接收到正确的加速度数据。		
可能后果	车辆发生正前及或正后方碰撞时，气囊、安全带预紧装置及主动头枕无法启动，存在安全隐患。		
维修措施	检查车辆，如车辆上安装的为存在缺陷的零件，则免费为车辆更换气囊中央传感器模块。		
改进措施	其它车辆未在售后维修中使用缺陷备件。针对缺陷售后零备件，于2016年10月进行了库存品的清理。后续维修的车辆不受缺陷零备件的影响。		

东风悦达起亚汽车有限公司召回部分KX5汽车

制造商	东风悦达起亚		
召回时间	2017-02-10至2017-08-12		
涉及数量	31803		
车型	型号	年款	VIN范围
KX5	2016款 1.6T GL DCT 2WD 2016款 1.6T DLX DCT 2WD 2016款 1.6T Premium DCT 2WD 2016款 1.6T Premium DCT 4WD 2016款 2.0L GL MT 2WD 2016款 2.0L GL AT 2WD 2016款 2.0L GLS AT 2WD 2016款 2.0L Premium AT 2WD	2016	起：LJDXAA121F0000128 止：LJDXAA14XG0032045
缺陷情况	由于后牵引臂强度不足，车辆在驻车制动未松开或急加速倒车状态下单侧车轮撞击路肩等非正常极端情况下，后牵引臂可能会受到较大撞击力，有可能产生弯曲，长时间持续使用后可能出现断裂。		
可能后果	有可能产生弯曲，长时间持续使用后可能出现断裂，存在安全隐患。		
维修措施	对受影响的车辆生产日期范围内和车架号范围内的车辆，免费更换改善后的左、右后牵引臂。		
改进措施	装配改善后的左、右后牵引臂。		

上汽通用汽车有限公司召回部分手动挡全新英朗和科沃兹汽车

制造商	上汽通用		
召回时间	2017-02-28至2018-02-27		
涉及数量	157355		
车型	型号	年款	VIN范围
全新英朗	15N手动进取型 15N手动精英型 15N手动豪华型	2015-2017	起：LSGKE52H7FW000131 止：LSGKE54HXHW069346
科沃兹	1.5L手动欣享版 1.5L手动欣悦版	2017	起：LSGKB52H9HW000109 止：LSGKB52HXHW069424
缺陷情况	本次召回范围内的车辆，由于零件受到污染，极端情况下离合器主缸可能工作异常，换挡困难。		
可能后果	极端情况下离合器主缸可能工作异常，换挡困难，存在安全隐患。		
维修措施	免费更换改进后的离合器主缸。		
改进措施	从2016年12月17日起生产的全新英朗及科沃兹，其离合器主缸已经优化，不存在安全隐患。		

上汽通用东岳汽车有限公司召回部分手动版乐风RV汽车

制造商	上汽通用		
召回时间	2017-02-28至2018-02-27		
涉及数量	3926		
车型	型号	年款	VIN范围
乐风RV	1.5 LS MT 1.5 LT MT 1.5 LTZ MT	2016-2017	起：LSGHD84H8GD037049 止：LSGHD82H1GD259208
缺陷情况	本次召回范围内的车辆，由于零件受到污染，极端情况下离合器主缸可能工作异常，换挡困难。		
可能后果	极端情况下离合器主缸可能工作异常，换挡困难，存在安全隐患。		
维修措施	免费更换改进后的离合器主缸。		
改进措施	从2016年12月17日起生产的乐风RV，其离合器主缸已经优化，不存在安全隐患。		

天津一汽丰田汽车有限公司召回部分卡罗拉以及卡罗拉双擎汽车

制造商	天津一汽丰田		
召回时间	2017-02-14至2018-02-13		
涉及数量	953		
车型	型号	年款	VIN范围
卡罗拉	1.6L GL 1.2L GL 1.2L GL-i 1.2L GL-i 真皮版 1.2L GLX-i	2014-2016	起：LFMAP86C6H0294559 止：LFMAY86C5H0525500
卡罗拉 双擎	先锋版 领先版 精英版 豪华版 旗舰版	2016	起：LFMA180C9H0051015 止：LFMA180CXH0051735
缺陷情况	由于发动机舱盖锁闩焊接不当，车辆振动会导致脱焊、产生异响。如果在此状态下对发动机舱盖进行开闭操作，锁闩不能锁止，行驶时发动机舱盖有打开的风险，存在安全隐患。		
可能后果	车辆振动会导致脱焊、产生异响。如果在此状态下对发动机舱盖进行开闭操作，锁闩不能锁止，行驶时发动机舱盖有打开的风险，存在安全隐患。		
维修措施	天津一汽丰田汽车将为召回范围内车辆进行点检，为锁闩焊接不当的车辆免费更换发动机盖。		
改进措施	修理控制锁闩焊接条件的装置（2017年1月14日～）		

梅赛德斯-奔驰（中国）汽车销售有限公司召回部分进口GL级、M级、R级汽车

制造商	奔驰汽车		
召回时间	2017-02-28至2018-02-27		
涉及数量	37		
车型	型号	年款	VIN范围
GL级	GL 63 AMG	2015	起：WDCDF7EE6FA496481 止：WDCDF7EE6FA496481
M级	ML 320 4MATIC， ML 400 4MATIC， ML 350 CDI 4MATIC	2015	起：WDCDA5GB7FA488525 止：WDCDA2DB8FA493185
R级	R 320 4MATIC R 400 4MATIC	2015	起：WDCCB6GE3FA183161 止：WDCCB6GE5FA183064
缺陷情况	前后桥螺栓安装可能不满足要求。		
可能后果	机械过载可能导致前或后桥下沉，从而使得预载荷降低。这可能导致前/后桥螺栓断裂。在极端情况下，由于车轮导向可能受到传动系统或者路面的影响。这可能增加碰撞发生的风险。		
维修措施	作为预防措施，戴姆勒股份公司将通过梅赛德斯-奔驰授权服务商为受影响车辆更换前后桥螺栓。		
改进措施	生产工厂的生产工艺进行了优化，并保证在2015年3月28日以后生产的车辆上不会存在此问题。		

深圳市誉诚汽车贸易有限公司召回部分进口宝马X5改装车

制造商	宝马汽车		
召回时间	2017-03-01至2017-09-30		
涉及数量	77		
车型	型号	年款	VIN范围
X5	14款X5	2014	起：5UXKR0C54E0K44942 止：5UXKR0C51E0K47944
缺陷情况	本次召回涉及车辆驾驶员正面气囊，该气囊配备由TAKATA提供的PSDI-X型气体发生器，该安全气囊气体发生器壳体焊接不良，发生事故时气囊发生异常破裂或将导致零件飞出。如果该问题没有被发现，继续使用车辆，该型气体发生器的车辆在气囊展开时发生气体发生器壳体破损，导致壳体强度不足，致壳体碎片损坏车辆内饰，壳体碎片对乘员的安全存在隐患。		
可能后果	如果该问题没有被发现，继续使用车辆，该型气体发生器的车辆在气囊展开时发生气体发生器壳体破损，导致壳体强度不足，导致壳体碎片损坏了车辆内饰，壳体碎片对乘员的安全存在隐患。		
维修措施	作为一个预防性的措施，深圳誉诚将委托授权经销商免费为召回范围内的车辆免费更换驾驶员正面气囊模块。		
改进措施	2014年11月1日开始，在供应商的生产线上新增了一道工序来确保驾驶员正面气囊无任何质量问题。		

马自达（中国）企业管理有限公司召回部分进口马自达3（Mazda3）汽车

制造商	马自达汽车		
召回时间	2017-04-03至2019-04-02		
涉及数量	8785		
车型	型号	年款	VIN范围
Mazda3	马自达3 2010款 两厢 1.6手动舒适型 马自达3 2010款 两厢 1.6自动豪华型 马自达3 2010款 两厢 2.0手动豪华型 马自达3 2010款 两厢 2.0自动豪华型	2010	起：JM7BL04F0A1112684 止：JM7BL04ZXB1198274
缺陷情况	调节驾驶席座椅高度的升降器单元强度不足及防脱落用衬套螺帽的固定方式不当。驾驶席座椅升降器单元可能出现裂纹及衬套螺帽脱落的现象。在此情况下持续使用，座椅会发生异响和松动，极端情况下，升降器单元发生破损或脱出，座椅发生倾斜，无法保持正常坐姿，存在安全隐患。		
可能后果	驾驶席座椅升降器单元可能出现裂纹及衬套螺帽脱落的现象。在此情况下持续使用，座椅会发生异响和松动，极端情况下升降器单元发生破损或脱出座椅发生倾斜无法保持正常坐姿，存在安全隐患。		
维修措施	对召回对象车辆的升降器单元进行检测： 1）升降器单元无裂纹车辆，追加支架和衬套螺帽 2）升降器单元有裂纹车辆，更换新的座椅升降器单元		
改进措施	召回车型已经停止生产。		

玛莎拉蒂（中国）汽车贸易有限公司召回部分进口2014和2015年款总裁和吉博力汽车

制造商	玛莎拉蒂		
召回时间	2017-02-28至2018-02-27		
涉及数量	7541		
车型	型号	年款	VIN范围
Ghibli（M157）	M157 B2 M157 B4 M157 C2	2014-2015	起：ZAMRT57E9E1079744 止：ZAMSS57E4F1142254
Quattroporte（M156）	M156 B2 M156 V8	2014-2015	起：ZAMPP56EXE1071567 止：ZAMPP56E5F1125861
缺陷情况	所涉及车辆的低压燃油输送管路可能未被供应商规范组装，在长期使用后，存在燃油渗漏风险。		
可能后果	上述缺陷可能会导致低压燃油输送管路连接处的燃油渗漏，在极端情况下，如果遇到火源可能会导致起火，存在安全隐患。		
维修措施	玛莎拉蒂将为涉及召回的车辆进行低压燃油输送管路的更换，以消除缺陷。		
改进措施	2014年11月8日之后生产的车辆，均安装了合格的低压燃油输送管路。		

保时捷（中国）汽车销售有限公司召回部分进口博斯特（Boxster）、卡雷拉（Carrera）系列汽车

制造商	保时捷汽车		
召回时间	2017-03-20至2018-03-20		
涉及数量	1080		
车型	型号	年款	VIN范围
911	911 Carrera 4 Cabriolet	2017	起：WP0CA2999HS141107 止：WP0CA2999HS141110
911	911 Targa 4S	2017	起：WP0BB2998HS136084 止：WP0BB2995HS136107
911	911 Carrera 4 S Cabriolet	2017	起：WP0CB299XHS154090 止：WP0CB2993HS154142
911	911 Targa 4	2017	起：WP0BA2996HS132067 止：WP0BA2991HS132087
911	911 Carrera S Cabriolet	2017	起：WP0CB2991HS154088 止：WP0CB2994HS154134
911	911 Carrera Cabriolet	2017	起：WP0CA2995HS141072 止：WP0CA2995HS141119
911	911 Carrera 4	2017	起：WP0AA299XHS106227 止：WP0AA2999HS106543
911	911 Carrera 4 S	2017	起：WP0AB2990HS122191 止：WP0AB2997HS122401
911	911 Carrera S	2017	起：WP0AB2998HS122147 止：WP0AB2997HS122382
911	911 Carrera	2017	起：WP0AA2993HS106103 止：WP0AA299XHS106549
Boxster	718 Boxster S	2017	起：WP0CB2985HS240074 止：WP0CB2988HS240179
Boxster	718 Boxster	2017	起：WP0CA2985HS220071 止：WP0CA2980HS220639
缺陷情况	由于发动机燃油收集管的紧固螺栓的耐用性无法得到保证。在赛道驾驶条件下，可能导致燃油收集管出现燃油泄漏的情况，并且发动机舱内可能会出现燃油异味。		
可能后果	发动机的燃油收集管可能会出现燃油泄漏的情况，并且发动机舱内可能会出现燃油异味。在极端情况下，如遇火源可能导致车辆起火，存在安全隐患。		
维修措施	为涉及的车辆免费更换发动机燃油收集管上的紧固螺栓。		
改进措施	从2016年06月10日起生产的车辆，其发动机燃油收集管上的紧固螺栓已经使用了改进的材料，不存在安全隐患。		

北京奔驰汽车有限公司召回部分国产E级轿车

制造商	北京奔驰		
召回时间	2017-02-21至2018-02-20		
涉及数量	30		
车型	型号	年款	VIN范围
E级	E 180L， E 200L， E 260L	2015	起：LE4HG3GB3EL154919 止：LE4HG3DB6GL220824
缺陷情况	转向助力控制单元内的触点插针焊接可能不满足要求。		
可能后果	一旦转向助力控制单元内的触点插针完全脱离，可导致电子转向助力失效，这可能增加碰撞的风险。如果控制单元第8针完全脱离，起火风险不能排除，存在安全隐患。		
维修措施	作为预防措施，将通过授权经销商免费更换电子转向助力。		
改进措施	生产工艺进行改进保证2016年6月28日以后的车辆不会存在此问题。		

梅赛德斯-奔驰（中国）汽车销售有限公司召回部分进口E级、S级轿车

制造商	奔驰汽车		
召回时间	2017-02-21至2018-02-20		
涉及数量	29		
车型	型号	年款	VIN范围
E级	E 260 轿跑车	2015	起：WDDKJ3GB1FF310460 止：WDDKJ3GB1FF310460
S级	S 320 L， S 400 L， S 400 L HYBRID， S 600 MAYBACH	2013-2016	起：WDDUG5HB1EA004081 止：WDDUX7GB6FA181241
缺陷情况	转向助力控制单元内的触点插针焊接可能不满足要求。		
可能后果	一旦转向助力控制单元内的触点插针完全脱离，可导致电子转向助力失效，这可能增加碰撞的风险。如果控制单元第8针完全脱离，起火风险不能排除，存在安全隐患。		
维修措施	作为预防措施，将通过授权经销商免费更换电子助力转向机。		
改进措施	生产工艺进行改进保证2016年11月以后的车辆不会存在此问题。		

大众汽车（中国）销售有限公司召回部分进口兰博基尼Aventador系列汽车

制造商	大众汽车		
召回时间	2017-07-01至2018-06-30		
涉及数量	350		
车型	型号	年款	VIN范围
Aventador	Aventador Coupe	2012-2017	起：ZHWEC1470CLA00197 止：ZHWEF3ZD8GLA04487
Aventador	Aventador Roadster	2013-2017	起：ZHWER1ZD0DLA01896 止：ZHWET3ZD7HLA05589
缺陷情况	本次召回范围内的部分车辆，在燃油箱加油过多的情况下，燃油液可能流向碳罐电磁阀并影响燃油蒸发排放系统的工作，使得燃油蒸气不能正常处理，在某些情况下，如怠速时急加速，燃油蒸气与高温废气的接触，可能造成车辆起火，存在安全隐患。		
可能后果	燃油蒸气不能正常处理，在某些情况下，如怠速时急加速，燃油蒸气与高温废气的接触，可能造成车辆起火，存在安全隐患。		
维修措施	大众汽车(中国)销售有限公司将委托兰博基尼品牌进口汽车授权经销商免费为涉及范围内的车辆的EVAP系统相关零件进行更换以对EVAP系统进行升级。		
改进措施	自2017年1月12日以后生产的车辆，已经采用了升级的EVAP系统。		

一汽轿车股份有限公司召回部分马自达6睿翼轿车

制造商	一汽马自达		
召回时间	2017-04-14至2018-04-13		
涉及数量	3805		
车型	型号	年款	VIN范围
马自达6	马自达6睿翼 2009款2.0L手动型 马自达6睿翼 2010款2.0L自动精英型 马自达6睿翼轿跑 2010款2.0L自动精英型 马自达6睿翼 2011款2.0L自动精英导航版	2009-2011	起：LFPM4ACP081A78226 止：LFPM4ACP5A1F41628
缺陷情况	调节驾驶席座椅高度的升降器单元强度不足及防脱落用衬套螺帽的固定方式不当。驾驶席座椅升降器单元可能出现裂纹及衬套螺帽脱落的现象。在此情况下持续使用，座椅会发生异响和松动，极端情况下，升降器单元发生破损或脱出，座椅发生倾斜，无法保持正常。		
可能后果	驾驶席座椅升降器单元可能出现裂纹及衬套螺帽脱落的现象。在此情况下持续使用，座椅会发生异响和松动，极端情况下，升降器单元发生破损或脱出，座椅发生倾斜，无法保持正常坐姿，存在安全隐患。		
维修措施	对召回对象车辆的升降器单元进行检测： 1）升降器单元无裂纹车辆，追加支架和衬套螺帽 2）升降器单元有裂纹车辆，更换新的座椅升降器单元		
改进措施	召回车型已经停止生产。		

北京奔驰汽车有限公司召回部分C级和GLC SUV汽车

制造商	北京奔驰		
召回时间	2017-03-10至2018-03-09		
涉及数量	5371		
车型	型号	年款	VIN范围
C级	C 300， C 300 L， C 180 L，C 200 4MATIC， C 200， C 200 L 4MATIC， C 200 L， C 300， C 300 L	2016	起：LE4WF4CB9HL193170 止：LE40G4GB8HL075060
GLC SUV	GLC 300 4MATIC， GLC 260 4MATIC， GLC 200 4MATIC	2016	起：LE40G4DB9HL070583 止：LE4WG4CB8HL197532
缺陷情况	油箱量表可能无法显示正确的油量。		
可能后果	如果油位传感器不能和油位同步，油量表无法显示正确的油量。一旦油量耗尽，车辆将停止。另外，油位传感器指针也可能在加油后无法抬升，油量表会显示此时油量低。存在安全隐患。		
维修措施	作为预防措施，北京奔驰汽车有限公司将通过梅赛德斯-奔驰授权经销商为受影响车辆更换油位传感器。		
改进措施	作为预防措施，北京奔驰汽车有限公司将通过梅赛德斯-奔驰授权经销商为受影响车辆更换油位传感器。		

一汽-大众汽车有限公司召回部分国产奥迪A4L、A6L、Q5汽车

制造商	一汽奥迪		
召回时间	2017-03-10至2018-03-09		
涉及数量	660363		
车型	型号	年款	VIN范围
A4L	A4L 40 TFSI quattro 运动型 A4L 40TFSI quattro 个性运动版 A4L 2.0 TFSI(132kW) 标准型 A4L 2.0 TFSI(132kW) 舒适型 A4L 2.0 TFSI(132kW) 技术型 A4L 2.0 TFSI(132kW) 豪华型 A4L 35 TFSI 标准型 A4L 35 TFSI 舒适型 A4L 35 TFSI 技术型 A4L 35 TFSI 豪华型	2013-2014	起：LFV3A28K4B3054634 止：LFV3A28K2E3400054
A6L	A6L 2.0 TFSI 手动基本型 A6L TFSI 手动基本型 A6L 2.0 TFSI 标准型 A6L 2.0 TFSI 舒适型 A6L TFSI 标准型 A6L TFSI 舒适型	2012-2015	起：LFV3A24G4B3000008 止：LFV3A24G9G3004577
Q5	Audi Q5 2.0 TFSI quattro 进取型 Audi Q5 2.0 TFSI quattro 进取型 Audi Q5 2.0 TFSI quattro 技术型 Audi Q5 2.0 TFSI quattro 舒适型 Audi Q5 2.0 TFSI quattro 豪华型 Audi Q5 40 TFSI 进取型 Audi Q5 40 TFSI 技术型 Audi Q5 40 TFSI 舒适型 Audi Q5 40 TFSI 动感型 Audi Q5 40 TFSI 豪华型 Audi Q5 35 TFSI 手动标准型	2013-2015	起：LFV3B18R4C3055305 止：LFV3B28RXF3004627
缺陷情况	本次召回范围内的部分车辆，如果冷却液中混入异物颗粒，有一定几率造成辅助冷却液泵阻塞， 但是阻塞状态下，控制程序不会主动关停辅助冷却液泵。严重时可能导致辅助冷却液泵过热，极端情况下可能会造成发动机舱起火，存在安全隐患。		
可能后果	严重时可能导致辅助冷却液泵过热，极端情况下可能会造成发动机舱起火，存在安全隐患。		
维修措施	一汽-大众汽车有限公司将委托奥迪特许经销商免费为涉及范围内的车辆辅助冷却液泵进行检查，如已堵塞则更换辅助冷却液泵并进行软件升级。如未发生堵塞，则升级发动机控制单元软件。当辅助冷却液泵被堵塞时，优化后的软件可以识别出泵被堵塞，将其关停并通过EPC灯进行报警。		
改进措施	在生产线上已采用了优化后的发动机控制单元软件。		

一汽-大众汽车有限公司召回部分进口奥迪A4 Allroad、A5汽车

制造商	奥迪汽车		
召回时间	2017-03-10至2018-03-09		
涉及数量	20562		
车型	型号	年款	VIN范围
A4 allroad	Audi A4 allroad quattro 2.0TFSI 舒适型 Audi A4 allroad quattro 2.0TFSI 豪华型	2013-2014	起：WAU9FC8K6DA071195 止：WAU9FC8K1EA067332
A5	Audi A5 Coupe 2.0T Audi A5 Coupe 2.0T quattro A5 Sportback 2.0T A5 Sportback 2.0T Quattro Audi A5 Cabriolet 2.0T Audi A5 Cabriolet 2.0T quattro	2012-2014	起：WAUAFB8T9CA012947 止：WAU8FD8T5EA033842
缺陷情况	本次召回范围内的部分车辆，如果冷却液中混入异物颗粒，有一定几率造成辅助冷却液泵阻塞， 但是自诊断可能出现不能正确识别这种阻塞的情况，辅助冷却液泵不会被主动关停。严重时可能导致辅助冷却液泵过热，极端情况下可能会造成发动机舱起火，存在安全隐患。		
可能后果	严重时可能导致辅助冷却液泵过热，极端情况下可能会造成发动机舱起火，存在安全隐患。		
维修措施	一汽-大众汽车有限公司将委托奥迪特许经销商免费为涉及范围内的车辆辅助冷却液泵进行检查，如已堵塞则更换辅助冷却液泵并进行软件升级。如未发生堵塞，则升级发动机控制单元软件。当辅助冷却液泵被堵塞时，优化后的软件可以识别出泵被堵塞，将其关停并通过EPC灯进行报警。		
改进措施	在生产线上已采用了优化后的发动机控制单元软件。		

宝马（中国）汽车贸易有限公司召回部分进口宝马3系和X5汽车

制造商	宝马汽车		
召回时间	2017-03-06至2018-03-06		
涉及数量	354		
车型	型号	年款	VIN范围
BMW 3系	BMW 318i， BMW 323i， BMW 330i	2000-2001	起：WBAAV51050JT45162 止：WBAEV51080PE00432
BMW X系列	BMW X5	2000-2003	起：WBAFB31060LG95605 止：WBAFB91050LN96354
缺陷情况	车辆生产时装备的驾驶员侧正面安全气囊并无缺陷，但可能在售后维修过程中，安装上了存在缺陷的高田气囊。该安全气囊气体发生器（膨胀装置），其气体发生药剂在防潮方面存在不完善，在温度和湿度反复变化的影响下，气体发生药剂有可能劣化。气囊打开过程中，可能在气体发生器内部产生过高的压力。		
可能后果	气囊展开时，气体发生器的金属外壳可能会破损，导致碎片飞出，伤及车内人员，存在安全隐患。		
维修措施	检查车辆，如车辆安装有存在缺陷的驾驶员侧正面安全气囊模块，则免费更换。		
改进措施	所涉及车型已停产。		

日产(中国)投资有限公司扩大召回部分进口英菲尼迪QX30汽车

制造商	日产汽车		
召回时间	2017-04-12至2017-10-12		
涉及数量	19		
车型	型号	年款	VIN范围
QX30	QX30 1.6T QX30 2.0T	2016	起：SJKCH53F7HA028870 止：SJKDH53E6HA029102
缺陷情况	初级气体发生器内部化学成分配比不当造成无法点火，不能产生气体推力使气囊展开。		
可能后果	车辆发生足以使气囊展开的碰撞后，气囊可能不展开。		
维修措施	为缺陷车辆更换新的帘式侧面气囊。		
改进措施	1）同时监控Zr原料重量及原料总重量——2016/9/16 2）删除设备中错误的参数设定——2016/11/4		

长安马自达汽车有限公司召回部分国产Mazda2汽车

制造商	长安马自达		
召回时间	2017-04-03至2019-04-02		
涉及数量	67451		
车型	型号	年款	VIN范围
马自达2	1.3LMT手动标准、1.3LAT自动标准、1.5LAT自动时尚/超值/豪华版、1.5LMT手动时尚/超值版	2007-2011	起：LVSFDAMA37N000128 止：LVSFDAML2BN044499
缺陷情况	由于调节驾驶席座椅高度的升降器单元强度不足及防脱落用衬套螺帽的固定方式不当，可能发生升降器单元出现裂纹及衬套螺帽脱落的现象。在此情况下持续使用，座椅会发生异响和松动，极端情况下，发生升降器单元破损或脱出，座椅发生倾斜，存在无法保持正常坐姿的隐患。		
可能后果	驾驶席座椅升降器单元可能出现裂纹及衬套螺帽脱落的现象。在此情况下持续使用，座椅会发生异响和松动，极端情况下，升降器单元发生破损或脱出，座椅发生倾斜，无法保持正常坐姿，存在安全隐患。		
维修措施	对召回对象车辆的升降器单元进行检测： 1）升降器单元无裂纹车辆，追加支架和衬套螺帽 2）升降器单元有裂纹车辆，更换座椅升降器单元		
改进措施	召回车型已经停止生产。		

保时捷（中国）汽车销售有限公司召回部分进口2017款 718 Boxster和911系列汽车

制造商	保时捷汽车		
召回时间	2017-03-10至2018-03-10		
涉及数量	236		
车型	型号	年款	VIN范围
911	911	2017	起：WP0CB2998HS154217 止：WP0CB2998HS154217
911	911 Targa 4S	2017	起：WP0BB2999HS136191 止：WP0BB2992HS136193
911	911 Carrera S Cabriolet	2017	起：WP0CB2990HS154213 止：WP0CB2996HS154216
911	911 Carrera 4 Cabriolet	2017	起：WP0CA2999HS141205 止：WP0CA2999HS141222
911	911 Targa 4	2017	起：WP0BA2995HS132173 止：WP0BA2992HS132177
911	911 Carrera Cabriolet	2017	起：WP0CA2997HS141204 止：WP0CA299XHS141228
Boxster	718 Boxster S	2017	起：WP0CB2982HS240596 止：WP0CB2980HS240662
Boxster	718 Boxster	2017	起：WP0CA2981HS222304 止：WP0CA298XHS222530
缺陷情况	召回范围内车辆上安装的前挡玻璃因粘结安装过程中的偏差，不能保证前挡玻璃被安全地固定在敞篷车体上。		
可能后果	如果前挡玻璃粘结效果没有达到要求，可能导致车辆在碰撞时玻璃脱离车身，存在安全隐患。		
维修措施	按技术文件重新安装前挡玻璃。		
改进措施	2017年02月06日生产线上已纠正错误的粘结流程。		

华晨宝马汽车有限公司召回部分国产宝马5系汽车

制造商	华晨宝马		
召回时间	2017-03-27至2018-03-27		
涉及数量	1179		
车型	型号	年款	VIN范围
BMW 5系	BMW 535Li	2011	起：LBVFR7909BSD31436 止：LBVFR7903BSE51099
缺陷情况	由于供应商制造失误，本次召回范围内车辆的传动轴连接件强度不足，可能在长期使用后发生破损或断裂。		
可能后果	受本次召回影响的车辆为后驱车辆，若传动轴连接件发生断裂，车辆将失去驱动力，无法继续行驶，增大了车辆发生交通事故的风险，存在安全隐患。		
维修措施	检查车辆，如车辆上安装的传动轴连接件为缺陷批次，则免费为车辆更换传动轴连接件。		
改进措施	相关车辆已停产。		

宝马（中国）汽车贸易有限公司召回部分进口宝马i3增程版汽车

制造商	宝马汽车		
召回时间	2017-04-17至2018-04-17		
涉及数量	358		
车型	型号	年款	VIN范围
BMW I系列	BMW i3	2014-2016	起：WBY1Z410XEVZ70933 止：WBY1Z8104HV896548
缺陷情况	由于油箱通风管布置不合理，在车辆行驶颠簸时，可能同旁边的线路发生摩擦，长时间磨损，油箱通风管可能磨穿。		
可能后果	若油箱通风管最终磨穿，则燃油蒸气可能泄漏，增大了车辆起火风险。存在安全隐患。		
维修措施	若油箱通风管最终磨穿，则燃油蒸气可能泄漏，增大了车辆起火风险。存在安全隐患。		
改进措施	新生产的产品已进行了改良。		

宝马（中国）汽车贸易有限公司召回部分进口宝马3系、5系、6系、7系及Z系列汽车

制造商	宝马汽车		
召回时间	2017-03-27至2018-03-27		
涉及数量	7425		
车型	型号	年款	VIN范围
BMW 3系	BMW 335i	2011	起：WBAKG7107BE713668 止：WBADX7104BE766790
BMW 5系	BMW 535i	2011	起：WBASN2101BC902241 止：WBAFR7104BC948780
BMW 6系	BMW 640i	2011	起：WBALW7106BC399370 止：WBALW7107BC956738
BMW 7系	BMW 730Li， BMW 740Li	2011	起：WBAKB2109BC684347 止：WBAKB4101BC922283
BMW Z4	BMW Z4	2011	起：WBALM7102BE375335 止：WBALM7103BE375604
缺陷情况	由于供应商制造失误，本次召回范围内车辆的传动轴连接件强度不足，可能在长期使用后发生破损或断裂。		
可能后果	受本次召回影响的车辆为后驱车辆，若传动轴连接件发生断裂，车辆将失去驱动力，无法继续行驶，增大了车辆发生交通事故的风险，存在安全隐患。		
维修措施	检查车辆，如车辆上安装的传动轴连接件为缺陷批次，则免费为车辆更换传动轴连接件。		
改进措施	相关车辆已停产。		

保时捷（中国）汽车销售有限公司扩大召回部分进口2017款718 Boxster及911系列汽车

制造商	保时捷汽车		
召回时间	2017-04-20至2018-04-20		
涉及数量	16		
车型	型号	年款	VIN范围
911	911 Carrera Cabriolet	2017	起：WP0CA2997HS141154 止：WP0CA2997HS141154
911	911 Carrera S	2017	起：WP0AB2995HS122526 止：WP0AB2997HS122527
Boxster	718 Boxster	2017	起：WP0CA2985HS221446 止：WP0CA2988HS221442
缺陷情况	在本次召回范围内的部分车辆由于供应商制造原因，安全气囊模块内的初级气体发生器内部化学成分配比不当，在需要气囊展开的碰撞事故中，气囊可能无法正常展开。		
可能后果	在车辆发生足以使气囊展开的碰撞后，气囊可能无法正常展开，这将增大车辆乘员受伤的风险，存在安全隐患。		
维修措施	为涉及车辆免费更换前排乘员座的正面安全气囊模块。		
改进措施	供应商已改正了生产中的问题。可保证后续生产车辆不受影响。		

江西昌河铃木汽车有限责任公司召回部分国产利亚纳汽车-气囊问题

制造商	昌河铃木		
召回时间	2017-04-15至2017-12-31		
涉及数量	5164		
车型	型号	年款	VIN范围
利亚纳	CH7160、CH7161	不分年款	起：LVFAC2AD77K007472 止：LVFAC5AD6DK000655
缺陷情况	副驾驶正面安全气囊装配了上海高田公司生产的未带干燥剂的硝酸铵气体发生器。在安全气囊展开时，上述安全气囊的气体发生器可能发生异常破损。		
可能后果	气体发生器容器可能发生损坏，导致碎片飞出，可能伤及车内人员，存在安全隐患。		
维修措施	免费为对象范围内装配高田气囊的车辆更换副驾驶正面气囊。		
改进措施	目前量产车型采用了其它公司的气囊。		

华晨宝马汽车有限公司扩大召回部分国产宝马X1汽车

制造商	华晨宝马		
召回时间	2017-03-13至2018-03-13		
涉及数量	475		
车型	型号	年款	VIN范围
BMW X系列	BMW X1	2016	起：LBVHZ1108HMJ00829 止：LBVHZ1108HMJ05111
缺陷情况	本次召回为2017年1月3日宝马发布的同样召回的扩大。车辆的气囊起爆装置存在缺陷。在需要气囊展开的碰撞事故中，即使气囊收到引爆信号也无法展开。		
可能后果	由于气囊无法展开，这将增大车辆乘员在需要气囊展开的碰撞事故中受伤的风险，存在安全隐患。		
维修措施	将免费为召回范围内车辆进行检查，并依据检查结果更换安全气囊模块。		
改进措施	供应商已改正了生产中的错误。可保证后续生产车辆不受影响。		

宝马（中国）汽车贸易有限公司扩大召回部分进口宝马4系，5系，M4及劳斯莱斯Dawn汽车

制造商	宝马汽车		
召回时间	2017-03-13至2018-03-13		
涉及数量	87		
车型	型号	年款	VIN范围
BMW 4系	BMW 420i， BMW 430i	2016	起：WBA4T3104H5G46133 止：WBA4T310XH5G46220
BMW 5系	BMW 520i	2016	起：WBA5A3104GG360258 止：WBA5G1103HGD13519
BMW M系列	BMW M4	2016	起：WBS3U9101H5G42676 止：WBS3U9108H5G42710
劳斯莱斯	Dawn	2016	起：SCA666D00HU100620 止：SCA666D05HU100631
缺陷情况	本次召回为2017年1月3日宝马发布的同样召回的扩大。车辆的气囊起爆装置存在缺陷。在需要气囊展开的碰撞事故中，即使气囊收到引爆信号也无法展开。		
可能后果	由于气囊无法展开，这将增大车辆乘员在需要气囊展开的碰撞事故中受伤的风险，存在安全隐患。		
维修措施	将免费为召回范围内车辆进行检查，并依据检查结果更换安全气囊模块。		
改进措施	供应商已改正了生产中的错误。可保证后续生产车辆不受影响。		

梅赛德斯-奔驰（中国）汽车销售有限公司召回部分进口GLE SUV系列汽车-前风挡缺陷

制造商	奔驰汽车		
召回时间	2017-07-08至2018-07-07		
涉及数量	4		
车型	型号	年款	VIN范围
GLE SUV	GLE 320 4MATIC	2016	起：WDCDA6CB8GA812997 止：WDCDA6CB4GA813466
缺陷情况	前风挡的粘接不符合要求。		
可能后果	一旦发生事故时，前风挡可能与车身脱离。如果与激活的气囊正面接触时，会影响气囊的保护作用，增加前排乘客受伤的风险，存在安全隐患。		
维修措施	作为预防措施，戴姆勒股份公司将通过梅赛德斯-奔驰授权服务商为受影响车辆更换前风挡。		
改进措施	生产线增加样件检查和照相检查，保证2016年7月21日以后的车辆不会存在此问题。		

梅赛德斯-奔驰（中国）汽车销售有限公司召回部分进口GLE SUV系列汽车-横向控制臂问题

制造商	奔驰汽车		
召回时间	2017-03-14至2018-03-13		
涉及数量	9		
车型	型号	年款	VIN范围
GLE SUV	GLE 320 4MATIC， GLE 320 4MATIC运动SUV， GLE 400 4MATIC运动SUV	2016	起：WDCDA6CB9GA710981 止：WDCED5GB5GA025991
缺陷情况	横向控制臂与转向节的连接不符合要求。		
可能后果	车轮的指向无法保证，这增加了发生事故的风险， 存在安全隐患。		
维修措施	作为预防措施，戴姆勒股份公司将通过梅赛德斯-奔驰授权服务商为受影响车辆检查螺栓连接，如有必要则更换横向控制臂。		
改进措施	对生产线员工进行培训，保证在2016年1月7日以后生产的车辆上不会存在此问题。		

捷豹路虎（中国）投资有限公司召回部分进口路虎揽胜和捷豹XF系列汽车

制造商	捷豹汽车		
召回时间	2017-10-09至2018-10-09		
涉及数量	28346		
车型	型号	年款	VIN范围
XF	XF 2009款 3.0 V6 Premiun Luxury XF 2010款 3.0 V6 Premiun Luxury XF 2010款 5.0S/C XFR XF 2010款 3.0 V6 Portfolio XF 2010款 5.0 V8 Portfolio XF 2011款 XF 5.0L V8奢华版 XF 2011款 XF 3.0L V6豪华版 XF 2011款 XFR5.0L V8机械增压 XF 2012款 3.0L 手自一体 V6伦敦限量版 XF 2012款 3.0L 手自一体 V6豪华版 XF 2012款 3.0L 手自一体 V6风华版	2009-2012	起：SAJAA06M39FR00253 止：SAJAA05H6CFS58509
揽胜	2007~2009年款 路虎揽胜 4.2 V8 S/C HSE 2007~2009年款 路虎揽胜 4.2 V8 S/C HSE Luxury 2007~2009年款 路虎揽胜 4.2 V8 S/C Westminster / Autobiography 2007~2009年款 路虎揽胜 4.4 V8 HSE 2007~2009年款 路虎揽胜 4.4 V8 HSE Luxury 2007~2010年款 路虎揽胜 3.6 V8 HSE 2007~2010年款 路虎揽胜 3.6 V8 HSE Luxury 2010年款 路虎揽胜 5.0 V8 HSE 2010年款 路虎揽胜 5.0 V8 HSE Luxury 2010年款 路虎揽胜 5.0 V8 S/C HSE 2010年款 路虎揽胜 5.0 V8 S/C HSE Luxury 2010年款 路虎揽胜 5.0 V8 S/C Westminster / Autobiography 2011款 5.0 V8 NA （自然进气汽油） 2011款 5.0 V8 SC （机械增压汽油） 2011款 5.0 V8 SC（机械增压汽油） 尊崇创世版 2011款 3.6 TDV8 （双涡轮增压柴油） 2012款 5.0 V8 NA 2012款 5.0 V8 SC 2012款 3.6 TDV8 2012款 4.4 TDV8 2012款 5.0 V8 SC 尊崇创世版	2007-2012	起：SALLMAM547A236661 止：SALLMAME4CA393613
缺陷情况	涉及车辆装配了高田公司生产的前排乘客位置正面安全气囊，其气体发生剂在防潮方面存在不完善，在长期温度和湿度反复变化的影响下，有可能劣化。气囊打开过程中，可能在气体发生器内部产生过高的压力。		
可能后果	气囊展开时，过高的压力可能会使气体发生器的金属外壳破损，存在安全隐患。		
维修措施	将免费为召回范围内的车辆更换新的前排乘客安全气囊。		
改进措施	相关车型已停产。		

沃尔沃汽车销售（上海）有限公司召回部分进口第二代XC90系列汽车-安全气囊警示标签

制造商	沃尔沃汽车		
召回时间	2017-03-27至2018-03-27		
涉及数量	42		
车型	型号	年款	VIN范围
第二代 XC90	T8荣誉（E驱混动）版-4座	2017	起：YV1LTBAD7H1105071 止：YV1LTBAD1H1165329
缺陷情况	由于供应商问题，乘客侧遮阳板化妆镜盖上未粘贴安全气囊警示标签。		
可能后果	乘客侧遮阳板折叠后无可视的安全气囊警示标签，存在安全隐患。		
维修措施	更换乘客侧遮阳板化妆镜盖。		
改进措施	正在生产的产品均已粘贴该警示标签。		

奇瑞汽车股份有限公司召回部分奇瑞新能源eQ汽车

制造商	奇瑞汽车		
召回时间	2017-04-15至2018-04-15		
涉及数量	4896		
车型	型号	年款	VIN范围
eQ	奇瑞eQ豪华型 奇瑞eQ舒适型	2014-2015	起：LVVDB17B2EB056970 止：LVVDB17B6FB064880
缺陷情况	本次召回范围内的部分车辆使用的塑料真空储气罐，因存在有因供应商工艺过程控制问题导致的不合格件情况，在极端情况下，可能出现真空储气罐破裂情况。		
可能后果	在极端情况下，真空储气罐破裂，制动时真空助力效果减弱，从而导致制动时需要增加对制动踏板的踩踏力度，造成驾驶者误判，影响驾驶安全，存在安全隐患。		
维修措施	奇瑞汽车股份有限公司将为召回范围内的车辆进行核查，并给予免费更换新真空罐总成，以消除隐患。		
改进措施	现生产车辆使用真空罐，供应商对真空罐的制造过程管控进行改善，此后生产的车辆不存在此类问题。		

克莱斯勒（中国）汽车销售有限公司扩大召回部分进口克莱斯勒大捷龙系列汽车

制造商	克莱斯勒		
召回时间	2017-03-20至2018-03-20		
涉及数量	232		
车型	型号	年款	VIN范围
Grand Voyager 大捷龙	Limited 豪华版 （3.6L） Touting 舒适版 （3.6L）	2016	起：2C4PC1BGXGR133337 止：2C4PC1GG4GR135853
缺陷情况	因变速驱动桥油泵转子内外尺寸偏差导致转子卡住或损坏导致部分大捷龙车辆驱动桥油泵液压降低现象，可能导致动力缺失，存在安全隐患。		
可能后果	变速驱动桥油泵受损引起动力中断，存在安全隐患。		
维修措施	克莱斯勒（中国）汽车销售有限公司计划针对2016年款大捷龙车辆发起主动召回，公司将为涉及车辆免费更换驱动桥油泵。		
改进措施	已使用改进后的零件。		

克莱斯勒（中国）汽车销售有限公司召回部分进口Jeep牧马人系列汽车

制造商	克莱斯勒		
召回时间	2017-03-20至2018-03-20		
涉及数量	6855		
车型	型号	年款	VIN范围
Wrangler 牧马人	Wrangler 牧马人（3.6L）	2007-2010	起：1J4BA5H1XAL111214 止：1J4FA54119L790342
缺陷情况	时钟弹簧带破裂引起安全气囊报警灯点亮，存在安全隐患。		
可能后果	可能导致安全气囊报警灯点亮及在车辆受到碰撞时安全气囊无法展开，存在安全隐患。		
维修措施	克莱斯勒（中国）汽车销售有限公司计划针对2007-2010年款牧马人车辆发起主动召回，公司将为涉及车辆更换时钟弹簧，转向柱罩与方向盘后罩。		
改进措施	对所有牧马人转向柱罩与方向盘后罩设计进行改进以减少异物进入。		

东风本田汽车有限公司召回部分2016款思域汽车

制造商	东风本田		
召回时间	2017-03-31至2018-03-30		
涉及数量	20420		
车型	型号	年款	VIN范围
思域（CIVIC）	CIVIC 1.5L 220TURBO 自动豪华版 CIVIC 1.5L 220TURBO 自动尊贵版/220TURBO 自动尊耀版 CIVIC 1.5L 220TURBO 手动豪华版	2016	起：LVHFC1680G6069453 止：LVHFC168XG6089435
缺陷情况	用于连接冷却液膨胀罐的三通阀靠近发动机侧的孔被飞边堵塞，导致在更换冷却液时，发动机内部残留空气，冷却液实际加注量不足。在这种情况下持续使用车辆、会出现发动机冷却液温度高的警示信息，如果再继续使用则可能导致发动机损坏，存在安全隐患。		
可能后果	在更换冷却液时，发动机内部残留空气，冷却液实际加注量不足。在这种情况下持续使用车辆、会出现发动机冷却液温度高的警示信息，如果再继续使用则可能导致发动机损坏，存在安全隐患。		
维修措施	免费为对象范围内车辆更换三通阀。		
改进措施	量产车型采用了对策后的三通阀，不存在类似不良。		

东风汽车有限公司召回部分东风日产楼兰汽车

制造商	东风日产		
召回时间	2017-03-22至2018-03-22		
涉及数量	730		
车型	型号	年款	VIN范围
楼兰	楼兰2013款P42D 3.5XV荣耀版	2013	起：LGBR2HE44DR003070 止：LGBR2HE47FR003809
缺陷情况	部分车辆的转向机高压油管铆接处可能出现脱出现象。		
可能后果	高压油管接头脱出引起漏油，可能造成转向助力不足，极端情况下转向油可能飞溅至排气管高温部件有起火风险，存在安全隐患。		
维修措施	为客户车辆更换转向机高压油管。		
改进措施	已采用改善后的零件。		

上海优科豪马轮胎销售有限公司召回部分进口优科豪马品牌轿车轮胎

制造商	优科豪马YOKOHAMA		
召回时间	2017-03-24至2017-06-21		
涉及数量	77		
车型	型号	年款	VIN范围
205/55R16 91T	IG52C	2016	起：2416 止：2416
缺陷情况	制造过程中橡胶混和调配故障，导致胎冠橡胶硫磺含量不足。		
可能后果	行驶过程中，胎面的一部分会发生起鼓，可能会导致车辆抖动和异响，继续行驶可能会导致胎面部分剥落，影响操控稳定性，存在安全隐患。		
维修措施	免费更换		
改进措施			

捷豹路虎（中国）投资有限公司召回部分进口捷豹F-PACE系列汽车

制造商	捷豹汽车		
召回时间	2017-03-31至2018-03-31		
涉及数量	48		
车型	型号	年款	VIN范围
F-Pace	F-Pace 2017款 2.0T 都市尊享版 F-Pace 2017款 2.0T R-Sport 运动版 F-Pace 2017款 3.0S/C AWD R-Sport 运动版 F-Pace 2017款 3.0S/C AWD S 高性能版 F-Pace 2017款 3.0S/C AWD S 高性能首发限量版	2017	起：SADCB2BG5HA054434 止：SADCB2BG2HA054570
缺陷情况	部分2017年款进口捷豹F-PACE装配了错误规格的左后半轴。		
可能后果	由于左后半轴的规格错误，使车辆存在底盘异响和漏油的风险。在某些极端情况下，车辆可能会失去动力		
维修措施	将为召回范围内的车辆免费检查，若规格不符将更换正确的半轴。		
改进措施	供应商已改正了生产中的错误，可保证后续生产车辆不受影响。		

捷豹路虎（中国）投资有限公司召回部分进口路虎新揽胜、新揽胜运动系列汽车

制造商	路虎汽车		
召回时间	2017-03-31至2018-03-31		
涉及数量	120		
车型	型号	年款	VIN范围
新揽胜	2016年款 路虎?揽胜 3.0 V6 SC 标准轴距 2016年款 路虎?揽胜 3.0 V6 SC Vogue 加长版 2016年款 路虎?揽胜 3.0 V6 SC Vogue SE 创世加长版 2016年款 路虎?揽胜 3.0 V6 SC AB 尊崇创世加长版 2016年款 路虎?揽胜 V8 SC AB 尊崇创世加长版 2016年款 路虎?揽胜 巅峰创世加长版	2016	起：SALGA3VF9GA314544 止：SALGA3EF4GA320106
新揽胜运动	2016年款 路虎?揽胜运动版 SE 3.0L V6 汽油发动机 2016年款 路虎?揽胜运动版 HSE 3.0L V6 汽油发动机 2016年款 路虎?揽胜运动版 HSE DYNAMIC 3.0L V6 汽油发动机 2016年款 路虎?揽胜运动版 HST 3.0L V6 汽油发动机	2016	起：SALWA2VF2GA116359 止：SALWA2VF6GA123797
缺陷情况	车辆的前排乘客位置正面安全气囊启动装置存在缺陷，在需要气囊展开的碰撞事故中，气囊可能无法展开。		
可能后果	可能导致车辆发生碰撞后，前排乘客位置正面安全气囊无法按照要求正常展开，增大车辆乘员受伤风险，存在安全隐患。		
维修措施	将免费为召回范围内的车辆更换符合要求的安全气囊模块。		
改进措施	供应商已改正了生产中的错误，可保证后续生产车辆不受影响。		

玛莎拉蒂（中国）汽车贸易有限公司召回部分进口LEVANTE（莱凡特）系列汽车

制造商	玛莎拉蒂		
召回时间	2017-03-29至2018-03-28		
涉及数量	7660		
车型	型号	年款	VIN范围
Levante（M161）	M161 D4	2017	起：ZN6XU61E3HX184187 止：ZN6XU61E6HX244088
缺陷情况	所涉及车辆在拥堵路况（低速）行驶条件下可能会出现发动机转速过低的情况。在拥堵路况（低速）行驶条件下，由于发动机控制模块（软件）调节混合气过浓，使得燃烧不完全，可能会引起发动机转速过低。		
可能后果	上述缺陷可能会导致变速器进入空挡，极端情况下，可能会导致发动机熄火。		
维修措施	玛莎拉蒂将为涉及召回的车辆进行发动机控制模块软件升级，以消除缺陷。		
改进措施	2017年2月27日之后生产的车辆，发动机控制模块的软件均为最新版本。		

玛莎拉蒂（中国）汽车贸易有限公司召回部分进口总裁、吉博力和莱凡特系列汽车

制造商	玛莎拉蒂		
召回时间	2017-06-30至2018-06-29		
涉及数量	31621		
车型	型号	年款	VIN范围
Ghibli（M157）	M157 B2 M157 B4 M157 C2 M157 D2	2014~2017	起：ZAMRT57E9E1079744 止：ZAMXS57E1H1228887
Levante（M161）	M161 D4 M161 E4	2017	起：ZN6YU61E5HX185474 止：ZN6XU61E0HX183305
Quattroporte（M156）	M156 B4 M156 C2 M156 D2 M156 V8	2014~2017	起：ZAMPP56E4E1069930 止：ZAMXP56E9H1226436
缺陷情况	由于前排座椅线束的布置方式设计不当，所涉及车辆的前排座椅线束可能会与座椅调节电机外壳发生摩擦干涉。		
可能后果	上述缺陷可能会导致在长期使用车辆后，座椅线束出现破损，可能会导致座椅无法调节；在极端状况下，可能会导致座椅线束出现电气短路而导致起火，存在安全隐患。		
维修措施	玛莎拉蒂将对涉及召回的车辆进行前排座椅线束的检查，如有必要，将更换前排座椅线束，并采用新的方式布置座椅线束，以消除缺陷。		
改进措施	2016年12月21日之后生产的车辆，均采用了新的前排座椅线束布置方式。		

大庆沃尔沃汽车制造有限公司召回部分国产S90汽车-安全气帘螺栓问题

制造商	沃尔沃亚太		
召回时间	2017-05-20至2018-05-20		
涉及数量	3483		
车型	型号	年款	VIN范围
S90长轴距	T4智远版 T4智逸版 T5智雅版 T5智尊版 T5智远版	2017	起：LVYPDALA1HP000162 止：LVYPD10A1HP003728
缺陷情况	由于供应商问题，部分安全气帘固定螺栓在表面处理过程中产生偏差，可能导致螺栓易断裂。		
可能后果	如果车辆使用了一个或多个有缺陷的螺栓，螺栓断裂后可能导致行驶中产生异响。如果发生碰撞，车上乘员受到来自安全气帘的保护可能低于预期，存在安全隐患。		
维修措施	更换气帘固定螺栓。		
改进措施	供应商已经纠正螺栓表面处理过程，正在生产的产品没有使用缺陷零件。		

沃尔沃汽车销售（上海）有限公司召回部分进口S90、V90 Cross Country、第二代XC90汽车-安全气帘螺栓问题

制造商	沃尔沃汽车		
召回时间	2017-05-20至2018-05-20		
涉及数量	2843		
车型	型号	年款	VIN范围
S90	T6 AWD 智雅版	2017	起：YV1PS10BDH1016207 止：YV1PS10BDH1016207
V90 Cross Country	T5 AWD 智尊版 T5 AWD 智远版	2017	起：YV1PZ10D8H1000115 止：YV1PZ10D8H1005220
第二代 XC90	T5 智逸版 - 5座 T5 智逸版 - 7座 T6 智尊版- 5座 T6 智尊版- 7座 T6 智尊版- 5座 T6 智雅版 -7座 T6 智雅版 -5座 T6 智逸版 -7座 T8荣誉（E驱混动）版-4座 T8 智尊（E驱混动）版- 7座 T8 个性运动（E驱混动）版- 7座	2017	起：YV1LCA2D4H1150736 止：YV1LFA2D0H1175009
缺陷情况	由于供应商问题，部分安全气帘固定螺栓在表面处理过程中产生偏差，可能导致螺栓易断裂。		
可能后果	如果车辆使用了一个或多个有缺陷的螺栓，螺栓断裂后可能导致行驶中产生异响。如果发生碰撞，车上乘员受到来自安全气帘的保护可能低于预期，存在安全隐患。		
维修措施	更换气帘固定螺栓。		
改进措施	供应商已经纠正螺栓表面处理过程，正在生产的产品没有使用缺陷零件。		

浙江豪情汽车制造有限公司召回部分沃尔沃S60L汽车-气囊问题

制造商	沃尔沃亚太		
召回时间	2017-03-30至2018-03-30		
涉及数量	12		
车型	型号	年款	VIN范围
S60L	T4 智远版 T3 智进版 T5 智驭版	2017	起：LYVFD29A6HB149341 止：LYVFD41A0HB150573
缺陷情况	由于供应商问题，部分安全气囊可能无法正常工作。在这些安全气囊的气体发生器中，烟火点火器内部化学成分的混合比例有可能不符合规格。		
可能后果	如果发生碰撞，可能导致一个或多个安全气囊在撞击中无法正常展开，增加了车内乘员受到伤害的风险， 存在安全隐患。		
维修措施	更换受影响的安全气囊。		
改进措施	使用供应商改进后的产品。		

沃尔沃汽车销售（上海）有限公司扩大召回部分进口第二代XC90汽车-气囊问题

制造商	沃尔沃汽车		
召回时间	2017-03-30至2018-03-30		
涉及数量	15		
车型	型号	年款	VIN范围
第二代 XC90	T5 智逸版-7座 T6智尊版-7座 T6智尊版-5座 T6 智雅版-7座 T6 智逸版-7座	2017	起：YV1LFA2D0H1149414 止：YV1LFA2D3H1149570
缺陷情况	由于供应商问题，部分安全气囊可能无法正常工作。在这些安全气囊的气体发生器中，烟火点火器内部化学成分的混合比例有可能不符合规格。		
可能后果	如果发生碰撞，可能导致一个或多个安全气囊在撞击中无法正常展开，增加了车内乘员受到伤害的风险， 存在安全隐患。		
维修措施	更换受影响的安全气囊		
改进措施	使用供应商改进后的产品		

大庆沃尔沃汽车制造有限公司召回部分国产S90汽车-气囊问题

制造商	沃尔沃亚太		
召回时间	2017-03-30至2018-03-30		
涉及数量	1		
车型	型号	年款	VIN范围
S90长轴距	T4智远版	2017	起：LVYPDALAXHP002072 止：LVYPDALAXHP002072
缺陷情况	由于供应商问题，部分安全气囊可能无法正常工作。在这些安全气囊的气体发生器中，烟火点火器内部化学成分的混合比例有可能不符合规格。		
可能后果	如果发生碰撞，可能导致一个或多个安全气囊在撞击中无法正常展开，增加了车内乘员受到伤害的风险，存在安全隐患。		
维修措施	更换受影响的安全气囊。		
改进措施	使用供应商改进后的产品。		

一汽-大众汽车有限公司召回部分国产奥迪Q5汽车

制造商	一汽奥迪		
召回时间	2017-05-15至2018-05-14		
涉及数量	556196		
车型	型号	年款	VIN范围
Q5	2010款 Q5 2.0 TFSI 进取型/技术性/舒适性/豪华型 2011/2012款Audi Q5 2.0 TFSI quattro 进取型/技术性/舒适性/豪华型 2013/2014/2015/2016款Audi Q5 40 TFSI 进取型/技术性/舒适性/动感型/豪华型 2013/2014/2015款Audi Q5 35 TFSI 手动标准型	2010-2016	起：LFV3B28R6A3019472 止：LFV3B28R5G3078202
缺陷情况	此次召回范围内的车辆，极个别车辆的安全气帘储气罐可能因锈蚀发生意外破裂，存在安全隐患		
可能后果	在极个别情况下，储气罐意外破裂可能导致乘客受伤，存在安全隐患。		
维修措施	一汽-大众汽车有限公司将委托奥迪特许经销商免费为召回范围内的车辆检查顶部的进水情况和安全气帘储气罐表面的腐蚀情况，根据腐蚀情况对车辆进行防腐蚀处理或更换安全气帘。		
改进措施	2016年8月11日以后采取了带保护膜的新储气罐。		

一汽-大众汽车有限公司召回部分进口奥迪Q5、SQ5汽车

制造商	奥迪汽车		
召回时间	2017-05-15至2018-05-14		
涉及数量	16226		
车型	型号	年款	VIN范围
Q5	2011/2012款 Audi Q5 3.2 FSI quattro运动型/越野型 2013/2014/2015/2016/2017款Audi Q5 45 TFSI quattro 运动型/越野型 2013/2014/2015/2016/2017款Audi Q5 40 Hybrid quattro	2011-2017	起：WAUCKD8R0BA004593 止：WAUCGD8R7HA030568
SQ5	2014/2015/2016/2017款 SQ5	2014-2017	起：WAUCGD8R6EA023543 止：WAUCGD8R0HA030234
缺陷情况	此次召回范围内的车辆，极个别车辆的后排头部安全气囊可能因锈蚀发生意外破裂，存在安全隐患。		
可能后果	在极个别情况下，储气罐意外破裂可能导致乘客受伤，存在安全隐患。		
维修措施	一汽-大众汽车有限公司将委托奥迪特许经销商免费为召回范围内的车辆检查顶部的进水情况和安全气帘储气罐表面的腐蚀情况，根据腐蚀情况对车辆进行防腐蚀处理或更换安全气帘。		
改进措施	2016年7月27日以后采取了带保护膜的新储气罐。		

北京奔驰汽车有限公司召回部分国产汽车-启动限流器问题

制造商	北京奔驰		
召回时间	2017-07-26至2018-07-25		
涉及数量	348939		
车型	型号	年款	VIN范围
C级	C180， C 200， C 300， C 200 4MATIC C 200 L 4MATIC C 180 L， C 200 L， C 300 L	2015-2016	起：LE4WG4CB3GL046905 止：LE4WG4CBXGL147598
E级	E 180 L， E 200， E 300， E 200 L E 200 4MATIC， E 200 L 4MATIC， E 320 L 4MATIC	2015-2016	起：LE4ZG4JB3HL000153 止：LE4ZG4JB5HL024907
GLA级	GLA 200	2015-2016	起：LE4TG4DB6GL018419 止：LE4TG4DB0HL109560
GLC SUV	GLC 200 4MATIC， GLC 260 4MATIC， GLC 300 4MATIC	2015-2016	起：LE40G4GB1GL000165 止：LE40G4DB3HL107739
缺陷情况	启动限流器无法承受某些短路情况下的过载。		
可能后果	当驾驶员在发动机无法启动的情况下，仍多次尝试启动车辆时，产生的电流可能使启动限流器过热，极端情况下，启动限流器周边的零件可能被引燃，存在安全隐患。		
维修措施	作为预防措施，戴姆勒将通过梅赛德斯-奔驰授权服务商为受影响车辆的启动机线束安装保险。		
改进措施	对启动限流器进行了改进，并保证在2017年2月以后生产的车辆上不会存在此问题。		

梅赛德斯-奔驰（中国）汽车销售有限公司召回部分进口汽车-启动限流器问题

制造商	奔驰汽车		
召回时间	2017-07-26至2018-07-25		
涉及数量	49490		
车型	型号	年款	VIN范围
A级	A 180， A 200， A 260， A 45 AMG 4MATIC	2015-2016	起：WDDBF4EB4GJ378826 止：WDDBF4DB2HV176336
B级	B 180 B 200 B 260	2015-2016	起：WDDMH4DB7FJ279257 止：WDDMH4CB5HN186279
CLA级	CLA 180， CLA 200， CLA 220 4MATIC， CLA 260 4MATIC， CLA 45 AMG 4MATIC	2015-2016	起：WDDSJ4DB7HN346527 止：WDDSJ4HB6HN470220
C级	C 180 旅行车， C 200 旅行车， C 300 旅行车， C 180 轿跑车， C 200 轿跑车， C 300 轿跑车， C 200 4MATIC旅行车 C 200 4MATIC轿跑车	2015-2016	起：WDDWH4CB3FF096211 止：WDDWJ4CBXHF496936
GLC 轿跑SUV	GLC 200 4MATIC， GLC 260 4MATIC， GLC 300 4MATIC	2015-2016	起：WDC2539461F035424 止：WDC0J4DB2HF204141
缺陷情况	启动限流器无法承受某些短路情况下的过载。		
可能后果	当驾驶员在发动机无法启动的情况下，仍多次尝试启动车辆时，产生的电流可能使启动限流器过热，极端情况下，启动限流器周边的零件可能被引燃，存在安全隐患。		
维修措施	作为预防措施戴姆勒将通过梅赛德斯-奔驰授权服务商为受影响车辆启动机线束安装保险。		
改进措施	对启动限流器进行了改进，并保证在2017年2月以后生产的车辆上不会存在此问题。		

三菱汽车销售（中国）有限公司扩大召回部分进口帕杰罗系列汽车

制造商	三菱汽车		
召回时间	2017-06-05至2017-06-04		
涉及数量	13139		
车型	型号	年款	VIN范围
帕杰罗	帕杰罗豪华版；帕杰罗炫酷版；帕杰罗旗舰版；帕杰罗尊贵版；帕杰罗豪华手动版；帕杰罗精英版；帕杰罗精英超越版	2010-2013	起：JE4MR63R6AJ000106 止：JE4NR52MXCJ004084
缺陷情况	从供应商及其第三方调查发现，该型号(PSPI-6型)气体发生器内火药（硝酸铵）长时间暴露在湿气环境下由于温度变化会发生劣化。当搭载没有干燥剂安全气囊展开时，气体发生器有可能发生破损。		
可能后果	气体发生器发生破损，导致碎片飞出，可能伤及车内人员，存在安全隐患。		
维修措施	免费更换副驾驶席安全气囊气体发生器。		
改进措施	高田公司根据原因调查结果，另行对应。		

克莱斯勒（中国）汽车销售有限公司召回部分进口吉普自由光系列汽车

制造商	克莱斯勒		
召回时间	2017-03-31至2018-03-31		
涉及数量	63		
车型	型号	年款	VIN范围
Cherokee 自由光	Cherokee 自由光（2.4L） Longitude High 都市版（2.4L） Limited AWD Base 精英版（2.4L） Limited AWD ADG 科技包精英版（2.4L） Trailhawk 高性能版 （2.4L） Trailhawk 高性能版 （3.2L）	2014-2015	起：1C4PJMCB5EW136421 止：1C4PJMCB2EW306461
缺陷情况	部分车辆的第一或者第二排座椅总成上的螺栓或螺母的扭矩可能较低。		
可能后果	座椅总成上的螺栓或螺母的扭矩较低可能会导致噪音、偏转或整体连接不良，如不进行处理，可能影响到座椅的结构完整性，存在安全隐患。		
维修措施	克莱斯勒（中国）汽车销售有限公司计划发起主动召回，公司将为涉及车辆更换座椅总成。		
改进措施	座椅供应商使用的解锁软件进行了修正，放行的座椅必须通过扭矩检查，相关质量控制流程也进行了改进，包括不良座椅加注“禁止发运”标识和加严质量校验和质量巡查。		

神龙汽车有限公司召回部分东风标致、东风雪铁龙汽车

制造商	神龙汽车(东风雪铁龙)		
召回时间	2017-04-01至2018-04-01		
涉及数量	10194		
车型	型号	年款	VIN范围
2008	东风标致2008 1.6L 自动时尚版 东风标致2008 1.6L 手动时尚版 东风标致2008 1.2THP 领航版	2016	起：LDC671T37G3757631 止：LDC671T30G3758863
408	408 1.2T自动豪华版 408 1.6T自动尊贵版 408 1.8L自动豪华版 国五 408 1.8L手动领先版 国五	2016	起：LDC97324XG2539305 止：LDC973448G2544810
C3-XR	C3-XR 1.6L CVVT自动先锋型 C3-XR 1.6L CVVT手动先锋型 C3-XR 1.6THP 自动智能型 C3-XR 自动先锋型 C3-XR 手动先锋型	2016	起：LDC661T37G3636505 止：LDC661T37G3648847
标致308	新一代东风标致308 1.2THP自动豪华版 新一代东风标致308 1.6THP自动尊贵版	2016	起：LDC983242G1544758 止：LDC983440G1550166
缺陷情况	前排座椅安全带预紧器点火具不能点爆。		
可能后果	可能导致在车辆发生碰撞后，前排座椅安全带预紧器无法正常工作。		
维修措施	根据检查结果更换合格的前排座椅安全带总成。		
改进措施	使用合格的前排座椅安全带总成装车。		

长安福特汽车有限公司召回部分2012款新福克斯汽车

制造商	长安福特		
召回时间	2017-04-02至2018-03-31		
涉及数量	8784		
车型	型号	年款	VIN范围
新福克斯	新福克斯三厢 1.6 MT 风尚型；新福克斯三厢 1.6 AT 风尚型 新福克斯三厢 1.6 MT 舒适型；新福克斯三厢 1.6 AT 舒适型 新福克斯三厢 1.6 AT 尊贵型 新福克斯两厢 1.6 MT 风尚型；新福克斯两厢 1.6 AT 风尚型新福克斯两厢 1.6 MT 舒适型；新福克斯两厢 1.6 AT 舒适型	2012	起：LVSHCADB2CE000524 止：LVSHCFDB1EE574774
缺陷情况	受影响范围内，部分车辆的发动机油轨与较高浓度甲醇汽油不兼容，长期使用该类汽油，汽油中的甲醇将渗透到油轨焊接区域，导致焊接区域溶胀，极端情况下会使焊接部位产生细微裂纹，导致燃油渗漏，存在安全隐患。		
可能后果	极端情况下可能导致燃油渗漏。		
维修措施	长安福特汽车有限公司将为召回范围内的车辆免费更换有潜在风险的发动机油轨。		
改进措施	长安福特从2014年2月起切换了发动机油轨的供应商， 新供应商生产的产品符合福特规范。		

广汽三菱汽车有限公司召回部分劲炫汽车

制造商	广汽三菱		
召回时间	2017-05-31至2018-05-30		
涉及数量	51752		
车型	型号	年款	VIN范围
劲炫	1.6L 手动两驱标准版/先锋版，2.0L 手动 两驱舒适版，2.0L CVT两驱精英版/豪华版/领航版，2.0L CVT四驱尊贵版/旗舰版	2015-2016	起：LL66HAB06FB075221 止：LL66H2F05GB060419
缺陷情况	由于国产转向器小齿轮热处理回火工序的送料速度过快导致加热不均，从而导致回火不充分，硬度下降量的偏差过大。		
可能后果	长期使用可能导致转向器小齿轮破损，卡入齿轮使操舵力增大，最终导致难以控制方向，存在安全隐患。		
维修措施	对涉及车辆的转向器短总成免费更换成合格件。		
改进措施	从2016年8月22日开始生产的车辆，转向器小齿轮变更为捷太格特株式会社丰桥工厂生产的小齿轮（进口件）。		

天津一汽丰田汽车有限公司召回部分国产威驰、花冠、卡罗拉汽车-高田气囊

制造商	天津一汽丰田		
召回时间	2017-04-30至2018-08-30		
涉及数量	610587		
车型	型号	年款	VIN范围
卡罗拉	2007年款1.6L； 2007年款1.8L； 2010年款1.6L； 2010年款1.8L； 2010年款2.0L	2007-2010	起：LFMAPE2C9A0154824 止：LFMARE2CXC0385888
威驰	1.3L 1.6L	2008	起：LFMAU92A9C0046303 止：LFMAP92A8C0089957
花冠EX	2012年款1.6L	2008	起：LFMAP22CXB0349461 止：LFMAP22C2C0475511
缺陷情况	高田产副驾驶席空气囊的未带干燥剂的硝酸铵气体发生器（膨胀装置），其气体发生剂在防潮方面存在不完善，长期在温度及湿度反复变化的影响下，气体发生剂有可能劣化。在空气囊展开时，气体发生器的容器有可能发生破损，伤及乘员，存在安全隐患。		
可能后果	空气囊展开时，气体发生器的容器有可能发生破损，伤及乘员，存在安全隐患。		
维修措施	天津一汽丰田汽车有限公司将为召回范围内车辆更换新品，并回收旧品调查。		
改进措施	目前原因正在调查，为安全起见，天津一汽丰田汽车有限公司将为召回范围内车辆更换新品，并回收旧品调查，根据回收零件的调查结果，必要时采取恰当的举措以消除安全隐患。		

四川一汽丰田汽车有限公司召回部分国产卡罗拉汽车-副驾驶气囊

制造商	四川一汽丰田		
召回时间	2017-08-31至2018-08-30		
涉及数量	20036		
车型	型号	年款	VIN范围
卡罗拉	1.6 GL至酷； 1.6 GL； 1.6 GL炫酷 1.8 GL-i至酷；1.8 GL-i； 1.8 GL-i纪念版； 1.8 GLX-i	2013	起：LFMARE2C8C3500275 止：LFMAPE2CXC3564338
缺陷情况	对象车辆搭载的高田产副驾驶席空气囊的未带干燥剂的硝酸铵气体发生器（膨胀装置），由于其气体发生剂在防潮方面存在不完善，长期在温度及湿度反复变化的影响下，气体发生剂有可能劣化。在空气囊展开时，气体发生器的容器有可能发生破损，伤及乘员，存在安全隐患。		
可能后果	在空气囊展开时，气体发生器的容器有可能发生破损，伤及乘员，存在安全隐患。		
维修措施	为所有对象车辆更换副驾驶席空气囊气体发生器。		
改进措施	我司于2013年8月已停止生产此车辆，但会按丰田的整体计划对已产缺陷车辆实施处置。		

丰田汽车（中国）投资有限公司召回部分进口Toyota ALPHARD埃尔法汽车-副驾驶气囊

制造商	丰田汽车		
召回时间	2017-05-31至2018-05-30		
涉及数量	11873		
车型	型号	年款	VIN范围
Toyota ALPHARD	ALPHARD 2.4	2010-2012	起：JTEGD21H0A8140194 止：JTEGD21H5B8166209
Toyota ALPHARD	ALPHARD 3.5	2010-2012	起：JTEGS21HXA8033367 止：JTEGS21H6D8069884
缺陷情况	对象车辆搭载的高田产副驾驶席空气囊的未带干燥剂的硝酸铵气体发生器（膨胀装置），由于其气体发生剂在防潮方面存在不完善，长期在温度及湿度反复变化的影响下，气体发生剂有可能劣化。在空气囊展开时，气体发生器的容器有可能发生破损，伤及乘员，存在安全隐患。		
可能后果	在空气囊展开时，气体发生器的容器有可能发生破损，伤及乘员，存在安全隐患。		
维修措施	作为预防措施，对所有对象车辆更换空气囊总成。		
改进措施	正在生产的产品使用的是其他供应商（Autoliv）生产的空气囊总成。（装有Autoliv产气体发生器的Autoliv空气囊总成）		

广汽丰田汽车有限公司召回部分国产2012年款雅力士汽车-副驾驶气囊

制造商	广汽丰田		
召回时间	2017-04-30至2018-04-29		
涉及数量	12406		
车型	型号	年款	VIN范围
雅力士	1.3 E魅动版 手动档、1.3 E魅动版 自动档、1.3E 舒适版、1.6 E魅动版 手动档、1.6 E魅动版 自动档、1.6 GS锐动版、1.6 G炫动版 手动档、1.6 G炫动版 自动档、1.6E 舒适版、1.6G 精致版、 1.6G 精致智能版、1.6RS 至尊版、 1.6RS 至尊锐动版	2012	起：LVGCU9232BG078817 止：LVGCU9236CG091216
缺陷情况	对象车辆搭载的高田产副驾驶席空气囊的未带干燥剂的硝酸铵气体发生器（膨胀装置），由于其气体发生剂在防潮方面存在不完善，长期在温度及湿度反复变化的影响下，气体发生剂有可能劣化。在空气囊展开时，气体发生器的容器有可能发生破损，伤及乘员，存在安全隐患。		
可能后果	在空气囊展开时，气体发生器的容器有可能发生破损， 伤及乘员， 存在安全隐患。		
维修措施	作为预防措施，广汽丰田汽车有限公司将为召回范围内的车辆免费更换副驾驶席空气囊总成，并回收旧品调查。		
改进措施	广汽丰田生产的雅力士车型已于2013年11月停产，目前生产的产品不存在该缺陷。		

神龙汽车有限公司召回部分进口标致4008雪铁龙C4 Aircross汽车-雨刮电机问题

制造商	标致汽车		
召回时间	2017-07-18至2018-07-18		
涉及数量	8131		
车型	型号	年款	VIN范围
4008	4008 进取型 2.0 两驱 国四 4008 时尚型 2.0 四驱 国四 4008 进取型 2.0 两驱 国五1 4008 时尚型 2.0 四驱 国五1	2012-2014	起：VF3BAFZ90EZ803815 止：VF3BAFZPXFZ800954
C4 Aircross	C4 Aircross 进取型 2.0 两驱 国四 C4 Aircross 舒适型 2.0 四驱 国四 C4 Aircross 进取型 2.0 两驱 国五1 C4 Aircross 舒适型 2.0 四驱 国五1	2012-2014	起：VF7BAFZ90EZ905226 止：VF7BAFZPXEZ904258
缺陷情况	由于前挡风玻璃雨刮电机带有呼吸孔的树脂帽结构问题，水分可能会侵入电机内部，造成电机内部腐蚀，严重时会导致雨刮电机停止运转。		
可能后果	前挡风玻璃雨刮器无法正常运转影响前方视野，有可能造成事故。		
维修措施	对涉及车辆的前挡风玻璃雨刮电机更换为合格零件。		
改进措施	2014年9月12日起采用了带防水布的呼吸孔树脂帽。（该车型已经不向中国出口）		

神龙汽车有限公司召回部分进口标致4008雪铁龙C4 Aircross汽车-尾门撑杆问题

制造商	雪铁龙汽车		
召回时间	2017-07-18至2018-07-18		
涉及数量	11276		
车型	型号	年款	VIN范围
4008	4008 进取型 2.0 两驱 国四 4008 时尚型 2.0 四驱 国四 4008 进取型 2.0 两驱 国五1 4008 时尚型 2.0 四驱 国五1 4008 进取型 2.0 两驱 国五2 4008 时尚型 2.0 四驱 国五2	2012-2015	起：VF3BAFZ90EZ803815 止：VF3BAFZPXFZ800954
C4 Aircross	C4 Aircross 进取型 2.0 两驱 国四 C4 Aircross 舒适型 2.0 四驱 国四 C4 Aircross 进取型 2.0 两驱 国五1 C4 Aircross 舒适型 2.0 四驱 国五1 C4 Aircross 进取型 2.0 两驱 国五2 C4 Aircross 舒适型 2.0 四驱 国五2	2012-2015	起：VF7BAFZ90EZ905226 止：VF7BAFZPXEZ904258
缺陷情况	尾门气动支撑杆外筒盖部采用了速干性能强但防锈性能较低的涂料，在使用过程中含有盐分的水分可能侵入到外筒盖部内部造成腐蚀。随着腐蚀的加深外筒壁厚变薄，将无法承受被内部压力挤压的金属卡箍，造成外筒破裂。		
可能后果	打开尾门时会造成外筒破裂，有可能伤害周边人员。		
维修措施	对涉及车辆的尾门气动支撑杆进行检查，免费更换为合格零部件。		
改进措施	该车型已经不向中国出口。		

福特汽车（中国）有限公司召回部分进口林肯大陆和林肯MKX系列汽车

制造商	福特汽车		
召回时间	2017-06-30至2018-06-30		
涉及数量	5798		
车型	型号	年款	VIN范围
MKX	MKX尊雅版 MKX 尊耀版 MKX总统系列	2016	起：2LMPJ8L96GBL53002 止：2LMPJ8MP9GBL90204
林肯大陆	林肯大陆尊耀版（前驱） 林肯大陆尊雅版（前驱） 林肯大陆尊耀版（全驱） 林肯大陆总统版尊耀版	2017	起：1LN6L9BC0H5600248 止：1LN6L9BCXH5612908
缺陷情况	在一些被涉及的车辆中，在车辆发生碰撞时，气囊无法充分展开或出现气囊气袋从气囊模块上脱离的情况。		
可能后果	车辆发生碰撞时，气囊无法充分展开或出现气囊气垫从气囊模块上脱离这可能会增加驾驶员受伤的风险。		
维修措施	更换驾驶员气囊模块。		
改进措施	MKX车型现已暂停生产，恢复日期未定。 2016年11月23日开始生产的大陆车型使用新零件号的安全气囊模块。		

三菱汽车销售（中国）有限公司召回部分进口欧蓝德系列汽车

制造商	三菱汽车		
召回时间	2017-07-03至2018-07-02		
涉及数量	17678		
车型	型号	年款	VIN范围
欧蓝德	欧蓝德四驱豪华导航版7座、 欧蓝德四驱豪华导航版5座、欧蓝德四驱都市导航版5座、欧蓝德两驱运动导航版5座、 欧蓝德精英GT版7座	2014-2016	起：JE3AZ5925EZ002027 止：JE3AZ2931GZ013200
缺陷情况	由于构成车门锁的零部件生产问题，有部分产品不符合规格。当气温升高时锁紧部分会发生卡滞。		
可能后果	因此会造成车门锁无法锁紧，严重时行驶中车门可能打开，存在安全隐患。		
维修措施	对涉及车辆的车门锁进行免费更换。		
改进措施	通过追加检查项目等对生产制造流程进行了相应改善。		

一汽-大众汽车有限公司扩大召回部分进口奥迪A7、A8L、A4 allroad系列汽车

制造商	奥迪汽车		
召回时间	2017-04-10至2018-04-09		
涉及数量	23		
车型	型号	年款	VIN范围
A4 allroad	A4 allroad 2.0 TFSI quattro S tronic	2017	起：WAU7FCF44HA051528 止：WAU7FCF44HA080754
A7	A7 35TFSI 时尚型 A7 40TFSI 进取型 A7 40TFSI quattro 技术型 A7 50TFSI quattro 动感型 A7 50TFSI quattro 舒适型	2017	起：WAURFC4GXHN040371 止：WAURFC4G3HN040440
A8L	A8L 45 TFSI quattro 舒适型 A8L 45 TFSI quattro 豪华型 A8L 45 TFSI quattro 专享型	2017	起：WAUYGB4H0HN008976 止：WAUYGB4H9HN009155
缺陷情况	由于供应商制造原因，副驾驶安全气囊、右侧帘式安全气囊、前排左侧安全带的初级气体发生器中的化学成分配比不当，在车辆发生需要气囊展开或者安全带收紧的碰撞时，可能出现气囊无法展开或者前排座椅安全带预紧器无法正常收紧，存在安全隐患。		
可能后果	在车辆发生需要气囊展开或者安全带收紧的碰撞时，可能出现气囊无法展开或者前排座椅安全带预紧器无法正常收紧，存在安全隐患。		
维修措施	一汽-大众汽车有限公司将委托奥迪特许经销商为涉及范围内的车辆进行检测，并根据检测结果免费更换副驾驶安全气囊、右侧帘式安全气囊、前排左侧安全带的相应模块，以消除缺陷。		
改进措施	在生产线上已采用了优化后的副驾驶安全气囊、右侧帘式安全气囊和前排左侧座椅安全带模块。		

斯巴鲁汽车（中国）有限公司扩大召回部分进口驰鹏、森林人、力狮、傲虎和翼豹系列汽车

制造商	斯巴鲁汽车		
召回时间	2017-07-01至2019-11-30		
涉及数量	149028		
车型	型号	年款	VIN范围
傲虎	2010款OUTBACK傲虎2.5i豪华版（自动） 2010款OUTBACK傲虎2.5i豪华导航版（自动） 2010款OUTBACK傲虎3.6R豪华版（自动） 2010款OUTBACK傲虎3.6R豪华导航版（自动） 2011款OUTBACK傲虎2.5i豪华版 2011款OUTBACK傲虎2.5i豪华导航版 2011款OUTBACK傲虎3.6R豪华版（自动） 2011款OUTBACK傲虎3.6R豪华导航版（自动） 2012款OUTBACK傲虎2.5i豪华版（自动） 2012款OUTBACK傲虎2.5i豪华导航版（自动） 2012款OUTBACK傲虎2.5i运动版（自动） 2012款OUTBACK傲虎2.5i运动导航版（自动） 2012款OUTBACK傲虎3.6R豪华版（手动） 2012款OUTBACK傲虎3.6R豪华导航版（手动） 2013款OUTBACK傲虎2.5i豪华版（自动） 2013款OUTBACK傲虎2.5i豪华导航版版（自动） 2013款OUTBACK傲虎2.5i运动版（自动） 2013款OUTBACK傲虎2.5i运动导航版（自动）	2010-2013	起：JF1BR96D1AG013741 止：JF1BR98D7DG152600
力狮	2010款Legacy力狮2.0i豪华版/豪华导航版（自动） 2010款Legacy力狮2.0i运动导航版（手动） 2010款Legacy力狮2.5GT豪华版/豪华导航版（自动） 2010款Legacy力狮2.5i豪华版/豪华导航版（自动） 2011款Legacy力狮2.0i（手动） 2011款Legacy力狮2.0i豪华版 2011款Legacy力狮2.5GT豪华版 2011款Legacy力狮2.5i豪华版 2012款Legacy力狮2.0i豪华版 2012款Legacy力狮2.0i旅行轿车豪华版 2012款Legacy力狮2.5GT豪华版 2012款Legacy力狮2.5i豪华版 2013款Legacy力狮2.5ie 2013款Legacy力狮2.5i豪华版	2010-2013	起：JF1BM92D8AG010680 止：JF1BM92D1DG032914
森林人	2010款Forester森林人2.0XS 自动豪华版 2010款Forester森林人2.0X 手动舒适版 2010款Forester森林人2.0X-C 手动 运动特别版 2010款Forester森林人2.0XS（自动） 2010款Forester森林人2.0XS 豪华导航版（自动） 2010款Forester森林人2.0X手动豪华版 2010款Forester森林人2.5XS 豪华导航版（自动） 2010款Forester森林人2.5XS 自动豪华版 2010款Forester森林人2.5XT 豪华导航版（自动） 2010款Forester森林人2.5XT 自动豪华版 2011款Forester森林人2.0X 5MT 2011款Forester森林人2.0XS自动豪华版 2011款Forester森林人2.0XS豪华导航版 2011款Forester森林人2.5S-EDITION自动豪华版 2011款Forester森林人2.5XS自动豪华版 2011款Forester森林人2.5XT豪华导航版 2012款Forester森林人2.0X手动舒适版 2012款Forester森林人2.0XS手动豪华版 2012款Forester森林人2.0XS自动豪华版 2012款Forester森林人2.5S-EDITION 豪华导航版 2012款Forester森林人2.5XS自动豪华版	2010-2012	起：JF1SH52F8AG138366 止：JF1SH92F4CG322844
翼豹	2011款IMPREZA翼豹2.0XX 2011款IMPREZA翼豹2.5TB（手动） 2012款IMPREZA翼豹2.0I 2012款IMPREZA翼豹2.5TB（手动） 2013款IMPREZA翼豹2.0I 2013款IMPREZA翼豹2.0I-S	2011-2013	起：JF1GH73FXBG071853 止：JF1GV82K2DG021710
驰鹏	2012款驰鹏3.6	2012	起：4S4WX98H3CS033843 止：4S4WX98H0CS034688
缺陷情况	副驾驶安全气囊的气体发生器（膨胀装置）的防潮设计不当，受到长期温度及湿度环境变化的影响，可能导致气体发生器劣化。当副驾驶安全气囊在展开时，气体发生器外壳可能发生破损。		
可能后果	当副驾驶安全气囊展开时，气体发生器可能发生破损，导致金属碎片飞出，可能会伤及车内人员，存在安全隐患。		
维修措施	免费为召回范围内车辆更换副驾驶安全气囊气体发生器。		
改进措施	对象车辆已经停产。现在没有再使用该型号的副驾驶安全气囊气体发生器。		

长安福特汽车有限公司召回部分2013款翼虎汽车

制造商	长安福特		
召回时间	2017-06-30至2019-11-29		
涉及数量	82976		
车型	型号	年款	VIN范围
翼虎	翼虎 1.6GTDi AT 精英型 翼虎 1.6GTDi AT 风尚型 翼虎 1.6GTDi AT 舒适型	2013	起：LVSHJCAB8CE042816 止：LVSHJCABXEE831018
缺陷情况	受影响范围内部分搭载1.6L GTDi发动机的翼虎汽车，长期使用情况下发动机冷却系统可能产生泄漏，引起发动机缸盖局部过热，极端情况下导致缸盖开裂引起机油渗漏。如果渗漏的机油接触到高温的排气系统热端，可能引起发动机舱起火，存在安全隐患。		
可能后果	极端情况下导致缸盖开裂引起机油渗漏，如果渗漏的机油接触到高温的排气系统热端，可能引起发动机舱起火，存在安全隐患。		
维修措施	长安福特汽车有限公司将为召回范围内的车辆免费更换冷却水壶和水管，并辅以加装冷却液液位传感器和刷新动力控制模块及仪表软件等行动，以消除安全隐患。		
改进措施	基于产品规划，受影响车型已于2014年11月换型。		

北汽（广州）汽车有限公司召回部分2015年款绅宝X65汽车

制造商	北京汽车		
召回时间	2017-04-21至2018-04-20		
涉及数量	1163		
车型	型号	年款	VIN范围
绅宝X65	绅宝X65 2.0T AT 豪华版 绅宝X65 2.0T AT 精英版 绅宝X65 2.0T AT 舒适版 绅宝X65 2.0T MT 精英版	2015	起：LNBMCUBH9FT104886 止：LNBMCUBK6GT130486
缺陷情况	由于发动机缸盖的气门油封压装工艺变更，气门油封压装过程中可能封闭不严，容易在气门杆部产生积碳。		
可能后果	本次召回的部分车辆可能出现发动机偶发抖动、动力性能下降的现象，在极端情况下可能造成发动机缸盖损坏，存在安全隐患。		
维修措施	为客户免费更换发动机缸盖总成。		
改进措施	更换发动机缸盖总成		

沃尔沃（中国）投资有限公司召回部分进口沃尔沃FH、FM牵引车和底盘车

制造商	沃尔沃汽车		
召回时间	2017-04-20至2018-04-19		
涉及数量	1525		
车型	型号	年款	VIN范围
FH 底盘车	FH420、FH460	2014	起：YV2RSK0D0EA753874 止：YV2RG10C0GA782751
FH 牵引车	FH420、FH460、FH500、FH540	2014	起：YV2RSS0C8EA753869 止：YV2RBZ0C4GA782846
FM 牵引车	FM370、FM410、FM420、FM460、FM500	2014	起：YV2XSS0C3EA753866 止：YV2XBZ0C3GA783333
FM底盘车	FM330、FM370、FM400、FM420、FM460、FM500	2014	起：YV2XSK0G4EA753510 止：YV2XG10G8GA783351
缺陷情况	行车制动踏板与其固定支架链接的转轴锁止销可能存在未正确安装的情况，即锁止销可能没有充分锁止，造成转轴移位。		
可能后果	如果锁止销没有充分锁止，可能造成转轴移位，当驾驶员通过制动踏板给车辆施加制动力时，车辆制动效果会受到负面影响。最严重的情况会导致制动踏板脱落，车辆行车制动失效。		
维修措施	该缺陷问题车辆生产日期为2012年第48周至2015年第41周，车型为FH牵引车、底盘车和FM牵引车、底盘车。针对该生产区间的车辆，需要按照《缺陷汽车产品召回维修作业方法》，对涉及缺陷车辆的行车制动踏板与其固定支架链接的转轴锁止销进行检查、调整，必要时进行更换。		
改进措施	2015年第42周开始生产的车辆，在车辆部件组装上已经依据更新的组装流程确保该缺陷问题不会再次发生。		

梅赛德斯-奔驰（中国）汽车销售有限公司召回部分进口G500系列汽车

制造商	奔驰汽车		
召回时间	2017-05-03至2018-05-02		
涉及数量	6		
车型	型号	年款	VIN范围
G级	2016款G 500	2016	起：WDCYC3EF2GX258752 止：WDCYC3EF4GX258915
缺陷情况	门锁拉线不符合要求		
可能后果	在发生事故后，车门解锁需要的力量可能会增加，不符合要求的门锁拉线可能无法承受增加的拉力。这种情况下，将无法通过车门内的把手解锁车门，这将无法确保乘客能够顺利离开车辆， 存在安全隐患。		
维修措施	作为预防措施，戴姆勒将通过梅赛德斯-奔驰授权服务商为受影响车辆的4个车门更换门锁拉线。		
改进措施	供应商的生产工艺进行了变更，保证在2016年6月23日以后生产的车辆上不会存在此问题。		

克莱斯勒（中国）汽车销售有限公司召回部分进口大切诺基系列汽车

制造商	克莱斯勒		
召回时间	2017-04-28至2018-04-28		
涉及数量	146		
车型	型号	年款	VIN范围
Grand Cherokee 大切诺基	3.6L 75周年致敬版 3.6L 豪华导航版	2016	起：1C4RJFBG8GC380487 止：1C4RJFBG5GC372508
缺陷情况	发动机装配过程中，紧固进气歧管时，受到防噪音泡沫的干涉，可能导致进气歧管位置发生偏移和紧固件打偏，导致燃油导轨发生破损，存在安全隐患。		
可能后果	在长时间接触燃料，并在压力脉动和热循环的作用下，燃油可能从燃油导轨破损的位置泄漏，燃油泄漏可能会增加车辆起火的风险，存在安全隐患。		
维修措施	克莱斯勒（中国）汽车销售有限公司计划发起一次主动召回，为涉及车辆检查燃油导轨，必要时更换燃油导轨。		
改进措施	2016年4月28日之后生产的车辆，发动机使用了新的防噪音泡沫，避免进气歧管的位置偏移和紧固件打偏。并且对于发动机的组装和检查都进行了改进，避免燃油导轨的破损。		

拓速乐汽车销售（北京）有限公司召回部分进口Model S和Model X系列汽车

制造商	特斯拉汽车		
召回时间	2017-04-21至2019-04-20		
涉及数量	6634		
车型	型号	年款	VIN范围
Model S	Model S P100D， Model S P90D， Model S 90D， Model S P85D， Model S 85D， Model S RWD 85， Model S 75D， Model S 75R， Model S 70D， Model S 70R， Model S 60D， Model S 60R	2016	起：5YJSA7E10GF125219 止：5YJSA7E4XGF153605
Model X	Model X P100D， Model X P90D， Model X 90D， Model X 75D， Model X 60D	2016	起：5YJXCCE20GF002070 止：5YJXCCE4XGFS02715
缺陷情况	召回范围内少量特斯拉车辆上的Brembo电动驻车制动卡钳内部可能装有由供应商非正常生产的齿轮，这些非正常生产的齿轮在驻车制动工作过程中承受压力时可能损坏。该齿轮将电机的运动传递为刹车片的运动。如果该齿轮损坏，电机将不能移动刹车片，受影响的驻车制动卡钳无法回到释放位置。如果相关齿轮在驻车刹车片完全制动前损坏，受影响的制动卡钳可能会产生比预期小的驻车制动力。		
可能后果	驻车制动无法解除会导致已驻车制动的车辆无法移动。如果相关齿轮在驻车刹车片完全制动前损坏，受影响的制动卡钳可能会产生比预期小的驻车制动力。在这种情况下可能产生安全风险。		
维修措施	特斯拉会更换所有潜在可能受影响的电动驻车制动卡钳。		
改进措施	2016年8月至10月，特斯拉与Brembo一起确定了该驻车制动卡钳失效的根本原因。被怀疑的驻车制动卡钳剩余库存被隔离，2016年10月7日起生产的车辆均未使用存在此潜在问题的卡钳。		

北京奔驰汽车有限公司召回部分国产汽车

制造商	北京奔驰		
召回时间	2017-04-28至2018-04-27		
涉及数量	83		
车型	型号	年款	VIN范围
C级	C 180 C 200 C 200 4MATIC C 260 C 300	2010 - 2016	起：LE4GF4JB6AL116947 止：LE4WF4CB1HL204985
E级	E 200 E 260 L E 300 E 320 L 4MATIC	20112015	起：LE4HG4HB9BL008167 止：LE4ZG4JB3HL025697
GLA级	GLA 200	2015	起：LE4TG4DB1FL023008 止：LE4TG4DBXGL083161
GLC SUV	GLC 200 4MATIC GLC 260 4MATIC， GLC 300 4MATIC	2016	起：LE40G4GB8GL001314 止：LE40G4GBXHL088294
GLK级	GLK 260 4MATIC	2014	起：LE4GG3HB3EL305848 止：LE4GG3HB0FL391153
缺陷情况	在某一阶段的进行软件升级车辆上，各控制单元由于软件问题进行了不正确的编码。		
可能后果	由于错误编码在不同的控制单元上会引起车辆不同的反应。车辆的安全等方面的隐患无法排除，潜在的影响也无法全部明确。例如：可能安全气囊在碰撞后被错误的激活，控制单元无法正确的检测到安全带的使用情况，发动机控制单元可能设置了错误的最高速度，或者一些辅助系统可能会失效。受影响的车辆一旦发现报警提示，需联系授权服务商进行处置。受影响的车辆一旦发现报警提示，需联系授权服务商进行处置。		
维修措施	作为预防措施，戴姆勒股份公司将通过梅赛德斯-奔驰授权服务商为受影响车辆升级控制单元软件。		
改进措施	对软件进行了改进，保证在2016年12月6日以后生产的车辆上不会存在此问题。		

宝马（中国）汽车贸易有限公司召回部分进口宝马M760Li系列汽车

制造商	宝马汽车		
召回时间	2017-05-02至2018-05-02		
涉及数量	130		
车型	型号	年款	VIN范围
BMW 7系	BMW M760Li	2016-2017	起：WBA7H6103HG612475 止：WBA7H6109HG612903
缺陷情况	由于供应商制造失误，机油冷却管路的橡胶管路部分和金属接头部分未能正确连接。存在缺陷的管路在长时间使用后可能引起机油泄漏。		
可能后果	由于泄漏位置接近前部制动器，因此可能影响到车辆的制动效果，存在安全隐患。		
维修措施	将免费为召回范围内车辆进行检查，并依据检查结果更换机油冷却管路。		
改进措施	供应商已改正了生产中的错误。可保证后续生产车辆不受影响。		

梅赛德斯-奔驰（中国）汽车销售有限公司召回部分进口汽车

制造商	奔驰汽车		
召回时间	2017-04-28至2018-04-27		
涉及数量	63		
车型	型号	年款	VIN范围
A级	A 180	2013	起：WDDBF4CB2DJ066941 止：
B级	B 200	2015	起：WDDMH4DB7FJ301600 止：WDDMH4DB6GN136200
CLA级	CLA 200 CLA 220 4MATIC	2016	起：WDDSJ4HB1GN287726 止：WDDSJ4HB6HN433264
CLS级	CLS 300	2012	起：WDDLJ5FBXEA111923 止：
E级	E300	2010	起：WDDHF5EB6AA064151 止：WDDHF4HB6AA173604
GLE SUV	GLE 320 4MATIC， GLE 450 AMG 4MATIC	2016	起：WDCDA6CB1GA630574 止：WDCDA6CB1HA845471
GL级	GL 350 CDI 4MATIC GL450 4MATIC	2013	起：WDCBF7BE2BA752007 止：4JGDF2EE7DA193873
M级	ML 320 4MATIC ML 350 4MATIC ML 400 4MATIC ML63AMG	2008-2013	起：WDCBB77E08A500107 止：WDCDA5GB1FA491369
R级	R 300 R 350 4MATIC R 400 4MATIC	20112016	起：WDCCB5EE1BA123547 止：WDCCB6GE9HE009493
SL级	SL 350	2013	起：WDDJK5HA4EF023798 止：
S级	S 300 L，S 350 L S 600 L S 500 L 4MATIC S 400 L HYBRID S 320 L，S 400 L S 400 L 4MATIC， S 400 4MATIC Maybach	2008-2016	起：WDDNG54X98A265078 止：WDDUX6HB4HA290485
smart	smart forfour 52 kW 全新 smart fortwo 52 kW	2012-2016	起：WMEEJ8AA2DK617310 止：WMEFF4DB2GY091121
缺陷情况	在某一阶段的进行软件升级车辆上，各控制单元由于软件问题进行了不正确的编码。		
可能后果	由于错误编码在不同的控制单元上会引起车辆不同的反应。车辆的安全等方面的隐患无法排除，潜在的影响也无法全部明确。例如：可能安全气囊在碰撞后被错误的激活，控制单元无法正确的检测到安全带的使用情况，发动机控制单元可能设置了错误的最高速度，或者一些辅助系统可能会失效。受影响的车辆一旦发现报警提示，需联系授权服务商进行处置。		
维修措施	作为预防措施，戴姆勒股份公司将通过梅赛德斯-奔驰授权服务商为受影响车辆升级控制单元软件。		
改进措施	作为预防措施，戴姆勒股份公司将通过梅赛德斯-奔驰授权服务商为受影响车辆升级控制单元软件。		

福特汽车（中国）有限公司召回部分进口嘉年华ST系列汽车

制造商	福特汽车		
召回时间	2017-09-15至2020-01-31		
涉及数量	435		
车型	型号	年款	VIN范围
嘉年华ST	嘉年华ST	2013-2015	起：WF0AK9CCXDCA07096 止：WF0AK9CC9ECD43209
缺陷情况	由于发动机缸盖局部过热，极端情况下导致缸盖开裂，引起机油泄漏，可能造成发动机舱起火。		
可能后果	开裂的气缸盖可能会导致机油在压力下泄漏。机油接触发动机热表面会增加发动机舱起火的风险，存在安全隐患。		
维修措施	临时措施：更换冷却液副水壶、壶盖及更改走向后的涡轮增压器回水管。 长期措施：安装一套冷却液液位传感器系统和线束，并使用更新的软件刷新PCM和仪表盘。		
改进措施	2014年11月12日之后使用设计改进后的气缸盖进行生产。		

一汽-大众汽车有限公司扩大召回部分进口奥迪A7、A8L、A4 allroad系列汽车

制造商	奥迪汽车		
召回时间	2017-04-10至2018-04-09		
涉及数量	23		
车型	型号	年款	VIN范围
A4 allroad	A4 allroad 2.0 TFSI quattro S tronic	2017	起：WAU7FCF44HA051528 止：WAU7FCF44HA080754
A7	A7 35TFSI 时尚型 A7 40TFSI 进取型 A7 40TFSI quattro 技术型 A7 50TFSI quattro 动感型 A7 50TFSI quattro 舒适型	2017	起：WAURFC4GXHN040371 止：WAURFC4G3HN040440
A8L	A8L 45 TFSI quattro 舒适型 A8L 45 TFSI quattro 豪华型 A8L 45 TFSI quattro 专享型	2017	起：WAUYGB4H0HN008976 止：WAUYGB4H9HN009155
缺陷情况	由于供应商制造原因，副驾驶安全气囊、右侧帘式安全气囊、前排左侧安全带的初级气体发生器中的化学成分配比不当，在车辆发生需要气囊展开或者安全带收紧的碰撞时，可能出现气囊无法展开或者前排座椅安全带预紧器无法正常收紧，存在安全隐患。		
可能后果	在车辆发生需要气囊展开或者安全带收紧的碰撞时，可能出现气囊无法展开或者前排座椅安全带预紧器无法正常收紧，存在安全隐患。		
维修措施	一汽-大众汽车有限公司将委托奥迪特许经销商为涉及范围内的车辆进行检测，并根据检测结果免费更换副驾驶安全气囊、右侧帘式安全气囊、前排左侧安全带的相应模块，以消除缺陷。		
改进措施	在生产线上已采用了优化后的副驾驶安全气囊、右侧帘式安全气囊和前排左侧座椅安全带模块。		

三菱汽车销售（中国）有限公司召回部分进口欧蓝德系列汽车

制造商	三菱汽车		
召回时间	2017-07-03至2018-07-02		
涉及数量	17678		
车型	型号	年款	VIN范围
欧蓝德	欧蓝德四驱豪华导航版7座、 欧蓝德四驱豪华导航版5座、欧蓝德四驱都市导航版5座、欧蓝德两驱运动导航版5座、 欧蓝德精英GT版7座	2014-2016	起：JE3AZ5925EZ002027 止：JE3AZ2931GZ013200
缺陷情况	由于构成车门锁的零部件的生产问题，有部分产品不符合规格。当气温升高时锁紧部分会发生卡滞。		
可能后果	因此会造成车门锁无法锁紧，严重时行驶中车门可能打开，存在安全隐患。		
维修措施	对涉及车辆的车门锁进行免费更换。		
改进措施	通过追加检查项目等对生产制造流程进行了相应改善。		

斯巴鲁汽车（中国）有限公司扩大召回部分进口驰鹏、森林人、力狮、傲虎和翼豹系列汽车

制造商	斯巴鲁汽车		
召回时间	2017-07-01至2019-11-30		
涉及数量	149028		
车型	型号	年款	VIN范围
傲虎	2010款OUTBACK傲虎2.5i豪华版（自动） 2010款OUTBACK傲虎2.5i豪华导航版（自动） 2010款OUTBACK傲虎3.6R豪华版（自动） 2010款OUTBACK傲虎3.6R豪华导航版（自动） 2011款OUTBACK傲虎2.5i豪华版 2011款OUTBACK傲虎2.5i豪华导航版 2011款OUTBACK傲虎3.6R豪华版（自动） 2011款OUTBACK傲虎3.6R豪华导航版（自动） 2012款OUTBACK傲虎2.5i豪华版（自动） 2012款OUTBACK傲虎2.5i豪华导航版（自动） 2012款OUTBACK傲虎2.5i运动版（自动） 2012款OUTBACK傲虎2.5i运动导航版（自动） 2012款OUTBACK傲虎3.6R豪华版（手动） 2012款OUTBACK傲虎3.6R豪华导航版（手动） 2013款OUTBACK傲虎2.5i豪华版（自动） 2013款OUTBACK傲虎2.5i豪华导航版版（自动） 2013款OUTBACK傲虎2.5i运动版（自动） 2013款OUTBACK傲虎2.5i运动导航版（自动）	2010-2013	起：JF1BR96D1AG013741 止：JF1BR98D7DG152600
力狮	2010款Legacy力狮2.0i豪华版/豪华导航版（自动） 2010款Legacy力狮2.0i运动导航版（手动） 2010款Legacy力狮2.5GT豪华版/豪华导航版（自动） 2010款Legacy力狮2.5i豪华版/豪华导航版（自动） 2011款Legacy力狮2.0i（手动） 2011款Legacy力狮2.0i豪华版 2011款Legacy力狮2.5GT豪华版 2011款Legacy力狮2.5i豪华版 2012款Legacy力狮2.0i豪华版 2012款Legacy力狮2.0i旅行轿车豪华版 2012款Legacy力狮2.5GT豪华版 2012款Legacy力狮2.5i豪华版 2013款Legacy力狮2.5ie 2013款Legacy力狮2.5i豪华版	2010-2013	起：JF1BM92D8AG010680 止：JF1BM92D1DG032914
森林人	2010款Forester森林人2.0XS 自动豪华版 2010款Forester森林人2.0X 手动舒适版 2010款Forester森林人2.0X-C 手动 运动特别版 2010款Forester森林人2.0XS（自动） 2010款Forester森林人2.0XS 豪华导航版（自动） 2010款Forester森林人2.0X 手动豪华版 2010款Forester森林人2.5XS 豪华导航版（自动） 2010款Forester森林人2.5XS 自动豪华版 2010款Forester森林人2.5XT 豪华导航版（自动） 2010款Forester森林人2.5XT 自动豪华版 2011款Forester森林人2.0X 5MT 2011款Forester森林人2.0XS自动豪华版 2011款Forester森林人2.0XS豪华导航版 2011款Forester森林人2.5S-EDITION自动豪华版 2011款Forester森林人2.5XS自动豪华版 2011款Forester森林人2.5 XT豪华导航版 2012款Forester森林人2.0X手动舒适版 2012款Forester森林人2.0XS手动豪华版 2012款Forester森林人2.0XS自动豪华版 2012款Forester森林人2.5S-EDITION 豪华导航版 2012款Forester森林人2.5XS自动豪华版	2010-2012	起：JF1SH52F8AG138366 止：JF1SH92F4CG322844
翼豹	2011款IMPREZA翼豹2.0XX 2011款IMPREZA翼豹2.5TB（手动） 2012款IMPREZA翼豹2.0I 2012款IMPREZA翼豹2.5TB（手动） 2013款IMPREZA翼豹2.0I 2013款IMPREZA翼豹2.0I-S	2011-2013	起：JF1GH73FXBG071853 止：JF1GV82K2DG021710
驰鹏	2012款驰鹏3.6	2012	起：4S4WX98H3CS033843 止：4S4WX98H0CS034688
缺陷情况	副驾驶安全气囊的气体发生器（膨胀装置）的防潮设计不当，受到长期温度及湿度环境变化的影响，可能导致气体发生器劣化。当副驾驶安全气囊在展开时，气体发生器外壳可能发生破损。		
可能后果	当副驾驶安全气囊展开时，气体发生器可能发生破损，导致金属碎片飞出，可能会伤及车内人员，存在安全隐患。		
维修措施	免费为召回范围内车辆更换副驾驶安全气囊气体发生器。		
改进措施	对象车辆已经停产。现在没有再使用该型号的副驾驶安全气囊气体发生器。		

长安福特汽车有限公司召回部分2013款翼虎汽车

制造商	长安福特		
召回时间	2017-06-30至2019-11-29		
涉及数量	82976		
车型	型号	年款	VIN范围
翼虎	翼虎 1.6GTDi AT 精英型 翼虎 1.6GTDi AT 风尚型 翼虎 1.6GTDi AT 舒适型	2013	起：LVSHJCAB8CE042816 止：LVSHJCABXEE831018
缺陷情况	受影响范围内部分搭载1.6L GTDi发动机的翼虎汽车，长期使用情况下发动机冷却系统可能产生泄漏，引起发动机缸盖局部过热，极端情况下导致缸盖开裂引起机油渗漏。如果渗漏的机油接触到高温的排气系统热端，可能引起发动机舱起火，存在安全隐患。		
可能后果	极端情况下导致缸盖开裂引起机油渗漏，如果渗漏的机油接触到高温的排气系统热端，可能引起发动机舱起火，存在安全隐患。		
维修措施	长安福特汽车有限公司将为召回范围内的车辆免费更换冷却水壶和水管，并辅以加装冷却液液位传感器和刷新动力控制模块及仪表软件等行动，以消除安全隐患。		
改进措施	基于产品规划，受影响车型已于2014年11月换型。		

北汽（广州）汽车有限公司召回部分2015年款绅宝X65汽车

制造商	北京汽车		
召回时间	2017-04-21至2018-04-20		
涉及数量	1163		
车型	型号	年款	VIN范围
绅宝X65	绅宝X65 2.0T AT 豪华版 绅宝X65 2.0T AT 精英版 绅宝X65 2.0T AT 舒适版 绅宝X65 2.0T MT 精英版	2015	起：LNBMCUBH9FT104886 止：LNBMCUBK6GT130486
缺陷情况	由于发动机缸盖的气门油封压装工艺变更，气门油封压装过程中可能封闭不严，容易在气门杆部产生积碳。		
可能后果	本次召回的部分车辆可能出现发动机偶发抖动、动力性能下降的现象，在极端情况下可能造成发动机缸盖损坏，存在安全隐患。		
维修措施	为客户免费更换发动机缸盖总成。		
改进措施	更换发动机缸盖总成。		

沃尔沃（中国）投资有限公司召回部分进口沃尔沃FH、FM牵引车和底盘车

制造商	沃尔沃汽车		
召回时间	2017-04-20至2018-04-19		
涉及数量	1525		
车型	型号	年款	VIN范围
FH 底盘车	FH420、FH460	2014	起：YV2RSK0D0EA753874 止：YV2RG10C0GA782751
FH 牵引车	FH420、FH460、FH500、FH540	2014	起：YV2RSS0C8EA753869 止：YV2RBZ0C4GA782846
FM 牵引车	FM370、FM410、FM420、FM460、FM500	2014	起：YV2XSS0C3EA753866 止：YV2XBZ0C3GA783333
FM底盘车	FM330、FM370、FM400、FM420、FM460、FM500	2014	起：YV2XSK0G4EA753510 止：YV2XG10G8GA783351
缺陷情况	行车制动踏板与其固定支架链接的转轴锁止销可能存在未正确安装的情况，即锁止销可能没有充分锁止，造成转轴移位。		
可能后果	如果锁止销没有充分锁止，可能造成转轴移位，当驾驶员通过制动踏板给车辆施加制动力时，车辆制动效果会受到负面影响。最严重的情况会导致制动踏板脱落，车辆行车制动失效。		
维修措施	该缺陷问题车辆生产日期为2012年第48周至2015年第41周，车型为FH牵引车、底盘车和FM牵引车、底盘车。针对该生产区间的车辆，需要按照《缺陷汽车产品召回维修作业方法》，对涉及缺陷车辆的行车制动踏板与其固定支架链接的转轴锁止销进行检查、调整，必要时进行更换。		
改进措施	2015年第42周生产的车辆，在车辆部件组装上已依据更新组装流程确保该缺陷问题不会再次发生。		

梅赛德斯-奔驰（中国）汽车销售有限公司召回部分进口G500系列汽车

制造商	奔驰汽车		
召回时间	2017-05-03至2018-05-02		
涉及数量	6		
车型	型号	年款	VIN范围
G级	2016款G 500	2016	起：WDCYC3EF2GX258752 止：WDCYC3EF4GX258915
缺陷情况	门锁拉线不符合要求		
可能后果	在发生事故后，车门解锁需要的力量可能会增加，不符合要求的门锁拉线可能无法承受增加的拉力。这种情况下，将无法通过车门内的把手解锁车门，这将无法确保乘客能够顺利离开车辆， 存在安全隐患。		
维修措施	作为预防措施，戴姆勒股份将通过梅赛德斯-奔驰授权服务商为受影响车辆4个车门更换门锁拉线。		
改进措施	供应商的生产工艺进行了变更，保证在2016年6月23日以后生产的车辆上不会存在此问题。		

拓速乐汽车销售（北京）有限公司召回部分进口Model S和Model X系列汽车

制造商	特斯拉汽车		
召回时间	2017-04-21至2019-04-20		
涉及数量	6634		
车型	型号	年款	VIN范围
Model S	Model S P100D， Model S P90D， Model S 90D， Model S P85D， Model S 85D， Model S RWD 85， Model S 75D， Model S 75R， Model S 70D， Model S 70R， Model S 60D， Model S 60R	2016	起：5YJSA7E10GF125219 止：5YJSA7E4XGF153605
Model X	Model X P100D， Model X P90D， Model X 90D， Model X 75D， Model X 60D	2016	起：5YJXCCE20GF002070 止：5YJXCCE4XGFS02715
缺陷情况	召回范围内少量特斯拉车辆上的Brembo电动驻车制动卡钳内部可能装有由供应商非正常生产的齿轮，这些非正常生产的齿轮在驻车制动工作过程中承受压力时可能损坏。该齿轮将电机的运动传递为刹车片的运动。如果该齿轮损坏，电机将不能移动刹车片，受影响的驻车制动卡钳无法回到释放位置。如果相关齿轮在驻车刹车片完全制动前损坏，受影响的制动卡钳可能会产生比预期小的驻车制动力。		
可能后果	驻车制动无法解除会导致已驻车制动的车辆无法移动。如果相关齿轮在驻车刹车片完全制动前损坏，受影响的制动卡钳可能会产生比预期小的驻车制动力。在这种情况下可能产生安全风险。		
维修措施	特斯拉会更换所有潜在可能受影响的电动驻车制动卡钳。		
改进措施	2016年8月至10月，特斯拉与Brembo一起确定了该驻车制动卡钳失效的根本原因。被怀疑的驻车制动卡钳剩余库存被隔离，2016年10月7日起生产的车辆均未使用存在此潜在问题的卡钳。		

克莱斯勒（中国）汽车销售有限公司召回部分进口大切诺基系列汽车

制造商	克莱斯勒		
召回时间	2017-04-28至2018-04-28		
涉及数量	146		
车型	型号	年款	VIN范围
Grand Cherokee 大切诺基	3.6L 75周年致敬版 3.6L 豪华导航版	2016	起：1C4RJFBG8GC380487 止：1C4RJFBG5GC372508
缺陷情况	发动机装配过程中，紧固进气歧管时，受到防噪音泡沫的干涉，可能导致进气歧管位置发生偏移和紧固件打偏，导致燃油导轨发生破损，存在安全隐患。		
可能后果	在长时间接触燃料，并在压力脉动和热循环的作用下，燃油可能从燃油导轨破损的位置泄漏，燃油泄漏可能会增加车辆起火的风险，存在安全隐患。		
维修措施	克莱斯勒（中国）汽车销售有限公司计划发起一次主动召回，为涉及车辆检查燃油导轨，必要时更换燃油导轨。		
改进措施	2016年4月28日之后生产的车辆，发动机使用了新的防噪音泡沫，避免进气歧管的位置偏移和紧固件打偏。并且对于发动机的组装和检查都进行了改进，避免燃油导轨的破损。		

北京奔驰汽车有限公司召回部分国产汽车

制造商	北京奔驰		
召回时间	2017-04-28至2018-04-27		
涉及数量	83		
车型	型号	年款	VIN范围
C级	C 180 C 200 C 200 4MATIC C 260 C 300	2010 - 2016	起：LE4GF4JB6AL116947 止：LE4WF4CB1HL204985
E级	E 200 E 260 L E 300 E 320 L 4MATIC	20112015	起：LE4HG4HB9BL008167 止：LE4ZG4JB3HL025697
GLA级	GLA 200	2015	起：LE4TG4DB1FL023008 止：LE4TG4DBXGL083161
GLC SUV	GLC 200 4MATIC GLC 260 4MATIC， GLC 300 4MATIC	2016	起：LE40G4GB8GL001314 止：LE40G4GBXHL088294
GLK级	GLK 260 4MATIC	2014	起：LE4GG3HB3EL305848 止：LE4GG3HB0FL391153
缺陷情况	在某一阶段的进行软件升级车辆上，各控制单元由于软件问题进行了不正确的编码。		
可能后果	由于错误编码在不同的控制单元上会引起车辆不同的反应。车辆的安全等方面的隐患无法排除，潜在的影响也无法全部明确。例如：可能安全气囊在碰撞后被错误的激活，控制单元无法正确的检测到安全带的使用情况，发动机控制单元可能设置了错误的最高速度，或者一些辅助系统可能会失效。受影响的车辆一旦发现报警提示，需联系授权服务商进行处置。受影响的车辆一旦发现报警提示，需联系授权服务商进行处置。		
维修措施	作为预防措施，戴姆勒股份公司将通过梅赛德斯-奔驰授权服务商为受影响车辆升级控制单元软件。		
改进措施	对软件进行了改进，保证在2016年12月6日以后生产的车辆上不会存在此问题。		

拓速乐汽车销售（北京）有限公司召回部分进口Model S和Model X系列汽车

制造商	特斯拉汽车		
召回时间	2017-04-21至2019-04-20		
涉及数量	6634		
车型	型号	年款	VIN范围
Model S	Model S P100D， Model S P90D， Model S 90D， Model S P85D， Model S 85D， Model S RWD 85， Model S 75D， Model S 75R， Model S 70D， Model S 70R， Model S 60D， Model S 60R	2016	起：5YJSA7E10GF125219 止：5YJSA7E4XGF153605
Model X	Model X P100D， Model X P90D， Model X 90D， Model X 75D， Model X 60D	2016	起：5YJXCCE20GF002070 止：5YJXCCE4XGFS02715
缺陷情况	召回范围内少量特斯拉车辆上的Brembo电动驻车制动卡钳内部可能装有由供应商非正常生产的齿轮，这些非正常生产的齿轮在驻车制动工作过程中承受压力时可能损坏。该齿轮将电机的运动传递为刹车片的运动。如果该齿轮损坏，电机将不能移动刹车片，受影响的驻车制动卡钳无法回到释放位置。如果相关齿轮在驻车刹车片完全制动前损坏，受影响的制动卡钳可能会产生比预期小的驻车制动力。		
可能后果	驻车制动无法解除会导致已驻车制动的车辆无法移动。如果相关齿轮在驻车刹车片完全制动前损坏，受影响的制动卡钳可能会产生比预期小的驻车制动力。在这种情况下可能产生安全风险。		
维修措施	特斯拉会更换所有潜在可能受影响的电动驻车制动卡钳。		
改进措施	2016年8月至10月，特斯拉与Brembo一起确定了该驻车制动卡钳失效的根本原因。被怀疑的驻车制动卡钳剩余库存被隔离，2016年10月7日起生产的车辆均未使用存在此潜在问题的卡钳。		

梅赛德斯-奔驰（中国）汽车销售有限公司召回部分进口汽车

制造商	奔驰汽车		
召回时间	2017-04-28至2018-04-27		
涉及数量	63		
车型	型号	年款	VIN范围
A级	A 180	2013	起：WDDBF4CB2DJ066941 止：
B级	B 200	2015	起：WDDMH4DB7FJ301600 止：WDDMH4DB6GN136200
CLA级	CLA 200 CLA 220 4MATIC	2016	起：WDDSJ4HB1GN287726 止：WDDSJ4HB6HN433264
CLS级	CLS 300	2012	起：WDDLJ5FBXEA111923 止：
E级	E300	2010	起：WDDHF5EB6AA064151 止：WDDHF4HB6AA173604
GLE SUV	GLE 320 4MATIC， GLE 450 AMG 4MATIC	2016	起：WDCDA6CB1GA630574 止：WDCDA6CB1HA845471
GL级	GL 350 CDI 4MATIC GL450 4MATIC	2013	起：WDCBF7BE2BA752007 止：4JGDF2EE7DA193873
M级	ML 320 4MATIC ML 350 4MATIC ML 400 4MATIC ML63AMG	2008-2013	起：WDCBB77E08A500107 止：WDCDA5GB1FA491369
R级	R 300 R 350 4MATIC R 400 4MATIC	20112016	起：WDCCB5EE1BA123547 止：WDCCB6GE9HE009493
SL级	SL 350	2013	起：WDDJK5HA4EF023798 止：
S级	S 300 L，S 350 L S 600 L S 500 L 4MATIC S 400 L HYBRID S 320 L，S 400 L S 400 L 4MATIC， S 400 4MATIC Maybach	2008-2016	起：WDDNG54X98A265078 止：WDDUX6HB4HA290485
smart	smart forfour 52 kW 全新 smart fortwo 52 kW	2012-2016	起：WMEEJ8AA2DK617310 止：WMEFF4DB2GY091121
缺陷情况	在某一阶段的进行软件升级车辆上，各控制单元由于软件问题进行了不正确的编码。		
可能后果	由于错误编码在不同的控制单元上会引起车辆不同的反应。车辆的安全等方面的隐患无法排除，潜在的影响也无法全部明确。例如：可能安全气囊在碰撞后被错误的激活，控制单元无法正确的检测到安全带的使用情况，发动机控制单元可能设置了错误的最高速度，或者一些辅助系统可能会失效。受影响的车辆一旦发现报警提示，需联系授权服务商进行处置。		
维修措施	作为预防措施戴姆勒股份公司将通过梅赛德斯-奔驰授权服务商为受影响车辆升级控制单元软件。		
改进措施	作为预防措施，戴姆勒股份公司将通过梅赛德斯-奔驰授权服务商为受影响车辆升级控制单元软件。		

克莱斯勒（中国）汽车销售有限公司召回部分进口大切诺基系列汽车

制造商	克莱斯勒		
召回时间	2017-04-28至2018-04-28		
涉及数量	146		
车型	型号	年款	VIN范围
Grand Cherokee 大切诺基	3.6L 75周年致敬版 3.6L 豪华导航版	2016	起：1C4RJFBG8GC380487 止：1C4RJFBG5GC372508
缺陷情况	发动机装配过程中，紧固进气歧管时，受到防噪音泡沫的干涉，可能导致进气歧管位置发生偏移和紧固件打偏，导致燃油导轨发生破损，存在安全隐患。		
可能后果	在长时间接触燃料，并在压力脉动和热循环的作用下，燃油可能从燃油导轨破损的位置泄漏，燃油泄漏可能会增加车辆起火的风险，存在安全隐患。		
维修措施	克莱斯勒（中国）汽车销售有限公司计划发起一次主动召回，为涉及车辆检查燃油导轨，必要时更换燃油导轨。		
改进措施	2016年4月28日之后生产的车辆，发动机使用了新的防噪音泡沫，避免进气歧管的位置偏移和紧固件打偏。并且对于发动机的组装和检查都进行了改进，避免燃油导轨的破损。		

北京奔驰汽车有限公司召回部分国产汽车

制造商	北京奔驰		
召回时间	2017-04-28至2018-04-27		
涉及数量	83		
车型	型号	年款	VIN范围
C级	C 180 C 200 C 200 4MATIC C 260 C 300	2010 - 2016	起：LE4GF4JB6AL116947 止：LE4WF4CB1HL204985
E级	E 200 E 260 L E 300 E 320 L 4MATIC	20112015	起：LE4HG4HB9BL008167 止：LE4ZG4JB3HL025697
GLA级	GLA 200	2015	起：LE4TG4DB1FL023008 止：LE4TG4DBXGL083161
GLC SUV	GLC 200 4MATIC GLC 260 4MATIC， GLC 300 4MATIC	2016	起：LE40G4GB8GL001314 止：LE40G4GBXHL088294
GLK级	GLK 260 4MATIC	2014	起：LE4GG3HB3EL305848 止：LE4GG3HB0FL391153
缺陷情况	在某一阶段的进行软件升级车辆上，各控制单元由于软件问题进行了不正确的编码。		
可能后果	由于错误编码在不同的控制单元上会引起车辆不同的反应。车辆的安全等方面的隐患无法排除，潜在的影响也无法全部明确。例如：可能安全气囊在碰撞后被错误的激活，控制单元无法正确的检测到安全带的使用情况，发动机控制单元可能设置了错误的最高速度，或者一些辅助系统可能会失效。受影响的车辆一旦发现报警提示，需联系授权服务商进行处置。受影响的车辆一旦发现报警提示，需联系授权服务商进行处置。		
维修措施	作为预防措施，戴姆勒股份公司将通过梅赛德斯-奔驰授权服务商为受影响车辆升级控制单元软件。		
改进措施	对软件进行了改进，保证在2016年12月6日以后生产的车辆上不会存在此问题。		

梅赛德斯-奔驰（中国）汽车销售有限公司召回部分进口汽车

制造商	奔驰汽车		
召回时间	2017-04-28至2018-04-27		
涉及数量	63		
车型	型号	年款	VIN范围
A级	A 180	2013	起：WDDBF4CB2DJ066941 止：
B级	B 200	2015	起：WDDMH4DB7FJ301600 止：WDDMH4DB6GN136200
CLA级	CLA 200 CLA 220 4MATIC	2016	起：WDDSJ4HB1GN287726 止：WDDSJ4HB6HN433264
CLS级	CLS 300	2012	起：WDDLJ5FBXEA111923 止：
E级	E300	2010	起：WDDHF5EB6AA064151 止：WDDHF4HB6AA173604
GLE SUV	GLE 320 4MATIC， GLE 450 AMG 4MATIC	2016	起：WDCDA6CB1GA630574 止：WDCDA6CB1HA845471
GL级	GL 350 CDI 4MATIC GL450 4MATIC	2013	起：WDCBF7BE2BA752007 止：4JGDF2EE7DA193873
M级	ML 320 4MATIC ML 350 4MATIC ML 400 4MATIC ML63AMG	2008-2013	起：WDCBB77E08A500107 止：WDCDA5GB1FA491369
R级	R 300 R 350 4MATIC R 400 4MATIC	20112016	起：WDCCB5EE1BA123547 止：WDCCB6GE9HE009493
SL级	SL 350	2013	起：WDDJK5HA4EF023798 止：
S级	S 300 L，S 350 L S 600 L S 500 L 4MATIC S 400 L HYBRID S 320 L，S 400 L S 400 L 4MATIC， S 400 4MATIC Maybach	2008-2016	起：WDDNG54X98A265078 止：WDDUX6HB4HA290485
smart	smart forfour 52 kW 全新 smart fortwo 52 kW	2012-2016	起：WMEEJ8AA2DK617310 止：WMEFF4DB2GY091121
可能后果	由于错误编码在不同的控制单元上会引起车辆不同的反应。车辆的安全等方面的隐患无法排除，潜在的影响也无法全部明确。例如：可能安全气囊在碰撞后被错误的激活，控制单元无法正确的检测到安全带的使用情况，发动机控制单元可能设置了错误的最高速度，或者一些辅助系统可能会失效。受影响的车辆一旦发现报警提示，需联系授权服务商进行处置。		
维修措施	作为预防措施，戴姆勒股份公司将通过梅赛德斯-奔驰授权服务商为受影响车辆升级控制单元软件。		
改进措施	作为预防措施，戴姆勒股份公司将通过梅赛德斯-奔驰授权服务商为受影响车辆升级控制单元软件。		

宝马（中国）汽车贸易有限公司召回部分进口宝马M760Li系列汽车

制造商	宝马汽车		
召回时间	2017-05-02至2018-05-02		
涉及数量	130		
车型	型号	年款	VIN范围
BMW 7系	BMW M760Li	2016-2017	起：WBA7H6103HG612475 止：WBA7H6109HG612903
缺陷情况	由于供应商制造失误，机油冷却管路的橡胶管路部分和金属接头部分未能正确连接。存在缺陷的管路在长时间使用后可能引起机油泄漏。		
可能后果	由于泄漏位置接近前部制动器，因此可能影响到车辆的制动效果，存在安全隐患。		
维修措施	将免费为召回范围内车辆进行检查，并依据检查结果更换机油冷却管路。		
改进措施	供应商已改正了生产中的错误。可保证后续生产车辆不受影响。		

福特汽车（中国）有限公司召回部分进口嘉年华ST系列汽车

制造商	福特汽车		
召回时间	2017-09-15至2020-01-31		
涉及数量	435		
车型	型号	年款	VIN范围
嘉年华ST	嘉年华ST	2013-2015	起：WF0AK9CCXDCA07096 止：WF0AK9CC9ECD43209
缺陷情况	由于发动机缸盖局部过热，极端情况下导致缸盖开裂，引起机油泄漏，可能造成发动机舱起火。		
可能后果	开裂的气缸盖可能会导致机油在压力下泄漏。机油接触发动机热表面会增加发动机舱起火的风险，存在安全隐患。		
维修措施	临时措施：更换冷却液副水壶、壶盖及更改走向后的涡轮增压器回水管。 长期措施：安装一套冷却液液位传感器系统和线束，并使用更新的软件刷新PCM和仪表盘。		
改进措施	2014年11月12日之后使用设计改进后的气缸盖进行生产。		

东风汽车有限公司召回部分东风启辰M50V汽车

制造商	东风日产		
召回时间	2017-05-12至2018-05-12		
涉及数量	2410		
车型	型号	年款	VIN范围
启辰M50V	M50V 1.5XE MT标准版 1.5XL MT舒适版 1.5XV MT精英版 1.6XL CVT豪华版 1.6XV CVT尊享版	2017	起：LGB5B2E65HS001002 止：LGB5B2E65HS003333
缺陷情况	部分车辆的手刹拉柄内部杆件断裂，导致手刹失效。		
可能后果	由于手刹拉柄内部杆件断裂，极端情况下，坡道驻车时可能发生车辆位移，存在安全隐患。		
维修措施	为客户车辆的手刹拉柄总成进行免费更换。		
改进措施	已采用改善后的零件。		

克莱斯勒（中国）汽车销售有限公司召回部分进口2016年款道奇酷威系列汽车

制造商	克莱斯勒		
召回时间	2017-05-17至2018-05-17		
涉及数量	1143		
车型	型号	年款	VIN范围
JCUV 酷威	2.4L 旅行版	2016	起：3C4PDCGB7GT219367 止：3C4PDCGBXGT232758
缺陷情况	发动机线束供应商的冲压工具磨损，导致曲轴/凸轮轴位置传感器插头端子尺寸不良，造成插接端子间歇性虚接，车辆的曲轴/凸轮轴位置传感器间歇性的工作，可能导致发动机熄火，存在安全隐患。		
可能后果	车辆的曲轴/凸轮轴位置传感器间歇性的工作，可能导致发动机熄火，存在安全隐患。		
维修措施	克莱斯勒（中国）汽车销售有限公司计划发起一次主动召回，为涉及车辆更换曲轴/凸轮轴位置传感器电子插头与端子。		
改进措施	2016-7-15日生产的车辆使用的发动机线束，其冲压工具进行了再次校准。		

一汽-大众汽车有限公司召回部分高尔夫、速腾汽车

制造商	一汽大众		
召回时间	2017-05-17至2018-05-17		
涉及数量	577590		
车型	型号	年款	VIN范围
速腾SAGITAR	速腾1.4T手动豪华型 速腾1.4T手动时尚型 速腾1.4T自动豪华型 速腾1.4T自动旗舰型 速腾1.4T自动时尚型 速腾1.6L手动时尚型 速腾1.6L手动舒适型 速腾1.6L自动时尚型 速腾1.6L自动舒适型 速腾1.8T自动旗舰型	2011-2012	起：LFV2A21KXA3039009 止：LFV2A21K8C3002799
高尔夫Golf	高尔夫1.4T自动豪华型 高尔夫1.4T自动舒适型 高尔夫1.4T自动旗舰型 高尔夫1.4T手动舒适型 高尔夫1.6L自动时尚型 高尔夫1.6L自动舒适型 高尔夫1.6L手动时尚型 高尔夫1.6L手动舒适型 高尔夫GTI 2.0T自动	2009-2014	起：LFV2B11K493200005 止：LFV2B21KXE3721648
缺陷情况	本次召回涉及的车辆，在较高空气湿度、快速温度变化和震动等极端情况下，保护车外照明灯的一个保险丝可能因过热而失效，导致部分车外照明灯无法正常工作。但是，车辆电路可确保车辆周围其它灯光继续照明。该情况发生时，组合仪表的显示屏立即向客户发出灯光异常警告。		
可能后果	在极端情况下，保护车外照明灯的一个保险丝可能因过热而失效，导致部分车外照明灯无法正常工作，存在安全隐患。但是，车辆电路可确保车辆周围其它灯光继续照明。该情况发生时，组合仪表的显示屏立即向客户发出灯光异常警告。		
维修措施	免费为涉及的车辆更换改进后的灯光保险丝。		
改进措施	上述车辆已经停产，目前生产和销售的车辆均不受上述问题的影响。		

沃尔沃（中国）投资有限公司召回部分进口FE底盘车

制造商	沃尔沃汽车		
召回时间	2017-05-27至2018-05-26		
涉及数量	21		
车型	型号	年款	VIN范围
FE底盘车	FE280	2014	起：YV2VBL0AXFZ101535 止：YV2VBL0A2GZ108710
缺陷情况	车辆后桥钢板弹簧与车梁吊架链接处的固定螺母的紧固扭矩没有达到规范要求即820 ± 80 Nm，在车辆长期运于不平坦路面的情况下可能会导致该固定螺母存在进一步松动的风险。		
可能后果	如果车辆后桥钢板弹簧与车梁吊架链接处的固定螺母出现松动情况，缺陷发生的早期会导致后轮轮胎异常磨损、后桥悬架系统异响、钢板弹簧和车梁吊架链接处的橡胶衬套异常磨损。最严重的情况是车辆后桥钢板弹簧与车梁吊架链接处的固定螺栓断裂，影响车辆行驶稳定性，存在安全隐患。如果缺陷发生处于早期，需要车辆及时进入维修站进行后桥悬架系统的全面检查。		
维修措施	该缺陷问题车辆生产日期为2014年第45周至2017年第2周，车型为FE底盘车。针对该生产区间的车辆，需要按照《缺陷汽车产品召回维修作业方法》，对涉及缺陷车辆的钢板弹簧与车梁吊架链接处的固定螺母进行检查，根据检查情况如有需要对后悬架系统部件进行更换。		
改进措施	2017年第3周开始生产的车辆，在车辆部件组装上已经依据更新的组装流程确保该缺陷问题不会再次发生。		

上汽大众汽车有限公司召回部分2016年款全新帕萨特汽车

制造商	上汽大众		
召回时间	2017-06-09至2017-12-31		
涉及数量	146		
车型	型号	年款	VIN范围
帕萨特	全新帕萨特330TSI DSG Comfortline尊荣版 全新帕萨特330TSI DSG Highline御尊版 全新帕萨特380TSI DSG Flagship至尊版 全新帕萨特380TSI DSG Highline御尊版	2016	起：LSVD76A40GN106461 止：LSVD98A4XGN113097
缺陷情况	本次召回范围内的部分车辆，因供应商生产制造原因，变速箱内机电单元可能出现电子故障，导致车辆动力输出中断，存在安全隐患。		
可能后果	可能导致车辆动力输出中断，存在安全隐患。上述情况发生时，车辆转向、制动等功能不受影响。		
维修措施	免费为召回涉及的车辆更换合格的变速箱机电单元。		
改进措施	生产线已使用配备合格机电单元的变速箱。所有目前生产和销售的车辆均不受上述问题影响。		

江铃汽车股份有限公司召回部分江铃福特2015年款撼路者多用途乘用车

制造商	江铃汽车		
召回时间	2017-06-02至2017-09-01		
涉及数量	267		
车型	型号	年款	VIN范围
撼路者	撼路者汽油两驱豪华版 撼路者豪华版、 撼路者汽油四驱豪华版、 撼路者汽油四驱旗舰版	2015	起：LJXDJ3CB3HTU08744 止：LJXDJ3CB1HTU17703
缺陷情况	因气囊内化学成分（Zr/KP）混合配比不当，气囊内气体发生器不能点燃，导致前排座椅侧气囊无法正常展开。		
可能后果	在车辆侧面发生碰撞并达到前排座椅侧安全气囊展开条件时，安全气囊气体发生器可能无法点燃，导致安全气囊无法正常展开，存在安全隐患。		
维修措施	更换为改进后的前排座椅侧气囊		
改进措施	使用改进措施后的前排座椅侧气囊		

北京奔驰汽车有限公司召回部分C级、E级汽车

制造商	北京奔驰		
召回时间	2017-06-20至2018-06-19		
涉及数量	55		
车型	型号	年款	VIN范围
C级	C 180 L C 200 L	2016	起：LE4WG4CB0FL003590 止：LE4WG4CB7HL194833
E级	E 300 L	2016	起：LE4ZG4JB6HL003080 止：LE4ZG4JB4HL004275
缺陷情况	由于供应商生产偏差，电子转向助力马达内的触点插针焊接可能不满足要求。		
可能后果	一旦插针完全松脱，将导致车辆转向偏差，这增加了车辆发生碰撞的风险，存在安全隐患。受影响的车辆一旦发现报警提示，需联系授权服务商进行处置。		
维修措施	作为预防措施，戴姆勒股份公司将通过梅赛德斯-奔驰授权服务商为受影响车辆更换电子助力转向机。		
改进措施	对软件进行了改进，保证在2016年12月28日以后生产的车辆上不会存在此问题。		

宝马（中国）汽车贸易有限公司召回部分进口宝马X5和X6系列汽车

制造商	宝马汽车		
召回时间	2017-11-01至2018-11-01		
涉及数量	86778		
车型	型号	年款	VIN范围
BMW X系列	BMW X6	2010~2013	起：WBAFG2103BLN91021 止：WBAGZ210XDLY68670
BMW X系列	BMW X5	2010~2013	起：WBAZV4108BLL55088 止：WBAGY2100DLL32829
缺陷情况	缺陷部件为车辆前传动轴，由于制造失误，轴承的油封可能在长期使用后滑出设计位置，使得轴承易受到外来的水和泥沙影响并发生磨损。轴承长期磨损后，传动轴十字节处可能发生卡滞。		
可能后果	如传动轴十字节发生卡滞，则会引发车辆行驶时传动轴异常振动或异响。在某些情况下，传动轴该位置可能发生断裂，车辆前轮失去驱动力（后轮仍有驱动力），存在安全隐患。		
维修措施	将免费更换车辆的前传动轴。		
改进措施	相关车型已停产。		

马自达（中国）企业管理有限公司召回部分进口RX-8系列汽车

制造商	马自达汽车		
召回时间	2017-07-24至2018-07-23		
涉及数量	361		
车型	型号	年款	VIN范围
RX-8	RX-8 跑车	2005	起：JMZSE173660130516 止：JMZSE173X80150688
缺陷情况	由于燃油泵的树脂供油管耐久性不足，在受到内部燃油压力和发动机、排气管产生的热影响后，供油管发生劣化。在此情况下持续使用时，可能导致供油管劣化加剧，出现裂纹并发生漏油。极端情况下，可能发生火灾，存在安全隐患。		
可能后果	由于燃油泵的树脂供油管耐久性不足，在受到内部燃油压力和发动机、排气管产生的热影响后，供油管发生劣化。在此情况下持续使用时，可能导致供油管劣化加剧，出现裂纹并发生漏油。极端情况下，可能发生火灾，存在安全隐患。		
维修措施	召回范围内车辆免费更换新的燃油滤清器组件[燃油滤清器（内含供油管）+压力控制阀卡扣+O型环+垫圈]。		
改进措施	召回车型已经停止生产。		

上海汽车集团股份有限公司乘用车分公司召回部分名爵MG3 AMT汽车

制造商	上海汽车		
召回时间	2017-09-30至2018-09-29		
涉及数量	32165		
车型	型号	年款	VIN范围
MG3	MG3 1.3L 自动舒适版 MG3 1.5L 自动豪华版 MG3 1.5L 自动精英版 MG3 Xross 1.5L 自动豪华版 MG3 Xross 1.5L 自动精英版 2013款 MG3 1.3L 自动舒适版 2013款 MG3 1.5L 自动豪华版 2013款 MG3 1.5L 自动精英版 2013款 MG3 Xross 1.5L 自动豪华版 2013款 MG3 Xross 1.5L 自动精英版	2011-2013	起：LSJZ14C30BS027688 止：LSJZ14E9XCS089828
缺陷情况	本次召回范围内的车辆，由于变速箱控制模块软件以及变速箱线束质量问题，导致部分车辆换挡时系统可能出现误判，造成车辆故障灯点亮，车辆动力受限。		
可能后果	车辆动力受限，极端情况下，车辆会进入空挡，出现动力中断，存在安全隐患。		
维修措施	对召回范围内的车辆进行检查，免费刷新软件并更换改进后的零部件，以消除隐患。		
改进措施	供应商对变速箱控制模块软件及线束进行了改进。		

三菱汽车销售（中国）有限公司召回部分进口欧蓝德EX劲界系列汽车

制造商	三菱汽车		
召回时间	2017-07-27至2018-07-26		
涉及数量	54672		
车型	型号	年款	VIN范围
欧蓝德EX劲界	欧蓝德EX劲界豪华版、欧蓝德EX劲界精英版、欧蓝德EX劲界精英GT版、欧蓝德EX劲界时尚版、欧蓝德EX劲界时尚导航版、欧蓝德EX劲界舒适版、欧蓝德EX劲界运动导航版、欧蓝德EX劲界都市导航版	2007-2012	起：JE3AS29X87U300294 止：JE3AS39U8CU305095
缺陷情况	雨刮器连杆的接头部分如果有水进入，就会造成接头内部的润滑脂乳化流失、水分也会造成转向球表面生锈。转向球表面生锈及润滑脂不足会造成嵌合的树脂外壳磨损，嵌合力下降，有可能导致接头部分脱落。		
可能后果	前挡风玻璃雨刮器无法正常运转影响前方视野，有可能造成事故。		
维修措施	更换改善后的雨刮器连杆总成（在连杆橡胶套外追加了防水套并用绑带固定）		
改进措施	该车型已经生产完结。		

东风悦达起亚汽车有限公司召回部分K5汽车

制造商	东风悦达起亚		
召回时间	2017-07-31至2018-01-30		
涉及数量	28		
车型	型号	年款	VIN范围
K5	2014款 2.0 T-GDI T-PRM 2014款 2.0 T-GDI T-PRM选装 2014款 2.0 T-GDI T-Special 2014款2.0 T-GDI T-Special选装	2014	起：LJDKAA241E0149888 止：LJDKAA24XD0131291
缺陷情况	曲轴交叉油孔加工毛刺去除不良。发动机内部产生周期性的敲缸声或发动机故障灯以及机油报警灯点亮时，继续行驶可能造成抱轴现象，车辆丧失动力，存在安全隐患。		
可能后果	发动机加工过程中曲轴处产生的金属碎屑阻碍了机油流向主轴承，轴承不能充分的润滑，使轴承加快老化。发动机内部会产生周期性的敲缸声，发动机故障灯以及机油报警灯会点亮，长时间使用后可能产生抱轴现象，车辆丧失动力，存在安全隐患。		
维修措施	东风悦达起亚汽车有限公司将邀请召回范围内的车主到店，对召回内的车辆发动机进行检查，如有必要将更换发动机长缸体，以消除安全隐患。		
改进措施	正在生产的K5搭载的2.0T GDI发动机是改善后生产的发动机。		

北京现代汽车有限公司召回部分全新胜达汽车

制造商	北京现代		
召回时间	2017-07-31至2018-01-31		
涉及数量	43764		
车型	型号	年款	VIN范围
全新胜达	全新胜达2.4两驱五座自动舒适型（国五） 全新胜达2.4两驱五座自动舒适型（国四） 全新胜达2.4两驱五座手动舒适型（国五） 全新胜达2.4四驱五座自动舒适型（国五） 全新胜达2.4两驱五座手动舒适型（国四） 全新胜达2.4四驱五座自动舒适型（国四） 全新胜达2.4四驱七座自动舒适型（国四） 全新胜达2.4四驱七座自动舒适型（国五）	2013	起：LBEDMBND7CZ000023 止：LBEDMBND7DZ038093
缺陷情况	搭载THETA GDI 发动机的全新胜达汽车，由于发动机加工过程中曲轴处产生的金属碎屑阻碍了机油流向主轴承，轴承不能充分的润滑，使轴承加快老化。发动机内部会产生周期性的敲缸声，发动机故障灯以及机油报警灯会点亮，长时间使用后可能产生抱轴现象，车辆丧失动力，存在安全隐患。		
可能后果	长时间使用后可能产生抱轴现象，车辆丧失动力，存在安全隐患。		
维修措施	对受影响的车辆生产日期范围内和车架号范围内的车辆，使用噪音测量仪检测车辆发动机，并且根据检测结果对没有问题的车辆免费更换发动机机油，对有问题的车辆免费更换发动机长缸体。		
改进措施	正在生产的全新胜达搭载的2.0T GDI发动机是设备改善后生产的发动机，搭载的2.4L GDI发动机是中国国内新工厂新设备生产的发动机。		

沃尔沃汽车销售（上海）有限公司召回部分进口XC90系列汽车

制造商	沃尔沃汽车		
召回时间	2017-07-03至2018-07-03		
涉及数量	595		
车型	型号	年款	VIN范围
第二代 XC90	T5 智逸版 - 7座 T6 智尊版- 7座 T6 智雅版 -7座 T6 智逸版 -7座 T8 智尊（E驱混动）版- 7座	2017	起：YV1LF10D0H1136133 止：YV1LFBAD9H1142713
缺陷情况	由于供应商问题，第三排右侧座椅安全带预紧器可能在生产中存在错误的生产参数，用于固定微型气体发生器的套管卷曲不当，不符合规格要求。		
可能后果	如果车辆发生碰撞且安全带预紧器被触发后，特定情况下预紧器中的微型气体发生器可能分离并进入乘客舱，可能会降低预紧式安全带对乘员的保护效果，存在潜在安全隐患。		
维修措施	更换第三排右侧座椅安全带。		
改进措施	供应商已经纠正安全带预紧器规格，正在生产的产品没有使用缺陷零件。		

阿斯顿马丁拉共达（中国）汽车销售有限公司召回部分进口V8 Vantage汽车-7速Sportshift 离合器管路接头失效问题

制造商	阿斯顿·马丁		
召回时间	2017-06-30至2018-06-30		
涉及数量	138		
车型	型号	年款	VIN范围
V8 Vantage	V8 Vantage Roadster	2011-2014	起：SCFEKBBK3CGD17023 止：SCFEKBBK4EGD17986
V8 Vantage	V8 Vantage Coupe	2011-2014	起：SCFEKBAK1CGC16581 止：SCFEKBAK6EGC18085
V8 Vantage S	V8 Vantage S Roadster	2011-2014	起：SCFEKBEL0BGD15538 止：SCFEKBEL4EGD17880
V8 Vantage S	V8 Vantage S Coupe	2011-2014	起：SCFEKBDL5BGC15162 止：SCFEKBDL3EGC18114
缺陷情况	由于变速箱离合器液压系统的管路接头处无有效固定，极端情况下该接头会出现疲劳失效，导致液压油渗漏，甚至泄漏。		
可能后果	如变速箱液压系统压力降低导致变速箱无法变换挡位，车辆将会显示“无法换挡”的警示信息，当车辆在行驶中出现此故障，驾驶员制动车辆时，会导致发动机熄火；如离合器液压系统中仍保持足够压力，变速箱将会选择紧急空挡模式，导致动力中断，存在安全隐患。		
维修措施	阿斯顿马丁将免费为此次召回涉及的车辆安装额外的固定支架。		
改进措施	安装同样的固定支架以避免该接头处的疲劳运动。		

阿斯顿马丁拉共达（中国）汽车销售有限公司召回部分进口V8 Vantage汽车-6速Sportshift 离合器管路接头失效问题

制造商	阿斯顿·马丁		
召回时间	2017-06-30至2017-09-30		
涉及数量	9		
车型	型号	年款	VIN范围
V8 Vantage	V8 Vantage Coupe	2012	起：SCFEFBAK8CGC15884 止：SCFEFBAK4CGC16059
缺陷情况	本次召回范围内的车辆，变速箱离合器液压系统的管路接头处采用了重新设计的卡扣，极端情况下该接头会出现疲劳失效，导致液压油渗漏，甚至泄漏。		
可能后果	如果此情况发生，可能导致变速箱液压系统压力降低而使得变速箱无法变换挡位。该情况下，如果车辆在行驶中驾驶员制动车辆，则存在发动机熄火的可能性，存在安全隐患。		
维修措施	阿斯顿马丁将对召回范围内的车辆免费更换改进的离合器管路接头以消除安全隐患。		
改进措施	该问题被发现时，装备6速Sportshift变速箱的车辆已经停产，生产线无需修正措施。		

阿斯顿马丁拉共达（中国）汽车销售有限公司召回部分进口汽车-变速箱软件更新

制造商	阿斯顿·马丁		
召回时间	2017-06-30至2018-06-30		
涉及数量	103		
车型	型号	年款	VIN范围
V8 Vantage	V8 Vantage Roadster	2011-2012	起：SCFEKBBK3CGD17023 止：SCFGKBBK4CGD17038
V8 Vantage	V8 Vantage Coupe	2011-2012	起：SCFEKBAKXCGC16577 止：SCFEKBAK5CGC17054
V8 Vantage S	V8 Vantage S Roadster	2011-2012	起：SCFEKBEL0BGD15538 止：SCFEKBEL6CGD16663
V8 Vantage S	V8 Vantage S Coupe	2011-2012	起：SCFEKBDL5BGC15162 止：SCFEKBDL5CGC17057
缺陷情况	本次召回范围内的车辆，由于变速箱软件升级通告中未明确说明需要删除原有电脑中存储的离合器工作参数和对车辆重新进行学习设定，当未进行此操作时，原始的离合器工作参数可能与新的软件不匹配。		
可能后果	这可能使得变速箱进入“离合器保护”模式、变速箱换挡舒适性下降，变速箱可能会丢失挡位从而挂入空挡（驾驶员仍可通过换挡拨片或D挡按钮恢复挡位）；极端情况下，可能导致动力中断和发动机熄火，存在安全隐患。		
维修措施	阿斯顿马丁拉共达（中国）汽车销售有限公司将免费对召回范围内的车辆进行检查、刷新变速箱软件、删除原有存储的离合器设定值，并进行离合器的匹配调教以消除安全隐患。同时为了提升客户满意度，阿斯顿马丁拉共达（中国）汽车销售有限公司将为消费者提供一次免费离合器更换以及一年离合器配件质保服务。		
改进措施	召回范围外的车辆在生产线上已经安装最新的软件并完成离合器初始参数匹配工作。		

现代汽车（中国）投资有限公司召回部分进口起亚索兰托系列汽车

制造商	现代汽车		
召回时间	2017-06-30至2017-12-30		
涉及数量	40		
车型	型号	年款	VIN范围
索兰托	索兰托2.2L 5座 4驱至尊版 索兰托2.2L 5座 4驱豪华版 索兰托2.2L 5座 4驱舒适版	2012	起：KNAKU8142C5239292 止：KNAKU8141C5259632
缺陷情况	部分车辆低压燃油软管可能发生裂纹导致漏油。		
可能后果	燃油软管裂纹导致燃油泄漏，周边如有发火源可能会引发火灾，存在安全隐患。		
维修措施	对范围内车辆给予免费更换改善后的供油软管。		
改进措施	2011.11.1日起，量产车辆使用改善后配件。		

现代汽车（中国）投资有限公司召回部分进口起亚霸锐系列汽车

制造商	现代汽车		
召回时间	2017-06-30至2017-12-30		
涉及数量	601		
车型	型号	年款	VIN范围
霸锐	霸锐豪华版-国4	2013	起：KNAKN8110D5103134 止：KNAKN8119E5109760
缺陷情况	组装品质散布原因偶尔发生锁止螺母紧固扭矩不足的问题。前轮轮毂锁止螺母因力矩不足行驶中可能发生松脱情况。		
可能后果	车辆行驶中，前轮轮毂锁止螺母松脱导致前轮异常噪音或车辆发生振动现象，忽略噪音或振动持续行驶时有可能发生车轮和轮胎脱离的情况，存在安全隐患。		
维修措施	对范围内车辆给予免费更换改善后的轮毂螺母。		
改进措施	2013年6月10日起，变更前轮结构，并加大紧固锁止螺母力矩。		

三菱汽车销售（中国）有限公司召回部分进口欧蓝德系列汽车

制造商	三菱汽车		
召回时间	2017-09-15至2018-09-14		
涉及数量	17678		
车型	型号	年款	VIN范围
欧蓝德	欧蓝德四驱豪华导航版7座、 欧蓝德四驱豪华导航版5座、欧蓝德四驱都市导航版5座、欧蓝德两驱运动导航版5座、 欧蓝德精英GT版7座	2014-2016	起：JE3AZ5925EZ002027 止：JE3AZ2931GZ013200
缺陷情况	由于构成车门锁的零部件的生产问题，有部分产品不符合规格。当气温升高时锁紧部分会发生卡滞。		
可能后果	因此会造成车门锁无法锁紧，严重时行驶中车门可能打开，存在安全隐患。		
维修措施	对涉及车辆的车门锁进行免费更换。		
改进措施	通过追加检查项目等对生产制造流程进行了相应改善。		

玛莎拉蒂（中国）汽车贸易有限公司召回部分进口总裁、吉博力和莱凡特系列汽车

制造商	玛莎拉蒂		
召回时间	2017-06-30至2018-06-29		
涉及数量	31621		
车型	型号	年款	VIN范围
Ghibli（M157）	M157 B2 M157 B4 M157 C2 M157 D2	2014-2017	起：ZAMRT57E9E1079744 止：ZAMXS57E1H1228887
Levante（M161）	M161 D4 M161 E4	2017	起：ZN6YU61E5HX185474 止：ZN6XU61E0HX183305
Quattroporte（M156）	M156 B4 M156 C2 M156 D2 M156 V8	2014-2017	起：ZAMPP56E4E1069930 止：ZAMXP56E9H1226436
缺陷情况	由于前排座椅线束的布置方式设计不当，所涉及车辆的前排座椅线束可能会与座椅调节电机外壳发生摩擦干涉。		
可能后果	上述缺陷可能会导致在长期使用车辆后，座椅线束出现破损，可能会导致座椅无法调节；在极端状况下，可能会导致座椅线束出现电气短路而导致起火，存在安全隐患。		
维修措施	玛莎拉蒂将对涉及召回的车辆进行前排座椅线束的检查，如有必要，将更换前排座椅线束，并采用新的方式布置座椅线束；同时，将早于2017年款车辆的前排座椅线束断路保护器更换为25 A标准保险丝，以消除缺陷。		
改进措施	2016年12月21日之后生产的车辆，均采用了新的前排座椅线束布置方式。		

北京奔驰汽车有限公司召回部分国产GLA级汽车

制造商	北京奔驰		
召回时间	2017-07-28至2018-07-27		
涉及数量	533		
车型	型号	年款	VIN范围
GLA级	GLA 200， GLA 220 4MATIC， GLA 260 4MATIC	2016	起：LE4TG4DB5HL102944 止：LE4TG4HB6HL109055
缺陷情况	由于供应商的制造偏差，某一批次的气囊点火器的推进剂混合可能不满足要求。		
可能后果	当发生事故需要乘客气囊或者腰部气囊弹出时，可能无法展开或者只展开第一级，增加乘客受伤风险，存在安全隐患。		
维修措施	作为预防措施，戴姆勒股份公司将通过梅赛德斯-奔驰授权服务商为受影响车辆更换气囊模块。		
改进措施	供应商的生产工艺进行了优化，并保证在2016年11月23日以后生产的车辆上不会存在此问题。		

现代汽车（中国）投资有限公司召回部分进口起亚索兰托2.4LGDI型号汽车

制造商	现代汽车		
召回时间	2017-07-31至2018-07-30		
涉及数量	5736		
车型	型号	年款	VIN范围
索兰托	索兰托2.4LGDI5座 4驱豪华版-国4 索兰托2.4LGDI5座 4驱豪华版-京5 索兰托2.4LGDI5座 4驱舒适版-国4 索兰托2.4LGDI5座 4驱舒适版-京5 索兰托2.4LGDI5座 4驱至尊UVO版-国4 索兰托2.4LGDI5座 4驱至尊版-国4 索兰托2.4LGDI5座 4驱至尊版-京5 索兰托2.4LGDI7座 2驱舒适版-国4 索兰托2.4LGDI7座 4驱豪华版-国4 索兰托2.4LGDI7座 4驱豪华版-京5 索兰托2.4LGDI7座 4驱舒适版-国4 索兰托2.4LGDI7座 4驱舒适版-京5 索兰托2.4LGDI7座 4驱至尊UVO版-京5 索兰托2.4LGDI7座 4驱至尊版-国4 索兰托2.4LGDI7座 4驱至尊版-京5	2013-2014	起：KNAKU8163D5398440 止：KNAKU8169E5482201
缺陷情况	曲轴交叉油孔加工毛刺去除不良。发动机内部产生周期性的敲缸声或发动机故障灯以及机油报警灯点亮时，继续行驶可能造成抱轴现象，车辆丧失动力，存在安全隐患。		
可能后果	发动机加工过程中曲轴处产生的金属碎屑阻碍了机油流向主轴承，轴承不能充分的润滑，使轴承加快老化。发动机内部会产生周期性的敲缸声，发动机故障灯以及机油报警灯会点亮，长时间使用后可能产生抱轴现象，车辆丧失动力，存在安全隐患。		
维修措施	现代汽车（中国）投资有限公司将邀请召回范围内的车主到店，对召回内的车辆发动机进行检查，如有必要将更换发动机长缸体，以消除安全隐患。		
改进措施	正在生产的索兰托搭载的2.4GDI发动机是改善后生产的发动机。		

梅赛德斯-奔驰（中国）汽车销售有限公司召回部分进口A级、B级、CLA、GLA系列汽车

制造商	奔驰汽车		
召回时间	2017-07-28至2018-07-27		
涉及数量	946		
车型	型号	年款	VIN范围
A级	A 180，A 200， A 260 A 45 AMG 4MATIC	2016	起：WDDBF4CB0HJ528564 止：WDDBF5CBXHJ545040
B级	B 180，B 200， B 260	2016	起：WDDMH4DB8HJ422316 止：WDDMH4DB9HN171590
CLA级	CLA 200， CLA 220 4MATIC， CLA 260 4MATIC， CLA 45 AMG 4MATIC	2016	起：WDDSJ4DBXHN426257 止：WDDSJ4DB4HN451543
GLA级	GLA 45 AMG 4MATIC	2016	起：WDCTG5CBXHJ306321 止：WDCTG5CB8JJ324256
缺陷情况	由于供应商的制造偏差，某一批次的点火器的推进剂混合比例可能不满足要求。		
可能后果	当发生事故需要乘客气囊、膝部气囊或侧气帘弹出时，气囊可能无法展开或者只展开第一级。其保护功能无法保证，存在安全隐患。		
维修措施	作为预防措施，戴姆勒股份公司将通过梅赛德斯-奔驰授权服务商为受影响车辆气囊模块。		
改进措施	供应商的生产工艺进行了优化，并保证在2016年11月23日以后生产的车辆上不会存在此问题。		

宝马（中国）汽车贸易有限公司关于部分进口宝马M760Li汽车召回活动的变更

制造商	宝马汽车		
召回时间	2017-07-28至2018-07-28		
涉及数量	271		
车型	型号	年款	VIN范围
BMW 7系	BMW M760Li	2016	起：WBA7H6105HG612459 止：WBA7H6104HG613327
缺陷情况	由于供应商的失误，部分机油冷却管路在生产时混用了错误的橡胶管，导致橡胶管路部分和金属接头部分未能正确连接。存在缺陷的管路在长时间使用后可能引起机油泄漏。		
可能后果	由于可能泄漏的位置接近车辆的前制动器，如果管路泄漏，可能影响到车辆的制动性能。这增大了车辆在行驶中发生意外的风险，存在安全隐患。		
维修措施	将免费为召回范围内车辆更换机油冷却管路。		
改进措施	供应商已改正了生产中的错误。可保证后续生产车辆不受影响。		

梅赛德斯-奔驰（中国）汽车销售有限公司召回部分进口SLC级系列汽车

制造商	奔驰汽车		
召回时间	2017-06-30至2018-06-29		
涉及数量	420		
车型	型号	年款	VIN范围
SLC级	SLC 200， SLC 300	2016	起：WDDPK3JA5HF124569 止：WDDPK3EA2HF137385
缺陷情况	ESP软件编程不符合要求。		
可能后果	增大车辆的行驶阻力，当该现象发生在车辆低速行驶到停止时，可能在车轮附近产生烟雾，存在安全隐患。受影响的车主应尽快前往授权服务商进行处置。		
维修措施	使用的新版本的软件，保证在2016年11月24日以后生产的车辆上不会存在此问题。		
改进措施	中国市场未收到关于此问题的索赔记录。		

一汽-大众汽车有限公司召回部分奥迪Q3汽车

制造商	奥迪汽车		
召回时间	2017-07-06至2018-07-06		
涉及数量	55848		
车型	型号	年款	VIN范围
Q3	2016款Q3 30 TFSI 标准型 2016款Q3 30 TFSI 风尚型 2016款Q3 30 TFSI 时尚型 2016款Q3 35 TFSI quattro 全时四驱风尚型 2016款Q3 35 TFSI 风尚型 2016款Q3 35 TFSI 时尚型 2016款Q3 40 TFSI quattro 全时四驱风尚型 2016款Q3 40 TFSI quattro 全时四驱运动型 2017款Q3 30 TFSI 标准型 2017款Q3 30 TFSI 风尚型 2017款Q3 30 TFSI 时尚型 2017款Q3 30 TFSI 运动型 2017款Q3 35 TFSI quattro 全时四驱风尚型 2017款Q3 35 TFSI quattro 全时四驱运动型 2017款Q3 35 TFSI 风尚型 2017款Q3 35 TFSI 时尚型 2017款Q3 35 TFSI 运动型 2017款Q3 40 TFSI quattro 全时四驱风尚型 2017款Q3 40 TFSI quattro 全时四驱运动型	2016-2017	起：LFV2B28U6F3033767 止：LFV2B28U3G3076397
缺陷情况	本次召回范围内车辆，如果在行驶过程中使用电控机械式驻车制动器进行紧急制动时，制动灯不能点亮。		
可能后果	当车辆在行驶过程中使用电控机械式驻车制动器进行紧急制动时，制动灯不能被点亮，后方车辆无法得到车辆制动的警示，增加了车辆被追尾的风险，存在安全隐患。		
维修措施	一汽-大众汽车有限公司将委托奥迪特许经销商免费为召回范围内车辆升级网关控制单元软件。		
改进措施	2016年12月3日上线了新的生产线措施。车辆上装备的网关控制单元采用了优化的软件参数。		

一汽轿车股份有限公司召回部分马自达6轿车-高田气囊干燥剂问题

制造商	一汽马自达		
召回时间	2018-03-19至2019-03-18		
涉及数量	680642		
车型	型号	年款	VIN范围
马自达6	马自达6 2008款2.0L手动型 马自达6 2008款2.0L自动时尚型 马自达6 2008款2.0L自动运动型 马自达6 2008款2.0L自动豪华型 马自达6 2008款2.0L自动超豪华型 马自达6轿跑 2008款2.0L自动型 马自达6 2008款2.3L自动旗舰型 马自达6轿跑 2008款2.3L自动型 马自达6wagon 2008款2.3L自动型 马自达6睿翼 2009款2.0L手动型 马自达6睿翼 2009款2.0L自动豪华型 马自达6睿翼轿跑 2009款2.0L自动豪华型 马自达6睿翼 2009款2.5L自动尊贵型 马自达6睿翼 2009款2.5L自动导航版 马自达6睿翼轿跑 2009款2.5L自动至尊型 马自达6睿翼 2010款2.0L自动精英型 马自达6睿翼轿跑 2010款2.0L自动精英型 马自达6 2011款2.0L手动型 马自达6 2011款2.0L自动豪华型 马自达6 2011款2.0L自动时尚型 马自达6睿翼 2011款2.0L自动精英导航版 马自达6睿翼 2011款2.0L自动豪华导航版 马自达6睿翼轿跑 2011款2.0L自动精英导航版 马自达6睿翼轿跑 2011款2.0L自动豪华导航版 马自达6睿翼 2011款2.5L自动至尊导航版 马自达6睿翼 2011款2.5L自动尊贵导航版 马自达6 2012款2.0L手动型 马自达6 2012款2.0L自动经典型 马自达6 2012款2.0L自动时尚型 马自达6 2012款2.0L自动超豪华型 马自达6 2012款2.0L自动豪华型 马自达6睿翼 2012款2.0L自动豪华型 马自达6睿翼 2012款2.0L自动精英型 马自达6睿翼轿跑 2012款2.0L自动精英型 马自达6睿翼轿跑 2012款2.0L自动豪华型 马自达6睿翼 2012款2.5L自动至尊型 马自达6睿翼 2012款2.5L自动尊贵型 马自达6睿翼轿跑 2012款2.5L自动至尊型 马自达6 2013款2.0L手动型 马自达6 2013款2.0L自动时尚型 马自达6 2013款2.0L自动超豪华型	2008-2013	起：LFPM5ACP981A74687 止：LFPM4ACC7G1A10887
缺陷情况	推测是安全气囊气体发生器的密封性、气体发生剂劣化所导致，真因在调查中。安全气囊展开时，气体发生器有可能发生异常破损，导致碎片飞出，可能伤及车内人员，存在安全隐患。		
可能后果	导致气体发生器壳体碎片飞出，可能伤及车内人员，存在安全隐患。		
维修措施	对召回范围内车辆免费检查更换副驾驶侧气体发生器。		
改进措施	目前原因还没有查明，做为预防措施，为召回范围内的车辆免费更换其它厂家生产的副驾驶侧安全气囊气体发生器。		

一汽轿车股份有限公司召回部分马自达6阿特兹轿车

制造商	一汽马自达		
召回时间	2018-01-26至2018-07-25		
涉及数量	80235		
车型	型号	年款	VIN范围
马自达6阿特兹	马自达6阿特兹2.0L蓝天时尚版 马自达6阿特兹2.0L蓝天豪华版 马自达6阿特兹2.0L蓝天尊贵版 马自达6阿特兹2.5L蓝天尊崇版 马自达6阿特兹2.5L蓝天至尊版	2014	起：LFPM4ACP8D1A48630 止：LFPM4ACP1G1A25131
缺陷情况	由于后轮机械式驻车制动钳防尘罩的密封结构不良，导致制动钳内部进水，滚轴部生锈。在此情况下持续使用时，可能导致滚轴的滑动性能不良、驻车制动力下降。某些情况下，可能发生溜车，存在安全隐患。		
可能后果	在特定情况下，可能发生坡路溜车，存在安全隐患。		
维修措施	为召回范围内车辆的滚轴进行检测，指定部位发现生锈时，更换新的制动钳总成；未发现生锈时，更换防尘罩组件。		
改进措施	召回车型已经停止生产。		

马自达（中国）企业管理有限公司召回部分进口阿藤泽汽车

制造商	马自达汽车		
召回时间	2018-01-26至2019-01-25		
涉及数量	2000		
车型	型号	年款	VIN范围
阿藤泽	阿藤泽 豪华型	2013	起：JM7GJ0271E1111539 止：JM7GJ027XE1126461
缺陷情况	由于后轮机械式驻车制动钳防尘罩的密封结构不良，导致制动钳内部进水滚轴部生锈。在此情况下持续使用时可能导致滚轴的滑动性能不良驻车制动力下降。某些情况下可能发生溜，存在安全隐患。		
可能后果	由于后轮机械式驻车制动钳防尘罩的密封结构不良导致制动钳内部进水滚轴部生锈。在此情况下持续使用时可能导致滚轴的滑动性能不良驻车制动力下降。某些情况下可能发生溜车，存在安全隐患。		
维修措施	为召回范围内车辆的滚轴进行检测，指定部位发现生锈时，更换新的制动钳总成；未发现生锈时，更换防尘罩组件。		
改进措施	召回车型已经停止生产。		

奇瑞汽车股份有限公司召回凯翼C3/C3R的EMT“智动档”车型

制造商	奇瑞汽车		
召回时间	2017-07-25至2018-07-25		
涉及数量	5549		
车型	型号	年款	VIN范围
凯翼C3	凯翼C3 1.5EMT黄钻版 凯翼C3 1.5EMT蓝钻版 凯翼C3 1.5EMT金钻版	2015	起：LVVDC21B5FD101871 止：LVVDB21B8HD074560
凯翼C3R	凯翼C3R 1.5EMT黄钻版 凯翼C3R 1.5EMT蓝钻版 凯翼C3R 1.5EMT金钻版	2015	起：LVVDB21B3FD029362 止：LVVDB21BXHD074561
缺陷情况	本次召回范围内的车辆，由于离合器执行器及拉索、变速箱控制模块软件以及变速箱线束质量问题，导致部分车辆换挡时系统可能出现误判，造成车辆故障灯点亮，车辆动力受限。		
可能后果	极端情况下，车辆会进入空挡，出现动力中断，存在安全隐患。		
维修措施	将对召回范围内的车辆进行核查，并给予免费更换TCU线束，并更新TCU数据；同时检查离合器执行器及拉索状态，对不符合要求的离合器执行器和拉索给予更换。		
改进措施	现生产车辆已经使用改进后的TCU数据、TCU线束、离合器执行器及拉索，将不存在此类问题。		

阿斯顿马丁拉共达（中国）汽车销售有限公司召回部分进口DB11系列汽车

制造商	阿斯顿·马丁		
召回时间	2017-08-01至2018-08-01		
涉及数量	111		
车型	型号	年款	VIN范围
DB11	DB11 Coupe	2017	起：SCFRMFAV7HGL00258 止：SCFRMFAVXHGL02568
缺陷情况	本次召回范围内的车辆，由于不正确的胎压监测模块设码数据，导致胎压低于最低触发压力（前胎1.9bar， 后胎2.0bar）时，胎压监测系统未及时触发低压警告。		
可能后果	胎压监测系统未及时触发低压警告，存在安全隐患。		
维修措施	阿斯顿马丁拉共达（中国）汽车销售有限公司将免费为召回范围内的车辆更新胎压监测系统模块的设码数据以消除安全隐患。		
改进措施	对正在生产的车辆安装正确的设码数据。		

捷豹路虎（中国）投资有限公司召回部分进口捷豹XJ系列汽车

制造商	捷豹汽车		
召回时间	2017-07-14至2018-07-14		
涉及数量	579		
车型	型号	年款	VIN范围
XJ	XJ 2010款 3.0L V6全新XJ全景商务版 XJ 2010款 5.0L V8全新XJ旗舰尊崇版机械增压 XJ 2010款 5.0L V8全新XJ全景奢华版 XJ 2011款 3.0L V6全新XJ全景商务版 XJ 2011款 5.0L V8全新XJ旗舰尊崇版机械增压 XJ 2011款 5.0L V8全新XJ全景奢华版	2010-2011	起：SAJAA26P0ALV00341 止：SAJAA26P4BLV11988
缺陷情况	部分车辆上的辅助约束控制模块软件标定在特定情况下会复位到初始状态，可能会导致前排安全气囊无法按设计要求正常工作。		
可能后果	在车辆遭受正面碰撞时，前排安全气囊可能无法按预期正常展开，会增加乘员的受伤风险，存在安全隐患。		
维修措施	将免费为召回范围内的车辆升级辅助约束控制模块软件至最新版本，以消除隐患。		
改进措施	相关车型已经停产		
召回时间	2017-07-14至2018-07-14		
涉及数量	791		
车型	型号	年款	VIN范围
XF	XF 2015款 Sportbrake 豪华版 XF 2015款 Sportbrake 风华版	2015	起：SAJAA02M6FPU25354 止：SAJAA02M7FPU88155
缺陷情况	车辆的辅助约束控制模块到侧面碰撞传感器的线束连接不正确，可能导致侧面安全气帘无法按要求正常工作。		
可能后果	在车辆B柱后方位置遭受碰撞时，侧面安全气帘可能不会展开、或延迟展开，会增加后排乘员的受伤风险，存在安全隐患。		
维修措施	将免费为召回范围内的车辆进行维修，重新连接信号线到正确的侧面碰撞传感器。		
改进措施	相关车型已经停产		

梅赛德斯-奔驰（中国）汽车销售有限公司召回部分进口A级、B级和CLA级系列汽车

制造商	奔驰汽车		
召回时间	2017-07-15至2018-07-14		
涉及数量	16301		
车型	型号	年款	VIN范围
A级	A 180， A 200， A 260	2012-2014	起：WDDBF4DB9DJ000854 止：WDDBF4CB3DJ113328
B级	B 180， B 200， B 260	2012-2014	起：WDDMH4CB6CJ031725 止：WDDMH4EB7DJ140452
CLA级	CLA 200， CLA 260 4MATIC	2012-2014	起：WDDSJ4DB7DN010600 止：WDDSJ4GB2EN005298
缺陷情况	真空管接头不满足耐久要求。		
可能后果	一旦在真空管接头发生损坏，制动助力器将不再获得真空。制动助力器中的真空将被单向阀保留，并且随着制动操作而逐渐减少。真空助力也会随之减小。再制动2到4次之后，制动助力器里真空将会耗尽，制动助力将消失。此时，需要更大的力量踩制动踏板。这种情况可能在驾驶员无法预知的情况下发生，根据事发时的交通情况，可能增加事故发生的风险，存在安全隐患。		
维修措施	作为预防措施，戴姆勒股份公司将通过梅赛德斯-奔驰授权经销商为受影响车辆更换真空管。		
改进措施	真空管的材料进行了优化，并保证在2016年4月1日以后生产的车辆上不会存在此问题。		

东风本田汽车有限公司召回部分杰德（JADE)汽车

制造商	东风本田		
召回时间	2017-09-25至2018-09-24		
涉及数量	140876		
车型	型号	年款	VIN范围
杰德（JADE）	JADE 4+α EXi 舒适版、JADE 4+α VTi豪华版、JADE 5座EXi 舒适版、JADE 5座EXi 舒适精英版、JADE 5座VTi 豪华版、JADE 5座VTi 豪华尊享版	2014-2016	起：LVHFR1875E6000001 止：LVHFR1825G6001110
缺陷情况	由于供应商制造原因，外部的导电性液体有可能侵入蓄电池传感器基板的电镀通孔内部并发生短路。		
可能后果	导致部件烧损，极端情况下可能造成发动机舱起火，存在安全隐患。		
维修措施	免费更换对象范围内车辆的蓄电池传感器。		
改进措施	量产车型采用了不同型号的零件，不存在类似不良。		

广汽本田汽车有限公司召回部分雅阁、凌派轿车

制造商	广汽本田		
召回时间	2017-09-25至2018-09-24		
涉及数量	621003		
车型	型号	年款	VIN范围
凌派	2014款 1.8L MT舒适版	2014	起：LHGGJ5552E2000001 止：LHGGJ5538E2033731
凌派	2014款 1.8L AT舒适版 2014款 1.8L AT豪华版 2014款 1.8L AT旗舰版	2014	起：LHGGJ5636E2000001 止：LHGGJ5653E2159320
凌派	2015款 1.8L MT豪华版 2015款 1.8L MT舒适版	2015	起：LHGGJ5532F2000001 止：LHGGJ5538F2013271
凌派	2015款 1.8L AT舒适版 2015款 1.8L AT豪华版 2015款 1.8L AT旗舰版	2015	起：LHGGJ5638F8000001 止：LHGGJ5650F8076006
雅阁	2014款 3.0VTI/3.0EXLN	2014	起：LHGCR4647E8000001 止：LHGCR465XE8001703
雅阁	2014款 2.4EXN豪华导航版 2014款 2.4LX舒适版 2014款 2.4EX豪华版	2014	起：LHGCR2650E8000001 止：LHGCR2654E8079849
雅阁	2014款 2.0EXN豪华导航版 2014款 2.0LX舒适版 2014款 2.0EX豪华版	2014	起：LHGCR1649E8000001 止：LHGCR1645E8093700
雅阁	2015款 2.4EXN豪华导航版 2015款 2.4LX舒适版 2015款 2.4EX豪华版	2015	起：LHGCR2659F8000001 止：LHGCR2653F8007025
雅阁	2015款 2.0EXN豪华导航版 2015款 2.0LX舒适版 2015款 2.0EX豪华版 2015款 2.0LXS精英版	2015	起：LHGCR1647F8000001 止：LHGCR1646F8081489
雅阁	2016款 2.0L CVT舒享版 2016款 2.0L CVT舒适版 2016款 2.0L CVT精英版 2016款 2.0L CVT豪华版	2016	起：LHGCR1627G8000001 止：LHGCR1622G8000004
雅阁	2016款 2.4L CVT豪华版 2016款 2.4CVT智享版 2016款 2.4CVT舒适版 2016款 2.4L CVT智尊版	2016	起：LHGCR262XG8000001 止：LHGCR266XG8000017
缺陷情况	由于供应商制造原因，外部的导电性液体有可能侵入蓄电池传感器基板的电镀通孔内部并发生短路，导致部件烧损，极端情况下可能造成发动机舱起火，存在安全隐患。		
可能后果	可能导致部件烧损，极端情况下可能造成发动机舱起火，存在安全隐患。		
维修措施	对召回范围内的车辆免费更换蓄电池传感器。		
改进措施	正在生产的车辆的使用不同型号的零件，无该不良隐患。		

现代汽车（中国）投资有限公司召回部分进口胜达和格锐系列汽车

制造商	现代汽车		
召回时间	2017-07-24至2018-07-23		
涉及数量	26124		
车型	型号	年款	VIN范围
GRAND SANTA FE（格锐）	格锐 2.0 2WD/格锐 2.0 4WD/ 格锐 2.2 2WD/格锐 2.2 4WD/格锐 3.0 2WD/格锐 3.0 4WD/ 格锐 3.3 2WD/格锐 3.3 4WD	2012-2016	起：KMHSN81D4DU000393 止：KMHSM81A8GU173556
SANTA FE（胜达）	SANTA FE（胜达）2.2 2WD/ SANTA FE（胜达）2.2 4WD/SANTA FE（胜达）3.0 2WD/ SANTA FE（胜达）3.0 4WD	2012-2015	起：KMHSU81D5CU000307 止：KMHST81D2FU497517
缺陷情况	部分车辆发动机罩分离杆拉线保护套脱落，水分等异物进入时，拉线发生腐蚀并导致粘附，引起二次锁紧装置间歇性工作不良。		
可能后果	无法监测发动机罩是否处于完全关闭状态，在发动机罩二次锁紧装置回位工作不良，且车辆高速行驶时，有可能发生发动机罩自动开启现象。		
维修措施	更换发动机罩分离杆拉线。改善后的分离杆拉线采用的是不会受到腐蚀的SUS材质，而且带有防脱落结构，能防止保护套脱落导致的水分进入。		
改进措施	已停产。		

三菱汽车销售（中国）有限公司召回部分进口欧蓝德EX劲界系列汽车

制造商	三菱汽车		
召回时间	2017-09-11至2018-09-10		
涉及数量	54672		
车型	型号	年款	VIN范围
欧蓝德EX劲界	欧蓝德EX劲界豪华版、欧蓝德EX劲界精英版、欧蓝德EX劲界精英GT版、欧蓝德EX劲界时尚版、欧蓝德EX劲界时尚导航版、欧蓝德EX劲界舒适版、欧蓝德EX劲界运动导航版、欧蓝德EX劲界都市导航版	2007-2012	起：JE3AS29X87U300294 止：JE3AS39U8CU305095
缺陷情况	由于前挡风玻璃雨刮器电机的带有呼吸孔的树脂帽结构问题，造成电机部流入的水分侵入电机内部，造成电机内部腐蚀。因此，严重时会导致前挡风玻璃雨刮器电机停止运转。		
可能后果	前挡风玻璃雨刮器无法正常运转影响前方视野，有可能造成事故，存在安全隐患。		
维修措施	对涉及车辆的前挡风玻璃雨刮器电机更换为改善件。		
改进措施	变更为追加了防水布的呼吸孔树脂帽。（该车型已经不向中国出口）		

福特汽车（中国）有限公司关于部分进口林肯MKZ汽车系列汽车召回活动的变更

制造商	福特汽车		
召回时间	2017-09-30至2018-09-30		
涉及数量	316		
车型	型号	年款	VIN范围
MKZ	MKZ尊享版 MKZ尊雅版 MKZ尊耀版	2015	起：3LN6L2GNXFR601113 止：3LN6L2G99FR605480
缺陷情况	在一些被涉及的车辆中，驾驶员侧和乘客侧的前部安全带预张紧器拉线由于安全带预张紧器工作时所产生的内部温度导致拉线强度下降，从而无法达到约束乘员所需达到的拉力，可能会出现脱离，这会导致在车辆出现碰撞时，安全带无法充分约束住乘员，从而增加了乘员的受伤风险。		
可能后果	驾驶员侧和乘客侧的前部安全带预张紧器拉线可能会出现脱离，这会导致在车辆出现碰撞时，安全带无法充分约束住乘员，从而增加了乘员的受伤风险，存在安全隐患。		
维修措施	在安全带预张紧器拉线位置涂上粘性硅胶涂层。		
改进措施	零件设计变更，在预张紧器总成中加入了通风导管。		

梅赛德斯-奔驰（中国）汽车销售有限公司召回部分进口G级越野车

制造商	奔驰汽车		
召回时间	2017-08-05至2018-08-04		
涉及数量	5173		
车型	型号	年款	VIN范围
G级	2016款G 500 G 350 d G 63 AMG G 65 AMG	2012-2016	起：WDCYC3GF5DX200952 止：WDCYC3EF4GX261815
缺陷情况	转向节的固定扭矩不符合要求。		
可能后果	一旦转向柱底部万向节过度磨损，其将无法传递正确的转向扭矩，缺失的转向扭矩将无法保证车辆正常转向。当方向盘与转向机构之间的扭矩完全缺失之后，车辆将无法转向。这增加了车辆发生碰撞的风险，存在安全隐患。受影响的车主应尽快前往授权服务商进行处置。		
维修措施	作为预防措施，戴姆勒股份公司将通过梅赛德斯-奔驰授权服务商为受影响车辆更换转向柱底部万向节。		
改进措施	生产工艺进行了优化，保证在2017年1月21日以后生产的车辆上不会存在此问题。		

华晨宝马汽车有限公司召回部分国产宝马3系、X1汽车

制造商	华晨宝马		
召回时间	2017-11-13至2018-11-13		
涉及数量	3926		
车型	型号	年款	VIN范围
BMW 3系	BMW 320i，BMW 325i，BMW 320Li， BMW 328Li， BMW 335Li	2012-2013	起：LBVPS5103CSD62742 止：LBV3M6100EMA05668
BMW X系列	BMW X1	2012-2013	起：LBVVZ7107CMA03087 止：LBVVZ5107DMA76191
缺陷情况	对象车辆搭载的高田产驾驶员侧正面安全气囊气体发生器（膨胀装置），其气体发生药剂在防潮方面存在不完善，在温度和湿度反复变化的影响下，气体发生药剂有可能劣化。则气囊打开过程中，则可能在气体发生器内部产生过高的压力。		
可能后果	气囊展开时，气体发生器的金属外壳可能会破损，导致碎片飞出，伤及车内人员，存在安全隐患。		
维修措施	免费更换新的驾驶员侧正面安全气囊气体发生器。		
改进措施	相关车型已停产。		

华晨宝马汽车有限公司召回部分国产宝马3系、X1汽车

制造商	华晨宝马		
召回时间	2017-11-13至2018-11-13		
涉及数量	24750		
车型	型号	年款	VIN范围
BMW 3系	BMW 320i，BMW 325i	2005-2012	起：LBVVB59095SA69605 止：LBVPS5105CSD62726
BMW X系列	BMW X1	2012	起：LBVVZ1107CMA00008 止：LBVVZ7106CMA03100
缺陷情况	对象车辆搭载的高田产驾驶员侧正面安全气囊气体发生器（膨胀装置），其气体发生药剂在防潮方面存在不完善，在温度和湿度反复变化的影响下，气体发生药剂有可能劣化。则气囊打开过程中，则可能在气体发生器内部产生过高的压力。		
可能后果	气囊展开时，气体发生器的金属外壳可能会破损，导致碎片飞出，伤及车内人员，存在安全隐患。		
维修措施	免费更换新的驾驶员侧正面安全气囊气体发生器。		
改进措施	相关车型已停产。		

宝马（中国）汽车贸易有限公司召回部分进口宝马1系、3系、X系列、M系列汽车

制造商	宝马汽车		
召回时间	2017-11-13至2018-11-13		
涉及数量	37759		
车型	型号	年款	VIN范围
BMW 1系	BMW 120i， BMW 130i	2012-2013	起：WBAUL510XCVR21988 止：WBAUL5100DVV86175
BMW 3系	BMW 320i， BMW 325i， BMW 330i， BMW 335i	2012-2013	起：WBADV3108CE595476 止：WBAKG7109DJ251592
BMW M系列	BMW M6	2012-2013	起：WBSLX9107DC985955 止：WBSLX910XDC986243
BMW M系列	BMW M3	2012-2013	起：WBSDX9102CE371273 止：WBSDX9102DJ495889
BMW X系列	BMW X1	2012-2013	起：WBAVM1105CVS65435 止：WBAVM9100DVT71517
BMW X系列	BMW X6	2012-2013	起：WBAFG2106CL519120 止：WBAFG2107DL960742
BMW X系列	BMW X5	2012-2013	起：WBAZV4104CL822363 止：WBAGY2101DLL32581
缺陷情况	对象车辆搭载的高田产驾驶员侧或前排乘客侧正面安全气囊气体发生器（膨胀装置），其气体发生药剂在防潮方面存在不完善，在温度和湿度反复变化的影响下，气体发生药剂有可能劣化。气囊打开过程中，可能在气体发生器内部产生过高的压力。		
可能后果	气囊展开时，气体发生器的金属外壳可能会破损，导致碎片飞出，伤及车内人员，存在安全隐患。		
维修措施	对于X5、X6车型，免费更换新的驾驶员侧和前排乘客侧正面安全气囊气体发生器。对于其它车型，免费更换新的驾驶员侧正面安全气囊气体发生器。		
改进措施	相关车型已停产。		

宝马（中国）汽车贸易有限公司召回部分进口宝马1系、3系、X系列、M系列汽车

制造商	宝马汽车		
召回时间	2017-11-13至2018-11-13		
涉及数量	168861		
车型	型号	年款	VIN范围
BMW 1系	BMW 120i， BMW 130i	2008-2012	起：WBAUD31028PG69282 止：WBAUL5109CVR21982
BMW 3系	BMW 316i， BMW 320i， BMW 325i， BMW 330i， BMW 335i	2006-2012	起：WBAVB31076PR25324 止：WBAKD5108CE799734
BMW M系列	BMW M3	2008-2012	起：WBSPM91019E195508 止：WBSDX9100CE371272
BMW X系列	BMW X3	2005-2010	起：WBAPA71006WB17389 止：WBAPD91050WG33869
BMW X系列	BMW X5	2007-2012	起：WBAFE41097LY69056 止：WBAZV8108CL394532
BMW X系列	BMW X6	2008-2012	起：WBAFG41018L192290 止：WBAFG2106CL519134
BMW X系列	BMW X1	2009-2012	起：WBAVM3103AVJ99539 止：WBAVM1106CVS65413
缺陷情况	对象车辆搭载的高田产驾驶员侧或前排乘客侧正面安全气囊气体发生器（膨胀装置），其气体发生药剂在防潮方面存在不完善，在温度和湿度反复变化的影响下，气体发生药剂有可能劣化。气囊打开过程中，可能在气体发生器内部产生过高的压力。		
可能后果	气囊展开时，气体发生器的金属外壳可能会破损，导致碎片飞出，伤及车内人员，存在安全隐患。		
维修措施	对于X5、X6车型，免费更换新的驾驶员侧和前排乘客侧正面安全气囊气体发生器。对于其它车型，免费更换新的驾驶员侧正面安全气囊气体发生器。		
改进措施	相关车型已停产。		

宝马（中国）汽车贸易有限公司召回部分进口宝马5系（标准轴距）系列汽车

制造商	宝马汽车		
召回时间	2017-07-28至2018-07-28		
涉及数量	1559		
车型	型号	年款	VIN范围
BMW 5系	BMW 520i， BMW 528i， BMW 535i	2013	起：WBAFR7108DDZ67457 止：WBA5B1108EDZ36353
缺陷情况	由于供应商品质控制失误，特定生产批次中的部分后部反射器反射率低于相关法规要求。		
可能后果	将导致部分后部反射器的反射率低于标准下限，车辆在低照度环境下停车熄火且关闭所有灯光时，减小了车辆被发现的可能性，存在安全隐患。		
维修措施	将免费为召回范围内车辆更换后部反射器。		
改进措施	相关车辆已停产。		

宝马（中国）汽车贸易有限公司召回部分进口宝马5系（标准轴距）系列汽车

制造商	宝马汽车		
召回时间	2017-07-28至2018-07-28		
涉及数量	1559		
车型	型号	年款	VIN范围
BMW 5系	BMW 520i， BMW 528i， BMW 535i	2013	起：WBAFR7108DDZ67457 止：WBA5B1108EDZ36353
缺陷情况	由于供应商品质控制失误，特定生产批次中的部分后部反射器反射率低于相关法规要求。		
可能后果	将导致部分后部反射器的反射率低于标准下限，车辆在低照度环境下停车熄火且关闭所有灯光时，减小了车辆被发现的可能性，存在安全隐患。		
维修措施	将免费为召回范围内车辆更换后部反射器。		
改进措施	相关车辆已停产。		

东风汽车有限公司召回部分2016款东风日产全新天籁汽车

制造商	东风日产		
召回时间	2017-07-28至2018-07-28		
涉及数量	30279		
车型	型号	年款	VIN范围
全新天籁	2.0XE 时尚版 2.0XL 舒适版 2.0XE时尚版+真皮座椅 2.0XL 舒适版+选装包1 2.0XL Upper 智尚版 2.0XL Upper智尚版+选装包2 2.5XL 舒享版 2.5XL Upper 智享版 2.5XL Upper 智享版+选装包2 2.5XL Upper-NAVI-Tech 智尊版 2.5XV 尊享版 2.5XV VIP 旗舰版	2016	起：LGBF5DE07GR300001 止：LGBF5AE0XGR229519
缺陷情况	由于制动灯开关选型不合理，无法耐受大电流，部分车辆的制动灯开关可能出现烧蚀现象。		
可能后果	极端情况下个别烧蚀的开关会一直处于通电状态引起持续发热，有可能造成开关处线路烧损，增大了车辆起火风险，存在安全隐患。		
维修措施	为客户车辆更换制动灯开关。		
改进措施	已采用改善后的零件。		

上汽通用汽车有限公司召回部分2010至2013年款雪佛兰赛欧EMT汽车

制造商	上汽通用		
召回时间	2017-12-15至2018-12-14		
涉及数量	75287		
车型	型号	年款	VIN范围
赛欧	1.4 SX EMT 1.2 SE EMT	2010-2013	起：LSGSA52MXAY003952 止：LSGSA62M6CY329398
新赛欧	1.2EMT理想版AT 1.4EMT优逸版AT	2013	起：LSGSA52S4DY000273 止：LSGSA62S0DY163220
缺陷情况	本次召回范围内的车辆，由于变速箱线束问题，导致部分车辆换挡时系统可能出现误判，造成车辆故障灯点亮，车辆动力受限。		
可能后果	在极端情况下，车辆会进入空挡，出现动力中断，存在安全隐患。		
维修措施	免费更换改进后的变速箱线束。		
改进措施	从2013年3月20日起生产的新赛欧，其变速箱线束已经优化，不存在安全隐患。		

上汽通用汽车有限公司召回部分2017年款别克全新一代GL8汽车

制造商	上汽通用		
召回时间	2017-08-04至2018-08-03		
涉及数量	6451		
车型	型号	年款	VIN范围
全新一代GL8	28T 舒适版 28T 尊享版 28T 豪华版 28T 旗舰版 28T Avenir	2017	起：LSGUL8ALXHA004504 止：LSGUL83L0HA039095
缺陷情况	本次召回范围内的车辆，由于电子转向助力标定软件问题，可能导致部分车辆行驶时电子转向助力系统报故障码。		
可能后果	在极端情况下，可能导致车辆电子转向助力失效，存在安全隐患。		
维修措施	升级电子转向助力标定软件。		
改进措施	从2016年12月6日起生产的全新一代GL8，其电子转向助力标定软件已经升级，不存在安全隐患。		

现代汽车（中国）投资有限公司召回部分进口捷恩斯系列汽车

制造商	现代汽车		
召回时间	2017-08-21至2018-08-20		
涉及数量	214辆		
车型	型号	年款	VIN范围
捷恩斯	3.0 GDI 2WD/ 3.0 GDI 4WD/ 3.3 GDI 2WD/ 3.3 GDI 4WD	2013-2015	起：KMHGN41COFU030550 止：KMHGN41COFU081076
缺陷情况	驻车制动开关触点的镀锌钢板在高温高湿度环境下可能发生腐蚀，导致开关间歇性接触不良。		
可能后果	正常情况下，车辆驻车制动工作时，驻车制动指示灯应该亮起。本次召回范围内的车辆驻车制动开关间歇性接触不良，可能导致驻车制动在工作但指示灯没有相应亮起的情况，此时驾驶员可能受指示灯的状态误导，未认知到驻车制动实际处于工作状态而驾驶车辆，在行驶初期（1~2KM内）会发生加速不良及驻车制动刹车片附近过热的现象，影响驾驶安全，存在安全隐患。		
维修措施	更换驻车制动开关。改善后的开关变更了触点结构 ，由面接触改为点接触；触点材质由镀锌钢板/黄铜改为黄铜/黄铜。		
改进措施	从2015年2月27日起生产的车辆，全部采用改善后的驻车制动开关。改善后的开关变更了触点结构 ，由面接触改为点接触；触点材质由镀锌钢板/黄铜改为黄铜/黄铜。		

中通客车控股股份有限公司召回部分中通牌客车

制造商	中通客车		
召回时间	2017-08-15至2017-10-15		
涉及数量	197		
车型	**型号**	**年款**	**VIN范围**
城市客车	LCK6109DGC型城市客车	2011	起：LGC3ALE39B6006222 止：LDY4GS9V1E0005597
城市客车	LCK6108DGC型城市客车	2010	起：LGF1FGJS19F124601 止：LGF1FGJS0CF131563
缺陷情况	仪表台线束未加装波纹管。		
可能后果	车辆仪表分支线束未加装波纹管，长期使用可能出现磨损或短路，可能会导致仪表、大灯、雨刮电机、乘客门门泵电磁阀用电设备的保险熔断，导致设备无法使用，极端情况下可能导致车辆起火，存在安全隐患。		
维修措施	对仪表线束进行检查，如存在绝缘皮破损现象，更换带波纹管的仪表线束并增加相应固定措施。如仪表线束绝缘皮无破损现象，对仪表线束增加波纹管，并增加相应固定措施。		
改进措施	除召回范围内车辆已全部增加防护和进行固定。		

福特汽车（中国）有限公司召回部分进口探险者旅行车

制造商	福特汽车		
召回时间	2017-11-30至2019-11-30		
涉及数量	37734		
车型	**型号**	**年款**	**VIN范围**
探险者	探险者2.3T风尚版 探险者2.3T精英版 探险者3.5T精英版 探险者3.5T运动版 探险者3.5T铂金版 探险者3.5L尊尚型 探险者3.5L尊享型	2013-2016	起：1FM5K8F81DGB72266 止：1FM5K8FH9GGD07773
缺陷情况	探险者电子助力转向系统可能会在行驶途中失去助力。		
可能后果	如果转向机防尘套扭曲变形就可能会损坏导致污染进入转向机。驾驶员可能在转向时听到异响并且转向助力可能随之减小。转向助力丢失将要求更高的转向力，特别是在低速行驶时，这可能会增加碰撞的风险，存在安全隐患。		
维修措施	1）如果防尘套正常，把输入轴盖子更换为一个带通气孔的盖子。 2）如果防尘套扭曲变形，把输入轴盖子更换为一个带通气孔的盖子，并更换防尘套和卡箍。 3）如果防尘套损坏，更换一个新的带通气孔盖子的转向机。		
改进措施	2017年款及以后，转向机总成是日立全新设计的并包含一个通气孔。		

长安福特汽车有限公司召回部分麦柯斯汽车

制造商	长安福特		
召回时间	2017-11-30至2019-11-29		
涉及数量	25355		
车型	**型号**	**年款**	**VIN范围**
麦柯斯	麦柯斯2.3L时尚型 5座； 麦柯斯2.3L时尚型 7座； 麦柯斯2.3L豪华型 7座； 麦柯斯2.3L旗舰型 7座 ； 麦柯斯2.3L旗舰型 导航版 7座	2008	起：LVSFFSAF06F000001 止：LVSHFSAF7EF814220
缺陷情况	召回范围内部分车辆的驾驶席正面安全气囊装配了高田公司生产的未带干燥剂的硝酸铵气体发生器。在安全气囊展开时，上述安全气囊的气体发生器可能发生异常破损，导致碎片飞出，可能伤及车内人员，存在安全隐患。		
可能后果	在安全气囊展开时，上述安全气囊的气体发生器可能发生异常破损，导致碎片飞出，可伤及车内人员，存在安全隐患。		
维修措施	长安福特汽车有限公司将为召回范围内的车辆免费更换驾驶席正面安全气囊模块，以消除安全隐患。		
改进措施	此车型已于2014年5月15日停产。		

宝马（中国）汽车贸易有限公司召回部分进口宝马X3系列汽车

制造商	宝马汽车		
召回时间	2017-11-13至2018-11-13		
涉及数量	263		
车型	型号	年款	VIN范围
BMW X系列	BMW X3	2003-2005	起：WBAPA91000WA16145 止：WBAPA71095WB16384
缺陷情况	车辆生产时装备的驾驶员侧正面安全气囊并无缺陷，但可能在售后维修过程中，安装上了存在缺陷的高田气囊。该安全气囊气体发生器（膨胀装置），其气体发生药剂在防潮方面存在不完善，在温度和湿度反复变化的影响下，气体发生药剂有可能劣化。气囊打开过程中，可能在气体发生器内部产生过高的压力。		
可能后果	气囊展开时，气体发生器的金属外壳可能会破损，导致碎片飞出，伤及车内人员，存在安全隐患。		
维修措施	检查车辆，如车辆安装有存在缺陷的驾驶员侧正面安全气囊模块，则免费更换。		
改进措施	相关车辆已停产。		

一汽-大众汽车有限公司国产迈腾和CC汽车

制造商	一汽大众		
召回时间	2017-12-25至2018-12-25		
涉及数量	985689		
车型	型号	年款	VIN范围
CC	CC 1.8T豪华型 CC 1.8T尊贵型 CC 2.0T豪华型 CC 2.0T至尊型 CC 2.0T尊贵型	2009-2014	起：LFV3A23CX93900002 止：LFV3A23C2E3442269
迈腾MAGOTAN	迈腾1.4T自动舒适型 迈腾1.4T自动豪华型 迈腾1.4T蓝驱 迈腾1.8T自动领先型 迈腾1.8T自动舒适型 迈腾1.8T自动豪华型 迈腾1.8T自动尊贵型 迈腾2.0T自动尊贵型 迈腾2.0T自动豪华型 迈腾2.0T自动至尊型	2007-2014	起：LFV3A23C663000029 止：LFV3A23C8E3184033
缺陷情况	本次召回范围内部分车辆的燃油泵控制单元在特定负荷情况下会导致非负载电流升高，引起过热，同时因受到安装位置引起的机械压力的影响，造成控制单元内部的电子器件可能失效，导致发动机熄火，存在安全隐患。		
可能后果	可能导致发动机熄火，存在安全隐患。		
维修措施	免费为涉及范围内的所有车辆更换改进后的燃油泵控制单元，以消除可能存在的隐患。		
改进措施	生产线已使用改进后的燃油泵控制单元。所有目前生产和销售的车辆均不受上述问题影响。		

上汽大众汽车有限公司召回部分国产2011-2015款帕萨特汽车

制造商	上汽大众		
召回时间	2017-12-25至2019-12-24		
涉及数量	810257		
车型	型号	年款	VIN范围
帕萨特	新帕萨特1.4T手动尊荣版、新帕萨特1.4T手动尊雅版 新帕萨特1.4T DSG尊荣版、新帕萨特1.4T DSG尊雅版新帕萨特1.4T DSG蓝驱版、新帕萨特1.8T自动尊荣版 新帕萨特1.8T DSG御尊版、新帕萨特1.8T DSG至尊版新帕萨特1.8T DSG尊荣版、新帕萨特1.8T DSG尊雅版新帕萨特1.8T DSG尊荣导航版、新帕萨特1.8T DSG御尊导航版、 新帕萨特2.0T DSG御尊版、新帕萨特2.0T DSG御尊导航版、新帕萨特2.0T DSG至尊版	2011-2015	起：LSVCE6A40BN190016 止：LSVCZ6A40FN143899
缺陷情况	本次召回范围内部分车辆的燃油泵控制单元在特定负荷情况下会导致非负载电流升高，引起过热，同时因受到安装位置引起的机械压力的影响，造成控制单元内部的电子器件可能失效，导致发动机熄火，存在安全隐患。		
可能后果	可能导致发动机熄火，存在安全隐患		
维修措施	免费为召回范围内的车辆更换改进后的燃油泵控制单元。		
改进措施	生产线已使用改进后的燃油泵控制单元。所有目前生产和销售的车辆均不受上述问题影响。		

大众汽车（中国）销售有限公司召回部分进口迈腾旅行轿车、迈腾全路况车、CC系列汽车

制造商	大众汽车		
召回时间	2017-12-25至2018-12-24		
涉及数量	22394		
车型	型号	年款	VIN范围
大众汽车CC	大众汽车CC 2.0T豪华版	2010	起：WVWSR13C3AE504721 止：WVWSR23C9AE525983
迈腾全路况车	迈腾全路况车豪华型	2013-2015	起：WVWTR13C9DE025731 止：WVWTR13C6FE071679
迈腾旅行轿车	迈腾旅行轿车2.0TSI豪华型	2010-2015	起：WVWPR13C2AE129636 止：WVWPR13C9FE074366
缺陷情况	本次召回范围内部分车辆的燃油泵控制单元在特定负荷情况下会导致非负载电流升高，引起过热，同时因受到安装位置引起的机械压力的影响，造成控制单元内部的电子器件可能失效，导致发动机熄火，存在安全隐患。		
可能后果	可能导致发动机熄火，存在安全隐患。		
维修措施	大众汽车(中国)销售有限公司将委托大众品牌进口汽车授权特约经销商免费为涉及范围内的所有车辆更换改进后的燃油泵控制单元，以消除可能存在的隐患。		
改进措施	2015年1月7日之后生产并进口到中国的车辆已使用改进后的燃油泵控制单元，不受上述问题影响。		

丰田汽车（中国）投资有限公司召回部分进口雷克萨斯LX570系列汽车

制造商	丰田汽车		
召回时间	2017-09-30至2018-09-29		
涉及数量	3		
车型	型号	年款	VIN范围
Lexus LX	LX570	2008-2013	起：JTJHY00W484023203 止：JTJHY00W4D4125191
缺陷情况	对象车辆搭载的驾驶席或副驾驶席空气囊，由于车辆工厂安装作业不完善，部分车辆有可能搭载了他国规格的零件，因此可能导致空气囊无法正常展开。存在安全隐患。		
可能后果	可能导致空气囊无法正常展开， 存在安全隐患。		
维修措施	对所有对象车辆，更换驾驶席或副驾驶席的空气囊总成。		
改进措施	自2017年7月起，车辆工厂对空气囊规格的确认方法进行了变更。		

捷豹路虎（中国）投资有限公司关于部分进口捷豹XF汽车召回活动的变更

制造商	捷豹汽车		
召回时间	2017-09-08至2017-09-08		
涉及数量	14780		
车型	型号	年款	VIN范围
XF	XF 2013款 2.0T奢华版 2.0 i4 Ti 240PS XF 2013款 2.0T风华版 2.0 i4 Ti 240PS XF 2013款 2.0T豪华版 2.0 i4 Ti 240PS XF 2014款 2.0T 风华版 2.0 i4 Ti 240PS Luxury XF 2014款 2.0T 奢华版 2.0 i4 Ti 240PS Portfolio XF 2014款 2.0T 豪华版 2.0 i4 Ti 240PS Premium Luxury XF 2015款 2.0T 风华版 XF 2015款 2.0T 豪华版 XF 2015款 2.0T 奢华版 XF 2015款 Sportbrake 豪华版 XF 2015款 Sportbrake 风华版	2013-2015	起：SAJAA05M7DPS92080 止：SAJAA05M6FPU88773
缺陷情况	2013~2015年款捷豹XF2.0L GTDi车辆的燃油供油管与车辆底部护板及车身之间未能保持足够的间隙，可能会导致燃油管磨损，存在汽油泄漏的安全隐患。		
可能后果	客户可能会发现车内有汽油味，或是当车辆停放时，客户可能会注意到车辆下方有一小滩燃油，存在点火源时可能会引发火灾。		
维修措施	将对涉及召回的车辆进行免费检查，如发现燃油管有磨损情况，则直接更换新的燃油管总成并安装两个燃油管固定卡夹。如未发现有磨损情况，对于已有防磨护套的车辆，安装两个燃油管固定卡夹；对于没有防磨护套的车辆，则在原车燃油管上安装防磨护套和两个燃油管固定卡夹，以消除缺陷。		
改进措施	不适用。（该车型已停产）		

双龙汽车（上海）有限公司召回部分进口路帝系列汽车

制造商	双龙汽车		
召回时间	2017-09-15至2018-09-14		
涉及数量	485		
车型	型号	年款	VIN范围
路帝	路帝D20TR两驱豪华导航版 路帝D20DTR两驱精英导航版 路帝D20DTR四驱豪华导航版	2014	起：KPTN0B1T0EP092469 止：KPTN0B1TXFP099236
缺陷情况	由于前下支臂球头缺陷，车辆行驶在颠簸路面时异响或瞬时路面冲击大时可能下支臂球头脱落。		
可能后果	本次召回范围内部分车辆因球头缺陷行驶中有异响，没有维修情况下继续使用车辆球头脱落方向失灵，不能驾驶车辆。		
维修措施	更换改善后的下支臂球头。		
改进措施	使用改善球头的下支臂。		

梅赛德斯-奔驰（中国）汽车销售有限公司召回部分进口GL级、GLS SUV、GLE SUV系列汽车

制造商	奔驰汽车		
召回时间	2017-09-08至2018-09-07		
涉及数量	32105		
车型	型号	年款	VIN范围
GLE SUV	AMG GLE 63 4MATIC运动SUV， AMG GLE 63 S 4MATIC， GLE 300 d 4MATIC， GLE 320 4MATIC， GLE 320 4MATIC运动SUV， GLE 350 d 4MATIC， GLE 400 4MATIC， GLE 400 4MATIC运动SUV， GLE 450 AMG 4MATIC， GLE 450 AMG 4MATIC运动SUV，GLE 500 e 4MATIC	2016	起：WDCDA6CB2GA653507 止：WDCED5GB8GA043014
GLS SUV	GLS 350 d 4MATIC， GLS 400 4MATIC， GLS 500 4MATIC， AMG 63 GLS 4MATIC	2016	起：WDCDF2DE8GA660853 止：WDCDF5GE0GA786119
GL级	GL 63 AMG， GL 350 CDI 4MATIC， GL 400 4MATIC， GL 500 4MATIC	2016	起：WDCDF5GE8GA653043 止：4JGDF6EE4HA772591
缺陷情况	由于供应商注塑过程偏差，电子转向助力控制单元插头密封不够。		
可能后果	如果插头密封不够，湿气可能会进入到转向助力控制单元。这种情况下，其转向助力控制单元内的信号传输可能受到干扰，转向助力装置可能失效，增加了车辆发生碰撞的风险，存在安全隐患。受影响的车主应尽快前往授权服务商进行处置。		
维修措施	作为预防措施，戴姆勒股份公司将通过梅赛德斯-奔驰授权服务商为受影响车辆更换插头并检查车辆，如有必要则更换电子转向助力总成。		
改进措施	生产工艺进行了优化，保证在2016年6月9日以后生产的车辆上不会存在此问题。		

梅赛德斯-奔驰（中国）汽车销售有限公司召回部分进口GLE SUV系列汽车

制造商	奔驰汽车		
召回时间	2017-09-08至2018-09-07		
涉及数量	7353		
车型	型号	年款	VIN范围
GLE SUV	GLE 450 AMG 4MATIC， GLE 450 AMG 4MATIC运动SUV	2016	起：WDCED6EB1GA000272 止：WDCDA6EB3HA943091
缺陷情况	发动机和变速器控制单元软件配合不良。		
可能后果	发动机控制单元软件中的问题可能会导致发动机熄火， 例如在交通信号灯或停止标记前进行制动。 此外， 高发动机负荷和油门踏板促动不足可能会导致当ECO启动指令发出后发动机熄火，存在安全隐患。受影响的车主应尽快前往授权服务商进行处置。		
维修措施	作为预防措施，戴姆勒股份公司将通过梅赛德斯-奔驰授权服务商为受影响车辆升级发动机控制单元软件。		
改进措施	更改了软件参数，保证在2017年5月2日以后生产的车辆上不会存在此问题。		

东风本田汽车有限公司召回部分2018款思威（CR-V）汽车

制造商	东风本田		
召回时间	2017-09-12至2018-09-11		
涉及数量	30509		
车型	型号	年款	VIN范围
思威（CR-V）	240TURBO CVT四驱尊贵型 240TURBO CVT四驱尊耀型 240TURBO CVT四驱豪华型 240TURBO CVT两驱舒适型 240TURBO CVT两驱都市型 240TURBO CVT两驱风尚型 240TURBO 手动两驱经典型	2018	起：LVHRW2872J5000047 止：LVHRW183XJ5022689
缺陷情况	由于供应商设计原因，电子制动助力器控制软件存在问题。		
可能后果	制动故障灯点亮及制动踏力增大，存在安全隐患。		
维修措施	免费为对象范围内车辆的电子制动助力控制软件进行升级。		
改进措施	目前量产车型采用了升级后的电子制动助力控制软件，不存在类似不良。		

戴姆勒卡客车（中国）有限公司召回部分进口阿克托斯系列半挂牵引车

制造商	戴姆勒卡车		
召回时间	2017-09-12至2018-12-31		
涉及数量	55		
车型	型号	年款	VIN范围
Actros	Actros 3355 6X6	2016	起：WD3MHDAB5H0119637 止：WD3MHDAB5H0119637
Actros	Actros 2648	2016	起：WD3AHDAA0H0123511 止：WD3AHDAA0H0123511
Actros	Actros 3344 6X6	2016-2017	起：WD3MHDAA9H0130521 止：WD3MHDAA0H0130522
Actros	Actros 2644 6X4	2016-2017	起：WD39HDAA1H0120975 止：WD39HDAA2H0165956
Actros	Actros 2041 4X4	2017	起：WD3HHDAA3H0146716 止：WD3HHDAA3H0146716
Actros	Actros 2646	2017	起：WD3AHDAA6H0140913 止：WD3AHDAA4H0145155
Actros	Actros 2646 6X4	2017	起：WD39HDAA6H0133169 止：WD39HDAA7H0135268
缺陷情况	由于变速箱高低挡组的止动螺栓组件中的预紧螺栓可能松动，止动螺栓的行程可能变小，使之运动受限，不再能进行高低挡之间的转换。		
可能后果	取决于损坏的严重程度，不良影响包括从换挡困难到变速箱故障。不可能发生变速箱锁止的情况。行驶时不能换挡将导致牵引力缺失，车辆将滑行，直到静止。取决于交通情况，对车上人员和后方的交通而言，这可能增加事故风险，存在安全隐患。		
维修措施	检查受召回影响的车辆上的高低挡组的止动螺栓。如果必要，更换该止动螺栓（恢复到2016年10月生产变更之前的状态）。		
改进措施	仅特定生产日期内的Actros 93x， Axor 94x， Actros 963， Antos 963和Arocs 964车型底盘受此次召回影响。之后，生产线上安装的止动螺栓恢复到了2016年10月生产变更之前的状态。		

一汽-大众汽车有限公司因高田气囊问题召回部分进口奥迪A3，A5，Q5，TT，R8汽车

制造商	一汽大众		
召回时间	2018-06-20至2020-02-19		
涉及数量	52253		
车型	型号	年款	VIN范围
A3	2010款Audi A3 Sportback 30 TFSI 豪华型 2010款Audi A3 Sportback 30 TFSI 技术型 2010款Audi A3 Sportback 30 TFSI 舒适型 2010款Audi A3 Sportback 35 TFSI 豪华型 2010款Audi A3 Sportback 35 TFSI 尊贵型 2011款Audi A3 Sportback 30 TFSI 豪华型 2011款Audi A3 Sportback 30 TFSI 技术型 2011款Audi A3 Sportback 30 TFSI 舒适型 2011款Audi A3 Sportback 35 TFSI 豪华型 2011款Audi A3 Sportback 35 TFSI 尊贵型 2012款Audi A3 Sportback 30 TFSI 豪华型 2012款Audi A3 Sportback 30 TFSI 技术型 2012款Audi A3 Sportback 30 TFSI 舒适型 2012款Audi A3 Sportback 35 TFSI 豪华型 2012款Audi A3 Sportback 35 TFSI 尊贵型 2013款Audi A3 Sportback 30 TFSI 豪华型 2013款Audi A3 Sportback 30 TFSI 技术型 2013款Audi A3 Sportback 30 TFSI 舒适型 2013款Audi A3 Sportback 35 TFSI 豪华型 2013款Audi A3 Sportback 35 TFSI 尊贵型	2010-2013	起：WAUACC8PXAA137941 止：WAUAYC8P9DA071632
A5	2010款A5 Sportback 2.0T 2010款Audi A5 Cabriolet 2.0T 2010款S5 Cabriolet 2010款S5 Sportback 2011款A5 Sportback 2.0T 2011款Audi A5 Cabriolet 2.0T 2011款S5 Cabriolet 2011款S5 Sportback	2010-2011	起：WAUAFB8F7AN016334 止：WAU9GD8T3BA113010
Q5	2010款Audi Q5 3.2 FSI quattro越野型 2010款Audi Q5 3.2 FSI quattro运动型 2011款Audi Q5 3.2 FSI quattro越野型 2011款Audi Q5 3.2 FSI quattro运动型 2012款Audi Q5 3.2 FSI quattro越野型 2012款Audi Q5 3.2 FSI quattro运动型	2010-2012	起：WAUCFD8R2AA004632 止：WAUCKD8R2CA140872
R8	2016款R8 V10 Coupé Performance 2017款R8 V10 Coupé Performance	2016-2017	起：WUAANBFX0G7901590 止：WUAANBFX9H7904053
TT	2015款TT Coupe 45 TFSI S tronic 2015款TT Coupe 45 TFSI S tronic quattro 2015款TT Roadster 45 TFSI S tronic 2015款TT Roadster 45 TFSI S tronic quattro 2015款TTS Coupe quattro 2015款TTS Roadster quattro 2016款TT Coupe 45 TFSI S tronic 2016款TT Coupe 45 TFSI S tronic quattro 2016款TT Roadster 45 TFSI S tronic 2016款TT Roadster 45 TFSI S tronic quattro 2016款TTS Coupe quattro S tronic 2016款TTS Roadster quattro S tronic 2017款TT Coupe 45 TFSI S tronic 2017款TT Coupe 45 TFSI S tronic quattro 2017款TT Roadster 45 TFSI S tronic 2017款TT Roadster 45 TFSI S tronic quattro 2017款TTS Coupe quattro S tronic 2017款TTS Roadster quattro S tronic	2015-2017	起：TRUBFBFV6F1011017 止：TRUBFBFV8H1015377
缺陷情况	高田公司为部分车辆供货的驾驶员正面的安全气囊装配了未带干燥剂的硝酸铵气体发生器。在安全气囊展开时，上述气囊的气体发生器在极端情况下可能发生异常破损。		
可能后果	在安全气囊展开时，未带干燥剂的硝酸铵气体发生器在极端情况下可能发生异常破损，存在安全隐患。		
维修措施	一汽-大众汽车有限公司将委托奥迪特许经销商免费为召回范围内车辆更换驾驶员正面安全气囊模块或驾驶员正面安全气囊气体发生器。		
改进措施	相关零部件在生产线上已经停止使用，生产线已使用新型号的零件。		

大众汽车（中国）销售有限公司因高田气囊缺陷召回部分进口品牌汽车

制造商	大众汽车		
召回时间	2018-04-02至2022-03-03		
涉及数量	103573		
车型	型号	年款	VIN范围
up	E-up!	2015	起：WVWEM1AA0FD901166 止：WVWC51AA0FD065704
up	move up!	2015-2016	起：WVWC51AA0FD065704 止：WVWT51AAXGD023073
凯路威	凯路威多功能商旅车舒适版	2008-2015	起：WV2C807H0EH068455 止：WV2ZZZ7HZ8H040318
夏朗	夏朗2.0TSI标配版	2012-2014	起：WVWCR57N0CV022766 止：WVWLS57NXDV012896
夏朗	夏朗1.8TSI舒适版	2013-2016	起：WVWCJ57N0FV000388 止：WVWLJ57NXGV223023
夏朗	夏朗1.8TSI标配版	2013-2014	起：WVWC657N0DV009395 止：WVWLJ57N0EV031476
夏朗	夏朗2.0TSI豪华版	2015-2016	起：WVWCR57N0FV000187 止：WVWLR57NXGV221264
大众汽车CC	大众汽车CC 3.6舒适版	2009-2012	起：WVWST13C09E564050 止：WVWST23CXCE553344
大众汽车CC	大众汽车CC 2.0T豪华版	2010	起：WVWSR13C0AE518009 止：WVWSR23CXAE525944
奕鸥	奕鸥	2010-2013	起：WVWSJ31F8AV003842 止：WVWSS31F6DV002495
欧雅旅行	欧雅旅行	2014-2015	起：TMBLD6NE0F0106577 止：TMBLD6NEXF0110653
烈昂	烈昂FR	2012-2013	起：VSSCJ51P0CR040645 止：VSSFL51PXDR004406
跨界高尔夫	跨界高尔夫	2011-2014	起：WVWC131K0CW500298 止：WVWC631KXEW516612
迈特威多功能商务车	迈特威多功能商务车尊享版	2008-2015	起：WV2C837H0FH100114 止：WV2DB87H58H138783
迈腾全路况车	迈腾全路况车舒适型	2013-2014	起：WVWTR13C0DE026220 止：WVWTR13CXEE119635
迈腾全路况车	迈腾全路况车豪华型	2014-2015	起：WVWTR13C0EE100964 止：WVWTR13CXFE073824
迈腾旅行轿车	迈腾旅行轿车2.0TSI豪华型	2010-2015	起：WVWPR13C0AE156964 止：WVWPS13CXDE066892
速派旅行轿车	速派旅行轿车尊贵版	2013-2015	起：TMBJH73T0D9055142 止：TMBJH73TXE9057417
阿尔汉布拉	阿尔汉布拉至尊版	2013-2014	起：VSSBE67N0DV513450 止：VSSBJ67NXEV502579
高尔夫敞篷版	高尔夫敞篷版	2012-2013	起：WVWB151K0CK028943 止：WVWB651KXDK008136
缺陷情况	召回范围内部分车辆的驾驶席正面安全气囊装配了高田公司生产的未带干燥剂的硝酸铵气体发生器，在安全气囊展开时，上述安全气囊的气体发生器可能发生异常破损，导致碎片飞出，可伤及车内人员，存在安全隐患。		
可能后果	在安全气囊展开时，上述安全气囊的气体发生器可能发生异常破损，导致碎片飞出，可伤及车内人员，存在安全隐患。		

大众汽车（中国）销售有限公司因高田气囊缺陷召回部分进口品牌汽车(续表)

维修措施	大众汽车（中国）销售有限公司大众品牌及西雅特品牌、斯柯达品牌将委托各自授权经销商免费为涉及范围内的车辆更换新型号的驾驶员正面安全气囊的气体发生器。对于Up车型将为涉及范围内的车辆更换新型号的驾驶员正面安全气囊模块， 对于其他涉及的车型将为涉及范围内的车辆更换新型号的驾驶员正面安全气囊的气体发生器。
改进措施	相关零部件在生产线上已经停止使用，生产线已使用新型号的零件。
维修措施	大众汽车（中国）销售有限公司大众品牌及西雅特品牌、斯柯达品牌将委托各自授权经销商免费为涉及范围内的车辆更换新型号的驾驶员正面安全气囊的气体发生器。对于Up车型将为涉及范围内的车辆更换新型号的驾驶员正面安全气囊模块， 对于其他涉及的车型将为涉及范围内的车辆更换新型号的驾驶员正面安全气囊的气体发生器。
改进措施	相关零部件在生产线上已经停止使用，生产线已使用新型号的零件。

上汽大众汽车有限公司因高田气囊缺陷召回部分桑塔纳、波罗、朗逸、途安、帕萨特汽车

制造商	上汽大众		
召回时间	2018-03-12至2022-03-18		
涉及数量	2404438		
车型	**型号**	**年款**	**VIN范围**
帕萨特	帕萨特新领驭1.8T自动尊杰型2011款、帕萨特新领驭1.8T自动尊品型2011款、帕萨特新领驭1.8T自动尊仕型2011款、帕萨特新领驭1.8T手动尊享型2011款、帕萨特新领驭1.8T手动尊品型2011款、帕萨特新领驭2.0L手动尊享型2011款、帕萨特新领驭2.0L自动尊享型2011款、帕萨特新领驭2.8V6自动至尊型2011款	2008-2012	起：LSVE549F182720040 止：LSVEU49F0C2031716
帕萨特	帕萨特领驭1.8T手动豪华型、帕萨特领驭1.8T手动标准型、帕萨特领驭2.0L自动标准型、帕萨特领驭2.0L手动标准型	2010-2011	起：LSVD249F4A2594458 止：LSVD349F4B2701667
朗逸	朗逸1.4TSI手动品雅版、朗逸1.4TSI手动品轩版、朗逸1.4TSI_DSG品轩版、朗逸1.4TSI_DSG品雅版、朗逸1.4TSI_DSG运动版、朗逸1.6L手动品悠版、朗逸1.6L手动品雅版、朗逸1.6L手动品轩版、朗逸1.6L自动品轩版、朗逸1.6L自动品雅版、朗逸1.6L自动品悠版、朗逸2.0L手动品轩版、朗逸2.0L手动品悠版、朗逸2.0L手动品雅版、朗逸2.0L自动品悠版、朗逸2.0L自动品雅版、朗逸2.0L自动品轩版	2008-2013	起：LSVAB218172500503 止：LSVAM4187D2316362
朗逸	新朗逸1.4T手动舒适版C4、新朗逸1.4T手动豪华版C4、新朗逸1.4TSI_DSG运动版C4、新朗逸1.4T_DSG豪华版C4、新朗逸1.4T_DSG舒适版C4、新朗逸1.4T手动豪华版C5、新朗逸1.4T手动舒适版C5、新朗逸1.4T_DSG豪华版C5、新朗逸1.4TSI_DSG运动版C5、新朗逸1.4T_DSG舒适版C5、朗逸1.4TSI_DSG蓝驱版C5、新朗逸1.6L手动风尚版C4、新朗逸1.6L手动舒适版C4、新朗逸1.6L自动豪华版C4、新朗逸1.6L自动风尚版C4、新朗逸1.6L自动运动版C4、新朗逸1.6L自动舒适版C4、新朗逸1.6L手动风尚版C5、新朗逸1.6L手动舒适版C5、新朗逸1.6L自动豪华版C5、新朗逸1.6L自动风尚版C5、新朗逸1.6L自动舒适版C5、新朗逸1.6L自动运动版C5	2011-2013	起：LSVND6187B2330191 止：LSVNU2184D2308869
朗逸	朗行1.4T手动豪华版C4、朗行1.4T手动舒适版C4、朗行1.4T_DSG豪华版C4、朗行1.4T_DSG舒适版C4、朗行1.4T手动舒适版C5、朗行1.4T手动豪华版C5、朗行1.4T_DSG舒适版C5、朗行 1.4T_DSG 豪 华 版 C5 、 朗 境 1.4TSI_DSG_C4 、 朗 境1.4TSI_DSG_C5、朗行1.6L手动舒适版C4、朗行1.6L手动风尚版C4、朗行1.6L自动舒适版C4、朗行1.6L自动风尚版C4、朗行1.6L自动豪华版C4、朗行1.6L手动风尚版C5、朗行1.6L手动舒适版C5、朗行1.6L自动豪华版C5、朗行1.6L自动风尚版C5、朗行1.6L自动舒适版C5、朗境1.6L自动C4、朗境1.6L自动C5	2013	起：LSVFZ6188D2036372 止：LSVFX6187D2194580

上汽大众汽车有限公司因高田气囊缺陷召回部分桑塔纳、波罗、朗逸、途安、帕萨特汽车（续表）

桑塔纳	桑塔纳3000 1.8L手动标准型、桑塔纳3000 1.8L自动舒适型、桑塔纳3000 2.0L手动豪华型、桑塔纳3000 2.0L自动豪华型、桑塔纳Vista 1.6手动舒适型、桑塔纳Vista 1.6手动休闲型、桑塔纳Vista 1.8 MT舒适型、桑塔纳Vista 1.8 AT舒适型、桑塔纳Vista 1.8手动舒适型、桑塔纳Vista 1.8手动标准、桑塔纳Vista 1.8自动舒适型、桑塔纳Vista 1.8手动休闲型、桑塔纳Vista 1.8 MT舒适型OBD、桑塔纳Vista 1.8手动CNG标准、桑塔纳Vista 2.0 MT豪华型、桑塔纳Vista 2.0 AT豪华型、桑塔纳Vista 2.0手动豪华型、桑塔纳Vista 2.0自动豪华型	2006-2013	起：LSVJN133162136648 止：LSVT91339DN563567
波罗	波罗劲情2009款1.4手动舒尚版、波罗劲情2009款1.4手动时尚版、波罗劲情2009款1.4自动舒尚版、波罗劲情2009款1.6手动Sporty、波罗劲情2009款1.6手动风尚版、波罗劲情2009款1.6自动Sporty、波罗劲情2009款1.6自动风尚版、波罗劲取2009款1.4手动雅致版、波罗劲取2008款1.4手动风尚版OBD、波罗劲取2008款1.4自动雅致版OBD、波罗劲取2008款1.4手动风尚版、波罗劲取2008款1.4自动时尚版、波罗劲取2008款1.4手动雅适版、波罗劲取2008款1.4自动雅致版、波罗劲取2008款1.6手动雅致版OBD、波罗劲取2008款1.6自动雅尊版OBD、波罗劲取2008款1.6手动雅致版、波罗劲取2008款1.6自动雅尊版、波罗劲取2008款1.6手动雅致版C4、波罗劲取2008款1.6自动雅尊版C4、波罗劲取2009款1.4手动雅适版、波罗劲取2009款1.4自动雅致版、波罗劲取2009款1.6手动雅致版、波罗劲取2009款1.6自动雅致版、Cross波罗2009款1.6手动、Cross波罗2009款1.6自动	2007-2012	起：LSVNK49J172000121 止：LSVNT29JXB2022130
波罗	波罗新劲取1.4手动实乐版、波罗新劲取1.4手动实尚版、波罗新劲取1.4自动实尚版、波罗新劲取1.6手动实酷版、波罗新劲取1.6自动实酷版	2010-2012	起：LSVWU29JXA2115214 止：LSVWU29J6C2029644
途安	途安1.8T自动智尊版、途安2.0L手动智享版、途安2.0L自动智享版、途安2.0L自动智雅版、途安2.0L手动档智享版5座、途安2.0L自动档智享版5座	2008-2011	起：LSVRH41T982461937 止：LSVRM41T9B2371707
缺陷情况	召回范围内部分车辆的驾驶席或副驾驶席正面安全气囊装配了高田公司生产的未带干燥剂的硝酸铵气体发生器，在安全气囊展开时，上述安全气囊的气体发生器可能发生异常破损，导致碎片飞出，可伤及车内人员，存在安全隐患。		
可能后果	在安全气囊展开时，上述安全气囊的气体发生器可能发生异常破损，导致碎片飞出，可伤及车内人员，存在安全隐患。		
维修措施	免费为召回范围内的车辆更换新型号的驾驶员或副驾驶员正面安全气囊的气体发生器。		
改进措施	生产线已使用新型号的零件。所有目前生产和销售的车辆均不受上述问题影响。		

一汽-大众汽车有限公司因高田气囊缺陷召回部分国产奥迪A4 、A6L、Q5汽车

制造商	一汽大众		
召回时间	2019-02-20至2022-07-21		
涉及数量	873853		
车型	型号	年款	VIN范围
A6L	2005款Audi A6L 2.4 标准型 2005款Audi A6L 2.4 豪华型 2005款Audi A6L 2.4 豪华尊贵型 2005款Audi A6L 2.4 尊贵型 2005款Audi A6L 3.0 标准型 2005款Audi A6L 3.0 豪华型 2005款Audi A6L 3.0 阳光至尊型 2006款Audi A6L 2.0 TFSI标准型（手动） 2006款Audi A6L 2.0 TFSI标准型（自动） 2006款Audi A6L 2.0 TFSI基本型 2006款Audi A6L 2.4 技术领先型 2006款Audi A6L 2.4 技术型 2006款Audi A6L 2.4 舒适型 2006款Audi A6L 2.4 尊贵型 2006款Audi A6L 3.0 FSI 技术领先型 2006款Audi A6L 3.0 FSI 舒适型 2006款Audi A6L 3.0 FSI 舒适娱乐型 2006款Audi A6L 3.0 FSI 尊享型 2006款Audi A6L 3.0 quattro 领先尊享型 2006款Audi A6L 4.2 quattro 至尊旗舰型 2007款Audi A6L 2.0 TFSI标准型（手动） 2007款Audi A6L 2.0 TFSI标准型（自动） 2007款Audi A6L 2.0 TFSI基本型 2007款Audi A6L 2.4 技术领先型 2007款Audi A6L 2.4 技术型 2007款Audi A6L 2.4 舒适型 2007款Audi A6L 2.4 尊贵型 2007款Audi A6L 3.0 FSI 技术领先型 2007款Audi A6L 3.0 FSI 舒适娱乐型 2007款Audi A6L 3.0 FSI 尊享型 2007款Audi A6L 3.0 quattro 领先尊享型 2007款Audi A6L 3.2 FSI quattro 领先尊享型 2007款Audi A6L 3.2 FSI 舒适娱乐型 2007款Audi A6L 3.2 FSI 尊享型 2007款Audi A6L 4.2 quattro 至尊旗舰型 2008款Audi A6L 2.0 TFSI标准型（手动） 2008款Audi A6L 2.0 TFSI标准型（自动） 2008款Audi A6L 2.0 TFSI基本型 2008款Audi A6L 2.4 豪华型 2008款Audi A6L 2.4 技术型 2008款Audi A6L 2.4 舒适型 2008款Audi A6L 2.8 FSI舒适娱乐型 2008款Audi A6L 2.8 FSI尊享型 2008款Audi A6L 3.2 FSI quattro 领先尊享型 2008款Audi A6L 3.2 FSI 技术领先型 2008款Audi A6L 3.2 FSI 舒适娱乐型 2008款Audi A6L 3.2 FSI 尊享型 2008款Audi A6L 4.2 FSI quattro 至尊旗舰型 2009款Audi A6L 2.0 TFSI标准型（手动） 2009款Audi A6L 2.0 TFSI标准型（自动） 2009款Audi A6L 2.0 TFSI基本型 2009款Audi A6L 2.4 豪华型 2009款Audi A6L 2.4 技术型 2009款Audi A6L 2.4 舒适型 2009款Audi A6L 2.8 FSI quattro 豪华型 2009款Audi A6L 2.8 FSI 豪华型 2009款Audi A6L 2.8 FSI 舒适型 2009款Audi A6L 3.0 TFSI quattro 豪华型 2010款Audi A6L 2.0 TFSI标准型（手动） 2010款Audi A6L 2.0 TFSI标准型（自动） 2010款Audi A6L 2.0 TFSI基本型 2010款Audi A6L 2.4 豪华型 2010款Audi A6L 2.4 技术型 2010款Audi A6L 2.4 舒适型 2010款Audi A6L 2.7 TDI 舒适型 2010款Audi A6L 2.8 FSI quattro 豪华型 2010款Audi A6L 2.8 FSI 豪华型 2010款Audi A6L 2.8 FSI 舒适型 2010款Audi A6L 3.0 TFSI quattro 豪华型 2011款Audi A6L 2.0 TFSI标准型（手动） 2011款Audi A6L 2.0 TFSI标准型（自动） 2011款Audi A6L 2.0 TFSI基本型 2011款Audi A6L 2.0 TFSI舒适型（自动） 2011款Audi A6L 2.4 豪华型 2011款Audi A6L 2.4 技术型 2011款Audi A6L 2.4 舒适型 2011款Audi A6L 2.7 TDI 舒适型 2011款Audi A6L 2.8 FSI quattro 豪华型 2011款Audi A6L 2.8 FSI 豪华型 2011款Audi A6L 2.8 FSI 舒适型 2011款Audi A6L 3.0 TFSI quattro 豪华型	2005-2011	起：LFVBA24F653000082 止：LFV5A24F3C3043014

一汽-大众汽车有限公司因高田气囊缺陷召回部分国产奥迪A4 、A6L、Q5汽车（续表）

A4	2006款A4 1.8 TFSI S line（个性风格版） 2006款A4 1.8 TFSI S line（个性风格版手动） 2006款A4 1.8 TFSI 豪华型 2006款A4 1.8 TFSI 舒适型（手动） 2006款A4 1.8 TFSI 舒适型（自动） 2006款A4 2.0 TFSI S line（个性风格版） 2006款A4 2.0 TFSI 豪华型 2007款A4 1.8 TFSI S line（个性风格版） 2007款A4 1.8 TFSI S line（个性风格版手动） 2007款A4 1.8 TFSI 豪华型 2007款A4 1.8 TFSI 舒适型（手动） 2007款A4 1.8 TFSI 舒适型（自动） 2007款A4 2.0 TFSI S line（个性风格版） 2007款A4 2.0 TFSI 豪华型 2008款A4 1.8 TFSI S line（个性风格版） 2008款A4 1.8 TFSI S line（个性风格版手动） 2008款A4 1.8 TFSI 豪华型 2008款A4 1.8 TFSI 舒适型（手动） 2008款A4 1.8 TFSI 舒适型（自动） 2008款A4 2.0 TFSI S line（个性风格版） 2008款A4 2.0 TFSI 豪华型
Q5	2010/2011款Q5 2.0 TFSI 进取型 2010/2011款Q5 2.0 TFSI 舒适型 2010/2011款Q5 2.0 TFSI 技术型 2010/2011款Q5 2.0 TFSI 豪华型 2012款Audi Q5 2.0 TFSI quattro 豪华型 2012款Audi Q5 2.0 TFSI quattro 技术型 2012款Audi Q5 2.0 TFSI quattro 进取型 2012款Audi Q5 2.0 TFSI quattro 舒适型 2013款Audi Q5 35 TFSI 手动标准型 2013款Audi Q5 40 TFSI 动感型 2013款Audi Q5 40 TFSI 豪华型 2013款Audi Q5 40 TFSI 技术型 2013款Audi Q5 40 TFSI 进取型 2013款Audi Q5 40 TFSI 舒适型
缺陷情况	召回范围内部分车辆的驾驶席或副驾驶席正面的安全气囊装配了高田公司生产的未带干燥剂的硝酸铵气体发生器。在安全气囊展开时，上述安全气囊的气体发生器可能发生异常破损，导致碎片飞出，可伤及车内人员，存在安全隐患。
可能后果	在安全气囊展开时，上述安全气囊的气体发生器可能发生异常破损，导致碎片飞出，可伤及车内人员，存在安全隐患。
维修措施	一汽-大众汽车有限公司将委托奥迪特许经销商免费为召回范围内的车辆更换新型号的驾驶席正面安全气囊气体发生器或副驾驶席安全气囊模块。对于A4和A6L车型将为涉及范围内的车辆更换新型号的副驾驶席正面安全气囊模块， Q5车型将为涉及范围内的车辆更换新型号的驾驶席正面安全气囊的气体发生器。
改进措施	相关零部件在生产线上已经停止使用，生产线已使用新型号的零件。

一汽-大众汽车有限公司因高田气囊缺陷召回部分宝来BORA汽车

制造商	一汽大众		
召回时间	2018-12-10至2020-12-09		
涉及数量	1425912		
车型	**型号**	**年款**	**VIN范围**
宝来BORA	新宝来1.4T自动舒适型 新宝来1.4T自动运动型 新宝来1.4T自动豪华型 新宝来1.4T手动舒适型 新宝来1.4T手动运动型 新宝来1.4T手动豪华型 新宝来1.6L手动时尚型 新宝来1.6L手动舒适型 新宝来1.6L自动时尚型 新宝来1.6L自动舒适型 新宝来1.6L自动豪华型 新宝来2.0L自动舒适型 新宝来2.0L自动豪华型 新宝来2.0L手动舒适型 新宝来2.0L手动时尚型 宝来1.4T自动运动质惠版 宝来1.6L自动舒适型质惠版 宝来1.6L自动时尚型质惠版 宝来1.6L手动时尚型质惠版 宝来1.6L手动舒适型质惠版 宝来1.6L出租车	2008-2016	起：LFV2A115883000241 止：LFV2A1152G3019544
缺陷情况	召回范围内部分车辆的副驾驶席正面安全气囊装配了高田公司生产的未带干燥剂的硝酸铵气体发生器，在安全气囊展开时，上述安全气囊的气体发生器可能发生异常破损，导致碎片飞出，可伤及车内人员，存在安全隐患。		
可能后果	在安全气囊展开时，上述安全气囊的气体发生器可能发生异常破损，导致碎片飞出，可伤及车内人员，存在安全隐患。		
维修措施	免费为召回涉及的车辆更换改进后的副驾驶席正面安全气囊的气体发生器。		
改进措施	相关零部件在生产线上已经停止使用，生产线已使用新型号的零件。		

通用汽车（中国）投资有限公司因高田气囊问题召回部分进口欧宝、萨博品牌汽车

制造商	通用汽车		
召回时间	2017-10-29至2021-01-28		
涉及数量	13492		
车型	型号	年款	VIN范围
9-5 Vector；9-5 ARC；9-5 Aero	9 5 Aero 2.3TS 运动轿车， 9 5 Vector 2.3TS 运动轿车，9 5 ARC 2.3TS 运动轿车	2006-2008	起：YS3E049A463524648 止：YS3EH49GX83511532
9 3 Aero ；9 3 Linear ；9-3 Vector；9-3 TurboX	9 3 Aero 2.8TS运动型轿车， 9 3 Linear 2.0t运动型轿车，9 3 Vector 多功能运动轿车， 9 3 Vector 2.0TS运动型轿车， 9 3 Vector 敞篷车， 9 3 TurboX 运动轿车	2006-2009	起：YS3FB49S061003024 止：YS3FF79Y796001451
威达-C	威达C豪华型， 威达C舒适型， 威达3.2	2002-2007	起：W0L0ZCF6921042481 止：W0LZC52F671111975
赛飞利	赛飞利七座豪华型， 赛飞利五座舒适型	2012-2014	起：W0LPE9EC3C2000296 止：W0LPE9EC5E2034341
雅特-H	雅特三厢轿车	2005-2012	起：W0L0AHL4855149001 止：W0LAH5D19CG090532
雅特-H	Astra H	2007-2010	起：W0L0AHL6775058335 止：W0LAH3419A5063702
雅特-H	雅特GTC运动型， 雅特GTC舒适型	2012-2014	起：W0LPF2EC8CG002987 止：W0LPD2DC1EG032486
麦瑞纳	麦瑞纳豪华型，麦瑞纳舒适型	2013-2014	起：W0LSH9ED9D4000030 止：W0LSD9EM9E4072861
缺陷情况	本次召回范围内部分车辆的驾驶席正面安全气囊装配了高田公司生产的未带干燥剂的硝酸铵气体发生器。在安全气囊展开时，气体发生器可能发生异常破损，导致碎片飞出，伤及车内人员，存在安全隐患。		
可能后果	在安全气囊展开时，气体发生器可能发生异常破损，导致碎片飞出，伤及车内人员，存在安全隐患。		
维修措施	免费更换驾驶席安全气囊		
改进措施	通用汽车（中国）投资有限公司从2010年1月以后停止进口萨博车辆；从2014年3月28日以后停止进口欧宝车辆。		

上汽通用东岳汽车有限公司因高田气囊缺陷召回部分别克英朗GT、英朗XT、昂科拉及雪佛兰爱唯欧、创酷汽车

制造商	上汽通用		
召回时间	2018-09-12至2022-03-11		
涉及数量	1123905		
车型	型号	年款	VIN范围
爱唯欧	1.4 SL AT 1.4 SE AT 1.4 SE MT 1.4 SL AT 1.4 SL MT 1.6 SX AT 1.6 SX MT 两厢1.4 SE AT 两厢1.4 SE MT 两厢1.4 SL AT 两厢1.4 SL MT 两厢1.6 SX AT 两厢1.6 SX MT 三厢1.4 SE AT 三厢1.4 SE MT 三厢1.4 SL AT 三厢1.4 SL MT 三厢1.6 SX AT 三厢1.6 SX MT	2012-2015	起：LSGJL64U5CY000002 止：LSGJL52M3FY220904
昂科拉	都市进取型MT 都市精英型AT 都市领先型AT 都市运动型MT 四驱全能旗舰型AT	2013-2016	起：LSGJB8325DY000050 止：LSGJB84J6GY127741
创酷	1.4T手动舒适型 1.4T自动豪华型 1.4T自动舒适型 1.4T自动四驱旗舰型	2015-2016	起：LSGJM84J1FY000002 止：LSGJM84J6GY128561

上汽通用东岳汽车有限公司因高田气囊缺陷召回部分别克英朗GT、英朗XT、昂科拉及雪佛兰爱唯欧、创酷汽车（续）

英朗GT	三厢 1.8 GL-AT 三厢 1.6 GL-MT 三厢 1.6 G-MT 三厢 1.6 GL-AT 三厢 1.6 G-AT 三厢 1.6 GX-AT 1.8 自动时尚版 1.6 自动舒适版 1.6 自动时尚版 1.6 手动进取版 1 .6 手动舒适版 1.6T 新锐运动型 1.6T 时尚运动版	2013-2015	起：LSGPB54E5DD000039 止：LSGPB54U1FD152152
英朗XT	两厢 1.8 GL-AT 两厢 1.6 GL-MT 两厢 1.6 G-MT 两厢 1.6 GL-AT 两厢 1.6 G-AT 两厢 1.6 GX-AT 1.8 自动时尚版 1.6 自动舒适版 1.6 自动时尚版 1.6 手动进取版 1 .6 手动舒适版 1.6T 新锐运动型 1.6T 时尚运动版	2013-2015	起：LSGPB64U7DD000038 止：LSGPB64U3FD295156
缺陷情况	本次召回范围内车辆驾驶席的安全气囊装配了高田公司生产的未带干燥剂的硝酸铵气体发生器。在安全气囊展开时，上述气囊的气体发生器在极端情况下可能发生异常破损。		
可能后果	在安全气囊展开时，上述气囊的气体发生器在极端情况下可能发生异常破损。		
维修措施	免费更换驾驶席安全气囊		
改进措施	上汽通用东岳汽车有限公司自2015年2月15日起已停止生产英朗GT车型，自2015年8月28日起已经停止生产英朗XT车型，自2015年5月15日已经停止生产爱唯欧车型。自2016年6月3日起生产的昂科拉车型使用的是含干燥剂的气体发生器，不受该问题影响。自2016年6月1日起生产的创酷车型使用的是含干燥剂的气体发生器，不受该问题影响。		

上汽通用（沈阳）北盛汽车有限公司因高田气囊缺陷召回部分雪佛兰科鲁兹、科鲁兹掀背款汽车

制造商	上汽通用		
召回时间	2017-12-29至2022-03-11		
涉及数量	1092420		
车型	**型号**	**年款**	**VIN范围**
科鲁兹	1.6 SE AT 1.6 SE MT 1.6 SL AT 1.6 SL MT 1.6T SE MT 1.8 SE AT 1.8 SX AT 1.6T 涡轮增压 1.6 自动豪华版 1.6T 自动旗舰版 1.6 手动豪华版	2009-2016	起：LSGPC52U09F000078 止：LSGPC64UXGF120003
缺陷情况	本次召回范围内车辆驾驶席的安全气囊装配了高田公司生产的未带干燥剂的硝酸铵气体发生器。在安全气囊展开时，上述气囊的气体发生器在极端情况下可能发生异常破损。		
可能后果	在安全气囊展开时，上述气囊的气体发生器在极端情况下可能发生异常破损。		
维修措施	免费更换驾驶席安全气囊		
改进措施	自2014年4月21日起生产的科鲁兹车型使用的是含干燥剂的气体发生器，不受该问题影响。上汽通用（沈阳）北盛汽车有限公司自2016年6月8日起已经停止生产科鲁兹掀背版车型。		

上汽通用汽车有限公司因高田气囊缺陷召回部分别克英朗GT、英朗XT汽车

制造商	上汽通用		
召回时间	2019-03-12至2022-03-11		
涉及数量	299516		
车型	**型号**	**年款**	**VIN范围**
英朗GT	1.8 自动时尚版 1.6 自动舒适版 1.6 自动时尚版 1.6 手动进取版 1 .6 手动舒适版 1.6T 新锐运动型 1.6T 时尚运动版	2010-2012	起：LSGPB54U5AS000217 止：LSGPB54U8CS205114
英朗XT	1.8 自动时尚版 1.6 自动舒适版 1.6 自动时尚版 1.6 手动进取版 1 .6 手动舒适版 1.6T 新锐运动型 1.6T 时尚运动版	2010-2012	起：LSGPB64U3AS000061 止：LSGPB64UXCS222325
缺陷情况	本次召回范围内车辆驾驶席的安全气囊装配了高田公司生产的未带干燥剂的硝酸铵气体发生器。在安全气囊展开时，上述气囊的气体发生器在极端情况下可能发生异常破损。		
可能后果	在安全气囊展开时，上述气囊的气体发生器在极端情况下可能发生异常破损。		
维修措施	免费更换驾驶席安全气囊		
改进措施	召回范围内的车辆已经停产。		

神龙汽车有限公司召回部分东风雪铁龙、东风标致汽车

制造商	神龙汽车（东风雪铁龙）		
召回时间	2017-09-20至2018-09-19		
涉及数量	2317		
车型	型号	年款	VIN范围
雪铁龙	东风雪铁龙第三代C5、东风雪铁龙C6、东风标致408汽车	2017	
缺陷情况	本次召回范围内部分车辆由于供应商轮胎装配设备原因，在装配过程中轮胎气密层可能会损伤，极端情况下出现轮胎漏气，存在安全隐患。		
可能后果	本次召回范围内部分车辆由于供应商轮胎装配设备原因，在装配过程中轮胎气密层可能会损伤，极端情况下出现轮胎漏气，存在安全隐患。		
维修措施	神龙汽车有限公司将免费为召回范围内的车辆更换轮胎，以消除安全隐患。		
改进措施			

日产（中国）投资有限公司召回部分进口英菲尼迪Q50系列汽车

制造商	日产汽车		
召回时间	2017-09-28至2019-09-28		
涉及数量	48		
车型	型号	年款	VIN范围
Q50	Q50 3.7	2014	起：JNKBV71E4EM120136 止：JNKBV71E9FM130789
Q50	Q50 2.0	2014	起：JNKCV71E2EM110421 止：JNKCV71E8EM114375
缺陷情况	驾驶员侧正面气囊正常触发时，可能无法按设计意图展开。		
可能后果	驾驶员侧正面气囊因充气不足而无法完全膨胀，增加驾驶员受伤风险，存在安全隐患。		
维修措施	对于装配了缺陷部件的出厂车辆，免费更换新的气体发生器。对于售后维修阶段可能装配缺陷部件的车辆，免费进行检查，必要时更换气体发生器。		
改进措施	1）每两小时一次的清洁作业时，使用电筒对上治具的固定法兰进行目视确认及表面触摸确认2017年4月～ 2）每次对下治具进行更换、固定时，使用间隙规确认下治具与设置台之间间隙（0.3mm） 2017年4月～ 3）每两小时一次的清洁作业时，追加对焊透深度的工序检查 2017年4月～		

东风汽车有限公司召回部分国产英菲尼迪Q50L、QX50系列汽车

制造商	东风日产		
召回时间	2017-09-28至2019-09-28		
涉及数量	1587		
车型	型号	年款	VIN范围
Q	Q50L	2015-2016	起：LGBW1PE00ER001055 止：LGBW1PE03HR045247
QX	QX50	2015	起：LGBW2DE43FR001177 止：LGBW2DE49HR018651
缺陷情况	驾驶员侧正面安全气囊可能无法按设计意图展开		
可能后果	气囊正常触发时，会因充气不足而无法完全膨胀，增加驾驶员受伤风险		
维修措施	对于装配了缺陷部件的出厂车辆，免费更换新的气体发生器。对于售后维修阶段可能装配缺陷部件的车辆，免费进行检查，必要时更换气体发生器。		
改进措施	1）每两小时一次的清洁作业时，使用电筒对上治具的固定法兰进行目视确认及表面触摸确认2017年4月－ 2）每次对下治具进行更换、固定时，使用间隙规确认下治具与设置台之间间隙（0.3mm） 2017年4月－3）每两小时一次的清洁作业时，追加对焊透深度的工序检查 2017年4月－		

广汽本田汽车有限公司因高田气囊问题扩大召回部分本田和理念品牌汽车

制造商	广汽本田		
召回时间	2017-10-23至2018-10-22		
涉及数量	245101		
车型	型号	年款	VIN范围
S1	2012款 1.5AT 豪华版 2012款 1.5MT 舒适版 2012款 1.5MT 运动版	2012	起：LHGG12631C2000001 止：LHGG12574C2900007
S1	2012款 1.3AT舒适版 2012款 1.3MT舒适版	2012	起：LHGG11520C2002485 止：LHGG11621C2006799
歌诗图	2012款 3.5 V6尊贵/旗舰版	2012	起：LHGTF1854C8000001 止：LHGTF1858C8000180
锋范	2012款 1.8 舒适版 2012款 1.8 旗舰版 2012款 1.8 豪华版	2012	起：LHGGM3671C2000001 止：LHGGM3630C2907500
锋范	2012款 1.5AT 精英版 2012款 1.5AT 旗舰版 2012款 1.5MT 舒适版 2012款 1.5MT 精英版	2012	起：LHGGM2688C2000001 止：LHGGM2657C2912754
雅阁	2012款 2.0MT	2012	起：LHGCP1516C8000001 止：LHGCP1547C8001863
雅阁	2012款 2.4SE 2012款 2.4EXL Navi 2012款 2.4EX Navi 2012款 2.4LX	2012	起：LHGCP2675C8000001 止：LHGCP2646C8027245
雅阁	2012款 2.0EX Navi/2.0SE	2012	起：LHGCP1636C8000001 止：LHGCP1692C8040144
飞度-两厢	2012款 1.5AT 豪华版 2012款 1.5AT 全景天窗版 2012款 1.5MT 豪华版	2012	起：LHGGE8890C2000001 止：LHGGE8879C2020228
飞度-两厢	2012款 1.3AT 舒适版 2012款 1.3MT 舒适版	2012	起：LHGGE6739C2000001 止：LHGGE674XC2029970
缺陷情况	副驾驶席前气囊安装了高田公司生产的未带干燥剂的硝酸铵气体发生器，在展开时，可能存在气体发生器壳体破损、壳体碎片飞出伤及车内乘员的安全隐患。		
可能后果	副驾驶席前气囊安装了高田公司生产的未带干燥剂的硝酸铵气体发生器，在展开时，可能存在气体发生器壳体破损、壳体碎片飞出伤及车内乘员的安全隐患。		
维修措施	对召回范围内的车辆免费更换副驾驶席前气囊气体发生器。		
改进措施	正在生产的车型没有使用该型号的零件。		

三菱汽车销售（中国）有限公司召回部分进口欧蓝德系列汽车

制造商	三菱汽车		
召回时间	2017-11-06至2018-11-05		
涉及数量	25893		
车型	型号	年款	VIN范围
欧蓝德	欧蓝德四驱豪华导航版7座；欧蓝德四驱豪华导航版5座；欧蓝德四驱都市导航版5座；欧蓝德两驱运动导航版5座；欧蓝德精英GT版7座	2014-2016	起：JE3AZ5924EZ001807 止：JE3AZ293XGZ015950
缺陷情况	发动机控制继电器和气门升程电机继电器(完全相同的继电器，但是功能不同)，由于供应商制造不良（焊接不良），车辆在使用过程中继电器的焊接部异常发热并脱焊，造成电路断路故障，发动机控制继电器故障时，发动机熄火同时仪表盘警告灯亮。气门升程电机继电器故障时，警告灯亮，并且系统进入安全保护模式，安全上存在风险。		
可能后果	当发动机控制继电器故障时，发动机熄火同时仪表盘警告灯亮。当气门升程电机继电器故障时，警告灯亮，并且系统进入安全保护模式，安全上存在风险。		
维修措施	免费更换发动机控制继电器和气门升程电机继电器。		
改进措施	4M变更变更时，由日本总部审批流程制度化。		

东南（福建）汽车工业有限公司召回部分东南三菱翼神、风迪思乘用车

制造商	东南汽车		
召回时间	2017-11-06至2018-05-05		
涉及数量	2910		
车型	型号	年款	VIN范围
翼神	2013款1.8L致尚版自动豪华型A款 新翼神1.6L MT 时尚版 新翼神1.8L MT 致尚版 新翼神1.8L CVT 时尚版 新翼神1.8L CVT 致尚版 新翼神2.0L CVT 旗舰版	2013-2015	起：LDNB4GGT3F0096451 止：LDNB4GGT0G0099373
风迪思	2014 1.6L经典型MT 2014 1.6L舒适型MT 2014 1.8L旗舰型CVT	2014	起：LDNA4GGE1F0097692 止：LDNA4GGE8G0098517
缺陷情况	负责给发动机控制单元供电的继电器，由于供应商制造不良（焊接不良），车辆在使用过程中继电器的焊接部异常发热并脱焊，造成电路断路故障，有可能造成行驶中发动机熄火并无法再次启动，安全上存在风险。		
可能后果	有可能造成行驶中发动机熄火并无法再次启动，安全上存在风险。		
维修措施	免费更换发动机控制继电器。		
改进措施	4M变更变更时，由日本总部审批流程制度化。		

广汽三菱汽车有限公司召回部分劲炫汽车

制造商	广汽三菱		
召回时间	2017-11-06至2018-11-05		
涉及数量	81472		
车型	型号	年款	VIN范围
劲炫	1.6L 手动两驱标准版/先锋版，2.0L 手动 两驱舒适版，2.0L CVT两驱精英版/豪华版/领航版，2.0L CVT四驱尊贵版/旗舰版	2015-2017	起：LL66HAB02FB016523 止：LL66HAB03HB006411
缺陷情况	负责给发动机控制单元供电的继电器，由于供应商制造不良（焊接不良），车辆在使用过程中继电器的焊接部有可能异常发热并脱焊，导致电路断路故障，造成行驶中发动机熄火并无法再次启动，安全上存在风险。		
可能后果	有可能造成行驶中发动机熄火并无法再次启动，安全上存在风险。		
维修措施	免费更换发动机控制继电器。		
改进措施	取消手动研磨机，采用自动研磨机，并对研磨后的焊接棒端面倾斜进行全数测定。		

福特汽车（中国）有限公司关于部分进口嘉年华ST系列汽车召回活动的变更

制造商	福特汽车		
召回时间	2017-11-20至2020-01-31		
涉及数量	435		
车型	型号	年款	VIN范围
嘉年华ST	嘉年华ST	2013-2015	起：WF0AK9CCXDCA07096 止：WF0AK9CC9ECD43209
缺陷情况	由于发动机缸盖局部过热，极端情况下导致缸盖开裂，引起机油泄漏，可能造成发动机舱起火。		
可能后果	开裂的气缸盖可能会导致机油在压力下泄漏。机油接触发动机热表面会增加发动机舱起火的风险，存在安全隐患。		
维修措施	临时措施：更换冷却液副水壶、壶盖及更改走向后的涡轮增压器回水管。 长期措施：安装一套冷却液液位传感器系统和线束，并使用更新的软件刷新PCM和仪表盘。		
改进措施	2014年11月12日之后使用设计改进后的气缸盖进行生产。		

梅赛德斯-奔驰（中国）汽车销售有限公司召回部分进口精灵系列汽车

制造商	奔驰汽车		
召回时间	2017-09-30至2018-09-29		
涉及数量	9257		
车型	型号	年款	VIN范围
精灵	精灵系列	2015	
缺陷情况	由于手刹线锁止螺母可能松动，导致手刹操作杆的行程会随着其使用时间的增长而增加。如果手刹操作杆的行程增加，手刹制动力可能无法保证车辆在所有情况下安全停放，存在安全隐患。		
可能后果	由于手刹线锁止螺母可能松动，导致手刹操作杆的行程会随着其使用时间的增长而增加。如果手刹操作杆的行程增加，手刹制动力可能无法保证车辆在所有情况下安全停放，存在安全隐患。		
维修措施	梅赛德斯-奔驰（中国）汽车销售有限公司将为召回范围内车辆免费更换改进后的手刹线锁止螺母，以消除缺陷。		
改进措施			

梅赛德斯-奔驰（中国）汽车销售有限公司召回部分进口精灵系列汽车

制造商	奔驰汽车		
召回时间	2017-09-30至2018-09-29		
涉及数量	354		
车型	型号	年款	VIN范围
精灵	精灵系列	2017	
缺陷情况	由于供应商制造原因，左前转向节可能存在铸造缺陷，导致其强度降低。当左前轮转向节负载增加时，其可能破损，影响车辆的操控性，增加发生事故的风险，存在安全隐患。		
可能后果	由于供应商制造原因，左前转向节可能存在铸造缺陷，导致其强度降低。当左前轮转向节负载增加时，其可能破损，影响车辆的操控性，增加发生事故的风险，存在安全隐患。		
维修措施	梅赛德斯-奔驰（中国）汽车销售有限公司将对召回范围内车辆进行检查，必要时更换左前转向节，以消除缺陷。		
改进措施			

本田技研工业（中国）投资有限公司召回部分进口讴歌ZDX系列汽车

制造商	本田汽车		
召回时间	2017-10-23至2018-10-22		
涉及数量	954		
车型	型号	年款	VIN范围
ZDX	12M ZDX3.7L	2012	起：2HHYB1846CH200033 止：2HHYB1845CH201027
缺陷情况	副驾驶席气囊安装了高田公司生产的未带干燥剂的硝酸铵气体发生器，在展开时，可能存在气体发生器壳体破损、壳体碎片飞出伤及车内乘员的安全隐患。		
可能后果	副驾驶席气囊安装了高田公司生产的未带干燥剂的硝酸铵气体发生器，在展开时，可能存在气体发生器壳体破损、壳体碎片飞出伤及车内乘员的安全隐患。		
维修措施	对召回范围内的车辆免费更换副驾驶席气囊气体发生器。		
改进措施	此车型已经停止量产。		

江苏九龙汽车制造有限公司召回部分大马牌纯电动客车

制造商	九龙汽车		
召回时间	2017-10-10至2017-12-31		
涉及数量	51		
车型	型号	年款	VIN范围
E6	纯电动客车	2015	起：LA9KA4EA4F1JSJ253 止：LC9KA4EA0G1JSJ676
缺陷情况	低温环境下，由于SOC（电量状态）值误差大，实际车辆是在几乎无电情况下行驶造成车辆断电，动力中断。		
可能后果	极端情况下，行驶时车辆断电，有可能导致车辆失去动力，存在一定安全隐患。但刹车系统和转向系统仍能正常可控。		
维修措施	将为存在问题的车辆的BMS（电池管理系统）系统重新刷最新版本的程序。		
改进措施	在生产线上采用最新版本程序的BMS系统。		

福特汽车（中国）有限公司召回部分进口探险者系列汽车

制造商	福特汽车		
召回时间	2017-10-12至2018-10-12		
涉及数量	15		
车型	型号	年款	VIN范围
探险者	探险者2.3T风尚版 探险者2.3T精英版 探险者3.5T精英版	2017	起：1FM5K8DH9HGC97265 止：1FM5K8FT7HGC94382
缺陷情况	部分2017年款探险者转向机隔热罩可能使用了不正确防锈涂层的紧固件。若使用了不正确防锈涂层的紧固件，隔热罩与紧固件接触的那部分材料可能会产生腐蚀，并且可能会引起隔热罩从转向机上脱离，导致转向系统暴露在高于允许使用的环境温度下。		
可能后果	如果转向机电接插件熔化，驾驶员在驾驶过程中可能经历转向助力突然丢失无预警提示，同时仪表盘上显示故障信息“转向助力故障 请检修”。在驾驶过程中转向助力突然丢失将要求更大的转向力，特别是在低速情况下，这可能会导致增加碰撞的风险。在车辆高速行驶时转向助力丢失一般不可能引起事故，因为提供的转向助力会随车速的增加而减小。		
维修措施	经销商将会检查转向机隔热罩紧固件防锈涂层的颜色是否正确（灰色为合格紧固件，黑色为缺陷紧固件），根据需要更换紧固件。如有必要，同时更换电子助力转向机隔热罩。		
改进措施	可疑的紧固件已经被确认并隔离，在生产中已经更换为正确防锈涂层的紧固件。		

梅赛德斯-奔驰（中国）汽车销售有限公司因高田气囊缺陷召回部分进口轿车

制造商	奔驰汽车		
召回时间	2017-10-15至2019-10-14		
涉及数量	171015		
车型	型号	年款	VIN范围
A级	A 160，A 180	2010	起：WDDCF3BB2BJ839453 止：WDDCF3BB8CK057461
C级	C 200 CGI， C 230， C 280， C 63 AMG轿车	2007-2012	起：WDDGF41X57A000540 止：WDDGJ4KB4DG068435
E级	E 260，E 350	2009-2012	起：WDDKJ5GB0AF000739 止：WDDKK4HF6DF211831
GLK级	GLK 350 4MATIC， GLK 300 4MATIC	2008-2012	起：WDCGG81DX8F171433 止：WDC2049901F962860
GL级	GL 350 4MATIC， GL 450 4MATIC	2008-2012	起：WDCBF71E58A443481 止：WDCBF7BE3CA802821

梅赛德斯-奔驰（中国）汽车销售有限公司因高田气囊缺陷召回部分进口轿车（续表）

M级	ML 320 4MATIC， ML 350 4MATIC， ML 500 4MATIC， ML 63 AMG	2008-2011	起：WDCBB86E28A443321 止：WDCBB8CB1BA761402
R级	R 280， R 320， R 350， R 500	2008-2012	起：WDCCB65E58A089207 止：WDCCB5EE3DA162949
SLK级	SLK 200， SLK 300， SLK 350	2006	起：WDBWK56F46F127366 止：WDBWK42F78F191307
SLS级	SLS AMG	2009-2011	起：WDDRJ7HA6BA000131 止：WDDRJ7HA5CA006682
缺陷情况	使用了高田公司生产的未带干燥剂的硝酸铵气体发生器的安全气囊。		
可能后果	在安全气囊展开时，气体发生器可能发生异常破损，导致碎片飞出，伤及车内人员，存在安全隐患。		
维修措施	作为预防措施，戴姆勒股份公司将通过梅赛德斯-奔驰授权服务商为受影响车辆更换相关气囊。		
改进措施	受影响的车型已经停产。		

北京奔驰汽车有限公司因高田气囊缺陷召回部分奔驰汽车

制造商	北京奔驰		
召回时间	2018-10-29至2019-10-28		
涉及数量	142279		
车型	**型号**	**年款**	**VIN范围**
C级	C 180， C 200， C 260， C 300	2008-2012	起：LE4FTL8K17L002707 止：LE4GF4HB4DL224493
GLK级	GLK 300 4MATIC	2011-2012	起：LE4GG8BB6CL160386 止：LE4GG8BB7DL224632
缺陷情况	使用了高田公司生产的未带干燥剂的硝酸铵气体发生器的安全气囊。		
可能后果	在安全气囊展开时，气体发生器可能发生异常破损，导致碎片飞出，伤及车内人员，存在安全隐患。		
维修措施	作为预防措施，戴姆勒股份公司将通过梅赛德斯-奔驰授权服务商为受影响车辆更换相关气囊。		
改进措施	受影响的车型已经停产。		

福建奔驰汽车有限公司因高田气囊问题召回部分国产奔驰商务车

制造商	福建奔驰		
召回时间	2018-04-30至2019-04-29		
涉及数量	29779		
车型	**型号**	**年款**	**VIN范围**
凌特	凌特2010款、 凌特2011款、 凌特2012款	2010-2012	起：LB1RF4491A8000001 止：LB1RF449XC8001280
唯雅诺	唯雅诺2009款、 唯雅诺2010款、 唯雅诺2011款、 唯雅诺2012款	2009-2012	起：LB1WA588798000007 止：LB1WA5A63C8028421
威霆	威霆2009款、 威霆2010款、 威霆2011款、 威霆2012款	2009-2012	起：LB1WA688298000003 止：LB1WA6882C8028584
缺陷情况	使用了高田公司生产的未带干燥剂的硝酸铵气体发生器的安全气囊。		
可能后果	在安全气囊展开时，气体发生器可能发生异常破损，导致碎片飞出，伤及车内人员，存在安全隐患。		
维修措施	作为预防措施，戴姆勒股份公司将通过梅赛德斯-奔驰授权服务商为受影响车辆更换相关气囊。		
改进措施	受影响的车型已经停产。		

福建奔驰汽车有限公司因高田气囊问题召回部分进口奔驰商务车

制造商	奔驰汽车		
召回时间	2018-04-30至2019-04-29		
涉及数量	8145		
车型	型号	年款	VIN范围
凌特	Chassis、 Panel van	2006-2012	起：WD3YE44608S276375 止：WDB9066551S286560
唯雅诺	唯雅诺	2006-2012	起：WD4WA582263247852 止：WD4WA5A6XC3734452
威霆	威霆	2006-2012	起：WD3YA382263240577 止：WDF639705C3719384
缺陷情况	使用了高田公司生产的未带干燥剂的硝酸铵气体发生器的安全气囊。		
可能后果	在安全气囊展开时，气体发生器可能发生异常破损，导致碎片飞出，伤及车内人员，存在安全隐患。		
维修措施	作为预防措施，戴姆勒股份公司将通过梅赛德斯-奔驰授权服务商为受影响车辆更换相关气囊。		
改进措施	受影响的车型已经停产。		

拓速乐汽车销售（北京）有限公司召回部分进口Model X系列汽车

制造商	TESLA		
召回时间	2017-10-19至2018-10-18		
涉及数量	2277		
车型	型号	年款	VIN范围
Model X	Model X系列	2016-2017	
缺陷情况	本次召回范围内部分车辆由于装配原因，第二排左侧可折叠座椅用以释放座椅靠背折叠机构的缆绳长度调整不当，可能造成座椅靠背折叠机构无法完全锁止。在车辆发生碰撞时，座椅靠背可能前移，增加乘员受伤的风险，存在安全隐患。		
可能后果	本次召回范围内部分车辆由于装配原因，第二排左侧可折叠座椅用以释放座椅靠背折叠机构的缆绳长度调整不当，可能造成座椅靠背折叠机构无法完全锁止。在车辆发生碰撞时，座椅靠背可能前移，增加乘员受伤的风险，存在安全隐患。		
维修措施	拓速乐汽车销售（北京）有限公司将为召回范围内的车辆重新调整第二排左侧可折叠座椅靠背折叠机构的缆绳长度，以消除缺陷。库存车辆将在消除缺陷后进行销售。		
改进措施	库存车辆将在消除缺陷后进行销售。		

成都新大地汽车有限责任公司召回部分GX7、SX7、GX9汽车

制造商	吉利汽车		
召回时间	2017-10-20至2018-10-20		
涉及数量	119668		
车型	型号	年款	VIN范围
GX7	GX7 1.8L-5MT； GX7 2.0L-5MT； GX7 2.0L-6AT； GX7 2.4L-6AT；	2012-2014	起：L106D2A59C1000498 止：L108DBZ50E2143141
SX7	SX7 1.8L-5MT； SX7 2.0L-5MT； SX7 2.0L-6AT； SX7 2.4L-6AT；	2013-2014	起：L108DBZ53C1028021 止：L108DBZ58E1132717
GX9	GX9 2.4L-6MT； GX9 2.4L-6AT；	2014	起：L108DBZ50E3111882 止：L108DBZ53E3136985
缺陷情况	副驾驶正面安全气囊装配了上海高田公司生产的未带干燥剂的硝酸铵气体发生器。在安全气囊展开时，上述安全气囊的气体发生器可能发生异常破损。		
可能后果	气体发生器容器可能发生损坏，导致碎片飞出，可能伤及车内人员，存在安全隐患。		
维修措施	成都新大地汽车有限责任公司将为召回范围内的车辆免费更换副驾驶席的乘员气囊，以消除安全隐患。		
改进措施	目前生产车辆的副驾驶席乘员气囊已不再使用高田公司产品，且气体发生器成分中不含有硝酸铵。		

浙江吉利汽车有限公司召回部分TX4系列汽车-高田气囊缺陷

制造商	吉利汽车		
召回时间	2018-09-30至2019-09-30		
涉及数量	1517		
车型	型号	年款	VIN范围
TX4	2.4L汽油国Ⅴ手动轿车 2.4L汽油手动轿车 2.4L汽油国Ⅳ自动轿车 2.4L汽油自动轿车 2.4L汽油/LPG两用燃料手动轿车 2.5L柴油国Ⅲ自动轿车 2.4L汽油/CNG两用燃料手动轿车 2.5L柴油国Ⅲ手动轿车 2.5L柴油国Ⅳ手动轿车 2.4L汽油国Ⅳ手动轿车 2.4L汽油国Ⅴ自动轿车 2.5L柴油国Ⅳ自动轿车	/	起：LJU77C7A19S000003 止：LJU9767B1HS000004
缺陷情况	驾驶员气囊装配了上海高田公司生产的未带干燥剂的硝酸铵气体发生器。在安全气囊展开时，上述安全气囊的气体发生器可能发生异常破损。		
可能后果	气体发生器容器可能发生损坏，导致碎片飞出，可能伤及车内人员，存在安全隐患。		
维修措施	浙江吉利汽车有限公司将为召回范围内的车辆免费更换驾驶员气囊，以消除安全隐患。		
改进措施	TX4车型已经停产，无在生产车辆。		

浙江豪情汽车制造有限公司召回部分GX7、GX9系列汽车-高田气囊缺陷

制造商	吉利汽车		
召回时间	2017-10-20至2018-10-20		
涉及数量	67989		
车型	型号	年款	VIN范围
GX9	GX9 2.4L-5MT； GX9 2.4L-6AT；	2014	起：LB37962Z2EC001990 止：LB37962Z3HC019807
GX7	GX7 1.8L-5MT； GX7 2.0L-5MT； GX7 2.0L-6AT； GX7 2.4L-6AT；	2014-2015	起：LB37742S3EC143035 止：LB37742S0FC267040
缺陷情况	副驾驶正面安全气囊装配了上海高田公司生产的未带干燥剂的硝酸铵气体发生器。在安全气囊展开时，上述安全气囊的气体发生器可能发生异常破损。		
可能后果	气体发生器容器可能发生损坏，导致碎片飞出，可能伤及车内人员，存在安全隐患。		
维修措施	浙江豪情汽车制造有限公司将为召回范围内的车辆免费更换副驾驶席的乘员气囊，以消除安全隐患。		
改进措施	目前生产车辆的副驾驶席乘员气囊已不再使用高田公司产品，且气体发生器成分中不含有硝酸铵。		

玛莎拉蒂（中国）汽车贸易有限公司召回部分进口总裁系列汽车

制造商	玛莎拉蒂		
召回时间	2017-12-18至2018-12-17		
涉及数量	72		
车型	型号	年款	VIN范围
Quattroporte（M156）	M156 V8	2014-2017	起：ZAMPP56E1E1126777 止：ZAMPP56EXH1235453
缺陷情况	所涉及车辆的低压燃油泵可能无法正常工作。		
可能后果	上述缺陷可能会造成低压燃油泵无法正常工作，进而导致发动机动力不足，极端状况下，可能造成车辆行驶中发动机熄火，动力中断，存在安全隐患。		
维修措施	玛莎拉蒂将为涉及召回的车辆免费更换最大设计承载电流和最大设计工作温度更高的低压燃油泵电阻。		
改进措施	自2017年6月25日起生产的2018年款M156 V8车型，均采用新型低压燃油泵电阻。		

北京奔驰汽车有限公司召回部分国产E级轿车

制造商	北京奔驰		
召回时间	2017-11-20至2018-11-19		
涉及数量	7		
车型	型号	年款	VIN范围
E级	E 200 L， E 200 4MATIC L， E 300 L	2017	起：LE4ZG4DBXHL069451 止：LE42131481L069649
缺陷情况	ESP液压控制单元在运输流程中可能损坏。		
可能后果	ESP控制单元壳体损坏可能导致水汽进入到壳体内或内部零件的损坏。ESP系统的某些功能和电子驻车制动将无法工作。但是ESP的意外促动和起火隐患能够被排除。受影响的车主应尽快前往授权服务商进行处置。		
维修措施	作为预防措施，戴姆勒股份公司将通过梅赛德斯-奔驰授权服务商为受影响车辆更换ESP。		
改进措施	已改进物流流程，保证在2017年3月10日以后生产的车辆上不会存在此问题。		

北京奔驰汽车有限公司召回部分国产GLA系列汽车

制造商	北京奔驰		
召回时间	2017-11-01至2018-10-31		
涉及数量	16		
车型	型号	年款	VIN范围
GLA级	GLA 200，GLA 220 4MATIC	2017	起：LE4TG4DB5HL119842 止：LE4TG4DB3HL121797
缺陷情况	顶衬与C柱间存在多余泡沫零件。		
可能后果	如果车辆发生碰撞并激活帘式气囊，泡沫零件有可能阻碍气囊的展开从而影响其保护功能。增加成员受到伤害的风险。受影响的车主应尽快前往授权服务商进行处置。		
维修措施	作为预防措施，戴姆勒股份公司将通过梅赛德斯-奔驰授权服务商为受影响车辆拆除泡沫零件。		
改进措施	工厂的生产工艺进行了优化，保证在2017年2月16日以后生产的车辆上不会存在此问题。		

东风本田汽车有限公司召回部分艾力绅、思铂睿汽车

制造商	东风本田		
召回时间	2017-12-01至2018-11-30		
涉及数量	80707		
车型	型号	年款	VIN范围
思铂睿（SPIRIOR）	SPIRIOR 2.0L CVT尊贵版、SPIRIOR 2.0L CVT典藏版、SPIRIOR 2.4L DCT豪华版、SPIRIOR 2.4L DCT尊贵版、SPIRIOR 2.4L DCT VTIS-A、SPIRIOR 2.4L Si、2017款2.0L舒适版、2017款2.4L豪华版、2017款2.4L Si	2015-2017	起：LVHCU5655F5000033 止：LVHCU6654H5001442
思铂睿（SPIRIOR）	2017款2.0L混动 净驰版、2017款2.0L混动 净致版	2017	起：LVHCU767XH5000044 止：LVHCU7625H5001168
艾力绅（ELYSION）	ELYSION 2.4L VTI 风尚版、ELYSION 2.4L VTIS 豪华版、ELYSION 2.4L VTISA 至尊版	2016-2017	起：LVHRR886XG5000050 止：LVHRR8880H5007950
缺陷情况	电动后视镜开关内部可动触点表面处理不当。		
可能后果	车辆行驶或停车过程中左右外后视镜同时自动折叠，影响驾驶员的后方局部视野，存在安全隐患。		
维修措施	免费为对象范围内车辆更换电动后视镜开关。		
改进措施	目前量产车型采用了对策后的电动后视镜开关，不存在类似不良。		

克莱斯勒（中国）汽车销售有限公司召回部分进口指南者和自由客系列汽车

制造商	克莱斯勒		
召回时间	2017-11-06至2018-11-06		
涉及数量	148141		
车型	型号	年款	VIN范围
Compass 指南者	Compass 指南者（2.0L） Compass 指南者（2.4L）	2010-2014	起：1C4NJCCA8ED899442 止：1C4NJCAA7CD525758
Patriot 自由客	Patriot 自由客（2.0L） Patriot 自由客（2.4L）	2010-2014	起：1C4NJRCB7ED897581 止：1C4NJRCB4CD669616
缺陷情况	在一定条件的撞车事件中，部分车辆的乘员约束控制器可能发生短路，气囊与安全带预紧器可能无法正常展开，将增加撞车导致乘员受伤的风险，存在安全隐患。		
可能后果	在一定条件的撞车事件中，部分车辆的乘员约束控制器可能发生短路，气囊与安全带预紧器可能无法正常展开，将增加撞车导致乘员受伤的风险，存在安全隐患。		
维修措施	克莱斯勒（中国）汽车销售有限公司计划发起一次主动召回，为涉及车辆更换成员约束控制器。		
改进措施	2014年8月20日之后，不再生产2014年款指南者， 2015年款使用了新的设计，避免乘员约束控制器电路短路。		

一汽-大众汽车有限公司召回部分进口奥迪Q5混合动力系列汽车

制造商	奥迪汽车		
召回时间	2017-11-30至2018-11-30		
涉及数量	1512		
车型	型号	年款	VIN范围
Q5	2012款Audi Q5 40 Hybrid quattro 2013款Audi Q5 40 Hybrid quattro 2014款Audi Q5 40 Hybrid quattro 2015款Audi Q5 40 Hybrid Quattro 2016款Audi Q5 40 Hybrid quattro	2012-2016	起：WAUC8D8R0CA092674 止：WAUC8D8R1GA029136
缺陷情况	本次召回范围内车辆，个别车辆的辅助加热器单元插头存在过热和起火风险。		
可能后果	辅助加热器单元插头过热通常会导致电路断开，辅助加热器单元不工作，个别情况下，也可能会导致辅助加热器单元插头烧蚀，有起火风险，存在安全隐患。		
维修措施	一汽-大众汽车有限公司将委托奥迪特许经销商免费为召回范围内车辆更换辅助加热器单元并进行软件升级。		
改进措施	新的辅助加热器单元插头采用了银锡合金镀层。		

克莱斯勒(中国)汽车销售有限公司召回部分进口道奇酷威系列汽车

制造商	克莱斯勒		
召回时间	2017-11-06至2018-11-06		
涉及数量	60947		
车型	型号	年款	VIN范围
JCUV 酷威	JCUV 酷威（2.4L）， JCUV 酷威（2.7L） JCUV 酷威（3.6L）， Journey Crossroad 旅行版（2.4L）， Journey R/T 四驱尊尚版 （2.0TD）， Journey R/T 尊尚版 （2.4L）	2011-2015	起：3C4PDCFBXET224030 止：3C4PDCFB5FT691583
缺陷情况	部分道奇酷威车辆因方向盘内线束失效引起安全气囊意外展开。		
可能后果	可能引起安全气囊意外展开，存在安全隐患		
维修措施	克莱斯勒（中国）汽车销售有限公司计划针对2011-2015年款受影响的车辆发起主动召回，将为涉及车辆检查方向盘线束，必要时进行维修或者更换。在方向盘线束上安装保护套以免磨损线束，并拆下方向盘后盖上的锁舌，以消除缺陷。		
改进措施	对方向盘后盖中的锁舌进行移除。		

广汽菲亚特克莱斯勒汽车有限公司召回部分进口菲亚特菲跃系列汽车

制造商	克莱斯勒		
召回时间	2017-11-06至2018-11-06		
涉及数量	5551		
车型	型号	年款	VIN范围
菲跃	2012款菲跃2.4舒适版，2012款菲跃2.4豪华版， 2013款菲跃2.4豪华导航版， 2013款菲跃2.4豪华版， 2013款菲跃3.6L豪华导航， 2014款菲跃2.4炫酷版， 2014款菲跃2.4豪华导航版， 2014款菲跃2.4豪华版， 2014款菲跃3.6智能全驱版	2011-2015	起：3C4PFAAB4CT251114 止：3C4PFABB7ET113293
缺陷情况	部分菲跃车辆因方向盘内线束失效引起安全气囊意外展开。		
可能后果	可能引起安全气囊意外展开。		
维修措施	广汽菲亚特克莱斯勒汽车有限公司计划针对2012-2014年款受影响的车辆发起主动召回，将为涉及车辆检查方向盘线束，必要时进行维修或者更换。在方向盘线束上安装保护套以免磨损线束，并拆下方向盘后盖上的锁舌，以消除缺陷		
改进措施	对方向盘后盖中的锁舌进行移除。		

沈阳华晨金杯汽车有限公司召回部分金杯汽车

制造商	华晨金杯		
召回时间	2017-12-16至2018-12-30		
涉及数量	650		
车型	型号	年款	VIN范围
750	金杯750客厢标准型	2016	起：LSYKAAAB1GG291122 止：LSYKAAAB5GG292662
T20	海星微货车型4微货标准型	2015	起：LSYFJE2E1FG400128 止：LSYFJE2E0FG413632
T30	海星微货T30微货标准型	2016	起：LSYFKE2E0GG250821 止：LSYFKE2E8GG256480
X30L	新海狮X30L客厢标准型	2016	起：LSYKFAAA7GG252804 止：LSYKFAAA2GG256419
X30L	新海狮X30L客厢标准型	2016	起：LSYKFAAK2GG243565 止：LSYKFAAK5GG245634
缺陷情况	轻型厢式货车、轻型封闭货车反光标识粘贴不规范。		
可能后果	车辆夜间行驶存在反光范围和面积偏差，存在安全隐患。		
维修措施	按照GB 7258-20128.4.1、8.4.2、8.4.5的规定补贴反光标识或重新粘贴反光标识。		
改进措施	已按照GB 7258-20128.4.1、8.4.2、8.4.5的相关规定粘贴反光标识。		

一汽轿车股份有限公司召回部分奔腾X40汽车

制造商	一汽轿车		
召回时间	2017-11-13至2018-05-12		
涉及数量	13680		
车型	型号	年款	VIN范围
奔腾X40	奔腾X40 2017款 1.6L MT 尊贵型 奔腾X40 2017款 1.6L MT 尊享型 奔腾X40 2017款 1.6L MT 豪华型 奔腾X40 2017款 1.6L MT 舒适型 奔腾X40 2017款 1.6L MT 技术型 奔腾X40 2017款 1.6L MT 尊享型座椅包 奔腾X40 2017款 1.6L MT 豪华型舒适包 奔腾X40 2017款 1.6L MT 舒适型天窗包	2017	起：LFP83APC7G1D71115 止：LFP83APE7H1D54883
缺陷情况	仪表板线束的布置方式设计不合理，在装配仪表台总成时工艺没有规范到位，导致仪表板线束与离合器踏板支架可能发生摩擦干涉。在极端状况下，可能出现线束短路，存在安全隐患。		
可能后果	在极端状况下，可能出现线束短路而导致车辆起火、行驶中熄火、气囊自爆等，存在安全隐患。		
维修措施	对召回范围内车辆，免费检查维修：（1）线束如有破损，更换新的线束；（2）线束没有破损，采用新的方式布置线束。		
改进措施	采用了新的线束布置方式。		

现代汽车（中国）投资有限公司召回部分进口起亚嘉华系列汽车

制造商	现代汽车		
召回时间	2017-11-20至2018-05-19		
涉及数量	29		
车型	型号	年款	VIN范围
嘉华	嘉华2.2L国四 （高配）	2015	起：KNAMB81A0H6337355 止：KNAMB81A1H6337364
缺陷情况	刹车助力器真空软管强度不够，出现收缩现象，影响刹车助力器的负压的产生，降低制动性能。		
可能后果	真空软管出现收缩现象以后影响刹车助力器的负压的产生，踩制动踏板时踏板发硬，有可能增加制动距离，存在安全隐患。		
维修措施	现代汽车（中国）投资有限公司将邀请召回范围内的车主到店，免费更换改善的真空软管。		
改进措施	正在生产的嘉华装配正常配件。		

广汽本田汽车有限公司召回部分雅阁、奥德赛汽车

制造商	广汽本田		
召回时间	2018-01-08至2019-01-07		
涉及数量	254650		
车型	型号	年款	VIN范围
奥德赛	2015款 舒适版 2015款 豪华版 2015款 智享版 2015款 尊享版/至尊版 2015款 智酷版	2015	起：LHGRC3832F8000001 止：LHGRC3831F8049013
奥德赛	2016款 舒适版 2016款 豪华版 2016款 智享版 2016款 至尊版 2016款 至尊福祉版 2016款 智酷版	2016	起：LHGRC3805G8000002 止：LHGRC3821G8063485
奥德赛	2017款 舒适版 2017款 豪华版 2017款 智享版 2017款 至尊版 2017款 至尊福祉版 2017款 智酷版 2017款 智享福祉版	2017	起：LHGRC382XH8000001 止：LHGRC3824H8009437
雅阁	2014款 3.0VTI/3.0EXLN	2014	起：LHGCR4649E8000002 止：LHGCR465XE8001703
雅阁	2014款 2.4LX舒适版 2014款 2.4EX豪华版 2014款 2.4EXN豪华导航版	2014	起：LHGCR2651E8000007 止：LHGCR2654E8079849
雅阁	2015款 3.0VTI/3.0EXLN	2015	起：LHGCR4650F8009620 止：LHGCR4653F8012205
雅阁	2015款 2.4LX舒适版 2015款 2.4EX豪华版 2015款 2.4EXN豪华导航版	2015	起：LHGCR2659F8000001 止：LHGCR2657F8011675
雅阁	2016款 2.0L 锐尊版 2016款 2.0L 锐酷版 2016款 2.0L 锐领版	2016	起：LHGCR669XG8000004 止：LHGCR6615G8003113
雅阁	2016款 2.0L CVT舒适版 2016款 2.0L CVT舒享版 2016款 2.0L CVT精英版 2016款 2.0L CVT豪华版	2016	起：LHGCR1654G8000001 止：LHGCR1654G8036903
雅阁	2016款 2.4L CVT豪华版 2016款 2.4L CVT智尊版 2016款 2.4CVT舒适版 2016款 2.4CVT智享版	2016	起：LHGCR2666G8000001 止：LHGCR2646G8014432
雅阁	2017款 2.0L CVT舒适版 2017款 2.0L CVT舒享版 2017款 2.0L CVT精英版 2017款 2.0L CVT豪华版	2017	起：LHGCR1653H8000315 止：LHGCR1657H8053700
雅阁	2017款 2.0L 锐尊版 2017款 2.0L 锐酷版 2017款 2.0L 锐领版	2017	起：LHGCR6634H8000240 止：LHGCR6651H8055407
雅阁	2017款 2.4L CVT豪华版 2017款 2.4L CVT智尊版 2017款 2.4L CVT舒适版 2017款 2.4L CVT智享版	2017	起：LHGCR2626H8000191 止：LHGCR2624H8051785
缺陷情况	由于设计原因，后视镜开关内部可动触点表面处理不当，操作开关的过程中可动触点磨损，磨损粉末堆积、氧化后，接触电阻增加，可能导致车辆行驶或停车过程中左右外后视镜同时自动折叠。		
可能后果	可能导致车辆行驶或停车过程中左右外后视镜同时自动折叠，影响驾驶员的后方局部视野，存在安全隐患。		
维修措施	对召回对象范围内车辆免费更换后视镜开关。		
改进措施	正在生产的车辆使用对策的后视镜开关，广汽本田已于2017年5月12日开始适用，不存在类似不良。		

中国第一汽车集团公司召回部分马自达6汽车

制造商	一汽马自达		
召回时间	2017-11-21至2018-11-21		
涉及数量	206570		
车型	型号	年款	VIN范围
马自达6	马自达6	2012-2016	
缺陷情况	本次召回范围内的车辆由于供应商原因，在严寒环境下可能出现制动助力真空软管单向阀无法正常开启的情况，导致车辆制动助力不足，存在安全隐患。		
可能后果	本次召回范围内的车辆由于供应商原因，在严寒环境下可能出现制动助力真空软管单向阀无法正常开启的情况，导致车辆制动助力不足，存在安全隐患。		
维修措施	中国第一汽车集团公司委托一汽轿车股份有限公司，为召回范围内的车辆免费清理真空助力器接头并更换真空软管总成，以消除安全隐患。		
改进措施			

丰田汽车（中国）投资有限公司召回部分进口普锐斯汽车

制造商	丰田汽车		
召回时间	2017-12-14至2018-12-13		
涉及数量	4		
车型	型号	年款	VIN范围
Toyota PRUIS（丰田普锐斯）	Toyota PRUIS PHV(丰田普锐斯PHV)	2012	起：JTDKN36P003018819 止：JTDKN36P903019550
缺陷情况	本次召回范围内车辆，由于构成保护混合动力系统的EV保险丝的电热元件强度不足，反复的高负荷运转可能使该电热元件疲劳断线，导致警告灯点亮。		
可能后果	某些情况下，可能导致混合动力系统停止工作，车辆在行驶中失去动力，存在安全隐患。		
维修措施	丰田汽车（中国）投资有限公司将为召回范围内的车辆免费更换改良后的EV保险丝零件，以消除隐患。		
改进措施	2015年1月以后生产车辆开始使用改良后的合格零件。		

一汽-大众汽车有限公司召回部分国产奥迪A4L汽车

制造商	一汽奥迪		
召回时间	2018-03-30至2019-03-29		
涉及数量	7764		
车型	型号	年款	VIN范围
A4L	2017款A4L 40 TFSI 进取型 2017款A4L 40 TFSI 时尚型 2017款A4L 40 TFSI 风尚型 2017款A4L 40 TFSI 运动型 2017款A4L 45 TFSI quattro 风尚型 2017款A4L 45 TFSI quattro 运动型 2018款A4L 30 TFSI 进取型	2017-2018	起：LFV3A28W0F3000014 止：LFV3A28W8H3077460
缺陷情况	本次召回范围内的车辆，由于前门和后门B&O音响扬声器罩盖上的铝装饰条可能松动，松动的装饰条有可能翘起且边缘锋利，如果有人碰触到其锋利的边缘可能会造成伤害，存在安全隐患。		
可能后果	松动的装饰条有可能翘起且边缘锋利，如果有人碰触到其锋利的边缘可能会造成伤害，存在安全隐患。		
维修措施	一汽-大众汽车有限公司将委托奥迪特许经销商免费为召回范围内的车辆更换改进后的铝装饰条。		
改进措施	新的铝装饰条改进了粘合性，边缘为圆形且更薄（老件1.8mm，新件0.5mm）。		

一汽-大众汽车有限公司召回部分进口奥迪A4 allroad、A5汽车

制造商	奥迪汽车		
召回时间	2018-03-30至2019-03-29		
涉及数量	532		
车型	型号	年款	VIN范围
A4 allroad	2017款A4 allroad 2.0 TFSI quattro S tronic	2017	起：WAU7FCF48HA049653 止：WAU7FCF43JA008188
A5	2017款Audi A5 Sportback 40TFSI 时尚型 2017款Audi A5 Sportback 45TFSI 时尚型 2017款Audi A5 Sportback 45TFSI 运动型 2017款Audi A5 Sportback 45TFSI quattro 运动型	2017	起：WAUAFEF50HA023557 止：WAUAFEF54JA013815
缺陷情况	本次召回范围内的车辆，由于前门和后门B&O音响扬声器罩盖上的铝装饰条可能松动，松动的装饰条有可能翘起且边缘锋利，如果有人碰触到其锋利的边缘可能会造成伤害，存在安全隐患。		
可能后果	松动的装饰条有可能翘起且边缘锋利，如果有人碰触到其锋利的边缘可能会造成伤害，存在安全隐患。		
维修措施	一汽-大众汽车有限公司将委托奥迪特许经销商免费为召回范围内的车辆更换改进后的铝装饰条。		
改进措施	新的铝装饰条改进了粘合性，边缘为圆形且更薄（老件1.8mm，新件0.5mm）。		

本田技研工业（中国）投资有限公司召回部分进口讴歌MDX、TLX汽车

制造商	本田汽车		
召回时间	2018-01-08至2019-01-07		
涉及数量	1870		
车型	型号	年款	VIN范围
MDX	14M MDX 3.5 L 15M MDX 3.5L	2014-2015	起：5KCYD485XEB301007 止：5KCYD4886FB301100
TLX	TLX	2015	起：19UUB1651FA400030 止：19UUB1674FA400394
缺陷情况	由于设计原因，后视镜开关内部可动触点表面处理不当，操作开关的过程中可动触点磨损，磨损粉末堆积、氧化后，接触电阻增加，可能导致车辆行驶或停车过程中左右外后视镜同时自动折叠。		
可能后果	可能导致车辆行驶或停车过程中左右外后视镜同时自动折叠，影响驾驶员的后方局部视野，存在安全隐患。		
维修措施	对召回对象范围内车辆免费更换后视镜开关。		
改进措施	讴歌MDX已适用对策后的零件，不存在类似不良。讴歌TLX已经停止进口。		

广汽本田汽车有限公司召回部分进口MDX、TLX汽车

制造商	丰田汽车		
召回时间	2018-01-08至2019-01-07		
涉及数量	1654		
车型	型号	年款	VIN范围
MDX	2014款3.5L MDX 2017款3.0L MDX	2014-2017	起：5KCYD4856FB301118 止：5KCYD7850HB300373
TLX	2015款2.4L TLX 2016款2.4L TLX	2015-2016	起：19UUB1654FA400037 止：19UUB1670GA400331
缺陷情况	由于设计原因，后视镜开关内部可动触点表面处理不当，操作开关的过程中可动触点磨损，磨损粉末堆积、氧化后，接触电阻增加，可能导致车辆行驶或停车过程中左右外后视镜同时自动折叠。		
可能后果	可能导致车辆行驶或停车过程中左右外后视镜同时自动折叠，影响驾驶员的后方局部视野，存在安全隐患。		
维修措施	对召回对象范围内车辆免费更换后视镜开关。		
改进措施	讴歌MDX已适用对策后的零件，不存在类似不良。讴歌TLX已经停止进口。		

福特汽车（中国）有限公司召回部分进口F-150猛禽系列汽车

制造商	福特汽车		
召回时间	2018-01-09至2020-01-09		
涉及数量	1310		
车型	型号	年款	VIN范围
F-150猛禽	F-150猛禽性能版 F-150猛禽性能劲化版	2015-2017	起：1FTFW1RGXHFA37564 止：1FTFW1RG9HFC61120
缺陷情况	部分用于连接左后侧座椅充气式安全带卡扣总成到其固定支架的铆钉的铆钉头可能厚度不足。		
可能后果	厚度不足的铆钉头可能会在车辆碰撞中使左后侧充气式座椅安全带卡扣从其固定支架处分离，增加了受伤的风险，存在安全隐患。		
维修措施	经销商会对受影响车辆进行相关检查，并根据检查结果更换座椅安全带卡扣总成。		
改进措施	2017年6月16日，供应商纠正了铆钉的成型过程和测量方法。		

大庆沃尔沃汽车制造有限公司召回部分S90长轴距汽车

制造商	沃尔沃亚太		
召回时间	2017-12-10至2018-12-10		
涉及数量	15629		
车型	型号	年款	VIN范围
S90长轴距	T4智远版 T4智逸版 T5智雅版 T5智尊版 T5智远版	2017-2018	起：LVYPD10A6HP000078 止：LVYPDALAXJP030086
缺陷情况	由于供应商的问题，部分前照灯的反射镜使用了错误的材料，或存在反射率控制流程偏差，可能导致前照灯反射镜变形。		
可能后果	近光灯的光束图形不足，可能给对向车辆形成眩光，近光灯的配光性能不符合中国强制性标准要求，存在安全隐患。		
维修措施	更换左右前照灯。		
改进措施	供应商已经更换了反射镜的材料，而且已经改进反射率控制流程，正在生产的产品没有使用缺陷零件。		

奇瑞汽车股份有限公司召回部分艾瑞泽7汽车

制造商	奇瑞汽车		
召回时间	2017-11-30至2018-11-30		
涉及数量	15725		
车型	型号	年款	VIN范围
艾瑞泽7	奇瑞牌艾瑞泽7车型1.6CVT致领版 奇瑞牌艾瑞泽7车型1.6CVT致尚版 奇瑞牌艾瑞泽7车型1.6CVT致尊版 奇瑞牌艾瑞泽7车型1.6CVT致享版 新艾瑞泽7 1.6CVT致领版 新艾瑞泽7 1.6CVT致尚版 新艾瑞泽7 1.6CVT致享版	2013-2016	起：LVVDC21B8DD159518 止：LVVDC21BXGD057416
缺陷情况	本次召回范围内的车辆因部分变速箱冷却成型软管安装时的扭曲和产品初期部分使用的非成型管，在长时间使用后可能会出现疲劳损伤，引发漏油。		
可能后果	在极端情况下，可能会导致变速箱损坏及动力中断的情况，影响驾驶安全，存在安全隐患。		
维修措施	奇瑞汽车股份有限公司将为召回范围内的车辆进行核查，对于车辆安装的为非成型油管的车辆给予更换新油管；对原安装的成型管扭曲变形的免费更换新的油管，以保证彻底消除消除隐患。		
改进措施	现生产车辆使用变速箱冷却软管，奇瑞公司已从产品设计结构上进行变更并规范装配要求，此后生产的车辆不存在此类问题。		

福建奔驰汽车有限公司召回部分V级和威霆系列汽车

制造商	福建奔驰		
召回时间	2017-11-30至2018-11-29		
涉及数量	8		
车型	型号	年款	VIN范围
V级	V 260， V 260 L	2017	起：LB1WG2E17H8019255 止：LB1WG3E17H8019245
威霆	威霆2017款	2017	起：LB1WG3E15H8019244 止：LB1WG3E15H8019258
缺陷情况	由于某一箱内的刹车泵总成在物流运输过程中受到的外力作用，其中的部分刹车泵总成损坏。		
可能后果	将导致制动踏板制动压力变大，增加事故发生的可能性，存在安全隐患。受影响的车主应尽快前往授权服务商进行处置。		
维修措施	作为预防措施，福建奔驰将通过福建奔驰服务商为受影响车辆免费更换刹车泵总成。		
改进措施	更换工厂内受影响的车辆的刹车泵总成，保证在2017年8月5日以后生产的车辆上不会存在此问题。		

三菱汽车销售（中国）有限公司扩大召回部分进口帕杰罗系列汽车

制造商	三菱汽车		
召回时间	2017-12-01至2018-11-30		
涉及数量	19879		
车型	型号	年款	VIN范围
帕杰罗	帕杰罗豪华版；帕杰罗炫酷版；帕杰罗旗舰版；帕杰罗尊贵版；帕杰罗豪华手动版；帕杰罗精英版；帕杰罗精英超越版	2014-2016	起：JE4NR52M0EJ000113 止：JE4NR52MXGJ009436
缺陷情况	从供应商及其第三方机构调查发现，该型号(PSPI-6型)气体发生器内火药（硝酸铵）长时间暴露在在湿气环境下由于温度变化会发生劣化。当搭载没有干燥剂的安全气囊展开时，气体发生器有可能发生破损。		
可能后果	气体发生器发生破损，导致碎片飞出，伤及车内人员，存在安全隐患。		
维修措施	免费更换副驾驶席安全气囊气体发生器。		
改进措施	高田公司根据原因调查结果，另行对应。		

上汽通用五菱汽车股份有限公司召回部分2014款宝骏730和2015款/2016款宝骏560汽车

制造商	上汽通用五菱		
召回时间	2017-12-01至2019-11-30		
涉及数量	938686		
车型	型号	年款	VIN范围
宝骏730	2014款宝骏730手动档1.5L 2014款宝骏730手动档1.8L	2014	起：LZWADAGA0EB800125 止：LZWADAGBXFB448794
宝骏560	2015款宝骏560手动档1.8L 2016款宝骏560手动档1.5T 2016款宝骏560手动档1.8L 2016款宝骏560AMT1.8L	2015-2016	起：LZWADAGA0GB679857 止：LZWADAGBXHB835042
缺陷情况	由于供应商制造原因，部分油箱通气胶管存在缺陷，导致通气胶管长期使用后可能出现老化开裂。		
可能后果	极端情况下在加满燃油时燃油蒸汽泄漏，存在安全隐患。		
维修措施	免费更换通气胶管		
改进措施	使用合格通气胶管		

上汽通用（沈阳）北盛汽车有限公司召回部分2016款雪佛兰科鲁兹汽车-转向耐久腐蚀

制造商	上汽通用		
召回时间	2017-12-29至2019-12-28		
涉及数量	796952		
车型	型号	年款	VIN范围
科鲁兹	1.6 SE AT 1.6 SE MT 1.6 SL MT 1.8 SE AT 1.8 SX AT 1.5 LT MT 1.5 LS MT 2012- 2016 796，952 起： 2012/2/1 起：LSGPC54R1CF026883 2 1.5 LT AT 1.6T 涡轮增压 1.6 自动豪华版 1.6T 自动旗舰版 1.6 手动豪华版 1.6 SL AT 天地 版 1.6 SL MT 天地 版	2012-2016	起：LSGPC54R1CF026883 止：LSGPC52H2GF153853
缺陷情况	本次召回范围内部分车辆由于电子助力转向机接插件针脚耐久腐蚀问题，可能导致部分车辆在长时间使用后电子转向助力系统报故障码。在极端情况下，可能导致车辆电子转向助力失效，存在安全隐患。		
可能后果	在极端情况下，可能导致车辆电子转向助力失效，存在安全隐患。		
维修措施	电子助力转向机接插件针脚涂抹油脂并安装橡胶垫块。		
改进措施	受影响车辆已于2016年7月24日停止生产，涉及总数为796，952辆。自2015年7月3日起生产的科鲁兹车型的电子助力转向机接插件针脚均已涂抹油脂。		

上汽通用（沈阳）北盛汽车有限公司召回部分2016款雪佛兰科鲁兹汽车-转向检测工艺

制造商	上汽通用		
召回时间	2017-12-29至2019-12-28		
涉及数量	9415		
车型	型号	年款	VIN范围
科鲁兹	1.5 LT AT 1.5 LT MT 1.5 LS MT 1.6 自动豪华版 1.6T 自动旗舰版1.6 手动豪华版	2016	起：LSGPC62U6GF094583 止：LSGPC52H8GF108027
缺陷情况	本次召回范围内车辆由于电子助力转向机供应商线束检测工艺问题，可能导致部分车辆行驶时电子转向助力系统报故障码。在极端情况下，可能导致车辆电子转向助力失效，存在安全隐患。		
可能后果	在极端情况下，可能导致车辆电子转向助力失效，存在安全隐患。		
维修措施	更换电子助力转向机线束。		
改进措施	自2016年5月23日起生产的科鲁兹车型电子助力转向机供应商线束检测工艺已经得到改进，不受该问题影响。		

东风汽车有限公司召回部分2015款东风日产新逍客汽车

制造商	东风日产		
召回时间	2017-12-08至2018-12-07		
涉及数量	437		
车型	型号	年款	VIN范围
新逍客	新逍客2015款2.0 XL 精英版； 新逍客2015款2.0 XV Prem豪华版； 新逍客2015款1.2T XE 时尚版 MT； 新逍客2015款1.2T XE 时尚版 CVT	2015	起：LGBL4AE01HD186032 止：LGBL4AE03HD187098
缺陷情况	因供应商制造原因，涉及部分车辆驾驶位主安全气囊模块上的NISSAN 标牌松动，导致安全气囊展开时可能引起标牌弹出。		
可能后果	驾驶车辆发生事故，驾驶位上的安全气囊展开时，NISSAN 标牌会弹出，极端情况下，可能对驾驶员造成伤害，存在安全隐患。		
维修措施	为客户车辆免费更换主安全气囊模块。		
改进措施	已采用改善后的零件。		

现代汽车（中国）投资有限公司召回部分进口起亚极睿系列汽车

制造商	现代汽车		
召回时间	2017-12-11至2018-05-10		
涉及数量	1760		
车型	型号	年款	VIN范围
极睿	极睿混合动力	2017年款	起：KNACE81C9H5025349 止：KNACC81C8H5117199
缺陷情况	驻车制动操作行程不满足国家安全标准。		
可能后果	操作驻车制动踏板时，操作行程超过全行程的3/4。		
维修措施	现代汽车（中国）投资有限公司将邀请召回范围内的车主到店，免费调整驻车制动拉线间隙。		
改进措施	变更驻车制动拉线调整值		

神龙汽车有限公司召回部分进口雪铁龙C4毕加索系列汽车

制造商	神龙汽车(东风雪铁龙)		
召回时间	2017-12-15至2018-12-15		
涉及数量	200		
车型	型号	年款	VIN范围
C4 Picasso	大C4毕加索（7座） 1.6T AT 豪华型 大C4毕加索（7座） 1.6T AT 时尚型	2015	起：VF73A5GY0GJ755600 止：VF73A5GYXGJ755796
缺陷情况	起动机线束的走向问题，线束与发动机支架可能产生干涉。在车辆行驶中，线束与发动机支架产生相对运动可能导致线束磨损，引起发动机故障灯亮、起动机常转。		
可能后果	车辆无法起动、起动机过热或线束磨损短路。在极个别情况下，可能无法完全避免车辆起火风险，存在安全隐患。		
维修措施	1、若检查线束无磨损，则使用扎带固定线束，使其与支架间具有安全间隙。并增加波纹管保护线束。 2、若检查线束有磨损，则免费更换合格零件；并同时实施步骤 1。		
改进措施	使用扎带固定线束的走向和线束与发动机支架的间隙。同时增加波纹管保护线束。		

丰田汽车（中国）投资有限公司召回部分进口雷克萨斯CT 200h系列汽车

制造商	丰田汽车		
召回时间	2018-02-28至2019-02-27		
涉及数量	1200		
车型	型号	年款	VIN范围
Lexus CT	CT200h	2016-2017	起：JTHKR5BH8G2293366 止：JTHKR5BHXH2303025
缺陷情况	由于树脂燃油箱溶合设备的条件设定不恰当，进油管在与燃油箱溶合时发生倾斜，存在部分接合面溶深不足的情况，因此该接合面有可能发生剥离，在加油或满箱时燃油有可能发生泄漏。		
可能后果	进油管与燃油箱的熔接接合面有可能发生剥离，在加油或满箱时燃油有可能发生泄漏。存在安全隐患。		
维修措施	更换所有对象车辆的燃油箱		
改进措施	2017年5月～生产车辆开始使用改良后的合格零件。		

神龙汽车有限公司召回部分东风标致4008、东风标致5008汽车

制造商	神龙汽车(东风标致)		
召回时间	2017-12-18至2018-12-17		
涉及数量	18032		
车型	型号	年款	VIN范围
4008	1.6THP豪华版 1.6THP精英版 1.6THP舒适版 1.8TH豪华GT版 1.8THP豪华版 1.8THP精英版	/	起：LDCP11242G4000405 止：LDCP1124XH4044931
东风标致5008	350THP PureTech5座精英版 350THP PureTech7座精英版 380THP PureTech5座精英版 380THP PureTech7座精英版 380THP PureTech7座豪华版 380THP PureTech7座豪华GT版	/	起：LDCP21546H4014527 止：LDCP21544H4056565
缺陷情况	由于设计间隙偏小，在现有的零件制造及装配公差下部分车辆出现燃油管与燃油箱底部空气导流板接触情况。若燃油管与燃油箱底部空气导流板接触，车辆长期在颠簸路面行驶时燃油管有被磨损的风险，严重情况下可能导致燃油泄漏，存在安全隐患。		
可能后果	若燃油管与燃油箱底部空气导流板接触，车辆长期在颠簸路面行驶时燃油管有被磨损的风险，严重情况下可能导致燃油泄露，存在安全隐患。		
维修措施	更换改进后的燃油箱底部空气导流板；对车辆燃油管上可能与燃油箱底部空气导流板接触的部位，进行外观目视检查，如发现燃油管上有磨损，则更换燃油管总成。		
改进措施	使用改进后的燃油箱底部空气导流板总成装车。		

华晨宝马汽车有限公司召回部分国产X1汽车

制造商	华晨宝马		
召回时间	2017-12-29至2018-12-29		
涉及数量	123		
车型	型号	年款	VIN范围
BMW X系列	BMW X1	2017	起：LBVHZ510XJMK42404 止：LBVHZ110XJMK15339
缺陷情况	车辆的制动助力器内的皮膜没有正确安装。		
可能后果	制动助力器内的皮膜没有正确安装，可能导致真空泄露，引起制动助力下降，制动时所需施加在踏板上的力增大，存在安全隐患。		
维修措施	免费更换制动助力器总成。		
改进措施	正在生产的车辆已使用了正常批次的制动助力器进行组装，不存在缺陷。		

阿斯顿马丁拉共达（中国）汽车销售有限公司召回部分进口汽车

制造商	阿斯顿·马丁		
召回时间	2017-12-18至2019-12-17		
涉及数量	1068		
车型	型号	年款	VIN范围
DB9	DB9 Coupe DB9 Volante	2008-2016	起：SCFAD01E39GA10243 止：SCFFDAEM2GGA17193
DBS	DBS Coupe DBS Volante	2008-2013	起：SCFAD06D09GE00958 止：SCFFDCBD5CGE03374
Rapide	Rapide	2010-2013	起：SCFHDDAJ1AAF00772 止：SCFHDDAJ7CGF03210

阿斯顿马丁拉共达（中国）汽车销售有限公司召回部分进口汽车（续表）

Rapide S	Rapide S	2013-2014	起：SCFHDDAT0EGF03344 止：SCFHDDBT6EGF04397
Vanquish	Vanquish Coupe Vanquish Volante	2012-2014	起：SCFLDCFP2DGJ00073 止：SCFLDCFP5EGJ01851
Virage	Virage Coupe Virage Volante	2011-2012	起：SCFEDEAN0CGG13639 止：SCFEDEAN3CGG14610
缺陷情况	本次召回范围内的车辆，配备了6速自动变速箱。由于不正确的变速箱软件控制逻辑，导致在特定条件下，关闭发动后车辆无法自动进入驻车档。		
可能后果	关闭发动机后后车辆无法自动进入驻车档，当车辆停放在有斜度地面上时且手刹并未正确拉紧的情况下，可能产生溜车现象，存在隐患。		
维修措施	阿斯顿马丁拉共达（中国）汽车销售有限公司将免费为召回范围内的车辆升级变速箱软件。		
改进措施	已无在生产车辆		

曼恩商用车辆（贸易）中国有限公司召回部分进口牵引车

制造商	曼恩汽车		
召回时间	2017-12-18至2018-01-31		
涉及数量	16		
车型	**型号**	**年款**	**VIN范围**
TG6X2/4 牵引车	曼恩重卡	2017	起：WMA89XZZ2HM737100 止：WMA89XZZ4HM737406
TGX 4X2	MAN TG系列卡车	2016	起：WMA06XZZXHM735293 止：WMA06XZZ0HM735464
缺陷情况	转向传动轴球头活节（用于双万向接头导向）可能未正确铆接。		
可能后果	如果球头或球座及支架松动，则万向接头无法导向且可能侧向偏离，方向盘转动不流畅，存在安全隐患。		
维修措施	检查转向传动轴，必要时更换		
改进措施	严格质检		

阿斯顿马丁拉共达（中国）汽车销售有限公司扩大召回部分进口汽车

制造商	阿斯顿·马丁		
召回时间	2017-12-20至2019-12-19		
涉及数量	440		
车型	**型号**	**年款**	**VIN范围**
Vanquish	Vanquish Coupe Vanquish Volante	2013-2014	起：SCFLDCFP2DGJ00073 止：SCFLDCFP5EGJ01851
DB9	DB9 Coupe DB9 Volante	2008-2015	起：SCFAD01A68GA09762 止：SCFFDAEM3GGA16876
DBS	DBS Coupe DBS Volante	2008-2012	起：SCFAB05D59GE00218 止：SCFFDCBD5CGE03374
Virage	Virage Coupe Virage Volante	2011-2012	起：SCFEDEAN0CGG13639 止：SCFEDEAN3CGG14610
缺陷情况	在特定的情况下，如座椅靠背位置处于接近垂直的角度，并且座椅校准数据丢失，且座椅没有被正确校准，而座椅被调节至后部极限位置时，座椅的内侧滑轨有可能压迫电池电源缆线。如受到座椅滑轨的反复压迫，则可能会导致电池电源缆线绝缘层受损而与座椅导轨直接接触，进而使得座椅滑轨组件与地线之间的线路短路甚至过热。		
可能后果	过热会导致地线性能退化，在个别情况下，车厢内可能会有烟熏味道，并最终可能导致地线中的铜线过热熔断形成开路、座椅调节功能失效。		
维修措施	阿斯顿马丁将对召回范围内车辆的电池电源缆线进行检查并在电池电源缆线上安装布线导块以改变电池电源缆线的布线位置，确保座椅滑轨不会压迫到电池电源缆线。如发现电池电源缆线受损，则将对缆线增加额外的绝缘层。该工作共需30分钟，并向车主免费提供。		
改进措施	不适用		

北汽银翔汽车有限公司召回部分幻速S2、幻速S3汽车

制造商	北汽银翔		
召回时间	2018-01-01至2018-12-31		
涉及数量	31477		
车型	型号	年款	VIN范围
北汽幻速	幻速S2 1.5L DVVT	2014	起：LNBMCBAF1EU020185 止：LNBMCBAF9EU095765
北汽幻速	幻速S3 1.5L DVVT	2014	起：LNBMDBAF2FU000316 止：LNBMDBAF1EU094770
缺陷情况	本次召回范围内的部分车辆，因制动系统零部件制造一致性的问题。在极端工况下，可能存在制动踏板行程偏长的现象。		
可能后果	行车制动过程中，对于驾驶经验不足人员主观预估判断不足，驾驶员的制动操作达到主观期望初始减速度存在偏差，可能造成形成交通事故，危及成员的人身安全。		
维修措施	北汽银翔汽车有限公司将为召回范围内的车辆免费检查，并将B20状态制动总泵的制动系统更换为新状态制动总泵的制动系统，以消除安全隐患。		
改进措施	目前生产的车辆已不再使用B20状态制动总泵的制动系统。		

捷豹路虎（中国）投资有限公司召回部分进口路虎新揽胜、新揽胜运动、捷豹XJ、捷豹F-PACE系列汽车

制造商	捷豹汽车		
召回时间	2017-12-22至2018-12-22		
涉及数量	25253		
车型	型号	年款	VIN范围
F - Pace	F-Pace 2017款 3.0S/C AWD S 高性能首发限量版 F-Pace 2017款 3.0S/C AWD S 高性能版 F-Pace 2017款 3.0S/C AWD R-Sport 运动版 F-Pace 2017款 2.0T 都市尊享版 F-Pace 2017款 2.0T R-Sport 运动版 2018款 F - Pace 3.0 380PS AWD S 高性能版 2018款 F - Pace 3.0 340PS AWD R-Sport 运动版 2018款 F - Pace 2.0 250PS RWD 都市尊享版 2018款 F - Pace 2.0 250PS AWD 都市尊享版 2018款 F - Pace 2.0 250PS AWD R-Sport 运动版	2017-2018	起：SADCA2BV7HA082110 止：SADCA2BX2JA266913
XJ	XJ 2016款 3.0L 全景商务版 AWD XJ 2016款 2.0L 典雅商务版 RWD XJ 2016款 3.0L 典雅商务版 RWD XJ 2016款 3.0L 尊享商务版 RWD XJ 2017款 3.0L 尊享商务版 RWD XJ 2017款 3.0L 尊享商务版 AWD XJ 2017款 3.0L 全景商务版 AWD XJ 2017款 3.0L 旗舰商务版 AWD XJ 2017款 3.0L 典雅商务版 RWD XJ 2017款 2.0L 典雅商务版 2.0L i4 Ti Luxury	2016-2017	起：SAJAA2087G8W03267 止：SAJAA2080H8W12765
新揽胜	2017款 揽胜 5.0 V8 机械增压汽油 尊崇创世加长版 2017款 揽胜 5.0 V8 机械增压汽油 巅峰创世加长版 2017款 揽胜 3.0 V6 机械增压汽油 尊崇创世加长版 2017款 揽胜 3.0 V6 机械增压汽油 创世加长版 2017款 揽胜 3.0 V6 机械增压汽油 Vogue 长轴距 （Vogue 加长版） 2017款 揽胜 3.0 V6 机械增压汽油 Vogue 标准轴距 2017款 揽胜 3.0 V6 机械增压汽油 盛世版	2017	起：SALGA2FV9HA320331 止：SALGA3FV3HA366453
新揽胜运动	2017款 揽胜运动版 5.0 V8 机械增压汽油 SVR 2017款 揽胜运动版 3.0 V6 机械增压汽油 锋尚创世版 DYNAMIC 2017款 揽胜运动版 3.0 V6 机械增压汽油 SE 2017款 揽胜运动版 3.0 V6 机械增压汽油 HSE DYNAMIC 2017款 揽胜运动版 3.0 V6 机械增压汽油 HSE	2017	起：SALWA2FV6HA124035 止：SALWA2FV0HA690966
缺陷情况	部分2017年款路虎新揽胜，路虎新揽胜运动，2016~2017年款捷豹XJ，2017~2018年款捷豹F-PACE的液晶仪表盘间歇性黑屏问题。		
可能后果	液晶仪表盘黑屏后，无法显示必要的车辆信息（例如：车速指示，警告信息等），存在安全隐患。		
维修措施	对涉及车辆的仪表盘软件进行免费升级，以消除缺陷。		
改进措施	生产线已经切换使用新状态的零件，不存在此问题。		

奇瑞捷豹路虎汽车有限公司召回部分国产捷豹XFL系列汽车

制造商	奇瑞捷豹路虎		
召回时间	2017-12-22至2018-12-22		
涉及数量	7072		
车型	型号	年款	VIN范围
XFL	2017款 捷豹XFL 2.0T 200PS 豪华版（PRESTIGE LUXURY） 2017款 捷豹XFL 2.0T 240PS 豪华版（PRESTIGE LUXURY） 2017款 捷豹XFL 2.0T 240PS 尊享版（PRESTIGE LUXURY PLUS） 2017款 捷豹XFL 2.0T 240PS 奢华版（PORTFOLIO） 2017款 捷豹XFL 3.0SC 340PS 尊享版（PRESTIGE LUXURY PLUS） 2017款 捷豹XFL 3.0SC 340PS 奢华版（PORTFOLIO） 2018款 捷豹XFL 2.0T 250PS 尊享版 2018款 捷豹XFL 2.0T 250PS 奢华版 2018款 捷豹XFL 3.0SC 340PS 奢华版 2018款 捷豹XFL 3.0SC 340PS 尊享版 2018款 捷豹XFL 2.0T 200PS 豪华版 2018款 捷豹XFL 2.0T 250PS 豪华版	2017-2018	起：L2CBB3BG0GG400582 止：L2CBB3BV0HG234998
缺陷情况	部分2017年款和2018年款捷豹XFL的液晶仪表盘间歇性黑屏问题。		
可能后果	液晶仪表盘黑屏后，无法显示必要的车辆信息（例如：车速指示，警告信息等），存在安全隐患。		
维修措施	对涉及车辆的仪表盘软件进行免费升级，以消除缺陷。		
改进措施	生产线已经切换使用新状态的零件，不存在此问题。		

北京奔驰汽车有限公司召回部分国产奔驰汽车

制造商	北京奔驰		
召回时间	2018-02-05至2019-02-04		
涉及数量	376501		
车型	型号	年款	VIN范围
C级	C 180， C 200， C 200 4MATIC， C 260， C 300	2012-2017	起：LE4GF4JB2CL157160 止：LE4WG4CB0HL290058
E级	E 180 L， E 200 L， E 260 L， E 300 L， E 400 L	2012-2016	起：LE4HG5EB8BL051277 止：LE4HG3GBXGL264482
GLA级	GLA 200， GLA 260 4MATIC， GLA 220 4MATIC	2014-2017	起：LE4TG4DBXFL000004 止：LE4TG4HB2JL154290
GLC SUV	GLC 200 4MATIC GLC 260 4MATIC GLC 300 4MATIC	2015-2017	起：LE40G4GB1GL000005 止：LE40G4KB8HL163954
GLK级	GLK 260 4MATIC GLK 300 4MATIC	2012-2015	起：LE4GG8BBXCL154929 止：LE4GG3HB0FL422918
缺陷情况	召回范围内部分车辆的转向部件接地不足。若受影响车辆出现转向柱模块内的时钟弹簧因受异物进入等情况断开，驾驶员气囊的警告信息会显示在仪表盘上且红色的气囊警告灯亮起。在极端情况下，可能触发驾驶员正面气囊。		
可能后果	召回范围内部分车辆的转向部件接地不足。若受影响车辆出现转向柱模块内的时钟弹簧因受异物进入等情况断开，驾驶员气囊的警告信息会显示在仪表盘上且红色的气囊警告灯亮起。在极端情况下，可能触发驾驶员正面气囊导致驾驶员受伤并增加车辆发生碰撞的风险。		
维修措施	作为预防措施，戴姆勒股份公司将通过梅赛德斯-奔驰授权服务商为受影响车辆免费检修车辆。		
改进措施	转向柱模块的结构进行了优化，确保不会再发生此问题。		

梅赛德斯-奔驰（中国）汽车销售有限公司召回部分进口奔驰汽车

制造商	奔驰汽车		
召回时间	2018-02-05至2019-02-04		
涉及数量	198840		
车型	型号	年款	VIN范围
A级	A 180， A 200， A 260， A 45 AMG 4MATIC	2012-2016	起：WDDBF4DB9DJ000854 止：WDDBF4CBXJJ640083
B级	B 180， B 200， B 260	2012-2017	起：WDDMH4DB8DJ040412 止：WDDMH4DB9JN212970
CLA级	CLA 180， CLA 200 CLA 220 4MATIC， CLA 260 4MATIC，CLA 45 AMG 4MATIC	2013-2017	起：WDDSJ5CB1EN041656 止：WDDSJ5CB0JN546727
C级	C 180 旅行轿车， C 180轿跑车，C 200 4MATIC 轿跑车， C 200 轿跑车， C 200旅行轿车， C 200 4MATIC 旅行轿车，C 300， C 300旅行轿车， C 43 AMG 4MATIC， C 63 AMG 轿跑车， C 63 AMG轿车	2012-2017	起：WDDGH4JB3DF862586 止：WDDWJ8GB2JF597511
E级	E 200，E 260， E 300， E 320轿跑车，E 400轿跑车， E 400敞篷轿跑车	2013-2016	起：WDDKJ3GB2EF215436 止：WDDKJ3EBXHF361607
GLA级	GLA 200， GLA 260 4MATIC， GLA 45 AMG 4MATIC	2014-2017	起：WDC1569431J007617 止：WDCTG5CB0JJ400987
GLC SUV	GLC 200 4MATIC， GLC 260 4MATIC， GLC 300 4MATIC， GLC 43 AMG 4MATIC	2016-2017	起：WDC2533461F085983 止：WDC0G6EB7JF295017
缺陷情况	召回范围内部分车辆的转向部件接地不足。若受影响车辆出现转向柱模块内的时钟弹簧因受异物进入等情况断开，驾驶员气囊的警告信息会显示在仪表盘上且红色的气囊警告灯亮起。在极端情况下，可能触发驾驶员正面气囊。		
可能后果	召回范围内部分车辆的转向部件接地不足。若受影响车辆出现转向柱模块内的时钟弹簧因受异物进入等情况断开，驾驶员气囊的警告信息会显示在仪表盘上且红色的气囊警告灯亮起。在极端情况下，可能触发驾驶员正面气囊导致驾驶员受伤并增加车辆发生碰撞的风险。		
维修措施	作为预防措施，戴姆勒股份公司将通过梅赛德斯-奔驰授权服务商为受影响车辆转向柱模块安装导电环和保护环。		
改进措施	转向柱的结构进行了优化，保证在2017年7月23日以后生产的车辆上不会存在此问题。		

现代汽车（中国）投资有限公司召回部分进口起亚速迈系列汽车

制造商	现代汽车		
召回时间	2018-02-01至2019-01-31		
涉及数量	476		
车型	型号	年款	VIN范围
速迈	速迈1.6L豪华版 速迈1.6L运动版 速迈1.6L时尚版 速迈2.0L豪华版 速迈2.0L运动版 速迈2.0L旗舰版 速迈1.6L时尚版-国四 速迈1.6L豪华版-国四 速迈1.6L旗舰版-国四 速迈2.0L时尚版-国四 速迈2.0L豪华版-国四 速迈2.0L旗舰版-国四	2011-2013	起：KNAFU6122C5643455 止：KNAFZ6139E5229893
缺陷情况	制动踏板挡块制造不良可能会导致挡块的损坏。		
可能后果	故障发生后可能制动灯会长亮，有可能引起被追尾的事故，存在安全隐患。		
维修措施	现代汽车（中国）投资有限公司将邀请召回范围内的车主到店，免费更换制动踏板挡块，以消除安全隐患。		
改进措施	挡块原材料生产工艺改善。		

梅赛德斯-奔驰（中国）汽车销售有限公司召回部分进口G级系列汽车

制造商	奔驰汽车		
召回时间	2017-12-26至2018-12-25		
涉及数量	3683		
车型	型号	年款	VIN范围
G级	G 63 AMG， G 65 AMG， G 500	2017	起：WDCYC4JF3HX279235 止：WDCYC7CF4JX284013
缺陷情况	ESP软件参数不正确。		
可能后果	在启用限距控制系统增强版（DISTRONIC PLUS）驾驶时，如果限距控制系统增强版（DISTRONIC PLUS）和电控车辆稳定行驶系统（ESP）之间出现通讯不畅，无论当时车速如何或驾驶员制动器应用时，车辆都将保持当前的发动机扭矩。但车辆可随时制动或将变速箱换入空档。然而，根据实际发动机扭矩，可能需要显著增加制动力。制动和停止距离可能会随之增加。这将增加车辆发生碰撞的风险，存在安全隐患。受影响车主请尽快前往授权服务商处进行处置。		
维修措施	作为预防措施，戴姆勒股份公司将通过梅赛德斯-奔驰授权服务商为受影响车辆升级ESP软件。		
改进措施	ESP软件进行了更新，保证在2017年10月30日以后生产的车辆上不会存在此问题。		

梅赛德斯-奔驰（中国）汽车销售有限公司召回部分进口C级AMG系列轿车

制造商	奔驰汽车		
召回时间	2017-12-26至2018-12-25		
涉及数量	889		
车型	型号	年款	VIN范围
C级	AMG C 63， AMG C 63 S， C 63 AMG 轿跑车，C 63 AMG S 轿跑车	2016	起：WDD2050861F029270 止：WDDWF8GB4HF400172
缺陷情况	ESP软件中缺少对车辆在某些条件下可能出现的扭矩峰值的识别和控制功能。		
可能后果	当车辆在湿滑的路面上极限起步（气门全开，赛道模式）时，后轴差速器的固定法兰可能因为巨大的扭矩而发生破裂。在这种情况下，后轴差速器可能倾斜，驱动轴可能会断裂，这将导致车辆失去动力而停滞。根据事发时的交通状况， 车辆失速可能会增加发生碰撞的风险。存在安全隐患，受影响车辆的车主应尽快前往授权服务商处进行处置。		
维修措施	作为预防措施，戴姆勒股份公司将通过梅赛德斯-奔驰授权服务商为受影响车辆升级ESP软件。		
改进措施	工厂的生产工艺进行了优化，保证在2017年6月1日以后生产的车辆上不会存在此问题。		

福特汽车（中国）有限公司召回部分进口F-150猛禽系列汽车

制造商	福特汽车		
召回时间	2018-01-08至2019-01-08		
涉及数量	162		
车型	型号	年款	VIN范围
F-150猛禽	F-150猛禽性能版 F-150猛禽性能劲化版	2017	起：1FTFW1RGXHFA37564 止：1FTFW1RG9HFC60596
缺陷情况	部分受影响车辆上用于连接变速器换档连杆机构与变速器的滚销可能会脱出。如果滚销脱出，驾驶员移动排档杆将无法切换档位。当滚销脱出后，无论排档杆在哪个位置，变速器都将保持在滚销脱出前的档位。档位指示器可能会显示错误信息，并且在车辆即使没有挂入P档的情况下，钥匙也可以拔出。如果没有施加驻车制动，这可能会导致车辆意外移动。		
可能后果	如果在车辆没有挂入P档时，变速器换档连杆滚销脱出，变速器将无法再挂入P档。如果车辆无法挂入P档并且没有施加驻车制动，可能会出现车辆意外移动增加了事故或受伤的分险，存在安全隐患。		
维修措施	经销商将拆卸滚销并更换为一个更新的零件。		
改进措施	工厂于2017年5月22日开始起用了不同的滚销供应商。记录显示这家供应商提供的滚销绕层间距均匀，外径正确及滚销插入力符合规定。		

大众汽车（中国）销售有限公司召回部分进口迈腾旅行和迈特威多功能商务汽车

制造商	大众汽车		
召回时间	2017-12-27至2018-12-26		
涉及数量	14		
车型	型号	年款	VIN范围
迈特威多功能商务车	迈特威多功能商务车豪华版	2017	起：WV2D887H0HH078023 止：WV2D887HXHH077963
迈腾旅行	迈腾旅行2.0T	2017	起：WVWCR23C0HE089720 止：WVWHR23CXHE099726
缺陷情况	本次召回范围内的部分车辆，由于供应商制造原因，初级气体发生器内部化学成分配比不当，可能导致在车辆发生碰撞后，相关车辆的驾驶员前部安全气囊无法正常展开，存在安全隐患。		
可能后果	可能导致在车辆发生碰撞后，相关车辆的驾驶员前部安全气囊无法正常展开，存在安全隐患。		
维修措施	大众汽车(中国)销售有限公司将委托大众品牌进口汽车授权经销商免费为涉及范围内的所有车辆更换驾驶员前部安全气囊模块，以消除可能存在的隐患。		
改进措施	根据供应商的报告，供应商生产线已于2016年9月21日得到修正。		

克莱斯勒（中国）汽车销售有限公司召回部分进口Jeep牧马人、克莱斯勒300C系列汽车

制造商	克莱斯勒		
召回时间	2017-12-27至2018-12-27		
涉及数量	19572		
车型	型号	年款	VIN范围
Chrysler 克莱斯勒 300	Chrysler 克莱斯勒 300C	2005-2006	起：1C3AAB3GX5H587701 止：1C3HAE3H56H140378
Chrysler 克莱斯勒 300	Chrysler 克莱斯勒 300C	2012	起：2C3CCAPG7CH201671 止：2C3CCAPG6CH316567
Wrangler 牧马人	Wrangler 牧马人（3.6L） Wrangler Unlimited 牧马人 四门款（3.6L） Wrangler 牧马人（3.8L） Wrangler Unlimited 牧马人 四门款（3.8L）	2008-2012	起：1J4BA5H1XAL111214 止：1J4FA54119L790342
缺陷情况	部分车辆在长期暴露于高湿、高温环境后，在车辆事故导致前部乘客气囊正常展开的情况下，车辆所配备前部乘客气囊内的高田气体发生器有可能发生破裂，破裂产生的金属碎片有可能触及车辆乘员，增加人员伤害的风险，存在安全隐患。		
可能后果	部分车辆在长期暴露于高湿、高温环境后，在车辆事故导致前部乘客气囊正常展开的情况下，车辆所配备前部乘客气囊内的高田气体发生器有可能发生破裂，破裂产生的金属碎片有可能触及车辆乘员，增加人员伤害的风险，存在安全隐患。		
维修措施	克莱斯勒（中国）汽车销售有限公司计划发起一次主动召回，为涉及车辆更换前部乘客气囊内的高田气体发生器。		
改进措施	气体发生器中加入了干燥剂。		

第11部类

汽车生产

DISHIYIBULEI | QICHESHENGCHAN

中国汽车工业生产综述

2017年汽车工业发展

中国汽车工业协会 陈士华 雷滨

2017年，是党的十八大以来我国汽车工业发展的收官之年，也是全面落实"十三五"规划的关键一年，我们迎来了党的十九大胜利召开。汽车行业深入贯彻新发展理念和党中央、国务院的决策部署，坚持稳中求进工作总基调，以供给侧结构性改革为主线，积极推进产业转型升级，深化创新，推动行业高质量发展。2017年，全年汽车产销2902万辆和2888万辆，连续九年蝉联全球第一，行业经济效益增速明显高于产销量增速，新能源汽车发展势头强劲，中国品牌市场份额继续提高，实现了国内、国际市场双增长。具体而言，2017年，汽车工业发展大致呈现以下特点：

一、2017年汽车工业产销形势

（一）汽车产销呈平稳增长

2017年，汽车产销结束上年快速增长，分别达到2901.54万辆和2887.89万辆，同比增长3.19%和3.04%，增速比上年回落11.27个百分点和10.61个百分点。

从全年汽车产销月度同比增长变化情况来看：除4月、5月外，其余月份销量均高于上年同期，前三个季度基本符合年初的预期。由于上年基数较高，进入四季度产销增速出现明显回落，全年增速回落至3%。

2017年，我国汽车行业面临一定的压力，一方面由于购置税优惠幅度减小，乘用车市场在2016年出现提前透支；另一方面新能源汽车政策调整，对上半年销售产生一定影响。从全年汽车工业运行情况看，产销增速虽略低于年初5%的预计，但我们应该看到，今年是在2016年高基数的基础上出现的增长，行业整体经济运行态势良好，呈现平稳增长态势。

（二）乘用车产销增速低于行业总体，产品差异化、多元化消费需求日益凸显

1. 乘用车产销增速明显减缓，1.6升小排量乘用车占有率有所下降

2017年，乘用车产销2480.67万辆和2471.83万辆，同比增长1.58%和1.40%，增速比上年减缓13.92个百分点和13.53个百分点，低于同期行业1.61个百分点和

1.64个百分点，占汽车产销比重分别达到85.49%和85.59%，低于上年1.36个百分点和1.38个百分点。

从乘用车销售月度同比增长变化情况来看，2月同比呈较快增长，其他各月增速明显回落，其中1月、4月、5月、11月和12月同比均呈小幅下降。此外，受小排量购置税优惠政策退坡影响，1.6升及以下小排量乘用车品种销量同比有所下降，市场占有率也呈一定下降。2017年，该系列品种共销售1719.28万辆，同比下降1.08%，占乘用车销售总量的69.55%，占有率比上年下降1.75个百分点。

从乘用车四大类细分品种市场表现来看，运动型多用途乘用车（SUV）产销唯一保持增长，但增速比上年有较大幅度回落；多功能乘用车（MPV）和交叉型乘用车均呈明显下降；占乘用车比重最大的基本型乘用车（轿车）也呈小幅下降。尽管如此，市场竞争却依然激烈，无论是中国品牌还是外国品牌生产企业均不断推出改进品种和新品种，更加剧了市场竞争的激烈程度。

销量排名前十家的乘用车生产企业分别是：上汽大众、上汽通用、一汽大众、上汽通用五菱、东风有限（本部）、吉利控股、长安汽车、长城汽车、长安福特和北京现代，分别销售206.31万辆、199.87万辆、195.72万辆、189.48万辆、125.10万辆、124.80万辆、112.83万辆、95.03万辆、82.80万辆和78.50万辆，与上年相比，排名前六家企业销量均呈增长，其中吉利控股增速最为明显。2017年，上述十家企业共销售1410.44万辆，占乘用车销售总量的57.08%。

从乘用车分排量销售情况来看，1.6升＜排量≤2.0升系列有所增长，共销售617.91万辆，同比增长6.87%；其他系列品种呈不同程度下降，其中排量≤1升和3升以上系列降幅更为明显。

手动档乘用车市场需求继续萎缩，共销售1038.08万辆，同比下降14.18%；自动档乘用车依然保持较快增长，共销售1247.71万辆，同比增长13.29%。

新能源乘用车尽管在上半年受政策性因素影响销售遇冷，但进入下半年再次呈现较快增长，全年销量达到57.85万辆，同比增长72.04%。其中纯电动乘用车销售46.78万辆，同比增长82.11%；插电式混合动力乘用车销售11.07万辆，同比增长39.43%。

中国品牌乘用车增速有所减缓，但市场占有率继续保持小幅提升。全年共销售1084.67万辆，同比增长3.02%，增速比上年减缓17.48个百分点；占乘用车销售总量的43.88%，占有率比上年提高0.69个百分点。在外国品牌价格下探，产品线不断丰富的激烈竞争下，中国品牌发展再次受到严峻的挑战，品牌向上的压力日益增大。

外国品牌乘用车共销售1387.16万辆，同比增长0.17%，占乘用车销售总量的56.12%。其中：德系、日系、美系、韩系和法系乘用车分别销售484.97万辆、420.48万辆、303.95万辆、114.45万辆和45.58万辆，分别占乘用车销售总量的19.62%、17.01%、12.30%、4.63%和1.84%。与上年相比，韩系和法系品牌销量均呈快速下降，其他外国品牌呈一定增长，日系品牌增速更快；从市场占有率来看，韩系品牌同比下降最快，法系略降，美系微增，日系和德系增速均高于中国品牌。

2．基本型乘用车（轿车）产销小幅下降，韩系和法系品牌市场表现更为低迷

2017年，基本型乘用车（轿车）结束上年增长，再次呈现下降，产销分别达到1193.78万辆和1184.80万辆，同比下降1.43%和2.48%；占乘用车比重48.12%和47.94%，比上年分别下降1.47个百分点和1.60个百分点。

新能源轿车市场表现不一，其中纯电动轿车继续保持较快增长，插电式混合动力轿车则呈明显下降。2017年，纯电动轿车共销售42.51万辆，同比增长77.31%；插电式混合动力轿车共销售4.18万辆，同比下降12.78%。

虽然中国品牌轿车市场占有率比上年有所增长，但依然明显低于外国品牌，共销售235.45万辆，同比增长0.62%，占轿车销售总量的19.87%，占有率比上年提升0.61个百分点。德系、日系、美系、韩系和法系轿车分别销售385.03万辆、251.51万辆、201.06万辆、81.99万辆和23.07万辆，占轿车销售总量的32.50%、21.14%、16.97%、6.92%和1.95%。与上年相比，法系和韩系轿车销量降幅超过30%，表现最为低迷，美系略有下降，德系和日系呈小幅增长。

销量排名前十位的轿车生产企业依次为：一汽大众、上汽大众、上汽通用、东风有限（本部）、吉利控股、长安福特、北京现代、一汽丰田、广汽本田和广汽丰田，分别销售174.87万辆、156.56万辆、141.36万辆、73.33万辆、61.50万辆、59.70万辆、55.31万辆、50.66万辆、42.39万辆和34.10万辆，与上年相比，北京现代销量下降较快，长安福特和上汽大众降幅略低，其他企业呈不同程度增长。2017年，上述十家企业共销售849.77万辆，占轿车销售总量的71.72%。

在轿车销量排名前十位品牌中，德系占据了五席，美系和日系各占两席，中国品牌中只有帝豪位居前十。2017年，轿车销量排名前十位的品牌依次为：朗逸、英朗、轩逸、卡罗拉、速腾、捷达、福睿斯、桑塔纳、帝豪和宝来。分别销售51.27万辆、41.70万辆、40.59万辆、33.35万辆、33.27万辆、32.60万辆、29.18万辆、28.91万辆、26.44万辆和25.04万辆。与上年相比，宝来、英朗和轩逸销量增速居前，卡罗拉和帝豪小幅增长，其他品牌有所下降。2017年，上述十个品牌共销售342.34万辆，占轿车销售总量的28.89%。

销量排名前十位的中国品牌轿车依次为：帝豪、宝骏310、远景、艾瑞泽5、帝豪GL、F3、逸动、EC180、荣威i6和荣威360。分别销售26.44万辆、21.56万辆、14.50万辆、13.67万辆、12.41万辆、12.40万辆、9.26万辆、7.76万辆、6.38万辆和5万辆。与上年相比，逸动和荣威360销量下降较快，F3降幅略低，其他品牌均呈增长。2017年，上述十个品牌共销售129.38万辆，占轿车销售总量的10.92%，占中国品牌轿车销售总量的54.95%。

3．运动型多用途乘用车（SUV）产销首次超过千万辆，同比增速有所放缓

2017年，运动型多用途乘用车（SUV）在四大类乘用车中产销唯一保持增长，但增速比上年明显回落。2017年，运动型多用途乘用车（SUV）产销均超过千万辆，分别达到1028.70万辆和1025.27万辆，同比增长12.39%和13.32%，增速分别比上年减缓33.33个百分点和31.27个百分点，占乘用车产销比重分别达到41.47%和41.48%，比上年提升3.99个百分点和4.37个百分点。

运动型多用途乘用车（SUV）作为乘用车市场的“黑马”，2006-2016十余年来平均增长达到42%，特别是两驱品种已经对于轿车形成了替代，近年来油价大幅下降对于该品种更是形成了良好的刺激。然而，2017年SUV产销增速首次低于15%，为2006年以来最低点。与此同时，近70余家企业推出的上百个品种，更加剧了市场竞争的白热化。目前SUV市场已经由蓝海转为红海，未来竞争将更为激烈。

中国品牌SUV市场占有率尽管继续保持第一，但遭遇了外国品牌强有力的竞争，销量增速比上年明显减缓，共销售621.72万辆，同比增长18.03%，增速比上年减缓39.54个百分点；占SUV销售总量的60.64%，占有率比上年提升2.42个百分点。日系、德系、美系、韩系和法系SUV分别销售157.10万辆、94.82万辆、86.63万辆、32.46万辆和22.51万辆，占SUV销售总量的15.32%、9.25%、8.45%、3.17%和2.20%，与上年相比，韩系品牌销量降幅超过40%，美系略增，其他外国品牌均呈较快增长，德系增速更为明显。

销量排名前十位的SUV品牌依次为：哈弗H6、宝骏510、传祺GS4、途观、博越、CS75、昂科威、荣威RX5、哈弗H2和奇骏。分别销售50.64万辆、36.39万辆、33.73万辆、33.24万辆、28.69万辆、24.01万辆、23.92万辆、23.74万辆、21.51万辆和18.47万辆。与上年相比，哈弗H6和昂科威销量呈较快下降，其他品牌均呈增长。2017年上述十个品牌共销售294.35万辆，占SUV销售总量的28.71%。此外，长城公司在今年推出的中高端品牌VV7和VV5，上市以来得到了市场的高度关注和认可，分别销售5.28万辆和3.37万辆，月均销售达到0.75万辆和0.84万辆，表现也较为突出。

销量排名前十位的SUV生产企业依次为：长城汽车、长安汽车、吉利控股、上汽通用五菱、东风有限（本部）、广汽乘用车、上汽大众、上汽通用、东风本田和上汽股份，分别销售93.83万辆、64.58万辆、63.30万辆、51.40万辆、50.66万辆、46.92万辆、46.67万辆、42.24万辆、38.80万辆和35.60万辆。与上年相比，上汽通用销量略降，长城汽车微增，其他企业均呈较快增长，其中吉利控股和上汽股份增速更为显著。2017年，上述十家企业共销售534万辆，占SUV销售总量的52.08%。

4．多功能乘用车（MPV）产销快速下降，外国品牌市场表现总体好于同期

2017年，多功能乘用车（MPV）市场需求呈明显下降，产销分别达到205.18万辆和207.07万辆，同比下降17.62%和17.05%，结束了2013年以来快速增长势头。其中：中国品牌MPV共销售172.81万辆，同比下降22.77%；占MPV销售总量的83.46%，占有率比上年下降6.19个百分点。相比较中国品牌MPV市场低迷表现，外国品牌总体表现较为出色。其中上汽通用旗下的别克GL8共销售14.51万辆，同比增长82.32%；10月新上市的别克GL6也有不俗市场表现，上市三月以来月均销售达到0.58万辆。此外，东风本田旗下的艾力绅和杰德销量也呈较快增长，分别销售4.02万辆和4.27万辆，同比增长29.14%和33.22%。

销量排名前十位的MPV品牌依次为：五菱宏光、宝骏730、别克GL8、欧诺、菱智、幻速H3、欧尚、风光330、杰德和欧尚A800。分别销售53.70万辆、27.08万辆、14.51万辆、8.65万辆、7.92万辆、7.26万辆、6.67万辆、5.42万辆、4.27万辆和4.10万辆。与上年相比，除别克GL8和杰德外，多数中国品牌销量均呈较快下降。2017年，上述十个品牌共销售139.57万辆，占MPV销售总量的67.40%。

销量排名前十位的MPV生产企业依次为：上汽通用五菱、长安汽车、东风公司、上汽通用、北汽银翔、东风本田、江淮股份、金杯汽车、北汽股份和奇瑞汽车。分别销售81.29万辆、22.76万辆、18.02万辆、16.26万辆、10.88万辆、8.28万辆、6.65万辆、5.89万辆、5.81万辆和3.76万辆。与上年相比，上汽通用销量增速最为迅猛，东风本田也超过30%，江淮股份增速略低，其他七家企业均呈较快下降。2017年，上述十家企业共销售179.60万辆，占MPV销售总量的86.73%。

5．交叉型乘用车市场需求继续萎缩，行业骨干企业总体表现低迷

2017年，交叉型乘用车产销降幅比上年有所收窄，分别达到53.01万辆和54.70万辆，同比下降20.39%和19.97%，降幅比上年收窄17.93个百分点和17.84个百分点。

销量排名前五家企业分别为：上汽通用五菱、长安汽车、金杯汽车、东风公司和北汽股份。分别销售33.65万辆、6.52万辆、4.94万辆、4.80万辆和1.05万辆。与上年相比，金杯汽车销量略有增长，其他四家企业均呈下降，其中占比最大的上汽通用五菱降幅达到25.23%，明显高于行业。2017年，上述五家企业共销售50.96万辆，占交叉型乘用车销售总量的93.16%。

从近十余年交叉型乘用车销售情况来看，2006-2010年为发展的“黄金时期”，销量逐年增长，2010年接近250万辆，为历史最高，2011年之后市场逐渐萎缩，2013年起销量明显下降，2016年销量跌破百万，2017年降幅虽有所减缓，但市场低迷态势未得到缓解。

（三）商用车在货车拉动作用下呈较快增长

1．商用车产销增速明显高于同期，前十企业继续保持较高市场占有率

2017年，在货车市场快速增长的拉动下，商用车产销继2010年后再次超过400万辆，分别达到420.87万辆和416.06万辆，同比增长13.81%和13.95%，增速分别高于上年5.80个百分点和8.15个百分点。从商用车月度销售情况来看，4月、11月和12月销量同比增速略低，其他各月增速均呈两位数较快增长。2017年，商用车月均产销35.07万辆和34.67万辆，比上年分别多出4.26万辆和4.24万辆。

从商用车按燃料类型细分品种销售情况来看，天然气车尽管在年底遭受供应短缺，价格上涨的不利影响，但全年总体表现仍明显好于同期。2017年，天然气车共销售7.03万辆，同比增长2.7倍。柴油汽车增速比上年有所提升，共销售304.63万辆，同比增长15.10%，增速比上年提升5.99个百分点，占商用车销售总量的73.22%，继续保持最大比重；汽油车也结束上年下降，呈小幅增长，共销售86.67万辆，同比增长2.39%。此外，新能源商用车各品种市场表现依然呈现较大分化，其中纯电动商用车共销售18.45万辆，同比增长21.48%，增速比上年明显减缓；插电式混合动力商用车共销售1.36万辆，同比下降26.61%，继续呈现萎缩态势。

商用车销量排名前十家企业依次为：东风公司、北汽福田、中国一汽、中国重型、江淮股份、江铃控股、上汽通用五菱、长安汽车、陕汽集团和重庆力帆。分别销售54万辆、52.69万辆、31.42万辆、30.01万辆、27.43万辆、27.09万辆、25.52万辆、18.89万辆、18.78万辆和13.33万辆。与上年相比，重庆力帆销量呈较快下降，其他企业均呈增长，其中陕汽集团、中国重型和中国一汽增速更为明显。2017年，上述十家企业共销售299.18万辆，占商用车销售总量的71.91%。

2．货车产销总体呈较快增长，重型货车产销均创历史新高

2017年，货车（含货车非完整车辆、半挂牵引车）产销分别达到368.27万辆和363.34万辆，同比增长16.87%和16.91%，增速比上年提升5.64个百分点和8.09个百分点。

货车市场快速增长主要受益于重型货车市场突出表现，特别是自2016年四季度以来重型货车便开始呈现快速增长，主要增长品种为半挂牵引车和工程自卸车。进入2017年，随着新国标GB1589的实施以及国家继续加大对超载超限的治理力度带来了运力市场短期不足；2017年7月1日全面实施“国五”排放标准也在一定程度上造成“国四”车辆在上半年消费透支；再次，货运车辆进入例行置换期（前一轮重型货车集中增长的高峰是在2010年）；国家鼓励提前淘汰“黄标车”和老旧车，以及大城市营运模式的改变也不同程度地刺激了货运市场增长；大宗商品运输需求增加等因素继续促进了以半挂牵引车为主的货车市场快速增长；最后，国家一系列稳增长调结构的政策落地，投资资金到位，基础建设项目开工，促进了工程用车市场增长。除此之外，受运输市场需求增长，2017年上半年，以城市物流为主的轻、微型货车也有所增长。但下半年中央环保专项督查工作进一步展开，大量小微企业因环保不达标关闭整顿，围绕城市生活物资供应不足，导致下半年轻型尤其是微型货车市场需求下降明显。

在四大类货车主要品种中，与上年相比，重型货车产销继2010年之后再次双双超过100万辆，创历史新高，产销分别达到114.97万辆和111.69万辆，同比增长55.07%和52.38%，增速比上年提升16.78个百分点和19.30个百分点；中型货车增速有所减缓，产销分别达到23.40万辆和22.91万辆，同比增长1.11%和0.02%，增速比上年减缓12.32个百分点和14.27个百分点；轻型货车结束上年下降，呈一定增长，产销分别达到173.83万辆和171.89万辆，同比增长12.14%和11.63%；微型货车结束快速增长，有所下降，产销分别达到56.07万辆和56.84万辆，同比下降10.74%和6.21%。

在此，还应值得一提的是，在半挂牵引车品种中，天然气车表现也十分突出，2017年，共销售5.57万辆，比上年净增4.95万辆，占半挂牵引车销售总量的9.55%，比上年高出7.95个百分点。

2017年，货车行业骨干企业市场集中度继续保持较高水平。其中销量排名前十位的重型货车生产企业分别是：中国一汽、东风公司、中国重型、陕汽集团、北汽福田、江淮股份、上汽依维柯红岩、成都大运、安徽华菱和北奔重型。分别销售24.08万辆、21.61万辆、19.03万辆、17.31万辆、11.43万辆、5.11万辆、4万辆、2.97万辆、1.87万辆和1.40万辆。与上年相比，上述十家企业销量均呈不同程度增长，中国一汽、陕汽集团和上汽依维柯红岩增速更为明显。2017年，上述十家企业共销售108.80万辆，占重型货车销售总量的97.42%。

销量排名前十位的中型货车生产企业分别是：重庆力帆、东风公司、中国一汽、江淮股份、成都大运、庆铃汽车、北汽福田、中国重型、唐骏欧铃和浙江飞碟。分别销售5.78万辆、4.14万辆、2.41万辆、2.35万辆、1.83万辆、1.72万辆、1.45万辆、1.28万辆、0.95万辆和0.38万辆。与上年相比，重庆力帆、东风公司和中国一汽销量有所下降，其他企业均呈增长，其中唐骏欧铃和北汽福田增速更为显著。2017年，上述十家企业共销售22.28万辆，占中型货车销售总量的97.27%。

销量排名前十位的轻型货车生产企业分别是：北汽福田、江淮股份、江铃控股、东风公司、长城汽车、长安汽车、中国重型、重庆力帆、庆铃汽车和中国一汽。分别销售30.38万辆、18.24万辆、18.08万辆、15.61万辆、11.98万辆、10.18万辆、9.46万辆、5.66万辆、5.23万辆和4.23万辆。与上年相比，重庆力帆销量呈明显下降，江淮股份和庆铃汽车小幅下降，其他企业均呈增长，长安汽车和中国重型增速更快。2017年，上述十家企业共销售129.06万辆，占轻型货车销售总量的75.08%。

销量排名前十位的微型货车生产企业分别是：上汽通用五菱、长安汽车、东风公司、北汽福田、山东凯马、重庆力帆、金杯汽车、四川现代、奇瑞汽车和唐骏欧铃。分别销售25.52万辆、8.71万辆、8.43万辆、5.28万辆、2.03万辆、1.89万辆、1.73万辆、1.23万辆、0.99万辆和0.57万辆。与上年相比，山东凯马、东风公司和金杯汽车销量呈两位数较快增长，上汽通用五菱、长安汽车和唐骏欧铃增速略低，其他企业均呈下降。2017年，上述十家企业共销售56.38万辆，占微型货车销售总量的99.19%。

3．客车产销降幅同比有所收窄，中型客车下降仍然明显

2017年，客车产销降幅较上年虽有所收窄，但依然处于下行态势。一方面，受运输结构变化影响，高铁、城铁等交通工具替代了一部分客车需求，导致需求呈逐年下滑趋势；另一方面，旅游及城市客车等传统市场增长相对乏力，也抑制了需求增长。2017年，客车（含客车非完整车辆）产销分别为52.60万辆和52.72万辆，同比下降3.81%和2.98%，降幅比上年收窄3.63个百分点和5.75个百分点。在客车主要品种中，中型客车产销均结束增长，呈一定下降，分别达到8.51万辆和8.49万辆，同比下降13.99%和14.60%；大型客车增速有所减缓，分别达到9.33万辆和9.41万辆，同比增长3.39%和4.10%；轻型客车降幅明显收窄，分别达到34.77万辆和34.83万辆，同比下降2.82%和1.52%，降幅比上年收窄13.40个百分点和16.62个百分点。

在客车一些主要细分市场中，专用客车销量呈较快增长，共销售4.96万辆，同比增长32.77%；城市客车结束增长，呈一定下降，共销售13.25万辆，同比下降5.32%；旅游客车和长途客车销量呈较快下降，分别销售1.89万辆和7.15万辆，同比下降18.47%和10.18%。

客车行业骨干企业市场集中度均超过80%，其中轻型客车骨干企业集中度更高。2017年，大型客车销量排名前十位的生产企业依次为：郑州宇通、比亚迪汽车、北汽福田、金龙联合、中通客车、湖南中车、厦门金旅、上海申龙、扬州亚星和苏州金龙，分别销售2.77万辆、1.07万辆、0.76万辆、0.67万辆、0.61万辆、0.53万辆、0.51万辆、0.47万辆、0.44万辆和0.40万辆。与上年相比，上海申龙销量增速最为明显，郑州宇通和北汽福田增速略低，其他企业有所下降。2017年，上述十家企业共销售8.22万辆，占大型客车销售总量的87.33%。

中型客车销量排名前十位的生产企业依次为：郑州宇通、东风公司、江淮股份、中通客车、一汽丰田、厦门金旅、金龙联合、苏州金龙、安徽安凯和中国一汽。分别销售3.20万辆、1.04万辆、0.52万辆、0.50万辆、0.39万辆、0.35万辆、0.34万辆、0.31万辆、0.27万辆和0.22万辆。与上年相比，一汽丰田销量呈较快增长，表现好于其他九家企业。2017年，上述十家企业共销售7.14万辆，占中型客车销售总量的84.15%。

轻型客车销量排名前十位的生产企业依次为：江铃控股、北汽福田、东风公司、南京依维柯、金杯汽车、保定长安、上汽大通、金龙联合、江淮股份和厦门金旅。分别销售8.95万辆、3.23万辆、3.16万辆、3.13万辆、2.79万辆、2.77万辆、2.76万辆、1.96万辆、1.21万辆和1.09万辆。与上年相比，江铃控股和保定长安销量增速超过20%，北汽福田、东风公司、上汽大通和江淮股份呈小幅增长，其他四家企业均呈下降。2017年，上述十家企业共销售31.05万辆，占轻型客车销售总量的89.17%。

（四）汽车出口同比呈快速增长，前十企业出口占比近80%

2017年，世界经济总体呈现一定复苏态势，国内汽车企业抓住机遇，积极开拓市场，汽车出口结束2013年以来连续下降趋势，呈较快增长。2017年，据中汽协会对行业内整车企业报送的出口数据统计，汽车企业共出口89.09万辆，同比增长25.79%。

乘用车共出口63.92万辆，同比增长33.97%，增速比上年提升22.43个百分点。在四大类乘用车出口品种中，与上年相比，交叉型乘用车出口小幅下降，其他三大类品种均呈较快增长。2017年，基本型乘用车（轿车）出口31.63万辆，同比增长34.56%；多功能乘用车（MPV）出口2万辆，同比增长65.27%；运动型多用途乘用车（SUV）出口26.52万辆，同比增长38.85%；交叉型乘用车出口3.76万辆，同比下降3.30%。

乘用车出口排名前十位的品牌依次是：赛欧、昂科威、风神H30、圣达菲、瑞虎、风云、瑞风S5、QQ、H330和锋范。分别出口5.98万辆、3.37万辆、2.95万辆、2.95万辆、2.48万辆、2.48万辆、2.29万辆、2.14万辆、2.12万辆和1.83万辆。与上年相比，昂科威和H330出口有所下降，其他品牌均呈较快增长。2017年，上述十个品牌共出口28.59万辆，占乘用车出口总量的44.73%。

商用车出口结束上年下降，也呈一定增长，共出口25.17万辆，同比增长8.89%。在商用车主要出口品种中，客车出口有所下降，货车增长明显。2017年，客车（含客车非完整车辆）共出口5.34万辆，同比下降7.72%；货车（含货车非完整车辆、半挂牵引车）共出口19.83万辆，同比增长14.45%。

出口量位居前十位的企业依次为：上汽、奇瑞、北汽、江淮、华晨、东风、长安、一汽、长城和华泰。分别出口15.82万辆、10.77万辆、8.92万辆、6.64万辆、6.50万辆、6.47万辆、4.56万辆、4.01万辆、3.92万辆和3.50万辆。与上年相比，华晨出口量略有下降，其他企业均呈快速增长，其中长城和华泰增速更为显著。2017年，上述十家企业共出口71.11万辆，占汽车企业出口总量的79.82%。

（五）新能源汽车发展势头强劲

2017年，新能源汽车产销均接近80万辆，分别达到79.44万辆和77.67万辆，同比增长53.78%和53.31%，增速分别比上年提高了2.1和0.3个百分点。2017年新能源汽车市场占比2.7%，比上年提高了0.9个百分点。其中纯电动汽车产销分别完成66.66万辆和 65.22 万辆，同比增长 59.76%和 59.59%，占新能源汽车比重分别为 83.91%和 83.97%，比上年提升 3.13 个百分点和 3.29 个百分点；插电式混合动力汽车产销分别完成 12.76 万辆和 12.43 万辆，同比增长 28.51% 和 26.94%，与上年相比，增速有所提升。

从新能源汽车月度销售情况来看，1月受政策调整因素影响，销量呈明显下降，2月，3月均呈较快增长，4月增速略低，5月后再次呈快速增长。总体来看，下半年市场表现明显好于上半年。

2013年以来，在国家和地方政府大力支持下，新能源汽车总体保持了高速增长势头。2017年，国家颁布的与新能源产业相关的政策近40余项，特别是在9月，《乘用车企业平均燃料油耗量与新能源积分并行管理办法》经过此前在业内激烈的讨论，最终正式实施。该办法对于未来新能源汽车发展方向和技术路线均制订了明确的规划，标志着我国新能源汽车产业未来发展将迎来全新的变革。与此同时，行业造车“新势力”纷纷涉足新能源汽车制造领域，跨国公司也加强了与国内企业的深入合作。以上进一步促进了新能源汽车产品线不断丰富，竞争格局也由此发生了深刻的变化。未来新能源汽车市场在继续保持快速增长的同时，生产企业也会加速“洗牌”。

二、2017年全国汽车商品进出口形势

2017年，世界经济呈现出全面复苏的良好态势，周期性因素和内生增长动力增强，金融环境改善，市场需求回升，支撑了主要经济体快速增长。受此影响，我国汽车商品进出口总体表现也好于上年，汽车商品进口金额增速同比提升，出口金额结束下降，有所增长。据中国汽车工业协会编辑整理的根据海关总署提供的汽车商品进出口数据显示，2017年，汽车商品进出口总额1716.82亿美元，同比增长9.77%。具体而言，2017年汽车商品进、出口大致呈现以下特点。

（一）汽车商品进口情况分析

1．汽车商品进口金额同比增速有所提升，汽车整车贡献度最高

2017年，汽车商品进口表现明显好于上年，累计进口金额882.71亿美元，同比增长10.69%，增速比上年提升7.56个百分点。从全年汽车商品进口金额变化情况来看，一季度同比增速明显提升，月均增速达到24.47%，4月-8月增速略低，9月同比增速再次超过20%， 10月后增速明显放缓，12月进口金额同比年内首次下降。

在七大类汽车进口商品中，汽车整车贡献度最高，达到71.37%；其次为汽车零件、附件和车身，贡献度达到24.28%。2017年，上述两大类商品共进口819.51亿美元，占汽车商品进口总额的92.84%。值得一提的是，摩托车进口金额结束上年快速增长，呈较快下降趋势。其中上年表现最为出色的800ml以上大排量品种进口量和金额均呈明显下降。2017年，该系列进口0.87万辆，同比下降16.26%，占摩托车进口总量的41.23%；进口金额1.04亿美元，同比下降19.86%，占摩托车进口总额的66.24%，占比均比上年有所下降。

2017年，汽车商品排名前十位的进口来源国依次是：德国、日本、美国、英国、韩国、意大利、斯洛伐克、匈牙利、泰国和瑞典。分别进口233.65亿美元、188.82亿美元、158.63亿美元、75.57亿美元、34.56亿美元、25.36亿美元、19.73亿美元、17.49亿美元、15.63亿美元和12.47亿美元。与上年相比，我国自韩国进口商品金额下降较快，其他九国呈不同程度增长，其中意大利和泰国增速依然明显。2017年，我国自上述十国累计进口金额781.91亿美元，占汽车商品进口总额的88.58%。

2．汽车整车进口同比呈较快增长，前十国进口占比保持在90%以上

2017年，汽车整车进口结束2015年以来连续下降趋势，呈较快增长，进口总量超过120万辆，仅次于

2014年，为历史次高值。2017年，汽车整车累计进口124.68万辆，同比增长15.77%，进口金额510.30亿美元，同比增长13.54%。

从各月汽车整车进口表现来看，前11月除3月同比增速略低外，其他各月进口量同比均呈两位数较快增长，但12月同比呈较快下降。总体来看，上半年表现好于下半年。上半年进口量月均增长26.48%，比下半年高出16.52个百分点。

2017年，越野车进口依然占最大比重，共进口52.86万辆，同比增长13.49%。在越野车进口品种中，2升以下和2.5升以上各系列汽油车品种均呈较快增长。2017年，2升以下各系列品种累计进口12.46万辆，同比增长14.13%；2.5升以上各系列品种进口37.87万辆，同比增长22.17%。柴油越野车共进口1.43万辆，同比下降20.21%，表现明显不如汽油车。

2017年，轿车进口44.77万辆，同比增长18.65%。在轿车主要进口品种中，1升-2.5升各系列品种均呈较快增长，其中1升＜排量≤1.5升系列进口6.02万辆，同比增长17.74%；1.5升＜排量≤2.0升系列进口25.27万辆，同比增长28.34%；2.0升＜排量≤2.5升系列进口4.19万辆，同比增长26.19%。1升以下系列表现不如同期，结束上年快速增长，呈明显下降，共进口1.94万辆，同比下降16.19%。此外，2.5升-4升各系列品种也呈一定下降，4升以上系列所占比重不高，但同比呈快速增长，2017年，4升以上系列品种共进口0.27万辆，同比增长37.81%，增速明显高于全行业。

小型客车进口增速略低于行业，共进口22.48万辆，同比增长9.02%。在小型客车主要品种中，2.5升及以下系列品种均呈较快增长，2017年，2.5升及以下系列小型客车品种共进口17.97万辆，同比增长12.26%，占小型客车进口总量的79.94%。3升以上各系列品种也呈一定增长，共进口2.71万辆，同比增长11.20%。2.5升＜排量≤3.0升唯一下降，共进口1.79万辆，同比下降17.31%。

2017年，上述三大类汽车品种共进口120.11万辆，占汽车进口总量的96.33%，比上年下降1.10个百分点。

在此，还要值得一提的是，2017年，新能源汽车品种首次纳入海关统计，其中纯电动机动车（9座以下乘用车），共进口1.95万辆；插电式混合动力机动车进口0.62万辆。总体来看，纯电动汽车表现更为突出。

2017年，汽车整车排名前十位的进口来源国依次是：日本、美国、德国、英国、匈牙利、意大利、斯洛伐克、墨西哥、瑞典和法国，分别进口34.62万辆、28.02万辆、25.42万辆、11.55万辆、4.25万辆、3.89万辆、3.25万辆、1.99万辆、1.61万辆和1.44万辆。与上年相比，我国自墨西哥进口汽车数量呈较快下降，法国降幅略低，其他国家均呈增长，其中意大利增速最为显著。2017年，我国自上述十国共进口汽车116.04万辆，占汽车整车进口总量的93.07%。

3. 汽车零部件进口金额增速略有减缓，发动机进口小幅下降

2017年，汽车零部件累计进口金额370.48亿美元，同比增长7.09%，增速比上年减缓0.80个百分点。从月度汽车零部件进口金额同比增长变化情况来看，一季度各月同比增速均超过15%，为年内最高，5月、10月和12月均呈小幅下降，其他各月除9月外，增速均低于10%，表现不如一季度。

在四大类汽车零部件主要品种中，与上年同期相比，发动机进口唯一下降，共进口66.26万台，同比下降8.82%；进口金额19.94亿美元，同比下降1.31%。在发动机主要品种中，1升＜排量≤3升系列所占比重依旧最大，但进口结束上年增长，呈一定下降。2017年，该系列品种进口62.84万辆，同比下降10.02%，占发动机进口总量的94.84%；进口金额18.02亿美元，同比下降3.20%，占发动机进口总额的90.37%。

2017年，汽车零件、附件及车身进口再次超过300亿美元，达到309.20亿美元，同比增长7.17%。在七大类主要品种中，安全气囊装置和驱动桥进口金额小幅下降，其他品种均呈增长，其中电控燃油喷射装置、车身和座椅安全带增速更为明显。另外，变速箱继续保持百亿规模，共进口金额125.30亿美元，同比增长9.92%。

2017年，汽车、摩托车轮胎和其他汽车相关商品进口金额增速均高于行业，分别进口6.41亿美元和34.93亿美元，同比增长12.79%和10.64%，增速高于行业5.70个百分点和3.55个百分点。

（二）汽车商品出口情况分析

1．汽车商品出口金额同比呈小幅增长，进出口贸易逆差有所扩大

2017年，汽车出口也呈现一定回升态势。汽车商品累计出口金额834.11亿美元，同比增长8.81%。随着同期进口商品金额快速增长，进出口贸易逆差比上年又有所加大，2017年，我国汽车出口对外贸易逆差为48.60亿美元，比上年增加17.68亿美元。

从月度汽车商品出口金额同比增长变化情况来看，2月同比有所下降，其他各月均呈增长，相比较而言，二季度和四季度增速更快。

2017年，汽车商品排名前十位的出口目的国依次是：美国、日本、墨西哥、韩国、伊朗、德国、俄罗斯、英国、加拿大和越南。出口金额分别为176.23亿美元、59.35亿美元、35.07亿美元、33.47亿美元、32.40亿美元、30.09亿美元、22.71亿美元、18.50亿美元、16.49亿美元和16.08亿美元。与上年相比，我国对日本和越南出口商品金额略有下降，其他国家呈不同程度增长，其中伊朗和墨西哥增速更为明显。2017年，上述十个国家共出口金额440.37亿美元，占汽车商品出口总额的52.80%。

2．汽车整车出口同比呈较快增长，前十国出口占比超过60%

2017年，汽车整车出口表现也明显好于上年，出口量继2012年后再超百万，共出口106.38万辆，同比增长31.37%；出口金额140.57亿美元，同比增长23.05%。从月度汽车出口量同比增长变化趋势来看，2月增速略低，其他各月同比增速均呈两位数较快增长，其中1月、6月、10月、11月增速更为明显。

在汽车整车出口主要品种中，轿车出口增速比上年大幅提升，共出口50.79万辆，同比增长52.03%，增速比上年提升43.56个百分点。在轿车细分品种中，1升＜排量≤1.5升和1.5升＜排量≤2.0升两大系列品种出口均呈较快增长，成为拉动轿车出口增长的绝对主力。2017年，上述两大系列品种分别出口27.97万辆和21.13万辆，同比增长71.99%和48.81%。载货车出口结束上年下降，呈一定增长，共出口20.53万辆，同比增长10.45%。其中柴油载货车出口15.30万辆，同比增长7.44%；汽油载货车出口5.19万辆，同比增长19.48%。客车出口增速比上年有所减缓，共出口15.27万辆，同比增长7.24%，增速比上年减缓13.02个百分点。在客车主要品种中，小型客车（9座以下）出口量仍然保持较快增长，共出口9.63万辆，同比增长13.98%，增速高于客车行业6.74个百分点。大型客车（30≤座位）出口结束下降呈一定增长，共出口1.95万辆，同比增长9.04%；中轻型客车（10≤座位≤29座）同比降幅有所扩大，共出口3.69万辆，同比下降7.70%，降幅比上年扩大7.66个百分点。

2017年，上述三大类汽车品种共出口86.59万辆，占汽车出口总量的81.40%，占比与上年相比依然呈一定下降趋势。

2017年，汽车整车排名前十位的出口目的国依次是：伊朗、孟加拉国、智利、墨西哥、越南、美国、印度、秘鲁、俄罗斯和厄瓜多尔。分别出口25.03万辆、8.45万辆、6.21万辆、5.99万辆、5.51万辆、5.33万辆、4.51万辆、3.26万辆、3.22万辆和2.62万辆。与上年相比，我国出口印度呈较快下降，越南和美国降幅略低，其他国家呈不同程度增长，其中墨西哥、孟加拉国和厄瓜多尔增速更为明显。2017年，我国自上述十国共出口汽车70.13辆，占汽车整车出口总量的65.93%。

3．汽车零部件出口金额同比呈稳定增长，贸易顺

差比上年略有增加

2017年，汽车零部件出口金额也结束上年下降，呈小幅增长。累计出口金额637.78亿美元，同比增长5.86%；占汽车商品出口总额的76.46%，占有率比上年下降2.14个百分点。出口顺差达到267.30亿美元，比上年增加10.76亿美元。从月度汽车零部件出口金额同比变化情况来看，2月、8月出口金额同比有所下降，其他各月均呈增长，但除1月和12月外，各月增速均低于10%。

在四大类汽车零部件品种中，发动机出口374.14万辆，同比增长10.53%；出口金额20.41亿美元，同比增长12.02%。在发动机主要出口品种中，排量大于3升系列出口量略有下降，其他品种均呈增长，其中1升＜排量≤3.0升增速更快；从出口金额来看，其它车辆用柴油机同比略有下降，其他品种呈不同程度增长，其中排量大于3升系列增速更为明显。

汽车零件、附件及车身出口金额381.42亿美元，同比增长8.89%。在七大类细分品种中，电控燃油喷射装置和座椅安全带出口金额同比小幅下降，其他五类品种各有增长，其中车身、变速箱和减振器增速更快。

汽车、摩托车轮胎出口金额也结束上年下降呈一定增长，共出口129.46亿美元，同比增长9.99%。其他汽车相关商品出口金额降幅比上年略有扩大，共出口106.48亿美元，同比下降8.44%，降幅比上年扩大3.10个百分点。

总体来看，2017年汽车零部件出口结束了自2015年以来连续两年下降趋势，但增速仍较低，汽车零部件出口形势依然不容乐观。

4．摩托车出口表现明显好于上年，五大系列品种依然占最大比重

2017年，摩托车出口结束自2014年以来连续三年下降趋势，呈较快增长。累计出口928.76万辆，同比增长14.17%；出口金额46.65亿美元，同比增长11.93%。

从全年摩托车出口情况来看，2月出口量同比唯一下降，其他各月呈不同程度增长，其中5月-7月以及12月增速均超过20%，表现更为突出。

2017年，在摩托车主导品种中，100ml＜排量≤125ml系列出口量占比依旧最大，共出口485.52万辆，同比增长9.68%；125ml＜排量≤150ml系列居次，共出口229.76万辆，同比增长19.15%；排量≤50ml系列位居第三，共出口83.78万辆，同比增长27.82%；150ml＜排量≤200ml系列位居第四，共出口72.56万辆，同比增长16.38%；50ml＜排量≤100ml系列出口量微增，共出口30.31万辆，同比增长0.65%。2017年，上述五大系列共出口901.94万辆，占摩托车出口总量的97.11%。

2017年，摩托车出口继2014年后再次超过900万辆，且增速也自2011年以来重新回归两位数增长，成绩来之不易。摩托车出口企业应该抓住机遇，在提升产品质量的同时进一步扩大市场份额。预计今后摩托车出口将会继续保持稳定增长。

5．“一带一路”沿线国家 出口呈稳定增长，中东欧地区增速更为明显

2017年，“一带一路”沿线国家出口表现总体也较为活跃。据统计，2017年，中国出口到“一带一路”沿线国家汽车商品累计金额294.60亿美元，同比增长9.06%，增速略高于行业，占汽车商品出口总额的35.32%。

从“一带一路”沿线国家出口金额月度同比增长变化情况来看，2月同比有所下降，其他各月呈一定增长，其中1月、4月、11月和12月增速均超过10%。

2017年，我国向“一带一路”沿线国家共出口汽车整车64.07万辆，同比增长23.75%，占出口汽车整车总量的60.23%。出口摩托车346.28万辆，同比增长4.97%，占摩托车出口总量的37.28%。

此外，从“一带一路”沿线国家出口市场表现来看，中东欧地区出口表现最为突出，共出口47.10亿美元，同比增长18.62%。南亚和中亚地区也呈两位数较快增长，分别出口29.20亿美元和9.61亿美元，同比分别增长11.27%和11.11%。中东（西亚）和东盟（含蒙古）地区增速略低，分别出口78.43亿美元和80.26亿美元，同比分别增长9.23%和4.30%。

目前，我国已经和71个国家签订了"一带一路"合作协议。作为国家战略，我国近些年来不断加强与"一带一路"沿线国家合作力度，特别是对一些欠发达国家加大了投资力度，帮助他们极大改善了当地的基础设施，这也在很大程度下促进了当地经济的活跃，也为我国进一步扩大出口激发了活力。

2018年，据权威机构预测，世界经济增速有望保持3%以上，复苏势头仍将延续。同时，整车进口关税也有望进一步下调，这对于我国汽车商品进、出口都将会形成良好促进，为此，我们预计2018年汽车商品进、出口总额将保持稳定增长。但是也应该看到全球贸易格局仍处于深刻变化之中，市场竞争更为严峻；"逆全球化"等贸易保护势力依然有强大的内在支撑；"一带一路"发展也存在不均衡和不充分。以上都会对于我国汽车出口带来较大的阻碍。今后，汽车出口企业还是要苦练内功，加强自身产品竞争力，同时更要积极主动加强与当地政府和企业的合作，用更强的实力和更高的智慧解决发展中的困境，为我国早日迈向出口大国而不断奋进！

注：上述所提到的"一带一路"沿线国家根据中国一带一路官网（www.yidaiyilu.gov.cn）公布的与中国签定"一带一路"相关合作协议的国家，目前合计71个国家。

三、2017年汽车工业重点企业（集团）经济效益

2017年汽车工业重点企业（集团）坚持以供给侧结构性改革为主线，转方式调结构，积极推进创新升级，企业产销由快速增长转为向高质量的平稳增长。据2017年汽车工业重点企业（集团）经济指标快报显示，汽车工业重点企业（集团）经济运行增速趋缓，主要经济指标增速有所回落，具体情况如下。

（一）行业骨干企业保持较高市场占有率，前十企业累计销量超过2500万辆

2017年，行业骨干企业经济效益总体呈稳定增长，产销继续保持了较高占有率。2017年，汽车销量排名前十位的生产企业依次为：上汽、东风、一汽、长安、北汽、广汽、吉利、长城、华晨和奇瑞。分别销售691.64万辆、412.07万辆、334.60万辆、287.25万辆、251.20万辆、200.10万辆、130.52万辆、107.02万辆、74.57万辆和67.27万辆。与上年相比，吉利、广汽、一汽和上汽四家企业销量呈不同程度增长，其他六家企业有所下降。2017年，十家企业共销售2556.24万辆，占汽车销售总量的88.52%。

上述十家企业共销售中国品牌汽车1164.50万辆，占中国品牌汽车销售总量的78.77%。其中：中国品牌乘用车共销售918.98万辆，占中国品牌乘用车销售总量的84.72%；中国品牌商用车共销售246.14万辆，占中国品牌商用车销售总量的62.54%。

（二）工业经济效益综合指数高于上年

2017年，汽车工业重点企业（集团）工业经济效益综合指数为561.87，同比提高9.72。从2017年工业经济效益综合指数的变动情况来看，一季度为545.18；上半年为552.63，比一季度提高7.45；前三季度为555.62，比上半年提高2.99；全年为561.87，比前三季度提高6.25。从2017年各月累计经济效益综合指数走势来看，基本呈平稳上升走势，各月累计同比均高于上年同期水平。

从汽车工业重点企业（集团）工业经济效益综合指数的构成情况来看，与上年相比，资产负债率和全员劳产率高于上年；总资产贡献率、流动资产周转率、成本费用利润率、产销率和资产保值增值率低于上年水平。

（三）产出指标呈不同程度增长，增速回落

2017年，汽车工业重点企业（集团）累计完成工

业增加值7924.50亿元，同比增长4.27%；累计完成工业总产值35758.56亿元，同比增长11.24%；累计完成工业销售产值35272.81亿元，同比增长10.66%。

从2017年汽车工业重点企业（集团）产出指标增速季度变动情况来看，上半年工业增加值和工业销售产值分别比一季度提高了1.73和0.97个百分点，工业总产值比一季度回落了1.66个百分点；前三季度工业增加值和工业总产值分别比上半年提高0.54和0.80个百分点，工业销售产值回落了0.30个百分点；全年工业增加值、工业总产值和工业销售产分别比比前三季度回落了2.77、1.69和2.47个百分点，增速同比分别回落7.22、3.54和3.45个百分点。

2017年，汽车工业重点企业（集团）产销衔接良好，产销率为98.64%。2017年汽车工业重点企业（集团）产销率始终保持较高水平，各月累计产销率在97.06%～98.96%之间。

（四）营业收入增速接近10%，增速回落

2017年，汽车工业重点企业（集团）累计实现营业收入40074.09亿元，同比增长9.90%，增速同比低于上年5.76个百分点。

从2017年汽车工业重点企业（集团）营业收入增长率变动走势来看，一季度增长率为15.31%；上半年增长率为11.70%，增速比一季度回落3.61个百分点；前三季度增长率为11.47%，增速比上半年回落0.23个百分点；全年增长率为9.90%，增速比前三季度回落1.57个百分点。从营业收入全年各月累计增长率来看，增速虽有回落，但全年增长率仍接近10%。

从汽车工业重点企业（集团）实现营业收入的具体情况看，在17家重点企业（集团）中，11家企业营业收入高于上年（上年为14家），营业收入为34848.98亿元，占重点企业营业收入86.96%；6家企业营业收入低于上年（上年为3家）营业收入为5225.12亿元，占重点企业营业收入13.04%。2017年，营业收入排名前五位的企业依次为：上汽集团、东风公司、中国一汽、北汽集团和广汽集团。从前五家企业的营业收入情况来看，5家企业营业收入均高于上年。从其余12家企业营业收入情况来看，华晨集团、吉利控股、东南汽车、中国重汽、陕汽集团和庆铃汽车营业收入高于上年；中国长安、江汽集团、奇瑞汽车、金龙集团、宇通集团和比亚迪公司营业收入低于上年。

（五）利润、利税总额增速回落

2017年，汽车工业重点企业（集团）累计实现利润总额3937.28亿元，同比增长8.27%，增速同比提高2.61个百分点。累计实现利税总额6349.94亿元，同比增长6.50%，增速同比回落1.84个百分点，其中：营业税金及附加为1255.72亿元，同比增长5.52%；应交增值税为1156.94亿元，同比增长1.87%。

从2017年汽车工业重点企业（集团）利润、利税总额增长率变动图来看，利润、利税总额呈不同程度增长，增速均有所回落。一季度，利润总额、利税总额同比分别增长24.50%和15.56%；上半年，利润总额、利税总额同比分别增长10.68%和10.94%，增速分别比一季度回落了13.82和4.62个百分点；前三季度，利润、利税总额同比分别增长9.14%和9.51%，增速分别比上半年回落1.54和1.43个百分点；2017年利润、利税总额同比分别增长8.27%和6.50%，增速分别比前三季度回落0.87和3.01个百分点，从利润、利税总额各月累计增长率来看，前4个月增长率较高，主要原因是受上年较低基数及企业投资收益到账影响；1-5月后，利润、利税总额与1-2月相比，基本呈回落走势。

2017年，汽车工业重点企业（集团）投资收益为1324.88亿元，同比增长22.90%，投资收益占重点企业（集团）利润总额的比重为33.65%，同比提高4.05个百分点。

从汽车工业重点企业（集团）实现利润总额的具体情况看，2017年，在17家重点企业（集团）中，有11家企业利润总额高于上年同期（上年为11家），实现利润总额为3590.83亿元，占重点企业利润总额91.20%；4家企业利润总额为负增长（上年为3家），实现利润总额为347.04亿元，占重点企业利润总额

8.81%；1家企业扭亏（上年为2家），实现利润总额为2.16亿元，占重点企业利润总额0.05%；1家企业亏损（上年为1家），亏损额为2.75亿元。

（六）应收账款增速上升、产成品库存资金增速下降

2017年末，汽车工业重点企业（集团）应收账款为3930.61亿元，同比增长20.86%，增加资金占用678.33亿元，增速比11月末上升6.07个百分点。2017年末，汽车工业重点企业（集团）产成品库存资金为1562.20亿元，同比增长21.32%，增速比11月末下降3.62个百分点，增加资金占用274.50亿元，2017年末，汽车工业重点企业（集团）应收账款、产成品库存资金占流动资产的比重为23.62%，比上年上升1.15个百分点。

2018年，宏观经济形势将保持6.5%左右的增长速度，稳中求进仍是工作的总基调。汽车行业发展的形势有利有弊，总体看，我国仍处于汽车普及初期，潜在增长率为5-10%；另一方面1.6升及以下小排量购置税优惠政策全面取消，新能源补贴也面临进一步退坡，同时重型货车的需求也将比2017年有所减弱，无疑会在一定程度上影响产销量增长。为此，我们预计2018年汽车产销将继续呈现微增长，预计在3%左右。

2017年中国汽车车企TOP10情况

【上汽通用五菱】 上汽通用五菱2017年汽车生产217.08万台，生产年度同比增速1.23%，2017年汽车批发215万台，批发年度同比增速0.93%。

【上汽大众】 上汽大众2017年汽车生产206.99万台，生产年度同比增速5.15%，2017年汽车批发206.31万台，批发年度同比增速3.14%。

【上汽通用】 上汽通用2017年汽车生产200.55万台，生产年度同比增速6.89%，2017年汽车批发199.87万台，批发年度同比增速6.31%。

【一汽大众】 一汽大众2017年汽车生产198.69万台，生产年度同比增速3.54%，2017年汽车批发195.72万台，批发年度同比增速4.53%。

【长安汽车】 长安汽车2017年汽车生产133.52万台，生产年度同比增速-5.81%，2017年汽车批发138.03万台，批发年度同比增速-2.82%。

【东风日产】 东风日产2017年汽车生产125.89万台，生产年度同比增速12.93%，2017年汽车批发125.1万台，批发年度同比增速11.91%。

【吉利汽车】 吉利汽车2017年汽车生产128.09万台，生产年度同比增速57.92%，2017年汽车批发124.8万台，批发年度同比增速56.16%。

【东风汽车】 东风汽车2017年汽车生产112.95万台，生产年度同比增速7.57%，2017年汽车批发112.06万台，批发年度同比增速7.7%。

【长城汽车】　长城汽车2017年汽车生产104.1万台，生产年度同比增速-4.87%，2017年汽车批发107.02万台，批发年度同比增速-0.4%。

【长安福特】　长安福特2017年汽车生产82.21万台，生产年度同比增速-11.52%，2017年汽车批发82.8万台，批发年度同比增速-12.27%。

【北京现代】　北京现代2017年汽车生产80万台，生产年度同比增速-29.95%，2017年汽车批发78.5万台，批发年度同比增速-31.26%。

【东风本田】　东风本田2017年汽车生产71.38万台，生产年度同比增速26.73%，2017年汽车批发71.43万台，批发年度同比增速25.29%。

【广州本田】　广州本田2017年汽车生产71.05万台，生产年度同比增速11.81%，2017年汽车批发70.5万台，批发年度同比增速10.37%。

【一汽丰田】　一汽丰田2017年汽车生产70.39万台，生产年度同比增速7.92%，2017年汽车批发69.31万台，批发年度同比增速7.44%。

【奇瑞汽车】　奇瑞汽车2017年汽车生产58.9万台，生产年度同比增速-3%，2017年汽车批发57.39万台，批发年度同比增速-6.21%。

【北汽福田】　北汽福田2017年汽车生产55.58万台，生产年度同比增速9.62%，2017年汽车批发55.64万台，批发年度同比增速11.04%。

【上汽乘用车】　上汽乘用车2017年汽车生产24.91万台，生产年度同比增速55.62%，2017年汽车批发52.2万台，批发年度同比增速62.27%。

【广汽乘用车】　广汽乘用车2017年汽车生产51.23万台，生产年度同比增速34.27%，2017年汽车批发50.86万台，批发年度同比增速36.43%。

【江淮汽车】　江淮汽车2017年汽车生产48.46万台，生产年度同比增速-24.4%，2017年汽车批发49.65万台，批发年度同比增速-20.96%。

【广州丰田】　广州丰田2017年汽车生产43.92万台，生产年度同比增速3.76%，2017年汽车批发44.24万台，批发年度同比增速4.88%。

【比亚迪】　比亚迪2017年汽车生产42.16万台，生产年度同比增速-17.43%，2017年汽车批发42.3万台，批发年度同比增速-17.05%。

【北京奔驰】　北京奔驰2017年汽车生产43.22万台，生产年度同比增速29.01%，2017年汽车批发42.26万台，批发年度同比增速33.27%。

【江铃汽车】　江铃汽车2017年汽车生产39.75万台，生产年度同比增速1.43%，2017年汽车批发39.7万台，批发年度同比增速1.18%。

【华晨宝马】　华晨宝马2017年汽车生产39.63万台，生产年度同比增速29.69%，2017年汽车批发38.65万台，批发年度同比增速24.65%。

【中国一汽】　中国一汽2017年汽车生产41.6万台，生产年度同比增速0.3716%，2017年汽车批发38.65万台，批发年度同比增速0.3153%。

【神龙汽车】　神龙汽车2017年汽车生产37.59万台，生产年度同比增速-0.367%，2017年汽车批发37.75万台，批发年度同比增速-0.371%。

【东风悦达起亚】 东风悦达起亚2017年汽车生产35.46万台，生产年度同比增速-0.452%，2017年汽车批发36万台，批发年度同比增速-0.4461%。

【金杯汽车】 金杯汽车2017年汽车生产36.2万台，生产年度同比增速-0.22%，2017年汽车批发35.92万台，批发年度同比增速-0.2264%。

【众泰汽车】 众泰汽车2017年汽车生产31.54万台，生产年度同比增速-0.0603%，2017年汽车批发31.7万台，批发年度同比增速-0.0482%。

【中国重汽】 中国重汽2017年汽车生产29.66万台，生产年度同比增速0.4834%，2017年汽车批发30.01万台，批发年度同比增速0.4752%。

【北汽银翔】 北汽银翔2017年汽车生产24.55万台，生产年度同比增速-0.1234%，2017年汽车批发26.04万台，批发年度同比增速-0.1408%。

【一汽轿车】 一汽轿车2017年汽车生产23.74万台，生产年度同比增速0.1979%，2017年汽车批发24.03万台，批发年度同比增速0.244%。

【重庆力帆】 重庆力帆2017年汽车生产21.41万台，生产年度同比增速-0.2308%，2017年汽车批发20.98万台，批发年度同比增速-0.2294%。

【广汽菲克】 广汽菲克2017年汽车生产21.07万台，生产年度同比增速0.4047%，2017年汽车批发20.52万台，批发年度同比增速0.4011%。

【北汽乘用车】 北汽乘用车2017年汽车生产20.75万台，生产年度同比增速-0.4504%，2017年汽车批发19.74万台，批发年度同比增速-0.4832%。

【长安马自达】 长安马自达2017年汽车生产19.03万台，生产年度同比增速0.0088%，2017年汽车批发19.21万台，批发年度同比增速0.0127%。

【陕西汽车】 陕西汽车2017年汽车生产18.91万台，生产年度同比增速0.6294%，2017年汽车批发18.78万台，批发年度同比增速0.621%。

2017 年销量前 100 名轿车排名

排名	轿车车型	厂家	年度批发	份额占比	增速
1	朗逸	上汽大众	45.80	3.85%	-4.33%
2	英朗	上汽通用	41.70	3.50%	12.59%
3	轩逸	东风日产	40.59	3.41%	10.29%
4	卡罗拉	一汽丰田	33.35	2.80%	8.50%
5	速腾	一汽大众	33.27	2.79%	-2.52%
6	捷达	一汽大众	32.60	2.74%	-6.45%
7	福睿斯	长安福特	29.18	2.45%	-1.72%
8	桑塔纳	上汽大众	28.91	2.43%	-9.64%
9	宝来	一汽大众	25.04	2.10%	12.64%
10	帝豪EC7	吉利汽车	23.96	2.01%	7.05%
11	宝骏310	上汽通用五菱	21.56	1.81%	331.03%
12	迈腾	一汽大众	21.11	1.77%	23.23%
13	高尔夫	一汽大众	19.93	1.67%	-10.00%
14	科沃兹	上汽通用	18.83	1.58%	270.81%
15	威朗	上汽通用	18.64	1.57%	5.21%
16	波罗	上汽大众	17.45	1.47%	-3.13%
17	雷凌	广州丰田	17.26	1.45%	8.52%
18	思域	东风本田	17.25	1.45%	91.61%
19	福克斯	长安福特	17.19	1.44%	-23.90%
20	帕萨特	上汽大众	15.95	1.34%	-15.23%
21	雅阁	广州本田	14.96	1.26%	10.74%
22	远景	吉利汽车	14.29	1.20%	3.81%
23	昂克赛拉	长安马自达	14.25	1.20%	7.32%
24	奥迪A6	一汽大众	14.18	1.19%	4.46%
25	凌渡	上汽大众	14.14	1.19%	-1.23%
26	起亚k3	东风悦达起亚	13.84	1.16%	-28.43%
27	艾瑞泽5	奇瑞汽车	13.53	1.14%	4.94%
28	名图	北京现代	13.47	1.13%	-9.17%
29	明锐	上汽大众	13.02	1.09%	-16.06%
30	奔驰C级	北京奔驰	12.83	1.08%	21.76%
31	威驰	一汽丰田	12.78	1.07%	9.20%
32	赛欧	上汽通用	12.58	1.06%	-10.36%
33	帝豪GL	吉利汽车	12.41	1.04%	313.20%
34	F3	比亚迪	12.40	1.04%	-4.70%
35	迈锐宝	上汽通用	12.39	1.04%	45.44%
36	宝马3系	华晨宝马	12.37	1.04%	27.62%
37	宝马5系	华晨宝马	12.10	1.02%	-15.74%
38	领动	北京现代	11.95	1.00%	-9.62%
39	朗动	北京现代	11.80	0.99%	-53.49%
40	奥迪A4	一汽大众	11.79	0.99%	20.99%
41	天籁	东风日产	11.39	0.96%	26.12%

2017 年销量前 100 名轿车排名（续表 1）

排名	轿车车型	厂家	年度批发	份额占比	增速
42	奔驰E级	北京奔驰	11.25	0.95%	95.89%
43	飞度	广州本田	11.16	0.94%	-1.73%
44	蒙迪欧	长安福特	11.14	0.94%	6.49%
45	君越	上汽通用	9.97	0.84%	23.19%
46	凌派	广州本田	9.84	0.83%	12.62%
47	雅力士	广州丰田	9.40	0.79%	48.17%
48	逸动	长安汽车	9.26	0.78%	-40.80%
49	奥迪A3	一汽大众	8.39	0.70%	-1.05%
50	悦纳	北京现代	8.34	0.70%	106.54%
51	科鲁兹	上汽通用	8.10	0.68%	-57.16%
52	骐达	东风日产	7.86	0.66%	94.94%
53	北汽EC系列	北汽新能源	7.81	0.66%	1791.45%
54	凯美瑞	广州丰田	7.43	0.62%	-26.12%
55	蓝鸟	东风日产	6.51	0.55%	-17.53%
56	锋范	广州本田	6.40	0.54%	-9.64%
57	荣威i6	上汽乘用车	6.38	0.54%	--
58	昕锐	上汽大众	6.36	0.53%	-5.27%
59	君威	上汽通用	6.35	0.53%	-8.41%
60	蔚领	一汽大众	6.21	0.52%	--
61	标致308	神龙汽车	5.65	0.47%	-32.25%
62	凯迪拉克ATSL	上汽通用	5.58	0.47%	48.17%
63	标致408	神龙汽车	5.57	0.47%	-44.39%
64	朗行	上汽大众	5.47	0.46%	-21.21%
65	阿特兹	一汽轿车	5.35	0.45%	56.20%
66	起亚k2	东风悦达起亚	5.27	0.44%	-65.79%
67	荣威360	上汽乘用车	5.14	0.43%	-37.96%
68	爱丽舍	神龙汽车	4.68	0.39%	-46.33%
69	悦翔	长安汽车	4.34	0.36%	-40.14%
70	瑞纳	北京现代	4.32	0.36%	-62.93%
71	博瑞	吉利汽车	4.28	0.36%	-17.50%
72	杰德	东风本田	4.24	0.36%	45.40%
73	吉利知豆	吉利知豆	4.24	0.36%	108.79%
74	凯迪拉克XTS	上汽通用	4.22	0.35%	26.87%
75	悦动	北京现代	3.99	0.34%	89.16%
76	皇冠	一汽丰田	3.71	0.31%	22.78%
77	金刚	吉利汽车	3.67	0.31%	-42.08%
78	宝马1系	华晨宝马	3.47	0.29%	--
79	北斗星	昌河汽车	3.39	0.28%	15.85%
80	奔奔	长安汽车	3.04	0.26%	--
81	标致301	神龙汽车	2.91	0.24%	-60.49%
82	阳光	东风日产	2.89	0.24%	-61.19%

2017 年销量前 100 名轿车排名（续表 2）

排名	轿车车型	厂家	年度批发	份额占比	增速
83	起亚k5	东风悦达起亚	2.79	0.23%	-19.52%
84	沃尔沃S60L	沃尔沃亚太	2.71	0.23%	-11.28%
85	KXCROSS	东风悦达起亚	2.67	0.22%	--
86	风云2	奇瑞汽车	2.64	0.22%	-37.56%
87	竞瑞	东风本田	2.63	0.22%	184.91%
88	速派	上汽大众	2.62	0.22%	--
89	哥瑞	东风本田	2.60	0.22%	-36.75%
90	奇瑞eQ	奇瑞汽车	2.58	0.22%	60.98%
91	金牛座	长安福特	2.53	0.21%	-25.54%
92	传祺GA6	广汽乘用车	2.50	0.21%	96.39%
93	沃尔沃S90	沃尔沃亚太	2.50	0.21%	--
94	昕动	上汽大众	2.50	0.21%	-9.22%
95	风神H30	东风乘用车	2.42	0.20%	49.54%
96	比亚迪E5	比亚迪	2.36	0.20%	50.91%
97	江淮iEV	江淮汽车	2.36	0.20%	251.81%
98	帝豪EV	吉利汽车	2.33	0.20%	35.75%
99	大众CC	一汽大众	2.20	0.18%	-24.66%
100	QQ	奇瑞汽车	2.14	0.18%	24.92%

2017 年 MPV 车型厂家批发销量情况

排名	MPV车型	厂家	年度批发	份额占比	增速
1	五菱宏光	上汽通用五菱	53.40	26.40%	-17.86%
2	宝骏730	上汽通用五菱	27.08	13.39%	-26.85%
3	GL8	上汽通用	14.51	7.17%	82.32%
4	欧诺	长安汽车	8.65	4.28%	-43.33%
5	小康风光	东风渝安	7.70	3.81%	-21.44%
6	菱智	东风柳州	7.53	3.72%	-17.01%
7	幻速H3	北汽银翔	7.26	3.59%	-31.88%
8	欧尚	长安汽车	6.67	3.30%	-43.57%
9	瑞风	江淮汽车	6.65	3.29%	3.01%
10	欧尚A800	长安汽车	4.10	2.03%	--
11	艾力绅	东风本田	4.02	1.99%	29.50%
12	奥德赛	广州本田	3.56	1.76%	-10.97%
13	开瑞K50	奇瑞汽车	3.56	1.76%	-50.44%
14	威旺M30	北汽乘用车	3.13	1.55%	-74.20%
15	途安	上汽大众	3.08	1.52%	-34.06%
16	宋MAX	比亚迪	3.04	1.50%	--
17	幻速H2	北汽银翔	2.93	1.45%	108.36%
18	威旺M50	北汽乘用车	2.90	1.43%	120.44%
19	凌轩	长安汽车	2.82	1.40%	--
20	力帆轩朗	重庆力帆	2.79	1.38%	--
21	大通G10	上汽大通	2.70	1.33%	45.20%
22	金杯750	华晨鑫源	2.47	1.22%	-57.06%
23	福瑞达M50	昌河汽车	2.45	1.21%	-25.00%
24	阁瑞斯	华晨汽车	2.02	1.00%	44.71%
25	GL6	上汽通用	1.75	0.87%	--
26	昌河M70	昌河汽车	1.27	0.63%	--
27	奔驰V级	福建奔驰	1.24	0.61%	108.66%
28	伽途IX	北汽福田	1.13	0.56%	--
29	启辰M50V	东风日产	1.12	0.55%	--
30	英致727	潍柴英致	1.05	0.52%	138.81%

2017 年 SUV 车型厂家批发销量情况

排名	SUV车型	厂家	年度批发	份额占比	增速
1	哈弗H6	长城汽车	50.64	4.92%	-12.79%
2	宝骏510	上汽通用五菱	36.39	3.54%	--
3	传祺GS4	广汽乘用车	33.73	3.28%	3.19%
4	途观	上汽大众	33.24	3.23%	38.21%
5	博越	吉利汽车	28.69	2.79%	162.69%
6	长安CS75	长安汽车	24.01	2.33%	14.68%
7	昂科威	上汽通用	23.92	2.33%	-13.13%
8	荣威RX5	上汽乘用车	21.81	2.12%	142.27%
9	哈弗H2	长城汽车	21.51	2.09%	9.23%
10	奇骏	东风日产	18.47	1.80%	2.50%
11	CR-V	东风本田	18.33	1.78%	1.64%
12	风光580	东风渝安	17.63	1.71%	103.45%
13	XR-V	东风本田	16.17	1.57%	-0.03%
14	逍客	东风日产	15.24	1.48%	9.12%
15	长安CS35	长安汽车	15.16	1.47%	-12.21%
16	帝豪GS	吉利汽车	15.06	1.46%	148.81%
17	宝骏560	上汽通用五菱	15.01	1.46%	-53.33%
18	缤智	广州本田	14.49	1.41%	-11.66%
19	途胜	北京现代	13.65	1.33%	-22.75%
20	RAV4	一汽丰田	12.72	1.24%	9.33%
21	远景SUV	吉利汽车	12.70	1.24%	156.93%
22	奥迪Q5	一汽大众	12.35	1.20%	-4.60%
23	奔驰GLC	北京奔驰	11.05	1.07%	26.58%
24	锐界	长安福特	10.70	1.04%	-13.53%
25	圣达菲	华泰汽车	10.55	1.03%	87.71%
26	东南DX3	东南汽车	10.34	1.01%	730.46%
27	传祺GS8	广汽乘用车	10.22	0.99%	1034.95%
28	汉兰达	广州丰田	10.00	0.97%	8.69%
29	比亚迪宋	比亚迪	9.75	0.95%	-2.52%
30	景逸SUV	东风柳州	9.74	0.95%	37.91%
31	长安CX70	长安汽车	9.19	0.89%	13.91%
32	猎豹	长丰猎豹	9.17	0.89%	-1.66%
33	幻速S3	北汽银翔	9.14	0.89%	-7.08%
34	宝马X1	华晨宝马	9.13	0.89%	66.30%
35	指南者	广汽菲克	8.69	0.84%	--
36	冠道	广州本田	8.65	0.84%	814.29%
37	奥迪Q3	一汽大众	8.50	0.83%	-4.44%
38	欧蓝德	广汽三菱	8.47	0.82%	408.60%
39	瑞虎	奇瑞汽车	8.13	0.79%	-31.34%
40	翼虎	长安福特	8.08	0.79%	-29.76%
41	长安CS55	长安汽车	7.97	0.77%	--
42	自由光	广汽菲克	7.71	0.75%	-26.57%

2017 年 SUV 车型厂家批发销量情况（续表 1）

排名	SUV车型	厂家	年度批发	份额占比	增速
43	途昂	上汽大众	7.60	0.74%	--
44	众泰T600	众泰汽车	7.37	0.72%	-39.99%
45	马自达CX4	一汽轿车	7.30	0.71%	93.65%
46	奔驰GLA	北京奔驰	7.12	0.69%	6.43%
47	奔腾X40	一汽轿车	7.12	0.69%	--
48	名爵ZS	上汽乘用车	7.03	0.68%	--
49	海马S5	一汽海南	6.56	0.64%	-36.08%
50	凯迪拉克XT5	上汽通用	6.34	0.62%	82.35%
51	瑞虎7	奇瑞汽车	6.28	0.61%	83.67%
52	森雅R7	一汽吉林	6.18	0.60%	43.60%
53	长安CS15	长安汽车	6.17	0.60%	-20.90%
54	众泰T700	众泰汽车	5.90	0.57%	--
55	汉腾X7	汉腾汽车	5.58	0.54%	246.40%
56	霸道	一汽丰田	5.53	0.54%	49.10%
57	开瑞K60	奇瑞汽车	5.49	0.53%	--
58	探界者	上汽通用	5.45	0.53%	--
59	瑞风S3	江淮汽车	5.44	0.53%	-72.52%
60	斯威X7	华晨鑫源	5.43	0.53%	111.23%
61	魏派VV7	长城汽车	5.28	0.51%	--
62	启辰T70	东风日产	5.26	0.51%	-27.29%
63	标致4008	神龙汽车	5.20	0.51%	477.79%
64	马自达CX5	长安马自达	4.96	0.48%	0.83%
65	ix25	北京现代	4.87	0.47%	-57.06%
66	科雷傲	东风雷诺	4.65	0.45%	--
67	劲客	东风日产	4.60	0.45%	--
68	启辰T90	东风日产	4.55	0.44%	--
69	柯迪亚克	上汽大众	4.50	0.44%	--
70	绅宝X35	北汽乘用车	4.43	0.43%	-40.30%
71	UR-V	东风本田	4.33	0.42%	--
72	力帆迈威	重庆力帆	4.31	0.42%	-16.93%
73	发现神行	奇瑞路虎	4.28	0.42%	13.75%
74	东南DX7	东南汽车	4.04	0.39%	-52.15%
75	风神AX7	东风乘用车	4.01	0.39%	-36.03%
76	昂科拉	上汽通用	4.01	0.39%	-44.26%
77	风行SX6	东风柳州	3.99	0.39%	69.06%
78	沃尔沃XC60	沃尔沃亚太	3.89	0.38%	-1.25%
79	自由侠	广汽菲克	3.87	0.38%	908.89%
80	陆风X7	江铃汽车	3.83	0.37%	465.10%
81	哈弗H7	长城汽车	3.82	0.37%	-21.90%
82	哈弗M6	长城汽车	3.55	0.34%	--
83	猎豹CS9	长丰猎豹	3.54	0.34%	--
84	ix35	北京现代	3.44	0.33%	-52.24%

2017 年 SUV 车型厂家批发销量情况（续表 2）

排名	SUV车型	厂家	年度批发	份额占比	增速
85	魏派VV5	长城汽车	3.37	0.33%	--
86	锐腾	上汽乘用车	3.34	0.32%	-31.72%
87	翼搏	长安福特	3.21	0.31%	-24.32%
88	智跑	东风悦达起亚	3.16	0.31%	-58.74%
89	远景X3	吉利汽车	3.12	0.30%	--
90	瑞虎5	奇瑞汽车	3.00	0.29%	-45.54%
91	劲炫	广汽三菱	2.93	0.29%	-16.54%
92	幻速S5	北汽银翔	2.77	0.27%	--
93	宝沃BX7	宝沃汽车	2.70	0.26%	-10.16%
94	维特拉	长安铃木	2.66	0.26%	-35.30%
95	大迈X7	众泰汽车	2.57	0.25%	--
96	科雷嘉	东风雷诺	2.57	0.25%	-14.30%
97	瑞风S5	江淮汽车	2.55	0.25%	-5.25%
98	瑞风S2	江淮汽车	2.55	0.25%	-46.75%
99	楼兰	东风日产	2.51	0.24%	22.14%
100	比速T5	北汽银翔	2.49	0.24%	--

2017年上市新车概览

2017年上市新车概览–燃油车

图片	系别	品牌	级别	车型	价格段（万元）	上市日期	长*宽*高(mm)	轴距(mm)	排量/功率/扭矩	变速箱
	自主	金杯	中小型SUV	蒂阿兹(金杯S70)	7.98-9.88	1月7日	4745*1856*1710	2725	1.5T/113kW/220N.m	1.5T/6MT
	自主	昌河	中型MPV	昌河M70	5.49-6.49	1月12日	4720*1770*1828	2810	1.5L	1.5L/5MT
	德系	大众	中小型SUV	途观L	22.38-35.98	1月18日	4712*1839*1673	2791	1.8T/132kW/300N.m 2.0T/162kW/350N.m	1.8T/7DCT 2.0T/7DCT
	自主	瑞风	小型SUV	瑞风S2mini	3.98-5.68	1月18日	3775*1685*1570	2390	1.3L/73kW/126N.m	1.3L/5MT
	韩系	现代	A0	悦纳RV	7.88-10.88	2月14日	4190*1728*1460	2600	1.4L/1.6L	1.4L/6MT/6AT '1.6L/6AT
	美系	雪佛兰	A	科鲁兹两厢	10.99-16.99	2月6日	4666*1807*1460	2700	1.5L/84kW/146N.m 1.4T/110kW/240N.m	1.5L/6MT/6AT 1.4T/7DCT
	自主	荣威	A	荣威i6	8.98-14.38	2月17日	4671*1835*1464	2715	1.0T/92kW/170N.m 1.5T/124kW/250N.m	1.0T/6MT/7DCT 1.5T/6MT/7DCT
	自主	宝骏	小型SUV	宝骏510	5.48-6.98	2月20日	4220*1740*1625	2550	1.5L/82kW/147N.m	1.5L/6MT
	德系	宝马	A	1系三厢	20.48-31.98	2月27日	4456*1803*1446	2670	1.5T/100kW/220N.m 2.0T/141kW/280N.m 2.0T/170kW/350N.m	1.5T/6AT 2.0T/8AT
	自主	中华	A	中华H3	6.39-8.89	3月3日	4640*1790*1445	2660	1.5L/1.5T	5MT/5AT
	自主	名爵	小型SUV	MG ZS	7.38-11.58	3月4日	4314*1809*1648	2585	1.5L/88kW/150N.m 1.0T/92kW/170N.m	1.5L/5MT '1.5L/4AT '1.0T/6AT

2017年上市新车概览–燃油车（续表1）

图片	系别	品牌	级别	车型	价格段（万元）	上市日期	长*宽*高(mm)	轴距(mm)	排量/功率/扭矩	变速箱
	自主	奔腾	小型SUV	奔腾X40	6.68-10.18	3月9日	4310*1780*1680	2600	1.6L/84kW/155N.m	1.6L/5MT/6AT
	韩系	起亚	中小型SUV	起亚KX7	17.98-27.68	3月16日	4730*1890*1730	2700	2.0L/120kW/203N.m 2.0T/177kW/353N.m 2.4L/138kW/241N.m	2.0L/6AT 2.0T/6AT 2.4L/6AT
	日系	本田	中型SUV	UR-V	24.68-32.98	3月18日	4825*1942*1670	2820	1.5T/142kW/243N.m 2.0T/200kW/370N.m	1.5T/CVT 2.0T/9AT
	自主	海马	小型SUV	海马S5 Youn	7.58-7.98	3月21日	4195*1765*1637	2560	1.6L/90kW/160N.m	1.6L/5MT
	日系	丰田	A0	威驰FS	6.98-10.98	3月21日	4140*1700*1485	2550	1.3L/1.5L	5MT/CVT
	自主	众泰	中小型SUV	大迈X7	10.49-13.09	3月22日	4738*1928*1665	2850	1.8T/130kW/245N.m	1.8T/'5MT
	德系	宝沃	紧凑型SUV	宝沃BX5	16.98-18.58	3月24日	4490*1877*1675	2685	1.8T/140kW/280N.m	1.8T/6MT 1.8T/6AT
	自主	力帆	中型SUV	X80	10.99-14.99	3月28日	4820*1934*1760	2790	2.0T/141kW/286N.m	2.0T/6MT 2.0T/6AT
	自主	力帆	中型MPV	轩朗	6.98-10.68	3月28日	4720*1840*1665	2780	1.8L/2.0L/1.5T	5MT/CVT/8AT
	自主	长安	中型SUV	长安CS95	15.98-22.98	3月28日	4949*1930*1785	2810	2.0T/171kW/360N.m	2.0T/6AT
	自主	伽途	中型MPV	伽途im6/im8	6.19-7.99	3月28日	4700*1780*1820	2760	1.5L	5MT
	德系	大众	大型SUV	途昂	30.89-51.89	3月29日	5039*1989*1773	2980	2.0T/137kW/320N.m '2.0T/162kW/350N.m 2.5T/220kW/500N.m	2.0T/7DCT 2.5T/7DCT
	自主	幻速	紧凑型SUV	幻速S5	5.98-8.58	3月30日	4460*1820*1685	2650	1.6L/90kW/160N.m '1.3T/98kW/185N.m	1.6L/5MT '1.3T/5MT

2017年上市新车概览–燃油车（续表2）

图片	系别	品牌	级别	车型	价格段（万元）	上市日期	长*宽*高(mm)	轴距(mm)	排量/功率/扭矩	变速箱
	美系	雪佛兰	中小型SUV	探界者	17.49-24.99	4月7日	4652*1843*1611	2725	1.5T/126kW/275N.m 2.0T/188kW/352N.m	1.5T/6AT 2.0T/9AT
	自主	启辰	小型MPV	启辰M50V	6.58-8.49	4月10日	4501*1726*1765	2750	1.5L/1.6L	CVT
	自主	猎豹	小型SUV	猎豹CS9	7.68-11.68	4月19日	4315*1840*1650	2600	1.5L/83kW/141N.m	1.5L/5MT 1.5L/CVT
	自主	魏派	中小型SUV	VV7	16.78-18.88	4月19日	4750*1930*1655	2950	2.0T/172kW/360N.m	2.0T/7DCT
	德系	斯柯达	中小型SUV	柯迪亚克	18.98-26.98	4月19日	4698*1883*1676	2791	1.8T/137kW/300N.m 2.0T/162kW/350N.m	1.8T/7DCT 2.0T/7DCT
	自主	野马	中小型SUV	野马T80	8.98-13.98	4月19日	4650*1835*1715	2665	1.5T/110kW/220N.m 2.0T/160kW/280N.m	1.5T/5MT 2.0T/6DCT
	自主	金杯	中型MPV	金杯F50	5.99-8.09	5月5日	4745*1810*1845	2860	1.5L/1.6L	5MT
	自主	长安	中型MPV	凌轩	6.79-8.09	5月18日	4730*1795*1730	2760	1.6L	5MT
	自主	吉利	小型SUV	远景X1	3.99-5.79	5月20日	3778*1663*1519	2353	1.0L/50kW/88N.m 1.3L/65kW/120N.m	1.0L/5MT 1.3L/5MT 1.3L/4AT
	自主	众泰	中型SUV	T700	10.68-15.58	5月31日	4748*1933*1697	2850	1.8T/132kW 2.0T/142kW 2.0TGDI/164kW	1.8T/5MT 2.0T/6DCT 2.0TGDI/6DCT
	自主	比速	中小型SUV	比速T5	7.29-8.99	6月7日	4715*1830*1780	2760	1.5T/110kW/215N.m	1.5T/6MT
	自主	斯威	中小型SUV	斯威X3	5.99-8.29	6月8日	4615*1790*1820	2725	1.5T/115kW/220N.m 1.6L/86kW/160N.m	1.5T/5MT 1.6L/5MT
	法系	标致	中小型SUV	标致5008	18.77-27.97	6月8日	4670*1855*1655	2840	1.6T/123kW/245N.m 1.8T/150kW/280N.m	1.6T/6AT 1.8T/6AT

2017年上市新车概览–燃油车（续表3）

图片	系别	品牌	级别	车型	价格段（万元）	上市日期	长*宽*高(mm)	轴距(mm)	排量/功率/扭矩	变速箱
	自主	陆风	小型SUV	陆风X2	6.38-8.88	7月11日	4160*1810*1670	2560	1.6L/92kW/160N.m	1.6L/5MT 1.6L/4AT
	自主	宝骏	A	宝骏310W	4.28-5.68	7月11日	4620*1710*1535	2750	1.2L/60kW/116N.m 1.5L/82kW/147N.m	1.2L/6MT 1.5L/6MT
	日系	日产	小型SUV	劲客	9.98-13.48	7月18日	4295*1760*1588	2620	1.5L/91kW/147N.m	1.5L/5MT/CVT
	自主	哈弗	中小型SUV	哈弗M6	8.98-10.98	7月21日	4649*1830*1705	2680	1.5T/110kW/210N.m	1.5T/6MT/6AT
	自主	长安	紧凑型SUV	长安CS55	8.39-13.29	7月26日	4500*1855*1690	2650	1.5T/115kW/225N.m	1.5T/6MT/6AT
	自主	长安	中大型MPV	欧尚A800	5.99-11.99	7月31日	4810*1795*1750	2760	1.6L/92kW/160N.m '1.5T/115kW/225N.m	1.6L/5MT 1.5T/6MT
	自主	大通	大型SUV	大通D90	15.67-26.38	8月8日	5005*1932*1875	2950	2.0T/164kW/360N.m	2.0T/6AT
	自主	景逸	中小型SUV	景逸X6	8.49-10.99	8月21日	4660*1810*1790	2750	1.5T/2.0L	6MT/CVT
	自主	众泰	紧凑型SUV	T300	5.68-9.18	8月22日	4405*1830*1665	2610	1.5L/82kW/143N.m '1.5T/108kW/215N.m	1.5L/5MT '1.5T/5MT/CVT
	自主	吉利	小型SUV	远景X3	5.09-6.59	8月25日	4005*1760*1575	2480	1.5L/75kW/ 141N.m	1.5L/5MT/4AT
	自主	传祺	中小型SUV	传祺GS7	14.98-20.98	8月26日	4730*1910*1770	2720	1.8T/138kW/280N.m 2.0T/148kW/320N.m	1.8T/6AT 2.0T/6AT
	自主	传祺	紧凑型SUV	传祺GS3	7.38-11.68	8月26日	4350*1825*1655	2560	1.3T/101kW/203N.m 1.5L/84kW/150N.m	1.3T/6AT 1.5L/5MT/6AT
	韩系	起亚	A	KX CROSS	7.49-8.59	8月28日	4240*1750*1505	2600	1.4L/73.3kW/132N.m	1.4L/6AT/6MT

2017年上市新车概览-燃油车（续表4）

图片	系别	品牌	级别	车型	价格段（万元）	上市日期	长*宽*高(mm)	轴距(mm)	排量/功率/扭矩	变速箱
	自主	魏派	紧凑型SUV	VV5S	15.0-16.3	8月31日	4462*1857*1638	2680	2.0T/145kW/335N.m	2.0T/7DCT
	自主	风神	小型SUV	AX4	6.68-10.18	9月7日	4195*1780*1622	2580	1.4T/104kW/196N.m 1.6L/91kW/153N.m	1.4T/5MT 1.6L/6DCT
	自主	凯翼	紧凑型SUV	凯翼X5	7.99-10.49	9月15日	4506*1841*1740	2610	1.5T/112kW/205N.m 2.0L/102kW/182N.m	1.5T/5MT/CVT 2.0L/5MT/CVT
	法系	雪铁龙	中小型SUV	天逸C5	15.27-23.67	9月15日	4510*1860*1670	2730	1.6T/123kW/245N.m 1.8T/150kW/280N.m	1.6T/6AT 1.8T/6AT
	自主	威旺	中型MPV	威旺M60	6.68-9.88	9月18日	4800*1824*1718	2760	1.5L/1.5T	5MT/CVT
	自主	比亚迪	中型MPV	宋MAX	7.99-11.99	9月25日	4680*1810*1680	2785	1.5T/113kW/240N.m	1.5T/6MT/6DCT
	韩系	起亚	A	焕驰	4.99-7.39	9月26日	4300*1700*1460	2570	1.4L/70kW/132N.m	1.4L/5MT/4AT
	自主	御风	中型SUV	御风S16	11.78-14.28	9月26日	4771*1870*1828	2790	1.9T柴油	6MT
	自主	纳智捷	小型SUV	纳智捷U5	6.98-9.98	9月27日	4395*1763*1594	2620	1.6L/91kW/153N.m	1.6L/5MT/CVT
	自主	海马	中型MPV	福美来F7	7.98-11.98	9月27日	4770*1800*1695	2800	1.5T	6MT/6AT
	自主	奇瑞	小型SUV	瑞虎5x	7.99-11.09	9月27日	4338*1830*1645	2630	1.5T/108kW/210N.m	1.5T/6MT/6DCT
	自主	卡威	中小型SUV	路易斯	7.98-9.98	9月28日	4600*1850*1810	2730	2.0T	6MT/5AT
	美系	别克	A	阅朗	11.99-14.69	10月16日	4539*1798*1475	2640	1.0T/92kW/170N.m 1.3T/120kW/230N.m	1.0T/6MT/6DCT 1.3T/6AT

2017年上市新车概览-燃油车（续表5）

图片	系别	品牌	级别	车型	价格段（万元）	上市日期	长*宽*高(mm)	轴距(mm)	排量/功率/扭矩	变速箱
	美系	别克	中型MPV	别克GL6	14.49-16.69	10月16日	4692*1794*1626	2796	1.3T/120kW/230N.m	1.3T/6AT
	自主	汉腾	紧凑型SUV	汉腾X5	5.98-10.68	10月25日	4501*1820*1648	2600	1.5T/115kW/205N.m	1.5T/CVT
	自主	启辰	A	启辰D60	6.98-11.18	11月2日	4756*1803*1487	2700	1.6L/93kW/ 156N.m	1.6L/5MT/CVT
	自主	凯翼	A	凯翼E3	5.29-7.29	11月10日	4450*1748*1493	2570	1.5L/80kW/140N.m	1.5L/5MT/5AT
	自主	五菱	中小型SUV	宏光S3	5.68-8.18	11月10日	4655*1735*1790	2800	1.5L/82kW/147N.m 1.5T/110kW/230N.m	1.5L/6MT 1.5T/6MT
	自主	风光	中小型SUV	风光S560	6.99-9.69	11月13日	4515*1815*1735	2690	1.8L/102kW/187N.m	1.8L/5MT/CVT
	自主	荣威	小型SUV	荣威RX3	8.98-13.58	11月15日	4408*1804*1651	2625	1.6L/92kW/158N.m 1.3T/120kW/230N.m	1.6L/5MT/CVT 1.3T/6AT
	自主	幻速	中小型SUV	幻速S7	7.88-11.58	11月17日	4800*1850*1770	2780	1.5T/110kW/220N.m	1.5T/6MT/8AT
	德系	宝沃	中小型SUV	宝沃BX7 TS	27.68-32.68	11月17日	4715*1923*1687	2760	2.0T/180kW/340N.m	2.0T/6AT
	自主	吉利	小型SUV	远景S1	6.99-10.29	11月17日	4465*1800*1535	2668	1.5L/80kW/140N.m 1.4T/98kW/215N.m	1.5L/5MT 1.4T/CVT
	自主	领克	紧凑型SUV	领克01	15.88-22.08	11月28日	4512*1857*1650	2730	2.0T/140kW/300N.m	2.0T/6AT/7DCT
	自主	中华	中小型SUV	中华V6	8.79-14.19	12月22日	4620*1922*1734	2725	1.5T/110kW/220N.m	1.5T/6MT/7DCT
	自主	传祺	大型MPV	传祺GM8	17.68-25.98	12月30日	5066*1923*1822	3000	2.0T	6AT

2017年上市新车概览–新能源

图片	能源形势	系别	品牌	级别	车型	价格段（万元）	上市日期	长*宽*高(mm)	轴距(mm)	排量/功率/扭矩	变速箱
	纯电	自主	绅宝	A00	北汽新能源EC180	15.18-15.78	1月18日	3675*1630*1518	2360	电机	电动车单速变速箱
	纯电	自主	绅宝	小型SUV	EX260	19.29-20.29	2月9日	4110*1750*1543	2519	电机，综合工况续航260公里	电动车单速变速箱
	纯电	自主	奇瑞	A00	奇瑞eQ1	15.59-20.59	3月25日	3200*1670*1550	2150	电机	电动车单速变速箱
	插电式混动	美系	别克	A-	别克VELITE 5	26.58-29.58	4月18日	4579*1811*1494	2694	1.5L+电机 增程式插电混合动力	——
	插电式混动	自主	荣威	A	荣威ei6	20.18-22.28	4月19日	4671*1835*1460	2715	1.0T+电机 插电式混动	——
	纯电	自主	海马	A00	爱尚EV	12.38	5月23日	3662*1540*1502	2332	电机，等速工况最大续航里程可达200km	电动车单速变速箱
	纯电	自主	长城	A-	长城C30EV	13.98-14.98	5月25日	4471*1705*1525	2610	电机，综合工况续航里程为200公里	电动车单速变速箱
	纯电	自主	荣威	中小型SUV	荣威ERX5	27.18-29.68	6月3日	4554*1855*1719	2700	电机，综合工况续航里程可达320km	电动车单速变速箱
	插电式混动	自主	传祺	中小型SUV	GS4 PHEV	20.98-21.98	6月16日	4510*1852*1677	2650	1.5L/71kW/120N.m 电机/130kW/300N.m	电动车单速变数箱
	纯电	自主	昌河	A00	北斗星X5E	11.50-14.30	7月17日	3664*1610*1722	2485	电机，续航里程为260公里	电动车单速变速箱
	纯电	自主	传祺	小型SUV	传祺GE3	22.28-24.58	7月21日	4346*1825*1637	2560	电动/132kW/290N.m	电动车单速变速箱
	纯电	自主	御捷	A00	御捷E驰	15.28	8月3日	3450*1500*1480	2385	电机，最大续航里程155公里	电动车单速变速箱
	纯电	韩系	现代	A-	伊兰特EV	19.98-20.28	8月7日	4569*1777*1493	2655	电机，最大续航里程为270km	电动车单速变速箱
	纯电	自主	绅宝	A00	北汽EC200	15.88-16.48	8月16日	3675*1630*1518	2360	电机，最大续航里程将大于200公里	电动车单速变速箱

2017年上市新车概览-新能源（续表1）

图片	能源形势	系别	品牌	级别	车型	价格段（万元）	上市日期	长*宽*高(mm)	轴距(mm)	排量/功率/扭矩	变速箱
	纯电	自主	奇瑞	A-	艾瑞泽5e	21.28-23.28	8月25日	4572*1825*1496	2670	电机，综合工况下的续航里程为351公里	电动车单速变速箱
	纯电	自主	骏派	A-	骏派A70E	16.88-18.38	9月22日	4610*1790*1500	2652	电机，工况续航里程为205公里	电动车单速变速箱
	纯电	自主	大通	大型MPV	大通EG10	30.98-40.68	10月10日	5168*1980*1928	3198	电机，最大续航里程为200kı	电动车单速变速箱
	纯电	自主	云度	小型SUV	云度π1	13.89-19.75	10月10日	4010*1729*1621	2460	速工况续航里程最大可以达到	电动车单速变速箱
	纯电	自主	风神	A	风神E70	21.28-22.28	10月12日	4680*1720*1530	2700	机，工况续航里程超过351公	电动车单速变速箱
	纯电	韩系	华骐	A-	华骐300E	19.88	10月13日	4535*1735*1470	2610	，工况下综合续航里程为26	电动车单速变速箱
	纯电	自主	裕路	A00	裕路EV2	11.98-12.28	10月18日	3643*1669*1496	2340	电机，最大续航里程超过150km（工况法）	电动车单速变速箱
	纯电	自主	长安	小型SUV	长安CS15EV	18.94-19.64	10月19日	4100*1740*1630	2510	电动机/55kW/170N.m 工况续航里程为300km	——
	纯电	自主	御捷	A00	御捷E行	13.68	10月24日	3675*1655*1570	2385	电机，续航里程为153km	电动车单速变速箱
	纯电	自主	电咖	A00	电咖·EV10	13.38-14.18	11月16日	3692*1650*1551	2400	电机，最大续航里程能达到155公里	电动车单速变速箱
	插电式混动	自主	汉腾	中型SUV	汉腾X7 PHEV	22.98-24.98	11月17日	4775*1902*1697	2810	1.8T+电机	——

第12部类 汽车报废

DISHIERBULEI | QICHEBAOFEI

汽车报废

QICHEBAOFEI

汽车报废政策及现状

2017年中国报废汽车回收拆解行业发展

中国物资再生协会 高延莉

一、2017年汽车产业总体概况

报废汽车回收、拆解和再生利用既是再生资源重要领域，也是汽车现代流通体系的重要组成部分，既是节约资源、实现资源永续利用的重要途径，同时也承载着巨大的社会责任、环境保护的责任。

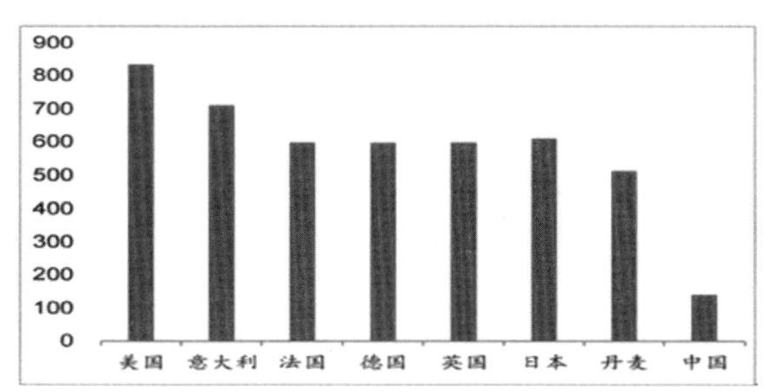

图 1 世界主要国家汽车千人保有量 （辆）

近年来，随着中国经济飞速发展，汽车产业已成为带动中国经济发展的支柱产业之一，具有强劲的发展势头，引起了全社会的广泛关注。作为汽车产业全生命链中重要的一环，汽车的报废、回收、拆解同样引起了全社会的广泛关注。

（一）中国汽车产销量情况

2017年，中国汽车产销呈小幅增长，全年共产销2901.54万辆和2887.89万辆汽车，同比增长3.19%和3.04%，增速与上年同期相比有一定回落。

随着中国人均GDP的提高，汽车的普及程度也随之提高，2006年至2016年中国人均GDP增长了3.22倍，千人汽车保有量增长了3.68倍。但与发达国家仍有较大差距，2016年中国千人汽车保有量为140辆，远低于发达国家的平均水平。

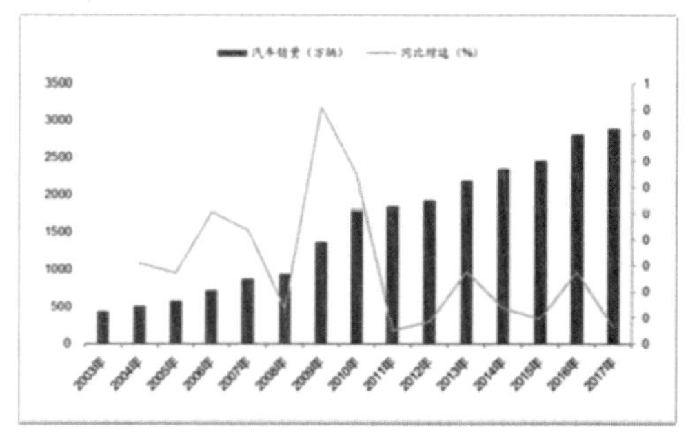

图 2 中国历年汽车销量情况

同时，中国千人汽车保有量也存在地区间发展不平衡的情况，中部人口密集省份汽车千人保有量远小于沿海地区，随着未来人均收入的增长，中国汽车保有量仍然有向上的空间。

（二）新能源汽车销量情况

2017年初，新能源汽车销量未取得预期增长，在补贴政策不明朗的背景下，2017年第一季度新能源汽车的产销售均在低水平徘徊。造成2017年上半年，全国新能源车销量不到20万辆。在新能源车补贴公告和购置税免税公告出台后，对终端销售也起到了明显的提振作用。9月底双积分政策的发布，推动了国内市场10-12月开始进入到新能源市场高速增长期。最终，2017年新能源汽车累计生产79.4万辆，同比增长53.8%；累计销售77.7万辆，同比增长53.3%，并实现贯穿全年的环比增长。2017新能源汽车产销量突破70万辆 公共充电桩总量达到21万个。预计到 2020 年产销量将超 200 万辆的水平。

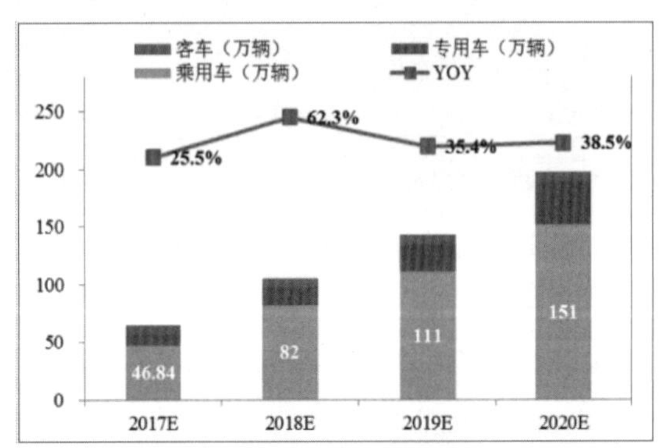

图 3　2017-2020 年新能源汽车产量预测

中国汽车产业的迅猛发展，为报废汽车回收拆解行业带来巨大的发展空间。同时，随着新能源汽车的快速发展，动力蓄电的梯级利用、资源循环利用为行业发展又增添了新动力。

二、2017年报废汽车回收利用行业总体概况

（一）国际环境对中国报废汽车回收利用行业的影响

中国报废汽车回收拆解行业起步于上世纪80年代，基本是以原物资部门所属的金属回收系统为基础，由国家物资部门管理，省、市、县三级金属回收管理体系健全，并同属于国有企业。由于全行业缺乏先进的管理理念，设备设施落后陈旧，机械化程度不高，严重制约了行业的发展。进入新世纪后，尤其是2009年后中国汽车工业迅速发展，汽车已不再是触不可及的高档商品，进入了寻常百姓家。随着汽车保有量的迅速增加，老旧汽车报废更新的加速，带动了报废汽车回收拆解行业的蓬勃发展。因此，充分学习和借鉴国外经济发达国家的经验和做法，尤其是主要发达国家制定的相关的法律、法规、技术标准等，对报废汽车的回收、拆解、再利用等行为进行规范，创造出了巨大的社会和经济效益；而且在场地设备设施、回收拆解方式方法、资源处理处置等方面国际先进国家的方法和模式对全行业产生了积极影响。企业纷纷迈出国门到发达国家参观学习，很多企业购置了机械化拆解、破碎设备，极大地改善了全行业肩扛手砸锤子敲的状况。同时，迅速崛起的巨大的中国报废汽车市场，也深深吸引了大批国际知名企业目光，他们也对行业伸出橄榄枝，欲将加入到行业中来。

（二）国家相关政策对报废汽车回收利用行业的影响

针对报废汽车回收拆解行业中国相关政府部门陆续出台了多项法律法规和规范政策，特别是2001年颁布的《报废汽车回收管理办法》（国务院307号，简称《办法》），2008年发布的《报废汽车回收拆解企业技术规范》（GB2212-2008）和《报废机动车拆解环境保护规范》（HJ348—2007），汽车贸易政策(商务部令2005年16号)等，对汽车报废与报废汽车回收提出了要求，重申要按照307号令的相关规定，并要求：报废汽车回收拆解企业必须严格按国家有关法律、法规开展业务，及时拆解回收的报废汽车；各级商务主管部门要会同公安机关建立报废汽车回收管理信息交换制度，实现报废汽车回收过程实时控制，防止报废汽车

及其“五大总成”流入社会；为合理和有效利用资源，国家适时制定报废汽车回收利用的管理办法；报废汽车回收拆解企业拆解的报废汽车零部件及其它废弃物、有害物的存放、转运、处理等必须符合《环境保护法》、《大气污染防治法》、《新能源汽车动力蓄电池回收利用溯源管理暂行规定》等。对进一步整顿报废汽车回收拆解秩序、规范报废汽车回收拆解行为、加强报废汽车管理，都发挥了积极作用。这些政策法规、规范，连同机动车强制报废标准规定一起，基本形成了有中国特色的报废汽车回收管理制度和管理体系。

（三）报废汽车回收利用行业发展状况

1. 行业发展布局

近年来，商务部以及各省市商务主管部门加大了对行业发展的扶持力度，促进报废汽车回收拆解企业的规模不断壮大，土地购置面积和场地建设规模越来越大，回收网点也随着回收数量的增多而增加。同时，随着商务部对于报废汽车回收拆解行业升级改造要求的不断提高，促使行业管理水平和运营效率都有一定幅度提升，行业规模有所扩大。

截止2017年底，全国报废汽车回收拆解企业712家，回收网点3140个，同比增长9%；经营场地总面积为2015万平方米，同比下降2.2%；企业资产总额为219.3亿元，同比下降20.2%，从业人员23678人，同比增长了下降41.6%。

表 1　2016-2017 年报废汽车回收拆解行业基本情况

序号	类别	单位	2016年		2017年	
			数值	同比	数值	同比
1	企业数量	家	653	3.2%	712	9.0%
2	从业人员	百人	40551	56.2%	23678	-41.6%
3	回收网点	个	3301	10.2%	3140	-4.8%
4	场地面积	万平方米	2061	6.6%	2015	-2.2%
5	资产总额	亿元	274.9	3.9%	219.3	-20.2%

从表1中可见，从业人员人数大幅度减少。究其原因，一是机械化拆解作业替代人工拆解；二是专业化拆解公司已在行业内兴起，报废汽车回收企业专门聘请专业拆解公司进场拆解。两种拆解方式，大大减少企业闲置人员，因此，企业人员减少在所难免。

2. 回收拆解运行情况

从2017年总体看，全国报废机动车回收量有所减少，虽然全国的黄标车整治力度为正规报废汽车回收拆解企业提供了增量，对于报废汽车回收拆解行业形成利好，但由于2016年开始部分省市结束了黄标车淘汰地方补贴的相关优惠政策，加之企业自主收车能动性不佳等原因，2017年报废汽车回收拆解量较2016年有所减少。

2017年全国回收报废机动车共计174.1万辆，与2016年180万辆相比，下降3.38%。

其中，2017年回收报废汽车147万辆，同比降低8.33%；摩托车27万辆，同比上涨23.5%。在回收的报废汽车中，2017年回收载客车106.9万辆，同比降低7.5%；其中轿车60.9万辆，同比降低20.6%；载货车32.8万辆，同比下降11.8%；专项作业车2.7万辆，同比增长1.7%；三轮汽车和低速货车0.77万辆，同比降低24.5%。除专项作业车、轮式专用机械车和摩托车小幅上涨外，其他机动车回收量均有不同程度下降，下降势头较为明显。

表 2　2017 年报废汽车回收量情况统计表

类　别			2016年	2017	同比
报废机动车	汽车回收量	客车	1149627	1069857	-7.46%
		货车	366375	327629	-11.83%
		三轮汽车及低速货车	9563	7676	-24.58%
		挂车	31539	29333	-7.52%
		轮式专用机械车	260	378	31.22%
		专项作业车	27472	27969	1.78%
		其他	8007	7526	-6.39%
		小计	1592843	1470368	-8.33%
	摩托车		207183	270876	23.51%
	合计		1800026	1741244	-3.38%

从表2中可以看出，2017年报废汽车回收量较去年有所减少，除专项作业车、轮式专用机械车和摩托车小幅上涨外，各类别车型都有不同程度下降。但是，从全国情况看，回收量下降情况并不相同，有些地区回收量扩大，并突破历史新高。例如：北京、浙江、山东、黑龙江、广东等28个省均呈现上涨，这主要是受政府部门不断加大淘汰黄标车补贴力度，大大鼓励了车主报废的积极性；另一方面由于中国的轿车已经步入了更新淘汰期，加之经济形势好转，百姓生活水平的不断提高也带来了更换新车的需求。另一些省如：天津、河南、山西、江苏等省受政府补贴政策结束，国家实施的老旧汽车更新补贴资金取消，大大影响了载货车主淘汰更新车辆的积极性，因此，回收量大幅度下降，拖累了全国总回收量。

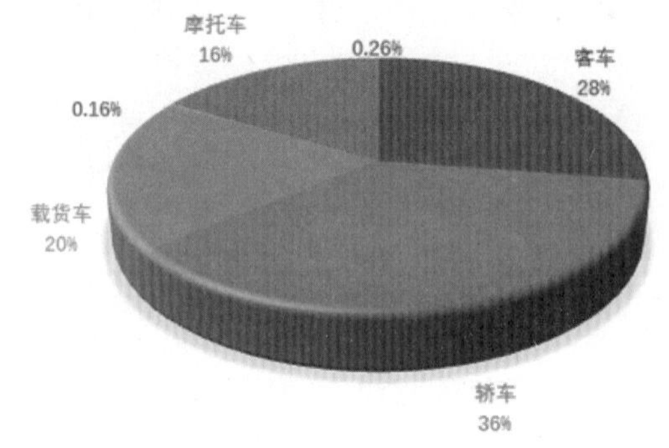

图 4　2017年全国报废机动车分品种回收占比

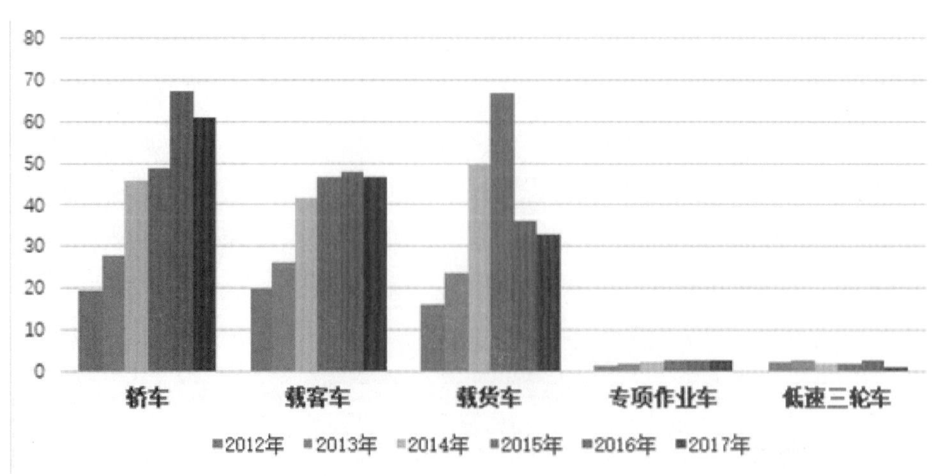

图 5　2012年—2017年连续六年报废汽车回收情况　（单位：万辆）

报废汽车回收拆解行业虽然是属再生资源类，但是他与中国汽车工业发展紧密相连，是汽车产业链中必不可少的重要一环。同时也是零部件再制造、再使用、再利用的重要产销商，全行业运行有其特点。因此，报废汽车回收量是全行业考核的重要指标之一。2017年全行业回收报废机动车174.1万辆，这仅仅是通过商务部报废汽车信息网开具回收证明的数据，另有30%的车辆没有开具回收证明。

虽然官方数据显示机动车注销量600多万辆，但是与实际报废量相差甚远。正规企业回收报废车辆占50%，另有30%被非法回收，还有20%被车主另行处理，没有真正报废。

3. 零部件回收利用率显著提高

2017 年，从回收的报废汽车状况看，2016 年以前回收的车辆车龄较长，很多车辆破烂不堪，零部件残缺，车况较差，几乎没有再利用的可能。2017 年虽然整体回收量较去年有所回落，但轿车回收量增幅巨大，回收车辆的车况也有所改善，很多车辆没有达到车辆平均报废年限，提前报废。分析其原因，首先，车主受补贴政策鼓励，能够自发地到报废汽车回收拆解企业进行车辆报废；其次，受政策规定，达不到排放标准的二手车无法异地交易落户，因此许多车主将车辆提前报废。再次，车辆所有人的生活水平的不断提高也带来了机动车未到达报废年限就提前更换新车。报废车辆的车况有所改善，为汽车零部件的再利用和零部件再制造，创造了有利条件。

表 3　2017 年回用件销售额情况　（亿元）

项目	2016年		2017年	
	数值	同比	数值	同比
销售额	44.1	-15.4%	44.98	1.9%
回用件销售额	4.2	-17.6%	11.93	182%
回用件销售额占总销售额比重	9.5%	-	21%	-

4. 受废钢价格影响，全行业冰火两重天

2017年上半年废钢市场一路下滑，废钢价格一日一变，4月的轻薄料废钢报价最低跌至400—600元/吨，重型废钢报价最低跌至1100元/吨左右。以钢铁为代表的大宗商品正面临着前所未有的产能过剩，对“五大总成”仍被禁售、仍然是以废钢回收再利用为主要产业特征的报废汽车回收拆解行业造成了空前的冲击与压力。

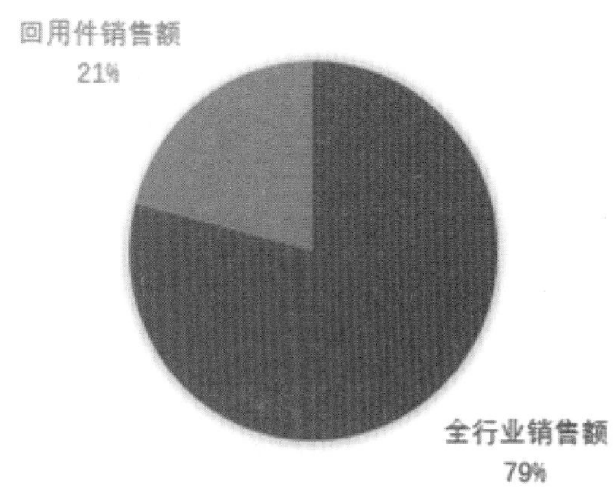

图 6　全行业销售额与回用件销售占比

即便如此有些钢铁厂仍有价无市，许多钢厂已经停止接收废钢；有的城市钢厂外排队待售的废钢货车一度积聚3000辆之多，车主需耗时十余天方可售出。售出的废钢钢厂结算期限很长，资金被钢厂长期占用。这对于收入基本来自于拆解所得废钢的报废汽车回收拆解企业而言，造成了极其沉重的打击。有副对联形象地描述：

上联：拉一车又一车 车车满怀希望，

下联：一车挣一车赔 落个两手空空。

横批：期待下趟。

但是，9月份开始废钢价格开始上涨，一天一个价，连续上涨，为全行业圆满收官画上了圆满句号。

5. 新能源汽车渐进报废期

随着中国新能源车优质特性已经进入寻常百姓家，得到全社会的认可，行驶6-7年的车辆已经开始渐入疲劳期。2008年举世瞩目的奥运会在中国举办，这期间为迎接奥运会的召开，国家对部分城市公交车配置了混合动力车和新能源汽车，经过近10年的运营，部分的新能源车和混合动力车开始进入报废期，这部分车以磷酸铁锂、镍氢电池为主，个别车型有锂电池。同时伴随着故障车、事故车等出现，报废汽车回收企业开始接收报废的新能源车，尽管回收量较少，但是报废汽车回收拆解企业应充分做好接收新能源车的准备。

图7　企业回收的新能源汽车

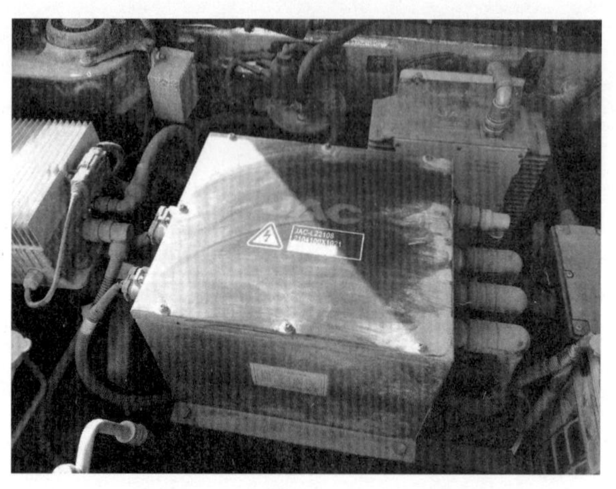

图8　新能源车中动力蓄电池

6. 报废汽车回收拆解行业存在的问题

目前，中国报废汽车回收拆解行业仍处于起步阶段，与国外相比在制度上、管理手段上、完备的法律法规上还有一定差距，但在企业一些硬件设施上，行业中有一些企业达到甚至超过国外的企业。尤其是近年来，商务部不断加强对报废汽车回收行业扶持力度，在淘汰老旧汽车、投入资金对企业进行升级改造等等措施，使全行业发展迅速，在企业环境规划上、机械化水平上、“两个”规范执行上，与“十二五”末期相比，向前迈进了一大步。但受制于多种问题和因素影响，报废汽车回收拆解行业仍然面临诸多考验，行业企业仍处于“水深火热”之中。主要问题集中于以下几点。

（1）行业相关标准亟待出台

为了规范、引导报废汽车回收拆解行业健康持续发展，依据国家有关法律法规和产业政策要求，行业尚缺少相关标准来引导各拆解企业规范经营。尤其是根据国际、国内废钢价格持续走低的影响，以及借鉴国外拆解企业先进管理、经营经验，企业在拆解方面从粗犷的拆解废钢转为精细化拆解回用件、再制造件销售获利，均面临经营上的转型。所以，回用件、再制造件在拆解、交易、包装、运输、流通等环节相关行业标准也急需出台和完善。

（2）环保问题突出、危废处置渠道不畅

近些年来，随着危废产品数量的上升，危废产品带来的环境污染问题日益突出，对于危废产品的回收利用逐渐成为当下中国环境管理工作中的重点和难点。

废铅酸电池、动力蓄电池、氟利昂、废油、废液等危废产品早已列入《国家危险废物名录》，且出台了一系列规范进行约束，但在实践中仍然缺少强制性政策法规支撑和相应的资金保障，加之回收体系建设短时间内难见成效，导致地方探索建立回收体系的积极性和主动性不高，危废产品处置体系的建设迟滞不前。

目前危险废物转移存在成本高、转移申请困难大、程序较繁琐、且审批周期长的问题，制冷剂的回收更是长期处在一个尴尬境地，各企业将回收到的制冷剂存在罐中，储存罐早已经存满，但没有处置单位接收，企业不知送到什么地方处置，目前全国没有一家处置单位。

（3）税收负担过重

报废汽车回收拆解企业不同于一般废旧物资经营企业，属于环保型加工类公益性企业。拆解的报废机动车除可再生利用资源（废钢铁、废塑料、废橡胶、废玻璃、废油、含有色金属废料、废线路板、废催化剂、废旧电池、可回用零配件）外，还需要处理 30% 左右的废弃物（汽车安全气囊、氟利昂、不可再利用的各类垃圾）。从报废汽车回收拆解行业特点来看：一是生产成本高（主要包括：占地多产生土地房产税金多、报废车辆托运费用、拆解费用、环保设施费用、废弃物处置费用、财务费用等）。二是收购数量少（由于区域经济发展不均衡，各地区机动车报废量有限，企业无法做大）。三是销售的再生材料因拆解周期长价格波动大（一辆报废车从收购、公安监销到拆解销售，时间周期长达 3 个月左右。又因销售价格市场疲软给拆解企业造成严重经济损失）。四是收购报废车辆得不到增值税发票无法进项税抵扣，2016 年行业纳税总额已经达到 4.8 亿元。

鉴于上述特点，报废汽车回收拆解企业基本属于微利企业。国家发布了新税收政策（财税〔2016〕78 号），但报废汽车回收拆解行业中能够享受退税政策的企业确是寥寥无几。

（4）企业管理水平落后

目前，全国大部分报废汽车拆解企业在汽车报废手续流程办理上都是采取全人工、甚至全部纸质化的记录和统计方式，来完成整个汽车报废手续。这样的传统工作方式，手续办理过程中错误率较高，在商务部网站进行信息提交后出现频繁修改的情况，严重增加了商务部系统和报废汽车拆解企业的工作量，同时也延迟了汽车报废手续的完成。

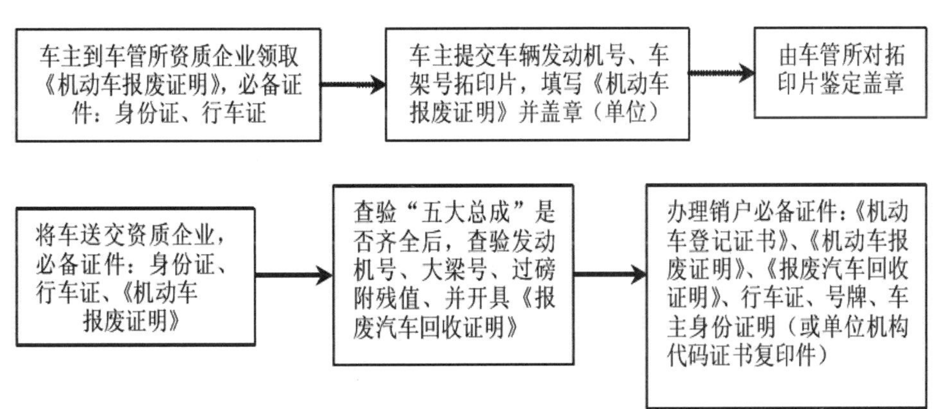

图 9　汽车报废手续及流程

大部分拆解企业内部都缺乏信息化的权限管理，分工管理、流程管理、库存管理、销售管理、各个部门绩效考核、统计数据、财务管理，致使现在报废汽车回收拆解企业普遍存在管理水平落后的问题，没有信息化的管理系统以及先进的流程化、标准化的管理理念与企业运营的实际结合，造成企业现有的工作效率较低，企业运营成本变高。同时绝大部分报废汽车拆解企业主要采取简单开放式的场地操作，对拆解场地中待拆区、拆解区、加工区、半成品及成品区等没有明显划分，多数企业没有操作车间和厂房，个别的只有简陋的存放零部件的工棚乱堆乱放甚至叠放，不仅使场地安全和环保存在风险，同时也不利于报废汽车精细化拆解、资源循环再利用，造成现有报废汽车拆解企业无法最大化的挖掘报废汽车价值、促进循环产业发展。

（5）非法回收、拆解经营现象严重

中国每年应报废车辆中，真正进入正规回收渠道的车辆与国家有关部门信息公布的数字相差甚远，有近一半以上的报废汽车已经达到使用年限却没有报废，这部分汽车一半进入非法拆解渠道，另一半依然在道路上继续行驶，这种情况不仅影响到报废汽车的回收，同时也存在极大的安全隐患。况且，受利益驱动，报废汽车回收拆解市场秩序较为混乱，大量应报废的汽车没有按规定交售给正规回收拆解企业，而是继续上路行驶。2016 年报废汽车回收量仅占汽车保有量的 0.8%，明显低于发达国家的水平。

（6）不可再利用的垃圾（ASR）无法处理

报废汽车拆解产生的不可再利用的废海绵、玻璃、纤维、木材、玻璃钢等各类垃圾，重量的占比为：小车 15%，中型车 20%，大客车 35%。由于市政管理系统不接收除城市生活垃圾以外包括工业垃圾在内的其他垃圾，所有报废汽车拆解垃圾都需要企业自行处理，而自行焚烧既不允许也污染环境，只能委托专业公司进行处理，如舟山、西安、杭州、北京的报废汽车拆解残余垃圾处理费用分别为 3000 元/车、4000 元/车（中型货车），大大增加了企业的负担。

7. 报废汽车回收拆解行业的发展建议

（1）构建报废汽车回收拆解行业法制化营商环境

①尽快推动新的《报废汽车回收管理办法》出台

新修订的《报废车回收管理办法》、《报废汽车回收管理办法实施细则》、《报废汽车回收拆解企业技术规范》尽快出台。进一步严格车辆报废制度，健全企业进退机制。加强对回收拆解企业经常性检查，督促企业加快建立诚实守信、合法经营的自律机制。指导各地统筹规划、合理布局。

②《生产者责任延伸制度推行方案》细化落实

在 2017 年 1 月国务院办公厅发布的《生产者责任延伸制度推行方案》中，提出关于危险废弃物的处置办法，但仍需落实具体的实施细则，来指导各拆解企业实施操作步骤的统一化。例如：《生产者责任延伸制度推行方案》中已明确对电器电子、汽车、铅酸蓄电池和包装物等 4 类产品实施生产者责任延伸制度，要求铅酸蓄电池回收利用生产者责任延伸制度建立溯源体系，对凡是进入市场流通的产品都打上国家标准规定的溯源编码，同时把国家政策的规范力和骨干企业对销售渠道的控制力有机结合起来。

③制定报废汽车回收拆解行业减免税政策

随着中国机动车保有量逐年增多，报废机动车也将大量产生，拆解再生材料也将会大幅增长，拆解企业渴望得到国家税收政策的支持。具体而言，可以报废汽车核销的相关手续如《报废机动车回收证明》为凭证和依据进行财政补贴或返税，由此不仅可以彻底杜绝资质企业虚开增值税发票的问题，还可以在增强资质企业竞争力的同时，有效打击非法的地下黑工厂，净化行业生产环境。

报废汽车回收拆解企业不仅是经营主体，还承担着部分社会公共服务职能，与农副产品有很多相似之处，如能比照农副产品行业一样按照 3%的税率征税，是一个相对合理也比较可行的方案。希望能再给报废汽车回收拆解行业三年市场培育期，扶植行业健康成长。

④适时建立保证金制度

在再生资源领域，生产者责任延伸制度与押金制度已被证明是极其有效的两个政策，在欧洲和日本都已取得了极大的成功与良好的效果。

在 2017 年 1 月国务院办公厅发布的《生产者责任延伸制度》中，已明确对电器电子、汽车、铅酸蓄电池和包装物等 4 类产品实施生产者责任延伸制度。

一是，对报废汽车回收拆解行业实行抵押金管理制度。即：车主在购买车辆时预先支付报废汽车处理抵押金，在途车辆在验车时收取处理抵押金，车辆报废时再予以退还。

二是，为了更好地保护环境、增加资源利用效率，强制汽车生产企业采用环保材料、并使用便于拆解回收的制造工艺；无偿负责回收应回收的汽车拆解废弃物，并就不可再利用的垃圾（ASR）、安全气囊、氟利昂等，对报废汽车回收拆解企业予以补贴。如此可以起到事半功倍之效。

（2）推动报废汽车回收拆解行业规范化经营生产

为了规范、引导报废汽车回收拆解行业健康持续发展，依据国家有关法律法规和产业政策要求，行业正在制定回用件、再制造件的拆解、交易、包装、运输、流通等环节的团体标准。各拆解企业按照制定后的团体标准实行并共同推进该标准上升为行业标准，规范行业经营秩序，引导拆解企业良性发展，提升企业竞争力。

同时，应加强报废汽车回收拆解行业信用体系建设，开展信用评价活动，在必要条件下给予 3A 企业更多优惠，并加以推广，切实维护回收拆解正常秩序。提出行业绿色拆解要求，推进行业特色认证。鼓励企业通过 ISO9000、ISO14000 质量管理体系认证，加强企业经营管理。

制定汽车报废手续处理、拆解工艺流程的标准化工作，有利于相关部门对本地企业进行更加有效的监督管理，并及时、透明地了解各企业的动态情况，在标准化的流程环节中遇到的问题，以统一的方式进行处理，避免因为突发事件对于整个报废汽车手续正常完成带来的不利影响。

（3）促进报废汽车回收拆解行业市场化发展

为了配合国家最新修订《报废汽车回收管理办法》的出台和实施，有预见性地及时把握开放报废汽车“五大总成”销售的先机，摆脱现时报废汽车拆解企业低端拆解金属回收，经济效益无法突破瓶颈的困局，积极拓展报废汽车回用件销售市场，充分提升报废汽车回用件在销售总额的占比，构建以全国行业协会为主导，各省区域龙头企业为组成，现代高效物流企业参与，大数据平台支撑的报废汽车拆解回用件销售联盟。形成线上线下双轨并行，以报废汽车回用件使用者的角度考虑定向开发市场，在确保市场的前提下，调动联盟成员企业的资源优势，形成集约化销售规模，打造联盟报废汽车回用件品牌。

（4）加强报废汽车回收拆解行业信息化管理

①为了取代传统的管理方式，提高企业管理效率，全国拆解企业需要一个完整的、贴合实际情况的“企业 ERP 管理系统”以自动化的方式来完成整个汽车报废的手续，不仅降低原有人工录入方式的高错误率，还大幅度提高了手续录入工作的效率。

②国务院总理李克强代表国务院提出深入推进‘互联网+’行动和国家大数据战略，全面实施《中国制造2025》，落实和完善‘双创’政策措施”,加快大数据、云计算、物联网应用，以新技术、新业态、新模式，推动传统产业生产、管理和营销模式变革。在充分结合报废汽车回收拆解行业特点的情况下，利用“互联网+”模式，服务于报废汽车全产业链循环生态系统。对于危险废物、零部件再制造、回用件再利用的分类分级标准的测评和回用件的标准化编码，以此实现对于报废汽车全生命周期的追溯功能，充分让报废汽车以及可再利用零部件的来源和去向透明化和可追溯化。

三、报废汽车回收企业概况

2017年，全国报废汽车回收拆解企业平均回收量2121辆，同比下降15.6%，回收报废汽车数量超过1万辆以上的企业16家，其中排名第一的是深圳市报废车回收有限公司回收报废汽车47315辆，第三次捧得第一名。报废汽车回收量前16位的企业共回收报废汽车40万辆，同比下降15.6%，占全国报废汽车回收量的27.2%。回收报废摩托车1.3万辆，同比下降了60.3%，占全国报废摩托车总回收量的4.8%。

2017年全行业回收经营情况较弱，很多地市受黄标车补贴结束后车主交车积极性不高的影响，出现了回收量大幅度下降，企业收车难。其中有14家企业年回收量不足10辆，年回收量不到100量的企业23家。由此带来的经济效益低是普遍现象。

四、报废汽车回收利用行业技术装备概况

近几年来，随着中国经济的快速发展，生产水平、技术要求不断提高，环境保护意识大大增强，老企业在做好升级改造的同时，积极改善企业机械化水平，基本上具备打包机、压块机、举升机、翻转机等

机械设备，全国报废汽车回收拆解行业环境面貌得到迅速提高。

表 4　2017 年回收报废汽车数量超过 1 万辆的前 17 家企业 （单位：辆）

企业名称	合计	报废汽车	摩托车
天津新能再生资源有限公司	92593	90962	1631
深圳市报废车回收有限公司	48037	47315	722
成都兴原再生资源投资有限公司	44136	41487	2649
北京博瑞联通汽车循环利用科技有限公司	37512	37404	108
北京市大石河报废汽车解体厂	35766	35686	80
重庆市报废汽车（集团）有限公司	34208	30374	3834
北京华新凯业物资再生有限公司	29063	28878	185
北京市天交报废汽车回收处理有限责任公司	22664	22378	286
天津新能再生资源有限公司	22054	22049	5
北京金属回收联营公司	19519	19452	67
北京市汽车解体厂有限公司	17281	17212	69
杭州经纬资源利用有限公司	17165	16699	466
大连市报废汽车回收拆解有限公司	16363	16272	91
天津市国联报废机动车回收拆解有限公司	14820	14812	8
温州浙南汽车设备回收有限公司	17679	13532	4147
北京中物博汽车解体中心	13137	12943	194
襄阳华泰天成再生资源有限责任公司	12292	12196	96
沈阳秋实报废汽车回收有限公司	11184	11077	107

昔日的拆解场地已被高大的现代化拆解厂房代替，全自动拆解机、破碎机、油水分离设备、自动化预处理设备、氟利昂回收设备、安全气囊引爆设备以及叉车、拖车等设备一应俱全，企业作业环境显著提高。中国报废汽车回收拆解行业中10%的企业在硬件设施方面，很大程度上已赶上和超过国外发达国家水平。只是在管理理念、管理水平、法律意识上存在差距。国外企业发展基本均衡，而中国整体水平较差，尚有60%的企业只实现了半自动化拆解，大部分企业仍然是以气割氧割拆解为主，氧割烟熏锤子砸的现象还存在。随着新修订的《报废汽车回收管理办法》的出台，报废汽车回收拆解行业状况会有较大提高。

发达国家报废汽车回收拆解行业发展

中国物资再生协会 高延莉

目前，全世界汽车拥有量超过11亿辆，同时每年约有6000万辆旧车报废，报废率约6-8%。在报废汽车带来巨大环境压力的同时，也促进了报废汽车回收拆解产业的发展。在美国、欧洲、日本等地，汽车换代比我国快，美国汽车的使用年限平均是7.1年，德国是6年，意大利是8年，法国是9年，日本汽车的平均使用年限一般在11年。美国每年报废汽车约1200万辆，欧盟900多万辆，日本550万辆左右。由于制造汽车所用的材料中优质钢等金属类占80％左右，从资源的可持续发展的角度来看，报废汽车是炼钢和有色金属冶炼工业的一个重要原料来源。除回收钢铁等金属外，还拆解回收20%左右的汽车零部件，直接供给汽车维修行业。因此，各国都很重视对报废汽车的回收拆解工作。

一、美国、欧盟、日本报废汽车回收管理简况

（一）美国

美国由环境保护总署针对汽车回收工业制定法律法规，由各州环境保护局对汽车回收工业实施管理和监督。

美国是目前世界上最大的汽车拥有国，目前美国汽车社会保有量达2.5亿辆。每年回收报废汽车1500万辆左右。全国有超过12000家报废汽车拆解企业和大约200家破碎企业。形成了完善的报废汽车回收利用体系和成熟的回收利用技术，在全球报废汽车回收利用行业处于领先水平。

根据美国各州相关环保法规，报废汽车回收利用企业对汽车拆解产生的各种危险废物的管理十分严格，能将各种危险废物收集后按照相关规定提供给专业回收企业处置。报废汽车破碎产生的废弃物，采取付费填埋的方式进行处置。

（二）德国

1996年德国颁布的《循环经济和废物管理法》，对报废汽车拆解材料的比例作了具体的规定。

2002年3月，联邦政府批准了环境部提出的一项法律草案，即规定汽车生产厂商与进口商有义务免费回收废旧汽车以及在事故中完全损坏的汽车；在环境影响评价法、环境赔偿法等法规中，对废旧汽车拆解场所也有明确要求。

德国报废汽车回收处理的管理主要由联邦政府和认证机构负责。政府的作用是制定法规和监督。德国报废汽车拆解企业资格认证机构有3家，既有一定的政府职能，又有企业性质。现有汽车拆解企业4000多家，20家破碎厂，这些企业都有联邦政府颁发的执照。

（三）英国

英国环境、食品和乡村事务部与贸易工业部为指导拆解企业恰当的拆解和处理报废车辆，联合颁布了《报废车辆的无害化处理（认可的拆解机构指南）》，对拆解企业资质提出了相关要求。

目前拆解企业约有2000余家，多数拆解厂为小型家族公司，能拆解1万辆以上的企业很少。破碎公司共有37家，规模都较大，并且是资金密集型企业，可以处理大量的散装的轻型废钢。如欧洲金属回收公司European Metal Recycling—EMR是英国最大的废旧物

资回收企业，在全国有41处收集与处理报废汽车的场所，每年收集与处理120万辆报废汽车，约占全国总量的60%。

（四）日本

从2005年开始全国实施购买新车时缴纳一定数量的回收处理费，该处理费由政府指定的基金会管理机构实施管理与使用，主要用在报废汽车拆解时产生的氟利昂、安全气囊和废弃物的处置费用。报废汽车的回收与拆解企业是分开的。汽车经销商包括二手车销售点回收量占99%，其他是汽车修理店回收。拆解企业对有使用价值的旧车实行作价收购。

法规规定汽车生产商负责报废汽车拆解产生的氟里昂、安全气囊、破碎后废弃物（ASR）三项物质的回收处置，向处置企业支付回收处置费用。

日本有5100家拆解厂，140家切片厂。拆解企业拆解工序，是先将油箱里的汽油回收，再将空调、蓄电池、安全气囊、废机油等对环境危害大的废物收集，交有资质的企业进行处置。拆解的汽车零配件经检测后销售。拆解后的车体压成块，供出口（中国、韩国等）或给破碎切片厂处理。

切片厂产生的废钢铁、铜、铝、塑料等销售，其余约占20%左右无用的废弃物，含塑料、纤维、橡胶等混合物经焚烧后送垃圾填埋场。

二、各国报废汽车回收管理模式不同点

各国报废汽车回收管理模式不同点归纳起来如下。

日本的报废汽车回收业务及汽车氟利昂回收业务与拆解业务是分开的，而其它国家则是一体的。日本回收企业包括从事汽车、二手车经销商、汽车修理业及车辆保险业，它们负责将回收的报废汽车交给氟利昂回收企业或汽车拆解企业；氟利昂回收企业只负责汽车制冷剂的回收，并负责将处理后的报废汽车交给汽车拆解企业；但汽车拆解企业也可以直接回收报废汽车及其制冷剂。另外，日本已建成全国统一的报废汽车回收、拆解、破碎信息管理网络体系和拆解回用零部件全国销售信息网络体系，极大地提高了政府管理效率和企业经营效率。

三、各国报废汽车回收管理模式共同点

1．根据各国法律规定均不同程度地实施了生产者责任制，汽车制造商为拆解企业提供拆解技术指南，设立了报废汽车回收处理基金。但基金资金来源组成不同，日本是由汽车车主在购车时缴纳的，并采取车辆转移联单制，直至车辆报废，汽车制造商对拆解废弃物有连带处理责任；其它国家则是由汽车制造商负责按车辆销售量的一定金额缴纳，政府规定部门管理和使用。

2．各国均设有独立的破碎企业，与报废汽车拆解企业有很好的合作关系，充分发挥了各自的特长。

3．通过完善的法律法规来确保报废汽车回收拆解中的环境保护及资源的再利用问题。

4．采取了对拆解企业进行资格认定的管理模式。政府部门的作用是制定法律，提出资格要求，对相关行业机构、企业进行监督；认证机构负责对汽车拆解、破碎企业的资质认定、定期审核。

5．建立完善的全国性回收网络。报废汽车回收、拆解、破碎企业数量呈金字塔分布，投资额度巨大、技术含量很高的破碎企业数量最少；拆解企业布局合理，社会分工明确，利用信息购销网络极大地推动了回用零部件的销售市场；回收网点分布广泛，汽车车主交车便捷。

6．报废汽车拆解技术成熟，设施设备先进，回用零部件利用率程度较高。

7．管理信息化程度较高，回收拆解企业均实现了网络化管理，报废汽车回用件、翻新件主要通过互联网出售，时效性较好。

8．汽车制造商均积极投入技术、资金等协助参与报废汽车的回收拆解再利用工作，并且在产品的设计制造阶段考虑回收再利用的相关问题。

9．报废汽车及其零部件出口没有政策限制。

第13部类

统计资料

DISHISANIBULEI | TONGJIZILIAO

表 1　2017年全国公路线路年末里程（按地区）　　单位：公里

地　区	总计	等级公路合计	高速	一级	二级	三级	四级	等外公路
总　计	**4773469**	**4338560**	**136449**	**105224**	**380481**	**429035**	**3287372**	**434909**
北　京	22226	22226	1013	1450	3985	3949	11829	-
天　津	16532	16532	1248	1204	3133	1181	9765	-
河　北	191693	186266	6531	5983	20419	19973	133360	5427
山　西	142855	140201	5335	2638	15691	19102	97434	2654
内蒙古	199423	192222	6320	7056	17235	31385	130225	7201
辽　宁	122705	111358	4212	4094	18212	32443	52396	11347
吉　林	103896	98908	3119	2154	9498	9148	74989	4988
黑龙江	165989	140698	4512	2657	11797	34252	87480	25291
上　海	13322	13322	829	502	3607	2696	5688	-
江　苏	158475	155803	4688	14234	23084	15661	98137	2672
浙　江	120101	118848	4154	6765	10263	8197	89469	1253
安　徽	203285	201081	4673	4151	10879	20897	160482	2204
福　建	108012	91297	5039	1161	10669	8532	65897	16715
江　西	162285	134863	5916	2917	10837	13165	102027	27422
山　东	270590	269698	5821	10312	24854	26145	202566	892
河　南	267805	232813	6523	3350	26360	21174	175407	34992
湖　北	269484	259591	6252	5874	22712	10795	213959	9893
湖　南	239724	217251	6419	1669	13865	5709	189590	22473
广　东	219580	206461	8347	11628	19210	18978	148299	13119
广　西	123259	112619	5259	1443	12714	8296	84907	10640
海　南	30684	30232	795	374	1781	1589	25693	452
重　庆	147881	120915	3023	773	7963	5515	103641	26966
四　川	329950	294809	6821	3669	14912	13632	255775	35142
贵　州	194379	148839	5835	1313	7468	7235	126988	45540
云　南	242546	208526	5022	1354	11941	8937	181272	34021
西　藏	89343	77911	38	578	1038	10151	66106	11432
陕　西	174395	159026	5279	1575	9393	15776	127003	15369
甘　肃	142252	124788	4016	429	8894	13521	97927	17465
青　海	80895	68470	3223	680	7522	5276	51768	12425
宁　夏	34561	34432	1609	1845	3820	6336	20822	129
新　疆	185338	148554	4578	1392	16725	29388	96472	36783

表 2　2017年全国公路营运汽车拥有量（按地区）

地　区	合计（辆）	载客汽车		载货汽车			
		辆	客位	辆	#普通载货汽车	吨位	#普通载货汽车
总　计	**14502215**	**816050**	**20991807**	**13686165**	**9029008**	**117748131**	**48683971**
北　京	259168	72068	829890	187100	152180	1066815	627856
天　津	192736	8191	339277	184545	122100	1310455	362292
河　北	1464952	24737	708233	1440215	733166	14083495	3388675
山　西	588974	14873	382270	574101	253842	6813808	1581644
内蒙古	330777	11607	393813	319170	209480	2546464	1087166
辽　宁	794869	30939	864465	763930	535047	5615704	2290718
吉　林	334633	13658	449988	320975	235419	2262167	1153738
黑龙江	498386	15785	518620	482601	374990	3698107	2293042
上　海	255653	43337	650635	212316	78549	2577036	604244
江　苏	859247	50778	1685588	808469	527048	7641695	3347985
浙　江	368049	23576	818947	344473	214701	3150386	1232323
安　徽	689867	28169	822520	661698	418424	6379438	2859672
福　建	258011	15816	458485	242195	149278	2318235	769317
江　西	346115	15728	458681	330387	181162	3577772	1363967
山　东	1090930	24029	837549	1066901	431200	13101800	3402197
河　南	1023173	41344	1276297	981829	609634	8756157	3301702
湖　北	379378	35954	823041	343424	248642	2794231	1447274
湖　南	332818	40351	988265	292467	227294	2157434	1132739
广　东	717235	38913	1652873	678322	452443	5792596	2218610
广　西	531172	26582	823434	504590	425741	3212214	2178408
海　南	69091	6107	181923	62984	56757	270811	175457
重　庆	313535	18327	475229	295208	245791	2193457	1610588
四　川	600241	49296	1169599	550945	450378	3862801	2311126
贵　州	214034	28665	618566	185369	169831	979599	842431
云　南	653020	49493	814369	603527	564761	2747505	2263781
西　藏	62436	5382	99430	57054	52536	417770	370085
陕　西	410243	18801	545942	391442	303022	2562947	1391473
甘　肃	325420	20370	466224	305050	274058	1480494	1113444
青　海	82886	3401	100749	79485	65800	493252	297209
宁　夏	101008	5024	157497	95984	52251	1022517	391305
新　疆	354158	34749	579408	319409	213483	2860969	1273503

注：1. 从2013年起，公路营运载客汽不再包含公路运输管理部门管理并注册登记的公共汽车和出租汽车，统计口径发生调整，数据与上年同期不可比。

2. 从2013年起，公路营运载货汽车包括货车、牵引车和挂车，统计口径发生调整，数据与上年同期不可比。

表 3　2017年全国民用车辆拥有量（一）（按地区）　　单位：辆

地　区	民用汽车	载客汽车				
			大型	中型	小型	微型
总　计	**209066730**	**184695425**	**1529365**	**789529**	**180386935**	**1989596**
北　京	5631027	5208301	64839	79377	5045452	18633
天　津	2876902	2539924	26361	13024	2479919	20620
河　北	13872115	12073363	65944	22498	11680108	304813
山　西	5919838	5256709	33415	12463	5069981	140850
内蒙古	4802156	4217186	28661	11531	4119419	57575
辽　宁	7270843	6331473	73912	46238	6155965	55358
吉　林	3871534	3440590	34555	14790	3346976	44269
黑龙江	4353221	3715728	46053	21471	3612423	35781
上　海	3609593	3281738	51190	27831	3192139	10578
江　苏	16128172	14997212	111378	46305	14738852	100677
浙　江	13958016	12668371	70257	36304	12449052	112758
安　徽	7089341	6057912	50966	24956	5947850	34140
福　建	5570109	4864625	33241	25037	4767594	38753
江　西	4658999	3981039	27913	14766	3911498	26862
山　东	19295480	17116631	124091	42244	16614607	335689
河　南	12744480	11246977	75192	37898	11005065	128822
湖　北	6798085	6014837	57771	29934	5906464	20668
湖　南	6831852	6133678	54654	44248	6001389	33387
广　东	18942178	16919605	174730	64906	16600894	79075
广　西	5021312	4311588	36216	17605	4210607	47160
海　南	1132075	982159	15102	6257	955875	4925
重　庆	3704684	3284214	29952	11787	3234811	7664
四　川	9902956	8906146	74582	24399	8669478	137687
贵　州	4140075	3553238	27957	20700	3484998	19583
云　南	6226626	5255790	29059	24593	5136210	65928
西　藏	408799	266012	4328	3338	254910	3436
陕　西	5495138	4896337	37368	18903	4780501	59565
甘　肃	2874531	2337265	23050	11624	2288017	14574
青　海	995723	825561	8395	5706	805934	5526
宁　夏	1309373	1014981	9207	4062	995590	6122
新　疆	3631497	2996235	29026	24734	2924357	18118

表4　2017年全国民用车辆拥有量（二）（按地区）　单位：辆

地　区	载货汽车	重型	中型	轻型	微型	其它汽车
总　计	**23388477**	**6354070**	**1306786**	**15662997**	**64624**	**982828**
北　京	366657	71096	30049	264220	1292	56069
天　津	319410	64573	11309	241242	2286	17568
河　北	1743437	617087	45758	1077830	2762	55315
山　西	639361	267615	12891	355729	3126	23768
内蒙古	559673	168110	16488	373811	1264	25297
辽　宁	901939	287192	46569	567298	880	37431
吉　林	412875	132389	20622	259264	600	18069
黑龙江	610734	181283	45047	383410	994	26759
上　海	308067	182921	49669	75471	6	19788
江　苏	1056452	424115	114575	517026	736	74508
浙　江	1245274	202677	41684	991791	9122	44371
安　徽	997919	347428	28792	620737	962	33510
福　建	683473	115143	21236	544741	2353	22011
江　西	651280	211506	41951	397461	362	26680
山　东	2107173	668742	83875	1351601	2955	71676
河　南	1446283	485683	42177	916549	1874	51220
湖　北	743193	178984	58597	505141	471	40055
湖　南	669221	138766	51606	478292	557	28953
广　东	1959958	332542	118061	1484872	24483	62615
广　西	684486	167506	60039	453481	3460	25238
海　南	143237	14932	11674	116453	178	6679
重　庆	402598	121488	28844	252254	12	17872
四　川	959717	223883	77178	658105	551	37093
贵　州	564868	80060	41749	442985	74	21969
云　南	944339	137050	77567	729402	320	26497
西　藏	139818	26341	17750	95155	572	2969
陕　西	560368	166215	29461	364053	639	38433
甘　肃	518604	97766	30628	389941	269	18662
青　海	161715	29831	7597	124106	181	8447
宁　夏	283902	63557	9254	210735	356	10490
新　疆	602446	147589	34089	419841	927	32816

表 5　2017年全国私人车辆拥有量（一）（按地区）　　单位：辆

地　区	民用汽车	载客汽车				
			大型	中型	小型	微型
总　计	**185151085**	**170015142**	**45771**	**221703**	**167884186**	**1863482**
北　京	4666070	4536810	3233	45109	4471583	16885
天　津	2425055	2242295	1092	4440	2219371	17392
河　北	12793808	11552364	6113	7261	11238801	300189
山　西	5337018	4913890	462	2588	4775933	134907
内蒙古	4393579	3980584	1441	3894	3919224	56025
辽　宁	6209930	5754857	6164	18881	5676837	52975
吉　林	3498000	3188491	4085	4992	3136697	42717
黑龙江	3859648	3415401	5101	8264	3368419	33617
上　海	2743775	2736308	1100	7819	2717365	10024
江　苏	14019154	13490993	374	10766	13385654	94199
浙　江	12270862	11498890	788	7908	11396679	93515
安　徽	6123719	5615172	663	4056	5577865	32588
福　建	4917209	4438450	410	4664	4396505	36871
江　西	4127544	3742662	192	1573	3715400	25497
山　东	17363476	16030180	5683	15720	15693982	314795
河　南	11558334	10612490	606	5048	10482447	124389
湖　北	6056677	5543501	432	4992	5519082	18995
湖　南	6304197	5729446	890	7345	5691370	29841
广　东	16789920	15606481	3623	27339	15507223	68296
广　西	4506092	4027420	287	4748	3976709	45676
海　南	979363	862908	332	1638	856866	4072
重　庆	3201429	2989779	148	1214	2982077	6340
四　川	8848622	8212681	602	3984	8082480	125615
贵　州	3743435	3288033	226	1675	3267170	18962
云　南	5681108	4868532	342	3258	4802998	61934
西　藏	359433	237469	158	766	233355	3190
陕　西	4950252	4527320	295	1734	4467530	57761
甘　肃	2408571	2040222	116	1636	2029616	8854
青　海	823847	706821	65	1062	701677	4017
宁　夏	1187745	945195	160	1252	937842	5941
新　疆	3003213	2679497	588	6077	2655429	17403

表6　2017年全国私人车辆拥有量（二）（按地区）　单位：辆

地　区	载货汽车					其它汽车
		重型	中型	轻型	微型	
总　计	**14784041**	**1939751**	**732208**	**12056639**	**55443**	**351902**
北　京	118188	8758	3683	105743	4	11072
天　津	177352	16441	4447	155232	1232	5408
河　北	1218223	282414	34642	898665	2502	23221
山　西	413659	119190	7110	284558	2801	9469
内蒙古	402598	79215	9585	312678	1120	10397
辽　宁	444578	65590	24021	354360	607	10495
吉　林	303013	69386	15711	217392	524	6496
黑龙江	436944	84424	33395	318289	836	7303
上　海	5288	1806	1662	1819	1	2179
江　苏	502067	157698	49409	294360	600	26094
浙　江	761905	30711	12730	710513	7951	10067
安　徽	495442	31193	11893	451524	832	13105
福　建	471448	27181	12253	429756	2258	7311
江　西	377949	28981	22513	326130	325	6933
山　东	1301168	127966	45597	1125719	1886	32128
河　南	922121	95708	29675	795116	1622	23723
湖　北	498195	65158	38755	393885	397	14981
湖　南	558998	87961	42859	427668	510	15753
广　东	1160972	87829	56775	993646	22722	22467
广　西	468328	64916	40160	360102	3150	10344
海　南	114146	8346	9883	95766	151	2309
重　庆	206709	7063	10286	189351	9	4941
四　川	620837	55927	41512	522911	487	15104
贵　州	446198	34146	27601	384388	63	9204
云　南	800754	87052	62614	650821	267	11822
西　藏	120806	21749	16621	81915	521	1158
陕　西	409437	83793	23980	301090	574	13495
甘　肃	361213	43505	20322	297172	214	7136
青　海	113904	10566	5354	97839	145	3122
宁　夏	237515	41641	7628	187916	330	5035
新　疆	314086	13437	9532	290315	802	9630

表 7　2017年全国各地区全社会货运量　　单位：万吨

地　区	总计	铁路	公路	水运
总　计	**4804850**	**368865**	**3686858**	**667846**
北　京	20110	736	19374	
天　津	51800	8736	34720	8345
河　北	228854	17100	207340	4413
山　西	189516	74616	114880	20
内蒙古	213318	65835	147483	
辽　宁	216135	17740	184273	14122
吉　林	49903	5097	44728	78
黑龙江	56398	11161	44127	1110
上　海	96850	488	39743	56619
江　苏	220532	5949	128915	85668
浙　江	242504	4071	151920	86513
安　徽	403426	8940	280471	114015
福　建	132227	3175	95599	33453
江　西	154437	4871	138074	11492
山　东	327006	22295	288052	16659
河　南	230114	10087	207066	12961
湖　北	188107	4253	147711	36143
湖　南	225551	4185	198806	22560
广　东	392381	8606	288904	94871
广　西	174642	6634	139602	28405
海　南	21351	963	11223	9165
重　庆	115536	2012	95019	18506
四　川	172922	6982	158190	7750
贵　州	96242	5279	89298	1665
云　南	129298	4568	124064	667
西　藏	2203	56	2148	
陕　西	163079	39162	123721	196
甘　肃	66204	6052	60117	35
青　海	17923	3052	14871	
宁　夏	38187	6528	31659	
新　疆	84395	9635	74760	
不分地区	83696			2414

注：不分地区数据包括民航、管道、中远集团海外公司完成数。

表 8　2017年全国各地区全社会货物周转量　　单位：亿吨公里

地 区	总计	铁路	公路	水运
总 计	**197372.65**	**26962.20**	**66771.52**	**98611.25**
北 京	958.42	799.17	159.24	
天 津	2169.54	480.46	398.02	1291.07
河 北	13381.59	4278.36	7899.32	1203.91
山 西	4185.03	2426.27	1758.66	0.10
内蒙古	5146.76	2382.29	2764.47	
辽 宁	12757.20	1089.70	3058.58	8608.92
吉 林	1634.65	482.86	1151.59	0.20
黑龙江	1657.69	737.15	913.48	7.06
上 海	24998.71	10.08	297.91	24690.72
江 苏	9057.60	297.49	2377.90	6382.21
浙 江	10106.23	215.79	1821.22	8069.22
安 徽	11429.77	746.97	5179.68	5503.12
福 建	6779.76	135.90	1214.05	5429.82
江 西	4217.34	532.51	3432.95	251.87
山 东	9719.46	1310.84	6650.22	1758.40
河 南	8228.70	1966.57	5341.67	920.46
湖 北	6344.76	814.05	2741.91	2788.80
湖 南	4300.74	813.13	2990.55	497.07
广 东	27919.79	270.98	3636.89	24011.92
广 西	4613.32	709.68	2456.69	1446.95
海 南	864.26	15.08	78.61	770.57
重 庆	3374.34	179.66	1068.96	2125.72
四 川	2696.17	763.79	1676.81	255.57
贵 州	1656.48	602.84	1008.58	45.07
云 南	1824.96	448.37	1360.37	16.21
西 藏	136.30	30.47	105.82	0.00
陕 西	3760.64	1641.77	2118.21	0.66
甘 肃	2439.66	1390.72	1048.88	0.06
青 海	519.46	266.03	253.43	
宁 夏	753.72	253.55	500.18	
新 疆	2176.35	869.69	1306.66	
不分地区	7563.24			2535.55

注：不分地区合计数中包括民航、管道、中远集团海外公司完成数。

表 9　2017年全国各地区全社会客运量　单位：万人

地 区	总计	铁路	公路	水运
总　计	**1848620**	**308379**	**1456784**	**28300**
北 京	58871	13931	44940	
天 津	17440	4792	12538	110
河 北	50023	11527	38494	2
山 西	25155	7664	17333	158
内蒙古	14867	5446	9421	
辽 宁	72483	14266	57665	552
吉 林	32989	7663	25203	123
黑龙江	34670	10412	23917	341
上 海	15485	11617	3420	448
江 苏	126783	19786	104566	2431
浙 江	104497	20114	80099	4284
安 徽	69105	11487	57365	253
福 建	51134	11624	37585	1925
江 西	62997	10224	52506	268
山 东	65299	14151	49111	2037
河 南	114351	15252	98753	345
湖 北	103144	15747	86772	625
湖 南	114936	12872	100390	1674
广 东	137418	28766	105919	2733
广 西	48578	9838	38083	657
海 南	14660	2674	10107	1879
重 庆	60522	6349	53307	866
四 川	109093	12631	94098	2364
贵 州	91803	5796	83809	2198
云 南	44622	4754	38569	1299
西 藏	1319	320	999	
陕 西	67880	8908	58580	393
甘 肃	42638	4467	38080	90
青 海	6274	1134	5070	70
宁 夏	7345	650	6518	177
新 疆	27083	3515	23568	
不分地区	55156			

注:不分地区数据为民航客运量完成数。

表 10　2017年全国各地区全社会旅客周转量　　单位：亿人公里

地　区	总计	铁路	公路	水运
总　计	**32812.80**	**13456.92**	**9765.18**	**77.66**
北　京	253.16	153.76	99.40	
天　津	266.91	193.90	72.83	0.18
河　北	1282.78	1042.72	239.94	0.12
山　西	373.76	223.29	150.36	0.11
内蒙古	362.66	220.01	142.65	
辽　宁	939.83	634.92	298.85	6.06
吉　林	425.36	262.21	162.99	0.17
黑龙江	452.05	274.59	177.07	0.38
上　海	224.81	107.34	116.67	0.79
江　苏	1515.26	765.15	746.89	3.22
浙　江	1096.04	658.17	431.56	6.31
安　徽	1153.69	746.17	407.11	0.41
福　建	604.23	373.61	227.83	2.78
江　西	1000.29	722.66	277.29	0.34
山　东	1247.26	754.14	481.04	12.07
河　南	1761.74	1024.49	736.62	0.63
湖　北	1278.14	791.81	482.27	4.06
湖　南	1500.54	970.47	526.60	3.47
广　东	2012.47	872.08	1129.53	10.85
广　西	778.31	404.61	370.38	3.32
海　南	129.29	47.94	77.51	3.84
重　庆	496.34	201.12	289.54	5.68
四　川	881.52	358.00	521.29	2.23
贵　州	720.13	249.48	463.93	6.72
云　南	453.39	142.24	308.27	2.88
西　藏	44.76	18.10	26.66	
陕　西	760.86	471.03	289.15	0.68
甘　肃	619.65	371.71	247.76	0.17
青　海	136.80	86.95	49.77	0.09
宁　夏	99.19	43.26	55.84	0.09
新　疆	428.54	270.97	157.57	
不分地区	9513.04			

注:不分地区数据为民航旅客周转量完成数。

表 11　2017年全国民用汽车新注册情况（一）（按地区）　单位：辆

地　区	民用汽车	载客汽车				
			大型	中型	小型	微型
总　计	**28003955**	**24802416**	**171474**	**46657**	**24507374**	**76911**
北　京	625962	567230	6414	3856	555659	1301
天　津	291436	249617	2439	782	242181	4215
河　北	1811156	1584117	5781	1287	1572993	4056
山　西	736892	626320	4991	669	618171	2489
内蒙古	534088	474792	3053	580	470240	919
辽　宁	739376	654997	8217	1389	644930	461
吉　林	440605	392182	3397	601	387941	243
黑龙江	497943	436207	5337	811	429898	161
上　海	536770	487588	5871	1370	479259	1088
江　苏	2183613	2028250	9837	2275	2010195	5943
浙　江	1701388	1534131	7309	1660	1513935	11227
安　徽	1210718	1051025	7503	2228	1039134	2160
福　建	755935	661951	3774	1713	654932	1532
江　西	780633	676989	4102	1108	667762	4017
山　东	2148202	1865453	10650	2131	1842325	10347
河　南	1947788	1728821	8582	3815	1709320	7104
湖　北	1072411	948489	7007	2535	937120	1827
湖　南	1087330	994286	9522	2963	979117	2684
广　东	2654056	2384680	23193	3107	2350774	7606
广　西	718637	635813	3868	1550	629021	1374
海　南	192402	168424	2414	878	164361	771
重　庆	551171	492277	2215	732	488441	889
四　川	1392877	1253138	7102	1549	1242702	1785
贵　州	737570	654008	3423	1800	648279	506
云　南	824102	703721	2895	1296	698501	1029
西　藏	52430	34527	340	152	33973	62
陕　西	743473	657206	5147	1625	649630	804
甘　肃	358366	302808	3243	578	298809	178
青　海	123435	102412	891	379	101133	9
宁　夏	158717	122646	599	145	121798	104
新　疆	394473	328311	2358	1093	324840	20

表 12　2017年全国民用汽车新注册情况（二）（按地区）　　单位：辆

地　区	载货汽车					其他汽车
		重型	中型	轻型	微型	
总　计	**3087575**	**980068**	**66974**	**2037906**	**2627**	**113964**
北　京	49962	8626	1893	38154	1289	8770
天　津	39354	9416	507	29253	178	2465
河　北	220795	89070	2246	129479	0	6244
山　西	108473	55738	2595	50139	1	2099
内蒙古	57304	15128	2361	39814	1	1992
辽　宁	81973	35275	2341	44357	0	2406
吉　林	46650	17676	635	28338	1	1773
黑龙江	60062	22518	1611	35933	0	1674
上　海	46554	29062	3882	13610	0	2628
江　苏	146891	59989	9223	77674	5	8472
浙　江	161645	35810	2836	122991	8	5612
安　徽	154384	58115	2644	93625	0	5309
福　建	90597	19753	1445	69399	0	3387
江　西	100898	42746	1987	56162	3	2746
山　东	274664	98017	3286	172416	945	8085
河　南	211152	86210	2044	122897	1	7815
湖　北	118345	32345	3157	82815	28	5577
湖　南	89517	21103	2145	66265	4	3527
广　东	261083	53061	4907	202968	147	8293
广　西	80690	21520	1588	57581	1	2134
海　南	23212	2941	692	19579	0	766
重　庆	57312	25968	2024	29320	0	1582
四　川	134841	37661	4048	93131	1	4898
贵　州	80744	11114	1070	68559	1	2818
云　南	117236	18412	1148	97675	1	3145
西　藏	17547	3848	715	12975	9	356
陕　西	82297	28941	1573	51782	1	3970
甘　肃	53879	7222	823	45834	0	1679
青　海	20310	3625	309	16376	0	713
宁　夏	35080	9496	235	25348	1	991
新　疆	64124	19662	1004	43457	1	2038

表 13　2017年全国机动车及汽车驾驶员情况　单位：人

地　区	机动车驾驶员	#汽车驾驶员
总　计	**360169437**	**316582041**
北　京	10835241	10796042
天　津	4340097	4334576
河　北	20319946	19819065
山　西	9275342	9123678
内蒙古	7265397	6786237
辽　宁	12902669	12168090
吉　林	7205891	6629825
黑龙江	8352255	7980275
上　海	7156813	7015493
江　苏	27323789	24768372
浙　江	20777093	19625862
安　徽	13924326	12814458
福　建	11848528	9317647
江　西	13105742	10319147
山　东	28041679	27032720
河　南	2277	2143
湖　北	15446027	13620759
湖　南	14808611	10991350
广　东	34153327	29530862
广　西	13690846	9779446
海　南	2118526	1135565
重　庆	8119654	6659539
四　川	21385315	17373777
贵　州	8773004	6595675
云　南	12955610	9193235
西　藏	421990	390012
陕　西	10242234	9532932
甘　肃	5970633	4862874
青　海	1535165	1364644
宁　夏	2080833	1848984
新　疆	5790577	5168757

表 14　2017年全国进口汽车保有量（一）（按地区）　单位：辆

地　区	民用汽车	载客汽车				
			大型	中型	小型	微型
总　计	**9925636**	**9871584**	**8753**	**18171**	**9742044**	**102616**
北　京	680205	673811	812	973	665690	6336
天　津	156817	155359	152	353	152724	2130
河　北	298750	296756	271	361	292110	4014
山　西	174528	173853	367	403	170025	3058
内蒙古	239082	237524	347	393	234858	1926
辽　宁	410952	407895	662	701	404193	2339
吉　林	153620	152591	215	340	151126	910
黑龙江	183972	181940	330	480	180300	830
上　海	427945	423875	472	760	420224	2419
江　苏	831217	828581	564	1681	809549	16787
浙　江	1071253	1067506	386	1374	1051183	14563
安　徽	189856	189219	125	305	186714	2075
福　建	354117	352665	200	771	345974	5720
江　西	129101	128057	124	166	126610	1157
山　东	537249	534778	627	1381	524691	8079
河　南	325538	324519	364	715	322049	1391
湖　北	255413	254486	205	560	252193	1528
湖　南	283320	282381	179	371	279808	2023
广　东	1309746	1303129	714	1489	1291385	9541
广　西	168670	168014	123	509	165444	1938
海　南	60120	59925	137	224	59101	463
重　庆	204456	203835	63	176	202215	1381
四　川	452467	450363	246	553	445400	4164
贵　州	129214	128781	75	222	127551	933
云　南	247102	245406	198	796	240831	3581
西　藏	25506	25286	52	133	25070	31
陕　西	265058	263907	163	504	260964	2276
甘　肃	93204	92729	138	370	91767	454
青　海	36113	35717	95	246	35330	46
宁　夏	61375	60673	79	151	60194	249
新　疆	169670	168023	268	710	166771	274

表 15　2017年全国进口汽车保有量（二）（按地区）　单位：辆

地 区	载货汽车					其他汽车
		重型	中型	轻型	微型	
总 计	**45844**	**19173**	**454**	**26191**	**26**	**8208**
北 京	4876	1	37	4837	1	1518
天 津	1315	662	10	643	0	143
河 北	1800	406	16	1378	0	194
山 西	587	50	8	527	2	88
内蒙古	1417	72	12	1333	0	141
辽 宁	2689	417	51	2220	1	368
吉 林	916	51	11	851	3	113
黑龙江	1799	529	42	1228	0	233
上 海	2730	2524	18	188	0	1340
江 苏	2228	1426	10	791	1	408
浙 江	3641	2469	16	1153	3	106
安 徽	584	239	3	342	0	53
福 建	1349	996	4	349	0	103
江 西	889	652	2	235	0	155
山 东	2138	661	23	1450	4	333
河 南	887	155	8	721	3	132
湖 北	818	327	9	482	0	109
湖 南	678	235	6	436	1	261
广 东	6250	4869	43	1336	2	367
广 西	371	154	19	198	0	285
海 南	153	17	0	136	0	42
重 庆	543	173	1	369	0	78
四 川	1887	613	20	1253	1	217
贵 州	312	50	11	251	0	121
云 南	1509	678	18	813	0	187
西 藏	210	2	2	204	2	10
陕 西	974	231	6	737	0	177
甘 肃	304	28	2	274	0	171
青 海	249	5	4	238	2	147
宁 夏	607	183	7	417	0	95
新 疆	1134	298	35	801	0	513

表 16　2017年全国进出口汽车市场统计

国家（地区）	数量（辆）	金额（美元）	国家（地区）	数量（辆）	金额（美元）
合计	**2,937,078**	**64,641,690,881**	叙利亚	2,182	19,045,719
出口合计	**1,694,726**	**13,964,421,827**	泰国	6,593	82,706,039
阿富汗	24	2,179,512	土耳其	6,626	16,666,307
巴林	1,646	22,367,716	阿联酋	20,761	123,977,048
孟加拉国	84,532	117,273,924	也门	85	578,234
不丹	15	234,647	越南	55,242	845,596,439
文莱	330	7,873,213	台湾省	934	30,059,448
缅甸	20,538	404,725,255	东帝汶	236	6,876,503
柬埔寨	775	26,505,673	哈萨克斯坦	4,201	87,958,240
塞浦路斯	126	562,555	吉尔吉斯斯坦	401	16,961,912
朝鲜	13,559	126,750,328	塔吉克斯坦	525	18,338,805
香港	3,376	248,254,027	土库曼斯坦	270	13,046,052
印度	37,834	55,741,852	乌兹别克斯坦	919	48,594,703
印度尼西亚	6,482	113,836,351	阿尔及利亚	1,608	46,216,253
伊朗	250,295	2,178,173,060	安哥拉	1,912	85,390,005
伊拉克	2,924	40,644,771	贝宁	320	5,492,252
以色列	7,005	137,864,789	博茨瓦纳	25	633,147
日本	2,857	98,686,313	喀麦隆	354	13,093,713
约旦	658	8,707,047	佛得角	200	2,232,999
科威特	5,018	123,777,263	中非	4	74,250
老挝	5,624	103,355,113	乍得	35	2,167,885
黎巴嫩	3,475	17,154,136	科摩罗	53	1,794,449
澳门	214	16,417,074	刚果(布)	158	13,655,075
马来西亚	6,217	140,846,115	吉布提	3,796	138,615,385
马尔代夫	382	6,188,100	埃及	21,281	118,579,660
蒙古	1,141	70,333,644	赤道几内亚	265	10,730,896
尼泊尔联邦民主共和国	415	3,139,721	埃塞俄比亚	4,428	145,176,993
阿曼	1,631	29,905,854	加蓬	472	11,287,392
巴基斯坦	11,786	191,705,454	冈比亚	31	925,249
巴勒斯坦	31	23,874	加纳	3,721	51,663,887
菲律宾	26,003	594,850,819	几内亚	717	28,489,720
卡塔尔	2,194	73,744,795	科特迪瓦	1,887	43,874,956
沙特阿拉伯	12,452	260,623,355	肯尼亚	1,712	62,166,171
新加坡	1,190	38,738,805	利比里亚	253	7,407,023
韩国	7,376	26,859,596	利比亚	49	247,347
斯里兰卡	2,717	29,401,496	马达加斯加	1,539	14,288,494

表 16　2017年全国进出口汽车市场统计（续表1）

国家（地区）	数量（辆）	金额（美元）	国家（地区）	数量（辆）	金额（美元）
马拉维	183	5,653,543	法国	19,788	50,667,003
马里	262	13,670,765	爱尔兰	845	7,631,514
毛里塔尼亚	83	2,695,939	意大利	7,385	20,193,319
毛里求斯	409	5,189,786	荷兰	29,982	31,348,722
摩洛哥	1,358	17,950,845	希腊	839	1,095,855
莫桑比克	488	33,492,556	葡萄牙	1,298	663,101
纳米比亚	40	8,636,551	西班牙	8,262	16,639,546
尼日尔	91	6,974,932	阿尔巴尼亚	44	322,744
尼日利亚	3,429	78,551,736	奥地利	1,759	4,531,361
留尼汪	787	225,737	保加利亚	661	1,413,050
卢旺达	437	15,345,336	芬兰	3,858	6,650,757
圣多美和普林西比	18	198,150	匈牙利	573	809,363
塞内加尔	639	16,535,134	冰岛	288	1,099,223
塞舌尔	38	271,433	马耳他	20	101,416
塞拉利昂	188	5,975,984	挪威	2,267	2,820,241
索马里	56	2,298,071	波兰	6,632	3,271,124
南非	11,597	128,428,087	罗马尼亚	204	260,349
苏丹	3,634	58,609,880	瑞典	13,729	31,496,098
坦桑尼亚	1,199	46,281,579	瑞士	796	1,282,438
多哥	1,680	9,951,278	爱沙尼亚	911	1,814,203
突尼斯	4,003	36,347,638	拉脱维亚	1,276	390,635
乌干达	222	9,508,598	立陶宛	1,646	1,039,599
布基纳法索	311	15,621,050	格鲁吉亚	593	6,914,155
刚果(金)	838	34,165,399	亚美尼亚	81	1,644,334
赞比亚	708	33,920,287	阿塞拜疆	378	7,761,505
津巴布韦	573	16,089,894	白俄罗斯	4,196	40,131,259
莱索托	1	7,164	摩尔多瓦	106	34,218
厄立特里亚	55	2,272,331	俄罗斯联邦	47,676	436,952,088
南苏丹共和国	30	1,230,443	乌克兰	5,107	25,241,274
比利时	15,700	398,917,964	斯洛文尼亚	1,221	3,720,655
丹麦	3,911	3,330,523	克罗地亚	134	386,829
英国	26,503	74,514,519	捷克	7,368	14,082,845
德国	49,361	57,696,492	斯洛伐克	174	267,849

表16　2017年全国进出口汽车市场统计（续表2）

国家（地区）	数量（辆）	金额（美元）	国家（地区）	数量（辆）	金额（美元）
前南马其顿	23	99,979	波多黎各	637	662,062
波黑	110	541,753	圣卢西亚	21	284,412
塞尔维亚	512	1,137,956	圣马丁岛	35	243,367
黑山	22	1,278,326	圣文森特和格林纳丁斯	18	100,690
安提瓜和巴布达	37	514,131	萨尔瓦多	1,011	6,739,558
阿根廷	20,994	88,532,929	苏里南	53	1,527,273
阿鲁巴	142	1,319,510	特立尼达和多巴哥	290	2,830,383
巴哈马	34	681,455	特克斯和凯科斯群岛	25	73,295
巴巴多斯	35	508,443	乌拉圭	9,114	61,606,427
伯利兹	122	1,349,155	委内瑞拉	2,122	79,138,258
多民族玻利维亚国	16,322	155,072,811	英属维尔京群岛	113	899,731
博内尔	3	12,801	圣其茨和尼维斯	12	147,095
巴西	13,511	66,944,349	荷属安的列斯群岛	368	2,665,429
开曼群岛	4	116,476	加拿大	20,130	132,342,600
智利	70,554	482,860,964	美国	342,886	1,697,581,832
哥伦比亚	22,988	132,173,263	百慕大	18	248,676
多米尼克	31	950,258	澳大利亚	23,316	161,345,002
哥斯达黎加	3,502	25,490,253	库克群岛	54	451,945
古巴	3,507	173,645,263	斐济	726	21,042,470
库腊索岛	30	337,931	新喀里多尼亚	119	644,978
多米尼加共和国	1,680	15,215,072	瓦努阿图	145	3,037,371
厄瓜多尔	26,271	201,378,615	新西兰	5,580	67,675,908
格林纳达	11	165,296	巴布亚新几内亚	498	15,589,120
瓜德罗普	64	303,075	社会群岛	7	39,305
危地马拉	4,333	17,630,929	所罗门群岛	124	4,838,199
圭亚那	112	1,856,704	汤加	20	293,458
海地	236	3,867,346	萨摩亚	29	1,081,379
洪都拉斯	2,297	6,362,196	基里巴斯	13	197,404
牙买加	161	5,566,421	图瓦卢	1	7,392
墨西哥	92,750	691,485,542	密克罗尼西亚联邦	24	739,082
尼加拉瓜	1,361	9,499,400	马绍尔群岛	23	249,734
巴拿马	1,586	9,256,753	帕劳	20	630,404
巴拉圭	4,612	35,386,963	法属波利尼西亚	367	3,845,874
秘鲁	35,284	268,786,203			

表 16　2017年全国进出口汽车市场统计（续表3）

国家（地区）	数量（辆）	金额（美元）	国家（地区）	数量（辆）	金额（美元）
进口合计	**1,242,352**	**50,677,269,054**	法国	14,416	163,656,252
香港	3	303,600	意大利	38,861	2,094,357,789
印度	15	1,208,920	荷兰	10,970	256,108,774
印度尼西亚	69	1,137,986	葡萄牙	14,011	301,951,212
伊朗	17	178,675	西班牙	2,593	57,639,889
以色列	2	46,800	奥地利	3,707	383,696,959
日本	346,186	9,197,473,263	芬兰	3,594	65,832,991
约旦	1	66,200	匈牙利	42,469	930,088,344
马来西亚	306	37,441,968	波兰	31	985,975
新加坡	1	150,000	罗马尼亚	2	27,455
韩国	2,910	51,047,016	瑞典	14,066	747,965,127
泰国	12,427	605,911,065	瑞士	1	55,266
土耳其	4	248,246	立陶宛	1	10,789
阿联酋	6	392,077	俄罗斯联邦	1,251	8,967,073
越南	2	26,027	斯洛文尼亚	6,019	68,975,886
中华人民共和国	141	5,871,551	捷克	3	128,350
台湾省	78	291,721	斯洛伐克	32,516	1,606,080,641
哈萨克斯坦	400	2,648,124	巴西	78	6,301,403
南非	6	219,108	智利	1	10,146
比利时	12,147	193,215,657	墨西哥	20,616	424,606,839
丹麦	7	4,877,082	加拿大	13,330	404,785,329
英国	115,563	7,112,234,950	美国	280,439	13,078,998,488
德国	253,075	12,860,263,837	澳大利亚	11	784,204

表 17　2017年各地区进出口汽车统计

省市	数量（辆）	金额（美元）
合计	**2,937,078**	**64,641,690,881**
出口合计	**1,694,726**	**13,964,421,827**
北京	51,135	972,320,669
天津	7,201	213,964,276
河北	58,436	414,579,209
山西	754	8,768,678
内蒙古自治区	44,036	304,478,201
辽宁	57,885	444,832,024
吉林	22,691	219,042,573
黑龙江	25,009	934,583,929
上海	85,499	777,077,653
江苏	98,424	645,327,761
浙江	560,977	500,891,987
安徽	143,601	1,391,010,215
福建	16,722	455,017,611
江西	23,197	250,117,245
山东	132,955	2,284,063,295
河南	14,673	622,376,124
湖北	47,014	435,933,570
湖南	19,373	365,177,088
广东	40,438	680,676,552
广西壮族自治区	23,121	323,662,005
海南	16,020	203,527,165
重庆	164,964	731,186,212
四川	11,514	263,996,147
贵州	906	18,003,657
云南	10,063	110,927,059
西藏自治区	3	211,625
陕西	14,731	308,506,988
甘肃	44	1,784,461
青海	10	520,253
宁夏回族自治区	1,265	1,369,261
新疆维吾尔自治区	2,065	80,488,334

表 17　2017年各地区进出口汽车统计（续表1）

省市	数量（辆）	金额（美元）
进口合计	**1,242,352**	**50,677,269,054**
北京	625,948	23,597,165,641
天津	177,019	7,890,350,688
河北	1,042	56,718,491
山西	2	128,203
内蒙古自治区	293	29,350,353
辽宁	11,159	661,063,520
吉林	46,532	2,008,320,431
黑龙江	184	16,018,945
上海	269,983	13,049,661,799
江苏	7,972	355,042,444
浙江	6,938	386,742,704
安徽	35	2,428,888
福建	12,517	577,066,579
江西	35	4,355,732
山东	6,953	442,297,657
河南	480	48,264,164
湖北	1,393	49,072,842
湖南	1,846	147,401,397
广东	8,729	445,413,256
广西壮族自治区	114	4,163,842
海南	11	482,978
重庆	5,626	316,849,807
四川	56,240	556,488,489
贵州	4	280,842
云南	27	3,192,213
陕西	2	294,500
甘肃	7	593,447
宁夏回族自治区	24	1,364,264
新疆维吾尔自治区	1,237	26,694,938

表 18　2017年全国进出口汽车类型统计

商品	数量（辆）	金额（美元）
合计	**2,937,078**	**64,641,690,881**
出口合计	**1,694,726**	**13,964,421,827**
仅装有压燃式活塞内燃发动机的机坪客车	32	4,352,255
仅装有压燃式活塞内燃发动机的大型客车，≥30 座	17,043	1,325,041,360
仅装有压燃式活塞内燃发动机的机动客车，20＜座≤29	2,795	121,291,518
仅装有压燃式活塞内燃发动机的机动客车，10＜座≤19	14,211	241,651,879
同时装有压燃式活塞内燃发动机及驱动电动机的大型客车，≥30 座	3	476,603
同时装有压燃式活塞内燃发动机及驱动电动机的机动客车，10＜座≤19	10	593,800
同时装有点燃往复式活塞内燃发动机及驱动电动机的机动客车，10＜座≤19	1	11,030
仅装有驱动电动机的大型客车，30 座及以上	176	55,204,401
仅装有驱动电动机的机动客车，20≤座≤29	69	13,292,535
仅装有驱动电动机的机动客车，10＜座≤19	58	6,503,350
其他大型客车，≥30 座	2,299	131,068,924
其他机动客车，20≤座≤29	1,250	26,645,312
其他机动客车，10＜座≤19	18,459	168,183,209
全地形高尔夫球机动车	617,108	500,287,532
其他高尔夫球机动车及类似机动车辆	41,996	111,711,427
雪地行走专用机动车	1,247	2,106,920
仅装有点燃往复式活塞内燃发动机的小轿车，排量≤1000cc	12,513	53,689,030
仅装有点燃往复式活塞内燃发动机的小客车（9 座及以下），排量≤1000cc	3,198	12,951,574
仅装有点燃往复式活塞内燃发动机的主要用于载人的其他机动车，排量≤1000cc	2	53,037
仅装有点燃往复式活塞内燃发动机的小轿车，1000cc＜排量≤1500cc	279,691	2,107,883,974
仅装有点燃往复式活塞内燃发动机的越野车（4 轮驱动），1000cc＜排量≤1500cc	219	4,083,556
仅装有点燃往复式活塞内燃发动机的小客车（9 座及以下），1000cc＜排量≤1500cc	31,732	214,331,357
仅装有点燃往复式活塞内燃发动机的主要用于载人的其他机动车，1000c＜排量≤1500cc	531	4,946,576
仅装有点燃往复式活塞内燃发动机的小轿车，1500cc＜排量≤2000cc	202,353	2,348,290,421
仅装有点燃往复式活塞内燃发动机的越野车（4 轮驱动），1500cc＜排量≤2000cc	882	19,347,221
仅装有点燃往复式活塞内燃发动机的小客车（9 座及以下），1500cc＜排量≤2000cc	29,784	430,447,021
仅装有点燃往复式活塞内燃发动机的主要用于载人的其他机动车，1500cc＜排量≤2000cc	369	7,727,802
仅装有点燃往复式活塞内燃发动机的小轿车，2000cc＜排量≤2500cc	4,104	53,037,618

表 18　2017年全国进出口汽车类型统计（续表1）

商品	数量（辆）	金额（美元）
仅装有点燃往复式活塞内燃发动机的越野车（4 轮驱动），2000cc＜排量≤2500cc	3,082	42,401,480
仅装有点燃往复式活塞内燃发动机的小客车（9 座及以下），2000cc＜排量≤2500cc	30,512	572,536,931
仅装有点燃往复式活塞内燃发动机的主要用于载人的其他机动车，2000cc＜排量≤2500cc	50	575,221
仅装有点燃往复式活塞内燃发动机的小轿车，2500cc＜排量≤3000cc	34	2,489,797
仅装有点燃往复式活塞内燃发动机的越野车（4 轮驱动），2500cc＜排量≤3000cc	1,528	77,975,614
仅装有点燃往复式活塞内燃发动机的小客车（9 座及以下），2500cc＜排量≤3000cc	25	723,833
仅装有点燃往复式活塞内燃发动机的主要用于载人的其他机动车，2500cc＜排量≤3000cc	4	78,867
仅装有点燃往复式活塞内燃发动机的小轿车，3000cc＜排量≤4000cc	1	57,457
仅装有点燃往复式活塞内燃发动机的越野车（4 轮驱动），3000cc＜排量≤4000cc	207	8,629,431
仅装有点燃往复式活塞内燃发动机的小客车（9 座及以下），3000cc＜排量≤4000cc	5	144,000
仅装有点燃往复式活塞内燃发动机的主要用于载人的其他机动车，3000cc＜排量≤4000cc	5	338,404
仅装有点燃往复式活塞内燃发动机的小轿车，排量＞4000cc	1	98,394
仅装有点燃往复式活塞内燃发动机的越野车（4 轮驱动），排量＞4000cc	26	1,249,299
仅装有压燃式活塞内燃发动机的小轿车，1000cc＜排量≤1500cc	1	15,389
仅装有压燃式活塞内燃发动机的小客车（9 座及以下），1000cc＜排量≤1500cc	176	1,426,912
仅装有压燃式活塞内燃发动机的小轿车，1500cc＜排量≤2000cc	8,840	285,163,759
仅装有压燃式活塞内燃发动机的越野车（4 轮驱动），1500cc＜排量≤2000cc	22	1,223,862
仅装有压燃式活塞内燃发动机的小客车（9 座及以下），1500cc＜排量≤2000cc	373	5,096,615
仅装有压燃式活塞内燃发动机的其他主要用于载人的机动车，1500cc＜排量≤2000cc	7	140,000
仅装有压燃式活塞内燃发动机的小轿车，2000cc＜排量≤2500cc	266	3,680,893
仅装有压燃式活塞内燃发动机的越野车（4 轮驱动），2000cc＜排量≤2500cc	7	149,063
仅装有压燃式活塞内燃发动机的小客车（9 座及以下），2000cc＜排量≤2500cc	84	2,797,092
仅装有压燃式活塞内燃发动机的其他主要用于载人的机动车，2000cc＜排量≤2500cc	25	597,023
仅装有压燃式活塞内燃发动机的越野车（4 轮驱动），2500cc＜排量≤3000cc	258	7,717,022
仅装有压燃式活塞内燃发动机的小客车（9 座及以下），2500cc＜排量≤3000cc	423	5,427,782
仅装有压燃式活塞内燃发动机的其他主要用于载人的机动车，2500cc＜排量≤3000cc	408	12,322,195

表 18　2017年全国进出口汽车类型统计（续表2）

商品	数量（辆）	金额（美元）
仅装有压燃式活塞内燃发动机的越野车（4 轮驱动），3000cc＜排量≤4000cc	8	862,733
仅装有压燃式活塞内燃发动机的其他主要用于载人的机动车，3000cc＜排量≤4000cc	7	189,672
仅装有压燃式活塞内燃发动机的小客车（9 座及以下），排量＞4000cc	1	45,806
仅装有压燃式活塞内燃发动机的其他主要用于载人的机动车，排量＞4000cc	94	4,561,088
同时装有点燃往复式活塞内燃发动机及驱动电动机的小轿车，1000cc＜排量≤1500cc，不可接插外部电源充电	3	46,105
同时装有点燃往复式活塞内燃发动机及驱动电动机的小客车（9 座及以下），1000cc＜排量≤1500cc，不可接插外部电源充电	3	282,127
同时装有点燃往复式活塞内燃发动机及驱动电动机的小轿车，1500cc＜排量≤2000cc，不可接插外部电源充电	63	9,966,357
同时装有点燃往复式活塞内燃发动机及驱动电动机的越野车（4 轮驱动），1500cc＜排量≤2000cc，不可接插外部电源充电	8	2,212,083
同时装有点燃往复式活塞内燃发动机及驱动电动机的小客车（9 座及以下），1500cc＜排量≤2000cc，不可接插外部电源充电	5	150,027
同时装有点燃往复式活塞内燃发动机及驱动电动机的其他主要用于载人的机动车，1500cc＜排量≤2000cc，不可接插外部电源充电	6	394,468
同时装有点燃往复式活塞内燃发动机及驱动电动机的小轿车，2000cc＜排量≤2500cc，不可接插外部电源充电	1	28,549
同时装有压燃式活塞内燃发动机及驱动电动机的越野车（4 轮驱动），2500cc＜排量≤3000cc，不可接插外部电源充电	1	112,196
同时装有压燃式活塞内燃发动机及驱动电动机的越野车（4 轮驱动），排量＞4000cc，不可接插外部电源充电	4	94,591
同时装有点燃往复式活塞内燃发动机及驱动电动机的主要用于载人的机动车，可接插外部电源充电	2,133	113,577,684
同时装有压燃式活塞内燃发动机（柴油或半柴油发动机）及驱动电动机的主要用于载人的机动车，可接插外部电源充电	20	37,400
仅装有驱动电动机的主要用于载人的机动车	103,178	110,036,664
未列名载人机动车	29,216	30,167,061
电动轮非公路用货运自卸车	775	73,515,058
其他非公路用货运机动自卸车	3,873	266,418,738
其他柴油货车，车总重≤5 吨	64,382	567,184,478
其他柴油货车，5 吨＜车总重＜14 吨	39,701	484,648,649
其他柴油货车，14 吨≤车总重≤20 吨	11,011	191,996,961
其他柴油货车，车总重＞20 吨	37,879	1,487,286,369
其他汽油货车，车总重≤5 吨	51,754	310,047,664
其他汽油货车，5 吨＜车总重≤8 吨	1	1,888
其他汽油货车，车总重＞8 吨	178	8,147,298
未列名货运机动车辆	388	15,187,512
最大起重量≤50 吨全路面起重车	538	37,293,606

表 18　2017年全国进出口汽车类型统计（续表3）

商品	数量（辆）	金额（美元）
50 吨＜最大起重量≤100 吨全路面起重车	61	12,510,726
最大起重量＞100 吨全路面起重车	36	22,967,341
最大起重量≤50 吨其他起重车	1,768	196,907,340
50 吨＜最大起重量≤100 吨其他起重车	457	95,827,314
最大起重量＞100 吨其他起重车	19	7,618,693
机动钻探车	37	7,811,122
装有云梯的救火车	13	2,243,239
其他机动救火车	434	57,126,830
机动混凝土搅拌车	8,189	370,021,990
无线电通信车	15	16,774,764
机动环境监测车	2	939,000
机动医疗车	44	2,526,635
航空电源车（频率为 400Hz）	22	919,512
其他机动电源车	73	2,428,628
飞机加油车、调温车、除冰车	23	2,124,963
道路（包括跑道）扫雪车	23	606,338
石油测井车、压裂车、混沙车	92	44,393,071
混凝土泵车	725	111,204,321
未列名特殊用途的机动车辆	4,309	216,322,855
非公路用自卸车装有发动机的底盘	73	2,528,879
装有发动机货车底盘，车总重≥14 吨	361	11,519,032
装有发动机货车底盘，车总重＜14 吨	2,517	18,785,643
装有发动机的座位≥30 座的机动客车底盘	1,219	43,901,478
汽车起重车底盘，装有发动机	7	6,500
品目 8701 至 8705 所列其他车辆装有发动机的底盘	471	3,645,204
进口合计	**1,242,352**	**50,677,269,054**
仅装有压燃式活塞内燃发动机的机坪客车	18	5,930,119
仅装有压燃式活塞内燃发动机的大型客车，≥30 座	1	295,518
仅装有压燃式活塞内燃发动机的机动客车，10＜座≤19	3	200,057
仅装有驱动电动机的大型客车，30 座及以上	2	347,429
仅装有驱动电动机的机动客车，10＜座≤19	2	15,803
其他机动客车，20≤座≤29	5	241,600
其他机动客车，10＜座≤19	1,042	39,616,626
全地形高尔夫球机动车	925	13,037,740

表 18　2017年全国进出口汽车类型统计（续表4）

商品	数量（辆）	金额（美元）
其他高尔夫球机动车及类似机动车辆	144	1,412,548
雪地行走专用机动车	245	1,940,883
仅装有点燃往复式活塞内燃发动机的小轿车，排量≤1000cc	19,364	206,853,678
仅装有点燃往复式活塞内燃发动机的小客车（9 座及以下），排量≤1000cc	3	70,555
仅装有点燃往复式活塞内燃发动机的小轿车，1000cc＜排量≤1500cc	60,186	1,055,580,000
仅装有点燃往复式活塞内燃发动机的越野车（4 轮驱动），1000cc＜排量≤1500cc	4,920	61,716,402
仅装有点燃往复式活塞内燃发动机的小客车（9 座及以下），1000cc＜排量≤1500cc	6,531	125,080,148
仅装有点燃往复式活塞内燃发动机的主要用于载人的其他机动车，1000c＜排量≤1500cc	14	305,101
仅装有点燃往复式活塞内燃发动机的小轿车，1500cc＜排量≤2000cc	245,033	7,067,733,010
仅装有点燃往复式活塞内燃发动机的越野车（4 轮驱动），1500cc＜排量≤2000cc	119,682	4,697,791,074
仅装有点燃往复式活塞内燃发动机的小客车（9 座及以下），1500cc＜排量≤2000cc	146,727	4,598,169,361
仅装有点燃往复式活塞内燃发动机的主要用于载人的其他机动车，1500cc＜排量≤2000cc	1,437	45,839,005
仅装有点燃往复式活塞内燃发动机的小轿车，2000cc＜排量≤2500cc	21,296	494,883,070
仅装有点燃往复式活塞内燃发动机的越野车（4 轮驱动），2000cc＜排量≤2500cc	10,950	220,718,787
仅装有点燃往复式活塞内燃发动机的小客车（9 座及以下），2000cc＜排量≤2500cc	15,790	428,167,118
仅装有点燃往复式活塞内燃发动机的小轿车，2500cc＜排量≤3000cc	64,990	4,756,438,047
仅装有点燃往复式活塞内燃发动机的越野车（4 轮驱动），2500cc＜排量≤3000cc	278,758	14,842,021,374
仅装有点燃往复式活塞内燃发动机的小客车（9 座及以下），2500cc＜排量≤3000cc	17,042	756,591,749
仅装有点燃往复式活塞内燃发动机的小轿车，3000cc＜排量≤4000cc	5,573	634,873,068
仅装有点燃往复式活塞内燃发动机的越野车（4 轮驱动），3000cc＜排量≤4000cc	84,471	3,116,927,521
仅装有点燃往复式活塞内燃发动机的小客车（9 座及以下），3000cc＜排量≤4000cc	21,947	908,537,301
仅装有点燃往复式活塞内燃发动机的主要用于载人的其他机动车，3000cc＜排量≤4000cc	1	35,697
仅装有点燃往复式活塞内燃发动机的小轿车，排量＞4000cc	2,669	447,145,572
仅装有点燃往复式活塞内燃发动机的越野车（4 轮驱动），排量＞4000cc	15,452	1,084,660,022
仅装有点燃往复式活塞内燃发动机的小客车（9 座及以下），排量＞4000cc	1,005	124,268,161
仅装有点燃往复式活塞内燃发动机的主要用于载人的其他机动车，排量＞4000cc	14	602,348
仅装有压燃式活塞内燃发动机的小轿车，1500cc＜排量≤2000cc	5	131,169

表 18　2017年全国进出口汽车类型统计（续表5）

商品	数量（辆）	金额（美元）
仅装有压燃式活塞内燃发动机的越野车（4 轮驱动），1500cc＜排量≤2000cc	530	30,863,176
仅装有压燃式活塞内燃发动机的小客车（9 座及以下），1500cc＜排量≤2000cc	41	893,821
仅装有压燃式活塞内燃发动机的其他主要用于载人的机动车，1500cc＜排量≤2000cc	14	628,590
仅装有压燃式活塞内燃发动机的越野车（4 轮驱动），2000cc＜排量≤2500cc	101	4,831,181
仅装有压燃式活塞内燃发动机的小客车（9 座及以下），2000cc＜排量≤2500cc	848	18,940,627
仅装有压燃式活塞内燃发动机的其他主要用于载人的机动车，2000cc＜排量≤2500cc	55	2,893,794
仅装有压燃式活塞内燃发动机的越野车（4 轮驱动），2500cc＜排量≤3000cc	13,387	1,078,219,795
仅装有压燃式活塞内燃发动机的小客车（9 座及以下），2500cc＜排量≤3000cc	8	449,152
仅装有压燃式活塞内燃发动机的其他主要用于载人的机动车，2500cc＜排量≤3000cc	136	6,090,560
仅装有压燃式活塞内燃发动机的越野车（4 轮驱动），3000cc＜排量≤4000cc	104	19,823,153
仅装有压燃式活塞内燃发动机的小客车（9 座及以下），3000cc＜排量≤4000cc	3	175,652
仅装有压燃式活塞内燃发动机的的越野车（4 轮驱动），排量＞4000cc	204	8,314,562
仅装有压燃式活塞内燃发动机的小客车（9 座及以下），排量＞4000cc	2	80,651
同时装有点燃往复式活塞内燃发动机及驱动电动机的小轿车，1000cc＜排量≤1500cc，不可接插外部电源充电	6	125,761
同时装有点燃往复式活塞内燃发动机及驱动电动机的小轿车，1500cc＜排量≤2000cc，不可接插外部电源充电	7,793	150,000,571
同时装有点燃往复式活塞内燃发动机及驱动电动机的越野车（4 轮驱动），1500cc＜排量≤2000cc，不可接插外部电源充电	4	290,836
同时装有点燃往复式活塞内燃发动机及驱动电动机的小客车（9 座及以下），1500cc＜排量≤2000cc，不可接插外部电源充电	1,552	21,640,221
同时装有点燃往复式活塞内燃发动机及驱动电动机的小轿车，2000cc＜排量≤2500cc，不可接插外部电源充电	20,644	484,033,772
同时装有点燃往复式活塞内燃发动机及驱动电动机的越野车（4 轮驱动），2000cc＜排量≤2500cc，不可接插外部电源充电	1	45,237
同时装有点燃往复式活塞内燃发动机及驱动电动机的小客车（9 座及以下），2000cc＜排量≤2500cc，不可接插外部电源充电	8,083	275,920,778
同时装有点燃往复式活塞内燃发动机及驱动电动机的小轿车，2500cc＜排量≤3000cc，不可接插外部电源充电	3	261,825
同时装有点燃往复式活塞内燃发动机及驱动电动机的越野车（4 轮驱动），2500cc＜排量≤3000cc，不可接插外部电源充电	4	285,049
同时装有点燃往复式活塞内燃发动机及驱动电动机的小客车（9 座及以下），2500cc＜排量≤3000cc，不可接插外部电源充电	897	48,408,714
同时装有点燃往复式活塞内燃发动机及驱动电动机的小轿车，3000cc＜排量≤4000cc，不可接插外部电源充电	321	18,712,476

表 18　2017年全国进出口汽车类型统计（续表6）

商品	数量（辆）	金额（美元）
同时装有点燃往复式活塞内燃发动机及驱动电动机的小客车（9 座及以下），3000cc＜排量≤4000cc，不可接插外部电源充电	4,160	154,907,926
同时装有点燃往复式活塞内燃发动机及驱动电动机的小轿车，排量＞4000cc，不可接插外部电源充电	10	1,118,183
同时装有压燃式活塞内燃发动机及驱动电动机的越野车（4 轮驱动），2500cc＜排量≤3000cc，不可接插外部电源充电	94	12,800,424
同时装有压燃式活塞内燃发动机及驱动电动机的越野车（4 轮驱动），排量＞4000cc，不可接插外部电源充电	4	94,591
同时装有点燃往复式活塞内燃发动机及驱动电动机的主要用于载人的机动车，可接插外部电源充电	6,218	439,947,276
仅装有驱动电动机的主要用于载人的机动车	19,513	1,468,870,234
未列名载人机动车	47	4,581,349
电动轮非公路用货运自卸车	1	556
其他非公路用货运机动自卸车	16	6,301,018
其他柴油货车，车总重≤5 吨	278	9,581,517
其他柴油货车，5 吨＜车总重＜14 吨	203	12,942,817
其他柴油货车，14 吨≤车总重≤20 吨	205	15,870,586
其他柴油货车，车总重＞20 吨	1,766	163,810,290
其他汽油货车，车总重≤5 吨	6,993	272,076,403
其他汽油货车，5 吨＜车总重≤8 吨	11	521,679
其他汽油货车，车总重＞8 吨	210	9,544,160
50 吨＜最大起重量≤100 吨全路面起重车	1	823,366
最大起重量＞100 吨全路面起重车	2	3,635,607
机动钻探车	1	512,810
装有云梯的救火车	2	1,946,500
其他机动救火车	30	19,845,720
机动放射线检查车	1	608,391
机动医疗车	3	411,034
航空电源车（频率为 400Hz）	4	297,014
飞机加油车、调温车、除冰车	44	16,028,903
道路（包括跑道）扫雪车	37	12,819,371
未列名特殊用途的机动车辆	43	10,510,402
装有发动机货车底盘，车总重＜14 吨	167	8,438,591
装有发动机的座位≥30 座的机动客车底盘	1,250	113,647,415
品目 8701 至 8705 所列其他车辆装有发动机的底盘	50	4,667,306

表 19　2017 年全国进出口汽车贸易方式统计

贸易方式	数量（辆）	金额（美元）
合计	**2,937,078**	**64,641,690,881**
出口合计	**1,694,726**	**13,964,421,827**
一般贸易	1,482,476	9,703,347,654
国家间、国际组织无偿援助和赠送的物资	1,335	51,932,899
其他捐赠物资	2	33,876
来料加工装配贸易	88	10,674,636
进料加工贸易	187,292	3,512,885,866
边境小额贸易	4,905	138,863,192
对外承包工程出口货物	4,277	258,933,534
租赁贸易	29	14,769,056
保税监管场所进出境货物	1,045	13,774,238
海关特殊监管区域物流货物	12,447	242,556,220
其他贸易	830	16,650,656
进口合计	**1,242,352**	**50,677,269,054**
一般贸易	1,118,341	44,508,713,550
来料加工装配贸易	101	6,423,412
进料加工贸易	1,319	113,009,996
边境小额贸易	39	3,712,967
租赁贸易	6	4,645,089
保税监管场所进出境货物	2	5,239
海关特殊监管区域物流货物	121,175	5,981,389,014
其他贸易	1,369	59,369,787

表20 2017年全国汽车工业进度统计数据

一、产量、销量　　单位：万辆、%

类别	车型	产量	同比增长	销量	同比增长
汽车	**总计：**	**2901.54**	**3.19**	**2887.89**	**3.04**
	其中：1、乘用车	2480.67	1.58	2471.83	1.40
	（1）基本型乘用车（轿车）	1193.78	-1.43	1184.80	-2.48
	（2）多功能乘用车（MPV）	205.18	-17.62	207.07	-17.05
	（3）运动型多用途乘用车（SUV）	1028.70	12.39	1025.27	13.32
	（4）交叉型乘用车	53.01	-20.39	54.70	-19.97
	其中：2、商用车	420.87	13.81	416.06	13.95
	（1）客车	52.60	-3.81	52.72	-2.98
	其中：客车非完整车辆	4.64	-15.97	4.65	-15.51
	（2）货车	368.27	16.87	363.34	16.91
	其中：半挂牵引车	58.52	46.76	58.33	50.34
	其中：货车非完整车辆	50.98	46.87	45.79	32.32
摩托车	**总计：**	**1714.57**	**1.93**	**1680.03**	**1.99**
	其中：1、二轮	1509.36	2.44	1472.78	2.44
	2、三轮	205.22	-1.64	207.25	-1.20

二、 汽车商品进出口　　单位：万辆、万台、亿美元、%

类别	车型	数量	同比增长	金额	同比增长
进口	**总计：**			**882.71**	**10.69**
	其中：1、整车	124.68	15.77	510.30	13.54
	（1）轿车	44.77	18.65	153.13	13.43
	（2）越野车	52.86	13.49	251.58	10.94
	2、车用发动机	66.26	-8.82	19.94	-1.31
	3、汽车零件、附件及车身			309.20	7.17
出口	**总计：**			**834.11**	**8.81**
	其中：1、整车	106.38	31.37	140.57	23.05
	2、汽车零件、附件及车身			381.42	8.89
	3、摩托车	928.76	14.17	46.65	11.93

三、固定资产投资　　单位：亿元、%

指标名称	本期累计	同期累计	同比增长
固定资产投资总计：	**13476.03**	**12338.91**	**9.22**
其中：汽车制造业	2677.06	2724.16	-1.73
改装车制造业	478.52	539.42	-11.29
汽车零部件制造业	9911.35	8685.49	14.11
摩托车制造业	409.10	389.84	4.94

注：摩托车制造业含摩托车整车制造和摩托车零部件及配件制造。

四、汽车重点企业经济指标 单位：亿元、%

指标名称	重点企业（17家）	
	金额	同比增长
营业收入	40074.09	9.90
利润总额	3937.28	8.27
利税总额	6349.94	6.50
工业增加值	7924.5	4.27
工业总产值	35758.56	11.24
工业销售产值	35272.81	10.66

五、汽车全行业经济指标 单位：亿元、%

指标名称	全行业（16041家）	
	金额	同比增长
资产总计	77225.27	12.49
负债总计	45306.17	14.13
利润总额	6995.47	5.74
主营业务收入	87932.08	10.82

表21 2017年全国乘用车分品牌销量统计

车型	2017年	2016年	比同期增长(%)
1、一汽轿车 合计	**240301**	**193168**	**24.40**
马自达 6	0	8038	-100.00
奔腾 B50	11569	18355	-36.97
奔腾 B50 1.6L	0	17013	-100.00
奔腾 B50 1.8L	0	1342	-100.00
新奔腾 B50 1.4L	3738	0	
新奔腾 B50 1.6L	7831	0	
奔腾 B70	1976	4615	-57.18
奔腾 B70 1.8L	150	210	-28.57
奔腾 B70 2.0L	1826	4405	-58.55
奔腾 B90	25	363	-93.11
奔腾 B90 1.8T	20	363	-94.49
奔腾 B90 2.0L	5	0	
奔腾 B30	17111	39617	-56.81
奔腾 B30（BEV）	111	0	

表21 2017年全国乘用车分品牌销量统计（续表1）

车型	2017年	2016年	比同期增长(%)
奔腾 B30 1.6L	17000	39617	-57.09
奔腾 D015	0	20448	-100.00
奔腾 D015 1.4T	0	5793	-100.00
奔腾 D015 1.6L	0	14655	-100.00
马自达睿翼	0	236	-100.00
睿翼 2.0	0	236	-100.00
欧朗	0	410	-100.00
欧朗两厢 1.5L	0	208	-100.00
欧朗三厢 1.5L	0	202	-100.00
红旗 H7	0	875	-100.00
红旗 H7 1.8T	0	135	-100.00
红旗 H7 2.0T	0	684	-100.00
红旗 H7 2.5	0	25	-100.00
红旗 H7 3.0L	0	31	-100.00
红旗 V501	0	2	-100.00
阿特兹	51779	36645	41.30
阿特兹 2.0L	26775	20086	33.30
阿特兹 2.5L	25004	16559	51.00
马自达 8	1	1319	-99.92
奔腾 X80	10266	22039	-53.42
奔腾 X80 1.8T	4740	4139	14.52
奔腾 X80 2.0L	5526	17900	-69.13
马自达 CX-4	72410	37780	91.66
马自达 CX-4 2.0L	68463	32087	113.37
马自达 CX-4 2.5L	3947	5693	-30.67
马自达 CX-7	0	2408	-100.00
马自达 CX-7 2.5L	0	1047	-100.00
马自达 CX-7 2.3T	0	1361	-100.00
奔腾 X40	75164	18	
2、一汽大众 合计	**1957188**	**1872366**	**4.53**
捷达	325979	348437	-6.45
捷达 1.4T	82586	82508	0.09
捷达 1.5T	151460	8381	
捷达 1.6L	91933	257548	-64.30
新宝来	250385	219313	14.17
新宝来 1.4T	7125	11890	-40.08
新宝来 1.5L	69906	0	
新宝来 1.6L	173354	207423	-16.42
速腾	332733	341331	-2.52
速腾 1.2T	38331	799	
速腾 1.4T	138963	142492	-2.48
速腾 1.6L	155437	197552	-21.32
速腾 2.0T	2	488	-99.59
迈腾	211074	171283	23.23
迈腾 1.4T	18833	1983	
迈腾 1.8T	171000	147942	15.59
迈腾 2.0L	21241	21358	-0.55

表21 2017年全国乘用车分品牌销量统计（续表2）

车型	2017年	2016年	比同期增长(%)
奥迪 A4L	117867	97421	20.99
奥迪 A4L 1.4T	1372	15	
奥迪 A4L 1.8T	0	7864	-100.00
奥迪 A4L 2.0T	116495	89542	30.10
CC	21961	29148	-24.66
CC 1.8T	19867	21726	-8.56
CC 2.0T	2094	7285	-71.26
CC 3.0	0	137	-100.00
奥迪 C7	141785	135730	4.46
奥迪 C7 1.8T	60527	65363	-7.40
奥迪 C7 2.0T	20916	641	
奥迪 C7 2.5	42784	56028	-23.64
奥迪 C7 2.8	0	192	-100.00
奥迪 C7 3.0	17558	13506	30.00
高尔夫 A7	153809	178374	-13.77
高尔夫 A7 1.2T	954	507	88.17
高尔夫 A7 1.4T	94336	108543	-13.09
高尔夫 A7 1.6L	56937	67210	-15.28
高尔夫 A7 2.0T	1582	2114	-25.17
奥迪 A3	83898	84784	-1.05
奥迪 A3 1.4T	81002	81579	-0.71
奥迪 A3 1.8T	815	3205	-74.57
奥迪 A3 2.0T	2081	0	
高尔夫 Sportsvan	47112	36851	27.84
高尔夫 Sportsvan 1.2T	0	464	-100.00
高尔夫 Sportsvan 1.4T	36624	29198	25.43
高尔夫 Sportsvan 1.6L	10488	7189	45.89
蔚领	62135	11340	447.93
蔚领 1.4T	22636	4143	446.37
蔚领 1.5L	5747	0	
蔚领 1.6L	33752	7197	368.97
Q5	123494	129453	-4.60
Q3	84956	88901	-4.44
Q3 1.4T	60419	58868	2.63
Q3 2.0T	24537	30033	-18.30
3、天津一汽 合计	**27074**	**38343**	**-29.39**
夏利	5949	11672	-49.03
N3 1.0	0	22	-100.00
N5 1.0	1989	4705	-57.73
N5 1.3	3610	6170	-41.49
N7 1.0	350	242	44.63
N7 1.3	0	533	-100.00
威志 V5	1904	9284	-79.49
威志 V5 1.5L	1881	8657	-78.27
威志 V5 1.6L	23	627	-96.33
威志 V2	1624	792	105.05
威志 V2 两厢 1.3L	0	792	-100.00
威志 V2 三厢 1.3L	1624	0	
骏派 A70	3516	4336	-18.91

表21 2017年全国乘用车分品牌销量统计（续表3）

车型	2017年	2016年	比同期增长(%)
骏派 A70（BEV）	78	0	
骏派 A70 1.6L	3438	4336	-20.71
骏派 U066	0	0	
骏派 D60	14081	12259	14.86
骏派 D60 1.5L	13247	10765	23.06
骏派 D60 1.6L	79	0	
骏派 D60 1.8L	755	1494	-49.46
4、一汽丰田 合计	**689238**	**642373**	**7.30**
花冠	2530	17511	-85.55
皇冠	37142	29941	24.05
皇冠 2.0T	28094	21170	32.71
皇冠 2.5L	9048	8771	3.16
锐志	5602	16851	-66.76
锐志 2.5L	5602	16848	-66.75
锐志 3.0L	0	3	-100.00
普锐斯 1.5L（HEV）	0	18	-100.00
卡罗拉	333488	306541	8.79
卡罗拉 1.2L	216765	55131	293.18
卡罗拉 1.6L	57132	207934	-72.52
卡罗拉 1.8L	148	385	-61.56
卡罗拉（HEV）	59443	43091	37.95
新威驰	92738	116957	-20.71
新威驰 1.3L	15973	34347	-53.50
新威驰 1.5L	76765	82610	-7.08
威驰 FS	35074	0	
威驰 FS 1.3L	2818	0	
威驰 FS 1.5L	32256	0	
陆地巡洋舰	117	805	-85.47
陆地巡洋舰 4.0L	10	489	-97.96
陆地巡洋舰 4.6L	107	316	-66.14
普拉多	55302	37289	48.31
普拉多 2.7L	37702	22796	65.39
普拉多 3.5L	17589	14493	21.36
普拉多 4.0L	11	0	
全新 RAV4	127245	116460	9.26
全新 RAV4 2.0L	108991	99730	9.29
全新 RAV4 2.5L	18254	16730	9.11
5、一汽海马 合计	**41831**	**62861**	**-33.45**
福美来	11731	41461	-71.71
丘比特	0	355	-100.00
丘比特 1.3	0	273	-100.00
丘比特 1.5	0	82	-100.00
福美来专车版	598	435	37.47
普力马	100	326	-69.33
普力马（BEV）	100	11	
普力马	0	315	-100.00
福美来 F7	8084	12081	-33.09

表21 2017年全国乘用车分品牌销量统计（续表4）

车型	2017年	2016年	比同期增长(%)
骑士	18797	8203	129.15
S5H	2521	0	
6、中国一汽 合计	**72300**	**65227**	**10.84**
红旗 H7	4566	4175	9.37
红旗 H7 1.8L	1752	650	169.54
红旗 H7 2.0	2497	3153	-20.81
红旗 H7 2.0（PHEV）	36	0	
红旗 H7 2.5	117	158	-25.95
红旗 H7 3.0	164	214	-23.36
红旗 V501	101	0	
红旗 N501	35	0	
红旗 H5	0	0	
森雅	0	5633	-100.00
森雅 R7	62290	44807	39.02
佳宝	5308	10612	-49.98
佳宝 V80	2993	4273	-29.96
佳宝 V80	330	0	
佳宝 V80（BEV）	330	0	
佳宝 V80 1.0L	1	505	-99.80
佳宝 V80 1.5	2662	3768	-29.35
佳宝 V60	2315	6339	-63.48
佳宝 V60 1.0L	2315	693	234.05
佳宝 V60 1.6	0	5646	-100.00
7、上汽通用 合计	**1998683**	**1880004**	**6.31**
别克新君威	63469	69300	-8.41
别克新君威 1.5T	28314	0	
别克新君威 1.6T	21611	51000	-57.63
别克新君威 1.8L	440	0	
别克新君威 2.0L	5753	17695	-67.49
别克新君威 2.0T	7351	605	
凯越	0	105033	-100.00
雪佛兰景程	0	3	-100.00
别克新君越	99741	80966	23.19
新君越 1.5T	66488	49770	33.59
新君越 1.8（HEV）	2223	1195	86.03
新君越 2.0T	31028	19436	59.64
新君越 2.4L	2	10562	-99.98
新君越 3.0	0	3	-100.00
凯迪拉克	109776	76757	43.02
凯迪拉克 XTSNB 2.0L	41899	33288	25.87
凯迪拉克 XTSNB 2.0（PHEV）	0	17	-100.00
凯迪拉克 XTSNB 3.6L	1	3	-66.67
凯迪拉克 ATS-L2.8L	55767	37636	48.17
CT6 2.0	10462	4762	119.70
CT6 3.0	693	1051	-34.06
CT6 2.0（PHEV）	954	0	
雪佛兰科鲁兹	81012	189106	-57.16
科鲁兹两厢 1.4T	846	0	

表21 2017年全国乘用车分品牌销量统计（续表5）

车型	2017年	2016年	比同期增长(%)
科鲁兹两厢 1.5L	3448	0	
科鲁兹两厢 1.6L	1	5736	-99.98
科鲁兹两厢 1.6T	0	343	-100.00
雪佛兰科鲁兹 1.4T	2714	6929	-60.83
雪佛兰科鲁兹 1.5L	74003	176096	-57.98
雪佛兰科鲁兹 1.6L	0	1	-100.00
雪佛兰科鲁兹 1.8L	0	1	-100.00
别克英朗	416990	370375	12.59
英朗 XT1.6T	0	3	-100.00
英朗 GT 1.6T	0	1	-100.00
英朗 GT 1.8L	0	1	-100.00
新英朗 GT 1.0T	73463	0	
新英朗 GT 1.3T	36189	0	
新英朗 GT 1.4T	3220	11245	-71.37
新英朗 GT 1.5L	304118	359125	-15.32
雪佛兰新赛欧	125750	140284	-10.36
赛欧（BEV）	-1	1	-200.00
新赛欧两厢 1.2L	0	1	-100.00
新赛欧两厢 1.4L	1392	1103	26.20
新赛欧三厢 1.2L	0	1	-100.00
新赛欧三厢 1.3L	44467	66458	-33.09
新赛欧三厢 1.4L	12528	25005	-49.90
新赛欧三厢 1.5L	67364	47715	41.18
雪佛兰爱唯欧	0	3	-100.00
爱唯欧两厢 1.4L	0	1	-100.00
爱唯欧三厢 1.4L	0	2	-100.00
雪佛兰迈锐宝	123890	85180	45.44
迈锐宝 1.5T	123241	58571	110.41
迈锐宝 1.6T	1	8084	-99.99
迈锐宝 1.8L（HEV）	87	12	
迈锐宝 2.0L	3	16516	-99.98
迈锐宝 2.4L	0	1543	-100.00
迈锐宝 2.5L	558	454	22.91
威朗	186438	177202	5.21
威朗两厢 1.5L	9783	15828	-38.19
威朗两厢 1.5T	2764	5792	-52.28
威朗三厢 1.5L	143109	125695	13.85
威朗三厢 1.5T	30782	29887	2.99
乐风 RV	3409	13714	-75.14
科沃兹	188319	50786	270.81
Velite 5	1499	0	
别克阅朗	13327	0	
阅朗 1.0T	2428	0	
阅朗 1.3T	10899	0	
别克 GL8	145129	79600	82.32
GL8 2.4L	8651	34773	-75.12
GL8 3.0L	1	0	
新 GL8 2.0T	70400	9031	

表21 2017年全国乘用车分品牌销量统计（续表6）

车型	2017年	2016年	比同期增长(%)
新 GL8 2.4L	197	22893	-99.14
新 GL8 2.5L	65876	0	
新 GL8 3.0L	4	12903	-99.97
别克 GL6	17500	0	
GL6 1.3T	17500	0	
雪佛兰科帕奇	7982	21956	-63.65
科帕奇二驱 2.4L	1616	10539	-84.67
科帕奇四驱 2.4L	6366	11417	-44.24
别克昂科拉	40101	71945	-44.26
昂科拉二驱 1.4T	39790	70948	-43.92
昂科拉四驱 1.4T	311	997	-68.81
雪佛兰 Trax	16899	37636	-55.10
雪佛兰 Trax 二驱 1.4T	16559	37263	-55.56
雪佛兰 Trax 四驱 1.4T	340	373	-8.85
别克昂科威	239234	275383	-13.13
昂科威二驱 1.5L	133315	143963	-7.40
昂科威四驱 1.5L	1958	8007	-75.55
昂科威四驱 2.0T	103961	123413	-15.76
凯迪拉克 XT5	63748	34775	83.32
凯迪拉克 XT5 二驱 2.0L	37261	17001	119.17
凯迪拉克 XT5 四驱 2.0L	24496	17774	37.82
凯迪拉克 XT5 四驱 2.0T （HEV）	1991	0	
雪佛兰探界者	54470	0	
雪佛兰探界者二驱 1.5T	35131	0	
雪佛兰探界者四驱 1.5T	8119	0	
雪佛兰探界者四驱 2.0T	11220	0	
8、上汽大众 合计	**2063057**	**2000238**	**3.14**
桑塔纳	289137	318340	-9.17
桑塔纳 1.8L	1	0	
新桑塔纳 1.4L	72066	62604	15.11
新桑塔纳 1.6L	181529	199782	-9.14
新桑塔纳 CNG	16845	20429	-17.54
新桑塔纳浩纳 1.4L	0	0	
新桑塔纳浩纳 1.4T	883	129	
新桑塔纳浩纳 1.6L	17812	35396	-49.68
普桑 1.8L	1	0	
新帕萨特	159547	188214	-15.23
新帕萨特 1.4T	33844	36342	-6.87
新帕萨特 1.8T	121742	144514	-15.76
新帕萨特 2.0T	3917	7182	-45.46
新帕萨特 3.0V6	44	176	-75.00
波罗	174512	180150	-3.13
新波罗两厢 1.4L	117673	120206	-2.11
新波罗两厢 1.6L	52758	51302	2.84
POLO GTI	172	827	-79.20
CROSS POLO 两厢 1.4L	412	1154	-64.30
CROSS POLO 两厢 1.6L	3497	6661	-47.50
明锐	130193	155098	-16.06

表21 2017年全国乘用车分品牌销量统计（续表7）

车型	2017年	2016年	比同期增长(%)
明锐 1.4T	0	2	-100.00
明锐 1.6L	1	10584	-99.99
明锐 1.8T	0	1	-100.00
明锐 2.0L	0	3	-100.00
明锐 2.0T	0	1	-100.00
新明锐 1.2T	18435	0	
新明锐 1.4T	13044	10330	26.27
新明锐 1.6L	90597	134177	-32.48
明锐旅行车 1.2T	3494	0	
明锐旅行车 1.4T	4622	0	
明锐旅行车 1.6L	0	0	
New Lavida 朗逸	512663	548131	-6.47
新朗逸 1.2T	0	0	
朗逸 1.4T	51919	28652	81.21
朗逸 1.6L	404206	449105	-10.00
朗逸 CNG	989	1100	-10.09
朗行 1.2T	0	0	
朗行 1.4T	30924	15169	103.86
朗行 1.6L	24625	54105	-54.49
晶锐	13416	12272	9.32
晶锐 1.4L	0	12	-100.00
晶锐 1.6L	0	4	-100.00
新晶锐 1.4L	12510	10635	17.63
新晶锐 1.6L	906	1621	-44.11
速派	42547	41692	2.05
速派 1.4T	0	238	-100.00
速派 1.8T	0	151	-100.00
新速派 1.4T	27343	24609	11.11
新速派 1.8T	14566	15879	-8.27
新速派 2.0T	638	815	-21.72
昕锐	63608	67149	-5.27
昕锐 1.4L	15289	14257	7.24
昕锐 1.6L	48319	52892	-8.65
昕动	24988	27527	-9.22
昕动 1.4L	4161	2688	54.80
昕动 1.4T	545	842	-35.27
昕动 1.6L	20282	23997	-15.48
凌渡	141385	143145	-1.23
凌渡 1.4T	139739	141732	-1.41
凌渡 1.8T	141	559	-74.78
凌渡 2.0T	1505	854	76.23
辉昂	13554	3307	309.86
辉昂 2.0T	13135	2950	345.25
辉昂 3.0T	419	357	17.37
昊锐	1	0	
途安	30798	46703	-34.06
途安 1.4T	0	10409	-100.00

表21 2017年全国乘用车分品牌销量统计（续表8）

车型	2017年	2016年	比同期增长(%)
途安 1.6L	5587	7258	-23.02
新途安 1.4T	23626	27887	-15.28
新途安 1.6L	370	0	
新途安 1.8T	1215	1149	5.74
Tiguan 途观	332402	240493	38.22
途观二驱 1.4T	58188	25820	125.36
途观二驱 1.8T	53162	162568	-67.30
途观四驱 1.8T	1555	45951	-96.62
途观四驱 2.0T	676	6154	-89.02
途观 L 二驱 1.4T	0	0	
途观 L 二驱 1.8T	180918	0	
途观 L 二驱 2.0T	0	0	
途观 L 四驱 2.0	37903	0	
野帝	13296	26350	-49.54
野帝二驱 1.4T	12643	24877	-49.18
野帝二驱 1.6L	517	1318	-60.77
野帝四驱 1.8T	136	155	-12.26
途观 NF	0	1667	-100.00
途观 NF 二驱 1.8T	0	952	-100.00
途观 NF 二驱 2.0T	0	0	
途观 NF 四驱 2.0	0	715	-100.00
Teramont	76050	0	
Teramont 二驱 2.0T	0	0	
Teramont 四驱 2.0T	65976	0	
Teramont 四驱 2.5T	10074	0	
Kodiaq	44960	0	
Kodiaq 二驱 1.4T	0	0	
Kodiaq 二驱 1.8T	40096	0	
Kodiaq 四驱 2.0T	4864	0	
Karoq	0	0	
Karoq 二驱 1.2T	0	0	
Karoq 二驱 1.4T	0	0	
9、广汽本田 合计	**705010**	**638791**	**10.37**
雅阁	149649	136246	9.84
雅阁 2.0L	140478	111631	25.84
雅阁 2.4L	9171	23501	-60.98
雅阁 3.0L	0	1114	-100.00
飞度	111634	113596	-1.73
锋范	64007	70841	-9.65
歌诗图	5	6130	99.92
歌诗图 2.4	4	5821	-99.93
歌诗图 3.0	1	309	-99.68
理念 S1	0	4173	-100.00
凌派	98429	87405	12.61
讴歌 TLX	134	0	
奥德赛	35639	40029	-10.97
缤智	144947	164084	-11.66
缤智二驱 1.5L	91772	104795	-12.43

表21 2017年全国乘用车分品牌销量统计（续表9）

车型	2017年	2016年	比同期增长(%)
缤智二驱 1.8L	53175	59289	-10.31
讴歌 CDX	14111	6842	106.24
冠道	86455	9445	
冠道 1.5T	56035	7	
冠道 2.0T	30420	9438	222.31
10、东风神龙 合计	**377547**	**597873**	**-36.85**
爱丽舍	48588	87132	-44.24
标致 307	0	6	-100.00
标致 307 两厢 1.6L	0	2	-100.00
标致 307 两厢 2.0L	0	2	-100.00
标致 307 1.6L	0	2	-100.00
世嘉	3	25489	-99.99
世嘉两厢 1.6L	0	1	-100.00
世嘉两厢 2.0L	0	1	-100.00
世嘉三厢 1.6L	3	25477	-99.99
世嘉三厢 2.0L	0	10	-100.00
标致 207	0	2	-100.00
标致 207 两厢 1.6L	0	1	-100.00
标致 207 三厢 1.6L	0	1	-100.00
C5	8435	5042	67.29
C5 三厢 1.6T	7500	3509	113.74
C5 三厢 1.8T	931	589	58.06
C5 三厢 2.0L	0	928	-100.00
C5 三厢 2.3L	4	15	-73.33
C5 三厢 3.0L	0	1	-100.00
标致 408	55693	100156	-44.39
标致 408 1.2T	3826	39364	-90.28
标致 408 1.6L	0	1	-100.00
标致 408 1.6T	45110	46100	-2.15
标致 408 1.8L	6757	14690	-54.00
标致 408 2.0L	0	1	-100.00
标致 508	881	7004	-87.42
标致 508 1.6T	831	5740	-85.52
标致 508 1.8T	50	696	-92.82
标致 508 2.0L	1	567	-99.82
标致 508 2.3L	-1	1	-200.00
标致 308	55257	75123	-26.44
标致 308 1.2T	1448	2700	-46.37
标致 308 1.6L	53094	71505	-25.75
标致 308 1.6T	714	915	-21.97
标致 308 2.0L	1	3	-66.67
C4L	5351	18472	-71.03
C4L 1.2T	2525	8204	-69.22
C4L 1.6L	1	2	-50.00
C4L 1.6T	2222	5529	-59.81
C4L 1.8L	603	4737	-87.27
标致 301	29098	73641	-60.49
标致 308S	1268	8306	-84.73

表21 2017年全国乘用车分品牌销量统计（续表10）

车型	2017年	2016年	比同期增长(%)
标致 308S 1.2T	866	5898	-85.32
标致 308S 1.6T	402	2408	-83.31
C4 世嘉	17255	34834	-50.47
C4 世嘉 1.2T	88	640	-86.25
C4 世嘉 1.6L	17150	34143	-49.77
C4 世嘉 1.6T	17	51	-66.67
C6	5947	4079	45.80
C6 1.6T	1013	1100	-7.91
C6 1.8T	4934	2979	65.63
标致 3008	17945	44293	-59.49
标致 3008 二驱 1.6T	6801	26823	-74.64
标致 3008 二驱 2.0L	11144	17470	-36.21
标致 2008	11001	31831	-65.44
标致 2008 二驱 1.2T	394	1243	-68.30
标致 2008 二驱 1.6L	10595	30458	-65.21
标致 2008 二驱 1.6T	12	130	-90.77
C3-XR	22643	73461	-69.18
C3-XR 二驱 1.2T	2282	1900	20.11
C3-XR 二驱 1.6L	20295	66449	-69.46
C3-XR 二驱 1.6T	66	5112	-98.71
标致 4008	52013	9002	477.79
标致 4008 1.2T	22	0	
标致 4008 1.6T	48141	6860	
标致 4008 1.8T	3850	2142	79.74
标致 5008	23566	0	
天逸	22603	0	
天逸 C5 AIRCROSS 1.6T	14484	0	
天逸 C5 AIRCROSS 1.8T	8119	0	
11、东风悦达 合计	**360006**	**650006**	**-44.61**
赛拉图	7254	7631	-4.94
福瑞迪	5118	7549	-32.20
秀尔	0	1140	-100.00
K5	27840	34623	-19.59
K5 2.0L	3683	4407	-16.43
新 K5 1.6	6476	18298	-64.61
新 K5 2.0	17681	11918	48.36
K2	52309	153511	-65.92
K2 两厢 1.4L	0	9940	-100.00
K2 两厢 1.6L	0	2	-100.00
K2 三厢 1.4L	-1	106473	-100.00
K2 三厢 1.6L	0	1449	-100.00
新 K2 三厢 1.4L	52015	34516	50.70
新 K2 三厢 1.6L	295	1131	-73.92
K3	138355	191911	-27.91
K3 1.6L	138355	191907	-27.91
K3 1.8L	0	4	-100.00
K3S	1	484	-99.79
K4	9277	34100	-72.79
K4 1.6L	2140	8957	-76.11

表21 2017年全国乘用车分品牌销量统计（续表11）

车型	2017年	2016年	比同期增长(%)
K4 1.8L	7135	25047	-71.51
K4 2.0L	2	96	-97.92
华骐（BEV）	478	5	
凯绅	9945	0	
凯绅 1.6T	1133	0	
凯绅 1.8L	8812	0	
焕驰	10612	0	
新E代福瑞迪	6060	0	
狮跑	0	9249	-100.00
智跑	31626	76476	-58.65
智跑二驱 2.0L	31626	76434	-58.62
智跑四驱 2.0L	0	42	-100.00
KX3	8751	68913	-87.30
KX3 二驱 1.6	8751	67030	-86.94
KX3 二驱 2.0	0	1883	-100.00
KX5	19311	64414	-70.02
KX5 二驱 1.6	9663	49423	-80.45
KX5 二驱 2.0	9648	14991	-35.64
KX7	5548	0	
KX7 二驱 2.0L	1720	0	
KX7 二驱 2.0T	2448	0	
KX7 二驱 2.4L	295	0	
KX7 四驱 2.0T	1085	0	
KX CROSS	27521	0	
12、东风英菲尼迪 合计	**27766**	**26131**	**6.26**
英菲尼迪	20618	18047	14.25
QX50L	7148	8084	-11.58
13、东风日产 合计	**1107800**	**1003518**	**10.39**
骐达	78598	40320	94.94
新骐达 1.6L	78598	40303	95.02
新骐达 1.6T	0	17	-100.00
轩逸	405854	367979	10.29
轩逸 1.6	112025	165071	-32.14
新轩逸 1.6	288824	200482	44.06
新轩逸 1.8	5005	2426	106.31
骊威	6039	8763	-31.09
新骊威 1.6	6039	8763	-31.09
新天籁	113857	90279	26.12
新世代天籁 2.0	110239	83791	31.56
新世代天籁 2.5	3618	6488	-44.24
玛驰	2	86	-97.67
新阳光	28878	74413	-61.19
新蓝鸟	65128	78976	-17.53
西玛	1044	2279	-54.19
逍客	152637	139684	9.27
逍客 1.6L	0	1	-100.00
逍客两驱 2.0L	0	10	-100.00
逍客四驱 2.0L	0	4	-100.00

表21 2017年全国乘用车分品牌销量统计（续表12）

车型	2017 年	2016 年	比同期增长(%)
新逍客二驱 2.0L	152637	139669	9.28
奇骏	184711	180202	2.50
新奇骏二驱 2.0L	77881	137399	-43.32
新奇骏二驱 2.5L	106830	42803	149.59
楼兰	25083	20537	22.14
楼兰两驱 2.5	22271	18674	19.26
楼兰两驱 2.5（HEV）	722	830	-13.01
楼兰四驱 2.5（HEV）	2090	1033	102.32
劲客	45969	0	
14、东风本田 合计	**714257**	**570077**	**25.29**
思域	172482	90014	91.62
思域 1.5T	172482	57964	197.57
思域 1.8L	0	32039	-100.00
思域 2.0L	0	11	-100.00
思铂睿	18726	23487	-20.27
思铂睿 2.0L	14167	15427	-8.17
思铂睿 2.4L	4559	8060	-43.44
思铭	0	1176	-100.00
哥瑞	26002	40806	-36.28
竟瑞	26247	9287	182.62
艾力绅	40160	31097	29.14
JADE	42662	32024	33.22
CR-V	71909	180319	-60.12
CR-V 两驱 2.0L	70174	121315	-42.16
CR-V 四驱 2.0L	0	26584	-100.00
CR-V 四驱 2.4L	1735	32420	-94.65
XR-V	161352	161867	-0.32
XR-V 1.5L	72188	64641	11.68
XR-V 1.8L	89164	97226	-8.29
URV	43324	0	
新 CR-V	111393	0	
新 CR-V 两驱 1.5T	85713	0	
新 CR-V 两驱 2.0L	5039	0	
新 CR-V 四驱 1.5T	20641	0	
15、东风柳汽 合计	**230378**	**261300**	**-11.83**
景逸 S50	12485	9901	26.10
景逸 S50 1.5	8889	8303	7.06
景逸 S50 1.6	3596	1598	125.03
菱智	79177	90700	-12.70
菱智 1.6L	71789	81433	-11.84
菱智 1.9	0	0	
菱智 2.0	7373	9204	-19.89
菱智 2.4	15	63	-76.19
景逸	0	2944	-100.00
景逸 1.5L	0	2944	-100.00
景逸 1.8L	0	0	
S500	6665	71653	-90.70
S500 1.5L	6348	33799	-81.22

表21 2017年全国乘用车分品牌销量统计（续表13）

车型	2017年	2016年	比同期增长(%)
S500 1.6L	317	37854	-99.16
景逸 X3	38648	42316	-8.67
景逸 X3 二驱 1.5	8277	38378	-78.43
景逸 X3 二驱 1.6	30371	3938	
景逸 X5	58770	28323	107.50
景逸 X5 二驱 1.6	58620	28023	109.19
景逸 X5 二驱 1.8	1	300	-99.67
景逸 X5 二驱 2.0	149	0	
景逸 SX6	26377	15463	70.58
景逸 SX6 二驱 1.6	25085	14767	69.87
景逸 SX6 二驱 2.0	1292	696	85.63
景逸 X6	8256	0	
景逸 X6 二驱 1.6	8195	0	
景逸 X6 二驱 2.0	61	0	
16、东风小康 合计	**319127**	**306593**	**4.09**
风光 330	54153	98047	-44.77
风光 330 1.5L	54049	97899	-44.79
风光 330 柴油 1.5L	104	148	-29.73
风光 370	27480	70532	-61.04
风光 370 1.5 汽油	27466	67253	-59.16
风光 370 1.5 柴油	14	3279	-99.57
风光 580	176309	86760	103.21
风光 S560	13209	0	
东风小康 K 系	30710	35935	-14.54
东风小康 K1.0L	9028	11018	-18.06
东风小康 K1.3L	21682	24917	-12.98
东风小康 V 系	1	0	
东风小康 C 系	14808	15319	-3.34
EC36	2302	0	
EC35	155	0	
17、北京现代 合计	**785006**	**1142016**	**-31.26**
索纳塔	12760	35998	-64.55
索纳塔 1.6T	7999	28222	-71.66
索纳塔 2.0L	4695	7027	-33.19
索纳塔 2.4L	66	749	-91.19
伊兰特	420	3841	-89.07
伊兰特二厢 1.6	0	3841	-100.00
新伊兰特（BEV）	420	0	
悦动	39897	21092	89.16
悦动 1.6L	19195	21092	-8.99
全新悦动 1.4L	0	0	
全新悦动 1.6L	20702	0	
名驭	1241	5323	-76.69
名驭 1.8	1241	4973	-75.05
名驭 2.0	0	350	-100.00
瑞纳	43192	116513	-62.93
瑞纳 1.4	16123	116246	-86.13
瑞纳 1.6	0	267	-100.00

表21 2017年全国乘用车分品牌销量统计（续表14）

车型	2017年	2016年	比同期增长(%)
全新瑞纳 1.4	27069	0	
朗动	118048	253804	-53.49
朗动三厢 1.6L	118048	253795	-53.49
朗动三厢 1.8L	0	9	-100.00
首望（BEV）	0	50	-100.00
名图	134664	148254	-9.17
名图 1.6	43236	30493	41.79
名图 1.8	91428	117742	-22.35
名图 2.0	0	19	-100.00
领动	119489	132210	-9.62
领动 1.4T	7224	10996	-34.30
领动 1.6L	112265	121214	-7.38
悦纳	83419	40389	106.54
悦纳 1.4	83056	39507	110.23
悦纳 1.6	363	882	-58.84
途胜	136495	176698	-22.75
途胜 2.0	0	11	-100.00
新途胜 1.6	136424	170601	-20.03
新途胜 2.0	71	6086	-98.83
IX35	34361	71938	-52.24
IX35 2.0	19852	71884	-72.38
IX35 2.4	35	54	-35.19
全新 IX35 2.0	14474	0	
新胜达	12300	22438	-45.18
新胜达 2.0	8659	20214	-57.16
新胜达 2.4	3641	2224	63.71
IX25	48720	113468	-57.06
IX25 1.4	2382	0	
IX25 1.6	46320	113137	-59.06
IX25 2.0	18	331	-94.56
北汽新能源（常州）	0	0	
LITE（BEV）	0	0	
18、北京奔驰 合计	**422558**	**317069**	**33.27**
奔驰-E	112513	57439	95.88
奔驰 E1.8	109224	41468	163.39
奔驰 E3.0	3289	15736	-79.10
奔驰 E4.0	0	235	-100.00
奔驰-C	128331	105401	21.76
奔驰 C1.6	29656	26744	10.89
奔驰 C1.8	98675	78371	25.91
奔驰 C3.0	0	286	-100.00
奔驰-GLK	0	37	-100.00
奔驰-GLK 1.8L	0	11	-100.00
奔驰-GLK 3.0L	0	26	-100.00
奔驰-GLA	71214	66917	6.42
奔驰-GLA 1.6L	59735	51889	15.12
奔驰-GLA 2.0L	11479	15028	-23.62
奔驰-GLC	110500	87275	26.61

表21 2017年全国乘用车分品牌销量统计（续表15）

车型	2017年	2016年	比同期增长(%)
19、北汽有限 合计	**8866**	**8817**	**0.56**
陆霸	1	35	-97.14
勇士	1023	406	151.97
域胜 007	32	444	-92.79
交叉乘用车	7810	7932	-1.54
20、福田 合计	**29567**	**25991**	**13.76**
蒙派克	7702	5573	38.20
迷迪	0	268	-100.00
伽途 ix	14605	12840	13.75
萨瓦纳	1827	2147	-14.90
伽途 V	5433	5163	5.23
21、奇瑞 合计	**562663**	**587073**	**-4.16**
旗云 2	472	1126	-58.08
旗云 2 1.3L	0	3	-100.00
旗云 2 1.5L	472	975	-51.59
旗云 2 1.6L	0	148	-100.00
QQ	31337	33300	-5.89
QQ3 铅酸	0	2384	-100.00
QQ3 1.0L	0	159	-100.00
QQ3 1.1L	0	11	-100.00
新 QQ（BEV）	9925	14936	-33.55
新 QQ 1.0	21412	15810	35.43
新 QQ 1.5	0	0	
东方之子 (B11)	0	493	-100.00
东方之子 1.8L	0	487	-100.00
东方之子 1.9L	0	3	-100.00
东方之子 2.0L	0	3	-100.00
旗云 3 (A520)	0	1321	-100.00
旗云 3 1.5	0	461	-100.00
旗云 3 1.6	0	108	-100.00
旗云 3 1.8L	0	27	-100.00
旗云 3 2.0	0	725	-100.00
A1 (S12)	0	131	-100.00
A1 1.1L	0	122	-100.00
A1 1.3L	0	9	-100.00
A3 (M11 M12 两厢)	1936	3853	-49.75
A3 两厢 1.6L	0	136	-100.00
A3 两厢 1.8L	0	5	-100.00
A3 两厢 2.0L	0	38	-100.00
A3 1.5L	1122	0	
A3 1.6L	0	10	-100.00
A3 1.8L	814	3663	-77.78
A3 2.0L	0	1	-100.00
瑞麒 M1(S18)	0	40	-100.00
小蚂蚁（BEV）	18554	0	
风云	24762	42213	-41.34
风云 两厢 1.5L	24279	39244	-38.13
风云 1.5L	483	2969	-83.73
E5	3920	14327	-72.64

表21 2017年全国乘用车分品牌销量统计（续表16）

车型	2017年	2016年	比同期增长(%)
E5 1.5L	240	4539	-94.71
E5 1.6L	0	378	-100.00
E5 1.8L	0	10	-100.00
E5 2.0L	3680	9400	-60.85
B12 瑞麒	0	25	-100.00
B12 1.8L	0	18	-100.00
B12 2.0	0	7	-100.00
A22 瑞麒	0	18	-100.00
A22 1.3	0	1	-100.00
A22 1.6	0	7	-100.00
A22 1.8	0	10	-100.00
B16	0	62	-100.00
艾瑞泽 7	3613	17152	-78.94
艾瑞泽 7 1.5	1273	2917	-56.36
艾瑞泽 7 1.6	2158	10592	-79.63
艾瑞泽 7 1.6（PHEV）	182	3643	-95.00
E3	11308	15825	-28.54
E3 1.5L	6977	14347	-51.37
E3 1.6L	4331	1478	193.03
艾瑞泽 3(A16)	301	1245	-75.82
凯翼 C3	5505	12578	-56.23
凯翼二厢 1.5L	3230	1774	82.07
凯翼三厢 1.5L	2275	10804	-78.94
艾瑞泽 5	136730	129239	5.80
艾瑞泽 5（BEV）	1647	0	
艾瑞泽 5 1.5	128902	129239	-0.26
艾瑞泽 5 1.5T	6181	0	
威麟 V5(东方之子 cross B14)	131	1405	-90.68
威麟 V5 1.8L	0	936	-100.00
威麟 V5 1.9L	0	51	-100.00
威麟 V5 2.0L	121	418	-71.05
威麟 V5 2.4L	10	0	
优翼(开瑞)	0	38	-100.00
开瑞优雅二代	316	1076	-70.63
优雅二代 1.5L	316	1076	-70.63
开瑞 K50	37195	59277	-37.25
瑞虎	80894	118417	-31.69
瑞虎二驱 1.6L	79987	115316	-30.64
瑞虎二驱 1.8L	0	18	-100.00
瑞虎二驱 1.9L	0	3	-100.00
瑞虎二驱 2.0L	907	2337	-61.19
瑞虎四驱 2.0L	0	743	-100.00
瑞麒 M1 小吉普(X1)	0	145	-100.00
X5（威麟）	0	198	-100.00
X5 四驱 1.9L	0	16	-100.00
X5 四驱 2.0L	0	182	-100.00
瑞虎 5	30915	55075	-43.87
瑞虎 5 二驱 1.5L	20968	22251	-5.77
瑞虎 5 二驱 2.0L	9947	32824	-69.70

表21 2017年全国乘用车分品牌销量统计（续表17）

车型	2017年	2016年	比同期增长(%)
凯翼 X3(CX51)	24919	22786	9.36
瑞虎 7(T15)	62773	34178	83.66
瑞虎 7 二驱 1.5L	46111	20177	128.53
瑞虎 7 二驱 2.0L	16662	14001	19.01
瑞虎 3X	3562	0	
凯翼 V3（MC22)	6530	10378	-37.08
开瑞 K60	54587	8645	
新款瑞虎 5（T17）	10693	0	
新款瑞虎 5 二驱 1.5L	10693	0	
新款瑞虎 5 二驱 2.0L	0	0	
凯翼 X5	5777	0	
凯翼 X5 二驱 1.5L	5027	0	
凯翼 X5 二驱 2.0L	750	0	
Q22 开瑞优优	1002	1007	-0.50
Q22 优优（BEV）	4	4	0.00
Q22 1.0L	86	514	-83.27
Q22 1.1L	8	0	
Q22 1.2L	904	489	84.87
Q21D 优胜 2 代	0	1	-100.00
Q22L 开瑞优优加长	4931	1499	228.95
Q22L（BEV）	2998	2	
Q22L 1.0L	12	222	-94.59
Q22L 1.2L	1921	1275	50.67
22、南汽集团 合计	**0**	**0**	
荣威 350	0	0	
MG350	0	0	
MG-5	0	0	
MG360	0	0	
MG GT	0	0	
MG GT1.4	0	0	
MG GT1.5	0	0	
荣威 360	0	0	
荣威 360 1.4T	0	0	
荣威 360 1.5L	0	0	
荣威 i6	0	0	
荣威 i6 1.0T	0	0	
荣威 i6 1.0L（PHEV）	0	0	
荣威 i6 1.5T	0	0	
MG-6	0	0	
eMG	0	0	
MGZS	0	0	
MGZS 1.0L	0	0	
MGZS 1.5L	0	0	
荣威 W5	0	0	
荣威 X5	0	0	
23、吉利 合计	**1248004**	**767151**	**62.68**
自由舰	0	260	-100.00
金刚	36726	63413	-42.08
吉利金刚 1.5	36726	63413	-42.08

表21 2017年全国乘用车分品牌销量统计（续表18）

车型	2017 年	2016 年	比同期增长(%)
远景	145005	137687	5.31
吉利远景 1.3	2067	1418	45.77
吉利远景 1.5	142938	136269	4.89
熊猫	1084	7178	-84.90
熊猫 1.0L	775	4734	-83.63
熊猫 1.3L	309	1800	-82.83
熊猫 1.5L	0	644	-100.00
TX4	888	1300	-31.69
帝豪	264432	240962	9.74
帝豪 EV	23324	17181	35.75
帝豪 1.3	4491	12422	-63.85
帝豪 1.5	233142	207991	12.09
帝豪 1.8	1933	3368	-42.61
帝豪（PHEV）	1542	0	
EC8	0	11	-100.00
博瑞	42760	51828	-17.50
博瑞 1.8T	27273	29301	-6.92
博瑞 2.4L	15477	22168	-30.18
博瑞 3.5L	10	359	-97.21
帝豪 GL	124112	30037	313.20
帝豪 GL 1.3T	54349	14850	265.99
帝豪 GL 1.4T	6761	0	
帝豪 GL 1.8L	63002	15187	314.84
GX7	0	15298	-100.00
GX7 1.8	0	11154	-100.00
GX7 2.0	0	4144	-100.00
博越	286885	109209	162.69
博越 1.8T	215450	78384	174.86
博越 2.0	66819	29722	124.81
博越 2.4	4616	1103	318.50
帝豪 GS	150584	60521	148.81
帝豪 GS 1.3T	85002	37103	129.10
帝豪 GS 1.8L	65582	23418	180.05
远景 SUV	127042	49447	156.93
远景 SUV 1.3T	51640	22484	129.67
远景 SUV 1.8L	75172	26828	180.20
远景 SUV 2.0L	230	135	70.37
远景 X1	20476	0	
远景 X3 1.5L	31233	0	
远景 S1	10765	0	
远景 S1 1.4T	6422	0	
远景 S1 1.5L	4343	0	
领克	6012	0	
24、昌河 合计	**87818**	**100886**	**-12.95**
北斗星（合资）	12955	17583	-26.32
北斗星 1.0L	0	3092	-100.00
北斗星 1.4L	12955	14491	-10.60
北斗星(自主）	17532	9729	80.20

表21 2017年全国乘用车分品牌销量统计（续表19）

车型	2017年	2016年	比同期增长(%)
北斗星（BEV）	7600	0	
北斗星 1.0L	0	269	-100.00
北斗星 1.4L	9932	9460	4.99
利亚纳	0	8961	-100.00
利亚纳两厢 1.4L	0	8306	-100.00
利亚纳两厢 1.5L	0	33	-100.00
利亚纳三厢 1.4L	0	619	-100.00
利亚纳三厢 1.5L	0	3	-100.00
北斗星Ⅱ代	183	0	
H40D	132	0	
昌河 M50	24529	30979	-20.82
昌河 M70	12710	726	
Q25	5660	13425	-57.84
Q35	13653	17460	-21.80
福瑞达	464	2023	-77.06
25、华晨宝马 合计	**386544**	**310099**	**24.65**
宝马 3 系	123692	97112	27.37
318i 1.5	11382	3498	225.39
316i 1.6	4	10130	-99.96
320i 2.0	108719	79838	36.17
328i 2.0	33	2886	-98.86
330i 2.0	3541	746	374.66
335i 3.0	13	14	-7.14
宝马 5 系	120990	143626	-15.76
520 2.0	15001	33160	-54.76
525 2.0	38975	97045	-59.84
528 2.0	32166	12103	165.77
530 2.0	34093	0	
530 3.0	-1	5	-120.00
530 3.0（PHEV）	3	450	-99.33
535 3.0L	41	863	-95.25
540 3.0L	712	0	
之诺（BEV）	0	41	-100.00
宝马 2 系	15797	14406	9.66
216 1.5	0	0	
218 1.5	15171	13422	13.03
220 2.0L	626	984	-36.38
宝马 1 系	34701	0	
118 1.5	32165	0	
120 2.0	2079	0	
125 2.0	457	0	
之诺 M13	66	0	
X1	91298	54914	66.26
X1 二驱 1.5T	61775	31510	96.05
X1 二驱 2.0	17251	19911	-13.36
X1 四驱 1.5（PHEV）	1915	14	
X1 四驱 2.0	10357	3479	197.70
26、东南 合计	**153750**	**116283**	**32.22**
蓝瑟	0	436	-100.00
戈蓝	0	378	-100.00

表21 2017年全国乘用车分品牌销量统计（续表20）

车型	2017年	2016年	比同期增长(%)
菱悦	2745	7272	-62.25
菱悦（BEV）	0	224	-100.00
菱悦 1.5	2745	7048	-61.05
蓝瑟·翼神	2701	1431	88.75
翼神 1.8	2701	1431	88.75
菱致	4357	8734	-50.11
菱致（BEV）	64	344	-81.40
菱致 1.5	4293	8390	-48.83
菱仕	53	640	-91.72
风迪思	5	98	-94.90
电咖（BEV）	109	0	
君阁	0	358	-100.00
DX7	40414	84462	-52.15
DX3	103366	12447	
DX3（BEV）	0	0	
DX3 1.5L	103366	12447	
希旺	0	27	-100.00
27、江淮 合计	**222174**	**367318**	**-39.51**
和悦	2850	7687	-62.92
悦悦	0	262	-100.00
和悦 A30	2608	2117	23.19
瑞风 A60	1288	1580	-18.48
IEV4（BEV）	3135	7961	-60.62
IEV5（BEV）	24198	7463	224.24
IEVA50（BEV）	291	0	
瑞风 M2	188	7269	-97.41
瑞风 M3	40187	44761	-10.22
瑞风 M4	19912	7665	159.78
瑞风 M5	5690	4828	17.85
瑞风 M6	340	0	
瑞风 R3	151	0	
瑞风 S5	25517	26931	-5.25
瑞风 S3	54402	197947	-72.52
瑞风 S2	25508	47902	-46.75
IEV6S	637	2945	-78.37
瑞风 S7	15270	0	
IEV7E（BEV）	2	0	
28、华晨 合计	**279084**	**339104**	**-17.70**
尊驰	0	502	-100.00
尊驰 1.8L	0	1	100.00
尊驰 1.8T	0	434	-100.00
尊驰 2.0L	0	67	-100.00
骏捷	10727	10005	7.22
骏捷 1.6L	0	77	-100.00
骏捷 1.8L	0	282	-100.00
骏捷 FRV 1.3L	0	4	-100.00
骏捷 FRV 1.5L	10512	8735	20.34
骏捷 FRV 1.6L	0	576	-100.00

表21 2017年全国乘用车分品牌销量统计（续表21）

车型	2017年	2016年	比同期增长(%)
骏捷 FSV 1.5L	0	261	-100.00
骏捷 FSV 1.6L	0	69	-100.00
骏捷 FSV 1.6L CNG	215	0	
骏捷 CROSS 1.5L	0	1	-100.00
酷宝	0	1	-100.00
H530	19776	4014	392.68
H530 1.5L	0	549	-100.00
H530 1.5T	4000	0	
H530 1.6L	14864	3465	328.98
H530 1.6L CNG	912	0	
H230	11750	6899	70.31
H230（BEV）	0	700	-100.00
H230 1.5L	11750	6199	89.55
H330	21391	28739	-25.57
H330 1.5L	21384	28693	-25.47
H330 1.6L	7	46	-84.78
H220	4970	2220	123.87
中华豚	116	410	-71.71
H3	6143	0	
H3 1.5L	5168	0	
H3 1.5T	975	0	
阁瑞斯	20159	13931	44.71
阁瑞斯 2.0	18399	10892	68.92
阁瑞斯 2.4	1313	2220	-40.86
阁瑞斯 2.7	447	819	-45.42
华颂 7	4091	4521	-9.51
金杯 750	30042	54781	-45.16
F50	4570	0	
V5	1272	9661	-86.83
V5 二驱 1.5	876	5607	-84.38
V5 二驱 1.6	396	4054	-90.23
S30	6286	30215	-79.20
V3	23374	103463	-77.41
斯威	54973	20866	163.46
S70	7145	0	
F60	2866	0	
F60 1.5T	2866	0	
F60 2.0L	0	0	
海星	49433	48876	1.14
海星 1.0L	20787	16458	26.30
海星 1.3L	28646	32418	-11.64
29、长安 合计	**1128345**	**1219609**	**-7.48**
奔奔	30887	50968	-39.40
新奔奔（BEV）	12923	92	
奔奔 1.4L	9644	18384	-47.54
奔奔迷你（BEV）	8124	0	
奔奔迷你 1.0L	196	32492	-99.40
悦翔 V3	15415	39936	-61.40
悦翔 V5	0	7	-100.00
悦翔 V7	43360	68479	-36.68

表21 2017年全国乘用车分品牌销量统计（续表22）

车型	2017年	2016年	比同期增长(%)
CX20	170	11137	-98.47
逸动	92573	156372	-40.80
逸动 XT1.6L	29965	46424	-35.45
逸动（BEV）	3383	4839	-30.09
逸动 1.6L	59135	105109	-43.74
逸动（PHEV）	90	0	
睿骋	1864	4533	-58.88
睿骋 CC	5440	0	
欧诺	86490	152607	-43.33
欧力威	5258	7181	-26.78
欧力威 1.4	248	7181	-96.55
欧力威（BEV）	5010	0	
欧尚	66689	118185	-43.57
凌轩	28228	0	
欧尚 A800	40984	0	
CS35	151622	172712	-12.21
CS75	240095	209353	14.68
CS75 1.5T	194110	209353	-7.28
CS75 1.8T	45982	0	
CS75 2.0L	3	0	
CS15	61650	77943	-20.90
CS15 1.5	61413	77943	-21.21
CS15（BEV）	237	0	
CX70	91852	80636	13.91
CS95	20912	30	
CS55	79678	0	
长安之星 2	0	6272	-100.00
新长安之星	2018	6567	-69.27
长安之星 3	43685	30468	43.38
长安之星 7	0	8578	-100.00
长安之星 9	19475	17645	10.37
30、比亚迪 合计	**409689**	**496648**	**-17.51**
F3	124003	130114	-4.70
F3 三厢 1.5L	110861	114445	-3.13
F3 三厢 1.6L	13142	15669	-16.13
F0	10767	10865	-0.90
E6（BEV）	10215	20605	-50.42
L3	0	746	-100.00
L3 1.5L	0	745	-100.00
L3 1.8L	0	1	-100.00
G6	2776	0	
G6 1.5T	63	0	
G6 2.0L	2713	0	
速锐	13358	33539	-60.17
秦（PHEV）	20738	21868	-5.17
G5	512	4562	-88.78
腾势（BEV）	4713	2287	106.08
E5（BEV）	23601	15639	50.91
秦（BEV）	4886	10656	-54.15
M6	380	1189	-68.04

表21 2017年全国乘用车分品牌销量统计（续表23）

车型	2017年	2016年	比同期增长(%)
M6 2.0L	198	522	-62.07
M6 2.4L	182	667	-72.71
T3（BEV）	0	5	-100.00
宋MAX	30390	0	
S6	0	1935	-100.00
S6 二驱 1.5T	0	776	-100.00
S6 二驱 2.0L	0	776	-100.00
S6 二驱 2.4L	0	383	-100.00
S7	23710	65353	-63.72
S7 二驱 1.5T	10927	26798	-59.22
S7 二驱 2.0T	12783	38555	-66.84
唐（PHEV）	14592	31405	-53.54
唐四驱 2.0T（PHEV）	14592	31405	-53.54
宋	66610	100042	-33.42
宋 1.5T	31683	53854	-41.17
宋 2.0T	34927	46188	-24.38
元	23514	45838	-48.70
元 1.5T	23514	45838	-48.70
宋DM	30911	0	
宋（BEV）	4013	0	
31、湖南江南 合计	**317036**	**333087**	**-4.82**
江南	1122	3822	-70.64
Z300	17071	16416	3.99
Z300 1.5L	7614	10432	-27.01
Z300 1.6L	9457	5984	58.04
众泰Z100	1407	2682	-47.54
众泰云100（BEV）	11205	16417	-31.75
众泰Z500	5963	5840	2.11
众泰Z500（BEV）	770	0	
众泰Z500 1.5T	5193	5840	-11.08
众泰云TT（BEV）	2537	3957	-35.89
芝麻E30（BEV）	5716	3471	64.68
众泰Z700	9259	13101	-29.33
E200（BEV）	16751	13154	27.35
众泰T200	0	195	-100.00
众泰T200 二驱 1.3L	0	111	-100.00
众泰T200 二驱 1.5L	0	84	-100.00
T600	73651	112691	-34.64
T600 二驱 1.5L	66250	84750	-21.83
T600 二驱 1.8L	1573	0	
T600 二驱 2.0L	5828	27941	-79.14
大迈X5	24884	90039	-72.36
大迈X5 二驱 1.5T	12669	84347	-84.98
大迈X5 二驱 1.6L	12215	5692	114.60
SR7	15838	40879	-61.26
SR9	23442	10033	133.65
大迈X7	25748	0	
大迈X7 二驱 1.8T	22481	0	
大迈X7 二驱 2.0T	3267	0	

表21 2017年全国乘用车分品牌销量统计（续表24）

车型	2017 年	2016 年	比同期增长(%)
T700	58961	0	
T700 二驱 1.8T	57440	0	
T700 二驱 2.0T	1521	0	
T300	22583	0	
众泰 V10	898	390	130.26
众泰 V10（BEV）	898	299	200.33
众泰 V10 1.2	0	91	-100.00
32、华泰 合计	**132175**	**73029**	**80.99**
路盛 E70	0	10048	-100.00
路盛（BEV）	0	801	-100.00
路盛 E70 2.0	0	9247	-100.00
路盛 E80	15282	270	
路盛（BEV）	142	0	
路盛 E80 1.5T	15140	270	
华泰（BEV）	11397	0	
EV160（BEV）	11397	0	
圣达菲	105496	56203	87.71
圣达菲 2 驱 2.0L	5522	14848	-62.81
圣达菲 2 驱 2.0 柴油	2452	4333	-43.41
新圣达菲 EV	429	1709	-74.90
新圣达菲 2 驱 1.5T	97093	35313	174.95
宝利格	0	6508	-100.00
宝利格 2 驱 1.8T	0	4522	-100.00
宝利格 2 驱 2.0L	0	640	-100.00
宝利格 4 驱 1.8T	0	1346	-100.00
33、中兴 合计	**131**	**30**	**336.67**
中兴无限	131	30	336.67
无限二驱 2.4L	37	30	23.33
无限四驱 2.4L	94	0	
34、上汽通用五菱 合计	**1894781**	**1878196**	**0.88**
宝骏 630	4393	13832	-68.24
宝骏 1.5L	12	243	-95.06
宝骏 1.5L	4379	13589	-67.78
宝骏 1.8L	2	0	
宝骏乐驰	4	4975	-99.92
宝骏乐驰 1.0L	1	4421	-99.98
宝骏乐驰 1.2L	3	554	-99.46
宝骏 310	215606	50028	330.97
宝骏 310 1.2L	103480	50028	106.84
宝骏 310 1.5L	112126	0	
宝骏 E100	11446	0	
五菱宏光	537003	650018	-17.39
五菱宏光 1.2	89838	0	
五菱宏光 1.5	447165	650018	-31.21
宝骏 730	270797	370169	-26.85
宝骏 730 1.5	235877	370169	-36.28
宝骏 730 1.8	34920	0	
五菱征程	5050	17611	-71.32

表21 2017年全国乘用车分品牌销量统计（续表25）

车型	2017年	2016年	比同期增长(%)
五菱征程 1.5	2967	17611	-83.15
五菱征程 1.8	2083	0	
宝骏 560	150055	321555	-53.33
宝骏 560 1.5T	42637	0	
宝骏 560 1.8L	107418	321555	-66.59
宝骏 510	363949	0	
五菱之光	82198	135496	-39.34
五菱荣光	71426	113312	-36.97
五菱荣光 1.2	41736	113312	-63.17
五菱荣光 1.5	29690	0	
宏光 V	172356	197184	-12.59
宏光 V 1.2	38244	197184	-80.60
宏光 V 1.5	134112	0	
之光 V	10498	4016	161.40
35、长城 合计	**950315**	**968850**	**-1.91**
长城 C30	12033	27407	-56.10
长城 C50	0	3424	-100.00
哈弗 H5	16333	23299	-29.90
哈弗 H5 二驱汽油	3060	3887	-21.28
哈弗 H5 二驱柴油	315	1014	-68.93
哈弗 H5 四驱汽油	9562	14516	-34.13
哈弗 H5 四驱柴油	3396	3882	-12.52
哈弗 H6	506418	580683	-12.79
哈弗 H6 二驱汽油	500836	570703	-12.24
哈弗 H6 二驱柴油	1459	2415	-39.59
哈弗 H6 四驱汽油	3541	6791	-47.86
哈弗 H6 四驱柴油	582	774	-24.81
哈弗派	0	1	-100.00
哈弗 H8	7698	7471	3.04
哈弗 H8 二驱汽油	4279	5294	-19.17
哈弗 H8 二驱柴油	158	0	
哈弗 H8 四驱汽油	2953	2177	35.65
哈弗 H8 四驱柴油	308	0	
哈弗 H2	215100	196926	9.23
哈弗 H2 二驱	214768	195699	9.74
哈弗 H2 四驱	332	1227	-72.94
哈弗 H1	18785	69232	-72.87
哈弗 H9	13855	11504	20.44
哈弗 H9 四驱汽油	11617	11504	0.98
哈弗 H9 四驱柴油	2238	0	
哈弗 H7	38193	48903	-21.90
VV7	52769	0	
哈弗 M6	35473	0	
VV5	33658	0	
36、广汽乘（杭州） 合计	**7**	**884**	**-99.21**
E 美	0	9	-100.00
星朗	1	326	-99.69
奥轩 GX5	1	1	0.00

表21 2017年全国乘用车分品牌销量统计（续表26）

车型	2017年	2016年	比同期增长(%)
GX6	1	52	-98.08
奥轩 G5	1	2	-50.00
星旺	3	494	-99.39
37、天汽美亚 合计	**0**	**22**	**-100.00**
骑兵	0	22	-100.00
38、庆铃 合计	**355**	**1174**	**-69.76**
竞技者	355	1174	-69.76
39、浙江飞蝶 合计	**373**	**738**	**-49.46**
UFO	340	224	51.79
UFO 两驱 1.6	28	173	-83.82
UFO 两驱 1.8L	312	51	
UFO（BEV）	10	0	
五星	23	514	-95.53
40、四川野马 合计	**34548**	**38993**	**-11.40**
野马牌 F 系	0	700	-100.00
T70	34548	38293	-9.78
T70（BEV）	2102	638	229.47
T70 二驱 1.8L	32446	37655	-13.83
41、重庆力帆 合计	**76487**	**100791**	**-24.11**
力帆 520	2	2	0.00
力帆 520 1.3	0	2	-100.00
力帆 520 1.6	2	0	
力帆 520i	0	13	-100.00
力帆 520i 1.3L	0	1	-100.00
力帆 520i 1.5L	0	12	-100.00
力帆 620	4772	5404	-11.70
力帆 620 1.5	2888	5158	-44.01
力帆 620 1.5L 双燃料车	0	1	-100.00
力帆 620 1.6	44	46	-4.35
力帆 620 1.6L 双燃料车	2	2	0.00
力帆 620 1.8	1838	197	
力帆 320	6121	432	
力帆 320（BEV）	6110	202	
力帆 320 1.3L	11	230	-95.22
力帆 720	28	157	-82.17
力帆 720 1.5L	12	78	-84.62
力帆 720 1.8L	16	79	-79.75
力帆 530	473	1162	-59.29
力帆 530 1.3	270	1067	-74.70
力帆 530 1.5L	203	95	113.68
力帆 820	4028	2151	87.26
力帆 820 1.8L	671	1766	-62.00
力帆 820 2.0L	4	11	-63.64
力帆 820 2.4L	3353	374	
乐途	1063	9002	-88.19
轩朗	18126	0	
X60	13475	15611	-13.68
X50	6625	15938	-58.43

表21 2017年全国乘用车分品牌销量统计（续表27）

车型	2017年	2016年	比同期增长(%)
迈威	15863	48407	-67.23
迈威二驱 1.5L	7724	48407	-84.04
迈威二驱 1.8L	8139	0	
X80	1370	0	
力帆丰顺	4541	2512	80.77
力帆丰顺（BEV）	1176	0	
力帆丰顺 1.3L	3365	2512	33.96
42、郑州日产 合计	**23235**	**30028**	**-22.62**
帅客	3850	6538	-41.11
帅客（BEV）	1020	51	
帅客 1.6	2830	6487	-56.37
NV200	8879	10460	-15.11
帕拉丁	30	1627	-98.16
帕拉丁 2 驱 2.4L	0	472	-100.00
帕拉丁 4 驱 2.0L	30	1155	-97.40
奥丁	0	47	-100.00
奥丁二驱 2.4	0	34	-100.00
奥丁四驱 2.4	0	13	-100.00
风度	4671	7590	-38.46
风度 2.0 二驱	2780	4803	-42.12
风度 2.0L 四驱	1891	2787	-32.15
锐骐（BEV）	608	305	99.34
风度 MX5	5197	3461	50.16
风度 MX5 二驱 1.4T	1664	1356	22.71
风度 MX5 二驱 2.0L	3533	2105	67.84
风度 MX3	0	0	
43、广汽丰田 合计	**442380**	**421800**	**4.88**
新凯美瑞	74329	100611	-26.12
新凯美瑞 2.0L	61124	85615	-28.61
新凯美瑞 2.5	9055	9342	-3.07
新凯美瑞 2.5（HEV）	4150	5654	-26.60
致炫	54528	63443	-14.05
致炫 1.3	1373	5275	-73.97
致炫 1.5	53155	58168	-8.62
雷凌	172626	159071	8.52
雷凌 1.2T	129221	8726	
雷凌 1.6	0	123102	-100.00
雷凌 1.8L	2606	1311	98.78
雷凌 1.8L（HEV）	40799	25932	57.33
致享	39477	0	
致享 1.3L	2878	0	
致享 1.5L	36599	0	
逸致	1424	6675	-78.67
汉兰达	99996	92000	8.69
汉兰达 2.0T	98906	90511	9.28
汉兰达 3.5	1090	1489	-26.80
44、本田(中国) 合计	**18320**	**11547**	**58.66**
雅阁	0	7170	-100.00

表21 2017年全国乘用车分品牌销量统计（续表28）

车型	2017年	2016年	比同期增长(%)
雅阁 2.4L	0	6329	-100.00
雅阁 3.5L	0	841	-100.00
锋范	18320	4377	318.55
45、丹东黄海 合计	**0**	**50**	**-100.00**
挑战者	0	50	-100.00
46、上海股份 合计	**522036**	**321717**	**62.27**
荣威 750	0	9	-100.00
荣威 750 1.8L（HEV）	0	1	-100.00
荣威 750 2.5L	0	8	-100.00
荣威 550	2455	17295	-85.81
荣威 550 1.5L（PHEV）	2455	15145	-83.79
荣威 550 1.8L	0	1218	-100.00
荣威 550 1.8T	0	76	-100.00
荣威 550 1.9L	0	50	-100.00
荣威 550MCE 1.8L	-1	729	-100.14
荣威 550MCE 1.8T	1	77	-98.70
MG6	8409	2210	280.50
MG6 二厢 1.5T	7294	0	
MG6 二厢 1.8L	231	828	-72.10
MG6 二厢 1.8T	868	1329	-34.69
MG6 三厢 1.0L（PHEV）	16	0	
MG6 三厢 1.8L	0	46	-100.00
MG6 三厢 1.8T	0	7	-100.00
MG3	10159	11828	-14.11
MG3 1.3L	2090	4537	-53.93
MG3 1.5L	8069	7291	10.67
荣威 950	3760	5104	-26.33
荣威 950 1.4T（PHEV）	2910	3377	-13.83
荣威 950 1.8T	98	530	-81.51
荣威 950 2.0L	307	1007	-69.51
荣威 950 2.0T	445	100	345.00
荣威 950 2.4L	0	65	-100.00
荣威 950 3.0L	0	25	-100.00
荣威 E50（BEV）	-1	1495	-100.07
荣威 i6	63770	0	
荣威 i6 1.0T	2808	0	
荣威 i6 1.0T（PHEV）	8925	0	
荣威 i6 1.5T	52037	0	
荣威 350	13058	42151	-69.02
荣威 350 1.5L	13058	41787	-68.75
荣威 350 1.5T	0	364	-100.00
MG350	0	432	-100.00
MG5	0	89	-100.00
MG5 1.5L	0	79	-100.00
MG5 1.5T	0	10	-100.00
MG360	1440	123	
MG GT	13055	17325	-24.65
MG GT1.4T	763	739	3.25
MG GT1.5L	8766	9500	-7.73

表21 2017年全国乘用车分品牌销量统计（续表29）

车型	2017年	2016年	比同期增长(%)
MG GT1.5T	3526	7086	-50.24
荣威 360	49964	82738	-39.61
荣威 360 1.4T	397	3731	-89.36
荣威 360 1.5L	49567	79007	-37.26
MG7	-1	0	
荣威 W5	9	1948	-99.54
荣威 W5 二驱 1.8T	4	1481	-99.73
荣威 W5 四驱 1.8T	5	467	-98.93
MG GS 锐腾	33414	48937	-31.72
MG GS 二驱 1.5T	31716	45321	-30.02
MG GS 二驱 2.0T	731	1845	-60.38
MG GS 四驱 1.5T	295	116	154.31
MG GS 四驱 2.0T	672	1655	-59.40
荣威 RX5	237374	90033	163.65
荣威 RX5 二驱（BEV）	10436	0	
荣威 RX5 二驱 1.5T	199467	71913	177.37
荣威 RX5 二驱 1.5（HEV）	19510	0	
荣威 RX5 二驱 2.0T	5329	9063	-41.20
荣威 RX5 四驱 2.0T	2632	9057	-70.94
MG ZS	70325	0	
MG ZS 二驱 1.0T	6633	0	
MG ZS 二驱 1.5L	63692	0	
荣威 RX3	14585	0	
荣威 RX3 二驱 1.3T	3164	0	
荣威 RX3 二驱 1.6L	11421	0	
MG RX5	261	0	
MG RX5 二驱 1.5T	100	0	
MG RX5 二驱 2.0T	88	0	
MG RX5 四驱 2.0T	73	0	
47、长安福特 合计	**827970**	**943782**	**-12.27**
蒙迪欧小计	111364	104574	6.49
蒙迪欧-致胜 2.0L	0	-1	-100.00
蒙迪欧-致胜 2.3L	0	1301	-100.00
新致胜 1.5T	82121	62923	30.51
新致胜 2.0L	29243	40351	-27.53
福克斯	168508	225720	-25.35
福克斯两厢 1.8L	0	13454	-100.00
新福克斯 1.6L	168508	212266	-20.61
新嘉年华	0	1412	-100.00
新嘉年华二厢 1.0L	0	387	-100.00
新嘉年华二厢 1.5L	0	663	-100.00
新嘉年华三厢 1.5L	0	362	-100.00
福睿斯	291773	296867	-1.72
金牛座	25347	34043	-25.54
翼虎	91526	115083	-20.47
翼虎 1.5T	73851	91724	-19.49
翼虎 2.0T	17675	23359	-24.33
翼博	32496	42393	-23.35

表21 2017年全国乘用车分品牌销量统计（续表30）

车型	2017年	2016年	比同期增长(%)
翼博 1.0T	1363	670	103.43
翼博 1.5L	30718	41723	-26.38
翼博 2.0L	415	0	
锐界	106956	123690	-13.53
锐界 2.0T	105444	121168	-12.98
锐界 2.7L	1512	2522	-40.05
48、长安铃木 合计	**83896**	**115330**	**-27.26**
雨燕	13652	19324	-29.35
天语	1345	8577	-84.32
新奥拓	8763	12507	-29.94
启悦	18189	21896	-16.93
锋驭	5787	11851	-51.17
维特拉	26640	41175	-35.30
骁途	9520	0	
49、江铃 合计	**111228**	**141863**	**-21.59**
江铃 E100（BEV）	15825	9569	65.38
江铃 E200（BEV）	12118	5976	102.78
江铃 E160（BEV）	2158	63	
驭胜	29151	37346	-21.94
陆风	42008	81502	-48.46
撼路者	9968	7407	34.58
50、海马商务 合计	**107**	**600**	**-82.17**
福仕达	0	600	-100.00
荣达（BEV）	107	0	
51、东风集团股份乘用车 合计	**125018**	**150093**	**-16.71**
风神 S30	445	1153	-61.41
风神 H30	29472	14950	97.14
风神 A60	7535	23303	-67.67
风神 A60（BEV）	0	218	-100.00
风神 A60 1.6L	7535	23085	-67.36
风神 A30	1903	4538	-58.07
E30（BEV）	131	455	-71.21
风神 A9	1534	1768	-13.24
风神 L60	2357	2364	-0.30
风神 L60 1.6L	48	1558	-96.92
风神 L60 1.8L	2309	806	186.48
E70（BEV）	2561	0	
风神 AX7	38885	62741	-38.02
AX7 二驱 2.0	37601	59068	-36.34
AX7 四驱 2.3L	1284	3673	-65.04
风神 AX3	12315	36575	-66.33
AX3 二驱 1.5	12315	36575	-66.33
风神 AX5	14969	2246	
风神 AX4	12911	0	
风神 AX4 二驱 1.4T	1352	0	
风神 AX4 二驱 1.6L	11559	0	
52、航天成功 合计	**86**	**127**	**-32.28**

表21 2017年全国乘用车分品牌销量统计（续表31）

车型	2017年	2016年	比同期增长(%)
航天新星	86	127	-32.28
53、海马汽车 合计	**98494**	**153007**	**-35.63**
海马王子	0	519	-100.00
M3	19055	33072	-42.38
M3（BEV）	167	381	-56.17
M3 1.5	18888	32691	-42.22
M6	10568	16018	-34.02
爱尚（BEV）	5804	791	
S5	63067	102607	-38.54
IDENTY X（BEV）	0	0	
54、福建奔驰 合计	**20391**	**10617**	**92.06**
唯雅诺	0	1055	-100.00
唯雅诺 2.5L	0	3	-100.00
唯雅诺 3.0L	0	763	-100.00
唯雅诺 3.5L	0	289	-100.00
威霆	8034	3640	120.71
威霆 2.2L	0	230	-100.00
威霆 2.5L	0	107	-100.00
威霆 3.0L	0	1738	-100.00
新威霆 2.0L	8034	1565	413.35
V级	12357	5922	108.66
55、广汽乘用车 合计	**508586**	**371171**	**37.02**
传祺 GA5	869	3401	-74.45
传祺 GA5（PHEV）	827	3378	-75.52
传祺 GA5 1.6T	0	2	-100.00
传祺 GA5 1.8L	22	21	4.76
传祺 GA5 1.8T	20	0	
传祺 GA3 系列	8207	8274	-0.81
传祺 GA3 1.3T	5557	3831	45.05
传祺 GA3 1.6	1856	4443	-58.23
传祺 GA3S 1.5（PHEV）	794	0	
传祺 GA6	25032	12746	96.39
传祺 GA6 1.5T	24651	12029	104.93
传祺 GA6 1.6T	0	2	-100.00
传祺 GA6 1.8T	381	715	-46.71
传祺 GA8	4700	2809	67.32
传祺 GA8 1.8T	2677	0	
传祺 GA8 2.0T	2023	2809	-27.98
传祺 GM8	550	0	
传祺 GS5 系列	1419	7526	-81.15
传祺 GS5 速博 1.8T	840	3087	-72.79
传祺 GS5 速博 2.0L	579	4439	-86.96
C3	0	2	-100.00
C5	0	401	-100.00
传祺 GS4	337330	327006	3.16
传祺 GS4 1.3T	66815	158699	-57.90
传祺 GS4 1.5T	268652	168307	59.62
传祺 GS4 1.5L（PHEV）	1863	0	

表21 2017年全国乘用车分品牌销量统计（续表32）

车型	2017 年	2016 年	比同期增长(%)
传祺 GS8	102214	9006	
传祺 GS7	8262	0	
传祺 GS7 1.8T	1125	0	
传祺 GS7 2.0T	7137	0	
传祺 GE3	1762	0	
传祺 GS3	18241	0	
传祺 GS3 1.3T	8021	0	
传祺 GS3 1.5L	10220	0	
56、北汽股份 合计	**177029**	**363942**	**-51.36**
D20	9283	21885	-57.58
D20（BEV）	5415	18814	-71.22
D20 1.3L	455	1457	-68.77
D20 1.5L	3413	1614	111.46
D70	62	1192	-94.80
D70（BEV）	0	204	-100.00
D70 1.8T	27	560	-95.18
D70 2.0T	20	392	-94.90
D70 2.3T	15	36	-58.33
D50	21784	25210	-13.59
D50（BEV）	12305	19017	-35.29
D50 1.5L	818	6193	-86.79
全新 D50 1.5L	8661	0	
D80	170	37	359.46
D80（BEV）	103	0	
D80 1.8L	60	37	62.16
D80 2.3L	7	0	
威旺 M30	29083	87916	-66.92
威旺 M50	28992	13157	120.35
威旺 M50 1.3	2117	1600	32.31
威旺 M50 1.5	26875	11557	132.54
B40	144	221	-34.84
绅宝 X25	26717	81359	-67.16
X25（BEV）	4242	4885	-13.16
X25 1.3	1	2	-50.00
X25 1.5	22474	76472	-70.61
绅宝 X55	6475	31298	-79.31
X55 1.5	6475	31298	-79.31
绅宝 X35	43773	74182	-40.99
X35 1.5	43773	74182	-40.99
威旺 306	10546	27485	-61.63
威旺 306（BEV）	122	5139	-97.63
威旺 306 1.3	10424	22346	-53.35
57、东风裕隆 合计	**18800**	**40514**	**-53.60**
纳智捷 5	142	2666	-94.67
纳智捷 LCS	2314	3753	-38.34
裕路	566	15	
纳智捷 CEO	12	25	-52.00
纳智捷大 7MPV	1076	2027	-46.92
纳智捷大 MPV 2.0	992	327	203.36
纳智捷大 MPV 2.2	84	1700	-95.06
纳智捷大 7SUV	180	1211	-85.14
纳智捷二驱 2.2 AT	168	1066	-84.24
纳智捷四驱 2.2 AT	12	145	-91.72

表21 2017年全国乘用车分品牌销量统计（续表33）

车型	2017年	2016年	比同期增长(%)
纳智捷优6	8954	30817	-70.94
纳智捷U5	5556	0	
58、东风股份 合计	**7832**	**4347**	**80.17**
俊风（BEV）	7832	4347	80.17
59、广汽菲克 合计	**205177**	**146439**	**40.11**
菲翔	1625	7835	-79.26
致悦	651	5213	-87.51
自由光	77182	106827	-27.75
自由光二驱2.0L	37459	30432	23.09
自由光二驱2.4L	22722	32565	-30.23
自由光四驱2.4L	17001	43830	-61.21
自由侠	38739	26264	47.50
自由侠二驱1.4T	36917	25256	46.17
自由侠四驱2.0L	1822	1008	80.75
指南者	86980	300	
指南者二驱1.4T	82060	300	
指南者四驱2.4T	4920	0	
60、广汽三菱 合计	**117388**	**55888**	**110.04**
劲炫	29333	35146	-16.54
劲炫二驱1.6L	12337	14830	-16.81
劲炫二驱2.0L	16996	19627	-13.41
劲炫四驱2.0L	0	689	-100.00
劲畅	3347	4087	-18.11
劲畅二驱2.4L	53	37	43.24
劲畅二驱3.0L	31	271	-88.56
劲畅四驱3.0L	3263	3779	-13.65
欧蓝德	84708	16655	408.60
欧蓝德二驱2.0L	32311	2787	
欧蓝德四驱2.4L	52397	13868	277.83
61、北汽银翔 合计	**260312**	**302438**	**-13.93**
威旺M20	2583	32996	-92.17
幻速H2	29285	14055	108.36
幻速H3	72637	106634	-31.88
幻速H6	2128	196	
幻速H6 1.5	2128	0	
幻速H6 1.8	0	196	-100.00
幻速H5	2132	0	
幻速S2/S3	94382	102501	-7.92
幻速S6	23246	45345	-48.74
幻速S5	27695	0	
幻速S7	6133	0	
威旺205	1	1	0.00
威旺206	90	710	-87.32
威旺206 1.0L	0	102	-100.00
威旺206 1.3L	90	608	-85.20
62、长安马自达 合计	**192053**	**189640**	**1.27**
马自达3	0	3709	-100.00
马自达3二厢1.6L	0	616	-100.00
马自达3二厢2.0L	0	50	-100.00
马自达3三厢1.6L	0	2978	-100.00
马自达3三厢2.0L	0	65	-100.00
昂科塞拉	142498	135784	4.94
昂科塞拉 二厢1.5L	9951	6979	42.58

表21 2017年全国乘用车分品牌销量统计（续表34）

车型	2017年	2016年	比同期增长(%)
昂科塞拉 二厢 2.0L	6245	1522	310.32
昂科塞拉 三厢 1.5L	117595	120577	-2.47
昂科塞拉 三厢 2.0L	8707	6706	29.84
CX-5	49555	50147	-1.18
CX-5 二驱 2.0L	39906	39466	1.11
CX-5 二驱 2.5L	9649	10681	-9.66
63、长安标致雪铁龙 合计	**6088**	**16123**	**-62.24**
DS5	1795	4380	-59.02
DS5 1.6T	374	1229	-69.57
DS5 LS 1.6T	1421	3151	-54.90
DS4S	1176	1739	-32.37
DS6	3117	10004	-68.84
64、新龙马 合计	**9656**	**5843**	**65.26**
EX80	2972	3106	-4.31
启腾 M70	6684	2737	144.21
启腾 M70（BEV）	5741	963	496.16
启腾 M70 1.3L	943	1774	-46.84
65、观致汽车 合计	**14959**	**24188**	**-38.16**
观致 3	2008	7968	-74.80
观致 3 二厢 1.6L	240	12	
观致 3 二厢 1.6T	192	2004	-90.42
观致 3 1.6L	1208	4578	-73.61
观致 3 1.6T	368	1374	-73.22
观致 3 GT	516	263	96.20
观致 3 SUV	709	5079	-86.04
观致 5 SUV	11726	10878	7.80
66、上汽大通 合计	**32024**	**18981**	**68.72**
大通 G10	27019	18573	45.47
大通 EG10（BEV）	55	60	-8.33
大通 G10 1.9	6815	2344	190.74
大通 G10 2.0	17971	14237	26.23
大通 G10 2.4	2178	1932	12.73
大通 V80	0	408	-100.00
大通 D90	5005	0	
67、潍柴汽车 合计	**23547**	**34324**	**-31.40**
英致 737	4979	16835	-70.42
英致 727	10515	4403	138.81
英致 G3	4926	11281	-56.33
英致 G5	3127	1805	73.24
68、北汽越野车 合计	**26723**	**13658**	**95.66**
B40	20154	9056	122.55
B80	6569	4602	42.74
69、北汽(广州) 合计	**17270**	**32349**	**-46.61**
绅宝 CC	4	554	-99.28
绅宝 CC 1.8T	4	425	-99.06
绅宝 CC 2.0T	0	129	-100.00
绅宝 D50（BEV）	853	0	
绅宝 X65	653	8372	-92.20
威旺 S50	15760	23423	-32.72
70、江西五十铃 合计	**3577**	**1806**	**98.06**
五十铃	3577	1806	98.06
五十铃 二驱 2.5T	1673	1098	52.37
五十铃 四驱 3.0	1904	708	168.93

表21 2017年全国乘用车分品牌销量统计（续表35）

车型	2017年	2016年	比同期增长(%)
71、长丰集团 合计	**122750**	**87660**	**40.03**
CS10	80351	77090	4.23
CS10 二驱 1.5T	42323	3032	
CS10 二驱 2.0L	38028	74058	-48.65
Q6	7082	8550	-17.17
Q6 二驱 2.0L	0	258	-100.00
Q6 二驱 2.4L	985	1344	-26.71
Q6 四驱 2.0L	1	684	-99.85
Q6 四驱 2.4L	6096	6264	-2.68
飞腾	-2	73	-102.74
飞腾 二驱 1.5L	-2	47	-104.26
飞腾二驱 2.0L	0	15	-100.00
飞腾四驱 2.0L	0	11	-100.00
QCAR	0	1947	-100.00
QCAR 二驱 2.4L	0	1525	-100.00
QCAR 四驱 2.4L	0	422	-100.00
CS9	35109	0	
CS9（BEV）	523	0	
CS9 二驱 1.5L	34586	0	
C5（BEV）	210	0	
72、东风雷诺 合计	**72188**	**30006**	**140.58**
科雷嘉	25727	23979	7.29
科雷傲	46461	6027	
73、捷豹路虎 合计	**83888**	**62468**	**34.29**
捷豹 XFL	20645	6052	241.13
捷豹 XFL 2.0T	20291	5863	246.09
捷豹 XFL 3.0L	354	189	87.30
捷豹 XEL 2.0T	1328	0	
极光	19075	18754	1.71
发现神行	42840	37662	13.75
74、大庆沃尔沃 合计	**91052**	**70342**	**29.44**
S60L	27573	29608	-6.87
S60L 1.5L	15567	13732	13.36
S60L 2.0L	11135	14853	-25.03
S60L（PHEV）	871	1023	-14.86
S90	25054	968	
XC60	38425	39374	-2.41
XC60 二驱 2.0L	13398	14892	-10.03
XC60 四驱 2.0L	25027	24482	2.23
XC Classic	0	392	-100.00
75、北汽（镇江） 合计	**19714**	**18007**	**9.48**
BJ20	19714	18007	9.48
EX260（BEV）	0	0	
76、重庆比速 合计	**47245**	**2917**	
M3	10379	2597	299.65
T3	11920	320	
T5	24946	0	
77、北京宝沃 合计	**44380**	**30015**	**47.86**
BX7	26966	30015	-10.16
BX5	17414	0	
78、北汽新能源 合计	**78146**	**4128**	
EC180（BEV）	77628	4128	
EC180（BEV）	77628	4128	

表21 2017年全国乘用车分品牌销量统计（续表36）

车型	2017 年	2016 年	比同期增长(%)
EC160（BEV）	15	0	
LITE（BEV）	503	0	
79、东风启辰 合计	**143206**	**114383**	**25.20**
启辰	16026	34836	-54.00
启辰 R50 1.6L	12361	22605	-45.32
启辰 D50 1.6L	3665	12231	-70.04
启辰 R30	5	2751	-99.82
晨风（BEV）	4	1916	-99.79
启辰 D60	17831	0	
启辰 M50V	11178	0	
启辰 M50V 1.5L	4524	0	
启辰 M50V 1.6L	6654	0	
启辰 T70	52640	72399	-27.29
启辰 1.4T	827	0	
启辰 1.6L	23316	31388	-25.72
启辰 2.0L	28497	41011	-30.51
启辰 T90	45522	2481	
80、广东福迪 合计	**2502**	**0**	
揽福	2502	0	
揽福 1.9L	1630	0	
揽福 2.0L	509	0	
揽福 2.4L	363	0	
81、知豆 合计	**42484**	**20292**	**109.36**
知豆 D1	25	11201	-99.78
D1（BEV）	25	11201	-99.78
知豆 D2	42342	9091	365.76
D2（BEV）	42342	9091	365.76
知豆 D3	117	0	
D3（BEV）	117	0	
82、康迪 合计	**14745**	**11745**	**25.54**
全球鹰 K 系列	14745	11745	25.54
K10（BEV）	574	3185	-81.98
K11（BEV）	702	199	252.76
K17（BEV）	4122	6862	-39.93
K12（BEV）	9347	1499	
合计	**24718321**	**24376902**	**1.40**

表22 2017年分月汽车销售完成情况表

产品名称	1月	2月	3月	4月	5月	6月
汽车总计	2519528	1939248	2542914	2083957	2096019	2171917
其中：国内制造	2488964	1914587	2510251	2056827	2066702	2142253
CKD	30564	24661	32663	27130	29317	29664
总计中：乘用车	2218215	1632748	2096286	1722243	1751294	1831847
其中：柴油汽车	11224	9517	9278	6155	6457	7717
汽油汽车	2191704	1598325	2045226	1675394	1695131	1766370
其他燃料汽车	15287	24906	41782	40694	49706	57760
其中：基本型乘用车(轿车)	1080051	769304	990195	837852	838682	883010
多功能乘用车（MPV）	206150	147947	199264	143763	149696	163700
运动型多用途乘用车（SUV）	880994	672480	832264	684417	714769	741448
交叉型乘用车	51020	43017	74563	56211	48147	43689
总计中：商用车	301313	306500	446628	361714	344725	340070
其中：柴油汽车	221061	231793	327990	277214	260519	251591
汽油汽车	76621	71289	108316	73722	72117	69756
其他燃料汽车	3631	3418	10322	10778	12089	18723
其中：客车	29643	24639	41076	35268	40353	49406
其中：客车非完整车辆	3530	2830	3581	3565	4542	5227
货车	271670	281861	405552	326446	304372	290664
其中：半挂牵引车	56147	56042	62265	50158	47342	47910
货车非完整车辆	23548	28286	48018	44135	43214	43329

表22 2017年分月汽车销售完成情况表（续表1）

产品名称	7月	8月	9月	10月	11月	12月
汽车总计	1971245	2186008	2709129	2703531	2957614	3060271
其中：国内制造	1944173	2159433	2678234	2674862	2927582	3037246
CKD	27072	26575	30895	28669	30032	23025
总计中：乘用车	1678433	1875193	2342567	2352462	2589477	2653255
其中：柴油汽车	4529	5607	9285	6543	6033	9242
汽油汽车	1617020	1804376	2257820	2264417	2483429	2531004
其他燃料汽车	56884	65210	75462	81502	100015	113009
其中：基本型乘用车(轿车)	824946	932987	1161224	1107073	1222195	1200049
多功能乘用车（MPV）	136506	138072	165889	189771	216765	228327
运动型多用途乘用车（SUV）	689512	773793	970809	1020852	1109206	1173040
交叉型乘用车	27469	30341	44645	34766	41311	51839
总计中：商用车	292812	310815	366562	351069	368137	407016
其中：柴油汽车	221210	232993	275048	261532	259039	269796
汽油汽车	54989	59167	68484	61226	71572	77894
其他燃料汽车	16613	18655	23030	28311	37526	59326
其中：客车	35847	42851	47287	46143	54587	75294
其中：客车非完整车辆	4533	4488	4035	3542	4792	1817
货车	256965	267964	319275	304926	313550	331722
其中：半挂牵引车	46479	51886	53671	46020	38929	26408
货车非完整车辆	38308	35038	41072	36924	37881	38185

注：由于调整的数据在累计中体现，故各月数据相加与全年累计略有出入。

表23　2017年全国二手车交易经营情况　（单位：辆、万元）

车　种		交易金额	交易数量				
		全年	全年	直接交易	委托交易	本地过户	转籍
总计		80927175	12400850	8423513	3977337	9696241	2704609
乘用车	基本型	48312397	7370077	4930705	2439372	5638416	1731661
	MPV	6680653	723401	428078	295323	560665	162736
	SUV	10289022	867993	629679	238314	634771	233222
	交叉型	946614	354206	249742	104464	291056	63150
商用车	货 车	5190344	1116871	746572	370299	928652	188219
	客 车	8103212	1332199	986405	345794	1108891	223308
其它车型		734292	358904	264312	94592	300918	57986
低速载货汽车、三轮汽车		49938	25431	19260	6171	20225	5206
挂 车		484779	109585	76436	33149	89338	20247
摩托车		135924	142183	92324	49859	123309	18874

表23　2017年全国二手车交易经营情况（续表1）　（单位：辆、万元）

车　种		使用性质		产　地		使用年限			
		公车	私车	国产车	进口车	3年以内	3-6年	7-10年	10年以上
总计		1117244	11283606	11162582	1238268	3074693	5392971	2727794	1205392
乘用车	基本型	564010	6806067	6711850	658227	1678059	313128 0	1734343	826395
	MPV	62917	660484	612280	111121	205477	331833	129675	56416
	SUV	51992	816001	659622	208371	286404	377946	160086	43557
	交叉型	16496	337710	338974	15232	71464	147864	108726	26152
商用车	货 车	191081	925790	1077079	39792	278120	546661	219149	72941
	客 车	148590	1183609	1214228	117971	396107	573144	252868	110080
其它车型		38600	320304	284718	74186	69148	165117	70535	54104
低速载货汽车、三轮汽车		3416	22015	24001	1430	7823	12414	4077	1117
挂 车		28575	81010	107220	2365	30956	56677	17036	4916
摩托车		11567	130616	132610	9573	51135	50035	31299	9714

表24　2017年二手乘用车分区域交易经营情况　（单位：辆）

省份	总计	乘用车合计	其中：基本型乘用车	其中：多功能型MPV	其中：运动型多用途SUV	其中：交叉型乘用车
总计	12400850	9315677	7370077	723401	867993	354206
华北地区	**2416323**	**1725217**	**1455336**	**70322**	**147119**	**52440**
北京	714794	573159	493065	22274	51338	6482
天津	389646	313814	282170	8682	15164	7798
河北	838747	463471	397768	25802	28014	11887
山西	212429	170223	122007	5655	20236	22325
内蒙古	260707	204550	160326	7909	32367	3948
东北地区	1028601	843479	630236	72345	105217	35681
辽宁	542407	430484	345276	22554	51299	11355
吉林	266440	223319	154481	35897	25184	7757
黑龙江	219754	189676	130479	13894	28734	16569
华东地区	4117152	3222194	2562395	294716	262375	102708
上海	462575	388969	297170	74002	15590	2207
江苏	821053	743322	598119	77803	59484	7916
浙江	1112153	857242	726716	47441	56862	26223
安徽	224486	163085	113264	5029	23897	20895
福建	125859	97715	87638	2542	4881	2654
江西	432036	325258	236314	27565	35356	26023
山东	938990	646603	503174	60334	66305	16790
中南地区	2564345	1832306	1442708	147149	157502	84947
河南	833443	538539	447499	37664	36497	16879
湖北	255917	198354	134243	12283	31318	20510
湖南	127232	106289	87780	7215	9989	1305
广东	1094623	814422	653104	73227	63078	25013
广西	167573	113429	76853	11577	8418	16581
海南	85557	61273	43229	5183	8202	4659
西南地区	1656266	1188418	969801	42897	111010	64710
重庆	239885	149015	139253	2707	4893	2162
四川	882063	703707	564713	20802	77845	40347
贵州	201257	149733	105277	8390	16256	19810
云南	296444	156190	143160	4423	6597	2010
西藏	36617	29773	17398	6575	5419	381
西北地区	618163	504063	309601	95972	84770	13720
陕西	249887	237891	112921	77225	45069	2676
甘肃	147186	113691	75343	5090	25132	8126
青海	69786	41262	34842	1421	4354	645
宁夏	51899	34752	22686	7287	3385	1394
新疆	99405	76467	63809	4949	6830	879

表25 2017年二手商用车及其他车辆分区域交易经营情况 （单位：辆）

省份	总计	商用车合计	其中：货车	其中：客车	其它车	低速载货汽车和三轮汽车	挂车	摩托车
总计	12400850	2449070	1116871	1332199	358904	25431	109585	142183
华北地区	**2416323**	576226	**289389**	**286837**	**67693**	**2987**	**41443**	**2757**
北京	714794	115471	52561	62910	25609	107	108	340
天津	389646	66837	36885	29952	7221	130	1454	190
河北	838747	325089	161092	163997	15150	1638	32374	1025
山西	212429	25057	18633	6424	9794	344	6464	547
内蒙古	260707	43772	20218	23554	9919	768	1043	655
东北地区	1028601	132484	68102	64382	39419	3726	6781	2712
辽宁	542407	81470	44181	37289	24582	951	3808	1112
吉林	266440	30012	15191	14821	8094	1924	2126	965
黑龙江	219754	21002	8730	12272	6743	851	847	635
华东地区	4117152	712532	341867	370665	93693	7007	40822	40904
上海	462575	47611	36955	10656	7018	36	7184	11757
江苏	821053	70433	34869	35564	3976	128	655	2539
浙江	1112153	215521	72795	142726	26126	728	1505	11031
安徽	224486	40171	19644	20527	13026	123	4784	3297
福建	125859	22240	9994	12246	3269	59	452	2124
江西	432036	58185	40221	17964	31117	3372	8749	5355
山东	938990	258371	127389	130982	9161	2561	17493	4801
中南地区	2564345	600722	216053	384669	64268	5770	14470	46809
河南	833443	266722	51231	215491	17799	468	5094	4821
湖北	255917	39520	21163	18357	14095	284	1934	1730
湖南	127232	18579	9960	8619	1859	121	87	297
广东	1094623	218641	104006	114635	20593	3363	5522	32082
广西	167573	37964	21586	16378	8058	1368	1779	4975
海南	85557	19296	8107	11189	1864	166	54	2904
西南地区	1656266	341423	154931	186492	75701	3987	3447	43290
重庆	239885	67718	30631	37087	2034	74	48	20996
四川	882063	110896	56019	54877	53365	2501	2981	8613
贵州	201257	34679	21701	12978	14579	370	201	1695
云南	296444	122550	43737	78813	5389	396	135	11784
西藏	36617	5580	2843	2737	334	646	82	202
西北地区	618163	85683	46529	39154	18130	1954	2622	5711
陕西	249887	8269	4494	3775	1072	206	113	2336
甘肃	147186	19328	12977	6351	11866	622	442	1237
青海	69786	27668	13073	14595	306	238	249	63
宁夏	51899	10521	8494	2027	2667	710	1691	1558
新疆	99405	19897	7491	12406	2219	178	127	517

表26 历年二手车分车型交易经营情况 （单位：辆）

车型 \ 年份		2009	2010	2011	2012	2013	2014	2015	2016	2017
乘用车	基本型	1718402	2098245	2354787	2731601	3049402	3514309	5641412	6280245	7370077
	MPV	120355	148748	169484	189009	224699	278754	354856	588956	723401
	SUV	64215	71186	78150	110873	166847	203328	472859	681462	867993
	交叉型	59561	68836	78226	75371	83390	121528	307673	329567	354206
商用车	货车	572219	596086	640673	654750	668186	767389	1068628	1003825	1116871
	客车	567776	623415	703882	784405	773975	902688	1176462	1062143	1332199
其它车型		83306	81744	119454	85533	75259	90774	113171	175379	358904
低速载货汽车、三轮汽车		21941	17439	20945	13950	10520	9730	16362	20602	25431
挂 车		24127	30485	42745	39843	45233	36812	84249	117794	109585
摩托车		106696	115696	123968	106033	105790	127587	185315	132276	142183
总计		3338598	3851880	4332314	4791368	5203300	6052899	9417088	10392249	12400850

第14部类

政策法规

DISHISIBULEI | ZHENGCEFAGUI

2017年汽车行业相关政策法规列表

发布时间	政策名称	发文机关
法律法规		
2017.01.16	新能源汽车生产企业及产品准入管理规定	工业和信息化部
2017.03.28	城市公共汽车和电车客运管理规定	交通运输部
2017.04.05	汽车销售管理办法	商务部
2017.09.28	乘用车企业平均燃料消耗量与新能源汽车积分并行管理办法	工业和信息化部、财政部、商务部、海关总署、国家质量监督检验检疫总局
2017.11.08	汽车贷款管理办法(2017年修订)	中国人民银行、中国银行业监督管理委员会
2017.12.11	党政机关公务用车管理办法	中共中央办公厅、国务院办公厅
行业管理		
2017.01.05	关于进一步深化汽车强制性产品认证改革的公告	国家认监委
2017.01.13	关于加快单位内部电动汽车充电基础设施的通知	国家能源局、国资委、国管局
2017.01.16	关于开展货车非法改装专项整治行动的通知	工业和信息化部办公厅、公安部办公厅、交通运输部办公厅、工商总局办公厅、质检总局办公厅
2017.01.17	关于扩大对外开放积极利用外资若干措施的通知	国务院
2017.02.03	关于做好甲醇汽车试点验收准备工作的通知	工业和信息化部办公厅
2017.02.10	关于印发2017年能源工作指导意见的通知	国家能源局
2017.03.07	关于贯彻落实交通运输行业标准《营运客车安全技术条件》(JT/T 1094-2016)的通知	交通运输部办公厅
2017.03.16	关于请提供取消二手车限制迁入政策落实情况的函	商务部、公安部、环境保护部

2017年汽车行业相关政策法规列表（续表1）

发布时间	政策名称	发文机关
2017.03.20	关于开展2016年度新能源汽车补助资金清算工作的通知	财政部办公厅、工业和信息化部办公厅、科学技术部办公厅、国家发展和改革委员会办公厅
2017.04.14	关于推动物流服务质量提升工作的指导意见	国家质检总局、国家发改委、交通部、商务部、工商总局、中国保监会、国家铁路局、中国民用航空局、国家邮政局、中华全国供销合作总社、中国铁路总公司
2017.04.21	关于在中央企业在京单位推广新能源汽车及建设充电设施有关事项的通知	国务院国资委
2017.05.02	国务院关于同意设立“中国品牌日”的批复	国务院
2017.05.12	关于开展汽车维修电子健康档案系统建设工作的通知	交通运输部办公厅
2017.06.01	关于印发2017年推荐性物流行业标准项目计划的通知	国家发展改革委办公厅
2017.06.09	关于商业车险费率调整及管理等有关问题的通知	保监会
2017.06.12	关于完善汽车投资项目管理的意见	国家发展改革委、工业和信息化部
2017.06.28	外商投资产业指导目录（2017年修订）	发展改革委、商务部
2017.07.03	关于印发《关于促进分享经济发展的指导性意见》的通知	国家发展改革委、中央网信办、工业和信息化部、人力资源社会保障部、税务总局、工商总局、质检总局、国家统计局
2017.07.11	关于整治机动车辆保险市场乱象的通知	保监会
2017.07.17	关于开展城市停车设施规划建设督查工作的通知	住房和城乡建设部办公厅
2017.08.08	关于促进小微型客车租赁健康发展的指导意见	交通运输部、住房城乡建设部
2017.08.16	关于促进外资增长若干措施的通知	国务院
2017.08.17	关于进一步推进物流降本增效促进实体经济发展的意见	国务院办公厅
2017.10.10	关于发布国家重点研发计划新能源汽车等重点专项2018年度项目申报指南的通知	科技部
2017.10.11	关于促进储能技术与产业发展的指导意见	国家发展改革委、财政部、科学技术部、工业和信息化部、国家能源局
2017.11.05	关于落实企业监测平台与国家新能源汽车监管平台平稳对接的通知	中机车辆技术服务中心
2017.12.26	关于组织开展城市绿色货运配送示范工程的通知	交通部、公安部、商务部
2017.12.27	关于免征新能源汽车车辆购置税的公告	财政部、国家税务总局、工业和信息化部、科技部
发展规划		
2017.01.19	关于印发《节能标准体系建设方案》的通知	国家发展改革委、国家标准委
2017.01.17	关于印发能源发展“十三五”规划的通知	国家发展改革委、国家能源局
2017.02.28	关于印发“十三五”现代综合交通运输体系发展规划的通知	国务院

2017年汽车行业相关政策法规列表（续表2）

发布时间	政策名称	发文机关
2017.04.10	关于印发《国家环境保护标准“十三五”发展规划》的通知	环境保护部
2017.04.25	关于印发《汽车产业中长期发展规划》的通知	工业和信息化部、国家发展改革委、科技部
2017.06.02	“十三五”交通领域科技创新专项规划	科技部、交通运输部
2017.08.17	关于印发《城市道路交通文明畅通提升行动计划（2017—2020）》的通知	公安部、中央文明办、住房城乡建设部、交通运输部
2017.09.13	十五部门联合印发《关于扩大生物燃料乙醇生产和推广使用车用乙醇汽油的实施方案》	国家发展改革委、国家能源局、财政部等十五部委
2017.09.19	关于印发促进道路货运行业健康稳定发展行动计划（2017-2020年）的通知	交通运输部、国家发展改革委、教育部、工业和信息化部、公安部、财政部、人力资源和社会保障部、国家税务总局、质检总局、中国保监会、国家信访局、中央维稳办、中央网信办、全国总工会
2017.09.26	关于印发《智慧交通让出行更便捷行动方案(2017—2020年)》	交通运输部
2017.11.27	关于全面深入推进绿色交通发展的意见	交通运输部
2017.12.19	关于印发《城乡高效配送专项行动计划（2017-2020年）》的通知	商务部、公安部、交通运输部、国家邮政局、供销合作总社
2017.12.20	关于印发《交通运输行业质量提升行动实施方案》的通知	交通运输部
标准法规		
2017.05.12	轻型汽车能源消耗量标识	国家质量监督检验检疫总局、国家标准化管理委员会
2017.05.12	电动车辆的电磁场发射强度的限值和测量方法	国家质量监督检验检疫总局、国家标准化管理委员会
2017.05.31	轿车轮胎雪地抓着性能试验方法 载重汽车轮胎雪地抓着性能试验方法	国家质量监督检验检疫总局、国家标准化管理委员会
2017.07.12	汽车用空调器	国家质量监督检验检疫总局、国家标准化管理委员会
2017.07.12	汽车动力蓄电池编码规则 电动汽车用动力蓄电池产品规格尺寸	国家质量监督检验检疫总局、国家标准化管理委员会
2017.07.12	车用动力电池回收利用 余能检测	国家质量监督检验检疫总局、国家标准化管理委员会
2017.09.07	汽车尾气三效催化剂性能试验方法	国家质量监督检验检疫总局、国家标准化管理委员会
2017.09.07	车用压缩天然气 车用乙醇汽油(E10)	国家质量监督检验检疫总局、国家标准化管理委员会
2017.09.29	机动车运行安全技术条件	国家质量监督检验检疫总局、国家标准化管理委员会
2017.09.29	汽车产品安全 风险评估与风险控制指南	国家质量监督检验检疫总局、国家标

2017年汽车行业相关政策法规列表（续表3）

发布时间	政策名称	发文机关
		准化管理委员会
2017.10.14	客车结构安全要求	国家质量监督检验检疫总局、国家标准化管理委员会
2017.10.14	纯电动货车 技术条件	国家质量监督检验检疫总局、国家标准化管理委员会
2017.10.14	插电式混合动力电动商用车 技术条件	国家质量监督检验检疫总局、国家标准化管理委员会
2017.10.14	汽车综合性能检验机构能力的通用要求	国家质量监督检验检疫总局、国家标准化管理委员会
2017.10.14	乘用车轮胎气压监测系统的性能要求和试验方法	国家质量监督检验检疫总局、国家标准化管理委员会
2017.10.14	电动汽车 能量消耗率和续驶里程 试验方法	国家质量监督检验检疫总局、国家标准化管理委员会
2017.10.14	电动汽车传导充电互操作性测试规范 电动汽车非车载传导式充电机与电池管理系统之间的通信协议一致性测试	国家质量监督检验检疫总局、国家标准化管理委员会
2017.10.14	小型燃料电池车用低压储氢装置安全试验方法	国家质量监督检验检疫总局、国家标准化管理委员会
2017.10.14	道路车辆 功能安全	国家质量监督检验检疫总局、国家标准化管理委员会
2017.10.14	汽车零部件再制造产品技术规范	国家质量监督检验检疫总局、国家标准化管理委员会
2017.10.14	汽车制动系统修理竣工技术规范	国家质量监督检验检疫总局、国家标准化管理委员会
2017.11.01	汽车和挂车防飞溅系统性能要求和测量方法	国家质量监督检验检疫总局、国家标准化管理委员会
2017.11.01	道路车辆 电磁兼容性要求和试验方法	国家质量监督检验检疫总局、国家标准化管理委员会
2017.12.01	国家标准委关于终止《卫星定位车辆信息服务系统信息安全规范》等1447项推荐性国家标准计划项目的通知	国家标准化管理委员会
2017.12.29	声学 机动车辆定置噪声声压级测量方法	国家质量监督检验检疫总局、国家标准化管理委员会
2017.12.29	轿车轮胎湿路面相对抓着性能试验方法 载重汽车轮胎湿路面相对抓着性能试验方法	国家质量监督检验检疫总局、国家标准化管理委员会
2017.12.29	电动汽车传导充电系统	国家质量监督检验检疫总局、国家标准化管理委员会
2017.12.29	燃料电池电动汽车 氢气消耗量 测量方法	国家质量监督检验检疫总局、国家标准化管理委员会
2017.12.29	公共汽车维护技术规范	国家质量监督检验检疫总局、国家标准化管理委员会
2017.12.29	汽车安全带提醒用乘员探测装置	国家质量监督检验检疫总局、国家标准化管理委员会
2017.12.29	机动车电子标识安全技术要求	国家质量监督检验检疫总局、国家标准化管理委员会

新能源汽车生产企业及产品准入管理规定

中华人民共和国工业和信息化部令

第 39 号

《新能源汽车生产企业及产品准入管理规定》已经2016年10月20日工业和信息化部第26次部务会议审议通过，现予公布，自2017年7月1日起施行。工业和信息化部2009年6月17日公布的《新能源汽车生产企业及产品准入管理规则》（工产业〔2009〕第44号）同时废止。

部长　苗圩

2017年1月6日

新能源汽车生产企业及产品准入管理规定

第一条 为了落实发展新能源汽车的国家战略，规范新能源汽车生产活动，保障公民生命财产安全和公共安全，促进新能源汽车产业持续健康发展，根据《中华人民共和国行政许可法》《中华人民共和国道路交通安全法》《国务院对确需保留的行政审批项目设定行政许可的决定》等法律法规，制定本规定。

第二条 在中华人民共和国境内生产新能源汽车的企业（以下简称新能源汽车生产企业），及其生产在境内使用的新能源汽车产品的活动，适用本规定。

第三条 本规定所称汽车，是指《汽车和挂车类型的术语和定义》国家标准（GB/T3730.1-2001）第2.1款所规定的汽车整车（完整车辆）及底盘（非完整车辆），不包括整车整备质量超过400千克的三轮车辆。

本规定所称新能源汽车，是指采用新型动力系统，完全或者主要依靠新型能源驱动的汽车，包括插电式混合动力（含增程式）汽车、纯电动汽车和燃料电池汽车等。

第四条 工业和信息化部负责实施全国新能源汽车生产企业及产品的准入和监督管理。

省、自治区、直辖市工业和信息化主管部门负责本行政区域内新能源汽车生产企业及产品的日常监督管理，并配合工业和信息化部实施准入管理相关工作。

第五条 申请新能源汽车生产企业准入的，应当符合以下条件：

（一）符合国家有关法律、行政法规、规章和汽车产业发展政策及宏观调控政策的要求。

（二）申请人是已取得道路机动车辆生产企业准入的汽车生产企业，或者是已按照国家有关投资管理规定完成投资项目手续的新建汽车生产企业。

汽车生产企业跨产品类别生产新能源汽车的，也应当按照国家有关投资管理规定完成投资项目手续。

（三）具备生产新能源汽车产品所必需的设计开发能力、生产能力、产品生产一致性保证能力、售后服务及产品安全保障能力，符合《新能源汽车生产企业准入审查要求》（见附件1，以下简称《准入审查要求》）。

具备工业和信息化部规定条件的大型汽车企业集团，在企业集团统一规划、统一管理、承担相应监管责任的前提下，其下属企业（包括下属子公司及分公司）的准入条件予以简化，适用

《企业集团下属企业的准入审查要求》（见附件2）。

（四）符合相同类别的常规汽车生产企业准入管理规则。

第六条 汽车生产企业在已列入《道路机动车辆生产企业及产品公告》（以下简称《公告》）的新能源汽车整车或者底盘基础上改装生产新能源汽车产品，改装未影响到底盘、车载能源系统、驱动系统和控制系统的，不需要申请新能源汽车生产企业准入。

第七条 申请准入的新能源汽车产品，应当符合以下条件：

（一）符合国家有关法律、行政法规、规章。

（二）符合《新能源汽车产品专项检验项目及依据标准》（见附件3），以及相同类别的常规汽车产品相关标准。

（三）经国家认定的检测机构（以下简称检测机构）检测合格。

（四）符合工业和信息化部规定的安全技术条件。

工业和信息化部根据新能源汽车产业发展的实际情况和相关标准制修订情况，及时调整《新能源汽车产品专项检验项目及依据标准》的有关内容，并在施行前向社会公布。

第八条 申请新能源汽车生产企业准入的，应当向工业和信息化部提交以下材料：

（一）申请新能源汽车生产企业准入审查的文件。

（二）《新能源汽车生产企业准入申请书》（见附件4）及相关证明材料。

（三）新建新能源汽车生产企业的企业法人营业执照复印件，以及根据国家有关投资管理规定办理投资项目手续的文件。中外合资企业还应当提交中外股东持股比例证明。

第九条 申请新能源汽车产品准入的，应当向工业和信息化部提交以下材料：

（一）新能源汽车产品主要技术参数表（见附件5）。

（二）检测机构出具的新能源汽车产品检测报告。

（三）其他需要说明的情况。

第十条 工业和信息化部收到准入申请后，对于申请材料不齐全或者不符合法定形式的，应当当场或者在5日内一次性告知申请人需要补正的全部内容。申请材料齐全、符合法定形式的，应当予以受理，并自受理之日起20个工作日内作出批准或者不予批准的决定。20个工作日内不能作出决定的，经工业和信息化部负责人批准，可以延长10个工作日，并应当将延长期限的理由告知申请人。

第十一条 工业和信息化部委托第三方技术服务机构，组织专家对新能源汽车生产企业、新能源汽车产品准入申请进行技术审查，审查方式包括现场审查、资料审查。

工业和信息化部建立新能源汽车领域专家库，从中选取专家组成审查组。

第三方技术服务机构技术审查所需时间不计算在本规定第十条规定的期限内。

第十二条 申请新能源汽车生产企业准入的，如已按照相同类别的常规汽车生产企业准入管理规则通过了审查的，免予审查《准入审查要求》中的相关要求。

第十三条 检测机构应当严格按照工业和信息化部有关规定开展新能源汽车产品检测工作，不得擅自变更检测要求。

第十四条 通过审查的新能源汽车生产企业及产品，由工业和信息化部通过《公告》发布。

不符合本规定所规定的条件、标准的新能源汽车生产企业及产品，工业和信息化部不予列入《公告》。

新能源汽车生产企业应当按照《公告》载明的许可要求生产新能源汽车产品。

第十五条 新能源汽车生产企业应当加强管理、规范使用新能源汽车产品出厂合格证，确保出厂合格证及其信息与实际产品唯一对应、保持一致。

第十六条 新能源汽车生产企业应当建立新能源汽车产品售后服务承诺制度。售后服务承诺应当包括新能源汽车产品质量保证承诺、售后服务项目及内容、备件提供及质量保证期限、售后服务过程中发现问题的反馈、零部件（如电池）回收，出现产品质量、安全、环保等严重问题时的应对措施以及索赔处理等内容，并在本企业网站上向社会发布。

第十七条 新能源汽车生产企业应当建立新能源汽车产品运行安全状态监测平台，按照与新能源汽车产品用户的协议，对已销售的全部新能源汽车产品的运行安全状态进行监测。企业监测平台应当与地方和国家的新能源汽车推广应用监测平台对接。

新能源汽车生产企业及其工作人员应当妥善保管新能源汽车产品运行安全状态信息，不得泄露、篡改、毁损、出售或者非法向他人提供，不得监测与产品运行安全状态无关的信息。

第十八条 新能源汽车生产企业应当在产品全生命周期内，为每一辆新能源汽车产品建立档案，跟踪记录汽车使用、维护、维修情况，实施新能源汽车动力电池溯源信息管理，跟踪记录动力电池回收利用情况。

新能源汽车生产企业应当对新能源汽车产品的技术状况、故障及主要问题等运行情况进行分析、总结，编写年度报告（见附件6）。年度报告应当在新能源汽车产品全生命周期内存档备查。

第十九条 新能源汽车生产企业申请准入的新能源汽车产品类别或者动力系统（包括插电式混合动力、纯电动、燃料电池等）与已列入《公告》的新能源汽车产品不同的，或者增加、变更生产地址的，应当向工业和信息化部提交本规定第八条所列的材料，原则上应当进行现场审查。

取得插电式混合动力汽车或者燃料电池汽车产品准入的新能源汽车生产企业，申请相同类别的纯电动汽车产品准入的，只进行资料审查。

第二十条 新能源汽车生产企业应当持续满足《准入审查要求》和生产一致性等相关规定，确保新能源汽车产品安全保障体系正常运行。

第二十一条 新能源汽车生产企业发现新能源汽车产品存在安全、环保、节能等严重问题的，应当立即停止相关产品的生产、销售，采取措施进行整改，并及时向工业和信息化部和相关省、自治区、直辖市工业和信息化主管部门报告。

第二十二条 工业和信息化部应当对新能源汽车生产企业的《准入审查要求》保持情况、生产一致性情况和监测平台运行情况等进行监督检查，检查方式包括资料审查、实地核查、市场抽样和性能检测等。

省、自治区、直辖市工业和信息化主管部门应当对本行政区域内新能源汽车生产企业的生产情况、监测平台运行情况进行监督检查。发现新能源汽车生产企业有《准入审查要求》所列要求发生重大变化、生产管理存在重大安全隐患、有违法行为等的，应当及时向工业和信息化部报告。

第二十三条 对于停止生产新能源汽车产品12个月及以上的新能源汽车生产企业，工业和信息化部予以特别公示。

经特别公示的新能源汽车生产企业在恢复生产之前，工业和信息化部应当对其保持《准入审查要求》的情况进行核查。

第二十四条 工业和信息化部建立新能源汽车生产企业信用数据库，将企业违反生产一致性要求、申请材料弄虚作假、行政处罚等情况列入信用数据库。

第二十五条 新能源汽车生产企业不能保持《准入审查要求》，存在公共安全、人身健康、生命财产安全隐患的，工业和信息化部应当责令其停止生产、销售活动，并责令立即改正。

第二十六条 新能源汽车生产企业破产或者自愿终止生产新能源汽车产品的，工业和信息化部应当撤销、注销其相应的新能源汽车生产企业、产品准入。

第二十七条 隐瞒有关情况或者提供虚假材料申请新能源汽车生产企业、新能源汽车产品准入的，工业和信息化部不予受理或者不予准入，并给予警告，申请人在一年内不得再次申请准入。

以欺骗、贿赂等不正当手段取得新能源汽车生产企业、新能源汽车产品准入的，工业和信息化部应当撤销其新能源汽车生产企业、产品准入，申请人在三年内不得再次申请准入。

第二十八条 新能源汽车生产企业擅自生产、销售未列入工业和信息化部《公告》的新能源汽车车型的，工业和信息化部应当依据《中华人民共和国道路交通安全法》第一百零三条第三款的规定予以处罚。

第二十九条 已取得准入的新能源汽车整车生产企业，应当按照本规定进行改造，并自本规定施行之日起6个月内报送满足本规定的审查计划，于24个月内通过审查。对于其取得准入时已审查的有关内容，免予审查。

自制自用新能源汽车底盘的改装类客车生产企业，通过改造，满足商用车生产企业准入管理规则有关生产客车底盘准入条件后，可申请新能源汽车整车生产企业准入。自制自用新能源汽车底盘的改装类专用车生产企业，按照国家有关投资管理规定完成整车投资项目手续、满足商用车生产企业准入管理规则有关准入条件后，可申请新能源汽车整车生产企业准入。自制自用新能源汽车底盘的改装类客车、改装类专用车生产企业，应当自本规定施行之日起6个月内报送满足本规定的审查计划，于24个月内通过审查。

逾期未通过审查的，视为不能保持《准入审查要求》。

第三十条 新能源汽车生产企业在产的新能源汽车产品应当自本规定施行之日起6个月内，符合《新能源汽车产品专项检验项目及依据标准》。

第三十一条 新建纯电动乘用车生产企业应当同时满足《新建纯电动乘用车企业管理规定》。

第三十二条 本规定自2017年7月1日起施行。2009年6月17日工业和信息化部公布的《新能源汽车生产企业及产品准入管理规则》（工产业〔2009〕第44号）同时废止。本规定施行前公布的有关规定与本规定不一致的，以本规定为准。

附件：1.新能源汽车生产企业准入审查要求（略）

2.企业集团下属企业的准入审查要求（略）

3.新能源汽车产品专项检验项目及依据标准（略）

4.新能源汽车生产企业准入申请书（略）

5.新能源汽车产品主要技术参数表（略）

6.新能源汽车年度报告（略）

《汽车销售管理办法》

商务部令

2017年第1号

《汽车销售管理办法》已经2017年2月20日商务部第92次部务会议审议通过，现予公布，自2017年7月1日起施行。经商发展改革委、工商总局同意，《汽车品牌销售管理实施办法》（商务部、发展改革委、工商总局令2005年第10号）同时废止。

部长　钟山

2017年4月5日

汽车销售管理办法

第一章　总则

第一条　为促进汽车市场健康发展，维护公平公正的市场秩序，保护消费者合法权益，根据国家有关法律、行政法规，制定本办法。

第二条　在中华人民共和国境内从事汽车销售及其相关服务活动，适用本办法。

从事汽车销售及其相关服务活动应当遵循合法、自愿、公平、诚信的原则。

第三条　本办法所称汽车，是指《汽车和挂车类型的术语和定义》(GB/T　3730.1)定义的汽车，且在境内未办理注册登记的新车。

第四条　国家鼓励发展共享型、节约型、社会化的汽车销售和售后服务网络，加快城乡一体的汽车销售和售后服务网络建设，加强新能源汽车销售和售后服务网络建设，推动汽车流通模式创新。

第五条　在境内销售汽车的供应商、经销商，应当建立完善汽车销售和售后服务体系，保证相应的配件供应，提供及时、有效的售后服务，严格遵守家用汽车产品“三包”、召回等规定，确保消费者合法权益。

第六条 本办法所称供应商，是指为经销商提供汽车资源的境内生产企业或接受境内生产企业转让销售环节权益并进行分销的经营者以及从境外进口汽车的经营者。

本办法所称经销商，是指获得汽车资源并进行销售的经营者。

本办法所称售后服务商，是指汽车销售后提供汽车维护、修理等服务活动的经营者。

第七条 国务院商务主管部门负责制定全国汽车销售及其相关服务活动的政策规章，对地方商务主管部门的监督管理工作进行指导、协调和监督。

县级以上地方商务主管部门依据本办法对本行政区域内汽车销售及其相关服务活动进行监督管理。

第八条 汽车行业协会、商会应当制定行业规范，提供信息咨询、宣传培训等服务，开展行业监测和预警分析，加强行业自律。

第二章 销售行为规范

第九条 供应商、经销商销售汽车、配件及其他相关产品应当符合国家有关规定和标准，不得销售国家法律、法规禁止交易的产品。

第十条 经销商应当在经营场所以适当形式明示销售汽车、配件及其他相关产品的价格和各项服务收费标准，不得在标价之外加价销售或收取额外费用。

第十一条 经销商应当在经营场所明示所出售的汽车产品质量保证、保修服务及消费者需知悉的其他售后服务政策，出售家用汽车产品的经销商还应当在经营场所明示家用汽车产品的“三包”信息。

第十二条 经销商出售未经供应商授权销售的汽车，或者未经境外汽车生产企业授权销售的进口汽车，应当以书面形式向消费者作出提醒和说明，并书面告知向消费者承担相关责任的主体。

未经供应商授权或者授权终止的，经销商不得以供应商授权销售汽车的名义从事经营活动。

第十三条 售后服务商应当向消费者明示售后服务的技术、质量和服务规范。

第十四条 供应商、经销商不得限定消费者户籍所在地，不得对消费者限定汽车配件、用品、金融、保险、救援等产品的提供商和售后服务商，但家用汽车产品“三包”服务、召回等由供应商承担费用时使用的配件和服务除外。

经销商销售汽车时不得强制消费者购买保险或者强制为其提供代办车辆注册登记等服务。

第十五条 经销商向消费者销售汽车时，应当核实登记消费者的有效身份证明，签订销售合同，并如实开具销售 发票。

第十六条 供应商、经销商应当在交付汽车的同时交付以下随车凭证和文件，并保证车辆配置表述与实物配置相一致：

（一）国产汽车的机动车整车出厂合格证；

（二）使用国产底盘改装汽车的机动车底盘出厂合格证；

（三）进口汽车的货物进口证明和进口机动车检验证明等材料；

（四）车辆一致性证书，或者进口汽车产品特殊认证模式检验报告；

（五）产品中文使用说明书；

（六）产品保修、维修保养手册；

（七）家用汽车产品“三包”凭证。

第十七条 经销商、售后服务商销售或者提供配件应当如实标明原厂配件、质量相当配件、再制造件、回用件等，明示生产商（进口产品为进口商）、生产日期、适配车型等信息，向消费者销售或者提供原厂配件以外的其他配件时，应当予以提醒和说明。

列入国家强制性产品认证目录的配件，应当取得国家强制性产品认证并加施认证标志后方可销售或者在售后服务经营活动中使用，依据国家有关规定允许办理免于国家强制性产品认证的除外。

本办法所称原厂配件，是指汽车生产商提供或认可的，使用汽车生产商品牌或其认可品牌，按照车辆组装零部件规格和产品标准制造的零部件。

本办法所称质量相当配件，是指未经汽车生产商认可的，由配件生产商生产的，且性能和质量达到原厂配件相关技术标准要求的零部件。

本办法所称再制造件，是指旧汽车零部件经过再制造技术、工艺生产后，性能和质量达到原型新品要求的零部件。

本办法所称回用件，是指从报废汽车上拆解或维修车辆上替换的能够继续使用的零部件。

第十八条 供应商、经销商应当建立健全消费者投诉制度，明确受理消费者投诉的具体部门和人员，并向消费者明示投诉渠道。投诉的受理、转交以及处理情况应当自收到投诉之日起7个工作日内通知投诉的消费者。

第三章 销售市场秩序

第十九条 供应商采取向经销商授权方式销售汽车的，授权期限（不含店铺建设期）一般每次不低于3年，首次授权期限一般不低于5年。双方协商一致的，可以提前解除授权合同。

第二十条 供应商应当向经销商提供相应的营销、宣传、售后服务、技术服务等业务培训及技术支持。

供应商、经销商应当在本企业网站或经营场所公示与其合作的售后服务商名单。

第二十一条 供应商不得限制配件生产商（进口产品为进口商）的销售对象，不得限制经销商、售后服务商转售配件，有关法律法规规章及其配套的规范性文件另有规定的除外。

供应商应当及时向社会公布停产或者停止销售的车型，并保证其后至少10年的配件供应以及相应的售后服务。

第二十二条 未违反合同约定被供应商解除授权的，经销商有权要求供应商按不低于双方认可的第三方评估机构的评估价格收购其销售、检测和维修等设施设备，并回购相关库存车辆和配件。

第二十三条 供应商发生变更时，应当妥善处理相关事宜，确保经销商和消费者的合法权益。

经销商不再经营供应商产品的，应当将客户、车辆资料和维修历史记录在授权合同终止后30日内移交给供应商，不得实施有损于供应商品牌形象的行为；家用汽车产品经销商不再经营供应商产品时，应当及时通知消费者，在供应商的配合下变更承担“三包”责任的经销商。供应商、承担“三包”责任的经销商应当保证为消费者继续提供相应的售后服务。

第二十四条 供应商可以要求经销商为本企业品牌汽车设立单独展区，满足经营需要和维护品牌形象的基本功能，但不得对经销商实施下列行为：

（一）要求同时具备销售、售后服务等功能；

（二）规定整车、配件库存品种或数量，或者规定汽车销售数量，但双方在签署授权合同或合同延期时就上述内容书面达成一致的除外；

（三）限制经营其他供应商商品；

（四）限制为其他供应商的汽车提供配件及其他售后服务；

（五）要求承担以汽车供应商名义实施的广告、车展等宣传推广费用，或者限定广告宣传方式和媒体；

（六）限定不合理的经营场地面积、建筑物结构以及有偿设计单位、建筑单位、建筑材料、通用设备以及办公设施的品牌或者供应商；

（七）搭售未订购的汽车、配件及其他商品；

（八）干涉经销商人力资源和财务管理以及其他属于经销商自主经营范围内的活动；

（九）限制本企业汽车产品经销商之间相互转售。

第二十五条 供应商制定或实施营销奖励等商务政策应当遵循公平、公正、透明的原则。

供应商应当向经销商明确商务政策的主要内容，对于临时性商务政策，应当提前以双方约定的方式告知；对于被解除授权的经销商，应当维护经销商在授权期间应有的权益，不得拒绝或延迟支付销售返利。

第二十六条 除双方合同另有约定外， 供应商在经销商获得授权销售区域内不得向消费者直接销售汽车。

第四章 监督管理

第二十七条 供应商、经销商应当自取得营业执照之日起90日内通过国务院商务主管部门全国汽车流通信息管理系统备案基本信息。供应商、经销商备案的基本信息发生变更的，应当自信息变更之日起30日内完成信息更新。

本办法实施以前已设立的供应商、经销商应当自本办法实施之日起90日内按前款规定备案基本信息。

供应商、经销商应当按照国务院商务主管部门的要求，及时通过全国汽车流通信息管理系统报送汽车销售数量、种类等信息。

第二十八条 经销商应当建立销售汽车、用户等信息档案，准确、及时地反映本区域销售动态、用户要求和其他相关信息。汽车销售、用户等信息档案保存期不得少于10年。

第二十九条 县级以上地方商务主管部门应当依据职责，采取“双随机”办法对汽车销售及其相关服务活动实施日常监督检查。

监督检查可以采取下列措施：

（一）进入供应商、经销商从事经营活动的场所进行现场检查；

（二）询问与监督检查事项有关的单位和个人，要求其说明情况；

（三）查阅、复制有关文件、资料，检查相关数据信息系统及复制相关信息数据；

（四）依据国家有关规定采取的其他措施。

第三十条 县级以上地方商务主管部门应当会同有关部门建立企业信用记录，纳入全国统一的信用信息共享交换平台。对供应商、经销商有关违法违规行为依法作出处理决定的，应当录入信用档案，并及时向社会公布。

第三十一条 供应商、经销商应当配合政府有关部门开展走私、盗抢、非法拼装等嫌疑车辆调查，提供车辆相关信息。

第五章 法律责任

第三十二条 违反本办法第十条、第十二条、第十四条、第十七条第一款、第二十一条、第二十三条第二款、第二十四条、第二十五条、第二十六条有关规定的，由县级以上地方商务主管部门责令改正，并可给予警告或3万元以下罚款。

第三十三条 违反本办法第十一条、第十五条、第十八条、第二十条第二款、第二十七条、第二十八条有关规定的，由县级以上地方商务主管部门责令改正，并可给予警告或1万元以下罚款。

第三十四条 县级以上商务主管部门的工作人员在汽车销售及其相关服务活动监督管理工作中滥用职权、玩忽职守、徇私舞弊的，依法给予处分；构成犯罪的，依法追究刑事责任。

第六章 附 则

第三十五条 省级商务主管部门可结合本地区实际情况制定本办法的实施细则，并报国务院商务主管部门备案。

第三十六条 供应商通过平行进口方式进口汽车按照平行进口相关规定办理。

第三十七条 本办法自2017年7月1日起施行。

乘用车企业平均燃料消耗量与新能源汽车积分并行管理办法

第44号

《乘用车企业平均燃料消耗量与新能源汽车积分并行管理办法》已经2017年8月16日工业和信息化部第32次部务会议审议通过，并经财政部、商务部、海关总署、质检总局审议同意，现予公布，自2018年4月1日起施行。

工业和信息化部部长 苗圩

财政部部长 肖捷

商务部部长 钟山

海关总署署长 于广洲

质检总局局长 支树平

2017年9月27日

乘用车企业平均燃料消耗量与新能源汽车积分并行管理办法

第一章 总则

第一条 为了提升乘用车节能水平，缓解能源和环境压力，建立节能与新能源汽车管理长效机制，促进汽车产业健康发展，根据《中华人民共和国节约能源法》等规定，制定本办法。

第二条 中华人民共和国境内的乘用车企业平均燃料消耗量与新能源汽车积分管理，适用本办法。

第三条 工业和信息化部会同财政部、商务部、海关总署、质检总局实施乘用车企业平均燃料消耗量与新能源汽车积分管理。

第四条 本办法所称乘用车，是指《汽车和挂车类型的术语和定义》（GB/T 3730.1－2001）第 2.1.1.1 款至第 2.1.1.10 款规定的、最大设计总质量不超过 3500 千克的车辆，包括新能源乘用车和传统能源乘用车。

本办法所称新能源乘用车，是指采用新型动力系统，完全或者主要依靠新型能源驱动的乘用车，包括插电式混合动力（含增程式）乘用车、纯电动乘用车和燃料电池乘用车等。

本办法所称传统能源乘用车，是指除新能源乘用车以外的，能够燃用汽油、柴油或者气体燃料的乘用车（含非插电式混合动力乘用车）。

第五条 乘用车企业包括中华人民共和国境内乘用车生产企业、进口乘用车供应企业。

本办法所称境内乘用车生产企业，是指取得工业和信息化部乘用车生产企业准入并获得强制性产品认证的乘用车企业。

本办法所称进口乘用车供应企业，是指从中华人民共和国境外进口并在境内销售获得强制性产品认证的乘用车的企业，包括获境外乘用车生产企业授权的进口乘用车供应企业和未获授权的进口乘用车供应企业。

第六条 工业和信息化部建立汽车燃料消耗量与新能源汽车积分管理平台，统筹推进企业平均燃料消耗量与新能源汽车积分公示、转让、交易等工作。

乘用车企业应当按照工业和信息化部的要求（见附件 1），报送其生产、进口的乘用车燃料消耗量和新能源乘用车相关数据；通过汽车燃料消耗量与新能源汽车积分管理平台，开展积分转让或者交易。

第二章 乘用车企业平均燃料消耗量积分核算

第七条 境内各乘用车生产企业和各进口乘用车供应企业，是乘用车企业平均燃料消耗量积分的核算主体，单独实施核算。

第八条 乘用车企业平均燃料消耗量积分，为该企业平均燃料消耗量的达标值和实际值之间的差额，与其乘用车生产量或者进口量的乘积（计算结果按四舍五入原则保留整数）。

实际值低于达标值产生正积分，高于达标值产生负积分。

第九条 乘用车企业平均燃料消耗量达标值，是指该企业平均燃料消耗量目标值与该核算年度的企业平均燃料消耗量要求的乘积（计算结果按四舍五入原则保留两位小数）。

乘用车企业平均燃料消耗量目标值，按照《乘用车燃料消耗量评价方法及指标》（GB 27999－2014）第 5.2 款计算（计算结果按四舍五入原则保留两位小数）。同一车型在核算年度有多个不同的燃料消耗量目标值的，按照不同的目标值分开计算。

核算年度的企业平均燃料消耗量要求，是指《乘用车燃料消耗量评价方法及指标》第 5.3 款规定的相关比值。

第十条 乘用车企业平均燃料消耗量实际值，按照《乘用车燃料消耗量评价方法及指标》第 5.1 款计算（计算结果按四舍五入原则保留两位小数）。同一车型在核算年度有多个不同的燃料消耗量的，按照不同的燃料消耗量分开计算。

第十一条 境内乘用车生产企业的乘用车生产量，按照该企业在核算年度内生产的、用于境内销售的乘用车实际产量核算。

进口乘用车供应企业的乘用车进口量，按照该企业在核算年度进口用于境内销售的、获得强制性产品认证并经出入境检验检疫机构检验的乘用车数量核算。

第十二条 对核算年度生产量 2000 辆以下并且生产、研发和运营保持独立的境内乘用车生产企业，进口量 2000 辆以下的获境外乘用车生产企业授权的进口乘用车供应企业，按照以下规定放宽其企业平均燃料消耗量积分的达标要求：

企业 2016 年度至 2020 年度平均燃料消耗量较上一年度下降 6%以上的，其达标值在《乘用车燃料消耗量评价方法及指标》规定的企业平均燃料消耗量要求基础上放宽 60%；下降 3%以上不满 6%的，其达标值放宽 30%。

未获境外乘用车生产企业授权的进口乘用车供应企业按照前款的规定管理，并自 2019 年度起实施企业平均燃料消耗量积分核算；但是，核算年度进口量 2000 辆以下的，暂不实施积分核算。

第三章 乘用车企业新能源汽车积分核算

第十三条 境内各乘用车生产企业和各进口乘用车供应企业，是新能源汽车积分的核算主体，单独实施核算。

第十四条 乘用车企业新能源汽车积分，为该企业新能源汽车积分实际值与达标值之间的差额。

实际值高于达标值产生正积分，低于达标值产生负积分。

第十五条 乘用车企业新能源汽车积分实际值，是指该企业在核算年度内生产或者进口的新能源乘用车各车型的积分与该车型生产量或者进口量乘积之和（计算结果按四舍五入原则保留整数）。

前款规定的生产量、进口量，按照本办法第十一条规定的方法核算。

新能源乘用车车型积分按照《新能源乘用车车型积分计算方法》（见附件 2）确定。

第十六条 乘用车企业新能源汽车积分达标值，是指该企业在核算年度内传统能源乘用车的生产量或者进口量，与新能源汽车积分比例要求的乘积（计算结果按四舍五入原则保留整数）。

第十七条 对传统能源乘用车年度生产量或者进口量不满 3 万辆的乘用车企业，不设定新能源汽车积分比例要求；达到 3 万辆以上的，从 2019 年度开始设定新能源汽车积分比例要求。

2019 年度、2020 年度，新能源汽车积分比例要求分别为 10%、12%。2021 年度及以后年度的新能源汽车积分比例要求，由工业和信息化部另行公布。

第四章　　积分报告和公示

第十八条 乘用车企业应当于每年 12 月 20 日前，向工业和信息化部提交下一年度乘用车企业平均燃料消耗量与新能源汽车积分年度预报告。

预报告的内容包括本企业平均燃料消耗量预期达标值、预期实际值和新能源汽车积分预期值等（见附件 3）。

第十九条 乘用车企业应当于每年 3 月 1 日前，向工业和信息化部提交上一年度乘用车企业平均燃料消耗量与新能源汽车积分执行情况年度报告。

报告的内容包括本企业生产或者进口的各车型乘用车数量、关键参数、燃料消耗量、电能消耗量和对应车型的燃料消耗量目标值，以及本企业平均燃料消耗量达标值、实际值和新能源汽车积分等（见附件 3）。

第二十条 工业和信息化部于每年 4 月 10 日前，通过汽车燃料消耗量与新能源汽车积分管理平台，向社会公示上一年度乘用车企业平均燃料消耗量与新能源汽车积分相关情况。

对公示的乘用车企业平均燃料消耗量与新能源汽车积分相关情况有异议的，可以在 30 日内向工业和信息化部提出。工业和信息化部在收到异议后 30 日内作出答复。

第二十一条 工业和信息化部会同财政部、商务部、海关总署、质检总局于每年 6 月 30 日前，对乘用车企业提交的企业平均燃料消耗量与新能源汽车积分执行情况年度报告和相关数据进行核实，并发布上一年度乘用车企业平均燃料消耗量与新能源汽车积分核算情况报告。

第五章 积分并行管理

第二十二条 乘用车企业平均燃料消耗量正积分可以结转或者在关联企业间转让。

乘用车企业新能源汽车正积分可以依据本办法自由交易。新能源汽车正积分不得结转，但 2019 年度产生的新能源汽车正积分可以等额结转一年。

乘用车企业有平均燃料消耗量负积分、新能源汽车负积分的，应当在乘用车企业平均燃料消耗量与新能源汽车积分核算情况报告发布后 60 日内，向工业和信息化部提交其平均燃料消耗量负积分和新能源汽车负积分抵偿报告（见附件 4），并在核算情况报告发布后 90 日内完成负积分抵偿归零。

第二十三条 具有下列关系之一的乘用车企业，属于本办法第二十二条第一款规定的关联企业：

（一）境内乘用车生产企业与其直接或者间接持股总和达到 25%以上的其他境内乘用车生产企业；

（二）同为境内第三方直接或者间接持股总和达到 25%以上的境内乘用车生产企业；

（三）获境外乘用车生产企业授权的进口乘用车供应企业，与该境外乘用车生产企业直接或者间接持股总和达到 25%以上的境内乘用车生产企业。

第二十四条 乘用车企业平均燃料消耗量正积分结转后续年度使用的，按照一定比例进行结转，结转有效期不超过三年。2018 年度及以前年度的正积分，每结转一次，结转比例为 80%；2019 年度及以后年度的正积分，每结转一次，结转比例为 90%。

第二十五条 乘用车企业受让的平均燃料消耗量正积分，仅限其在当年度使用，不得再次转让。

第二十六条 乘用车企业平均燃料消耗量负积分应当采取下列方式抵偿归零：

（一）使用本企业结转的平均燃料消耗量正积分；

（二）使用本企业受让的平均燃料消耗量正积分；

（三）使用本企业产生的新能源汽车正积分；

（四）购买新能源汽车正积分。

前款所列的抵偿方式，可以组合使用。

新能源汽车正积分可以抵扣同等数量的平均燃料消耗量负积分。

第二十七条 乘用车企业的新能源汽车负积分，应当通过购买新能源汽车正积分的方式抵偿归零。

第二十八条 乘用车企业 2019 年度产生的新能源汽车负积分，可以使用 2020 年度产生的新能源汽车正积分进行抵偿。

第二十九条 乘用车企业购买的新能源汽车正积分，仅限其在当年度使用，不得再次交易。

第三十条 乘用车企业发生分立、合并等情形，影响积分结转、转让、交易、抵偿等的，应当及时向工业和信息化部办理变更手续。

第六章 监督管理

第三十一条 工业和信息化部会同财政部、商务部、海关总署、质检总局建立乘用车企业平均燃料消耗量与新能源汽车积分信用管理制度。

乘用车企业提交平均燃料消耗量与新能源汽车积分执行情况年度报告时，应当同时向工业和信息化部提交信用承诺书（见附件 5），由工业和信息化部向社会公示其信用承诺书。企业法定代表人未发生变动的，信用承诺书无需逐年提交。

乘用车企业不履行承诺的，工业和信息化部将其作为失信乘用车企业进行通报，并录入车辆生产企业信用信息管理平台。

第三十二条 工业和信息化部会同财政部、商务部、海关总署、质检总局对乘用车企业平均燃料消耗量与新能源汽车积分进行核查。

工业和信息化部负责对境内乘用车生产企业及其乘用车燃料消耗量、新能源乘用车参数、乘用车生产量等进行核查。

商务部负责对进口乘用车供应企业有关情况进行核查。

海关总署负责对乘用车进口量进行核查。

质检总局负责对进口新能源乘用车参数、进口乘用车燃料消耗量和获得强制性产品认证并经出入境检验检疫机构检验的乘用车进口量等进行核查。

第三十三条 对违反本办法的行为，任何单位和个人都有权向工业和信息化部举报。接到举报后，工业和信息化部会同有关部门及时依法调查处理，并为举报人保密。

第七章 法律责任

第三十四条 乘用车企业有下列情形之一的，工业和信息化部等部门按照职责给予通报，并按照核查值核算平均燃料消耗量与新能源汽车积分；情节严重的，作为失信乘用车企业进行通报，并录入车辆生产企业信用信息管理平台：

（一）未按照本办法的规定报送乘用车燃料消耗量和新能源乘用车相关数据的；

（二）报送的乘用车燃料消耗量数据、新能源乘用车数据与核查结果不符的；

（三）报送的乘用车生产量、进口量数据与实际数量不符的；

（四）未按照本办法的规定提交企业平均燃料消耗量与新能源汽车积分报告，或者报告的内容与事实不符的。

第三十五条 乘用车企业平均燃料消耗量负积分、新能源汽车负积分未按照本办法抵偿归零的，应当向工业和信息化部提交其本年度乘用车生产或者进口调整计划，使本年度预期产生的正积分能够抵偿其尚未抵偿的负积分。

第三十六条 乘用车企业平均燃料消耗量与新能源汽车积分管理要求，纳入乘用车生产企业及产品准入条件。乘用车企业有下列情形之一的，在其负积分抵偿归零前，对其燃料消耗量达不到《乘用车燃料消耗量评价方法及指标》车型燃料消耗量目标值的新产品，不予列入《道路机动车辆生产企业及产品公告》或者不予核发强制性产品认证证书，并可以依照《汽车产业发展政策》《强制性产品认证管理规定》等有关规定处罚：

（一）平均燃料消耗量负积分未按照本办法抵偿归零的；

（二）新能源汽车负积分未按照本办法抵偿归零的；

（三）未按照本办法第三十五条的规定提交年度乘用车生产或者进口调整计划，或者提交生产或者进口调整计划但本年度平均燃料消耗量积分、新能源汽车积分未满足要求的。

第八章 附则

第三十七条 本办法所称核算年度是指每年 1 月 1 日至 12 月 31 日。境内生产的乘用车以机动车整车出厂合格证上记载的制造日期为准确定相应的年度；进口乘用车以获得强制性产品认证车辆的随车检验单的签发日期为准确定相应的年度。

工业和信息化部收到乘用车企业依据本办法规定提交的材料后，转送其他相关部门。

第三十八条 本办法涉及的标准修订的，按照修订后的文本执行。

本办法中的“以上”“以下”“不超过”均含本数，“不满”不含本数。

第三十九条 工业和信息化部会同有关部门依据国家有关规定，完善乘用车企业平均燃料消耗量与新能源汽车积分管理的经济措施。

根据我国国情和汽车产业发展的需要，适时调整本办法有关制度、附件，并重新公布。

第四十条 本办法自 2018 年 4 月 1 日起施行。2013 年 3 月 14 日公布的《乘用车企业平均燃料消耗量核算办法》（工业和信息化部 2013 年 15 号公告）、2014 年 10 月 14 日公布的《关于加强乘用车企业平均燃料消耗量管理的通知》（工信部联装〔2014〕432 号）同时废止。本办法施行前制定的规定与本办法不一致的，按照本办法执行。

附件：1. 乘用车燃料消耗量与新能源乘用车数据报送要求（略）
2. 新能源乘用车车型积分计算方法（略）
3. 乘用车企业平均燃料消耗量与新能源汽车积分报告（略）
4. 乘用车企业平均燃料消耗量负积分和新能源汽车负积分抵偿报告（略）
5. 信用承诺书（略）

汽车贷款管理办法(2017年修订)

〔2017〕第2号

为进一步支持促进汽车消费，规范汽车贷款业务管理，中国人民银行、中国银行业监督管理委员会决定修订《汽车贷款管理办法》。修订后的《汽车贷款管理办法》经中国人民银行行长办公会议和中国银行业监督管理委员会主席会议审议通过，现予发布，自2018年1月1日起施行。原《汽车贷款管理办法》(中国人民银行中国银行业监督管理委员会令〔2004〕第2号发布)同时废止。

中国人民银行行长 周小川

银监会主席 郭树清

2017年10月13日

汽车贷款管理办法（2017 年修订）

第一章　总则

第一条　为规范汽车贷款业务管理，防范汽车贷款风险，促进汽车贷款业务健康发展，根据《中华人民共和国中国人民银行法》、《中华人民共和国银行业监督管理法》、《中华人民共和国商业银行法》等法律规定，制定本办法。

第二条　本办法所称汽车贷款是指贷款人向借款人发放的用于购买汽车（含二手车）的贷款，包括个人汽车贷款、经销商汽车贷款和机构汽车贷款。

第三条　本办法所称贷款人是指在中华人民共和国境内依法设立的、经中国银行业监督管理委员会及其派出机构批准经营人民币贷款业务的商业银行、农村合作银行、农村信用社及获准经营汽车贷款业务的非银行金融机构。

第四条 本办法所称自用车是指借款人通过汽车贷款购买的、不以营利为目的的汽车；商用车是指借款人通过汽车贷款购买的、以营利为目的的汽车；二手车是指从办理完注册登记手续到达到国家强制报废标准之前进行所有权变更并依法办理过户手续的汽车；新能源汽车是指采用新型动力系统，完全或者主要依靠新型能源驱动的汽车，包括插电式混合动力（含增程式）汽车、纯电动汽车和燃料电池汽车等。

第五条 汽车贷款利率按照中国人民银行公布的贷款利率规定执行，计、结息办法由借款人和贷款人协商确定。

第六条 汽车贷款的贷款期限（含展期）不得超过 5 年，其中，二手车贷款的贷款期限（含展期）不得超过 3 年，经销商汽车贷款的贷款期限不得超过 1 年。

第七条 借贷双方应当遵循平等、自愿、诚实、守信的原则。

第二章 个人汽车贷款

第八条 本办法所称个人汽车贷款，是指贷款人向个人借款人发放的用于购买汽车的贷款。

第九条 借款人申请个人汽车贷款，应当同时符合以下条件：

（一）是中华人民共和国公民，或在中华人民共和国境内连续居住一年（含一年）以上的港、澳、台居民及外国人；

（二）具有有效身份证明、固定和详细住址且具有完全民事行为能力；

（三）具有稳定的合法收入或足够偿还贷款本息的个人合法资产；

（四）个人信用良好；

（五）能够支付规定的首期付款；

（六）贷款人要求的其他条件。

第十条 贷款人发放个人汽车贷款，应综合考虑以下因素，确定贷款金额、期限、利率和还本付息方式等贷款条件：

（一）贷款人对借款人的信用评级情况；

（二）贷款担保情况；

（三）所购汽车的性能及用途；

（四）汽车行业发展和汽车市场供求情况。

第十一条 贷款人应当建立借款人信贷档案。借款人信贷档案应载明以下内容：

（一）借款人姓名、住址、有效身份证明及有效联系方式；

（二）借款人的收入水平及信用状况证明；

（三）所购汽车的购车协议、汽车型号、发动机号、车架号、价格与购车用途；

（四）贷款的金额、期限、利率、还款方式和担保情况；

（五）贷款催收记录；

（六）防范贷款风险所需的其他资料。

第十二条　贷款人发放个人商用车贷款，除本办法第十一条规定的内容外，应在借款人信贷档案中增加商用车运营资格证年检情况、商用车折旧、保险情况等内容。

第三章　经销商汽车贷款

第十三条　本办法所称经销商汽车贷款，是指贷款人向汽车经销商发放的用于采购车辆、零配件的贷款。

第十四条　借款人申请经销商汽车贷款，应当同时符合以下条件：

（一）具有工商行政主管部门核发的企业法人营业执照；

（二）具有汽车生产商出具的代理销售汽车证明；

（三）资产负债率不超过 80%；

（四）具有稳定的合法收入或足够偿还贷款本息的合法资产；

（五）经销商、经销商高级管理人员及经销商代为受理贷款申请的客户无重大违约行为或信用不良记录；

（六）贷款人要求的其他条件。

第十五条　贷款人应为每个经销商借款人建立独立的信贷档案，并及时更新。经销商信贷档案应载明以下内容：

（一）经销商的名称、法定代表人及营业地址；

（二）各类营业证照复印件；

（三）经销商购买保险、商业信用及财务状况；

（四）所购汽车及零部件的型号、价格及用途；

（五）贷款担保状况；

（六）防范贷款风险所需的其他资料。

第十六条　贷款人对经销商采购车辆、零配件贷款的贷款金额应以经销商一段期间的平均存货为依据，具体期间应视经销商存货周转情况而定。

第十七条　贷款人应通过定期清点经销商采购车辆、零配件存货，以及分析经销商财务报表等方式，定期对经销商进行信用审查，并视审查结果调整经销商信用级别和清点存货的频率。

第四章　机构汽车贷款

第十八条　本办法所称机构汽车贷款，是指贷款人对除经销商以外的法人、其他经济组织（以下简称机构借款人）发放的用于购买汽车的贷款。

第十九条　借款人申请机构汽车贷款，必须同时符合以下条件：

（一）具有企业或事业单位登记管理机关核发的企业法人营业执照或事业单位法人证书及法人分支机构营业执照、个体工商户营业执照等证明借款人主体资格的法定文件；

（二）具有合法、稳定的收入或足够偿还贷款本息的合法资产；

（三）能够支付规定的首期付款；

（四）无重大违约行为或信用不良记录；

（五）贷款人要求的其他条件。

第二十条　贷款人应参照本办法第十五条的规定为每个机构借款人建立独立的信贷档案，加强信贷风险跟踪监测。

第二十一条　贷款人对从事汽车租赁业务的机构发放机构商用车贷款，应监测借款人对残值的估算方式，防范残值估计过高给贷款人带来的风险。

第五章　风险管理

第二十二条　汽车贷款发放实施贷款最高发放比例要求制度，贷款人发放的汽车贷款金额占借款人所购汽车价格的比例，不得超过贷款最高发放比例要求；贷款最高发放比例要求由中国人民银行、中国银行业监督管理委员会根据宏观经济、行业发展等实际情况另行规定。

前款所称汽车价格，对新车是指汽车实际成交价格（扣除政府补贴，且不含各类附加税、费及保费等）与汽车生产商公布的价格的较低者，对二手车是指汽车实际成交价格（扣除政府补贴，且不含各类附加税、费及保费等）与贷款人评估价格的较低者。

第二十三条　贷款人应建立借款人信用评级系统，审慎使用外部信用评级，通过内外评级结合，确定借款人的信用级别。对个人借款人，应根据其职业、收入状况、还款能力、信用记录等因素确定信用级别；对经销商及机构借款人，应根据其信贷档案所反映的情况、高级管理人员的信用情况、财务状况、信用记录等因素确定信用级别。

第二十四条　贷款人发放汽车贷款，应要求借款人提供所购汽车抵押或其他有效担保。经贷款人审查、评估，确认借款人信用良好，确能偿还贷款的，可以不提供担保。

第二十五条　贷款人应直接或委托指定经销商受理汽车贷款申请，完善审贷分离制度，加强贷前审查和贷后跟踪催收工作。

第二十六条　贷款人应建立二手车市场信息数据库和二手车残值估算体系。

第二十七条　贷款人应根据贷款金额、贷款地区分布、借款人财务状况、汽车品牌、抵押担保等因素建立汽车贷款分类监控系统，对不同类别的汽车贷款风险进行定期检查、评估。根据检查评估结果，及时调整各类汽车贷款的风险级别。

第二十八条　贷款人应建立汽车贷款预警监测分析系统，制定预警标准；超过预警标准后应采取重新评价贷款审批制度等措施。

第二十九条 贷款人应建立不良贷款分类处理制度和审慎的贷款损失准备制度，计提相应的风险准备。

第三十条　贷款人发放抵押贷款，应审慎评估抵押物价值，充分考虑抵押物减值风险，设定抵押率上限。

第三十一条　贷款人应将汽车贷款的有关信息及时录入金融信用信息基础数据库。

第六章　附则

第三十二条　贷款人在从事汽车贷款业务时有违反本办法规定之行为的，中国银行业监督管理委员会及其派出机构有权依据《中华人民共和国银行业监督管理法》等法律规定对该贷款人及其相关人员进行处罚。中国人民银行及其分支机构可以建议中国银行业监督管理委员会及其派出机构对从事汽车贷款业务的贷款人违规行为进行监督检查。

第三十三条　贷款人对借款人发放的用于购买推土机、挖掘机、搅拌机、泵机等工程车辆的贷款，比照本办法执行。

第三十四条　本办法由中国人民银行和中国银行业监督管理委员会共同负责解释。

第三十五条　本办法自 2018 年 1 月 1 日起施行。原《汽车贷款管理办法》（中国人民银行中国银行业监督管理委员会令〔2004〕第 2 号发布）同时废止。

关于开展货车非法改装专项整治行动的通知

工信厅装函〔2017〕21号

各省、自治区、直辖市、新疆生产建设兵团工业和信息化主管部门，公安厅（局），交通运输厅（局、委），工商行政管理局，质量技术监督局（市场监督管理部门）：

为贯彻落实《国务院办公厅关于实施公路安全生命防护工程的意见》（国办发〔2014〕55号）、2015年国务院安委会全体会议精神以及《交通运输部 工业和信息化部 公安部 工商总局 质检总局关于进一步做好货车非法改装和超限超载治理工作的意见》（交公路发〔2016〕124号），加大对货车非法改装行为的打击力度，着力从源头预防和遏制货车违法超限超载行为，工业和信息化部、公安部、交通运输部、工商总局、质检总局决定在全国范围内开展货车非法改装专项整治行动。现将有关事项通知如下：

一、总体目标

通过开展专项整治行动，健全货车非法改装联合监管工作机制，强化货车违法超限超载源头监管，严厉打击货车非法生产、改装、销售等违法违规行为，严肃处理违法违规企业，坚决杜绝非法改装货车出厂上路，同时加快完善相关管理制度，推动形成健康合法的货车生产、销售和道路运输新秩序，有效改善道路运输安全状况。

二、工作安排

专项行动自2017年1月开始至2017年12月结束，为期一年，分三个阶段组织实施。

（一）动员部署阶段（2017年1月）。各地工业和信息化主管部门会同公安、交通运输、工商行政管理、质量技术监督等部门结合本地区实际，制定专项行动实施方案，做好前期准备和动员部署，细化治理任务和分工，健全完善协调联动机制，加强舆论宣传，为专项行动平稳顺利开展营造良好环境。

（二）重点整治阶段（2017年2月至2017年11月）。各地有关部门要组织专门力量，按照确定的工作目标、要求和进度，全面开展专项检查和整治工作。对检查发现的问题，立即督促整改；对违法违规行为，坚决依法查处。

（三）总结完善阶段（2017年12月）。各地有关部门要对照整治目标和工作要求，认真梳理专项整治情况，系统总结经验做法，研究提出相关建议，建立健全治理货车非法改装的长效机制。

三、主要任务

（一）开展货车生产和改装企业全面检查。各地工业和信息化主管部门要组织对辖区内的货车和专用车生产企业进行排查，发现《道路机动车辆生产企业及产品公告》（以下简称《公告》）内企业不能维持准入条件、不能维持正常经营或非法生产等行为的及时上报，由工业和信息化部对问题企业进行清理整顿。对于不能维持准入条件的企业，责令其限期整改。整改期间，暂停受理其新产品申报和合格证信息上传。对不能维持正常生产经营活动的企业，启动企业退出机制并实施特别公示。特别公示期间，暂停特别公示企业新产品申报。对在特别公示期内经考核符合准入条件的，取消特别公示，恢复受理其新产品申报；对特别公示期满后仍未申请准入条件考核或考核不合格的企业，暂停其《公告》，且不得办理更名、迁址等基本情况变更手续。

各地工业和信息化主管部门、质量技术监督等部门、工商行政管理、交通运输部门要加大对货车非法改装企业的打击力度。对货车生产和改装企业不执行国家安全技术标准或者不严格进行机动车成品质量检验、致使质量不合格机动车出厂销售的，以及未获得强制性产品认证出厂、销售、货证不符的，由工业和信息化主管部门暂停或者撤销所许可的《道路机动车辆企业及产品公告》；由质量技术监督部门依照《中华人民共和国产品质量法》和《中华人民共和国认证认可条例》的规定予以处罚，并依法严厉处理。对擅自生产、销售未经国家机动车产品主管部门许可生产的机动车型的，生产、销售拼装的机动车或生产、销售擅自改装的机动车的，由工商行政管理部门根据相关认定意见，有营业执照的，吊销营业执照，没有营业执照的，予以查封；对属于《公告》内企业的，由工业和信息化主管部门依法依规进行处罚。交通运输部门组织对辖区内机动车维修企业进行排查，发现非法经营、无证经营、超范围经营、违法拼装改装和承修报废车等违法行为的，按照《中华人民共和国道路运输条例》等有关规定予以查处。

（二）加大车辆产品一致性监管力度。各地工业和信息化主管部门要加强对所辖区域内货车产品一致性的监督检查，发现问题及时上报。工业和信息化部门要集中深入机动车生产企业、销售企业和销售市场等开展货车产品生产一致性监督检查。对实际生产产品与《公告》车型不符的，责令企业立即整改。整改期间，暂停受理其新车型申报和合格证信息上传；整改后仍不能符合要求的，依法撤销相关产品《公告》。加强对《公告》内企业合格证数据的监控，严厉打击倒卖机动车出厂合格证行为，一经查实，立即依法撤销相关产品《公告》，并暂停违法企业产品合格证信息上传，切断非法改装车辆合格证来源。认证认可监督管理部门加大对车辆认证产品一致性监管力度，对不符合强制性认证要求的，责令指定认证机构暂停、撤销强制性产品认证证书。

（三）加强车辆销售环节市场监管。工业和信息化、交通运输、工商行政管理、质量技术监督等部门要加强对市场销售机动车辆产品的抽检，重点排查和清理车辆运输车、罐式汽车和重型货车等车型。对与《公告》和强制性产品认证要求不符的车辆，由工业和信息化部门依法暂停或撤销有关车型《公告》，暂停相关企业新车型申报，情节严重的暂停所有产品合格证信息上传；由强制性产品指定认证机构依法撤销或暂停有关车型强制性产品认证证书，暂停强制性产品认证申请。

（四）严把登记注册和技术检验关。公安交管部门要严格依据相关法规和技术标准进行查验，对不符合国家安全技术标准的车辆、与《公告》车型不一致的，不予注册登记，并将相关产品及企业信息通报工业和信息化、质量技术监督部门。质检技术监督部门、公安交管部门要加强对货车安全技术检验工作的监管，督促安全技术检验机构严格落实检验项目和标准，对出具虚假检验结果以及未按国家标准实施检验的，依法追究相关单位和人员的责任。

（五）联合开展道路运输执法监管。结合同步开展的整治公路货车违法超限超载行为专项行动，各地交通运输、公安交管部门在公路超限检测站进行超限超载检查的同时，加强对车厢栏板、弹簧板、悬浮轴、可伸缩结构、外廓尺寸等货车改装情况的检查，对非法改装的货车，依法责令恢复原状并依法处罚。能够当场恢复的，当场监督整改到位；不能当场整改的，依法处罚后，录入公安交通管理综合应用平台，在办理申领检验合格标志业务时重点审核，同时通报道路运输管理机构，责令道路运输企业及时改正、依法处罚。各地公路超限检测站应配备相应的设备和工具，方便当场整改。对于车辆运输车，执行《关于印发〈车辆运输车治理工作方案〉的通知》（交办运〔2016〕107号）要求。

四、工作要求

（一）加强组织领导。各地工业和信息化主管部门要会同公安、交通运输、工商行政管理、质量技术监督等部门组织成立专项整治机构，制定具体实施方案。有关部门要加强协作配合，强化监督检查，务求工作落实。工业和信息化部将会同有关部门对各地工作开展情况进行督导检查，确保专项行动取得实效。

（二）全面排查整治。各地有关部门要采取明查与暗访相结合、日常排查与突击行动相结合、联合检查与专门督导相结合等多种形式，深入货车生产企业、改装企业、维修企业、经销企业等，重点检查有无生产、销售非法改装汽车产品，以及在用车非法改装等问题。对违法违规行为要及时上报、依法严厉查处，大要案件实行挂牌督办。要强化对违规生产、销售和非法改装重点区域监管和问责，对车辆非法改装问题突出的省份，要对相关政府和部门进行通报、约谈和问责。

（三）强化宣传引导。各地有关部门要充分利用电视、广播、报刊、网络等媒体，通过新闻报道、专题报道、电视访谈等形式，多层面、全方位宣传专项行动工作情况。同时，要设立举报电话、电子邮箱、微博，发动社会监督，引导和鼓励公众对机动车违规生产销售、非法改装、违规登记检验等违法行为进行举报。要加强典型宣传引导，大力宣传诚实守信、规范经营的典型企业；及时曝光查处的违法案例，跟踪报道大案要案，及时公布违规生产、销售企业名单和非法改装的厂家。

（四）健全工作机制。各地有关部门要密切配合，建立健全信息共享、协作配合、联合执法机制，形成对车辆生产、改装、销售、登记、检验、使用、维修等环节的全过程监管。要建立道路动态检查机制，充分利用公路服务区、治超点、交警执法站点等对非法改装车辆进行例行检查。要建立交通事故责任倒查机制，对发生重特大交通事故的，要调查车辆安全状况，倒查生产、销售、检验等相关主管部门的监管责任，对肇事车辆存在非法改装问题的，严肃追究相关单位、企业和人员的法律责任。要建立信息汇总和报送机制，各省（区、市）有关部门要按照职责分工，每季度5日前做好整治工作情况信息汇总，分别报送工业和信息化部等部委，并于2018年1月底前形成整治工作总结报告，报送工业和信息化部等部委。

工业和信息化部办公厅

公安部办公厅

交通运输部办公厅

工商总局办公厅

质检总局办公厅

2017 年1月13日

关于请提供取消二手车限制迁入政策落实情况的函

商办建函[2017]115号

各省、自治区、直辖市人民政府办公厅：

国务院高度重视活跃二手车市场工作。2016年3月，国务院办公厅印发《关于促进二手车便利交易的若干意见》（国办发〔2016〕13号，以下简称《意见》），要求取消限制二手车迁入政策（以下简称二手车限迁政策），并明确地方政府是这项工作的责任主体。2016年12月，环境保护部办公厅、商务部办公厅联合印发《关于加强二手车环保达标监管工作的通知》（环办大气函〔2016〕2373号，以下简称《通知》），统一了取消二手车限迁政策的标准。《2016年政府督查工作要点》已经明确将活跃二手车市场列为督查重点工作。为做好相关工作，现函告如下：

一、要按照《意见》要求和《通知》标准加快取消二手车限迁政策。

《通知》明确，除国家明确的大气污染防治重点区域（京津冀：北京、天津、河北，长三角：上海、江苏、浙江，珠三角：广州、深圳、珠海、佛山、江门、肇庆、惠州、东莞、中山等9个城市）和国家要求淘汰的黄标车（指排放水平低于国一排放标准的汽油车和国三排放标准的柴油车）以外，不得对环保检验合格的车辆设定限制迁入措施。此前与《通知》规定不符的以《通知》为准。

二、抓紧报送取消二手车限迁政策情况。

从前期反馈情况看，各地积极贯彻落实《意见》要求，但在执行过程中仍存在理解不一致、标准不统一的问题，部分地区没有按照要求取消二手车限迁政策。为全面了解各地贯彻执行《通知》情况，现商请各地区（北京、天津、河北、上海、江苏、浙江除外）提供取消二手车限迁政策情况，包括本省（区、市）以及所辖地市采取何种形式取消二手车限迁政策、是否按照要求完全取消二手车限迁政策、是否还存在其他变相限制二手车迁入的政策措施等。

请各地区（北京、天津、河北、上海、江苏、浙江除外）在2017年4月14日前将取消二手车限迁政策落实情况和《取消二手车限迁政策情况表》（附件）分别报商务部、公安部、环境保护部。商务部将根据各地上报情况形成报告，商公安部、环境保护部后上报国务院，对取消二手车限迁政策进展缓慢的地区，将提请国务院适时开展实地督查，并向社会公开各地工作进展。如有问题可与商务部（市场建设司）、公安部（交通管理局）、环境保护部（大气环境管理司）联系。

附件：XX省(区、市)取消二手车限迁政策情况表（略）

商务部办公厅

公安部办公厅

环境保护部办公厅

2017年3月16日

关于开展2016年度新能源汽车补助资金清算工作的通知

财办建【2017】20号

各省、自治区、直辖市、计划单列市财政厅（局）、工业和信息化部主管部门、科技厅（局、委）、发展改革委：

为进一步做好新能源汽车推广应用工作，确保政策效果和资金安全，按照《关于2016-2020年新能源汽车推广应用财政支持政策的通知》（财建〔2015〕134号）、《关于调整新能源汽车推广应用财政补贴政策的通知》（财建〔2016〕958号）和《关于新能源汽车推广应用审批责任有关事项的通知》（财建〔2016〕877号）等文件要求，现将2016年度新能源汽车推广应用补助资金清算关事项通知如下：

一、各省、自治区、直辖市、计划单列市新能源汽车推广牵头部门应会同财政等有关部门，提交本地汽车生产企业2016年度（2016年1月1日-2016年12月31日）中央财政补助资金清算报告及产品销售、运营情况，包括销售发票、产品技术参数、车辆注册登记信息等，具体格式参照附件1、附件2、附件3。非个人用户购买的新能源汽车申请补贴，累计行驶里程须达到3万公里（作业类专用车除外）。目前行驶里程尚不达标的新能源汽车，应在达标后申请补贴，补贴标准和技术要求按照获得行驶证年度执行。

二、汽车生产企业注册所在地新能源汽车推广牵头部门会同其他有关部门对企业上报材料审查核实，经公示无异后逐级报省级新能源汽车推广牵头部门，同时抄送其他有关部门；省级新能源汽车推广牵头部门会同其他相关部门，经财务审查、资料审核和重点抽查后，于2017年4月30日前将申报材料报至工业和信息化部装备工业司、财政部经济建设司，并抄送同级其他部门。逾期未报或报送内容不符合要求的，将延期清算。

三、新能源汽车生产企业是确保推广信息真实准确的责任主体。地方新能源汽车推广牵头部门应组织对申报资料严格审核把关。工业和信息化部将会同有关部门组织对各地资金申请报告进行审核，并对企业实际推广情况进行重点核查和现场抽查。对核查发现生产企业或运营单位篡改运营里程数据等弄虚作假申请财政补贴的情况，将按有关规定严厉处罚。

四、其他补助对象、补助标准、产品要求等按照《关于2016-2020年新能源汽车推广应用财政支持政策的通知》（财建〔2015〕134号）和《关于新能源汽车推广应用审批责任有关事项的通知》（财建〔2016〕877号）等文件执行。

附件：1.2016年度推广应用车辆补助资金清算信息汇总表（略）

2.2016年度推广应用车辆补助资金清算信息明细表（略）

3.2016年度推广应用车辆运行情况表（略）

财政部办公厅

工业和信息化部办公厅

科技部办公厅

发展改革委办公厅

2017年3月20日

交通运输部办公厅关于开展汽车维修电子健康档案系统建设工作的通知

交办运〔2017〕69号

各省、自治区、直辖市、新疆生产建设兵团交通运输厅（局、委）：

为贯彻落实《国务院关于积极推进“互联网+”行动的指导意见》（国发〔2015〕40号）、交通运输部等十部委《关于促进汽车维修业转型升级 提升服务质量的指导意见》（交运发〔2014〕186号）以及《交通运输部关于印发交通运输信息化“十三五”发展规划的通知》（交规划发〔2016〕74号）的有关要求，加快推动汽车维修行业与互联网深入融合和创新发展，推进汽车维修行业转型升级，切实保障消费者合法权益，部决定全面开展汽车维修电子健康档案系统建设工作。现将有关事项通知如下：

一、指导思想及原则

树立以人民为中心的发展理念，以提升汽车维修行业服务水平和治理能力为目标，着力推进汽车维修行业转型升级，着力改善人民群众汽车生活品质，努力建成“覆盖全国、服务社会、评价客观、查询方便”的汽车维修电子健康档案系统。

坚持以人民为中心和公益性定位。以服务全国汽车维修消费者和维修经营者为目标，透明维修服务，改善服务品质，提升全社会对汽车维修服务的满意度；坚持系统的公益性基础定位，构建起权威、高效、专业的全国汽车维修数据库及监管平台，不断提升系统作为国家及有关行业基础数据资源平台的作用。

坚持创新引领，以用促建。充分运用信息化技术和互联网思维，创新系统设计，促进系统高质量建设运行；不断促进系统与行业生产、服务、监管的紧密结合，提升系统的覆盖度和生命力，实现系统可持续发展。

坚持统筹规划，分步实施。立足汽车维修行业转型升级总体要求，统筹规划系统顶层设计，促进与相关信息化系统互联互通；结合各地维修行业发展实际及特点，以试点为引领，有序组织推进系统建设。

坚持政企合作，开放共享。处理好政府与市场关系，发挥政府和市场各自优势，支持社会力量参与，构建权责明确、科学合理、可持续发展的系统建设运行模式，推动建立公平有序、开放共享的数据应用体系。

二、建设目标

（一）2017年底，力争实现以下目标：

1. 基本完成部级汽车维修电子健康档案验证系统建设。

2. 完成6—10个省市的系统建设试点。实现对试点省市各地市的全覆盖，重点覆盖一、二类维修企业（含汽车4S店，包括新能源汽车）。实现系统部省联网，实现各地汽车维修数据有效上传。初步建立汽车生产企业维修数据上传机制，实现部分主流汽车生产企业维修数据有效上传。

3. 发布实施系统建设配套的《机动车维修结算清单》《汽车维修电子健康档案系统（第1—4部分）》等5项交通运输行业标准；完成省级汽车维修电子健康档案系统基础示范软件开发。

4. 初步建立系统运行维护的配套制度框架体系，总结各地试点经验，明确系统发展中远期规划。

（二）2018年底，力争实现以下目标：

1. 开展部级汽车维修电子健康档案系统建设。

2. 初步完成全国各省（区、市）及新疆生产建设兵团各省级系统建设，实现对各省市80%一类维修企业、70%二类维修企业的覆盖，并积极扩展覆盖三类维修企业。建立汽车生产企业的维修数据上传机制及顺畅协调机制。

3. 初步建成以部、省两级系统为主要支撑的全国汽车维修电子健康档案信息服务体系，为广大消费者提供汽车健康档案查询和维修评价服务，逐步促进建立透明、诚信的维修市场秩序。

4. 初步建立系统运行维护的配套制度体系并逐步完善，保障系统健康、可持续发展，初步实现对全国汽车维修行业的数字化监管。

系统建成以后，逐步实现对汽车维修行业系统应用的全覆盖，不断提升数据质量。推动数据有序开发和共享共用，逐步扩展系统服务领域及数据应用范围，营造良好的汽车维修业及汽车后市场生态环境。

三、主要任务

（一）开发建设部级汽车维修电子健康档案系统。按照系统设计方案和规定进度建设部级汽车维修电子健康档案系统；开发省级汽车维修电子健康档案系统基础示范软件，为各省级系统建设提供技术支持。探索推进汽车维修企业维修管理软件标准化。

（二）组织开展地方试点建设工作。2017年，在部前期组织江苏、湖北、杭州试点基础上，组织在江苏、浙江、湖北、山东、广东、贵州等6省及若干新能源汽车生产企业深化开展试点工作；其他有积极性且基础较好的省区市可申请加入试点，为全国系统建设推广积累经验、夯实基础。各地试点工作应在2017年底前完成。

（三）全面组织各地系统建设。2018年，除试点省市以外的其他省区市，要在充分借鉴吸收试点省市经验的基础上，全面开展系统建设，基本实现全国部、省级系统的联网组网及顺畅运行。各地系统建设工作（含试点）应遵照《汽车维修电子健康档案系统建设指南》（以下简称《建设指南》，见附件）及5项配套行业标准执行。系统建设应切实突出为车主服务和对维修行业监管、指导。

（四）构建完善维修数据采集上传机制。依据《机动车维修管理规定》（交通运输部令2016年第37号）规定，督促汽车维修经营者如实填报、及时上传汽车维修电子数据记录至各级汽车维修电子健康档案系统。各地汽车维修电子健康档案系统采集的数据项目及内容，应遵照交通运输行业标准《汽车维修电子健康档案系统》有关规定执行，不得向维修企业（含业户）索取、采集超出标准规定范围的数据内容。

为方便汽车生产企业、维修企业积极参与系统建设、上传数据，提升系统可靠性安全性，对于有关授权经营类的汽车维修企业（如汽车4S店），经汽车生产企业申报并经部同意后，可以由该品牌汽车生产企业统一上传至部级系统。符合“总部对总部”上传技术条件的汽车厂商名录，由部统一发布；其他品牌授权经营维修企业，数据上传方式仍以当地单店上传为准。

各地要按照以用促建原则，综合运用事故车理赔维修、通过车主点评方式建立充实维修企业信用记录、为“品质二手车”积累数据、提供汽车金融服务等灵活方式和市场化机制，吸引维修企业积极加入系统建设和应用。

部公路科学研究院要采取有效措施推进汽车维修企业维修管理软件有关功能和数据接口的标准化；要组织有关维修管理软件供应商积极提供支持服务，为维修企业软件系统升级改造提供便利、减轻企业负担。

（五）建立完善系统运行维护制度体系，创新系统数据应用及服务。组织制定部省两级系统运行考核制度、行业数据统计分析制度和数据管理使用规则等系列制度文件，逐步建立完善的系统运行维护制度体系，形成顺畅的部省系统联网运行机制和行业的动态监管机制。

在系统建设过程中，部将积极、审慎、有序地组织推进系统数据开发应用，为我国汽车产品设计、汽车保险理赔、汽车尾气治理、二手汽车交易、盗抢汽车追踪等业务领域提供数据支持，发挥汽车维修电子健康档案系统作为行业乃至国家基础性、资源性数据中心的作用。

四、建设步骤

（一）试点建设阶段（2017年5月-2017年12月）。

本阶段将深入开展系统建设试点，加强与各汽车生产企业对接和业务协同，为全面建设系统奠定基础。

1. 组织推进部级系统建设。由部公路科学研究院作为技术支持单位，开展部级汽车维修电子健康档案系统建设。建立部级数据中心，开放社会公众评价、查询渠道及平台，完善系统功能，为各省提供数据采集、公众查询等技术支持和服务。开发省级汽车电子健康档案系统示范基础软件。

2. 制修订配套行业标准。制定发布《机动车维修结算清单》、《汽车维修电子健康档案系统（第1—4部分）》等5项系统建设配套行业标准，为试点省市及全国系统建设提供技术支撑。修订《汽车维修行业计算机管理信息系统技术规范》(JT/T 640)行业标准，明确维修管理软件有关功能和数据接口要求。

3. 深入开展地方试点工作。各试点省份制定试点工作方案，要明确任务目标、责任部门、建设计划及具体措施，并报部备案。启动并初步完成省级汽车维修电子健康档案系统建设工作，实现对全省目标范围内维修企业的覆盖；开展维修记录数据采集工作，并向车主提供汽车维修电子健康档案查询和评价服务，更好地实现对维修经营者的质量信誉考核和信用评价；实现省级系统与部级系统的可靠连接和业务协同。优化完善各级系统建设方案，建立可全面落地运作实施的系统软件及配套工作制度机制。形成试点总结报告，于2017年12月底前核实。

4. 完成与各汽车生产企业授权维修体系的维修数据对接。制定专项工作方案，完成与各主要汽车生产企业（含新能源汽车）所属品牌授权维修体系（4S店体系）的技术方案对接，明确各品牌汽车4S店所采用数据上传方式（单店上传或“总部对总部”上传），组织有关汽车生产企业完成试点省份4S店的维修管理软件改造，并实现数据上传。

（二）全面建设阶段（2018年1月-2018年12月）。

本阶段将全面推进各地系统建设，努力提升系统应用水平。

1. 推进各地省级系统建设。在部分省市试点成果的基础上，全面推进各地省级汽车维修电子健康档案系统建设，实现汽车维修电子健康档案系统对全国汽车维修行业的全覆盖以及维修数据自动上传。建立健全有关工作制度和机制，在全国范围内部、省级系统的联网组网及顺畅运行。

2. 推进系统管理和运行维护制度建设。研究制定汽车维修电子健康档案系统运行考核办法、系统数据使用规则等配套制度，逐步建立健全系统管理和运行维护的制度保障，促进系统健康、可持续运行。

3.深化系统应用与行业管理相结合。拓宽、完善各级系统服务功能，全面实现消费者“一车一档”的汽车健康档案查询、维修服务评价等功能，宣传吸引车主积极使用系统，改善增强车主服务，提升车主满意度和系统生命力。紧密结合汽车维修及相关业务，优化提升维修经营服务，提升系统用户使用自觉性和活跃度。通过用户量、数据量积累和消费者口碑，促进形成动态的行业信用评价和监管机制，逐步形成阳光透明、优胜劣汰的市场运行机制。

系统建设过程中，积极探索政府和企业合作机制，加强数据共用共享。不断创新数据应用领域、方式和内容，扩展系统服务范围，加强与相关车主服务APP合作共赢，构建系统的可持续发展机制，营造汽车维修业大众创业、万众创新、转型升级的良好环境。

五、工作要求

（一）加强组织领导。部将加强对全国汽车维修电子健康档案系统建设、管理工作的指导。不断优化完善系统顶层设计，建立健全有关法规制度、管理政策和标准规范体系， 督促各地系统落地运行。各省级交通运输主管部门和道路运输管理机构要高度重视汽车维修电子健康档案系统建设工作，将系统建设作为推进汽车维修业转型升级的重要抓手，切实加强组织领导。要将系统建设推广任务纳入2017至2018年度工作目标和考核任务，提高执行力，落实工作责任，定期研究推进和督促检查，全力推进系统建设工作，确保系统建设取得实效。

（二）明确建设方式。为提升全国系统建设的质量和统一性，各地应按照下列方式推进系统建设：采用部公路科学研究院无偿提供的基于云服务的软硬件系统，或者采用部公路科学研究院无偿提供软件系统、省自建硬件系统的方式。对于全部采用自建方式或者已开展相关系统建设的省区市，应符合《建设指南》及相关标准的规定要求，或按照《建设指南》及相关标准要求进行系统功能和数据接口改造升级，实现与部级系统的互联对接。

（三）加强数据管理。省级汽车维修电子健康档案系统是本辖区汽车维修电子健康档案的建档、存储和管理主体，负责采集、存储本辖区维修企业的维修数据，并向部级系统上报数据。部级系统依据车籍信息对跨省维修数据进行自动推送。各级系统应加强系统数据的维护和管理，按照国家《网络安全法》等政治制度和管理标准要求，分级分类制定各级系统网络安全措施，注重边界防护，确保数据安全。对汽车健康档案数据的开发共享，应遵照部统一规定执行。

（四）加强业务督导。江苏等各试点省市要每半年形成系统建设进度报告，分别于2017年6月底、12月底报部。各省市交通运输主管部门和道路运输管理机构要加大对所属各地市工作的指导，督促各地加强维修信息化工作业务指导和人员力量配备，促进各地市系统建设、数据采集稳步推进实施，确保按规定完成系统建设任务目标。对维修企业不按规定上传维修数据的，按照

《机动车维修管理规定》有关规定予以处罚。部将适时组织开展各省市系统建设及应用的交流和评比活动，加快促进系统开发应用。

（五）保障资金支持。部将按照“十三五”信息化规划，积极争取中央财政资金对纳入试点示范省市给予一定财政补助，具体按照《交通运输行业信息化建设投资补助项目管理暂行办法》（交规划发〔2016〕171号）有关要求办理。各试点省份交通运输主管部门应积极与财政部门协调，落实建设资金。各地要严肃工作程序和财经纪律，严格按照国家有关规定使用财政资金，确保资金使用依法合规。

（六）加强工作宣传。各地要广泛利用网络、手机APP、电台、报纸等媒体资源多渠道地开展系统建设应用的宣传推广工作，引导广大车主和维修企业关注、使用系统，使之成为社会、公众和维修企业认可、信赖、乐意使用的权威信息渠道，不断扩大影响力，为系统建设营造良好的社会氛围。

附件：汽车维修电子健康档案系统建设指南（略）

交通运输部办公厅

2017年5月12日

关于商业车险费率调整及管理等有关问题的通知

保监产险〔2017〕145号

各保监局、各财产保险公司：

根据《保险法》等相关法律法规和《中国保监会关于深化商业车险条款费率管理制度改革的意见》（保监发〔2015〕18号）精神，现将财产保险公司机动车商业保险（以下简称商业车险）费率的调整、报送、审批、回溯、监管等问题通知如下：

一、使用中国保险行业协会机动车商业保险示范条款的财产保险公司，可以申请在以下范围内拟订自主核保系数、自主渠道系数费率调整方案，经中国保监会批准后使用：

（一）在深圳保监局辖区内，自主核保系数调整范围为[0.70－1.25]，自主渠道系数调整范围为[0.70－1.25]。

（二）在河南保监局辖区内，自主核保系数调整范围为[0.80－1.15]，自主渠道系数调整范围为[0.75－1.15]。

（三）在天津、河北、福建、广西、四川、青海、青岛、厦门等保监局辖区内，自主核保系数调整范围为[0.75－1.15]，自主渠道系数调整范围为[0.75－1.15]。

（四）在境内其他地区，自主核保系数调整范围为[0.85－1.15]，自主渠道系数调整范围为[0.75－1.15]。

二、财产保险公司应按照《财产保险公司保险条款和保险费率管理办法》（中国保险监督管理委员会令2010年第3号）及相关规范性文件要求，向保监会报送商业车险条款费率申请材料。保监会按照保护社会公众利益和防止不正当竞争的原则审批商业车险条款费率。根据工作需要，审批时可组织召开专家论证会或聘请专业机构进行评估。

对于财产保险公司费率精算报告中全国、各地区车险综合成本率、综合费用率等主要指标预期值均不高于各指标前三年平均值，且未决赔款准备金提转差率[（未决赔款准备金提转差-摊回未决赔款准备金）/已赚保费]不低于该指标前三年平均值的，财产保险公司可以在申请材料中对拟使用的商业车险示范条款名称编号、费率计算公式和费率调整范围进行简要说明，无需报送详细的费率方案。

三、财产保险公司应建立常态化的商业车险条款费率回溯和修订机制。产品获批使用后，如保险公司车险综合成本率、综合费用率、未决赔款准备金提转差率等指标的实际发生值与报送申请材料时的精算预期值发生重大偏离，财产保险公司应主动对费率方案进行修订并重新报送保监会审批，严格防范商业车险定价风险和经营风险。

四、财产保险公司上述车险指标的实际发生值与精算预期值发生重大偏离时，保险监管部门可责令财产保险公司停止使用存在问题的商业车险产品并修改费率方案，修改内容包括但不限于修改该公司自主核保系数和自主渠道系数的调整范围。情节严重的，保险监管部门可依法在一定期限内禁止财产保险公司申报新的商业车险条款费率。

指标实际发生值与精算预期值之间存在差异，即构成指标偏离。是否构成重大偏离，由保险监管部门综合考虑财产保险公司市场影响程度、历史经营状况、指标波动幅度等确定。指标偏离超过该指标值前三年平均波动幅度（取绝对值计算）的，原则上认为出现重大偏离。

本通知未尽事宜，按照《中国保监会关于深化商业车险条款费率管理制度改革的意见》（保监发〔2015〕18号）和《深化商业车险条款费率管理制度改革试点工作方案》（保监产险〔2015〕24号）等有关规定执行。

本通知自发布之日起实施。

中国保监会

2017年6月8日

关于完善汽车投资项目管理的意见

发改产业（2017）1055号

各省、自治区、直辖市及计划单列市、新疆生产建设兵团发展改革委、工业和信息化主管部门：

为贯彻落实《国务院关于发布政府核准的投资项目目录（2016年本）的通知》（国发〔2016〕72号）有关要求，完善汽车投资项目管理，促进汽车产业健康有序发展，现提出以下意见。

一、 推动汽车产业结构调整

（一）优化传统燃油汽车产能布局。推动产能向产业基础扎实、配套体系完善、竞争优势明显的地区集聚，新增传统燃油汽车产能应建设在上两个年度汽车产能利用率均高于全行业平均水平的省份(根据行业设计规范，产能按照每年250天、每天两班计算。下同)。鼓励汽车产能利用率低的地区和企业加大兼并重组力度，加快技术进步，增强市场竞争力，不断提高已有产能利用水平。

（二）促进新能源汽车健康有序发展。支持社会资本和具有较强技术能力的企业进入新能源汽车及关键零部件生产领域。引导现有传统燃油汽车企业加快转型发展新能源汽车，增强新能源汽车产业发展内生动力。结合产业发展水平，不断完善新能源汽车投资项目技术要求和生产准入规范条件，鼓励企业提高新能源汽车产业化能力和技术水平。

科学规划新能源汽车产业布局，新建企业投资项目应建设在产业基础好、创新体系全、配套能力强、发展潜力大的地区，推动新增产能向新能源汽车消费需求旺盛和传统燃油汽车替代潜力较大的区域集中。鼓励京津冀等大气污染防治重点区域发展和使用新能源汽车，推动污染治理。严格新建企业投资项目管理，防范盲目布点和低水平重复建设。

（三）鼓励汽车企业做优做强。引导汽车企业增强自主创新能力，提高技术水平和品牌附加值，提升国际竞争力，扩大国际市场份额。支持汽车企业科学制定投资规划，强化集团内部资源共享，优化产品结构，提高产能利用率。鼓励汽车企业之间在资本、技术和产能等方面开展深度合作，联合研发产品，共同组织生产。加快国有汽车企业改革步伐，鼓励企业兼并重组和战略合作，提升产业集中度。推动僵尸汽车企业退出市场。

二、 完善汽车投资项目管理

（四）严格控制新增传统燃油汽车产能。原则上不再核准以下新建传统燃油汽车企业投资项目：一是新建独立法人传统燃油汽车整车企业投资项目；二是现有汽车整车企业跨乘用车、商用车类别投资项目；三是已停产半停产、连年亏损、资不抵债，靠政府补贴和银行续贷存在的现有汽车整车企业跨省、自治区、直辖市迁址新建投资项目。

现有汽车整车企业申请建设扩大传统燃油汽车生产能力投资项目，应同时满足以下条件：上两个年度产能利用率均高于全行业平均水平；上年度新能源汽车产量占比高于全行业平均水平；上年度研发费用支出占主营业务收入的比例高于3%；产品具有国际市场竞争力。现有乘用车企业申请建设扩大传统燃油汽车生产能力投资项目，除满足上述条件外，企业平均燃料消耗量还应满足国家标准和有关规定的要求。

（五）明确跨细分类等投资项目核准条件。现有乘用车、商用车企业申请建设跨细分类（乘用车细分类为轿车类、其他乘用车类，商用车细分类为客车类、半挂牵引车及货车类）投资项目，应同时满足以下条件：具有拟生产产品的完整研发经历、专业研发团队和正向研发能力；拟生产的产品达到国内同类产品先进水平；上年度新能源汽车产量占比高于全行业平均水平。

申请新建专用汽车企业投资项目，企业应具备产品开发的能力和条件，拟生产产品技术水平先进。

申请新建发动机企业投资项目，除符合现有规定外，拟生产的汽油发动机升功率应不低于70千瓦，柴油发动机升功率应不低于50千瓦。

（六）规范新能源汽车企业投资项目条件。申请新建纯电动乘用车企业（包括现有商用车企业生产纯电动乘用车）投资项目，应符合《新建纯电动乘用车企业管理规定》（国家发展改革委 工业和信息化部2015年第27号令）的要求。申请新建纯电动商用车企业（包括现有乘用车企业生产纯电动商用车）投资项目，应同时满足以下条件：企业具有完整的研发经历、专业研发团队和整车正向研发能力，拥有整车及驱动控制系统、动力蓄电池系统、整车集成及轻量化等方面的核心技术以及相应的试验验证能力；建设内容包括高性能动力电池系统、驱动系统、控制系统及整车（车身成型、涂装、总装等）生产体系；新建企业具有产品质量保障、销售和售后服务、运营监管等能力，拥有拟生产产品的注册商标和品牌所有权；拟生产产品的能耗、续驶里程等指标达到国内先进水平。现有纯电动汽车企业申请建设扩大生产能力的投资项目，上年度产能利用率应高于全行业平均水平。

支持企业开展国际合作，鼓励企业充分利用国际技术、资本、人才等资源提升国内新能源汽车产业化水平。《汽车产业发展政策》对新建中外合资轿车企业投资项目核准和中外合资企业数目的规定仅适用于传统燃油汽车，新建中外合资纯电动乘用车企业投资项目按照《新建纯电动乘用车企业管理规定》办理核准。

燃料电池汽车投资项目参照纯电动汽车投资项目管理规定执行。插电式混合动力汽车投资项目参照传统燃油汽车投资项目管理规定执行。

（七）调整汽车投资项目管理方式。实行核准的汽车投资项目按《政府核准的投资项目目录（2016年本）》执行。新建专用汽车企业投资项目不再报送国家发展改革委备案。《汽车产业发展政策》规定的其他报送国家发展改革委备案的投资项目，调整为报送省级政府投资主管部门备案。

三、 加强汽车产能监测预警

（八）建立汽车产能信息报送制度。汽车整车、发动机、车用动力电池生产企业应将上年度相关产品产量、建成产能、在建产能和规划产能等情况，于每年1月底前上报省级发展改革委、工业和信息化主管部门并抄报国家发展改革委、工业和信息化部。省级发展改革委、工业和信息化主管部门应及时掌握本地区汽车整车、发动机、车用动力电池产能变化情况，于每年3月底前将本地区上年度产量和产能汇总情况上报国家发展改革委、工业和信息化部。

（九）加强汽车产能发布和预警。国家发展改革委组织行业协会和相关机构建立年度汽车产能核查和信息发布工作机制，及时发布汽车产能变动信息，加强产能预警，引导企业和社会资本合理投资。省级发展改革委要完善本地区汽车产能监测体系，深入分析研判本地区产能利用率变动情况，加强对企业的指导和监督，帮助企业有效应对和及时化解产能过剩风险，努力使本地区汽车产能利用率保持在合理水平。

四、 规范汽车产业监督管理

（十）加强部门协调配合。建立汽车投资项目管理和汽车生产准入管理的协调联动机制，完善产品准入标准和行业规范条件，提升行业监管能力和效率。推动汽车企业信用信息公开和共享，通过守信联合激励和失信联合惩戒机制，在汽车投资项目和生产准入管理领域，加大对违法违规企业的处罚力度。

（十一）健全行业退出机制。加快淘汰落后产品和僵尸企业。对不能维持正常生产经营的企业进行为期两年的特别公示管理。被特别公示的企业应接受保持汽车生产企业准入审查要求的核查，符合要求的，取消特别公示；特别公示期满未达到要求，存在公共安全、人身健康、生命财产安全隐患的，暂停其生产、销售活动。

（十二）落实监督管理责任。省级政府投资主管部门要严格执行《企业投资项目核准和备案管理条例》（国务院令第673号）、《国务院关于发布政府核准的投资项目目录（2016年本）的通知》、汽车产业发展政策和本意见的规定，健全核准、备案的规则和程序，依法依规办理汽车投资项目核准、备案，并通过《全国投资项目在线审批监管平台》及时将核准备案信息报送国家发展改革委。同时，省级政府投资主管部门要按照谁审批谁监管、谁主管谁监管的原则，进一步加强对汽车投资项目的事中事后监管，准确掌握汽车投资项目建设、运行情况和企业发展情况，为企业做好投资服务工作。

（十三）国家发展改革委、工业和信息化部将对各地贯彻落实《企业投资项目核准和备案管理条例》、《国务院关于发布政府核准的投资项目目录（2016年本）的通知》、汽车产业发展政策和本意见的要求开展汽车投资项目管理的情况，适时开展专项督查。

（十四）本意见由国家发展改革委、工业和信息化部负责解释。

（十五）本意见自发布之日起施行。

国家发展改革委
工业和信息化部
2017年6月4日

关于促进小微型客车租赁健康发展的指导意见

各省（自治区、直辖市）、新疆生产建设兵团交通运输厅（局、委）、住房城乡建设厅（局、委）：

小微型客车租赁是满足人民群众个性化出行、商务活动、公务活动和旅游休闲等需求的交通服务方式。为促进新形势下小微型客车租赁的健康发展，推动移动互联网与小微型客车租赁的融合发展，更好满足人民群众多层次出行需求，现提出以下指导意见。

一、总体要求

（一）指导思想。

全面贯彻落实党的十八大和十八届三中、四中、五中、六中全会精神，深入贯彻习近平总书记系列重要讲话精神和治国理政新理念新思想新战略，牢固树立创新、协调、绿色、开放、共享的发展理念，充分发挥市场在资源配置中的决定性作用和更好发挥政府作用，深化供给侧结构性改革，优化行业发展环境，激发市场活力和社会创造力，促进行业健康发展，推动建设龙头企业引领、网络覆盖广泛、经营行为规范、服务品质优良的小微型客车租赁服务体系，更好地满足人民群众多样化出行需要。

（二）基本原则。

用户为本，安全第一。坚持以人民为中心的发展思想，牢固树立安全发展理念，加快提升行业服务水平，提供安全、便捷、优质的小微型客车租赁服务。

改革创新，融合发展。坚持问题导向，深化行业供给侧结构性改革，推动小微型客车租赁与互联网融合发展，促进小微型客车租赁创新发展。

科学监管，规范有序。加强信用体系建设，利用先进技术手段，提升事中事后监管能力，维护公平竞争的市场秩序，保障各方合法权益。

二、夯实安全管理基础

（三）规范租赁车辆管理。小微型客车租赁是指在约定时间内小微型客车租赁经营者将小微型客车交付承租人使用，收取租赁费用，不提供驾驶劳务的经营方式。租赁车辆是汽车租赁经营者提供车辆租赁服务以获取利润为目的而使用的机动车，应按照相关法律法规和技术标准规定到公安机关办理登记。车辆的安全技术检验、环保检验和报废等按照有关规定执行。车辆购买交强险、第三者责任险等相关保险时按照登记的使用性质对应的保险费率投保，鼓励经营者与保险公司根据小微型客车租赁业务特点和风险大小，开发保险产品，提高企业抗风险能力，保障承租人合法权益。小微型客车租赁经营者应加强对租赁车辆的日常使用管理，建立租赁车辆技术档案，定期进行检测维护，确保租赁车辆性能及安全状况良好，车容车貌卫生整洁。

（四）落实身份查验制度。为维护公共安全，保障租赁经营者和承租人合法权益，开展小微型客车租赁业务要落实完善身份查验制度，并按要求采集和报送有关信息。小微型客车租赁经营者应当具备身份查验所需的设施设备，对承租人提供的有效证件进行查验，将有关信息在车辆租赁合同中记录，并载明所有驾驶人身份证件和驾驶证信息。承租人是个人的，应查验承租人的有效身份证件和驾驶证原件；承租人为企业法人或其他组织的，应查验企业法人营业执照或其他有效登记证件，授权委托书和经办人有效身份证件原件。租赁车辆应交付给经过身份查验的承租人，对不符合要求、身份不明或者拒绝身份查验的，不应提供小微型客车租赁服务。

三、提升服务能力

（五）完善基础设施规划建设。各地交通运输部门应当会同当地住房城乡建设（规划）部门依据城市总体规划，根据当地经济社会发展和居民出行需要，综合考虑人口数量、经济发展水平、居民出行需求以及城市交通状况等因素，制定小微型客车租赁发展规划，并纳入综合运输体系规划和城市综合交通体系规划，统筹安排租赁网点和停车场地；加强小微型客车租赁与不同交通运输方式的换乘衔接，推进机场、火车站、汽车站、港口等交通枢纽小微型客车租赁营业网点以及客流密集区域停车站点建设。

（六）加强日常经营管理。鼓励小微型客车租赁经营者利用卫星定位装置、地理信息系统等远程监控技术和车联网、“电子围栏”等智能技术，强化对租赁车辆安全的管控力度，降低经营风险；鼓励小微型客车租赁经营者利用互联网、移动互联网应用程序（APP）开展车辆预订、取还车和电子支付等服务，提高租车便捷性。小微型客车租赁经营者应当遵守国家网络和信息安全有关规定，完善网络安全防范措施，依法合规采集、存储、使用和保护个人信息，不得超越提供小微型客车租赁服务所必需的范围。小微型客车租赁经营者应当加强租赁合同管理，明确经营者和承租人权利义务，建立投诉处理机制，依法接受社会公众投诉，及时答复处理结果。

（七）推动规模化、网络化、品牌化发展。鼓励小微型客车租赁经营者通过兼并重组、合资合作、上市融资等方式，提升规模化水平，加强上下游行业及相关行业联动。支持小微型客车租赁经营者通过特许经营、连锁经营、战略联盟等形式，扩大网络覆盖范围，优化经营网点布局，为消费者提供“一点租多点还”“一城租多城还”租赁服务，不断提升服务体验。引导小微型客车租赁经营者加强品牌建设，创新经营服务内容，增强企业核心竞争力。

四、鼓励分时租赁发展

（八）充分认识发展分时租赁的作用。分时租赁，俗称汽车共享，是以分钟或小时等为计价单位，利用移动互联网、全球定位等信息技术构建网络服务平台，为用户提供自助式车辆预定、车辆取还、费用结算为主要方式的小微型客车租赁服务，是传统小微型客车租赁在服务模式、技术、管理上的创新，改善了用户体验，为城市出行提供了一种新的选择，有助于减少个人购车意愿，一定程度上缓解城市私人小汽车保有量快速增长趋势以及对道路和停车资源的占用。

（九）科学确定分时租赁发展定位。各地交通运输部门要会同住房城乡建设（规划）部门综合考虑城市经济发展、交通出行结构、汽车保有量、停车资源等实际，在坚持公交优先发展战略的前提下，考虑分时租赁非集约化出行的特点，合理确定分时租赁在城市综合交通运输体系中的定位，研究建立与公众出行需求、城市道路资源、停车资源等相适应的车辆投放机制，使其与城市公共交通、出租汽车等出行方式协调发展，形成多层次、差异化的城市交通出行体系。

（十）提升线上线下服务能力。分时租赁经营者应具备线上服务能力，要通过技术手段落实承租人身份查验要求，应通过大数据分析，强化车辆智能组织调配，动态优化车辆布局，实现不同时间、不同区域间的车辆供需平衡。推广应用“电子围栏”技术，引导用户有序停车，加强停车管理。分时租赁经营者应具备线下运营服务能力，要通过运营人员日常巡检、车辆自检等方式，确保车辆安全状况良好，要建立完善车辆调度、维修、救援、回收机制和流程。分时租赁经营者应采用安全、合规的支付结算服务，确保用户押金和资金安全，确保用户个人信息安全。鼓励分时租赁经营者采用信用模式代替押金管理。

（十一）建立健全配套政策措施。鼓励城市商业中心、政务中心、大型居民区、交通枢纽等人流密集区域的公共停车场为分时租赁车辆停放提供便利。鼓励探索通过优惠城市路内停车费等措施，推动租赁车辆在依法划设的城市路内停车泊位停放，在不增加城市道路拥堵、不影响其他社会车辆停放的情况下，提高路内停车泊位的使用效率和租赁车辆使用便利度。鼓励使用新能源车辆开展分时租赁，并按照新能源汽车发展有关政策在充电基础设施布局和建设方面给予扶持。

五、营造良好发展环境

（十二）加快推进制度标准建设。进一步完善小微型客车租赁规章制度，制修订小微型客车租赁相关标准。明确小微型客车租赁合同格式文本主要内容，规范租赁合同管理。推动解决租赁车辆道路交通违法处置、租赁车辆诈骗等突出问题，形成统一、开放的租赁市场，为行业健康发展创造条件。

（十三）创新监管方式。各地交通运输部门要建立行业基本信息采集分析机制，全面及时准确掌握行业发展动态。加快信用体系建设，建立小微型客车租赁经营者和承租人信用评价制度，构建跨地区、跨部门、跨领域的联合激励和惩戒机制。定期开展服务质量测评和用户满意度调查，并向社会发布测评和调查结果。

各地交通运输部门要充分认识促进小微型客车租赁健康发展的重要意义，在当地党委政府的统一领导下，制定配套政策措施和实施方案，加强组织领导，健全工作机制，强化协调沟通，充分发挥行业协会作用，确保各项政策措施落地见效，促进小微型客车租赁健康发展，更好满足人民群众多样化出行需求。

交通运输部

住房城乡建设部

2017年8月4日

关于免征新能源汽车车辆购置税的公告

2017年第172号

为贯彻落实党的十九大精神，进一步支持新能源汽车创新发展，经国务院同意，现将免征新能源汽车车辆购置税有关事项公告如下：

一、自2018年1月1日至2020年12月31日，对购置的新能源汽车免征车辆购置税。

二、对免征车辆购置税的新能源汽车，通过发布《免征车辆购置税的新能源汽车车型目录》（以下简称《目录》）实施管理。2017年12月31日之前已列入《目录》的新能源汽车，对其免征车辆购置税政策继续有效。

三、2018年1月1日起列入《目录》的新能源汽车须同时符合以下条件：

（一）获得许可在中国境内销售的纯电动汽车、插电式（含增程式）混合动力汽车、燃料电池汽车。

（二）符合新能源汽车产品技术要求（附件1）。

（三）通过新能源汽车专项检测，达到新能源汽车产品专项检验标准（附件2）。

（四）新能源汽车生产企业或进口新能源汽车经销商（以下简称企业）在产品质量保证、产品一致性、售后服务、安全监测、动力电池回收利用等方面符合相关要求（附件3）。

财政部、税务总局、工业和信息化部、科技部根据新能源汽车标准体系发展、技术进步和车型变化等情况，适时调整列入《目录》的新能源汽车条件。

四、企业应当向工业和信息化部提交《目录》申请报告（附件4），并对申报材料的真实性和产品质量负责。工业和信息化部会同税务总局组织技术专家进行审查，通过审查的车型列入《目录》，并由工业和信息化部、税务总局发布。

五、对列入《目录》的新能源汽车，企业上传机动车整车出厂合格证信息时，在“是否列入《免征车辆购置税的新能源汽车车型目录》”字段标注“是”（即免税标识）。工业和信息化部对企业上传的机动车整车出厂合格证信息中的免税标识进行审核，并将通过审核的信息传送税务总局。税务机关依据工业和信息化部审核后的免税标识和机动车统一销售发票（或有效凭证）办理免税手续。

六、对产品与申报材料不符、产品性能指标未达到要求、提供其他虚假信息等手段骗取列入《目录》车型资格的企业，取消免征车辆购置税申请资格，并依照相关法律法规规定予以处理处罚。对已销售产品在使用中存在安全隐患、发生安全事故的，视事故性质、严重程度等依法采取停止生产、责令立即改正、暂停或者取消免征车辆购置税申请资格等处理处罚措施。

七、从事《目录》申请报告审查、审核，办理免税审核的工作人员履行职责时，存在滥用职权、玩忽职守、徇私舞弊等违法违纪行为的，按照《公务员法》《行政监察法》等国家有关规定追究相应责任；涉嫌犯罪的，移送司法机关处理。

附件：

1. 新能源汽车产品技术要求（略）

2. 新能源汽车产品专项检验标准目录（略）

3. 新能源汽车企业要求（略）

4. 《免征车辆购置税的新能源汽车车型目录》申请报告（略）

财政部

国家税务总局

工业和信息化部

科技部

2017年12月26日

关于印发《汽车产业中长期发展规划》的通知

工信部联装[2017]53号

各省、自治区、直辖市人民政府，新疆生产建设兵团，国务院有关部委、直属机构：

《汽车产业中长期发展规划》已经国务院同意，现印发给你们，请认真贯彻执行。

工业和信息化部

国家发展改革委

科技部

2017年4月6日

汽车产业中长期发展规划

汽车产业是推动新一轮科技革命和产业变革的重要力量，是建设制造强国的重要支撑，是国民经济的重要支柱。汽车产业健康、可持续发展，事关人民群众的日常出行、社会资源的顺畅流通和生态文明的全面跃升。当前，新一代信息通信、新能源、新材料等技术与汽车产业加快融合，产业生态深刻变革，竞争格局全面重塑，我国汽车产业进入转型升级、由大变强的战略机遇期。为落实党中央、国务院关于建设制造强国的战略部署，推动汽车强国建设，制定本发展规划。

一、发展现状与面临形势

（一）我国汽车产业发展成绩显著。

进入新世纪以来，我国汽车产业快速发展，形成了种类齐全、配套完整的产业体系。整车研发能力明显增强，节能减排成效显著，质量水平稳步提高，中国品牌迅速成长，国际化发展能力逐步提升。特别是近年来在商用车和运动型多用途乘用车等细分市场形成了一定的竞争优势，新能源汽车发展取得重大进展，由培育期进入成长期。2016年，我国汽车产销突破2800万辆，连续8年位居全球第一，其中中国品牌汽车销量占比50%左右，市场认可度大幅提高。

汽车产业不断发展壮大，在国民经济中的地位和作用持续增强，对推动经济增长、促进社会就业、改善民生福祉作出了突出贡献。汽车相关产业税收占全国税收比、从业人员占全国城镇就业人数比、汽车销售额占全国商品零售额比均连续多年超过10%。

与此同时，我国汽车产业大而不强的问题依然突出，表现在关键核心技术掌握不足，产业链条存在短板，创新体系仍需完善，国际品牌建设滞缓，企业实力亟待提升，产能过剩风险显现，商用车安全性能有待提高。巨大汽车保有量带来的能源、环保、交通等问题日益凸显。

（二）汽车产业发展形势面临重大变化。

产品形态和生产方式深度变革。随着能源革命和新材料、新一代信息技术的不断突破，汽车产品加快向新能源、轻量化、智能和网联的方向发展，汽车正从交通工具转变为大型移动智能终端、储能单元和数字空间，乘员、车辆、货物、运营平台与基础设施等实现智能互联和数据共享。汽车生产方式向充分互联协作的智能制造体系演进，产业上下游关系更加紧密，生产资源实现全球高效配置，研发制造效率大幅提升，个性化定制生产模式将成为趋势。

新兴需求和商业模式加速涌现。互联网与汽车的深度融合，使得安全驾乘、便捷出行、移动办公、本地服务、娱乐休闲等需求充分释放，用户体验成为影响汽车消费的重要因素。互联网社交圈对消费的导向作用逐渐增强，消费需求的多元化特征日趋明显，老龄化和新生代用户比例持续提升，共享出行、个性化服务成为主要方向。

产业格局和生态体系深刻调整。汽车发达国家纷纷提出产业升级战略，加快推进产业创新和融合发展。发展中国家也在加紧布局，利用成本、市场等优势，积极承接国际产业和资本转移。中国深化改革全面推进，汽车产业国际化发展进程提速。产业边界日趋模糊，互联网等新兴科技企业大举进入汽车行业。传统企业和新兴企业竞合交融发展，价值链、供应链、创新链发生深刻变化，全球汽车产业生态正在重塑。

（三）建设汽车强国具备较好基础和有利条件。

新能源汽车和智能网联汽车有望成为抢占先机、赶超发展的突破口。当前，我国新能源汽车技术水平大幅提升，产业规模快速扩大，产业链日趋完善。支撑汽车智能化、网联化发展的信息技术产业实力不断增强，互联网产业在全球占有一定优势，信息通信领域技术和标准的国际话语权大幅提高，北斗卫星导航系统即将实现全球组网。

潜力巨大、层次丰富的市场需求为产业发展提供持续动力和上升空间。随着新型工业化和城镇化加快推进，海外新兴汽车市场的发展，我国汽车产量仍将保持平稳增长，预计2020年将达到3000万辆左右、2025年将达到3500万辆左右。维修保养、金融保险、二手车等后市场规模将快速扩大。同时，差异化、多元化的消费需求，将推动企业在技术、产品、服务、标准等多维度创新发展，抢占新兴领域发展先机。

制造强国战略实施和“一带一路”建设为产业发展提供重要支撑和发展机遇。智能制造的推广实施将有力推动产业转型升级，工业强基逐步夯实共性技术基础，“一带一路”建设将使海外发展通道更加畅通，沿线市场开发更为便捷，汽车产业协同其他优势产业共谋全球布局、国际发展的机制加快形成。

建设汽车强国，必须紧紧抓住当前难得的战略机遇，积极应对挑战，加强统筹规划，强化创新驱动，促进跨界融合，完善体制机制，推动结构调整和转型升级。

二、指导思想、基本原则和规划目标

（一）指导思想。

深入贯彻党的十八大和十八届三中、四中、五中、六中全会精神，牢固树立和贯彻落实创新、协调、绿色、开放、共享的发展理念，推动大众创业、万众创新，推进汽车产业供给侧结构性改革，调控总量、优化结构、协同创新、转型升级。以加强法制化建设、推动行业内外协同创新为导向，优化产业发展环境；以新能源汽车和智能网联汽车为突破口，引领产业转型升级；以做强做大中国品牌汽车为中心，培育具有国际竞争力的企业集团；以“一带一路”建设为契机，推动全球布局和产业体系国际化。控总量、优环境、提品质、创品牌、促转型、增效益，推动汽车产业发展由规模速度型向质量效益型转变，实现由汽车大国向汽车强国转变。

（二）基本原则。

创新驱动、重点突破。深入实施创新驱动发展战略，围绕价值链部署创新链，围绕创新链配置资源链，完善政产学研用协同创新体系，推进技术、管理、体制和模式等创新，全面提升创新能力，实现重点领域和关键环节的突破发展。

协同发展、合作共赢。加快推进设计、制造和服务一体化，实现产品全生命周期网络协同。创新整车与零部件企业合作模式，推进全产业链协同发展。引导信息通信、能源交通、材料环保等与汽车产业深度融合，构建新型产业生态。

市场主导、政府引导。发挥市场在资源配置中的决定性作用和政府宏观调控引导作用，完善法制建设，坚持质量为先，明确法律责任，规范产业发展秩序，突出企业主体地位，鼓励兼并重组，优化产业布局，推动特色优势产业集群发展。

开放包容、竞合发展。优化投资和产品准入管理，深化开放合作，营造统一开放、有序竞争的良好市场环境。鼓励优势企业牢固树立国际化发展理念，统筹利用两种资源、两个市场，积极进行海外布局，加快融入全球市场。

（三）规划目标。

力争经过十年持续努力，迈入世界汽车强国行列。

——关键技术取得重大突破。产业创新体系不断完善，企业创新能力明显增强。动力系统、高效传动系统、汽车电子等节能技术达到国际先进水平，动力电池、驱动电机等关键核心技术处于国际领先水平。到2020年，培育形成若干家进入世界前十的新能源汽车企业，智能网联汽车与国际同步发展；到2025年，新能源汽车骨干企业在全球的影响力和市场份额进一步提升，智能网联汽车进入世界先进行列。

——全产业链实现安全可控。突破车用传感器、车载芯片等先进汽车电子以及轻量化新材料、高端制造装备等产业链短板，培育具有国际竞争力的零部件供应商，形成从零部件到整车的完整产业体系。到2020年，形成若干家超过1000亿规模的汽车零部件企业集团，在部分关键核心技术领域具备较强的国际竞争优势；到2025年，形成若干家进入全球前十的汽车零部件企业集团。

——中国品牌汽车全面发展。中国品牌汽车产品品质明显提高，品牌认可度、产品美誉度及国际影响力显著增强，形成具有较强国际竞争力的企业和品牌，在全球产业分工和价值链中的地位明显提升，在新能源汽车领域形成全球创新引领能力。到2020年，打造若干世界知名汽车品牌，商用车安全性能大幅提高；到2025年，若干中国品牌汽车企业产销量进入世界前十。

——新型产业生态基本形成。完成研发设计、生产制造、物流配送、市场营销、客户服务一体化智能转型，实现人、车和环境设施的智能互联和数据共享，形成汽车与新一代信息技术、智能交通、能源、环保等融合发展的新型智慧生态体系。到2020年，智能化水平显著提升，汽车后市场及服务业在价值链中的比例达到45%以上。到2025年，重点领域全面实现智能化，汽车后市场及服务业在价值链中的比例达到55%以上。

——国际发展能力明显提升。统筹利用国际国内两种资源，形成从技术到资本、营销、品牌等多元化、深层次的合作模式，企业国际化经营能力显著提升。到2020年，中国品牌汽车逐步实现向发达国家出口；到2025年，中国品牌汽车在全球影响力得到进一步提升。

——绿色发展水平大幅提高。汽车节能环保水平和回收利用率不断提高。到2020年，新车平均燃料消耗量乘用车降到5.0升/百公里、节能型汽车燃料消耗量降到4.5升/百公里以下、商用车接近国际先进水平，实施国六排放标准，新能源汽车能耗处于国际先进水平，汽车可回收利用率达到95%；到2025年，新车平均燃料消耗量乘用车降到4.0升/百公里、商用车达到国际领先水平，排放达到国际先进水平，新能源汽车能耗处于国际领先水平，汽车实际回收利用率达到国际先进水平。

三、重点任务

（一）完善创新体系，增强自主发展动力。

坚持把增强创新能力作为提高产业竞争力的中心环节，坚持创新驱动发展导向，完善创新体系建设，加强核心技术攻关，提升平台服务能力，增强自主发展动力。

1.完善创新体系。加强顶层设计与动态评估，建立健全部门协调联动、覆盖关联产业的协同创新机制。完善以企业为主体、市场为导向、产学研用相结合的技术创新体系，建立矩阵式的研发能力布局和跨产业协同平台，推进大众创业、万众创新，形成体系化的技术创新能力。充分发挥企业在技术创新中的主体地位，支持高水平企业技术中心建设。鼓励企业、院所、高校等创新主体围绕产业链配置创新资源，组建动力电池、智能网联汽车等汽车领域制造业创新中心。依托汽车产业联合基金等，推动创新要素向产业链高端和优势企业聚集流动。

2.加强核心技术攻关。发布实施节能与新能源汽车、智能网联汽车技术路线图，明确近、中、远期目标。引导创新主体协同攻关整车及零部件系统集成、动力总成、轻量化、先进汽车电子、自动驾驶系统、关键零部件模块化开发制造、核心芯片及车载操作系统等关键核心技术，增加基础、共性技术的有效供给。加强燃料电池汽车、智能网联汽车技术的研发，支持汽车共享、智能交通等关联技术的融合和应用。

专栏1　创新中心建设工程
制定节能汽车、纯电动汽车和插电式混合动力汽车、氢能燃料电池汽车、智能网联汽车、汽车动力电池、汽车轻量化、汽车制造等技术路线图，引导汽车及相关行业自主集成现有创新资源，组建协同攻关、开放共享的创新平台，加大研发投入，共同开展前沿技术和共性关键技术的研发，推动技术成果转移扩散和首次商业化，面向行业、企业提供公共技术服务。 到2020年，完成动力电池、智能网联汽车等汽车领域制造业创新中心建设，实现良好运作；到2025年，创新中心高效服务产业发展，具备较强国际竞争力。

3.提升支撑平台服务能力。推进技术标准、测试评价、基础设施、国际合作等产业支撑平台建设，完善整车和零部件技术标准体系，形成支撑产业发展的系统化服务能力。提升认证检验检

测能力，推进建立汽车开发数据库、工程数据中心和专利数据库，为企业提供创新知识和工程数据的开放共享服务。重点支持具有较好基础、创新能力强、成长性好的产业链服务型企业发展。

（二）强化基础能力，贯通产业链条体系。

产业基础和先进装备是建设汽车强国的重要支撑。夯实安全可控的汽车零部件基础，大力发展先进制造装备，提升全产业链协同集成能力。

1. 夯实零部件配套体系。依托工业强基工程，集中优势资源优先发展自动变速器、发动机电控系统等核心关键零部件，重点突破通用化、模块化等瓶颈问题。引导行业优势骨干企业联合科研院所、高校等组建产业技术创新联盟，加快培育零部件平台研发、先进制造和信息化支撑能力。引导零部件企业高端化、集团化、国际化发展，推动自愿性产品认证，鼓励零部件创新型产业集群发展，打造安全可控的零部件配套体系。

2. 发展先进车用材料及制造装备。依托国家科技计划（专项、基金等），引导汽车行业加强与原材料等相关行业合作，协同开展高强钢、铝合金高真空压铸、半固态及粉末冶金成型零件产业化及批量应用研究，加快镁合金、稀土镁（铝）合金应用，扩展高性能工程塑件、复合材料应用范围。鼓励行业企业加强高强轻质车身、关键总成及其精密零部件、电机和电驱动系统等关键零部件制造技术攻关，开展汽车整车工艺、关键总成和零部件等先进制造装备的集成创新和工程应用。推进安全可控的数字化开发、高档数控机床、检验检测、自动化物流等先进高端制造装备的研发和推广。加快3D打印、虚拟与增强现实、物联网、大数据、云计算、机器人及其应用系统等智能制造支撑技术在汽车制造装备的深化应用。

专栏2　关键零部件重点突破工程
支持优势特色零部件企业做强做大，培育具有国际竞争力的零部件领军企业。针对产业短板，支持优势企业开展政产学研用联合攻关，重点突破动力电池、车用传感器、车载芯片、电控系统、轻量化材料等工程化、产业化瓶颈，鼓励发展模块化供货等先进模式以及高附加值、知识密集型等高端零部件。 到2020年，形成若干在部分关键核心技术领域具备较强国际竞争力的汽车零部件企业集团；到2025年，形成若干产值规模进入全球前十的汽车零部件企业集团。

3. 推进全产业链协同高效发展。构建新型“整车-零部件”合作关系，探索和优化产业技术创新联盟成本共担、利益共享合作机制，鼓励整车骨干企业与优势零部件企业在研发、采购等层面的深度合作，建立安全可控的关键零部件配套体系。推动完善国家科技计划（专项、基金等）项目遴选取向，建立关键零部件产业化及“整车-零部件”配套项目考核指标，鼓励整车和零部件企

业协同发展。开展关键零部件和“四基”薄弱环节联合攻关，推进企业智能化改造提升，促进全产业链协同发展。

（三）突破重点领域，引领产业转型升级。

大力发展汽车先进技术，形成新能源汽车、智能网联汽车和先进节能汽车梯次合理的产业格局以及完善的产业配套体系，引领汽车产业转型升级。

1.新能源汽车

加快新能源汽车技术研发及产业化。利用企业投入、社会资本、国家科技计划（专项、基金等）统筹组织企业、高校、科研院所等协同攻关，重点围绕动力电池与电池管理系统、电机驱动与电力电子总成、电动汽车智能化技术、燃料电池动力系统、插电/增程式混合动力系统和纯电动力系统等6个创新链进行任务部署。

实施动力电池升级工程。充分发挥动力电池创新中心和动力电池产业创新联盟等平台作用，开展动力电池关键材料、单体电池、电池管理系统等技术联合攻关，加快实现动力电池革命性突破。

加大新能源汽车推广应用力度。逐步提高公共服务领域新能源汽车使用比例，扩大私人领域新能源汽车应用规模。加快充电基础设施建设，构建便利高效、适度超前的充电网络体系。完善新能源汽车推广应用、尤其是使用环节的扶持政策体系，从鼓励购买过渡到便利使用，建立促进新能源汽车发展的长效机制，引导生产企业不断提高新能源汽车产销比例。不断完善新能源汽车标准体系，提高新能源汽车生产企业及产品准入门槛，加强出厂安全性能检测，强化新能源汽车生产监管，建立健全新能源汽车分类注册登记、交通管理、税收保险、车辆维修、二手车管理等政策体系。逐步扩大燃料电池汽车试点示范范围。

专栏3　新能源汽车研发和推广应用工程
掌握驱动电机及控制系统、机电耦合装置、增程式发动机等关键技术，支持动力电池、燃料电池全产业链技术攻关，实现革命性突破，大幅提升新能源汽车整车集成控制水平和正向开发能力，鼓励企业开发先进适用的新能源汽车产品。建设便利、高效、适度超前的充电网络体系，建立新能源汽车安全监测平台，完善新能源汽车推广应用扶持政策体系。 到2020年，新能源汽车年产销达到200万辆，动力电池单体比能量达到300瓦时/公斤以上，力争实现350瓦时/公斤，系统比能量力争达到260瓦时/公斤、成本降至1元/瓦时以下。到2025年，新能源汽车占汽车产销20%以上，动力电池系统比能量达到350瓦时/公斤。

2. 智能网联汽车

加大智能网联汽车关键技术攻关。充分发挥智能网联汽车联盟、汽车产业联合基金等作用，不断完善跨产业协同创新机制，重点攻克环境感知、智能决策、协同控制等核心关键技术，促进传感器、车载终端、操作系统等研发与产业化应用。研究确定我国智能网联汽车通信频率，出台相关协议标准，规范车辆与平台之间的数据交互格式与协议，制定车载智能设备与车辆间的接口、车辆网络安全等相关技术标准。促进智能汽车与周围环境和设施的泛在互联，在保障安全前提下，实现资源整合和数据开放共享，推动宽带网络基础设施建设和多行业共建智能网联汽车大数据交互平台。

开展智能网联汽车示范推广。出台测试评价体系，分阶段、有步骤推进智能网联汽车应用示范，稳步扩大试点范围。示范区内建设测试、验证环境及相应的数据收集分析、管理监控等平台，集中开展智能网联汽车产品性能验证的示范与评价，建立智能网联汽车与互联网、物联网、智能交通网络、智能电网及智慧城市等的信息交流和协同机制，探索适合中国国情、多领域联动的智能网联汽车创新发展模式。加快推进智能网联汽车法律法规体系建设，明确安全责任主体界定、网络安全保障等法律要求。

专栏4　智能网联汽车推进工程
推进智能网联汽车技术创新，着力推动关键零部件研发，重点支持传感器、控制芯片、北斗高精度定位、车载终端、操作系统等核心技术研发及产业化。组织开展应用试点和示范，完善测试评价体系、法律法规体系建设。 到2020年，汽车DA（驾驶辅助）、PA（部分自动驾驶）、CA（有条件自动驾驶）系统新车装配率超过50%，网联式驾驶辅助系统装配率达到10%，满足智慧交通城市建设需求。到2025年，汽车DA、PA、CA新车装配率达80%，其中PA、CA级新车装配率达25%，高度和完全自动驾驶汽车开始进入市场。

3. 节能汽车

加大汽车节能环保技术的研发和推广。推动先进燃油汽车、混合动力汽车和替代燃料汽车研发，突破整车轻量化、混合动力、高效内燃机、先进变速器、怠速启停、先进电子电器、空气动力学优化、尾气处理装置等关键技术。

不断提高汽车燃料消耗量、环保达标要求，加强对中重型商用车节能减排的市场监管。完善节能汽车推广机制，通过汽车燃料消耗量限值标准、标识标准以及税收优惠政策等，引导轻量化、小型化乘用车的研发和消费。

鼓励天然气、生物质等资源丰富的地区发展替代燃料汽车，允许汽车出厂时标称油气两用，开展试点和推广应用，促进车用能源多元化发展。

专栏5　先进节能环保汽车技术提升工程
依托现有资金渠道，按规定建立联合攻关平台，重点攻克先进发动机、混合动力、先进电子电器等乘用车节能环保技术和高压共轨喷射系统、高性价比混合动力总成、高效尾气处理装置等商用车节能环保技术。通过节能汽车车船税优惠、汽车消费税等税收政策，引导、鼓励小排量节能型乘用车消费。 到2020年，乘用车新车平均燃料消耗量达到5升/百公里、怠速启停等节能技术应用率超过50%；到2025年，乘用车新车平均燃料消耗量比2020年降低20%、怠速启停等节能技术实现普遍应用。

（四）加速跨界融合，构建新型产业生态。

坚持跨界融合、开放发展，以互联网与汽车产业深度融合为方向，加快推进智能制造，推动出行服务多样化，促进汽车产品生命周期绿色化发展，构建泛在互联、协同高效、动态感知、智能决策的新型智慧生态体系。

1. 大力推进智能制造。推进数字工厂、智能工厂、智慧工厂建设，融合原材料供应链、整车制造生产链、汽车销售服务链，实现大批量定制化生产。引导企业在研发设计、生产制造、物流配送、市场营销、售后服务、企业管理等环节推广应用数字化、智能化系统。重点攻关汽车专用制造装备、工艺、软件等关键技术，构建可大规模推广应用的设计、制造、服务一体化示范平台，推动建立贯穿产品全生命周期的协同管理系统，推进设计可视化、制造数字化、服务远程化，满足个性化消费要求，实现企业提质增效。

2. 加快发展汽车后市场及服务业。引导汽车企业积极协同信息、通信、电子和互联网行业企业，充分利用云计算、大数据等先进技术，挖掘用户工作、生活和娱乐等多元化的需求，创新出行和服务模式，促进产业链向后端、价值链向高端延伸，拓展包含交通物流、共享出行、用户交互、信息利用等要素的网状生态圈。推动汽车企业向生产服务型转变，实现从以产品为中心到以客户为中心发展，支持企业由提供产品向提供整体解决方案转变。鼓励发展汽车金融、二手车、维修保养、汽车租赁等后市场服务，促进第三方物流、电子商务、房车营地等其它相关服务业同步发展。

3. 推动全生命周期绿色发展。以绿色发展理念引领汽车产品设计、生产、使用、回收等各环节，促进企业、园区、行业间链接共生、原料互供、资源共享。制定发布汽车产品生态设计评价标准，建立统一的汽车绿色产品标准、认证标识体系。依托现有资金渠道，按规定支持汽车制造装备绿色改造，推动绿色制造技术创新和产业应用示范。推进汽车领域绿色供应链建设，生产企业在设计生产阶段应采取环境友好的设计方案，确保产品具有良好的可拆解、可回收性。逐步扩大汽车零部件再制造范围，提高回收利用效率和效益。落实生产者责任延伸制度，制定动力电池回收利用管理办法，推进动力电池梯级利用。

专栏6　“汽车+”跨界融合工程
推进智能化、数字化技术在企业研发设计、生产制造、物流仓储、经营管理、售后服务等关键环节的深度应用，不断提高生产装备和生产过程的智能化水平，推动建立充分互联协作的智能制造体系。围绕跨领域大数据的应用，创新出行和服务模式，推动汽车企业向生产服务型转变。加快推进汽车产业绿色改造升级，积极构建绿色制造体系。 到2020年，智能化水平大幅提升；到2025年，骨干企业研发、生产、销售等全面实现一体化智能转型，主要产品单耗达到世界先进水平。未来10年，汽车服务业在价值链中的比例年均提高2个百分点。

（五）提升质量品牌，打造国际领军企业。

坚持把质量建设和品牌建设作为提高产业竞争力的根本要求，严格质量控制，加强品牌培育，推进企业改革，培育具有国际竞争力的领军企业。

1. 提升质量控制能力。推进汽车企业加强技术研发、质量保证、成本控制、营销服务等能力建设，增强企业产品综合竞争力。引导汽车企业加强可靠性设计、试验与验证技术开发应用，构建包含前期策划、中间监管、售后反馈的质量管理闭环系统，制定和完善产品质量标准体系，完善质量责任担保机制，发挥认证检验检测高技术服务业作用，健全全生命周期的质量控制和追溯机制。引导企业实施质量提升计划，以全面提高服务水平为突破口，以降低汽车故障率和稳定达标排放为工作目标，充分利用互联网、大数据等先进技术，建设汽车质量动态评价系统，持续提升产品品质和服务能力。

2. 加强品牌培育。提高品牌培育意识，引导企业实施品牌战略，夯实中国品牌汽车竞争力基础，强化中国汽车品牌文化内涵设计和推广工作，提升品牌价值。推动建立中国汽车品牌建设促进组织和机制，充分利用国际产业合作、重大活动等机会推广中国汽车品牌。引导行业组织研究建立适合中国汽车产业特色的质量品牌评价体系，积极推动汽车品牌评价国际新秩序建设。改造提升现有汽车产业集聚区，推动产业集聚向产业集群转型升级。密切产融合作，支持优势企业进行国际知名品牌收购和运管。

3. 激发企业发展活力。健全国有企业内部治理和监管机制，加快建立与市场经济相适应的经营决策、选人用人、业绩考核、收入分配等激励约束机制，推行实施国企考核研发投入按比例折算为利润。稳妥推进混合所有制改革，通过市场化手段和多种模式，实现国企和其他非公有制企业在产能、渠道、投融资等方面的合作。充分发挥社会监督机制作用，落实政府投资责任追究制度，引导民营资本、新兴科技企业等依法合规进入汽车领域。

4. 打造龙头企业。支持优势特色企业做大做强，成为具有较强国际竞争力的汽车领军企业，积极培育具有技术创新优势的零部件、连锁维修企业、汽车咨询服务企业成长为“小巨人”。支持以企业为主导开展国内外有序重组整合、企业并购和战略合作，鼓励企业国际化发展。鼓励汽车产业链内以及跨产业的资本、技术、产能、品牌等合作模式，支持优势企业以相互持股、战略联盟等方式强强联合，不断提升产业集中度。

专栏7　汽车质量品牌建设工程
建立和完善中国汽车质量品牌培育和发展机制，鼓励行业组织建立和推广中国汽车品牌评价标准体系，开展汽车品牌价值专业评价工作，引导行业企业加强品牌培育；鼓励优势企业通过收购国际知名汽车品牌和企业，实施品牌培育的跨越发展。 到2020年，骨干汽车企业研发经费占营业收入4%左右，新车平均故障率比2015年下降30%，形成若干世界知名汽车品牌；到2025年，骨干汽车企业研发经费占营业收入6%左右，骨干企业新车平均故障率达到国际一线品牌同等水平，若干中国品牌汽车企业产销量进入世界前十。

（六）深化开放合作，提高国际发展能力。

坚持把国际化发展作为汽车产业可持续发展的重要保障，健全服务保障体系，提升国际化经营能力，加强国际合作，加快推动中国汽车产业融入全球市场。

1. 加快“走出去”步伐。引导汽车企业树立国际化发展的战略理念，制定国际化发展战略。发挥多双边合作和高层对话机制作用，促成产业合作整体框架和支持政策协定。深化境外投资管理改革，搭建“汽车产业国际合作绿色通道”。抓住“一带一路”建设、国际产能合作等机遇，加大力度开拓国际市场。鼓励优势企业选择差异化发展路径，逐步从出口贸易为主向投资、技术、管理等深度合作模式转变，实现产品、服务、技术和标准协同“走出去”。支持整车企业协同零部件企业选择重点发展地区建设汽车产业园区，形成科学布局、联动发展的产业格局。推动中国品牌汽车与国际工程项目“协同出海”。

2. 健全国际化服务体系。鼓励行业组织推动建立汽车产业海外发展联盟，着重培育包括政策法规、知识产权和认证等领域的系统性服务能力。整合国内外资源，推动行业企业自主设立汽车产业海外发展基金，联合相关国家和地区政府与社会资本，打造多维度、市场化资金保障体系。鼓励银行业金融机构基于商业可持续发展原则，建立适应汽车企业境外发展的信贷管理和贷款评审制度，加快建立多层次汽车产业境外投资担保体系。促进国内金融和保险机构跨境服务体系建设，探索在海外开展汽车融资租赁和相关保险业务。加大对发达国家尤其是“一带一路”国家和地区标准、认证和检验监管等制度研究，有效破解国际贸易壁垒。整合国内资源，促进中外政府汽车质量安全监管制度交流与合作，完善平行进口等多种贸易方式汽车监督管理。

3.提高国际化经营能力。充分发挥现有政策的引导作用，鼓励和支持企业开展跨国合作，充分利用国际优势资源设立研发中心，推动产业合作由加工制造环节为主向合作研发、市场营销、品牌培育等产业链高端环节转移。推动企业品牌国际化建设，鼓励多投资主体共建共享国际营销渠道，创新营销模式，打造独立经销品牌。加强与汽车产业相关国际机构、组织的交流与合作，鼓励行业中介机构积极组织重点企业、高等院校等会同国际组织申请全球环境基金等绿色发展应用示范项目，建设新能源汽车分布式利用可再生能源的智能示范区，探索新能源汽车与可再生能源、智能电网的深度融合和协同发展的商业化推广模式，形成可在全球复制推广的经验和样本。

4.提高国际合作水平。继续扩大对外开放，鼓励利用外资及引进相关先进技术和高端人才，加强与国外企业的战略合作，全面提高合作水平。加强政策引导，促进合资合作品牌与中国品牌共同发展，共同开拓国际、国内两个市场。鼓励合资合作企业加大研发投入，提高本地化开发车型比例。鼓励合资合作企业与内资企业加强技术和人才交流。

专栏8　海外发展工程
基于多双边高层合作机制，促进汽车产业合作战略框架协议达成。鼓励重点企业深化国际合作，在重点国家布局汽车产业园和开展国际产能合作，推动中国品牌商用车与国际工程项目“协同出海”。引导组建汽车产业对外合作联盟，提升汽车企业海外发展服务能力。 到2020年，中国品牌汽车海外市场影响力明显提高，实现向发达国家市场的批量出口；到2025年，中国品牌汽车国际市场占有率大幅提高，实现全球化发展布局。

四、保障措施

（一）深化体制机制改革。

深化改革汽车产业管理体制，强化法制化管理，建立健全适合我国国情和产业发展规律的法制化、集约化、国际化管理制度。研究制定机动车生产管理相关法规，明确生产企业、政府等各方责任，建立健全有力的惩罚性赔偿制度和企业退出机制。完善车辆产品随机抽查抽检制度，大力查惩违法违规生产销售行为。逐步完善投资项目管理，实施事前的机动车辆生产企业及产品准入制度，事中的环保信息公开、达标监管及车辆维修信息公开、生产一致性核查制度，事后的缺陷产品召回和环保召回制度“三位一体”的管理体系，简化事前审批，强化事中、事后监管。优化和改革汽车产品公告管理，强化整车企业能力要求，实施委托改装制度。依托企业信息公示系统实现企业信用信息归集共享，加快推进汽车行业企业诚信体系和售后服务质量担保责任体系建设，落实产品质量主体责任和法律责任，建立多部门、跨地区的信用联动奖惩机制。完善内外资投资管理制度，有序放开合资企业股比限制。加强汽车产能监测预警，动态跟踪行业产能变化，定期发布产能信息，引导行业和社会资本合理投资。

（二）加大财税金融支持。

依托各类产业投资基金、汽车产业联合基金等资金渠道，支持创新中心建设等8大工程实施。通过国家科技计划（专项、基金等）统筹支持前沿技术、共性关键技术研发。以创新和绿色节能为导向，鼓励行业企业加大研发投入，全面实施营改增试点，落实消费税、车辆购置税等税收政策。积极发挥政策性金融和商业金融各自优势，加大对汽车关键零部件、新能源汽车、智能网联汽车等重点领域的支持力度。支持中国进出口银行在业务范围内加大对汽车企业走出去的服务力度。

（三）强化标准体系建设。

充分发挥标准的基础性和引导性作用，促进政府主导制定与市场自主制定的标准协同发展，建立适应我国国情并与国际接轨的汽车标准体系。完善汽车安全、节能、环保等领域强制性标准，健全标准实施效果评估机制。以整车安全与性能评价、基础设施为重点，优化完善新能源汽车标准体系。以功能安全、网络安全为重点，加强智能网联汽车标准体系建设。以轻量化、智能化制造、典型测试工况、先进节能技术为重点，完善节能汽车标准体系。以车辆本质安全、节能高效、严格贯标为重点，加强商用汽车标准的建设和贯彻执行。开展重点领域标准综合体的研究，发挥企业在标准制定中的重要作用。鼓励企业积极采用国际标准，推动汽车相关标准法规体系与国际接轨。积极参与国际标准制定，发挥标准化组织作用，推动优势、特色技术标准成为国际标准，提升我国在国际标准制定中的话语权和影响力。强化认证检验检测体系建设，完善认证认可管理模式。

（四）加强人才队伍保障。

加强对汽车人才队伍建设的统筹规划和分类指导，开展汽车人才培养及管理模式等专项研究，健全人才评价体系，完善人才激励机制，优化人才流动机制，改善人才生态环境，构建具有国际竞争力的人才制度。加强汽车学科专业建设，改革院校创新型人才培养模式，强化职业教育和技能培训，搭建普通教育与职业教育的流动通道，着力培养科技领军人才、企业家、复合型等紧缺人才队伍，扩大培养技艺精湛的能工巧匠和高级技师。弘扬工匠精神，推进现代学徒制，支持企业推行订单培养、顶岗实习等人才培养模式，实现培养与产业需求的精准结合。建立科技领军人才、汽车大国工匠等表彰制度。构建汽车产业人才供需对接、互动交流、成长服务等专业特色平台，构建和完善各类人才数据库，指导人才合理流动和定向培养。实施积极开放、有效的人才引进政策，促进国际化人才培养。

（五）完善产业发展环境。

着力提高汽车产品节能、环保、安全、智能水平，完善道路交通安全法规和标准，建立道路交通事故深度调查研究机制，对事故车辆存在质量问题的依法追究生产改装企业责任。加快研究制定规范管理低速电动车的指导意见，从源头解决非法生产销售问题。加强机动车污染防治，科学制定并严格执行机动车排放和车用燃料标准，建立实施汽车排气检测与维护制度，鼓励使用清洁车用能源，推广使用节能环保车型，以市场化手段推动老旧、高排放汽车淘汰更新。提高城市规划和交通布局的前瞻性和科学性，合理建设布局城市道路、停车场、加油站、充电站（桩）等基础设施，大力建设安全便捷、畅通高效、绿色智能的现代综合交通运输服务体系。促进汽车共享经济发展，全方位提高汽车使用效率。

（六）发挥行业组织作用。

发挥行业组织熟悉行业、贴近企业的优势，为政府和行业提供双向服务。行业组织应加强数据统计、成果鉴定、检验检测、标准制订等能力建设，提高为行业企业发展服务水平。行业组织应密切跟踪产业发展动态，开展专题调查研究，及时反映企业诉求，充分发挥连接企业与政府的桥梁作用。鼓励行业组织完善公共服务平台，协调组建行业交流及跨界协作平台，开展联合技术攻关，推广先进管理模式，培养汽车科技人才。行业组织应完善工作制度，提高行业素质，加强行业自律，抵制无序和恶性竞争。

五、规划实施

各地区、各部门要充分认识推动汽车产业转型升级、由大到强的重大意义，加强组织领导，健全工作机制，强化部门协同，形成发展合力。各部门要根据自身职能，制定工作方案，细化政策措施。各地区要结合当地实际，研究制定具体实施方案，确保各项任务落实到位。工业和信息化部要会同相关部门加强跟踪分析和督促指导，开展年度检查与效果评估，适时对目标任务进行必要调整。研究建立汽车产业发展国家级智库，开展产业发展前瞻性、战略性等重大问题研究，对重大决策提供咨询评估。

第15部类

名录

DISHIWUBULEI | MINGLU

汽车流通协会

中国汽车流通协会
地址：北京市月坛北街25号2号楼2501
邮编：100843
电话：010—68392501、51
传真：010—68392585—20

天津市汽车流通行业协会
地址：天津市南开区长江道495号（奥迪4S店后院一楼）
邮编：300110
电话：022—58269972
传真：022—27651386

上海市汽车服务行业协会
地址：上海市徐汇区东安路239号四楼
邮编：200032
电话：021—64181869
传真：021—64181869

重庆市汽车商业协会
地址：重庆市渝北区红锦街2号加州总商会大厦11－8
邮编：401147
电话：023—68808116
传真：023—68702880

黑龙江省汽车流通行业协会
地址：黑龙江哈尔滨市道里区经纬五道街16号
邮编：150018
电话：0451—84227211
传真：0451—84227211

吉林省汽车流通协会
地址：吉林省长春市皓月大路1058号
邮编：130062
电话：0431—81087327
传真：0431—81087327

沈阳汽车流通协会
地址：沈阳市浑南新区三义街6—1号（天水E城1603）
邮编：110013
电话：024—23663298
传真：024—23663298

河北省汽车流通行业协会
地址：河北省石家庄市北二环东路68号亚龙花园对过
邮编：050031
电话：85665630

山东省汽车流通协会
地址：山东省济南市槐荫区经十西路239号润华商务奔驰2楼201室
邮编：250117
电话：0531—87527720
传真：0531—87985346

山西省汽车流通商会
地址：山西省太原市小店区长风街125号百盛大厦A坐30层
邮编：30006
电话：0351—7998328
传真：0351—7998328

江苏省汽车交易管理协会

地址：江苏省南京市秦淮区中山东路402号新时代大厦六楼

邮编：210002

电话：025-84783692

传真：025—84519060

湖北省汽车流通协会

地址：武汉市江汉北路8号金茂大楼1404室、武汉市江岸区解放大道1511号化工大厦1103

邮编：430015

电话：027-84867777

传真：027-85803330

贵州省汽车汽配行业商会

地址：贵阳市南明区四方河山水黔城七组团8—1—604号

邮编：550029

电话：0851—5101868

上海市汽车销售行业协会

地址：上海市虹口区唐山路535号2楼

邮编：200082

电话：021—65370515

传真：021—65370515*801

湖南省汽车商会

地址：湖南省长沙市蔡锷南路119号五号楼511室

邮编：410002

电话：0731-84406578

传真：0731-84406562

黑龙江省汽车商会

地址：哈尔滨市道外区先锋路2号6号楼百强车管所3层

邮编：150056

电话：0451-87606081

传真：0451-84801208

福建省汽车流通协会

地址：福建省福州市鼓楼区东浦路湖前大井138号

邮编：150056

电话：0591-87725717

传真：0591-83402884

乌鲁木齐市新市区汽车流通商会

地址：新疆乌鲁木齐市鲤鱼山北路1号赛博特国际汽车城E区6栋304号

邮编：830011

电话：0991—6678906

传真：0991—6678906

广东省汽车流通协会

地址：广州市越秀区水荫路52号大院9号楼802室

邮编：510075

电话：020-37600301

传真：020-37608331

陕西省汽车行业协会

地址：陕西西安市高新区沣惠南路20号华晶广场B座1106室

邮编：710038

电话：029-82600326

传真：029-62669076

江西省汽车流通协会

地址：江西省南昌市清云谱区迎宾大道1086号（长安华捷4S店后2楼）

邮编：330001

电话：0791-85295056

宁夏汽车流通行业协会

地址：宁夏银川市兴庆区绿地21城C区10号

邮编：750004

电话：0951-7653075

传真：0951-5602122

长春市汽车流通协会

地址：长春市普阳街3083号

邮编：130000

电话：0431-87666867

白山市汽车流通协会

地址：白山市北安大街362号

邮编： 134300

电话：0439-8607966

传真：0439-3235566

广西汽车流通协会

地址：南宁市白沙大道30号

邮编：530022

电话：0771-4892611

传真：0771-4892622

大连市汽车流通协会

地址：辽宁省大连市沙河口区中山路480号

邮编：116001

电话：0411-39795566

传真：0411-339795990

潍坊市汽车协会

地址：山东潍坊胜利东街287号

邮编：261041

电话：0536—8566360

寿光市汽车行业协会

地址：山东省潍坊市寿光市圣城西街666号

邮编：262702

电话：0536-5500060

传真：0 0536-5675111

珠海汽车流通协会

地址：珠海大道南屏科技园华科汽车展览中心二楼

邮编：519000

电话：0756-8829048

传真：0756—8917111

佛山市机动车经营行业协会

地址：广东佛山市禅城区佛山大道中38号佛山车城主楼2楼

邮编：528000

电话：0757-83831122

传真：0757-83816608

宁波市汽车流通协会

地址：浙江省宁波市江东区江南路168号C区306

邮编：315040

电话：0574-55127799

传真：0574-55127696

三明市汽车流通协会

地址：福建省三明市乾龙新村229幢闽中汽车城综合楼三楼

邮编：36500

电话：0598-8219388

传真：0598-8298808

广州市汽车服务业协会

地址：广州市黄浦大道西668号赛马场汽车城东区22号2楼

邮编：510060

电话：020-22224388

传真：020-37584039

太原市汽车流通行业协会

地址：山西省太原市新建路68号

邮编：030009

传真：0351—4220496

深圳市汽车经销商商会

地址：广东省深圳市深南大道3007号国际科技大厦1807—1808

邮编：518033

电话：0755—83279667

传真：0755—83279645

济宁市汽车销售服务业协会

地址：山东省济宁市红星中路22号

邮编：272000

电话：0537—2348506

传真：0537—2348506

郑州市汽车流通行业协会

地址：河南省郑州市花园北路与开元路交叉口西南角河南汽车贸易中心院内红楼二楼东

邮编：450000

电话：0371-63219666

大型汽车交易市场

北京北辰亚运村汽车交易市场
地址：北京市昌平区北七家镇立汤路东侧(近地铁天通苑北站)
电话：13910703249
网址：www.beiyacheshi.com

北京酷车小镇
地址：北京朝阳区金蝉西路甲一号
电话：010-67389668
网址：www.kuchexiaozhen.com

金港汽车公园
地址：北京市朝阳区金盏乡金盏大道1号
电话：010-84334018

欧德宝汽车交易市场
地址：北京市昌平区昌平路347号
电话：010-84992171

天津滨海盛世国际汽车园
地址：天津市津南区葛沽镇滨海汽车园
电话：022-88717666

天津滨海国际汽车城
地址：天津市滨海新区保税区天保大道86号
电话：022-25762296
网址：www.bae.net.cn

天津空港国际汽车园发展公司
地址：天津空港经济区西三道166号
电话：022-84906968

北汽鹏龙（天津）进出口有限公司
地址：天津自贸区（空港经济区）保航路1号航空产业支持中心
电话：022-59096088

上海外高桥汽车交易市场有限公司
地址：上海市外高桥保税区富特西一路459号A座
电话：021-58666600
网址： www.ftzcar.com

洲业投资（上海）有限公司
地址：上海市闵行区中春路7001号明谷科技园E楼十三层
电话：021-51132533
网址：www.yeszhou.com

重庆汽博中心
地址：重庆市渝北区金渝大道99号
电话：023-89186250
网址：www.aesc.com.cn

重庆协信汽车公园有限公司
地址：重庆市巴南区南彭街道南东路1号三单元310
电话：023- 67029890
网址：www.xxqcc.com

重庆保税港区开元国际汽车城
地址：重庆市江北区海尔路319号
电话：0 23-67632828
网址：www.kaiyuan-auto.com

中国西部汽车城股份有限公司
地址：四川省成都市佳灵路53号
电话：028-85060394
网址：www.xbqcc.cn

成都宏盟二手车交易市场管理有限公司
地址：四川省成都市双流区西航港街办大件路白家段17号
电话：028-67039555

成都鑫博泰集团
地址：四川省成都市武侯区府城大道西段399号天府新谷8号楼2单元13楼1305
电话：028-62610977

昆明车立方汽车交易市场
地址：云南省昆明市官渡区金源大道1号世纪金源时代购物中心内
电话：0871-8589190

云南车行天下汽车服务有限公司

地址：云南省昆明市北市区北辰大道中段

电话：0871-5821733

云南世博汽车市场有限公司

地址：云南省昆明市盘龙区白龙路429号

电话：0871-5103999

昆明凯旋利车博汇

地址：云南省昆明市官渡区广福路与官南大道交叉口南200米

电话：0871-4644216

网址：www.ynkxl.com

临沧国际汽车城

地址：山东省临沧市临翔区临翔旗山花园1号楼

电话：0883-2651222

大理泛亚汽车城

地址：云南省大理市苍山路东539

电话：0872-2323876

昆明经开区国际汽车城

地址：云南省昆明市经开区出口加工区海关大楼4楼405室

电话：0871-8362699

深圳市深业车城

地址：广东省深圳市罗湖区清水河三路18

电话：0755-22315520

网址：www.sytfgroup.com

珠海市众大利物资车业有限公司

地址：广东省珠海市梅华西路2370号众大利二手车交易大楼

电话：0756-8589388

深圳平方汽车城开发有限公司

地址：广东省深圳市南山区兴海大道1号

电话：0755-26887666

花都汽车城

地址：广州市花都区新华街车城大道1号

电话:0756-36867700

佛山国际车城

地址：广东省佛山市禅城区佛山大道中83号佛山国际车城

电话：0757-82266288

华南汽车城

地址：广东省佛山市南海区文华北路4号

电话：400-910-0707

湛江车城服务有限公司

地址：广东省湛江市赤坎区人民大道北57号

电话：0759-3481081

湛江海田国际车城发展有限公司

地址：广东省湛江市赤坎区海天路16号大埠综合楼3楼

电话：0759-8217775

湖南大中南汽车经营有限公司

地址：湖南省长沙经济技术开发区中南汽车世界博展路

电话：0731-84088800

网址： www.autocar.com.cn

开利星空长沙国际汽车城

地址：湖南省长沙望城区雷锋大道1389号

电话：4000-000-288

网址：www.calistar.com.cn

株洲汽车城

地址：湖南省株洲市荷塘区红港路1号

电话：0731-28861515

网址：www.gkqcy.com

湖南弘高二手车市场交易管理有限公司

地址：湖南省长沙市天心区芙蓉南路凯逸中央园著西北120米（原暮云国际汽车城）

电话：0731-88890010

长沙麓谷汽车世界投资开发有限公司

地址：湖南省长沙高新开发区文轩路27号麓谷企业广场科技金融大厦22层

电话：0731-88982583

网址：www.lgqcsj.com

柳州风驰旧机动车交易市场

地址：广西壮族自治区柳州市西环路10号

电话：0722-2869996

网址：hwww.zgkfl.com

广西圣路鑫资产管理有限公司

地址：广西壮族自治区南宁市青秀区佛子岭路6号c座5楼

电话：0771-5782329

玉林国际汽车城

地址：广西玉林市玉州区常乐路

电话：0775-3281188

网址：www.dgac-yl.com

贵州凯里汽车城

地址：贵州省黔东南苗族侗族自治州凯里市凯开大道

电话：0855-8585111

网址：gzklqc.etlong.com

遵义宝源汽车市场

地址：贵州省遵义市长沙路汽车城A区1层

电话：0851-23139855

黔北国际汽车博览城

地址：贵州省遵义市播州区遵南大道

电话：400-818-0066

六盘水市旧机动车交易市场

地址：贵州省六盘水市钟山大道德坞社区

电话：0858-8329371

杭州汽车城

地址：杭州市石祥路589号

电话：0571-28887381

网址：hwww.haiwaihai.com

浙江世纪汽车市场

地址：浙江省杭州市萧山区兴园路118号

电话：0571- 82836938

杭州理想车城有限公司

地址：浙江省杭州市余杭区南苑街道迎宾路588号

电话：0571-86157333

温州汽车城

地址：浙江省温州市瓯海大道于蛟凤路交汇处温州汽车城管理处

电话：18657713399

温州力天汽车梦工场

地址：浙江省温州市龙湾区沙城街道

电话：0577-56607779

浙江长三角汽车城

地址：浙江省嘉兴市海宁市长安镇天盐线浙江长三角赛车场附近

电话：0571-87570999

网址：www.csjqcc.com

浙江元通国际汽车广场

地址：浙江省绍兴市袍江工业区中兴大道与康宁路交叉口

电话：0575-88153030

浙江金恒德汽车用品城

地址：浙江省杭州市余杭区金恒路68号19幢6楼

电话：0571-89019802

嘉兴市汽车商贸园投资有限公司

地址：浙江省嘉兴市广益路1338号

电话： 0573-82670001

青口汽车城

地址：福建省福州市闽侯县祥通路15号

电话：0591-83343446

海峡金港汽车文化广场（福州）股份有限公司

地址：福建省福州市闽侯县青口投资区新榕路3号汽车用品市场

电话：0591-22070591

嘉华汽车城

地址：海南省海口市美兰区琼山大道289号

电话：0898-36326777

海南万物汽车城运营有限公司

地址：海南省海口市迎宾大道26号

电话：0898-68966669

江西恒望集团

地址：江西省南昌市望城新区璜溪大道19号505室

电话：0791-87770888

网址：www.jxhwauto.com

九江国际汽车城

地址：江西省九江市濂溪区九瑞大道171号

电话：0792-8361620

江西赣东北汽车园有限公司

地址：江西省上饶市叶挺大道101号

电话：0793-8361111

上饶市二手车交易市场

地址：江西省上饶市三清山大道70号

电话：15179388196

国购淮北汽车产业园

地址：安徽省合肥市南一环与徽州大道交口世纪云顶A座1709

电话：15956915977

安徽国际汽车城

地址：安徽省合肥市瑶海区北二环双七路22号

电话：15156996966

六安国际汽车城

地址：安徽省六安市经济技术开发区G312

电话：0564-3995666

芜湖汽车城

地址：安徽省芜湖市弋江北路附近

电话：0553-2870555

太仓市森茂汽车城开发有限公司

地址：江苏太仓太平北路55号-23

电话：0512-53125235

网址：www.senmallgroup.com

睢宁洲业国际汽车城

地址：江苏省徐州市睢宁县东环路西中央大街北侧

电话：021-51132533

网址：hwww.yeszhou.com

新沂洲业国际汽车城

地址：江苏省徐州市新沂县原苏北农贸市场地块

电话：021-51132533

网址：hwww.yeszhou.com

江苏中驰二手车市场有限公司

地址：江苏省南京市江宁区宏运大道1468号

电话：025-52152222

连云港振兴汽车城

地址：江苏省连云港市海州区新浦街道

电话：0518-5012225

沛县洲业国际汽车城

地址：江苏省沛县南路南侧，西环路东侧

电话：021 51132533

网址：www.yeszhou.com

武汉竹叶山中环商贸城汽车市场

地址：湖北省武汉市江岸区金桥大道特1号

电话：027- 82295712

网址：www.zysct.com

松滋洲业国际汽车城

地址：湖北省松滋市城区高速公路与一级公路交汇处

电话：021-51132533

网址：www.yeszhou.com

钟祥洲业国际汽车城

地址：湖北省荆门市钟祥经济开发区西环二路与文峰路交汇处

电话：021-51132533

网址：www.yeszhou.com

潜江洲业国际汽车城

地址：湖北省潜江市潜阳西路55号

电话：021-51132533

网址：www.yeszhou.com

天门洲业国际汽车城

地址：湖北省天门市陆羽大道马竞东路（东环路）交汇处北

电话：021-51132533

网址：www.yeszhou.com

山东天齐华迅汽车园区发展有限公司

地址：山东省淄博市桓台县果周路以南、柳泉北路以西

电话：0533-6277001

网址：www.tqqcbly.com

烟台汽车交易广场

地址：山东省烟台市机场路40号

电话：0535-6013151

济南鲁南二手车交易市场有限公司

地址：山东省济宁高新区东外环与鸿广路交界东南角

电话：13954783151

青岛保税港区国际汽车展示交易中心有限公司

地址：山东省青岛市黄岛区保税港区东京路51号

电话：0532－85758080

网址：www.bifcar.com

陆海汽车交易市场

地址：山东省青岛市市北区萍乡路55号

电话：0532-88959999

山东梁山华通二手车交易市场

地址：山东省济宁市梁山县四通路

电话：0537-7769687

山东泺口旧机动车交易市场

地址：山东省济南市天桥区无影山北路北首2号

电话：0531-83168188

西安汽车自选市场

地址：陕西省西安莲湖区劳动北路15号

电话：029-88702966

中国西部国际车城

地址：陕西省西安市未央区西宝高速疏导路58号

电话：029-82378075

河南田川博泰汽车产业园有限公司

地址：河南省郑州经济技术开发区南三环与鹏程大道交汇处

电话：0371-60965557

泌阳洲业国际汽车城

地址：河南省驻马店市泌阳县铜山湖大道温泉路交汇处

电话：021-51132533

网址：www.yeszhou.com

洛阳市林安商贸有限公司

地址：河南省洛阳市洛龙区龙门大道292号

电话：0379-65555908

焦作市汽车交易市场

地址：河南焦作市山阳区迎宾路

电话：0391-3566888

哈尔滨国际汽车城

地址：黑龙江省哈尔滨道里区机场路161号

电话：0451-84899900

哈尔滨申华汽车产业园有限公司

地址：黑龙江省哈尔滨市南岗区学府路316号

电话：0451-58567856

大庆北方汽车城有限公司

地址：黑龙江省大庆市让胡路区西强路40号

电话：0459-5963666

长春华港机动车市场开发有限公司

地址：吉林省长春市绿园区西环城路6778号

电话：0431-87971363

长春市汽贸商城

地址：吉林省长春市-吉林省长春市正阳街81号3-3室

电话：0431-86109402

大连领航家汽车城经营管理有限公司

地址：辽宁省大连甘井子区西北路872号大连亿丰汽车城D区4楼千兆集团

电话：0411-39993993

大连北市汽车城

地址：辽宁省大连市南关岭街777号

电话：13942622881

大连保税区国际车城

地址：辽宁省大连市大连保税区国际车城B座

电话：0411-87303026

沈阳国际汽车城

地址：辽宁省沈阳市苏家屯区会展

路9号
电话：13332477377

大连迈世汽车城
地址：辽宁省大连市西岗区香周路103号4楼
电话：0411-3994020

亿丰大连汽车城
地址：辽宁省大连市甘井子区西北路872号亿丰大连汽车城
电话：18900980111

山西汇众汽车家园有限公司
地址：山西省太原市万柏林区晋祠路110号
电话：0351-6550305

太原旧机动车交易中心
地址：山西省太原市尖草坪区金桥东街8号
电话：0351-3290901

山西万国二手车交易市场
地址：山西省集阜东路与集阜路三巷交叉口西南150米
电话：0351-5245830

怀特宝车城
地址：河北省石家庄富强大街与东风路交口
电话：0311-66505555

城美国际汽车城
地址：河北省燕郊102过道电厂桥向东2000米路南
电话：0316-5758881

唐山兴瑭旧机动车交易市场有限公司
地址：河北省唐山开越路王盼庄立交桥东北侧
电话：0315-2887703

鄂尔多斯铜川汽车博览园
地址：内蒙古自治区鄂尔多斯市东胜区铜川北二环路与铜川一路交汇处西北
电话：0477-2233666
网址：www.tchcar.com

内蒙古恒信精功投资有限公司
地址：内蒙古自治区乌兰察布市集宁区新丰镇路矿机宾馆3楼
电话：0474-4852051

呼伦贝尔二手车交易市场
地址：内蒙古自治区呼伦贝尔市鄂温克旗海伊公路东侧汽车城
电话：13789709777

天恒基汽车城
地址：新疆维吾尔自治区乌鲁木齐市头屯河区头屯河路2345号
电话：0991-3101738

青海省汽车交易市场
地址：青海省西宁市五一路4号
电话：0971-8177108

定西和盟二手车交易市场有限公司西部汽车城
地址：甘肃省定西市（南川开发区）定临公路与滨河西路交汇处
电话：18653013355

万商国际汽车城
地址：宁夏回族自治区银川市永宁县望远工业园区内
电话：0951-7838888

恒亿达二手车市场
地址：宁夏回族自治区银川清河北街国际汽车城二期
电话：0951-8421777

汽车零配件市场

华北地区汽配城

五方天雅汽配城
地址：北京市朝阳区王四营五方天雅汽配城
电话：010-87399966
传真：010-87330205
网址：www.wufangtianya.com

北京西郊汽配城
地址：北京市海淀区昆明湖南路51号
电话：010-88462988
传真：010-88462988
网址：www.xjqpc.com

北京城环城国际汽配城
地址：北京市朝阳区南四环东路69号
电话：010-51102222

北京北方汽配城
地址：北京市丰台区南四环西路108号
电话：010-63793333

北京大南郊汽车配件市场
地址：北京市房山区良乡大南郊汽配城
电话：010-61351818
传真：010-61351668

石家庄南二环汽车配件大市场
地址：河北省石家庄市翟营南大街658号
电话：0311-87693222
传真：0311-87693222

石家庄北方汽配城
地址：河北省石家庄北外环路88号
电话：0311-86837015
传真：0311-86836875

秦皇岛北方机动车配件交易城
地址：河北秦皇岛经济技术开发区长江东路66号
电话：0335-8064848
传真：0335-8070022

青岛汽车配件城
地址：山东青岛市四方区重庆南路288号（洛阳路1号）
电话：0532-4887788
传真：0532-4961496

山东临沂汽摩配城
地址：山东省临沂市兰山区蒙山大道北段
电话：0539-8370288

山东老屯汽配城
地址：山东省济南槐荫区张庄路285号老屯汽配城
电话：0531-85661365

华东地区汽配城

上海东方汽配城
地址：上海市曹安路1926号
电话：021-59185918
网址：www.oapc.com.cn

上海振东汽配市场
地址：上海浦东新区杨高南路2567号
电话：13341660588
传真：021-50865008

上海卫海国际汽配商厦
地址：上海市汶水路19号
电话：021-51011186
传真：021-51011669

上海浦东由由汽配市场
地址：上海浦东博文路1588号
电话：021-58739588
传真：021-58736788

上海金阳光汽配市场
地址：上海宝山区水产路1699号
电话：021-56129005 56120919
传真：021-5612900

上海吴中汽配城
地址：上海航中路8818号
电话：021-54476500 54476501 54476502

南京仙林国际汽配城
地址：江苏南京市312国道收费站
电话：025-85783777
传真：025-85572716
网址：www.intxl.com
E-mail：zjj@intxl.com

南京宁南（国际）汽配城
地址：江苏南京雨花台区宁南大道
电话：025-66618888
传真：025-66618777

南京江苏汽配城
地址：江苏省南京市中央路300号
电话：025-83438509
传真：025-83438509

常熟国际汽配城
地址：江苏常熟市青墩塘路198号
电话：0512-52308902/8800/7999
传真：0512-52728888

广益汽配城
地址：江苏无锡市江海东路588号
电话：0510-82404511

徐州汽配城
地址：江苏省徐州市三环东路
电话：0516-3362616
传真：0516-3362616

浙江汽配城介绍
地址：浙江省杭州市新塘北路353—361号
电话：0571-86463388

杭州汽车城汽配市场
地址：浙江省杭州石祥路589号（杭州汽车北站边）
电话：0571-28805819
传真：0571-28801780
网址：www.haiwaihai.com

浙江金通汽配城
地址：浙江省杭州市拱墅区花园岗街111号
电话：0571-88108888
传真：0571-88175005

浙江台州汽配城
地址：浙江省台州市路桥区新安南路277号
电话：0576－2505888
传真：0576－2911789

浙江德胜汽配市场
地址：浙江省杭州市石桥路198号德胜汽配城
电话： 0571-86410903

江南车城汽配市场
地址：浙江省湖州市二环西路588号
电话：0572－2166666
网址：www.jn-auto.com

宁波汽配市场
地址：浙江省宁波市环城西路南段942号
电话：0574—87481621
传真：0574—87493627

绍兴花为媒汽配城
地址：浙江省绍兴市福全镇尹家坂村环岛
电话：0575-4028088 4020000
网址：www.hwmqpcity.com

温州市汽配市场
地址：浙江省温州纺织路（二十一中学斜对面）
电话：0577-88613691
传真：0577-89619800

江西洪城汽配城
地址：江西省南昌市迎宾大道1399号
电话：0791-5760099
传真：0791-5760088
网址：www.jxhcm.com.cn

合肥汽配城简介
地址：安徽省合肥市长江东路744号
电话：0551-4228890
传真：0551-4213442

芜湖汽配城
地址：安徽省芜湖天门山东路1号
电话：0553-5870000
传真：0553-2212812
网址：www.whqpc.com

华南地区汽配城

致友汽配城
地址：广东省广州市广园东路1540号（云台花园对面）
电话：020-37220880

广州市湛隆汽配交易中心
地址：广东省广州市广源中路283号（广园客运站后）
电话：020-86563988
网址：www.zlqy.com

万里汽配广场
地址：广东省广州市广源中路59号万里汽配广场管理办公室
电话：020-86593077
传真：020-86591561
网址：www.wlqpgc.com

新广从汽车配件交易市场
地址：广东省广州市白云区白云大道北113号永泰路口
电话：020-86056523
传真：020-86056525

新三元汽配城
地址：广东省广州市白云区三元里大道715号（原广花2路）
电话：020-62852288
传真：020 62852255

永福汽配城
地址：广东省广州市永福路45号永福汽配城西楼三楼
电话：020-87636199

传真：020-87636189

利远汽配城
地址：广东省广州市永福路45号大院自编A33号利远广场
电话：020-61083330
传真：020-61083380

广州市隆福汽配中心
地址：广东省广州市永福路45号大院西侧（恒福路淘金站旁）
电话：020-61083311
传真：020-83497088
网址：www.lfqp.com

金永福汽配城
地址：广东省广州市永福路48号
电话：020-87709258

倚云汽车用品广场
地址：广东省广州市永福路79号
电话：020-87725772
传真：020-87705115

粤华奥特城汽配城
地址：广东省深圳市罗湖区笋岗红岭北路与桃园路交汇处
电话：0755-25938354

东莞百业汽配城
地址：广东省东莞市莞樟大道168号（下岭贝段）
电话：0769-81118333
传真：0769-81112688

广东省快捷汽车配件市场
地址：广东省佛山市禅城区广佛路9-15号（佛山大桥脚北侧）
电话：0757-82816888
传真：0757-88358888

福建东南汽配城
地址：福建省福州市闽侯区清口投资区
电话：0591-22766566

东北地区汽配城

沈阳东北机动车配件批发市场
地址：辽宁省沈阳市皇姑区昆山西路238号
电话：024-86051777
传真：024-86051555

沈阳西部汽配城
地址：辽宁省沈阳市铁西区肇工街188号
电话：024-62386608
传真：024-31040888

大连北市汽车城
地址：辽宁大连市南关岭街777号
电话：0411-82040185
传真：0411-86526397

鞍山市兴盛汽车维修配件城
地址：辽宁省鞍山市铁西区兴盛路88号
电话：0412-8551288
网址：www.cxsqp.com.cn

九龙达汽配城
地址：黑龙江省大庆市萨环西路105号
电话：0459-5817909 5819263

大庆北方汽配城
地址：黑龙江省大庆市让胡路区西强路40号北方汽配城招商部
电话：0459-6139009 5912626

华中地区汽配城

河南汽车（配件）物流贸易园
地址：河南省郑州市南三环与老107国道交叉口东南角
电话：0371-66165116 68299892
网址：www.hnqpw.com

郑州北环汽配装饰广场
地址：河南省郑州市花园路立交桥北50米路东
电话：0371-65367888 65369666
网址：www.zzqp.cn

郑州国产汽配市场
地址：河南郑州管城区南曹乡姚庄
电话：0371-66818888
传真：0371-66879788
网址：www.sunnyauto.com

南阳汽车配件市场
地址：河南省南阳市建设西路
电话：0377-3068888
传真：0377-3068888

海天汽配大世界
地址：湖北省武汉经济开发区
电话：027-84220777/84890888

万泰汽配城
地址：武汉桥口区解放大道665号
电话：027-83888735 83987663

太平洋汽配城
地址：湖北省武汉市桥口区解放大道545-573号
电话：027-83871146
传真：027-83883196

中国（十堰）汽配城
地址：湖北省十堰市白浪中路50号
电话：0719-8312736

襄樊天润汽配城
地址：湖北襄樊市春园东路特一号
电话：0710-3758888
传真：0710-3758000
网址：www.hbtianrun.com

湖南三湘汽配城
地址：湖南省长沙市芙蓉区五里牌
电话：0731-4730116

湖南星沙汽配城
地址：湖南长沙（世界之窗对面）
电话：0731-4026999
传真：0731-4026999
网址：www.xsqpc.com

西南地区汽配城

成都广福汽配城
地址：四川成都武侯区高升桥路26
电话：028-85060523

重庆老顶坡汽配城
地址：重庆市高新区石新路218号
电话：023-89064166

三桥汽配城
地址：贵州贵阳市三桥南路123号
电话：0851-4824543

贵阳市汽车配件城太慈桥汽配城
地址：贵州省贵阳市南明区太慈桥
电话：0851-5105181

东聚汽车配件城
地址：昆明国家经济开发区官渡园
电话：0871-7369701 7369702

昆明十堰汽配城
地址：云南省昆明市官渡区关雨路
电话：0871-7196368
传真：0871-7196368

西北地区汽配城

运城汽车配件城
地址：运城市大运路华联家俱城东
电话：0359-2584228

甘肃兰州汽车配件城概况
地址：兰州域关区排洪南路469号
电话：0931-8658117

兰州通宝汽车配件市场
地址：兰州市西津西路859号
电话：0931-2562298

汽车生产企业

北京市

北京汽车工业控股有限责任公司
地址：北京市朝阳区东三环南路25号
邮编：100021
电话：010-67699888
传真：010-87664048
网址：www.bqkgdjw.com
电子信箱：ccn-0411@163.com

北京奔驰－戴姆勒·克莱斯勒汽车有限公司
地址：北京市亦庄经济开发区博兴路8号
邮编：100176
电话：010-67824888
传真：010-67711363
网址：www.bbdc.com.cn
电子信箱：bbdc@bbdc.com.cn

北京现代汽车有限公司
地址：北京市顺义区林河工业开发区顺通路18号
邮编：101300
电话：010-89490088、89498100
传真：010-89498260
网址：www.beijng-hyundai.com.cn
电子信箱：office@beijing-hyundai.com.cn

北汽福田汽车股份有限公司
地址：北京市昌平区沙河镇沙阳路
邮编：102206
电话：010-69738888
传真：010-80716402
网址：www.foton.com.cn
电子信箱：jsyjy@foton.com.cn

天津市

天津汽车工业（集团）有限公司
地址：天津市和平区烟台道78号
邮编：300040
电话：022-23399926
传真：022-23310858
网址：www.china-tjam.com
电子信箱：Master@china-tjam.com

一汽华利（天津）汽车有限公司
地址：天津市西青区杨柳青李楼南

邮编：300380
电话：022-27950915
传真：022-27950901
网址：www.huali.com
电子信箱：huali@huali.com.cn

天津一汽夏利汽车股份有限公司
地址：天津市西青区中北斜乡李楼南
邮编：300380
电话：022-80715000、87915010
传真：022-28010878、87915226
网址：www.TJFAW.com
电子信箱：ga020006@autoinfo.gov.cn

天津一汽丰田汽车有限公司
地址：天津市经济开发区第九大街81号
邮编：300457
电话：022-66230666
传真：022-66231364、66230250
网址：www.tftm.com.cn

河北省

河北长征汽车制造有限公司
地址：邢台市钢铁路131号
邮编：054000
电话：0319-2677777
传真：0319-2674439
网址：www.hbcz.net
电子信箱：czyxz@126.com

河北中兴汽车制造有限公司
地址：保定市建国路860号
邮编：071000
电话：0312-3313800、2190511
传真：0312-2190508
网址：www.zxauto.com.cn
电子信箱：tyjszx@263.net

长城汽车股份有限公司
地址：保定市朝阳南大街2266号
邮编：071051
电话：0312-2197888
传真：0312-2197600
网址：www.gwm.com.cn
电子信箱：news@gwm.com.cn

山西省

山西省汽车工业集团有限责任公司
地址：太原市体育路215号
邮编：030006
电话：0351-7689031
传真：0351-7040541

内蒙古自治区

包头北方奔驰重型汽车有限责任公司
地址：包头市2号信箱
邮编：014032
电话：0472-3117690、3648264
传真：0472-3118377、3636370
网址：www.northbenz.com
电子信箱：bfbcxgs@northbenz.com

辽宁省

沈阳金杯车辆有限公司
地址：沈阳经济技术开发区沧海路4号
邮编：110015
电话：024-24823523、24821574
传真：024-24824209、24820020
网址：www.jinbei-auto.com
电子信箱：jbcl@jinbei-auto.com

沈阳沈飞日野汽车制造有限公司
地址：沈阳经济技术开发区开发大路2号
邮编：110027
电话：024-25816116
传真：024-25814738
网址：www.shenfeiriye.com

沈阳飞机工业（集团）有限公司
地址：沈阳市皇姑区陵北街1号
邮编：110034
电话：024-86595919
传真：024-86896689
网址：www.sac.com.cn
电子信箱：pub@sac.com.cn

沈阳华晨金杯汽车有限公司
地址：沈阳市大东区东望街39号
邮编：110044
电话：024-31666666
传真：024-31661370
网址：www.brilliance-auto.com

华晨宝马汽车有限公司
地址：沈阳市大东区山嘴子路14号
邮编：110044
电话：024-84556000
网址：www.bmw-brilliance.cn
电子信箱：servicecenter@bnw.com.cn

沈阳中顺汽车有限公司
地址：沈阳市苏家屯区迎春街甲77号
邮编：110101
电话：024-31489959、31489123
传真：024-31489012、31489969
网址：www.polarsunmotor.com
电子信箱：info@polarsunmotor.com

吉林省

中国第一汽车集团公司
地址：长春市绿园区东风大街83号
邮编：130011

电话：0431-85736138
传真：0431-87614780
网址：www.faw.com.cn
电子信箱：tlx-ghb@faw.com

一汽客车有限公司
地址：长春市经济开发区昆山路 3969 号
邮编：130011
电话：0431-84626519、84629650
传真：0431-84626519、84629050
网址：www.fawbcc.com.cn
电子信箱：zxf-kc@faw.com.cn

一汽－大众汽车有限公司
地址：长春市绿园区东风大街 149-1 号
邮编：130011
电话：0431-85990888、85750151
传真：0431-85750888、85990130
网址：www.faw-volkswagen.com
电子信箱：vw@crm.faw-volkswagen.com

一汽解放汽车有限公司
地址：长春市绿园区迎春路 617 号
邮编：130011
电话：0431-87666666、85732013
传真：0431-85909761、85732009
网址：www.truck.faw.com.cn

一汽轿车股份有限公司
地址：长春市高新技术产业开发区蔚山路
邮编：130012
电话：0431-85781503
传真：0431-85781000
网址：www.fawcar.com.cn
电子信箱：fawcar@faw.com.cn

一汽专用汽车有限公司
地址：长春市经济开发区兴隆山
邮编：130102
电话：0431-84599111
传真：0431-84592727
网址：www.fawzq.com.cn
电子信箱：xsf-zfc@faw.com.cn

一汽吉林汽车有限公司
地址：吉林高新区恒山东路子 18 号
邮编：132013
电话：0432-4641301、4648009
传真：0432-4648016、4648010
网址：www.fawjlqx.com
电子信箱：webadmin@fawjlqx.com

延边华泰现代汽车有限公司
地址：延吉市河南街 69 号
邮编：133001
电话：0433-2914907
传真：0433-2914918
网址：www.ht-group.com.cn
电子信箱：hbjyn@hotmail.com

黑龙江省

中国第一汽车集团哈尔滨轻型车厂
地址：哈尔滨市动力区星光街 10 号
邮编：150046
电话：0451-83195213
传真：0451-82681987、82921054
网址：www.yqhq.com
电子信箱：hqscb@163.com

哈飞汽车股份有限公司
地址：哈尔滨市平房区烟台路 1 号
邮编：150060
电话：0451-86589130、86587855
传真：0451-86587822
网址：www.hafeiauto.com.cn
电子信箱：export@hfmotor.cn

上海市

上海汽车工业（集团）总公司
地址：上海市武康路 390 号
邮编：200041
电话：021-24011000、22011888
传真：021-24011111、22011777
网址：www.saicgroup.com
电子信箱：saicgroup@saicgroup.com

上海汇众汽车制造有限公司
地址：上海市浦东南路 1493 号
邮编：200122
电话：021-58201188
传真：021-58204570
网址：www.shac.com.cn
电子信箱：yongxialiu@shac.com.cn

上海汽车股份有限公司
地址：上海市张江高科技园区松涛路 563 号 A 幢 5 层
邮编：201203
电话：021-50803808
传真：021-50803780
网址：www.china-sa.com
电子信箱：saicyac@saic.com

上海通用汽车有限公司
地址：上海市浦东金桥申江路 1500 号
邮编：201206
电话：021-28902890、28941923
传真：021-50319099
网址：www.shanghaigm.com
电子信箱：xinhua-jin@shanghaigm.com

上汽汽车制造有限公司
地址；上海市浦东新区宁桥路 615 号 3 栋
邮编：201206
电话：021-58999522
传真：021-58999577
电子信箱：GX090264@autoinfo.gov.cn

上海大众汽车有限公司
地址：上海市安亭洛浦路 63 号

邮编：201805
电话：021-59561888
传真：021-59572815
网址：www.csvw.com
电子信箱：wangjugang@csvw.com

江苏省

南京汽车集团有限公司
地址：南京市中央路 331 号
邮编：210037
电话：025-83437788
传真：025-83433526
网址：www.nanqi.com.cn
电子信箱：nac@nanqi.com.cn

南京长安汽车有限公司
地址：南京市中央门外窖上村 139 号
邮编：210028
电话：025-57424888
传真：025-57219888
电子信箱：gx101006@autoinfo.gov.cn

南京依维柯汽车有限公司
地址：南京市玄武区黑墨营路 100 号
邮编：210028
电话：025-85417711、85402923
传真：025-85402794
网址：www.naveco.com.cn
电子信箱：contact@naveco.com.cn

南京春兰汽车制造有限公司
地址：南京市雨花台区铁心桥镇
邮编：210012
电话：025-52891691、52891223
传真：025-52891795
网址：www.chunlan.com
电子信箱：njac@chunlan.com

跃进汽车股份有限公司
地址：南京市江宁区方山天元东路 1068 号
邮编：211100
电话：025-52702288
传真：025-85502552、52701610
网址：www.yjmotors.cn
电子信箱：yjqq@publicl.ptt.js.cn

南京菲亚特有限公司
地址：南京市江宁区高新技术工业园
邮编：211100
电话：025-85521039、52102288
传真：025-85513463
网址：www.fiat.com.cn

上海汽车股份有限公司仪征分公司
地址：江苏仪征汽车工业园区南路 8 号
邮编：211400
电话：0514-3641304、3641344
传真：0514-3641420
网址：www.saicmotor.com
电子信箱：shanghaiautomotive@126.com

常州长江客车集团有限公司
地址：常州市常新路 138 号
邮编：213002
电话：0519-6751874
传真：0519-6752177
电子信箱：cjkcj@public.cz.js.cn

常州依维柯客车有限公司
地址：常州市常新路 138 号
邮编：213002
电话：0519-6767111
传真：0519-6750750
网址：www.cbc-iveco.com

一汽客车（无锡）有限公司
地址：无锡市惠山区金惠路 569 号
邮编：214177
电话：0510-82250888
传真：0510-82250889
网址：www.taihubus.com.cn
电子信箱：thbus@publicl.wx.js.cn

南汽集团无锡新雅途分公司
地址：无锡市惠山经济开发区金惠路 199 号
邮编：214177
电话：0510-83591210、83597888
传真：0510-83597459、83596427
网址：www.soyat.com.cn
电子信箱：service@soyat.com.cn

金龙联合汽车工业（苏州）有限公司
地址：苏州工业园苏虹东路 288 号
邮编：215123
电话：0512-62581815
传真：0512-62582150
网址：www.kinglong-sz.com.cn
电子信箱：export@kinglong-sz.com.cn

东风悦达起亚汽车有限公司
地址：盐城市通榆南路 75 号
邮编：224002
电话：0510-8882000、8333808-8211
传真：0510-8224210
网址：www.dyk.com.cn
电子信箱：gx100012@autoinfo.gov.cn

亚星－奔驰有限公司
地址：扬州市江阳东路 155 号
邮编：225001
电话：0514-7811481、7810817
传真：0514-7811466
网址：www.yaxingbenz.com
电子信箱：yang.delian@yaxingbenz.com

江苏亚星客车集团扬州亚星客车股份有限公司
地址：扬州扬子江中路 188 号
邮编：225009
电话：0514-7866131
传真：0514-5118886

网址：www.yaxingkeche.com
电子信箱：yzyx@pub.yz.jsinfo.net

浙江省

东风杭州汽车有限公司

地址：杭州市中山北路 588 号东风大厦
邮编：310014
电话：0571-88172730、88173324
传真：0571-88754397、88175837
网址：www.dfhmc.com
电子信箱：dfha@mail.hz.zj.cn

东风日产柴汽车有限公司

地址：杭州市沈半路 171 号
邮编：310015
电话：0571-88010092
传真：0571-88011997
网址：www.df-nissandiesel.com
电子信箱：dnd@df-nissandiesel.com

浙江吉利控股集团有限公司

地址：杭州市滨江区江陵路 1760 号
邮编：310051
电话：4008-86-9888
传真：0571-87766843
网址：www.geely.com

浙江豪情汽车制造有限公司

地址：浙江省临海市
邮编：317000
电话：0576-5161188
传真：0576-5126073
电子信箱：gx110002@autoinfo.gov.cn

安徽省

安徽江淮汽车集团有限公司

地址：合肥市东流路 176 号
邮编：230022
电话：0551-2296666
传真：0551-2296999
网址：www.jac.cn
电子信箱：jtzlb@jac.com.cn

安徽江淮汽车股份有限公司

地址：合肥市东流路 176 号
邮编：230022
电话：0551-2296666
传真：0551-2296999
网址：www.jac.com.cn
电子信箱：GX120006@autoinfo.gov.cn

安徽安凯汽车股份有限公司

地址：合肥市葛淝路 97 号
邮编：230051
电话：0551-2297706
传真：0551-2297710
网址：www.ankai.com
电子信箱：ankai@ankai.com

奇瑞汽车有限公司

地址：芜湖经济开发区长春路 8 号
邮编：241009
电话：0553-5923002
传真：0553-5923838、5951289
网址：www.chery.cn
电子信箱：chery-bd@mychery.com

奇瑞商用车（安徽）有限公司

地址：芜湖经济开发区长春路 16 号
邮编：241009
电话：0553-5842130
传真：0553-5842425
电子信箱：jfb5145@vip.163.com

福建省

东南（福建）汽车工业有限公司

地址：福州市闽侯县青口东南汽车城
邮编：350119
电话：0591-22766566
传真：0591-22766568
网址：www.soueast-motor.com
电子信箱：gx130006@autoinfo.gov.cn

江西省

江铃汽车集团公司

地址：南昌市迎宾大道 509 号
邮编：330001
电话：0791-5266000
传真：0791-5266677
网址：www.jmc.com.cn
电子信箱：gsb@jmc.com.cn

江铃控股有限公司

地址：南昌市迎宾中大道 319 号
邮编：330200
电话：0791-3806666
传真：0791-5980990
网址：www.landwind.com

江铃汽车股份有限公司

地址：南昌市迎宾北大道 509 号
邮编：330001
电话：0791-5266000
传真：0791-5209747
网址：www.jmc.com.cn
电子信箱：gg@jmc.com.cn

江铃陆风汽车有限责任公司

地址：南昌市昌北经济技术开发区
邮编：330013
电话：0791-5216666、5211996
传真：0791-5211996
网址：www.landwind.com
电子信箱：CRM@landwind.com

江西昌河铃木汽车有限责任公司

地址：景德镇市新厂东路 208 号

邮编：333002
电话：0798-8446688、8462929
传真：0798-8466088
网址：www.changhe-suzuki.com
电子信箱：gx140008@autoinfo.gov.cn

江西昌河汽车股份有限公司
地址：景德镇市108信箱
邮编：333002
电话：0798-8462044
传真：0798-8466200
网址：www.changheauto.com
电子信箱：clsjs@publicl.jd.jx.cn

山东省

中国重型汽车集团公司
地址：济南市英雄山路165号
邮编：250031
电话：0531-85582000
传真：0531-85586000
网址：www.cnhtc.com.cn
电子信箱：jnatcwyg@sohu.com

中通客车控股股份有限公司
地址：聊城市建设东路10号
邮编：252000
电话：0635-8322705
传真：0635-8322705
网址：www.zhongtong.com
电子信箱：gx150212@autoinfo.gov.cn

山东时风商用车有限公司
地址：高唐县时风路1号
邮编：252800
电话；0635-3992570
传真：0635-3992845
电子信箱：GX150302@autoinfo.gov.cn

北汽福田公司诸城车辆厂
地址：诸城市密州路西首
邮编：262200
电话：0536-6439665
传真：0536-6439667
网址：www.foton.com.cn
电子信箱：zccys@foton.com.cn

上海通用东岳汽车有限公司
地址：烟台经济开发区长江路118号
邮编：264006
电话：0535-6966666
传真：0535-6398300
网址：www.shanghaigm.com

荣成华泰汽车有限公司
地址：荣成市荣山大道中段
邮编：264300
电话：0631-7554888
传真：0631-7558619
网址：www.htqc.cn
电子信箱：rchtqc@htqc.cn

一汽解放青岛汽车厂
地址：青岛市李沧区娄山路2号
邮编：266043
电话：0532-84913615、84913528
传真：0532-84816687
网址：www.qdfaw.com

河南省

郑州日产汽车有限公司
地址：郑州经济开发区航海东路1405号
邮编：450004
电话：0371-66322448、66033666
传真：0371-66321108
网址：www.zznissan.com.cn
电子信箱：xxz@zznissan.com.cn

郑州宇通客车股份有限公司
地址：郑州市十八里河
邮编：450016
电话：0371-66718855
传真：0371-66806000
网址：www.yutong.com
电子信箱：ytjszx@yutong.com

中国一拖集团有限公司
地址：洛阳市涧西区建设路154号
邮编：471004
电话：0379-64968909
传真：0379-64978214
网址：www.yituo.com.cn
电子信箱：qichebu@yituo.com.cn

湖北省

东风汽车公司
地址：武汉市建设大道747号中信银行大厦
邮编：430015
电话：027-84285013
传真：027-84285123
网址：www.dfmc.com.cn
电子信箱：qccpgg@dfmc.com.cn

武汉中誉汽车有限公司
地址：武汉市经济技术开发区2号工业区枫树四路
邮编：430034
电话：027-84258888
传真：027-84258866
网址：www.zhongyugroup.com
电子信箱：houys@yeah.net

东风本田汽车有限公司
地址：武汉市经济开发区车城东道283号
邮编：430056
电话：027-84286000
传真：027-84891840
网址：www.dongfenghonda.com.cn

电子信箱：rrz@wdhac.com.cn

东风汽车股份有限公司
地址：武汉汉阳经济开发区创业路136号
邮编：430056
电话：027-84287900
传真：027-84287988、84287801
网址：www.dfac.com
电子信箱：luf@dfac.com

神龙汽车有限公司
地址：武汉市汉阳区郭茨口
邮编：430056
电话：027-84299725
传真：027-84299724
网址：www.dpca.com.cn
电子信箱：dtecsvhren@dpca.com.cn

湖北三江航天万山特种车辆有限公司
地址：孝感市北京路69号
邮编：432000
电话：0712-2959682
传真：0712-2959646
网址：www.wstech.com.cn
电子信箱：ws@wstech.com.cn

三江雷诺汽车有限公司
地址：孝感市长征路219号26信箱
邮编：432100
电话：0712-2315040
传真：0712-2326845
电子信箱：xgdpls@public.xg.hb.cn

东风汽车有限公司
地址：十堰市
邮编：442001
电话：0719-8204371
传真：0719-8223891
网址：www.dfl.com.cn
电子信箱：kjb-kjglc@dfmc.com

湖南省

湖南长丰汽车制造股份有限公司
地址：长沙市芙蓉中路2段111号华菱大厦
邮编：410011
电话：0731-2881800
传真：0731-2881861
网址：www.cfmotors.com
电子信箱：cfa@cfmotors.com

广东省

广州汽车工业集团有限公司
地址：广州市东风中路448号成悦大厦19-21楼
邮编：510030
电话：020-83150406、83151145
传真：020-83150335
网址：www.gaig.com.cn

广州本田汽车有限公司
地址：广州市黄埔区广本路1号
邮编：510700
电话：020-82270620、82277789
传真：020-82270620、82270626
网址：www.guangzhouhonda.com.cn
电子信箱：ghac@vip.163.com

广州丰田汽车有限公司
地址：广州市南沙区黄阁镇市南公路黄阁段8号
邮编：511455
电话：020-39398888
传真：020-39398889
网址：www.guangzhoutoyota.com.cn
电子信箱：c-master@gtmc.com.cn

深圳东风汽车有限公司
地址：深圳市福田区燕南路30号
邮编：518031
电话：0755-83360857
传真：0755-83216604、27525315
网址：www.dfl.com.cn
电子信箱：szdfshi@126.com

东风日产乘用车公司
地址：广州市花都区风神大道8号
邮编：518500
电话：020-86888888
传真：020-86871930
网址：www.dongfeng-nissan.com.cn

广西壮族自治区

桂林客车工业集团有限公司
地址：桂林市空明东路12号
邮编：541003
电话：0773-5836863
传真：0773-5849399
电子信箱：glmotor@gl.gx.cn

东风柳州汽车有限公司
地址：柳州市屏山大道286号
邮编：545005
电话：0772-3281316
传真：0772-3833041
网址：www.dflzm.com

上汽通用五菱汽车股份有限公司
地址：柳州市河西路18号
邮编：545007
电话：0772-3750656
传真：0772-3719805
网址：www.sgmw.com.cn
电子信箱：sales@sgmw.com.cn

海南省

一汽海马汽车有限公司
地址：海口市金盘工业开发区

邮编：570216
电话：0898-66820333
传真：0898-66820505
网址：www.hnmazda.com
电子信箱：office@hnmazda.com

重庆市

长安汽车（集团）有限责任公司
地址：重庆市江北区建新东路260号
邮编：400023
电话：023-67591167
传真：023-67870261
网址：www.changan.com.cn
电子信箱：gx221012@autoinfo.gov.cn

庆铃汽车（集团）有限公司
地址：重庆市九龙坡区中梁山协兴村1号
邮编：400052
电话：023-65262233
传真：023-68830397
网址：www.qingling.com.cn
电子信箱：qinglingqc@163.com

重庆力帆汽车有限公司
地址：重庆市北碚区梨园村72号
邮编：400700
电话：023-68295015
传真：023-68863806
网址：www.beiquan.com.cn
电子信箱：beiquan@cta.cq.cn

重庆红岩汽车有限责任公司
地址：重庆市双桥区建设村1号
邮编：400900
电话：023-49636343、49638263
传真：023-49638278、49638263
网址：www.chy.cn
电子信箱：hyqc@public.cta.cq.cn

长安福特马自达汽车有限公司
地址：重庆市北部新区长福西路1号
邮编：401120
电话：023-67458888
传真：023-67458910、67457017
网址：www.ford.com.cn
电子信箱：lful@ford.com

重庆长安铃木汽车有限公司
地址：重庆市巴南区鱼洞镇
邮编：401321
电话：023-66283285
传真：023-66288616
网址：www.changansuzuki.com
电子信箱：lcl@changansuzuki.com

四川省

四川汽车工业集团有限公司
地址：成都市经济技术开发区（龙泉驿区）北京路
邮编：610041
电话：028-85052391
传真：028-85089335、85063906
网址：www.yemaauto.com
电子信箱：yemaauto@163.com

四川一汽丰田汽车有限公司
地址：成都市成华区跳蹬河南路9号
邮编：610051
电话：028-84717126
传真：028-84712783
网址：www.sftm.com.cn
电子信箱：sctmqh@mail.china.com

云南省

一汽红塔云南汽车制造有限公司
地址：曲靖市南宁北路
邮编：655000
电话：0874-3140718、3143485
传真：0874-3141990、3140723
网址：www.faw-hongta.com.cn
电子信箱：qjfaw@faw-hongta.com.cn

贵州省

贵州青年云雀汽车有限公司
地址：贵阳市经济技术开发区锦江路110号（贵阳市38信箱）
邮编：550009
电话：0851-8317231
传真：0851-8317214
网址：www.gaic.com.cn
电子信箱：office@gaic.com.cn

陕西省

陕西汽车集团有限责任公司
地址：西安市幸福北路39号
邮编：710043
电话：029-83388331
传真：029-82527664
网址：www.sxqc.com
电子信箱：jhc@sxqc.com

西安西沃客车有限公司
地址：西安市阎良经济开发区
邮编：710089
电话：029-86851616
传真：029-86203710
网址：www.silverbus.com
电子信箱：wang.yongwei@silverbus.com

比亚迪汽车有限公司
地址：西安市高新区新型工业园亚迪路2号
邮编：710119
电话：029-88889999
传真：029-88888899
网址：www.bydauto.com

汽车质量检验、认证机构

国家汽车新产品强制性检验机构

天津汽车检测中心
地址：天津市河东区程林庄道天山南路 10 号信箱
邮编：300162
电话：022-84771806
传真：022-24375350

长春汽车检测中心
地址：长春市创业大街 1063 号
邮编：130011
电话：0431-85788315
传真：0431-87677111

国家汽车质量监督检验中心（襄樊）（襄樊达安汽车检测中心）
地址：湖北省襄樊市高新技术开发区汽车试验场
邮编：441004
电话：0710-3310965
传真：0710-3310964
网址：www.nast.com.cn
电子信箱：bhb@mail.nast.com.cn

国家重型汽车质量监督检验中心（重庆汽车检测中心）
地址：重庆市石桥铺陈家坪朝田村 101 号
邮编：400039
电话：023-68821302
传真：023-68966987
网址：www.ccari.com
电子信箱：office@ccari.com

国家客车质量监督检验中心
地址：重庆市南岸区五公里
电话：400067
电话：023-62653145
传真：023-62653152

国家消防装备质量监督检验中心
地址：上海市闵行区莘庄西环路 391 号
邮编：201100
电话：021-64924047
传真：021-54959909
网址：www.xfjyzx.com
电子信箱：fireshnc@sh163.net

国家机动车产品质量监督检验中心（上海）
地址：上海市嘉定区安亭镇于田南路 68 号
邮编：201805
电话：021-69502008
传真：021-69502009
网址：www.smvic.com.cn
电子信箱：smvic@smvic.com.cn

国家工程机械质量监督检验中心
地址：北京市延庆县东外大街 55 号
邮编：102100
电话：010-69101140
传真：010-69101140
网址：www.syc.org.cn
电子信箱：syczjzx@sohu.com

国家汽车试验场

海南汽车试验研究所
地址：海南省琼海市加积镇富海横南 13 号
邮编：571400
电话：0898-62923841
传真：0898-62923673
网址：www.hnpg.net
电子信箱：hns@vip.163.com

交通部公路交通试验场
地址：北京市通州区大杜社乡
邮编：101103
电话：010-61585025
传真：010-61585024

中国定远汽车试验场
地址：安徽省定远县汽车试验场
邮编：233210
电话：0550-4931446
传真：0550-4938580
网址：www.zgdingyuan.com

国家摩托车新产品强制性检验机构

天津摩托车技术中心
地址：天津市南开区卫津路 92 号（天津大学内）
邮编：300072
电话：022-27406447
传真：022-27470806
网址：www.ticeri.com
电子信箱：tmtcwh@publict.tpt.tj.cn

国家摩托车质量监督检验中心
地址：西安市灞桥区米秦路 6 号
邮编：710032
电话：029-86795288
传真：029-86795296
网址：www.cnmtc.com.cn
电子信箱：cnmtc@cnmtc.com.cn

上海摩托车质量监督检验所
地址：上海市嘉定区安亭于田南路 68 号

邮编：201805
电话：021-69502222
传真：021-69502111
网址：www.smvic.net

南昌摩托车质量监督检验所
地址：江西省南昌市新溪桥
邮编：330024
电话：0791-8448694
传真：0791-8430119
网址：www.ncmtc.com.cn

农用运输车新产品检验机构

国家农机具质量监督检验中心
地址：北京市德胜门外北沙滩 1 号 37 信箱
邮编：100083
电话：010-64882637
传真：010-64873702
网址：www.caams.org.cn
电子信箱：txs@caams.org.cn

国家拖拉机质量监督检验中心
地址：河南省洛阳市涧西区西苑路 39 号
邮编：471039
电话：0379-62690111
传真：0379-64967099
网址：www.tractorinfo.com.cn

机械工业拖拉机农用运输车产品质量检测中心
地址：长春市人民大街 5988 号
邮编：130022
电话：0431-85095369
传真：0431-85095806

其他质量检验机构

国家环保总局机动车排污监控中心
地址：北京市安外大羊坊 8 号中国环境科学研究院
邮编：100012
电话：010-84934896
传真：010-86934896-18
网址：www.vecc-sepa.org.cn

国家安全玻璃及石英玻璃质量监督检验中心
地址：北京市朝阳区管庄东里 1 号
邮编：100024
电话：010-51167363
网址：www.csgc.org .cn

北京市产品质量监督检验所
地址：北京市朝阳区育慧南路 3 号
邮编：100029
电话：010-84654179
传真：010-84639720
电子信箱：zjs@jtsb.gov.cn
网址：www.bqi.gov.cn

中国安全生产科学研究院安全生产检测技术中心
地址：北京市朝阳区惠新西街 17 号
邮编：100029
电话：010-64941340
传真：010-64937212
网址：www.chinasafety.ac.cn

国家橡胶轮胎质量监督检验中心
地址：北京市海淀区阜石路甲 19 号
邮编：100039
电话：010-51338171
传真：010-88622963
网址：www.tyretest.com.cn
电子信箱：office@tyretest.com.cn

国家安全防范报警系统产品质量监督检验中心（北京）
地址：北京 2808 信箱 47 分箱
邮编：100044
电话：010-88513375
传真：010-68420993

北京劳保所噪声与振动控制产品检验中心
地址：北京市西城区陶然亭路 55 号
邮编：100054
电话：010-63524194
传真：010-63524194
网址：www.bmilp.com
电子信箱：bjzjzx@126.com

北方汽车质量监督检验鉴定试验所
地址：北京市丰台区槐树岭 4 号院
邮编：100072
电话：010-83808542
传真：010-83809707
网址：www.noveri.com.cn
电子信箱：dx010006@autoinfo.gov.cn

北京理工大学汽车排放质量监督检验中心
地址：北京市海淀区中关村南大街 5 号
邮编：100081
电话：010-68912035
传真：010-68948486

交通部公路科学研究院公路交通试验中心
地址：北京市海淀区西土城路 8 号
邮编：100088
电话：010-61585018
传真：010-62014130
网址：www.rioh.cn
电子信箱：tcpgmocw@public3.bta.net.cn

交通部汽车运输行业能源利用监测中心
地址：北京市海淀区西土城路 8 号
邮编：100088
电话：010-62079180
传真：010-62079180

中国机动车辆安全鉴定检测中心
地址：北京市经济开发区荣昌大街甲1号
邮编：100116
电话：010-67806585
传真：010-67805611
网址：www.chinacvic.com

国家玻璃钢制品质量监督检验中心
地址：北京市二六一信箱监督中心
邮编：102101
电话：010-61162014
传真：010-69132140

北京中汽寰宇机动车检验中心
地址：北京市大兴区北臧村镇工业区天荣街 16 号
邮编：102609
电话：010-66418592
传真：010-66412672

天津车轮实验中心
地址：天津市南开区雅安道资阳路30 号
邮编：300190
电话：022-27033089
传真：022-27033276

天津汽车质量监督检验鉴定试验所
地址：天津市南开区天拖北道 15 号
邮编：300190
电话：022-27030793
传真：022-27030701

河北省机械产品质量监督检验总站
地址：石家庄市新华区合作路 81 号
邮编：050051
电话：0311-87041628
传真：0311-87811933
网址：www.hbmt.net
电子信箱：hbmt@hbmt.net

机械工业车轮产品质量监督检测中心
地址：河北省秦皇岛市开发区嫩江西道 1 号
邮编：066004
电话：0335-5910220
传真：0335-5910220

国家玻璃质量监督检验中心
地址：河北省秦皇岛市河北大街西段91 号
邮编：066004
电话：0335-5911501
传真：0335-8051865

山西省产品质量监督检验所
地址：太原市长治路 222 号
邮编：030012
电话：0351-7241042
传真：0351-7227690
网址：www.sx-zj.cn
电子信箱：sxzj@vip.sina.com

国家蓄电池质量监督检验中心
地址：辽宁省沈阳市铁西区北二中路33 号
邮编：110026
电话：024-85610109
传真：024-85610109

大连汽车综合性能检测中心有限公司汽车性能检测实验室
地址：辽宁省大连市干井子区华北路411 号
邮编：116033
电话：0411-86600210
传真：0411-86600210
电子信箱：dlzxzjsc@sina.com.cn

瓦房店轴承集团有限责任公司检测试验中心
地址：辽宁省瓦房店市北共济街 1 段1 号
邮编：116300
电话：0411-85509888
传真：0411-85509239
电子信箱：zwz@zwz-bearing.com

丹东客车质量监督检验鉴定试验所
地址；辽宁省丹东市振兴区黄海大街544-546 号
邮编：118008
电话：0415-6272814
传真：0415-6272814

吉林大学车辆产品检测实验室
地址：长春市人民大街 5988 号
邮编：130025
电话：0431-85095369
传真：0431-85695947
电子信箱：nx070008@autoinfo.gov.cn

国家汽车零部件产品质量监督检验中心（长春）
地址：长春市南湖大路 6888 号
邮编：130012
电话：0431-85519315
传真：0431-85531668

国家安全防范报警系统产品质量监督检验中心（上海）
地址：上海市岳阳路 76 号 1305 室
邮编：200031
电话：021-64336810-1305
传真：021-64745197

上海电子仪表质量审核所
地址：上海市永嘉路627号
邮编：200031
电话：021-64318322
传真：021-64715086
网址：www.eiqa.com.cn

国家内燃机质量监督检验中心
地址：上海市军工路2500号
邮编：200438
电话：021-65741418
传真：021-65748132

交通部中通汽车质检鉴定试验所
地址：南京市水西门大街223号
邮编：210017
电话：025-86520901
传真：025-86654813

南京汽车质量监督检验鉴定试验所
地址：南京市红山路128号
邮编：210028
电话：025-85420892、85417538
传真：025-85401136

江苏汽车质量监督检验鉴定试验所（江苏大学车辆产品实验室）
地址：镇江市学府路301号
邮编：212013
电话：0511-8780220
传真：0511-8780220
电子信箱：qms@ujs.edu.cn

江苏省丹阳市产品质量监督检验所车灯实验室（江苏省镇江质量技术监督车用灯具产品质量检验站）
地址：丹阳市新桥镇中心路18号
邮编：212322
电话：0511-6357899
传真：0511-6357899

无锡市产品质量监督检验所
地址：江苏省无锡市东亭迎宾北路6号
邮编：214101
电话：0510-88202376
传真：0510-88204261
网址：www.wxzjs.com
电子信箱：wxt@wxzjs.com

公安部交通安全产品质量监督检测中心
地址：江苏省无锡市钱荣路88号
邮编：214151
电话：0510-85511602
传真：0510-85503152
网址：www.ctstc.com.cn
电子信箱：jczx@ctstc.org.cn

浙江省质量技术监督检测研究院
地址；杭州市天目山路222号
邮编：310013
电话：0571-85128864
传真：0571-85121983

浙江方圆检测集团股份有限公司
地址：杭州市天目山路222号方圆检测大楼
邮编：310013
电话：0571-85026216
网址：www.fytest.com

万向集团汽车零部件实验室
地址：浙江省杭州市萧山区宁围镇万向路18号
邮编：311215
电话：0571-82832999
传真：0571-82607213

宁波市天普汽车部件有限公司橡胶和汽车胶管检测实验室
地址：浙江省宁波市宁海县新兴工业园C区金龙路5号
邮编：315600
电话：0574-65332990-8019
传真：0574-65332996
电子信箱：tip@nbtip.com

浙江钱江摩托股份有限公司检测中心
地址：浙江省温岭市太平街道横山头锦屏新厂区
邮编：317500
电话：0576-6192029
传真：0576-6192113
电子信箱：qjiangdq@163.com

福建省中心检验所
地址：福州市杨桥西路121号
邮编：350002
电话：0591-83714525
传真：0591-83710867
网址：www.fcii.net
电子信箱：xz@fcii.net

福建省汽车产品质量监督检测站
地址：福州市华林路212号
邮编：350003
电话：0591-87830614
传真：0591-87879478

厦门市产品质量检验所
地址：福建省厦门市湖滨南路170号
邮编：361004
电话：0592-2699789
传真：0592-2699797

济南汽车检测中心
地址：济南市英雄山路165号
邮编：250002
电话：0531-85586171
传真：0531-85586176
电子信箱：jantc@sohu.com

山东省内燃机产品质量监督检验站
地址：济南市燕子山西路40号
邮编：250014

电话：0531-88601738
传真：0531-88601738

山东省农业机械科学研究所产品质量检测中心
地址：济南市桑园路 19 号
邮编：250100
电话：0531-88623868
传真：0531-88962251
网址：www.nongji-info.com

山东省产品质量监督检验院
地址：济南市山大北路 81 号
邮编：250100
电话：0531-88118753
传真：0531-88118790
网址：www.sd-qualitynet.org

青岛市产品质量监督检验所
地址：山东省青岛市高科园李山东路 19号
邮编：266061
电话：0532-88918158

青岛致鉴检验有限公司
地址：山东省青岛市 308 国道 602 号乙（青岛高科园韩丰包装厂院内）
邮编：266101
电话：0532-87972218
传真：0532-87972217

国家齿轮产品质量监督检验中心
地址：郑州市嵩山南路 81 号
邮编：450052
电话：0371-67973021
传真：0371-67973021
电子信箱：gjcjzx-cn@sina.com

洛阳西苑车辆与动力检验所有限公司
地址：河南省洛阳市涧西区西苑路 39 号
邮编：471039
电话：0379-62690108
传真：0379-64967099
网址：www.tractorinfo.com.cn

国家轴承研究所质量监督检验中心
地址：河南省洛阳市吉林路 1 号
邮编：471039
电话：0379-64881596
传真：0379-64881523
电子信箱：bic@chinabearing.com.cn

武汉汽车车身附件质量监督检验站
地址：武汉市江岸区解放大道 2855 号
邮编：430011
电话：027-82318175
传真：027-82302973

机械工业专用汽车产品质量检测中心
地址：武汉市汉阳区龟北路 3 号
邮编：430050
电话：027-84716403
传真：027-84716562
网址：www.hyspv.com.cn
电子信箱：zhanbin@hyspv.com.cn

东风汽车质量监督检验所
地址：湖北省襄樊市汽车产业开发区
邮编：441004
电话：0710-3394860
传真：0710-3310964

长沙汽车电器检测中心
地址：湖南省长沙市长沙经济技术开发区盼盼路 29 号
邮编：410100
电话：0731-8883941
传真：0731-2798491
网址：www.caetc.com
电子信箱：caetc@126.com

化学工业力车胎质量监督检验中心
地址：广州市工业大道中 270 号
邮编：510280
电话：020-84351770
传真：020-84128611

广州橡胶工业制品研究所实验室
地址：广州市工业大道中 270 号
邮编：510280
电话：020-84340049
传真：020-84128611

广州电器科学研究院气候试验中心
地址：广州市新港西路 204 号
邮编：510300
电话：020-84190675
传真：020-84461745
网址：www.gzwtc.com

中国嘉陵工业股份有限公司（集团）技术中心检测站
地址：重庆市双碑自由村 100 号
邮编：400032
电话：023-65194235
传真：023-65194392

中国石化集团重庆一坪高级润滑油公司研究所检测中心
地址：重庆市九龙坡区渝州路 62 号
邮编：400039
电话：023-68799401
传真：023-68799333
电子信箱：yiping@public.cta.cq.cn

四川省产品质量监督检验检测院
地址：成都市东门街 2 号
邮编：610031
电话：028-86257363
传真：028-86635992
网址；www.spqi.com

云南省交通科学所汽车产品及维修质量检验实验室

地址：昆明市拓东路石家巷 9 号
邮编：650011
电话：0871-3163895
传真：0871-3169721
电子信箱：ynjks@ynjtt.com

贵州省机电产品质量监督检测站

地址：贵阳市乌金路 58 号
邮编：550003
电话：0851-5952687
传真：0851-5952161

国家非金属矿制品质量监督检验中心

地址：陕西省咸阳市滨河路 5 号
邮编：712021
电话：029-33324543
传真：029-33313596
电子信箱：shangxinchun@tom.com

国家橡胶密封制品质量监督检验中心

地址：陕西省咸阳市西华路 2 号
邮编：712023
电话：029-33621350
传真：029-33621360
网址：www.fastrubber.com

新疆汽车产品质量监督研究院

地址：乌鲁木齐市新华南路 32 号
邮编：830002
电话：0991-4648052
传真：0991-2817437

强制性产品认证机构

中国质量认证中心

地址：北京市南四环西路 188 号 9 区
邮编：100070
电话：010-85622233、83886666
传真：010-83886443、83886282
网址：www.cqc.com.cn
电子信箱：cqcsc@cqc.com.cn

中国安全技术防范认证中心

地址：北京市西城区莲花池东路 102 号天莲大厦 10 层
邮编：100055
电话：010-63345560
传真：010-63345545
网址：www.csp.gov.cn

中国建筑材料检验认证中心

地址：北京市朝阳区管庄东里 1 号
邮编：100024
电话：010-51167389
传真：010-65761715
网址：www.csgc.org.cn

北京中化联合质量认证有限公司

地址：北京市朝阳区亚运村安慧里 4 区 16 号楼
邮编：100723
电话：010-84885047
传真：010-84885414
网址：www.cciq.net

公安部消防产品合格评定中心

地址：北京市丰台区方庄芳群园 4 区金城中心 1205 室
邮编：100078
电话：010-87679978
网址：www.cccf.com.cn

中汽认证中心

地址：北京市西城区宣武门西大街乙 97 号尚座大厦 4 层
邮编：100031
电话：010-66418591
传真：010-66412670
网址：www.cccap.org.cn

开设汽车类专业的高等院校

清华大学汽车工程系
地址：北京市海淀区清华园
邮编：100084
电话：010-62772515
传真：010-62785708
网址：www.tsinghua.edu.cn
设置汽车类专业：车辆工程

北京交通大学机械与电子控制工程学院
地址：北京市海淀区上园村3号
邮编：100044
电话：010-62256622
传真：010-62245827
网址：www.njtu.edu.cn
E-mail：cnc@center.njtu.edu.cn
设置汽车类专业：热能与动力工程

北京理工大学机械与车辆工程学院
地址：北京海淀中关村南大街5号
邮编：100081
电话：010-68944115
传真：010-68944487
网址：www.bit.edu.cn
E-mail：office@bit.edu.cn
设置汽车类专业：车辆工程

北京航空航天大学汽车工程系
地址：北京市海淀区学院路37号
邮编：100083
电话：010-82316330
传真：010-82316331
网址：www.buaa.edu.cn
E-mai：webmaster@buaa.edu.cn
设置汽车类专业：车辆工程

中国农业大学车辆与交通工程系
地址：北京市海淀区清华东路17号
邮编：100083
电话：010-62736673
传真：010-62732713
网址：www.cau.edu.cn
E-mail：xbxxa@cau.edu.cn
设置汽车类专业：车辆工程

北京信息科技大学(筹)机械工程系
地址：北京海淀清河小营东路12号
邮编：100085
电话：010-82426906
传真：010-82426906
网址：www.bim.edu.cn
E-mail：office@bim.edu.cn
设置汽车类专业：车辆工程

北京吉利大学汽车学院
地址：北京市昌平区马池口镇
邮编：102202
电话：010-60758478
传真：010-60751040
网址：www.bgeelyu.com
E-mail：admin@bgeelyu.com
设置汽车类专业：机械类新专业

河北工业大学机械学院车辆工程系
地址：天津市红桥区
邮编：300130
电话：022-60204559
传真：022-26564559
网址：www.hebut.edu.cn
E-mail：wym6312@hebut.edu.cn
设置汽车类专业：车辆工程

天津大学机械工程学院
地址：天津市南开区卫津路92号
邮编：300072
电话：022-27406842
传真：022-27383362
网址：www.tju.edu.cn
E-mail：webmaster@tju.edu.cn
设置汽车类专业：热能与动力工程

中国人民解放军军事交通学院
地址：天津市河东区东局子1号
邮编：300161
电话：022-84656114-56000
设置汽车类专业：车辆运用工程

东北大学机械工程与自动化学院

地址：辽宁省沈阳市和平区文化路3号巷11号

邮编：110004

电话：024-83684564

传真：024-23906969

网址：www.neu.edu.cn

Emai:webmaster@mail.neu.edu.cn

设置汽车类专业：车辆工程

沈阳工业大学机械工程学院

地址：沈阳市铁西区兴华南街58号

邮编：110023

电话：024-25691488

传真：024-25691718

网址：www.sut.edu.cn

E-mail：zhangm@sut.edu.cn

设置汽车类专业：车辆工程

大连交通大学交通运输工程学院

地址：大连沙河口区黄河路794号

邮编：116021

电话：0411-84106969

传真：0411-84606139

网址：www.djtu.edu.cn

E-mail：yzb@djtu.edu.cn

设置汽车类专业：车辆工程

长春汽车工业高等专科学校

地址：吉林长春市东风大街9999号

邮编：130013

电话：0431-85902539

传真：0431-88568827

网址：www.caii.edu.cn

E-mail：zhgl-pxzx@faw.com.cn

设置汽车类专业：车辆工程

吉林大学汽车工程学院

地址：吉林长春市人民大街5988号

邮编：130012

电话：0431-85094027

传真：0431-85682227

网址：www.jlu.edu.cn

E-mail：cae@jlu.edu.cn

设置汽车类专业：车辆工程

上海交通大学机械与动力工程学院

地址：上海市东川路800号

邮编：200240

电话：021-54740000

传真：021-62821369

网址：www.sjtu.edu.cn

E-mail：xiaoban@situ.edu.cn

设置汽车类专业：车辆工程

上海理工大学机械工程学院

地址：上海市军工路516号

邮编：200093

电话：021-55270456

传真：021-55274059

网址：www.usst.edu.cn

E-mail：jxxy@mail.usst.edu.cn

设置汽车类专业：车辆工程

上海工程技术大学汽车工程学院

地址：上海市龙腾路333号

电话：86-21-67791000

传真：021-62758481

网址：www.sues.edu.cn

E-mail：gcd@sues.edu.cn

设置汽车类专业：机械设计制造及其自动化（汽车工程）、交通运输（汽车运用工程）、市场营销（汽车营销）

同济大学汽车学院

地址：上海市长安路4800号

邮编：201804

电话：021-69589204

传真：021-69589978

网址：www.tongji.edu.cn

E-mail：haochenk@online.sh.cn

设置汽车类专业：车辆工程、动力工程

南京航空航天大学

地址：江苏南京白下区御道街29号

邮编：210016

电话：025-84892448

传真：025-84892482

网址：www.nuaa.edu.cn

E-mail：office@nuaa.edu.cn

设置汽车类专业：车辆工程

南京理工大学机械工程学院

地址：江苏省南京市孝陵卫200号

邮编：210094

电话：025-84315114
传真：025-84431339
网址：www.njust.edu.cn
Email:nustnc@mail.njust.edu.cn
设置汽车类专业：车辆工程、交通工程

东南大学机械工程系

地址：江苏南京市东南大学路2号
电话：025-83792452
传真：025-83792593
网址：www.seu.edu.cn
设置汽车类专业：车辆工程

浙江大学机械与能源工程学院

地址：浙江省杭州市浙大路38号
邮编：310027
电话：0571-87951168
传真：0571-87951874
网址：www.cmee.zju.edu.cn
E-mail：yuxl@zju.edu.cn
设置汽车类专业：机械工程及自动化

安徽工业大学机械工程学院

地址：安徽省马鞍山市马向路安工大东校区
邮编：243000
电话：0555-2316517
传真：0555-2471263
网址：www.ahut.edu.cn
E-mail：xiaoban@ahut.edu.cn
设置汽车类专业：车辆工程

福州大学机械工程及自动化学院

地址：福建省福州市福州地区大学新区学院路2号
邮编：350116
电话：0591-87893080
传真：0591-87893261
网址：www.fzu.edu.cn
E-mail：mechanic@fzu.edu.cn
设置汽车类专业：车辆工程

山东大学机械工程学院

地址：山东省济南市经十路17923号山东千佛大学校区
邮编：250061
电话：0531-88395114
传真：0531-88392239
网址：www.sdu.edu.cn
E-mail：ljf@sdu.edu.cn
设置汽车类专业：车辆工程

山东理工大学交通与车辆工程学院

地址：淄博张店区新村西路266号
邮编：255000
电话：0533-2786837
传真：0533-2786837
网址：www.sdut.edu.cn
E-mail：xbdas@sdut.edu.cn
设置汽车类专业：车辆工程

哈尔滨工业大学汽车工程学院

地址：山东省威海市文化西路2号
邮编：264209
电话：0631-5687021
传真：0631-5687212
网址：www.whhit.com
Email:autohit2003@yahoo.com.cn
设置汽车类专业：车辆工程、机械设计制造及自动化、热能与动力工程、交通运输、交通工程

河南科技大学车辆与交通工程学院

地址：河南洛阳涧西区西苑路48号
邮编：471003
电话：0379-64231480
传真：0379-64278955
网址：www.haust.edu.cn
E-mail：zhk@mail.haust.edu.cn
设置汽车类专业：车辆工程、动力机械及工程

海军工程大学

地址：湖北省武汉市解放大道717号海军工程大学
邮编：430033
电话：027-83661005
传真：027-83443262
设置汽车类专业：内燃机

武汉理工大学汽车工程学院

地址：湖北省武汉市武昌区洪山区珞狮路205号
邮编：430070
电话：027-87859014
传真：027-87859014

设置汽车类专业：热能与动力工程（汽车、汽车发动机、内燃机方向）

长安大学汽车学院
地址：陕西省西安市南二环中段
电话：029-82334458
传真：029-82334476
网址：www.xahu.edu.cn
设置汽车类专业：车辆工程、交通运输（汽车运用工程）、热能与动力工程（汽车机电一体化）、汽车服务工程

兰州交通大学机电工程学院
地址：兰州市安宁区安宁西路88号
电话：0931-4938023
传真：0931-4938884
网址：www.lzjtu.edu.cn
E-mail：lzjdlg@163.com
设置汽车类专业：车辆工程、热能与动力工程

汽车科研机构

中国汽车工业经济技术信息研究所
地址：北京市阜成路 46 号
邮编：100036
电话：010-88121615
网址：www.cnauto.com.cn

中国北方车辆研究所
地址：北京市 969 信箱 11 号
邮编：100072
电话：010-83803108
传真：010-83803129
网址：www.noveri.com.cn
电子信箱：office@noveri.com.cn

机械工业农用运输车发展研究中心
地址：北京市德外北沙滩 1 号 37 信箱
邮编：100083
电话：010-64882169

清华大学汽车研究所
地址：北京市海淀区清华园
邮编：100084
电话：010-62772515

北京市汽车研究所
地址：北京市丰台区成寿寺于家坟 85 号
邮编：100078
电话：010-67625111

北京特种机械研究所
地址：北京市 3903 信箱
邮编：100039
电话：010-68386082

中国汽车技术研究中心
地址：天津市河东区程林庄道天山路口
邮编：300162
电话：022-84771318
网址：www.catarc.ca.cn

天津一汽夏利股份有限公司产品开发中心 / 天津汽车研究所
地址：天津市南开区天拖北道 15 号
邮编：300190
电话：022-27030700

天津市内燃机研究所
地址：天津市南开区卫津路 92 号
邮编：300072
电话：022-27406447

汽车工业规划设计研究院
地址：天津市河东区程林庄道天山路口
邮编：300162
电话：022-84771405

中国第一汽车集团公司技术中心
地址：长春市创业大街 35 号
邮编：130011
电话：0431-5905005

机械工业第九设计研究院
地址：长春市创业大街 58 号
邮编：130011
邮编：0431-7671334

长春汽车车轮研究所
地址：长春市青年路 4 号
邮编：130062
电话：0431-2633017

长春汽车散热器研究所
地址：长春市朝阳区东风大街越野路
邮编：130011
电话：0431-5906607

长春市汽车工艺装备设计研究所

地址：长春市绿园区锦城大街
邮编：130011
电话：0431-5901616

长春汽车工程研究发展中心
地址：长春市人民大街 114 号吉工大内
邮编：130025
电话：0431-5705443

上海汽车工业总公司工程研究院
地址：上海市逸仙路 50 号
邮编：200437
电话：021-65315097

上海交通大学内燃机研究所
地址：上海市华山路 1954 号
邮编：200030
电话：021-64075359

泛亚汽车技术中心有限公司
地址：上海市浦东龙东大道 3999 号
邮编：201201
电话：021-58991333

汉阳专用汽车研究所
地址：武汉市汉阳区龟北路 3 号
邮编：430050
电话：027-84712246
传真：027-84716245
网址：www.hyspv.com.cn

武汉市汽车研究所
地址：武汉市汉阳二桥东村 67 号
邮编：430051
电话：027-84885003

武汉市汽车车身附件研究所
地址：武汉市汉口堤角边 135 号
邮编：430001
电话：027-82318175

武汉汽车标准件研究所
地址：武汉市洪山区关山一路 325 号
邮编：430074
电话：027-87801178

东风汽车工程研究院 / 东风汽车有限公司商用车研发中心
地址：湖北省十堰市东城西路 5 号
邮编：442001
电话：0719-8226783

东风汽车公司工艺研究所
地址：湖北省十堰市东城西路 2 号
邮编：442001
电话：0719-8221073

东风汽车科技信息研究所
地址：湖北省十堰市张湾
邮编：442001
电话：0719-8224207

沈阳轻型汽车研究所
地址：沈阳市铁西区兴工北街 67 号
邮编：110025
电话：024-25863412

丹东客车研究所
地址：辽宁省丹东市振兴区黄海大街 548 号
邮编：118008
电话：0415-6272411

中国重型汽车集团公司技术发展中心
地址：济南市英雄山路 165 号
邮编：250002
电话：0531-5586111

青岛重型专用汽车研究所
地址：山东省青岛市瑞昌路 144 号
邮编：266031
电话：0532-4855594

临清汽车举升装置研究所
地址：山东省临清市龙山路
邮编：252609
电话：0635-2317241

山东省内燃机研究所
地址：济南市燕子山西路 40 号
邮编：250014
电话：0531-2967032-3934

中国联合工程公司（机械工业第二设计研究院）
地址：浙江省杭州市石桥路 338 号
邮编：310022
电话：0571-88137083

杭州汽车摩擦材料研究所
地址：浙江省杭州市朝晖路 126 号
邮编：310004
电话：0571-86725888-8050

重庆大学机械工程学院汽车摩托车工程技术研究中心
地址：重庆市沙坪坝
邮编：400044
电话：023-65102527

重庆汽车研究所
地址：重庆市高新区陈家坪朝田村 101 号
邮编：400039
电话：023-68824060
传真：023-68821361
网址：www.ccari.com
电子信箱：office@ccari.com

长沙汽车电器研究所
地址：湖南省长沙市岳麓大道 685 号
邮编：410013
电话：0731-8887835

广西汽车拖拉机研究所
地址：柳州市河西路 18 号

邮编：545007
电话：0772-3750108

中国第一汽车集团公司无锡油泵油嘴研究所
地址：江苏省无锡市钱荣路 15 号
邮编：214063
电话：0510-5518741

山西车用发动机研究所
地址：山西省大同市 22 号信箱
邮编：037036
电话：0352-4088609

洛阳拖拉机研究所
地址：河南省洛阳市涧西区西苑路 39 号
邮编：471039
电话：0379-4270001

广西汽车拖拉机研究所
地址：柳州市河西路 18 号
邮编：545007
电话：0772-3750108

汽车报刊

报纸

《中国汽车报》
地址：北京市海淀区阜成路 115 号
邮编：100036
电话：010-88130794
传真：010-88130794
网址：www.cnautonews.com
电子信箱：service@cnautonews.com

《中国工业报·汽车周报》
地址：北京市西城区月坛南街 26 号
邮编：100825
电话：010-68589193
传真：010-68531033
网址：www.autoweekly.com.cn
电子信箱：ad@autoweekly.com.cn

《中国商报·汽车导报》
地址：北京市西城区报国寺 1 号
邮编：100053
电话：010-63038648
传真：010-63045029
网址：www.cb-h.com
电子信箱：momol@163.net

《经济日报·汽车周刊》
地址：北京市西城区白纸坊东街 2 号
邮编：100054
电话：010-58392621
网址：bkdy.ce.cn

《中国消费者报·汽车周刊》
地址：北京市海淀区阜成路北三街 8 号
邮编：100054
电话：010-68905710
网址：www.ccn.com.cn
电子信箱：business@ccn.com.cn

《北京汽车报》
地址：北京市朝阳区东三环南路 25 号
邮编：100021
电话：010-87665790
网址：www.banews.com.cn
电子信箱：banews@banews.com.cn

《北京青年报·汽车时代》
地址：北京市朝阳区白家庄东里北京青年报大厦 8 层
邮编：100026
电话：010-65901166
网址：www.bjyouth.ynet.com
电子信箱：webmaster@ynet.com

《现代司机报》
地址：北京市朝阳区安华西里 3 区 18 号楼 5 层
邮编：100011
电话：010-64266722
传真：010-51660806
网址：www.siji.com

《车友报》
地址：北京市东城区安定门外大街 58 号
邮编：100011
电话：010-84280303
传真：010-84280801
电子信箱：chenyoubao@126.com

《上海汽车报》
地址：上海汽车工业大厦 2011-2012 室
邮编：200041
电话：021-22011563
传真：021-62554802
网址：www.shautonews.com
电子信箱：shqcb@163.com

《第一汽车集团报》
地址：长春市锦程大街 30 号
邮编：130011
电话：0431-85768442
网址：www.faw.com.cn

《重型汽车报》
地址：济南市英雄山路 159 号
邮编：250002
电话：0531-85586138
传真：0531-85586008
电子信箱：zxqczz@126.com

《东风汽车报》
地址：湖北省十堰市张湾青年广场
邮编：442001
电话：0719-8223197

《南汽报》
地址：南京市中央路 331 号
邮编：210037
电话：025-8366588
传真：025-8366588

《汽车导报》
地址：广东省深圳市福田区深圳商报社大厦 10 楼
邮编：518034
电话：0755-83521780

传真：0755-83522811
网址：www.autonewscn.com
电子信箱：autonewscn@autonewscn.com

电话：010-63326090-98
传真：010-63326099
网址：www.vogel-automedien.de
电子信箱：automobile@vogel.com.cn

杂志

《中国汽车界》
地址：北京市广安门外大街甲 397 号
邮编：100055
电话：010-63329431
传真：010-63490211
网址：www.china-motor.com.cn
电子信箱：yinzhenhua-cn@yahoo.com.cn

《中国汽车画报》
地址：北京市海淀区阜成路 46 号
邮编：100036
电话：010-88132024
传真：010-88115354

《汽车观察》
地址：北京市海淀区紫竹院 581 号人济山庄 C 栋 1806 室
邮编：100089
电话：010-88597330
传真：010-88554731
电子信箱：auto@vip.sohu.net.

《汽车知识》
地址：北京市亚运村加利大厦 E 座 406 室
邮编：100101
电话：010-64936949
传真：010-64939104-18
电子信箱：autoknowledge@sohu.com

《汽车制造业》
地址：北京市西城区白云路 1 号 11 层
邮编：100045

《汽车导购》
地址：北京市德外北沙滩 1 号 16 信箱
邮编：100083
电话：010-64882177
传真：010-64870803
电子信箱：carguide@vip.sina.com

《汽车与运动》
地址：北京市海淀区阜成路 115 号（北京印象）1 号楼 2 门 4 层
邮编：100036
电话：010-88138426
传真：010-88135447
电子信箱：zlj@anews.com.cn

《汽车测试报告》
地址：北京市朝外大街 18 号丰联广场 A 座 19 层
邮编：100020
电话：010-65886161-604
传真：010-65886200

《汽车进口情况反映》
地址：北京市阜成路 33 号
邮编：100037
电话：010-68426043
传真：010-88561149

《汽车族》
地址：北京市北三环东路 36 号环球贸易中心 A 座 8 层
邮编：100013
电话：010-58256931
传真：010-58256868
网址：www.motortrend.com.cn

《中国汽车工业产销快讯》
地址：北京市西城区三里河路 46 号
邮编：100823
电话：010-68594196
传真：010-68594186

《中国汽车工业（摩托车部分）综合信息》
地址：北京市西城区三里河路 46 号
邮编：100823
电话：010-68594196
传真：010-68594186

《汽车工程》
地址：北京市西城区白云路 1 号 1202 室
邮编：100045
电话：010-63287786
传真：010-63280627
电子信箱：sae860@sae-china.org

《汽车之友》
地址：北京市西城区白云路 1 号 1202 室
邮编：100045
电话：010-63286179
网址：www.autofan.com.cn
电子信箱：autofan@china.com

《商用汽车》
地址：北京市德胜门外北沙滩 1 号 16 信箱
邮编：100083
电话：010-64883609
传真：010-64882329
网址：www.bjcv.com.cn
电子信箱：syqczz@sina.com

《汽车维修与保养》
地址：北京市海淀区中关村南大街 2 号数码大厦 A 座 3215 室

邮编：100086
电话：010-51727066
传真：010-51727131
网址：www.motorchina.com

《车》
地址：北京市东城区建国门内大街22号华厦大厦6层
邮编：100005
电话：010-65235020
传真：010-65235021
网址：www.carandmotor.com.cn
电子信箱：carandmotor@gichina.cn

《车王》
地址：北京市朝阳区西坝河168号恒川公寓O座
邮编：100028
电话：010-64473462
传真：010-64473461
网址：www.chewang.com.cn
电子信箱：editor@chewang.com.cn

《汽车与安全》
地址：北京市西城区核桃园西街36号
邮编：100053
电话：010-63036589
传真：010-63036507
网址：www.cnautonews.com
电子信箱：service@cnautonews.com

《汽车与社会》
地址：北京市海淀区北土城西路165号
邮编：100083
电话：010-62355497
网址：www.auto-society.com.cn
电子信箱：Qiche_shehui@263.net

《世界汽车》
地址：北京市丰台区南四环西路188号2区7号楼703室
邮编：100070
电话：010-63702970
传真：010-63702978
网址：www.worldauto.com.cn
电子信箱：worldauto@catarc.ac.cn

《驾驶园》
地址：北京市6589信箱
邮编：102218
电话：010-64121925
传真：010-64121925
网址：www.jiacheren.com
电子信箱：webmaster@jiacheren.com

《城市车辆》
地址：北京市海淀区车公庄西路乙20号
邮编：100044
电话：010-68459870
传真：010-68414610
网址：www.cuauto.com.cn
电子信箱：chengshicheliang@sohu.com

《时尚·座驾》
地址：北京市朝阳区光华路9号时尚大厦20层
邮编：100020
电话：010-65871611
传真：010-65871638

《交通世界》
地址：北京市朝阳区惠新里240号
邮编：100029
电话：010-64970313
传真：010-64970313
电子信箱：transpow@iicc.com.cn

《节能与环保》
地址：北京市安定门外小关东里甲2号
邮编：100029
电话：010-64917355
传真：010-52052653
网址：www.jnhb.net

《轮胎工业》
地址：北京市西郊半壁店北京橡胶工业研究院
邮编：100039
电话：010-68228465
传真：010-68156717
网址：www.rubbertire.com.cn
电子信箱：rubbertire@263.com

《橡胶工业》
地址：北京市西郊半壁店北京橡胶工业研究院
邮编：100039
电话：010-68228465
传真：010-68156717
网址：www.rubbertire.com.cn
电子信箱：rubbertire@263.com

《摩托车》
地址：北京市崇文区夕照寺街14号
邮编：100061
电话：010-67133541
传真：010-67137641
网址：www.mtcm.com.cn
电子信箱：info@mtcm.com.cn

《摩托车趋势》
地址：北京市海淀区阜成路115号1号楼4层
邮编：100036
电话：010-88136839
传真：010-88136482
网址：www.motorcycletrend.com.cn
电子信箱：Lxh@anews.com.cn

《北京汽车》

地址：北京市丰台区方庄南路9号院
邮编：100078
电话：010-67625111-3506
传真：010-67629458

《汽车与配件》
地址：上海市朝阳路510号9楼
邮编：200040
电话：021-62440190
传真：021-62164866

《轿车情报》
地址：上海市朝阳路510号9层
邮编：200041
电话：021-51082244
传真：021-62164866
电子信箱：sophia@oauto.com

《上海汽车》
地址：上海市逸仙路50号
邮编：200437
电话：021-65315097
传真：021-65313561

《车迷》
地址：上海市钦州南路71号
邮编：200235
电话：021-64848125
传真：021-64848126
网址：www.carandmotor.com
电子信箱：carmotor@eastday.com

《轻型车技术》
地址：南京市红山路128号
邮编：210028
电话：025-83431394
传真：025-83431394

《汽车维护与修理》
地址：南京市黄埔路2号黄埔花园1幢109室
邮编：210016
电话：025-84803820
传真：025-84804002
电子信箱：njjtwwj@ulonline.com

《小型内燃机与摩托车》
地址：天津市南开区卫津路92号天津大学天津内燃机研究所
邮编：300072
电话：022-27406452

《汽车情报》
地址：天津市河东区程林庄道天山路口
邮编：300162
电话：022-84771576
传真：022-24375347
网址：www.autoinfo.gov.cn
电子信箱：penghong.cx@tom.com

《中国汽车工业年鉴》
地址：天津市河东区程林庄道天山路口
邮编：300162
电话：022-84771231
传真：022-84771701
网址：www.autoyearbook.com.cn
电子信箱：autoyb@catarc.ac.cn

《汽车运用》
地址：天津市河东区程林庄路东局子号
邮编：300161
电话：022-84658656

《汽车标准化》
地址：天津市河东区程庄道天山路口
邮编：300162
电话：022-84771502

《天津汽车》
地址：天津市南开区天拖北道15号
邮编：300190
电话：022-27030751
传真：022-27030701

《摩托车技术》
地址：天津市河东区程林庄道天山路口
邮编：300162
电话：022-84771229
传真：022-84771230
网址：www.cycleinfo.com.cn
电子信箱：cycleinfo@catarc.ac.cn

《汽车工业研究》
地址：长春市锦城大街30号
邮编：130011
电话：0431-85907709
传真：0431-85901098

《汽车工艺与材料》
地址：长春市创业大街1063号
邮编：130011
电话：0431-85789860
传真：0431-85789858
电子信箱：qbk-gyc@faw.com.cn

《汽车技术》
地址：长春市创业大街1063号
邮编：130011
电话：0431-85789856
传真：0431-85789810

《汽车文摘》
地址：长春市创业大街1063号
邮编：130011
电话：0431-85789858
传真：0431-85789810

《汽车维修》
地址：长春市锦城大街30号
邮编：130011
电话：0431-5901097

传真：0431-5901097

《大众汽车》
地址：长春市人民大街 4646 号
邮编：130021
电话：0431-85635181
传真：0431-85635181
电子信箱：dzqc@public.ce.cl.cn

《汽车维修技师》
地址：沈阳市和平区十一纬路 25 号
邮编：110003
电话：024-23284373
传真：024-23284539
网址：www.chinaauto.net
电子信箱：auto@mail.lnpgc.com.cn

《客车技术》
地址：辽宁省丹东市黄海大街 546 号
邮编：118008
电话：0415-6272441
传真：0415-6272418
电子信箱：kechejishubianjibu@sina.com

《润滑油》
地址：大连市沙河口区连山街 123 号 A 座 503 室
邮编：116023
电话：0411-84678975
传真：0411-84678974

《重型汽车》
地址：济南市英雄山路 165 号
邮编：250002
电话：0531-85586138
传真：0531-85586000

《拖拉机与农用运输车》
地址：河南省洛阳市涧西区西苑路 39 号
邮编：471039
电话：0379-62690123
传真：0379-62690002
网址：www.ytjszx.com.cn
电子信箱：ytjszx@ytjszx.com.cn

《专用汽车》
地址：武汉市汉阳区龟北路 3 号
邮编：430050
电话：027-84716461
传真：027-84716542
网址：www.hyspv@public.wh.hb.cn
电子信箱：hyspv@public.wh.hb.cn

《汽车电器信息》
地址：湖南省长沙市东风路 57 号
邮编：410005
电话：0731-4424716
网址：www.djdqxh.com

《汽车科技》
地址：武汉市经济技术开发区东风大道 10 号
邮编：430056
电话：027-84283755
传真：027-84283757
电子信箱：qichekeji@dfl.com.cn

《汽车电器》
地址：湖南省长沙市经济技术开发区盼盼路 29 号
邮编：410100
电话：0731-2798408
传真：0731-2798406

《摩托车信息》
地址：重庆市渝中区长江二路 77 号
邮编：400042
电话：023-68691136
传真：023-68811227
网址：www.chmotor.com
电子信箱：chmotor@cta.cq.cn

《汽车博览》
地址：成都市致民路 36 号锦江新园 1105 室
邮编：610021
电话：028-85452665
传真：028-85452665
网址：www.autocnw.com
电子信箱：leno@lenomedia.com

《汽车时尚周刊》
地址：成都市乡农市街 59 号金港商城 B 座 2 单元 6 楼
邮编：610031
电话：028-87670186
传真：028-68116677

《汽车杂志》
地址：成都市永陵路 23 号
邮编：610031
电话：028-87739287
传真：028-87739287

《车用发动机》
地址：山西省大同市第 22 号信箱
邮编：037036
电话：0352-4088609

《汽车驾驶员》
地址：西安市南二环路中段西安公路交通大学 712 信箱
邮编：710064
电话：029-82334382
传真：029-82334536

《摩托车世界》
地址：西安市灞桥区米秦路 6 号
邮编：710032
电话：029-86795288
传真：029-86795296
网址：www.cnmtc.com.cn
电子信箱：mtcsj@126.com

第16部类 附录

DISHILIUBULEI | FULU

汽车展览

2017 年主要汽车展览

【2017中国·沈阳汽车交易博览会】4月1日-4日，2017中国·沈阳汽车交易博览会暨第二届百姓购车节（以下简称2017沈阳汽博会）在沈阳新世界博览馆举行。本届展会以“科技、未来”为主题，展会展示面积达5万平方米，分别展示各种品牌的顶级豪车、中高档轿车、商用车、新能源车、运动车及改装车等，并设有媒体互动区域和汽车文化推广区域，百余家品牌厂商参展，参展车辆达1000余辆。

本届车展，由中国汽车流通协会、百瑞国际会展集团主办，沈阳汽车流通协会及辽宁迪沃斯特会展有限公司承办。

【2017第十七届上海国际汽车工业展览会】4月19日-28日，2017第十七届上海国际汽车工业展览会在上海国家会展中心举行。本届展会以“致力·美好生活”为主题，展出面积35万平米，车展规模再次刷新。来自18个国家和地区1000多家知名车企总计1400辆整车参与展览，其中全球首发车113辆（外国公司30辆、中国公司83辆），外国公司亚洲首发车44辆，新能源车159辆（国内厂商96辆、国外厂商63辆），概念车56辆。来自48个国家和地区2035家中外媒体11000余名记者竞相报道了车展盛况。而本届车展参观者人数更是达到101万人次。

本届车展由中国汽车工业协会、中国国际贸易促进委员会上海市分会、中国国际贸易促进委员会汽车行业分会主办。上海国际汽车展创办于1985年，至今已成功举办十六届。始终关注全球汽车行业的最新变革与发展，聚焦新技术、新趋势、新产品给人类生活带来的无限可能。上海车展在国内与北京国际车展和广州国际车展并列国内三大国际A级车展。车展注入了大量国际化的元素、理念和模式。

【2017第16届青岛国际汽车工业展览会】5月10日-15日，2017第16届青岛国际汽车工业展览会在青岛市国际会展中心举行。展会以“绿色，未来之路”为主题，启用青岛国际会展中心室内外全部场地，包含7大室内展馆、5个序厅，总规模超过12万平方米。5月10日媒体当天新车发布品牌将超过50个，其中重量级发布近40场次。整个展期，共计1145辆整车参与展示，116台新能源汽车与传统汽车同台展示风采。

本次活动由中国汽车工程学会、山东省汽车行业协会主办，由山东汽车工程学会、青岛嘉路博国际会展有限公司共同承办。始于2002年的青岛国际车展，是中国五大国际车展之一，是山东最大的国际汽车盛会，也是青岛最重大的节庆活动之一。十五年来，青岛国际车展树立了“时尚、环保与公平竞争”的展会特色。

【第十五届华中国际汽车展览会】5月26日-30日，2017第十五届华中国际汽车展览会暨楚天国博车展在武汉国际博览中心(汉阳)举办。本届车展共启用武汉国际博览中心8个室内展馆及室外广场，参展规格创历届之最。除整车展示区外，现场的新能源专区、二手车专区、汽车用品区、家装电商区、金融服务区、媒体展示区等功能专区也备受广大观众好评。

本届华中国际车展由商务部外贸发展事务局、中国机械国际合作有限公司、湖北日报传媒集团、尚格会展股份有限公司共同主办。

【2017第二十一届深圳-香港-澳门国际汽车博览会暨首届新能源及智能汽车博览会】6月3日-11日，深港澳国际车展于深圳会展中心举办。为期9天的展会，共计吸引了74.43万人次参观观众，预定成交车辆27603台。本届深港澳国际车展使用了深圳会展中心1-9号全部展馆及馆外展区及试驾活动区共计展览面积13万平米，现场涵盖进口豪华、中外合资、民族自主102个汽车品牌，携1023台展车集中亮相。媒体日共有40场重量级新车发布会，其中不乏全球首发和国内首发的重磅车型。

本届车展由中国机械国际合作股份有限公司、中国海洋航空集团有限公司、深圳市经济贸易和信息化委员会、深圳市汽车经销商商会、深圳工业总会主办。

【2017(第十九届)中国重庆国际汽车工业展】6月8日-14日，2017重庆车展在悦来重庆国际博览中心举办。以“年轻化、智能化、电动化”为办展主旨的本届车展，展会规模达17万平米，荟萃全球逾100个品牌，参展车型超过1000款，首发新车近40款。本次车展共迎来了50余万观展人流，现场各大品牌预订成交车辆26905台。

本届车展由重庆市人民政府、中国贸促会汽车行业分会、中国汽车工业协会、国内外汽车厂商全面支持。重庆车展创办于1998年，是中国西部最早创立的汽车工业展。一直致力于为重庆车展观众及展商提供更高价值的展会服务。

【2017第六届中原国际汽车展览会】6月9日-12日，中原国际车展在郑州国际会展中心正式举办。本届车展，70余种汽车品牌及千款汽车类型亮相，涵盖进口品牌、合资品牌、自主品牌以及大型4S店集团等。展馆面积超过6.5万平方米，覆盖郑州国际会展中心5楼A、B、C、D、E、F共计6个展馆，以及馆外2000平米空场。

中原国际车展是中国国际贸易促进委员会主办的全国44个大型展会活动之一，也是问鼎大中原经济区的首个“国字头”B+级车展。中原国际车展自2012年展会举办至今，已累计成交车辆近3万台，仅2016年第五届中原国际车展现场，就有来自全国的70多个汽车品牌近800多车型同台竞艳，已经成为中原地区最具营销价值的展会之一。

【2017第九届呼和浩特国际汽车展览会暨新能源汽车产业博览会】6月15日-19日，第九届呼和浩特国际汽车展览会在内蒙古国际会展中心举办。本届车展展出面积8万平米，参展品牌80多个，涵盖了汽车整车、新能源汽车、零配件用品以及相关产业，参展规模再次刷新历史纪录。为期5天的展会，共接待参观人数超过20万人次，现场汽车销售量及订单量突破6000台，总销售额近12亿元。

本届车展由中国机械国际合作有限公司、呼和浩特市人民政府共同主办，中国机械国际合作有限公司、呼和浩特市商务局、呼和浩特市经济和信息化委员会、内蒙古创艺文化传播有限公司联合承办。呼和浩特国际车展发展至今，作为内蒙古地区唯一的大型国际车展，已经成为呼和浩特汽车行业发展的晴雨表，影响着呼市汽车消费市场的活跃度。

【2017第十六届中国沈阳国际汽车工业博览会】6月28日-7月3日，沈阳国际汽博会在沈阳国际展览中心举办，以“智能、创新、共享”为主题。本届沈阳国际汽博会总规模达18万平方米，共有来自20个国家和地区、200个品牌近千家中外展商参展，展出车辆1807台，经过6天的现场展示和交易，累计成交及预订车辆10090台；展会期间共有百余家新闻媒体近千名记者到现场参观采访报道，共吸引参观者51.5万人次。

2017第十六届沈阳国际汽博会由沈阳市人民政府、中国机械工业集团有限公司、商务部外贸发展事务局支持，中国机械国际合作有限公司主办，辽宁中汽会展有限公司承办，沈阳国际展览中心协办。历经19年的不断发展，已然成为东北地区展示中外汽车工业风采，树立品牌形象，促进汽车市场繁荣，挖掘汽车文化内涵的国际盛会。

【2017(第十八届)中国(昆明)国际汽车博览会】6月29日-7月3日，以“创新车展 悦动春城”为主题的第十八届中国（昆明）国际汽车博览会在滇池国际会展中心举办。展览规模超10万平方米，共有100余家参展品牌，近200个新型热门车型相聚亮相，1000多辆展车，近230个参展企业。

本届车博会由昆明市政府、云南省商务厅、中国国际贸易促进委员会云南省分会、云南省政府新闻办公室主办，云南省道路交通安全协会协办。从2000年至今，18年来，中国（昆明）国际汽车博览会规模不断发展壮大，知名度日益提高。特别是去年移师滇池国际会展中心后，依托新场馆优势，创下展出面积近10万平方米，参展品牌80多家，100多个新型热门车型相聚亮相，现场预订金额近14亿元，41万人次参观等纪录。

【2017第八届西安国际汽车工业展览会】7月5日-10日，2017第八届西安国际汽车工业展览会在西安曲江国际会展中心举办。本届西安国际车展吸引了18个国家和地区近百家中外汽车展商、配套商参展；展出总面积超过10万平方米；展出整车743辆。车展期间，来自全国近200家媒体400余名记者竞相报道了车展盛况，观展人数超过50万人次。

本届国际车展是由西安市委、市政府批准，中国国际贸易促进委员会、中国汽车工业协会和西安市人民政府主办；中国国际贸易促进委员会西安市分会、西安市会展办、西安晚报承办的大型车展。现已成为全国十大车展之一，是西北乃至西部地区规格最高、最具影响力的汽车行业综合类展会之一。

【第十三届北京国际新能源汽车及充电桩设施展览会】7月13日-15日，以“清洁动力，引领未来”为主题的第十三届北京国际新能源汽车及充电桩设施展览会在中国国际展览中心（老馆）举办。本届展览基本涵盖了新能源乘用车、商用车（物流）车、充电桩、核心零套部件等。展出面积30000平方米，国内外近百家整车及配套企业参加。

本次北京国际新能源汽车及充电桩设施展览会是

由中国汽车工程学会电动汽车分会、中国电工技术学会电动车辆专业委员会主办，北京泽安达展览有限公司承办。

【2017年中国海南国际汽车博览会】7月13日-16日，2017年中国海南国际汽车博览会在海南国际会议展览中心举办。本届车展展出面积超五万平方米，室内展位供不应求，已扩展至场馆外场。玛莎拉蒂、宝马、奔驰、一汽奥迪、凯迪拉克等近百个品牌、千余款车型集体亮相。

本届车展由海南广播电视总台、海南广播电影电视传媒集团有限公司、海南省汽车行业协会主办，海南省工业和信息化厅、海南省科学技术厅支持，海南广电联动文化传播有限公司承办。自2011年首届第一车展成功举办以来，第一车展已累计售出汽车35000辆，交易额64亿元人民币，观展人数超过160万人次。

【第十四届中国（长春）国际汽车博览会】7月14日-23日，第十四届长春汽博会在长春国际会展中心举办。本届汽博会以“智·迎未来”为主题，以“引领汽车未来，展示汽车文化，促进汽车消费，拉动经济增长”为宗旨，展览总面积22万平米，参展品牌139个，其中俄罗斯瓦滋、长城WEY、汉腾等多个品牌首次参展，展车数量达1300余辆，新车型占比超过80%以上，形成室内十大展馆，室外四大展区的全新展览格局，展览规模达到历史最高水平。

本届长春汽博会由中国汽车工业协会、中国汽车工程学会、中国汽车流通协会、中国国际贸易促进委员会长春市委员会主办；长春百瑞国际会展集团为承办单位；中国国际贸易促进委员会汽车行业分会为特别支持单位。

【第十七届新疆国际汽车工业博览会】7月27日-8月1日，第十七届新疆国际汽车工业博览会在红光山国际会展中心举办。此次车展总展览面积达15万平方米，共有80多个品牌参展，展车数量达1300余辆，新车型占比超过70%。为期六天的展会吸引超过35万人次的观展者。

本届汽博会由中国国际贸易促进委员会汽车行业分会、中国汽车工业协会、中国国际贸易促进委员会新疆分会主办，中国国际贸易促进委员会支持，新疆雅式展览有限公司、乌鲁木齐晚报社、乌鲁木齐华语天下传媒公司承办。新疆国际汽车工业博览会创办于2001年，至今已成功举办十六届。博览会展位面积从最初的5000平方米增加到目前15万平方米，参展商从40多家增加到200余家，成交额也从5500万元增长到35亿元。

【2017第二十届哈尔滨国际汽车工业展览会】7月31日-8月7日，哈尔滨国际车展在哈尔滨国际会展中心举办。本届车展展出面积12.5万平方米，有来自12个国家和地区的468家厂商参展，汇聚102个汽车品牌和879台国内外新款车型，世界顶级豪车和国产新车齐聚哈尔滨。

哈尔滨国际车展是由中国汽车工业协会、中国汽车工程学会、哈尔滨市人民政府、哈尔滨长城国际展览有限公司等单位共同主办的国际性行业展会。展会历经二十载，规模档次不断提升，展出面积逐年扩大，得到了整车厂商、零部件企业和汽车后产品厂家的热情加盟和积极参与，是国内著名的十大车展之一。

【2017（第10届）中国·银川国际汽车博览会】8月5日-13日，银川国际车展在银川国际会展中心举行。2017银川国际车展总展览面积达70000平方米，吸引全球80个汽车品牌倾情参与，展出车型700余款，新车发布50余场。

本届展会由中国贸促会汽车行业分会、银川国际会展中心、银川市新闻传媒集团联合主办，宁夏展联会展管理有限公司承办。银川国际车展自2008年首次举办以来，始终关注全球汽车行业的最新变革与发展，聚焦新技术、新趋势和新产品给人们生活带来的无限可能。

【第二十二届中国大连国际汽车博览会】8月16日-20日，第二十二届大连国际汽车展览会在大连星海会展中心和大连世界博览广场举行。本届大连国际车展总展出面积共13万平方米，吸引了来自全球12个国家和地区的百余家参展商，展示车辆1400台，在展车数量和规模上均创历届之最。

本届车展由中国国际贸易促进委员会、中国国际贸易促进委员会汽车行业分会、中国汽车工业协会、中国汽车工程学会、中国汽车工业进出口有限公司主办。自1996年创办至今，大连国际车展连续举办了21届。21年展会已累计销售汽车共计96275辆，已成为东北乃至全国汽车厂商新车、豪华车、新闻发布的重要平台。

【2017（第八届）中国西部（兰州）国际汽车博览会暨首届新能源及智能汽车博览会】8月23日-28日，2017第八届兰州国际车展在在甘肃国际会展中心成功举办。本届车展总规模8万多平方米，得到了近百个汽车参展品牌的鼎立支持，参展车型1000多款，经过连续6天的现场展示，参观总人流量再创历史新高，累计成交预订车辆一万多台，实际成交金额17亿元人民币，此外车展期间还吸引了360多家新闻媒体单位近1300名记者到现场采访报道。

本届车展由中国汽车工业国际合作总公司、甘肃会展中心有限责任公司主办；兰州新域车展服务有限公司、甘肃会展商务有限责任公司具体承办。从2010年首届兰州国际车展成功举办以来，7年来累计近12万辆新车在车展上成交，有超过300多万人次观众参观车展。

【2017第二十届成都国际汽车展览会】8月25日-9月3日，第二十届成都车展在成都世纪城新会展中心举办，主题为“匠心廿载，缤纷未来”。本届车展展出面积达15万平米，汽车品牌多达116个，现场展出汽车1390辆，82款新车首发亮相及上市；展期展会人次达63.8万，共产生30108台汽车订单，其中豪车857台；来自国内外2310家媒体的8143名记者奔赴车展现场报道展会盛况。

本届车展由成都市人民政府和中国国际贸易促进委员会汽车行业分会联合主办，成都环球世纪会展旅游集团有限公司、汉诺威米兰展览（上海）有限公司和中国国际贸易促进委员会四川省委员会共同承办。自1998年创办以来，成都车展历经21年成长蜕变，现已从众多区域性车展中脱颖而出，稳居中国四大A级车展之列。

【2017第十二届南昌国际汽车展览会】9月15日-9月18日，2017第十二届南昌国际汽车展览会在南昌绿地国际博览中心(九龙湖新馆)举办。本届车展共启用南昌绿地国际博览中心5个室内展馆及室外广场，2千余停车位，规模之大、规格之高，刷新江西车市纪录。

本次展会由南昌市人民政府、中国机械国际合作有限公司、尚格会展股份有限公司主办，南昌日报传媒集团有限公司联办，南昌市会展工作管理办公室、南昌晚报、南昌尚格展览有限公司承办，南昌尚格展览有限公司执行承办。

【2017（第十六届）南京国际汽车展览会暨2017江苏新能源汽车展览会】9月30日-10月5日，2017（第十六届）南京国际车展在南京国际博览中心举办。本届车展共启用南京国际博览中心6个室内展馆和全部室外场地，总体展示面积超10万平米，集中亮相展出中外71家汽车品牌的近2000台展车，展车包括自主品牌、合资品牌和进口豪华品牌，实现轿车、SUV、房车、插电混动到纯电动车型的全覆盖。

本届展会由江苏省经济和信息化委员会、中国国际贸易促进委员会江苏省分会为支持单位，江苏省汽车行业协会和南京奥源展览有限公司联合主办。自2002年创办至今，南京车展积累十六载，现已发展成为江苏地区规模最大、引领华东地区汽车风尚的重量级展会，吸引着越来越多自主、合资、豪华汽车品牌倾情入驻，重磅展示最新技术和全系车型。

【2017第十二届西安国际车展】9月30 -10月8日，2017第十二届西安国际汽车展览会在西安曲江国际会展中心和绿地笔克国际会展中心举办。本届西安国际车展共启用了10个室内展馆，展览面积超过了15万平方米，百余汽车品牌、数千辆展车集中亮相，其中首发车、改款车超过40款

本届展会由陕西省商务厅和华商报社联合主办，陕西华商国际会展有限公司承办。经过十二年的不断发展，西安国际车展已从区域性车展中脱颖而出，成为中国五大国际车展之一，其品牌效应和影响力也进一步升级。

【2017（第九届）深圳国际汽车展览会暨汽车嘉年华首届新能源及智能汽车博览会】10月1日-6日，深圳国际车展于深圳会展中心举办。本届车展总展览面积超过8万平方米，于会展中心内共开设5个展馆及外展区及平台展区，参展汽车涵盖国内外百余家主流品牌及车型。

本届车展由深港澳国际车展组委会主办，深圳市联合车展管理有限公司承办。深圳国际车展于2008年首次创办至今，累计观展观众超过300万人次，累计成交新车超过15万台，是广东区域下半年参展品牌最全，影响力最广的国际性室内车展。

【2017安徽第十四届国际汽车展览会】10月1日-6日，安徽第十四届国际汽车展览会在合肥滨湖国际会展中心举办，以“汽车文化，改变生活”为主题。本届车展展出面积达12万平方米，汽车品牌高达70余个，现场展出汽车1000余辆，60款新车强势首发亮相及上市；展期参观总人数达276800人，其中，普通观众173000人，网络团购观众35000人，展商邀约观众28000人，媒体邀约观众40800人；共销售汽车11024辆；销售额达十四亿三千万元。来自国内外80家媒体的200名记者奔赴车展现场报道展会盛况。

本届车展由中国安徽国际汽车展览会是由合肥市人民政府、中国国际贸易促进委员会安徽省分会、安徽省工商联（总商会）、中华全国工商业联合会汽车经销商商会主办，由安徽省汽车经销商商会、安徽车商会展管理服务有限公司、安徽时代国际会展有限责任公司、新安晚报社·新安传媒、安徽省汽车记者协会、合肥佳德会展服务有限公司承办。安徽车展历经13年成长蜕变，现已从众多区域性车展中脱颖而出，稳居中国十大车展之列。

【第十八届武汉国际汽车展览会】10月12日-17日，武汉国际车展在武汉国际博览中心举办。本届车展展出面积超过14万平方米，参展商400家，品牌达100个，现场展出整车800辆，70款新车强势首发亮相及上市。

本届展会由中国机械工业联合会、中国国际贸易促进委员会、湖北省人民政府、武汉市人民政府和中国国际贸易促进委员会汽车行业分会共同主办，中国国际贸易促进委员会武汉市分会、武汉新城国际博览中心有限公司、湖北省机械行业联合会、成都世纪城新国际会展中心有限公司、汉诺威米兰展览（上海）有限公司共同承办。走过22个年头，武汉国际车展已成为中部的顶级汽车展示平台。

【2017中国（杭州）国际汽车博览会】10月12日-16日，2017中国（杭州）国际汽车博览会在杭州国际博览中心举办，以“智联驾享·绿美杭州”为主题。本届车展展出面积10万平方米，共有700多辆展车亮相，国际国内81家参展商、近百个汽车品牌参展。5天的展会时间，总计吸引观众11.2万人次，参展车商售车及

订车数量达到6432辆，实现销售额近12亿元人民币。主办方还利用大数据平台，为参展车商收集潜在客户信息34327个。本届展会由中国汽车流通协会、中国国际商会浙江商会主办，百瑞国际会展集团有限公司承办。

【2017（第五届）中国国际节能与新能源汽车展览会暨节能与新能源汽车产业发展规划成果展览会】10月18日-21日，2017（第五届）中国国际节能与新能源汽车展览会、节能与新能源汽车产业发展规划成果展览会在北京国家会议中心举办。本届展会总面积超30000平方米，主要围绕节能汽车、环保汽车、新能源汽车和智能网联汽车整车、电池、电机、电控和充电设施等领域，全面展示节能汽车、环保汽车、新能源汽车发展的最新成果。参展整车近160台，参展车型涵盖主流节能与新能源乘用车、商用车以及燃料电池车和智能网联车型。

本届展会支持单位为中华人民共和国工业和信息化部，批准单位为中华人民共和国商务部、中国国际贸易促进委员会，由中国国际贸易促进委员会机械行业分会、中国电工技术学会、汽车知识杂志社、寰球汽车集团、中国汽车工程研究院等单位共同主办，北京中汽四方会展有限公司独家承办，中国质量认证中心、中国电子商会智能电动汽车专委会等单位协办，获得了中国汽车工业咨询委员会、APEC 可持续能源中心等行业单位的支持。中国国际节能与新能源汽车展目前已发展成我国乃至亚洲第一大节能与新能源汽车展，是唯一的国家级节能环保汽车专业展览展示平台。

【2017中国·沈阳国际汽车展览会】10月27日-11月1日，2017中国·沈阳国际汽车展览会在苏家屯国际展览中心召开。展会围绕展览、经贸、论坛、文化四大板块进行，总展出面积为18万平方米，整车参展企业130家，参展品牌142个，参展车辆1100余台，新车展出比例超过80%，概念车及新能源、新动力汽车突破100台。

本届车展是由中国汽车流通协会、中国国际贸易促进委员会辽宁省分会、百瑞国际会展集团有限公司主办，沈阳汽车流通协会、辽宁迪沃斯特会展有限公司、北京杜米文化发展有限公司承办。

【2017第七届中国（澳门）国际汽车博览会】11月3日-5日，2017第七届中国（澳门）国际汽车博览会于澳门威尼斯人金光会展中心举办。今年的展会规模已经超过6万平方米，来自20多个国家和地区的百余个知名汽车品牌及相关企业、代表机构及产业联盟参展，集中展示千万级豪车、名车、收藏车、赛车等全系十余种车型的400余辆汽车。

自2011年10月首届澳门车展举办至今，已经连续成功举办至第七届。澳门车展在展会规模、办展历史、国外参展商比例等方面不断提升，达到了国际会议展览组织（UFI）的评估要求，并于2015年通过UFI展会认证，成为港澳地区规模最大、层次最高，以汽车及零部件国际贸易为主题的专业国际性展会之一，也是国内外知名品牌车展，影响力越来越大，同时被列入澳门十大国际会展品牌。

【2017第十届郑州国际汽车展览会暨第二届新能源·智能汽车展】11月2日-6日，郑州国际车展在郑州国际会展中心举办，以“科技、时尚、钜惠”为主题。本届车展使用郑州国际会展中心一、二层全部12个室内展馆及室外广场，展览展示面积近8万平方米，参展车辆千余台，分别展示各种品牌的顶级跑车、中高档轿车、越野车、商用车、房车、特种车、改装车及概念车等。

本届郑州国际车展由河南省工业和信息化委员会支持，中国机械国际合作股份有限公司、尚格会展股份有限公司主办，郑州尚格展览服务有限公司承办。

【2017中国国际商用车展览会（CCVS）】11月4日-7日，2017中国国际商用车展（CCVS）在武汉国际博览中心举办。本次车展以“创新引领未来”为主题，集中展示了近五年来我国商用车行业的发展成就和未来趋势。今年国际商用车展的展出面积为8万平方米，比上届增长了15%的面积，一汽 、东风 、上汽、吉利、北汽福田等上百家商用车整车及零部件厂商参展，在展会上共有20余款新型商用车首次亮相。

本届展会由湖北省人民政府、武汉市人民政府、中国国际贸易促进委员会汽车行业分会主办，汉诺威米兰展览（上海）有限公司承办。中国国际商用车展逢单年举办，自2012年首次举办以来已成功举办了三届，是我国唯一的国家级商用车展，也是目前亚洲最大的商用车展。

【2017(第十四届)中国西南昆明国际汽车博览会暨首届新能源及智能汽车博览会】11月9日-13日，第十四届中国西南（昆明）国际汽车博览会在滇池国际会展中心举办。本次展会共启用10个展馆，馆内馆外展览面积总计达11万平方米，参展车企涵盖进口豪华、合资、自主品牌等共计100余品牌，超过1000款车型同台展示。同时本届车展期间首届新能源及智能汽车博览会也同期举行。

本届车展由中国国际贸易促进委员会汽车行业分会、云南日报报业集团、云南省汽车商会主办，得到了云南省商务厅、昆明市政府的大力支持，并由云南云之南展览有限公司独家运营承办。

【2017第十五届中国(广州)国际汽车展览会】11月17日-26日， 第十五届广州车展在中国进出口商品交易会展馆举办。本届展会以“新科技·新生活”为主题，总规模达22万平方米，全球首发车47台，跨国公司首发车7台；概念车25台，其中国际品牌展出16台，国内品牌展出9台；展车总数达1081台。媒体日当天共举行了71场新闻发布会，2432家海内外媒体的9747名记者参与报道了展会盛况。历时十天的展会共吸引到观众67万人次。

中国（广州）国际汽车展览会创办于2003年，是中国三大顶级汽车展览会之一，被誉为中国汽车市场风向标。本届展会由中国对外贸易中心、中国机械工业联合会、中国汽车工业协会、中国国际贸易促进委员会汽车行业分会共同主办。

【第十届中国（济南）国际卡车展览会】11月23日-25日，以“创新引领行业 开放共享未来”为主题的第十届中国（济南）国际卡车展览会在济南国际会展中心举办。本届展会展示面积达1.5万多平方米，现场规划设置了“慧创新技术展区；国III重型柴油营运货车污染改造技术专题展区；新能源、清洁能源商用车专题展区；不低于国V排放标准柴油车推荐车型专题展区”四大展示区。

本届卡车展是由中国国际贸易促进委员会、中国交通运输协会、济南市人民政府、山东省汽车行业协会等多家单位主办，济南市贸促会、山东新丞华展览有限公司共同承办。为突出展会交易功能，展会现场还举办了“新能源商用车选型对接洽谈会”。针对国三升级换代车、新能源的转型升级新产品在洽谈会现场展商与观众进行了“一对一”的精准对接。

【2017中国(长春)新能源汽车博览会】12月2日-3日，2017中国(长春)新能源汽车博览会在长春国际会展中心举办。本次展会的主题为“新能源制造，绿色出行”。展出面积22000平方米，共有36个参展品牌，87个品牌经销商，441款惠民车型。涉及新能源及混合动力品牌11个，车型27款。

本次展会由中国国际贸易促进委员会长春市委员会、吉林省互联网传媒股份有限公司共同主办，吉林省汽车商务协会、长春市汽车流通协会承办。本届新能源车展推动了长春汽车产业向绿色环保迈进的步伐，是具有标志性意义的盛会，更推动了新能源车发展，倡导绿色出行，提振长春汽车产业氛围。

【2017第十届中国-东盟南宁国际汽车展览会】12月7日-11日，第十届东盟国际车展在南宁国际会展中心举办。本届东盟国际车展启用南宁国际会展中心的D区一、二层展馆+E馆+整个外广场，展出面积近8万平方米，吸引了80余个国内外主流汽车品牌悉数进驻，迎来数十款新车发布与亮相。现场的二手车专区、汽车用品区、金融服务区、媒体展示区等功能专区也备受广大观众好评。

本届车展由中国-东盟博览会秘书处、尚格会展股份有限公司联合主办，南宁国际会议展览有限责任公司、南宁尚格会展服务有限公司联合承办，南宁尚格会展服务有限公司执行承办。东盟国际车展凭借9年的成功办展经验，在各大汽车厂家、经销商、消费者的共同见证下，已然成为了西南地区最具影响力的国际化室内专业车展之一。

【2017第二届泸州国际汽车博览会】12月8日-12日，2017第二届泸州国际汽车博览会在泸州国际会展中心举行。本届展会展期5天，总展出面积5万平方米，60余个汽车品牌集中亮相，可谓是川南地区本年度最大规模的车展，也是川滇黔渝区域岁末最大的车展。

本届车展由泸州市人民政府、四川日报报业集团指导，华西都市报、封面传媒、泸州电视台、泸州国际会展有限公司共同主办。为了提高车展的参与性和互动性，主办方还在现场推出二手车免费评估、美食品尝、车模表演、卡丁车体验等活动，为消费者提供丰富多彩的全方位体验。

【2017第十三届中国（长沙）国际汽车博览会】12月13日-18日，第十三届长沙国际车展在长沙国际会展中心举办。本届长沙国际车展定位于打造“中部首个国际A级车展”，使用长沙国际会展中心现有全部的8个展厅。展览面积14.3万平方米，云集国内外近百家汽车品牌，1100台展车，其中，全球首发新车1款，中部首发新车40款。场馆利用率较去年提升20%。

本届长沙国际车展由长沙市人民政府、中国汽车工业协会主办，中南出版传媒集团、湖南新物产集团、长沙市会展行业协会、中南国际会展有限公司联合承办。长沙国际车展一直以来以“有我所爱，长沙车展”为口号，力求向广大消费者奉献上一场最为精彩的汽车盛宴。

汽车运动赛事

2017 年国内汽车赛事

【2017中国拉力锦标赛CRC】2月17日，2017年中国汽车拉力锦标赛在黑龙江省鸡西市兴凯湖小湖的冰雪湖面上拉开战幕，经过黑龙江密山市、甘肃省张掖市、内蒙古自治区多伦县、贵州省六盘水市水城县、贵州省三都县五个分站赛的比赛，于10月29日全部结束。最终来自一汽-大众车队的Mark Higgins（领航：Darren）以1小时51分14秒06的总成绩夺得本次赛事的冠军，斯巴鲁中国魔力拉力车队的Christopher James Atkinson（领航：Dale Jay Moscatt）以1小时55分13秒06的总成绩夺得本次赛事的亚军，山西华昱拉力车队的Manfred STOHL（领航：Bernhard ETTEL）以1小时59分47秒08的总成绩夺得本次赛事的季军。

中国汽车拉力锦标赛是由中国汽车运动联合会及举办地人民政府联合主办的全国性汽车拉力赛事。自2003年8月中汽联推出首届全国汽车场地锦标赛以来，参赛车队、赛事规模在逐年扩大。

【2017中国汽车短道拉力锦标赛】3月25-26日，“东方美谷·竞逸”杯2017中国汽车短道拉力锦标赛在上海举办，来自全国各地70余名专业车手参加了本次的争夺。最终，来自北京的著名年轻车手范高翔夺得本次比赛含金量极重的专业A组冠军，浙江车手贾金义和中华台北车手尤翊豪夺得2、3名，新日石润滑油车队、温州飞速车队和锐速义乌拉力车队获得组别队赛前三。

作为一项创办超过15年的顶级汽车赛事，中国汽车短道拉力锦标赛是中国级别最高的短道拉力赛事。双车发车的竞技模式由于对抗性和观赏性强，非常受到观众和车手的欢迎。本次比赛由中国汽车摩托车运动联合会、竞逸（上海）体育文化传播有限公司主办；北京中汽摩运动发展有限公司、上海海湾国家森林公园、上海酷野文化传播有限公司承办；支持单位：上海市奉贤区体育局、上海市奉贤区海湾镇人民政府、上海市汽车摩托车运动协会。

【2017中国汽车场地越野锦标赛（COC）】4月14日开赛，经过8个月、9站分站赛的厮杀，12月18日，2017年度中国唯一一项国家级场地越野赛事——中国汽车场地越野锦标赛（COC）年度总决赛在重庆璧山落下大幕。北京汽车越野世家车队成为今年COC赛场上最闪耀的劲旅，凭借着23个分站冠军、16个分站亚军、12个分站季军、7个“飞车王”的辉煌战绩，一举包揽汽油厂商组厂商杯年度冠军、年度车手冠军、亚军，汽油改装组俱乐部杯年度冠军、年度车手亚军、季军等多项荣誉。中国汽车场地越野锦标赛是国内三大巡回赛之一，集惊险、刺激和挑战于一体，备受广大汽车运动员和越野爱好者的喜爱和追捧，在中国有着极大的影响力。

【2017壳牌喜力国际汽联F4中国锦标赛（F4）】4月21日，壳牌喜力国际汽联F4中国锦标赛（简称F4）在珠海揭幕，2017赛季共设7站，分别在珠海、成都、北京、上海、宁波五大城市的顶级赛道上演了共21回合的较量，最终于10月29日落下帷幕。BlackArts Racing玄锋车队和旗下车手梁瀚昭夺取年度车队、车手双料冠军，GLORY RACING车队的郑家年获得年度亚军，MRS Motorsport车队的林泰安收获年度季军。

国际汽联F4中国锦标赛是由国际汽车联合会授权，中国汽车摩托车运动联合会主办，铭泰赛车运动有限公司承办的方程式赛事。FIA F4锦标赛的引入标志着中国有了与国际接轨的方程式赛事。

【2017乐虎中国方程式大奖赛(CFGP) 】4月22日，2017乐虎中国方程式大奖赛（简称CFGP）的第一站比赛在珠海国际赛车场举行，历时半年，于10月29日在宁波收官。神州专车车队的李惠玮获得冠军，速马力车队的何子健夺得第二，季军则由乐虎车队的尚宗沂夺得。中国方程式大奖赛（CFGP）是经国家体育总局批准，由中国汽车摩托车运动联合会（CAMF）主办，铭泰赛车运动有限公司承办，纳入国家体育总局年度比赛计划的A类体育赛事。该项赛事创始于2006年，是中国本土最高级别方程式赛事，代表了中国汽车运动最高水平，也是培养中国本土F1车手的摇篮。

【2017吉利杯“超吉联赛”吉速挑战赛】4月22日，2017吉利杯超吉联赛在珠海开幕，先后历经成都、北京、上海全国4大重点城市举行分站赛，于10月29日在宁波国际赛车场成功落下帷幕。四大分站前三名晋级总决赛，共选出12位吉速挑战赛胜出选手，一起来争夺“2017年度超吉车手”冠军荣誉和最高获得50000元年度超级大奖。最终上海分站晋级选手刘济豪凭借20分16秒666佳绩斩获桂冠，获得了50000元冠军奖金，并被授予“2017年度超吉车手”奖牌。而卢君杰与雷庆波，分别以20分20秒887与20分30秒577的成绩位列亚军和季军。至今吉利杯超吉联赛已有11个年头，是目前国内汽车品牌最早举办的专属赛事。2017赛季一改之前独立赛事周末的形式，引入联赛的概念。整个赛季由四场选拔赛和一场总决赛组成。旨在吸引更多车手参与，发现更多富有天分的草根车手。

【2017 China GT中国超级跑车锦标赛】5月12日，2017赛季China GT中国超级跑车锦标赛北京站在北京奥迪金港汽车公园揭幕，历时5个月、6大站点、12回合激烈比赛，于10月15日在浙江GT赛车节——China GT 绍兴站收官。GT3组别年度车队总积分榜冠军为KINGS车队，亚军为JRM嘉锐腾达车队，季军为FAW T2M一汽二级车队；GTC组别年度车队总积分榜冠军为JRM嘉锐腾达车队，亚军为D2车队，季军为Xtreme Motorsports车队。

China GT中国超级跑车锦标赛是经国家体育总局和中国汽车摩托车运动联合会批准，并列入年度全国体育竞赛计划及中国汽联赛历的系列赛事。China GT中国超级跑车锦标赛分为两个组别：GT3组和GTC组。China GT致力于提升中国本土赛事品质，推广赛车文化，并在不同领域对中国赛车运动进行了革新。

【2017CDC中国汽车飘移锦标赛】5月13日，CDC中国汽车飘移锦标赛在武汉打响揭幕战，历时七个月，于2018年1月13日在厦门市厦金湾汽车运动基地举办2017年度总决赛。玛吉斯轮胎DRS飘移车队凭借超强实力，所向披靡，一举斩获5座冠军奖杯，成为年度最大赢家。中国汽车飘移锦标赛（简称CDC）的前身为全国汽车飘移系列赛（简称CDS），是经过国家体育总局和中国汽车运动联合会批准并列入年度全国体育竞赛计划及中汽联赛历的正规比赛，2010年至今已在全国各重点城市举办多场飘移赛事。根据中汽联未来汽车运动发展的指导思想，加快中国飘移品牌赛事的打造，由中国汽车运动联合会批准，从2013赛季开始，全国汽车飘移系列赛升级为中国汽车飘移锦标赛。

【2017长城润滑油CTCC中国房车锦标赛】5月14日，2017长城润滑油CTCC中国房车锦标赛在广东珠海拉开序幕，历时六个多月，于11月26日在上海国际赛车场打响收官之战。超级杯年度车手总冠军得主为北汽绅宝车队朱戴维，年度厂商杯冠军是以大比分获胜的上汽大众333车队。而在中国杯的激烈争夺中，最终广汽丰田车队刘洋摘得年度车手总冠军，一汽丰田威驰FS车队提前一回合斩获年度厂商杯。

CTCC中国房车锦标赛是中国赛车运动第一品牌，国际汽联唯一支持国家级房车赛事，是被纳入国家体育总局年度比赛计划的A类体育赛事。CTCC中国房车锦标赛前身为CCC全国汽车场地锦标赛（简称全锦赛），正式成立于2004年。将风靡全球的赛车运动正式引入中国，在全国引起了强烈反响。

【2017 D1 GRAND PRIX漂移大奖赛中国杯】5月20日，2017 D1 GRAND PRIX漂移大奖赛中国杯首战比赛在北京亚袖汽车运动基地拉开序幕，经历了上海站、合肥站等多站比赛后，于2018年1月28日在深圳站落幕。飞劲飘移车队收获颇丰，车手Matt Field把年度单走总冠军的奖杯收入囊中并且进入了年度追走前八，同时进入年度追走八强的还有飞劲车队的另一名车手-钱洪申。值得一提的是，在2017年度总计5站6轮的比赛中共有4名中国车手站上了领奖台，其中飞劲车队占据两个席位(钱洪申和冯仁稚)，而钱洪申更是该年度D1比赛中唯一一位两次登上领奖台的中国车手。

D1GP相当于漂移界的F1，日本是世界上在赛车界漂移水平最高的国家，赛事成立于2000年秋，每年都有多站比赛，吸引众多漂移高手参加。拥有17年发展历史的D1GPANDPRIX飘移大奖赛，以国际专业汽车竞赛的形象，融入和提升中国本土汽车竞技文化。D1 GRAND PRIX 飘移大奖赛中国杯由“中国飘移第一人”张少华在2016年引入国内，如今已经在北京、上海、合肥、广东等多地举办赛事。

【2017中国环塔（国际）拉力赛】6月10日，2017年中国环塔（国际）拉力赛在新疆塔城开赛，历时13天、行程近5600公里、经历了十个赛段的激烈比拼，于6月22日在哈密正式收官落幕。汽车组方面，曾在2015年首次参加环塔拉力赛却遭遇翻车退赛的法国名将克里斯蒂安·拉维利搭档领航员让·皮埃尔卷土重来，他们代表北京汽车越野世家车队，以绝对优势获得汽车组全场总冠军；与拉维利同队的鹿丙龙与领航员沙贺获得总成绩亚军，烽火骑士俱乐部的车手敖日格勒和领航员秦旭获得第三名。北京汽车越野世家车队以凭借旗下车手的优异表现获得俱乐部杯冠军；奇瑞瑞虎赛车队夺得厂商杯冠军。

环塔拉力赛被誉为中国“达喀尔”，自2005年创办以来，迄今已举办十二届，已经发展成为国内最大的汽车、摩托车、卡车同场竞技的权威品牌越野赛事。环塔拉力赛作为亚洲顶级越野拉力赛，在2014年度开始加入国际汽联赛历，同世界一级方程式锦标赛、世界房车锦标赛、拉力越野世界杯赛等国际著名赛事共同列入国际赛事序列。

【2017中国汽车场地拉力锦标赛（CRCC）】6月18日，2017CRCC中国汽车场地拉力锦标赛揭幕站在贵州骏驰国际赛车场拉开帷幕，原定于12月15日在深圳举办的CRCC 中国汽车场地拉力锦标赛因场地不符合本赛事的竞赛条件向后顺延。

中国汽车场地拉力锦标赛（China RallyCross Championship，英文缩写为CRCC）是经国家体育总局批准，由中国汽车摩托车运动联合会主办，兰筹汽车文化发展（北京）股份有限公司承办，纳入国家体育总局年度比赛计划的A类体育赛事。

【2017中国全地形车锦标赛】7月7日，2017中国全地形车锦标赛首站比赛在山东省青岛即墨市青岛汽车产业新城赛车场开幕，历时四个多月，分别在青岛即

墨、四川罗江、新疆克拉玛依、河南邓州四大站点举办，最终于11月12日在邓州站圆满收官。

中国全地形车锦标赛是中国全地形车行业内唯一国家A级赛事，是检验全地形车产品、促进行业内外交流合作、推动全地形车运动发展、展现行业最新成果的重要平台，历届全地形车锦标赛都以专业的赛事组织运营和高超的竞技水平著称，在全球全地形车领域都享有很高的声誉。2017中国全地形车锦标赛由中国汽车技术研究中心、中国汽车摩托车运动联合会、即墨市人民政府主办，中国汽车技术研究中心汽车文化促进中心、青岛汽车产业新城管委会承办。

【2017丝绸之路国际汽车拉力赛】7月8日，2017丝绸之路国际汽车拉力赛从莫斯科出发，来自中国、俄罗斯等35个国家的90辆汽车、卡车采取跨洲马拉松的形式，穿越俄罗斯、哈萨克斯坦，于7月22日抵达中国西安。赛程总长9599公里，分14个赛段，其中特殊赛段总长4094公里。上届丝绸之路拉力赛汽车组冠军、5届达喀尔摩托车组冠军德普雷以41小时46分25秒的成绩夺冠，再次问鼎丝绸之路拉力赛；北京汽车越野世家车队的法国车手克里斯蒂安夺得第2名；吉利汽车固铂轮胎车队的韩魏拿下了本届丝绸之路拉力赛的第3名，创造了中国车手在国际大赛中的最好成绩。

2017年的丝绸之路国际拉力赛已经是第七届，前五届赛事主要在俄罗斯和中亚各国进行。从2016年开始，由于中国的加入，让这项赛事连接古丝绸之路区域的意义和号召力更加突出。如今，丝绸之路拉力赛已经成为全球规模最大的越野赛事之一，全球近200个国家对比赛进行转播，也吸引着越来越多的世界顶级车队和车手参赛。

【2017中国量产车性能大赛（CCPC）】7月27日，第三届昆仑润滑油杯•2017中国量产车性能大赛（CCPC）克拉玛依站在新疆拉开战幕，今年共计三站，分别是克拉玛依、盐城、牙克石，12月8日，极寒之战在牙克石落幕，年度赛程至此结束。

中国量产车性能大赛（CCPC）是由中国汽车技术研究中心与国家体育总局汽车摩托车运动管理中心联合打造的国家级专业汽车赛事。首次将量产车真实性能展示在公众面前，是中国汽车的“奥运会”，为国内各品牌量产车开创了汽车比赛的全新模式。今年是CCPC大赛的第三届，参赛企业与车型数量再创新高，竞争更为激烈。除连续多年出征的长安汽车、广汽本田、上汽通用、一汽-大众奥迪等老牌劲旅，今年更有广汽传祺、东风裕隆纳智捷等品牌的实力车型首度加入战局。

【2017 中国汽车越野锦标赛暨达喀尔系列中国拉力赛】9月24日-30日，2017 中国汽车越野锦标赛(阿拉善站)暨达喀尔系列中国拉力赛于内蒙古阿拉善盟举行。本次比赛吸引来自国内外50多支车队的上百名车手参赛。陕西云翔汽摩运动有限公司的张明以9分18秒的优势拿下个人本届比赛首个赛段冠军，宁夏远航车队的马海龙与行军蚁中金E购车队的张惠军分列第二和第三位。本次赛事由中国汽车摩托车运动联合会、内蒙古自治区阿拉善盟行政公署主办，北京中汽摩运动发展公司、越野一族体育赛事(北京)有限公司、法国阿莫里运动集团公司(A.S.O)承办。赛事完全符合达喀尔拉力赛的标准，并设计了极具挑战性的赛段，赛事全程约2568公里，其中特殊赛段1660公里。

【国际汽联电动方程式锦标赛】12月2日至3日，全球顶级新能源方程式赛车赛事——国际汽联电动方程式锦标赛（简称“FE”）在中国香港举办，这是第四赛季首场比赛，最终德国车手获得冠军。

FE是由国际汽车运动联合会（FIA）举办的一项与F1齐名的最新世界顶级赛事，是新能源汽车领域的F1。以其抢眼的环保理念、符合世界汽车不可阻挡的发展趋势的模式，目前已吸引了全球众多厂商加入，包括奥迪、宝马、雷诺、捷豹、蔚来汽车、DS Virgin

等10支车队，奔驰也宣布了将在2018年加入FE。国际汽联电动一级方程式大赛自2014年9月13日在中国北京鸟巢举办全球第一赛季开场赛以来，已经先后拓展到纽约、巴黎、伦敦、柏林、罗马、蒙特利尔等全球顶级城市。FE因其绿色环保特性，受到国际顶级汽车制造商、政府和赞助商的热烈青睐。

【2017中国-东盟国际汽车拉力赛】12月11日，来自中国和东盟国家的60余名赛车手和媒体记者从中国合浦发车，竞赛线路首次贯穿东盟十国，从广西凭祥友谊关出境，经越南、老挝、泰国、缅甸、柬埔寨、马来西亚、新加坡、文莱、菲律宾、印度尼西亚，总竞赛里程约1万公里，历时18天，于12月27日抵达终点站印尼雅加达。

本届赛事由国家体育总局、广西壮族自治区人民政府、东盟秘书处共同主办。

赛事作为庆祝东盟成立50周年系列活动之一，以“服务‘一带一路’，推进互融互通”为主题。“中国—东盟国际汽车拉力赛”自2006年举办首届赛事至今已是第十一届，成为中国与东盟地区在汽车运动领域的重要赛事